인 류 의 위 대 한 지 적 유 산

인류의 위대한 지적유산

춘추좌전 3

좌구명 지음 | 신동준 옮김

한길사

Zuo-Qiuming
Chunqiu-Zuozhuan
Translated by Shin Dong-jun
Published by Hangilsa Publishing Co., Ltd., Korea, 2006

이 도서의 국립중앙도서관 출판시도서목록(CIP)은
e-CIP 홈페이지(http://www.nl.go.kr/cip.php)에서 이용하실 수 있습니다.
(CIP제어번호: CIP2006000535)

사성(史聖) 사마천
사마천은 『사기』에서 『춘추좌전』을 이렇게 설명했다.
"노나라의 군자 좌구명은 공자의 제자들이 각기 다른 견해를 제기하면서
자신의 생각에 안주한 나머지 혹여 진실을 잃어버리게 되지나 않을까 크게 걱정했다.
이에 공자의 『춘추』를 근거로 그 말을 갖추어 『춘추좌전』을 완성했다."

장군 관우(왼쪽에서 두 번째)
진수가 지은 『삼국지』를 보면 삼국시대 촉나라의 장군 관우는
『춘추좌전』을 좋아한 나머지 전장에까지 끼고 다녔다고 한다.
이후 『좌전』을 탐독한 사람을 두고 '좌전벽'(左傳癖)이라고 칭하게 되었다.

비공운동(批孔運動)을 전개했던 마오쩌둥(毛澤東)
20세기 초 장타이옌(章太炎) 등 극좌파 지식인에 이어 1960년대에 마오쩌둥이
공자를 반동의 표상으로 삼은 것은 동양을 봉건전제의 정체사회로 규정한 마르크시즘을
맹종한 데서 비롯한 것이었다. 그러나 최근 중국의 수뇌부는 낡은 마르크시즘을 버리고
공자사상을 기반으로 한 '유가민족주의'를 새로운 통치이념으로 삼으려는 움직임을 보이고 있다.

GB
한길그레이트북스

인류의 위대한 지적유산

춘추좌전 3
좌구명 지음 | 신동준 옮김

한길사

춘추좌전 3

노소공(기원전 541~기원전 510)

원년······13	2년······43	3년······49	4년······62
5년······81	6년······94	7년······102	8년······120
9년······127	10년······132	11년······140	12년······148
13년······160	14년······184	15년······189	16년······196
17년······205	18년······212	19년······219	20년······225
21년······245	22년······254	23년······262	24년······271
25년······276	26년······293	27년······306	28년······316
29년······325	30년······332	31년······337	32년······343

노정공(기원전 509~기원전 495)

원년······351	2년······357	3년······358	4년······361
5년······377	6년······383	7년······388	8년······390
9년······399	10년······405	11년······414	12년······415
13년······417	14년······422	15년······427	

노애공(기원전 494~기원전 468)

원년······431	2년······438	3년······445	4년······449
5년······452	6년······455	7년······463	8년······470
9년······476	10년······479	11년······481	12년······495
13년······499	14년······505	15년······516	16년······523
17년······535	18년······543	19년······544	20년······545
21년······548	22년······549	23년······550	24년······552
25년······554	26년······559	27년······565	

부록

열국세계표········ 575
춘추시대 연표····· 579
열국성씨보········ 583

참고문헌·········· 599
찾아보기·········· 605
옮긴이의 말········ 617

춘추좌전 1

노은공(기원전 722~기원전 712)
노환공(기원전 711~기원전 694)
노장공(기원전 693~기원전 662)
노민공(기원전 661~기원전 660)
노희공(기원전 659~기원전 627)
노문공(기원전 626~기원전 609)
노선공(기원전 608~기원전 591)

춘추좌전 2

노성공(기원전 590~기원전 573)
노양공(기원전 572~기원전 542)

노소공 魯昭公

노양공의 아들로 이름은 주(裯)이다. 모친은 제귀(齊歸)이다. 권신인 3환(三桓)의 세력을 몰아내려다가 오히려 역습을 당해 망명한 뒤 끝내 돌아오지 못하고 진(晉)나라의 간후 땅에서 세상을 떠났다. 재위기간은 기원전 542년부터 510년까지 32년이나 실제 보위에 있었던 기간은 25년이다. 시법에 따르면 '소'(昭)는 '위의공명'(威儀恭明: 위의가 있고 공손하며 밝음)의 뜻을 지니고 있다.

원년(기원전 541)

원년 봄 주력(周曆) 정월, 공이 즉위했다. 숙손표(叔孫豹)가 진나라 조무(趙武)·초나라 공자 위(圍)·제나라 국약(國弱)·송나라 상술(向戌)·위나라 제오(齊惡)·진(陳)나라 공자 초(招)·채나라 공손 귀생(歸生)·정나라 한호(罕虎)·허인·조인과 괵(虢)에서 만났다. 3월, 운(鄆)을 취했다. 여름, 진백의 아우 감(鍼)이 진나라로 망명했다. 6월 정사, 주자 화(華)가 졸했다. 진나라의 순오(荀吳)가 군사를 이끌고 가 적인을 대로(大鹵)에서 크게 깨뜨렸다. 가을, 거나라의 거질(去疾)이 제나라에서 거나라로 들어갔다. 거나라의 전여(展輿)가 오나라로 망명했다. 숙궁(叔弓)이 군사를 이끌고 가 운(鄆)의 경계를 정했다. 주도공(邾悼公)을 안장했다. 겨울 11월 기유, 초자 균(麇)이 졸했다. 초나라 공자 비(比)가 진나라로 망명했다.

元年春王正月, 公卽位. 叔孫豹會晉趙武楚公子圍齊國弱宋向戌衛齊惡陳公子招蔡公孫歸生鄭罕虎許人曹人于虢. 三月取鄆. 夏, 秦伯之弟鍼出奔晉. 六月丁巳, 邾子華卒. 晉荀吳帥師, 敗狄于大鹵. 秋, 莒去疾自齊入于莒, 莒展輿出奔吳. 叔弓帥師, 疆鄆田. 葬邾悼公. 冬十一月己酉, 楚子麋卒, 楚公子比出奔晉.

●원년 봄, 초나라 영윤 공자 위가 정나라를 빙문하면서 공손 단의 딸을 아내로 맞게 되었다. 이때 오거(伍擧)가 초나라의 부사(副使)가 되었다. 이들이 도성 안의 객관으로 들어가려 하자 정나라 사람들이 그들을 매우 꺼려했다. 이에 행인 자우(子羽: 공손 휘)를 보내 그들을 설득해 도성 밖에서 유숙하게 만들었다.

공자 위가 빙문을 마친 후 장차 병사들을 이끌고 가 신부를 맞이하려고 했다. 자산은 이 일을 크게 우려하여 자우를 시켜 사절하게 했다.

"폐읍의 도성이 협소해 따라온 사람들을 다 수용할 수가 없습니다. 청컨대 우선 지면을 깨끗이 청소하여 선(墠: 제사를 지내기 위해 청소해놓은 지면)을 만든 뒤 다시 명을 받도록 해주기 바랍니다."

이에 공자 위가 태재 백주리(伯州犂)에게 명하여 이같이 회답하게 했다.

"욕되게도 귀군(貴君)으로 하여금 과대부(寡大夫: 대부 자신의 겸칭) 위(圍)에게 은혜를 베풀게 했소. 귀군이 나 위에게 이르기를, '풍씨(豊氏: 공손 단)의 딸을 그대에게 보내 아내로 삼게 하겠소'라고 했소. 이에 나 위는 궤연(几筵: 몸을 기대는 작은 탁자와 대나무 자리)을 갖춰 초장왕과 초공왕(楚共王: 공자 위의 부친)의 사당에 고한 후에 왔소. 만일 교외에서 식을 올리라는 명을 내리면 이는 귀군의 은사(恩賜)를 풀밭에 버리는 셈이 되오. 또한 과대부를 열경(列卿)과 같은 반열에 들 수 없게 하는 것이기도 하오. 비단 이에 그칠 뿐 아니라 나로 하여금 선군을 속이고 장차 과군의 노(老: '大臣'을 뜻하는 말로 '老'는 공경대부에 대한 존칭) 노릇을 못하게 만드는 셈이 되오. 그리 되면 나는 돌아갈 수가 없게 되오. 대부들이 한번 깊이 헤아려주기 바라오."

이에 자우가 응답했다.

"소국은 죄가 없습니다. 오직 대국을 믿고 아무런 방비도 하지 않은 것이 그 죄일 뿐입니다. 소국은 대국에 의지해 스스로를 안정시킬 생각이나 대국이 혹여 화란을 일으킬 마음을 갖고 소국을 도모하려는 것이 나 아닌지 걱정하지 않을 수 없습니다. 장차 소국이 대국에 대한 믿음을 잃고 제후국들로 하여금 경계하게 만들고, 대국을 원망하지 않는 나라가 없게 만들고, 초나라 군주의 명을 어겨 그 명이 행해지지 못하게 만들까 두려울 뿐입니다. 그렇지 않다면야 폐읍은 귀국의 객관을 지키는 사람들이 사는 곳에 불과한데, 어찌 감히 풍씨의 조묘를 아깝게 여기겠습니까."

오거는 정나라가 미리 대비하고 있음을 알아채고 곧 수고(垂櫜: '활집을 거꾸로 세운다'는 뜻으로, 무기도 없고 싸울 의사가 없다는 뜻을 표시)하는 조건으로 들어갈 것을 청했다. 정나라가 동의했다. 1월 15일, 공자 위가 정나라 도성으로 들어가 혼인을 마치고 나와 곧 괵(虢) 땅에서의 회맹에 참석했다. 이 모임에 노나라 대부 숙손표(叔孫豹)와 진나라 대부 조무(趙武), 제나라 대부 국약(國弱), 송나라 대부 상술(向戌), 진(陳)나라 공자 초(招), 채나라 공손 귀생(歸生), 정나라 대부 한호(罕虎), 허인(許人), 조인(曹人) 등이 참가했다. 이는 송나라에서 맺은 맹약을 다지기 위한 것이었다.

元年春, 楚公子圍聘于鄭, 且娶於公孫段氏, 伍擧爲介. 將入館, 鄭人惡之. 使行人子羽與之言, 乃館於外. 旣聘, 將以衆逆. 子産患之, 使子羽辭曰 "以敝邑褊小, 不足以容從者, 請墠聽命." 令尹命大宰伯州犁對曰 "君辱貺寡大夫圍, 謂衛 '將使豊氏撫有而室.' 圍布几筵, 告於莊共之廟而來. 若野賜之, 是委君貺於草莽也. 是寡大夫不得列於諸卿也. 不寧唯是, 又使圍蒙其先君, 將不得爲寡君老, 其蔑以復矣. 唯大夫圖之." 子羽曰 "小國無罪, 恃實其罪. 將恃大國之安靖己, 而無乃包藏禍心以圖之. 小國失恃而懲諸侯, 使莫不憾者, 距違君命, 而有所壅塞不行是懼. 不然, 敝邑館人之屬也, 其敢愛豊氏之祧." 伍擧知其有備也, 請垂櫜而入. 許之. 正月乙未, 入逆而出, 遂會於虢, 尋宋之盟也.

● 진나라 대부 기오(祁午)가 조문자(趙文子: 조무)에게 말했다.

"송나라에서의 맹회에서 초나라가 진나라에 앞서 삽혈을 했습니다. 지금 초나라 영윤이 신의가 없다는 것을 모든 제후들이 알고 있습니다. 그대가 만일 그를 경계하지 않으면 또 송나라에서 맹약을 맺을 때와 같이 될까 두렵습니다. 초나라의 전 영윤 자목(子木)은 신의를 지켜 제후들로부터 칭찬을 받았으나 우리를 속여 위에 올라서려고 했습니다. 하물며 신의가 없는 자야 더 말할 것이 있겠습니까. 만일 초나라가 이번에도 다시 우리 진나라보다 앞서 삽혈하게 된다면 이는 우리 진나라의 치욕입니다. 그대가 진나라의 재상이 되어 맹주 자리를 지킨 지 이미 7년이 되었습니다. 그간 재합제후(再合齊侯: 노양공 25년의 夷儀之盟과 노양공 26년의 澶淵之盟)와 삼합대부(三合大夫: 노양공 27년의 송나라 회동과 노양공 30년의 전연 회동, 노소공 원년의 괵 회동)를 이루었고, 제나라와 적인들을 귀복시켰고, 동하(東夏: 중원의 동쪽으로 곧 제나라를 지칭)를 안정되게 만들고, 진(秦)나라가 조성한 난을 평정하고, 기나라를 위해 순우(淳于: 杞城으로, 산동성 안구현 동북쪽에 위치)에 성을 쌓았습니다. 그럼에도 군사들은 피곤해하지 않고, 국가는 곤핍하지 않고, 백성들 사이에는 비방하는 말이 없고, 제후들은 원망하지 않고, 하늘은 큰 재해를 내리지 않았습니다. 이는 모두 그대의 역량입니다. 지금 그대는 좋은 평판을 얻고 있는데 치욕으로 끝날까 저는 두려워하지 않을 수 없습니다. 그대는 이번 일을 크게 경계하지 않으면 안 될 것입니다."

그러자 조문자가 말했다.

"그대의 고마운 말씀 잘 들었소. 송나라에서의 회맹 때 초나라의 자목은 화인지심(禍人之心: 남을 해롭게 할 마음)을 가지고 있었으나 나는 인인지심(仁人之心: 사람을 어질게 대하는 마음)을 지니고 있었소. 이것이 초나라가 진나라를 능가한 원인이오. 그러나 나는 지금도 오히려 그같은 마음을 지니고 있소. 초나라가 또 신의를 지키지 않는 일을 할지라도 그것이 결코 우리에게 해가 되는 것은 아니오. 나는 신의를 근본으로 삼아 이에 의거해 모든 일을 행할 생각이오. 농부에 비유하면

표곤(穮蓘 : 잡초를 제거하고 싹을 북돋움)을 열심히 하는 자는 설령 기근을 만날지라도 반드시 풍성한 수확을 거둘 수 있는 것과 같소. 내가 듣건대 '신의를 잘 지키면 남의 밑에 서지 않는다'고 했소. 그러나 나는 아직 진정 신의를 잘 지키는 수준에 이르지 못하고 있소.『시경』「대아·억」에 이르기를, '신의를 지켜 남을 해치지 않으면 남의 모범이 되지 않는 경우가 거의 없다네'라고 했소. 확실히 이와 같소. 남의 모범이 될 수 있는 사람은 남의 밑에 서지 않는 것이오. 나는 단지 바로 이같이 되기가 어렵다고 생각할 뿐이오. 초나라는 걱정거리가 될 수 없소."

초나라의 영윤 공자 위가 희생을 쓰되 단지 전에 송나라에서 맹약을 맺을 때 사용한 맹서문을 다시 한 번 읽은 뒤 이를 희생 위에 얹어놓는 방식으로 행할 것을 청했다. 진나라 사람이 이를 허락했다.

祁午謂趙文子曰"宋之盟, 楚人得志於晉. 今令尹之不信, 諸侯之所聞也. 子弗戒, 懼又如宋. 子木之信稱於諸侯, 猶詐晉而駕焉, 況不信之尤者乎. 楚重得志於晉, 晉之恥也. 子相晉國以爲盟主, 於今七年矣. 再合諸侯, 三合大夫, 服齊狄, 寧東夏, 平秦亂, 城淳于, 師徒不頓, 國家不罷, 民無謗讟, 諸侯無怨, 天無大災, 子之力也. 有令名矣, 而終之以恥, 午也是懼. 吾子其不可以不戒."文子曰"武受賜矣. 然宋之盟, 子木有禍人之心, 武有仁人之心, 是楚所以駕於晉也. 今武猶是心也, 楚又行僭, 非所害也. 武將信以爲本, 循而行之. 譬如農夫, 是穮是蓘, 雖有饑饉, 必有豊年. 且吾聞之 '能信不爲人下.' 吾未能也.『詩』曰 '不僭不賊, 鮮不爲則.' 信也. 能爲人則者, 不爲人下矣. 吾不能是難, 楚不爲患."楚令尹圍請用牲, 讀舊書, 加于牲上而已. 晉人許之.

●3월 25일, 맹약이 이루어졌다. 이때 초나라의 공자 위가 군주의 복장을 차려 입고 두 사람의 호위를 받으며 나왔다. 이에 노나라의 숙손목자가 말했다.

"초나라 공자의 복식이 참으로 화려하오. 마치 군주와 같소."

정나라의 자피가 말했다.

"두 사람이 창을 들고 앞에서 호위하고 있소."

채나라의 자가(子家: 공손 귀생)가 말했다.

"포궁(蒲宮: 초나라 군주의 離宮으로 공자 위는 이미 이곳에 살고 있었음)에서도 창을 든 병사의 호위를 받았는데 그리하는 것이 또한 좋지 않겠소?"

초나라의 백주리가 이같이 해명했다.

"이번 행차에 공자 위는 과군의 격식을 빌릴 것을 미리 허락받고 그에 좇아서 하는 것이오."

정나라의 행인 휘(揮)가 끼어들었다.

"군주의 격식을 빌리면 돌려주지 않는 법이오."

그러자 백주리가 목소리를 높였다.

"그대는 잠시 물러나 귀국의 자석(子晳)이 배명(背命)하여 작란하지 않을까 걱정이나 하시오."

백주리의 이같은 대답에 정나라의 자우가 물었다.

"당벽(當璧: '벽옥을 맡아야 할 사람'이라는 뜻으로, 훗날 초평왕이 된 공자 기질을 지칭)[1]이 아직 존재하고 있는데, 영윤이 빌렸다가 돌려주지 않으면 어찌 아무 근심이 없을 수 있겠소?"

이때 제나라 대부 국자가 끼어들어 말했다.

"내가 두 분을 대신해 걱정해 드리겠소."

진(陳)나라의 공자 초(招)가 말했다.

"걱정하지 않고서야 무엇이 성사되겠소? 두 분에겐 곧 즐거운 일이 있을 것이오."

위나라 대부 제자(齊子: 齊惡)가 말했다.

"만일 어떤 사람이 일이 닥칠 것을 미리 알 수 있다면 비록 근심할 일이 있다손 치더라도 무슨 해가 되겠소?"

---

1) 훗날 '당벽'이 '군주가 될 조짐'이라는 뜻을 지닌 성어로 전용된 것은 바로 이 구절에서 유래한 것이다.

송나라의 합좌사(合左師: 상술)가 말했다.

"대국이 명을 내리면 소국은 이를 공경하면 되오. 나는 오직 공경하는 것만 알 뿐이오."

진나라의 악왕부(樂王鮒)가 끼어들어 말했다.

"『시경』「소아·소민(小旻)」의 졸장(卒章: 마지막 장)[2]이 매우 좋소. 나는 이를 좇아 행할 것이오."

정나라의 자우가 회동 장소에서 물러나온 뒤 자피에게 말했다.

"노나라 숙손의 말은 적절하면서도 완곡했고, 송나라 합좌사의 말은 간명하면서도 예에 합치했고, 진나라 악왕부의 말은 자애(自愛)하면서도 공경스러웠고, 그대와 채나라 자가(子家)의 말은 한쪽으로 치우치지 않았으니 모두 보세지주(保世之主: 누대의 작록을 지킬 대부라는 뜻으로, '主'는 대부의 경칭)가 될 만합니다. 그러나 제나라와 위나라, 진(陳)나라의 대부는 화를 면하기가 어렵지 않겠습니까. 제나라의 국자는 남을 대신하여 걱정하겠다고 했고, 진나라의 자초(子招)는 걱정거리를 즐거움으로 대체하려 했고, 위나라의 제자는 비록 걱정거리가 있을지라도 해로울 것이 없다고 했습니다. 자기에게 미치지 않는 일을 걱정하고, 걱정해야 할 일을 즐거워하고, 걱정이 되지만 해로울 것이 없다고 하는 등의 자세는 모두 근심을 취하는 길입니다. 그러니 그들의 신상에 반드시 근심이 미칠 것입니다. 『일주서』(逸周書)「태서」(大誓)에 이르기를, '백성이 바라는 것은 하늘이 반드시 들어준다'고 했습니다. 세 대부에게 이미 근심의 징조가 나타났으니 장차 근심이 닥치지 않을 리 있겠습니까. 말로써 일의 결과를 미리 알 수 있다고 한 것은 바로 이를 두고 말한 것입니다."

三月甲辰, 盟, 楚公子圍設服離衛. 叔孫穆子曰 "楚公子美矣, 君哉."

---

2) 『시경』「소아·소민(小旻)」의 졸장(卒章)에는 '불감포호(不敢暴虎)·불감빙하(不敢馮河)'라는 구절이 나온다. 범을 맨손으로 때려잡고 황하를 도보로 건너는 무모함을 뜻하는 '포호빙하'(暴虎馮河)라는 성어는 이 구절에서 나온 것이다.

鄭子皮曰"二執戈者前矣." 蔡子家曰"蒲宮有前, 不亦可乎." 楚伯州犁曰"此行也, 辭而假之寡君." 鄭行人揮曰"假不反矣." 伯州犁曰"子姑憂子晳之欲背誕也." 子羽曰"當璧猶在, 假而不反, 子其無憂乎." 齊國子曰"吾代二子愍矣." 陳公子招曰"不憂何成, 二子樂矣." 衛齊子曰"苟或知之, 雖憂何害." 宋合左師曰"大國令, 小國共. 吾知共而已." 晉樂王鮒曰"「小旻」之卒章善矣, 吾從之." 退會, 子羽謂子皮曰"叔孫絞而婉, 宋左師簡而禮, 樂王鮒字而敬, 子與子家持之, 皆保世之主也. 齊衛陳大夫其不免乎. 國子代人憂, 子招樂憂, 齊子雖憂弗害. 夫弗及而憂, 與可憂而樂, 與憂而弗害, 皆取憂之道也. 憂必及之.「大誓」曰'民之所欲, 天必從之.' 三大夫兆憂, 憂能無至乎. 言以知物, 其是之謂矣."

●노나라의 계무자가 거나라를 치고 운(鄆) 땅을 점거하자 거나라가 회맹하는 자리에서 이 사실을 초나라에 고했다. 그러자 초나라가 진(晉)나라에게 말했다.

"지난번에 맺은 맹약을 다지기로 한 일이 아직 끝나지도 않은 상황입니다. 그런데 그 사이에 노나라가 거나라를 침공한 것은 제맹(齊盟: 맹약하기 전에 齋戒하기 때문에 '齋盟'과 같은 말로 신성한 맹약을 의미)을 모독한 것이나 다름없습니다. 노나라 사자를 죽일 것을 청합니다."

이때 진나라의 악환자(樂桓子: 악왕부)가 조문자(趙文子)를 보좌하고 있었다. 그는 노나라의 숙손(叔孫: 숙손표)으로부터 뇌물을 받는 것을 조건으로 조문자에게 사태 해결을 청하고자 했다. 이에 뇌물 공여의 의사를 타진하기 위해 사람을 숙손에게 보내 허리띠를 내게 했다. 그러나 숙손이 이를 주지 않자 숙손의 가신 양기경(梁其踁: '양기'가 성임)이 말했다.

"뇌물을 주어 몸을 지킬 수 있는데 그대는 어찌하여 이를 아끼는 것입니까?"

그러자 숙손이 말했다.

"제후들의 회맹은 사직을 지키기 위한 것이오. 내가 뇌물로 화를 면

한다면 노나라는 틀림없이 제후들의 침공을 당할 것이오. 이는 화를 부르는 일이 되니 어찌 나라를 지킬 수 있겠소? 사람이 집에 담장을 두르는 것은 악인(惡人)을 차단하려는 것이오. 그런데 담장에 틈이 생겨 무너지게 되면 누구의 잘못이오? 나라를 보위한다고 하면서 오히려 침공을 초래한다면 내 죄는 담장을 무너뜨린 것보다 더욱 크게 되오. 비록 계손씨를 원망하고는 있으나 사실 우리 노나라야 무슨 죄가 있겠소. 나 숙손이 사자로 가고 계손씨가 국내를 지키는 것은 오래 전부터 그리해 왔던 것이니 내가 또 누구를 원망하겠소? 그러나 악왕부는 뇌물을 좋아하니 그에게 뇌물을 주지 않으면 단념하지 않을 것이오."

이에 사자를 불러 상백(裳帛: 치맛감으로 쓰는 비단)을 잘라주면서 말했다.

"허리띠감으로는 폭이 좁을까 걱정이오."

이때 조맹이 숙손목자의 이야기를 듣고 말했다.

"우환을 만나 국가를 잊지 않는 것은 충(忠), 위난을 생각하면서도 사수의 직책을 버리지 않는 것은 신(信), 국가를 생각하며 자신의 죽음을 잊는 것은 정(貞), 일을 피하면서 이 세 가지를 근본으로 삼는 것은 의(義)이다. 이 네 가지를 지니고 있으니 어찌 주살할 수 있겠는가."

그러고는 초나라에 이같이 요청했다.

"노나라가 비록 죄를 지었지만 그 집사가 자신에게 닥칠 화난을 피하지 않고, 귀국의 위엄을 두려워하면서도 공경히 명을 받들고 있습니다. 그대가 그를 사면하여 그대의 좌우 사람들에게 권면하는 것이 좋을 듯합니다. 만일 그대의 많은 관원들이 국내에서 수고로운 일을 피하지 않고 국외로 나가 몸에 닥치는 재난을 피하지 않는다면 무슨 걱정이 있겠습니까. 걱정은 국내의 수고로운 일을 다스리지 않고 국외의 재난을 당해 직분을 지키지 않은 데서 오는 것입니다. 이 두 가지를 잘한다면 무엇을 걱정하겠습니까. 현능한 사람을 안정시키지 않으면 누가 그를 따를 것입니까. 노나라의 숙손표는 현능한 인물이라고 이를 수 있으니 청컨대 그를 사면하여 현능한 자를 편안하게 해주기 바랍니다. 그대가 회맹에 참석해 죄 있는 자를 용서하고 어진 자를 포상하면, 제후국 중 기꺼이 초나라에 귀복하지 않거나 멀리 떨어져 있음에도 가까이 있는 듯이 여기지 않는 나라가 어디 있겠습니까. 변경의 고을은 때에 따라 이리저리 귀의하니 어찌 일정할 수 있겠습니까. 왕백지령(王伯之令: 三王과 五伯의 정령)으로 경계를 바로잡고 관원을 둔 적이 있습니다. 푯말을 세우고 금령을 두어 월경 때 징벌을 가했으나 오히려 획일적으로 할 수가 없었습니다. 이에 순임금 때에는 삼묘(三苗: 전설적인 고대 국명으로 호는 饕餮), 하왕조 때에는 관(觀: 姚氏의 나라로, 산동성 관성현에 위치)과 호(扈: 섬서성 호현 북쪽), 은왕조 때에는 선(姺: 有莘氏의 나라로, 산동성 조현 북쪽에 위치)과 비(邳: 강소성 비현 동북쪽), 주왕조에 와서는 서(徐: 강소성 사홍현 남쪽)와 엄(奄: 산동성 곡부현)나라가 있었던 것입니다. 영명한 천자가 나타나지 않은 후로 제후들이 멋대로 결맹을 압주(狎主: 돌아가며 주도한다는 뜻으로, '狎'은 교체의 의미)했으니 이 어찌 경계를 획일적으로 정할 수 있었겠습니까. 휼대사소(恤大舍小: 큰 화란을 우려하고 작은 과실을 무시함)해야만 완전한 맹주가 될 수 있는데, 어찌하여 이같은 일을 다스리려 하는 것입니까. 변경의 땅을 잃지 않은 경우가 어느 나라인들 없겠습니까. 결맹을 주도하는 나라로서 과연 어느 나라가 능히 이를 해결할 수 있겠습니까. 만일 초나라와 가까운 오나라와 복(濮: 百濮으로, 초나라 서남쪽 일대의 부락) 땅에 문제가 발생하면 초나라의 집사가 어찌 맹약만 생각해 이를 그대로 두겠습니까. 거나라 변경의 일은 초나라가 추궁할 필요가 없습니다. 그리 되면 제후국들에게 번거로운 일이 없게 될 것이니 이 또한 좋지 않겠습니까. 거나라 및 노나라가 운 땅을 놓고 다툰 것은 오래된 일이니 진실로 해당국의 사직에 큰 해가 없다면 무항(無亢: '엄호하지 않다'는 뜻이나 '제어하지 않다'로 해석하기도 함)하는 것이 가할 것입니다. 번거로운 일을 제거하고 선한 사람을 사면한다면 서로 다투어 권면하지 않는 자가 없을 것입니다. 그대는 이를 깊이 고려하기 바랍니다."

진나라가 초나라에 강력히 요청하자 초나라가 이에 응해 마침내 숙손표를 사면했다.

季武子伐莒取鄆, 莒人告於會. 楚告於晉曰 "尋盟未退, 而魯伐莒, 瀆齊盟, 請戮其使." 樂桓子相趙文子, 欲求貨於孫而爲之請, 使請帶焉. 弗與. 梁其踁曰 "貨以藩身, 子何愛焉." 叔孫曰 "諸侯之會, 衛社稷也. 我以貨免, 魯必受師. 是禍之也, 何衛之爲. 人之有牆, 以蔽惡也. 牆之隙壞, 誰之咎也. 衛而惡之, 吾又甚焉. 雖怨季孫, 魯國何罪. 叔出季處, 有自來矣, 吾又誰怨. 然鮒也賄, 弗與不已." 召使者, 裂裳帛而與之, 曰 "帶其褊矣." 趙孟聞之, 曰 "臨患不忘國, 忠也. 思難不越官, 信也. 圖國忘死, 貞也. 謀主三者, 義也. 有是四者, 又可戮乎." 乃請諸楚曰 "魯雖有罪, 其執事不辟難, 畏威而敬命矣. 子若免之, 以勸左右可也. 若子之群吏處不辟汙, 出不逃難, 其何患之有. 患之所生, 汙而不治, 難而不守, 所由來也. 能是二者, 又何患焉. 不靖其能, 其誰從之. 魯叔孫豹可謂能矣, 請免之以靖能者. 子會而赦有罪, 又賞其賢, 諸侯其誰不欣焉, 望楚而歸之, 視遠如邇. 疆場之邑, 一彼一此, 何常之有. 王伯之令也, 引其封疆, 而樹之官. 擧之表旗, 而著之制令. 過則有刑, 猶不可壹. 於是乎虞有三苗, 夏有觀扈, 商有姺邳, 周有徐奄. 自無令王, 諸侯逐進, 狎主齊盟, 其又可壹乎. 恤大舍小, 足以爲盟主, 又焉用之. 封疆之削, 何國蔑有. 主齊盟者, 誰能辯焉. 吳濮有釁, 楚之執事, 豈其顧盟. 莒之疆事, 楚勿與知. 諸侯無煩, 不亦可乎. 莒魯爭鄆, 爲日久矣, 苟無大害於其社稷, 可無亢也. 去煩宥善, 莫不競勸. 子其圖之." 固請諸楚, 楚人許之, 乃免叔孫.

● 초나라의 영윤인 공자 위가 진나라의 조맹을 위해 향연을 베풀고 『시경』 「대아·대명(大明: 문왕의 성세를 기린 내용임)」의 수장(首章)을 읊었다. 그러자 조맹은 『시경』 「소아·소완(小宛: 천명의 무상을 읊은 내용임)」의 둘째 장을 읊었다. 향연이 끝나자 조맹이 숙향에게 물었다.

"초나라의 영윤은 스스로 왕이 된 듯하니 어찌 생각하오?"

"초왕은 약하고 영윤은 강하니 장차 그가 왕이 될 것입니다. 그러나 비록 왕이 된다 할지라도 선종하지는 못할 것입니다."

"어째서 그렇소?"

숙향이 대답했다.

"강대한 자가 약소한 자에게 승리해 자리를 안정되게 하는 것은 도의에 어긋나는 것입니다. 의롭지 못하면서 강하면 그 멸망이 반드시 빠를 수밖에 없습니다. 『시경』 「소아·정월」에 이르기를, '혁혁한 종주(宗周)[3]여, 포사(褒姒: 서주 말기 幽王의 寵姬)가 망쳤네'라고 했습니다. 이는 강대하면서 의롭지 못한 데 따른 것입니다. 영윤은 초왕이 되면 반드시 제후들에게 복종을 요구할 것입니다. 진나라는 전에 비해 약해졌기 때문에 제후들은 초나라에 의부(依附)하고자 할 것입니다. 그러나 그는 제후들을 손아귀에 넣으면 더욱 포악해질 것입니다. 그리 되면 백성들이 이를 견디지 못할 것이니 그가 어찌 선종할 수 있겠습니까. 그는 무력으로 보위를 빼앗고 의롭지 않은 짓으로 승리하고도 반드시 자신의 행위가 도의에 부합한다고 여길 것입니다. 음학(淫虐)을 도의에 합치된다고 여기는 자는 결코 오래 갈 수 없는 것입니다."

여름 4월, 진나라의 조맹과 노나라의 숙손표, 조나라의 대부가 정나라 도성으로 들어갔다. 이에 정간공이 향례를 베풀어 이들을 초대했다. 정나라 자피가 조맹에게 이를 알렸다. 초대 사실을 알리는 예식이 끝나자 조맹이 『시경』 「소아·호엽(瓠葉: 빈객을 후대한 내용임)」의 시를 읊었다. 자피가 이어 숙손표에게 향례가 있음을 알리면서 조맹이 「소아·호엽」을 읊은 사실을 전했다. 그러자 숙손표가 말했다.

"조맹은 1헌(一獻: 주인이 빈객에게 1차에 한해 술을 권하는 예)을 하고자 하니 그대는 그 뜻을 따르십시오."

"감히 그럴 수 있습니까."

"이는 그분의 바람인데 어째서 감히 그럴 수 없다고 하는 것이오?"

---

[3] 주나라의 왕도 호경(鎬京)을 가리키는 말로, 주나라를 천하의 종주(宗主)로 간주했기 때문에 왕도를 종주(宗周)라고 한 것이다.

조맹이 향례가 베풀어지는 곳에 도착해 보니 막하(幕下: 일설에는 東房으로 해석)에 5헌(五獻)의 예를 취할 때 사용되는 변두(籩豆) 등이 비치되어 있었다. 조맹이 이를 사양한 뒤 자산에게 말했다.

"나는 총재(冢宰)[4]에게 일헌의 예를 청했소."

이에 결국 일헌의 예를 취하게 되었다. 조맹이 주빈이 되어 예를 마치자 곧 향례가 벌어졌다. 이때 숙손표가 『시경』「소남·작소(鵲巢)[5]」의 시를 읊자 조맹이 말했다.

"나 조무는 감당할 수 없습니다."

그러자 숙손표가 다시 『시경』「소남·채번(采蘩)」의 시를 읊은 뒤 말했다.

"소국이 번(蘩: 흰 쑥)을 올렸지만 대국이 살펴 아껴 써주신다면 어찌 대국의 명을 따르지 않겠습니까."

이에 자피가 『시경』「소남·야유사균(野有死麇)」의 끝장을 읊었다. 그러자 조맹이 『시경』「소아·상체」의 첫 장을 읊은 뒤 말했다.

"우리 형제국들이 가까이 지내며 안정되면 방(尨: 삽살개)이 짖어대지 못하게 할 수 있을 것입니다."

숙손표와 자피, 조나라 대부가 모두 자리에서 일어나 조맹에게 절한 뒤 시작(兕爵: 쇠뿔로 만든 잔)을 높이 들고 말했다.

"우리 소국들은 그대에 의지해 죄과에서 벗어날 수 있음을 알았습니다."

참석자들 모두 술을 마시며 즐겼다. 조맹이 향례를 마치고 나와 말했다.

"다시는 이같이 즐거운 자리를 만나기 어려울 것이다."

令尹享趙孟, 賦「大明」之首章. 趙孟賦「小宛」之二章. 事畢, 趙孟謂叔向曰 "令尹自以爲王矣, 何如." 對曰 "王弱, 令尹彊, 其可哉. 雖可, 不終." 趙孟曰 "何故." 對曰 "彊以克弱而安之, 彊不義也. 不義而彊, 其斃

---

4) 자피를 지칭하는 말로, 그는 정나라 상경이기 때문에 총재로 칭한 것이다.
5) 까치 둥지에 비둘기가 사는 것을 노래한 것으로, 조맹의 집정을 칭송한 것이다.

必速.『詩』曰'赫赫宗周, 褒姒滅之.' 彊不義也. 令尹爲王, 必求諸侯, 晉少懦矣, 諸侯將往. 若獲諸侯, 其虐滋甚. 民弗堪也, 將何以終. 夫以彊取, 不義而克, 必以爲道. 道以淫虐, 弗可久已矣." 夏四月, 趙孟·叔孫豹·曹大夫入于鄭, 鄭伯兼享之. 子皮戒趙孟, 禮終, 趙孟賦「瓠葉」. 子皮遂戒穆叔, 且告之. 穆叔曰"趙孟欲一獻, 子其從之." 子皮曰"敢乎." 穆叔曰"夫人之所欲也, 又何不敢." 及享, 具五獻之籩豆於幕下. 趙孟辭, 私於子産曰"武請於冡宰矣." 乃用一獻. 趙孟爲客, 禮終乃宴. 穆叔賦「鵲巢」. 趙孟曰"武不堪也." 又賦「采蘩」, 曰"小國爲蘩, 大國省穡而用之, 其何實非命." 子皮賦「野有死麕」之卒章. 趙孟賦「常棣」, 且曰"吾兄弟比以安, 尨也可使無吠." 穆叔·子皮及曹大夫興拜, 擧兕爵曰"小國賴子, 知免於戾矣." 飮酒樂. 趙孟出, 曰"吾不復此矣."

● 주경왕이 왕실의 대부 유정공(劉定公: 劉夏)을 영(潁: 하남성 등봉현 동쪽) 땅으로 보내 진나라의 조맹을 위로하게 하자 이들이 낙예(雒汭: 낙수가 황하로 흘러드는 곳)에 머물게 되었다. 이때 유정공이 조맹에게 말했다.

"우왕의 공적은 그 얼마나 아름답고, 그의 밝은 덕행은 그 얼마나 심원하오? 우왕이 없었다면 우리는 물고기와 같은 신세로 변했을 것이오. 내가 그대와 함께 변면(弁冕: 경대부가 쓰는 예관)과 단위(端委: 예복)를 착용하고 백성을 다스리면서 제후들을 통솔하게 된 것은 모두 우왕의 덕분이오. 그대는 어찌하여 멀리 우왕의 공적을 계승해 백성을 대대적으로 비호하지 않는 것이오?"

조맹이 대답했다.

"노부(老夫)는 당장 죄과를 범하지나 않을까 두려워하고 있는데 어찌 먼 앞날까지 걱정할 수 있겠습니까. 나 같은 것이야 구차하게 투식(偸食: 하는 일 없이 국록을 받아먹고 세월을 보냄)이나 하면서 아침에 저녁의 일을 도모하지 못하는 형편이니 어찌 먼 앞날을 도모할 수 있겠습니까."

유정공이 돌아가 주경왕에게 고했다.

"속담에 이르기를, '노지모급'(老至耄及 : 나이 먹어 철들려 하자 망령든다)이라고 했는데 이는 조맹을 두고 이르는 말입니다. 그는 진나라의 정경이 되어 제후들을 지휘하고 있는데도 오히려 예인(隷人)과 같이 아침에 저녁의 일을 도모하지 못하고 있으니 이는 신인(神人 : 신령과 백성)을 버리는 것입니다. 장차 신령이 노하고 백성이 배반할 터인데 어찌 오래 갈 수 있겠습니까. 조맹은 더 살지 못할 것입니다. 신령이 노하면 제사를 받지 않고 백성이 배반하면 명받은 일을 행하려고 하지 않습니다. 신령이 제사를 받지 않고 백성이 명에 따르지 않는데 무엇으로 오래 살 수 있겠습니까."

숙손표가 노나라로 돌아오자 증요(曾夭 : 계손씨의 가신)가 위문차 수레를 몰고 왔다. 그러나 아침이 지나 한낮이 되었는데도 숙손표는 계손숙(季孫宿)을 만나러 나오지 않았다. 그러자 증요가 숙손표의 가신인 증부(曾阜)에게 물었다.

"이제 아침이 지나 한낮이 되었소. 우리는 이미 거나라의 운(鄆) 땅을 빼앗은 죄를 알고 있소. 우리 노나라는 서로 참는 것으로 나라를 다스리고 있소. 국외에서는 그렇게 잘 참고도 국내에서는 참지 못하니 어찌 그럴 수 있단 말이오?"

증부가 대답했다.

"몇 달 동안 국외에 머물다가 여기에 하루 머문 것이 무슨 방해가 되겠소? 상인이 이익을 얻으려고 하면서 어찌 시끄러운 것을 싫어할 수 있단 말이오?"

그러고는 숙손표를 찾아가 말했다.

"이제 나가시는 것이 좋겠습니다."

그러자 숙손표가 집의 기둥을 가리키면서 말했다.

"비록 저 기둥이 싫다고 해도 어찌 없애버릴 수 있겠는가."

그러고는 곧 나가 계손숙을 만났다.

天王使劉定公勞趙孟於潁, 館於雒汭. 劉子曰 "美哉, 禹功明德遠矣.

微禹, 吾其魚乎. 吾與子弁冕端委, 以治民臨諸侯, 禹之力也. 子盍亦遠績禹功, 而大庇民乎." 對曰 "老夫罪戾是懼, 焉能恤遠. 吾儕偸食, 朝不謀夕, 何其長也." 劉子歸以語王曰 "諺所謂, 老將知而耄及之者, 其趙孟之謂乎. 爲晉正卿, 以主諸侯, 而儕於隸人, 朝不謀夕, 棄神人矣. 神怒民叛, 何以能久. 趙孟不復年矣. 神怒, 不歆其祀. 民叛, 不卽其事. 祀事不從, 又何以年." 叔孫歸, 曾夭御季孫以勞之. 旦及日中不出. 曾夭謂曾阜曰 "旦及日中, 吾之罪矣. 魯以相忍爲國也, 忍其外不忍其內, 焉用之." 阜曰 "數月於外, 一旦於是, 庸何傷. 賈而欲贏, 而惡囂乎." 阜謂叔孫曰 "可以出矣." 叔孫指楹曰 "雖惡是, 其可去乎." 乃出見之.

● 정나라 대부 서오범(徐吾犯)의 매씨(妹氏)는 매우 아름다웠다. 이에 대부 공손 초(楚: 子南 또는 游楚)가 그녀를 아내로 맞이하기 위해 빙(聘: 폐백을 드렸다는 뜻으로 일종의 약혼)했다. 그러자 공손 흑(黑: 자석)이 또 사람을 보내 억지로 위금(委禽: 약혼용 예물인 기러기를 들여보냈다는 뜻으로, '위'는 致送, '금'은 鴈을 의미)했다. 서오범이 크게 두려워하며 이를 고하자 자산이 말했다.

"이는 나라의 정사가 혼란한 것으로 그대의 우환이 아니오. 그녀가 원하는 곳으로 보내도록 하시오."

서오범이 두 사람에게 자기 누이동생에게 선택권을 달라고 청하자 두 사람 모두 이에 동의했다. 이에 자석(子晳: 공손 흑)은 화려하게 차려입고 서오범의 집으로 가 폐백을 늘어놓고 나갔다. 자남(子南: 공손 초)은 군복을 입고 와 좌우사(左右射: 양손으로 번갈아 가며 활을 쏨)한 뒤 수레에 훌쩍 뛰어올라 밖으로 나갔다. 서오범의 매씨가 방안에서 이들의 동정을 살펴본 뒤 말했다.

"자석은 확실히 아름답지만 자남이야말로 진정한 대장부입니다. 부부부부(夫夫婦婦: 남편은 남편답고 부인은 부인다움)가 이른바 순리일 것입니다."

이에 자남에게 시집가게 되자 자석이 대로했다. 얼마 후 자석은 고갑

(橐甲: 옷 속에 갑옷을 받쳐 입음)하여 자남을 만난 뒤 이내 그를 죽이고 그의 아내를 빼앗고자 했다. 자남이 이를 알아채고 창을 들고 자석을 쫓아갔다. 충(衝: 십자로)에 이르러 창으로 자석을 찔렀다. 자석이 상처를 입고 돌아가 대부들에게 고했다.

"나는 좋은 뜻으로 그를 만나러 갔으나 그가 딴 생각을 지니고 있는지 알지 못했습니다. 그래서 다친 것입니다."

대부들이 모여 이 일을 상의하자 자산이 말했다.

"모두 정당하다면 나이가 어리고 지위가 낮은 사람에게 죄가 있는 것이오. 죄는 공손 초에게 있소."

이에 자남을 수금한 뒤 죄를 열거하며 꾸짖었다.

"나라의 대절(大節)에는 모두 다섯 가지가 있는데 너는 이를 모두 범했다. 외군위(畏君威: 군주의 위엄을 두려워함)와 청기정(聽其政: 나라의 정령을 좇음), 존기귀(尊其貴: 귀인을 존중함), 사기장(事其長:연장자를 섬김), 양기친(養其親: 친척을 봉양함)이 바로 그것이다. 이 다섯 가지는 나라를 다스리는 근본이다. 지금 군주가 도성에 있는데 너는 함부로 무기를 썼으니 이는 군주의 위엄을 두려워하지 않은 것이다. 국가의 법기(法紀)를 범했으니 이는 정령을 좇지 않은 것이다. 자석은 상대부(上大夫)이고 너는 폐대부(嬖大夫: 하대부)인데 그에게 겸양하지 않았으니 이는 귀인을 존중하지 않은 것이다. 너는 나이가 어리면서도 그를 공경하지 않았으니 이는 연장자를 섬기지 않은 것이다. 종형(從兄)에게 무기를 휘둘렀으니 이는 친척을 봉양하지 않은 것이다. 군주가 이르기를, '내 너를 차마 죽이지 못하고 사면하여 원지로 보내고자 한다'고 했다. 그러니 전력을 다해 속히 떠남으로써 죄과를 더하는 일이 없도록 하라."

5월 2일, 정나라가 유초(游楚: 공손 초)를 오나라로 추방했다. 자남을 추방할 때 자산이 태숙(大叔: 유길)에게 이 일에 관해 자문을 구했다. 태숙이 말했다.

"저는 제 한 몸도 제대로 추스르지 못하는데 어찌 종족을 비호할 수 있겠습니까. 그 일은 국정에 관한 것이지 사가(私家)의 위난에 해당하는 사안이 아닙니다. 그대가 정나라의 앞날을 헤아려 이로우면 추방하도록 하십시오. 무엇을 망설이는 것입니까. 주공이 살관숙(殺管叔: 친동생인 管叔 鮮을 죽였다는 뜻임)하고 살채숙(蔡蔡叔: 친동생인 蔡叔 度을 추방했다는 뜻으로, 앞의 '蔡'자는 추방할 '살'자임)할 때 어찌 그들을 아끼지 않았겠습니까. 이는 모두 왕실을 위한 것이었습니다. 만일 제가 죄를 짓는다면 그대는 장차 저에게 징벌을 가해야 할 것입니다. 하필 유씨(游氏)들만 마음에 둘 필요가 있겠습니까."

鄭徐吾犯之妹美, 公孫楚聘之矣, 公孫黑又使强委禽焉. 犯懼, 告子産. 子産曰 "是國無政, 非子之患也. 唯所欲與." 犯請於二子, 請使女擇焉. 皆許之. 子晳盛飾入, 布幣而出. 子南戎服入, 左右射, 超乘而出. 女自房觀之, 曰 "子晳信美矣, 抑子南夫也. 夫夫婦婦, 所謂順也." 適子南氏. 子晳怒. 旣而櫜甲以見子南, 欲殺之而取其妻. 子南知之, 執戈逐之. 及衝, 擊之以戈. 子晳傷而歸, 告大夫曰 "我好見之, 不知其有異志也. 故傷." 大夫皆謀之. 子産曰 "直鈞, 幼賤有罪. 罪在楚也." 乃執子南而數之, 曰 "國之大節有五, 女皆奸之. 畏君之威, 聽其政, 尊其貴, 事其長, 養其親, 五者所以爲國也. 今君在國, 女用兵焉, 不畏威也. 奸國之紀, 不聽政也. 子晳上大夫, 女嬖大夫而弗下之, 不尊貴也. 幼而不忌, 不事長也. 兵其從兄, 不養親也. 君曰 '余不女忍殺, 宥女以遠.' 勉速行乎, 無重而罪." 五月庚辰, 鄭放游楚於吳. 將行子南, 子産咨於大叔. 大叔曰 "吉不能亡身, 焉能亡宗. 彼國政也, 非私難也. 子圖鄭國, 利則行之, 又何疑焉. 周公殺管叔而蔡蔡叔, 夫豈不愛. 王室故也. 吉若獲戾, 子將行之, 何有於諸游."

●진후자(秦后子: 진환공의 아들이며 진경공의 동생인 鍼)는 진환공(秦桓公)으로부터 극진한 총애를 받은 나머지 진경공(秦景公)의 치세 때는 마치 2명의 군주가 있는 것과 같았다. 이에 그의 모친이 말했다.

"네가 떠나지 않으면 선(選: 뽑아서 내보낸다는 뜻으로, 곧 방축을 의미)되지 않을까 두렵다."

5월 20일, 감(鍼: 진후자)이 진(晉)나라로 갔는데 그의 수레가 1천 승이나 되었다. 이에 『춘추』는 이같이 썼다.

"진백(秦伯: 진경공)의 아우 감이 진나라로 달아났다."

이는 진경공에게 그 죄를 돌린 것이다. 후자(后子)가 향례를 베풀어 진평공을 초대하면서 황하에 배를 늘어놓아 다리를 만들고 진(秦)나라 도성인 옹(雍)에서 진(晉)나라 도성인 강(絳)까지 매 10리마다 수레를 배치했다. 본국으로 돌아가 수폐(酬幣: 술을 권할 때 올리는 예물)를 가져오기를 향례가 끝날 때까지 모두 8번이나 했다. 진(晉)나라 대부 사마후(司馬侯)가 후자에게 물었다.

"그대의 수레가 모두 이곳에 와 있는 것입니까."

"이것이 많다고 하는 것입니까. 만일 이보다 적게 가져왔다면 내가 무엇을 믿고 여러분들을 만나볼 수 있겠습니까?"

이에 여숙제(女叔齊: 사마후)가 진평공에게 이 사실을 고하며 말했다.

"진나라 공자는 반드시 본국으로 돌아갈 것입니다. 제가 듣건대 '군자가 능히 자신의 잘못을 깨닫게 되면 반드시 영도(令圖: 뛰어난 계책)가 나온다'고 했습니다. 영도는 하늘이 돕는 것입니다."

후자가 진나라의 조맹을 만나자 조맹이 물었다.

"그대는 언제 돌아갈 것입니까?"

"나 감은 과군에게 죄를 지어 여기에 와 있는 것입니다. 장차 다음 군주가 보위를 이을 때까지 기다려야 할 것입니다."

"진나라의 군주는 어떤 분이십니까?"

"무도합니다."

"그러면 나라가 망하게 됩니까?"

"어찌 망하기야 하겠습니까. 일대(一代)가 무도할지라도 나라는 아직 망하는 지경에 이르지는 않습니다. 천지 간에 나라를 세우는 데에는 반드시 참여해 돕는 사람이 있습니다. 몇 대에 걸쳐 황음무도한 군주가 나오지 않는 한 나라는 쓰러지지 않습니다."

"천호(天乎)."[6)]

"그렇습니다."

"대략 얼마나 오래 가겠습니까?"

"내가 듣건대 '군주가 무도하나 곡식이 잘 여무는 것은 하늘이 돕기 때문이다'라고 했습니다. 다섯 해를 넘기지 못하는 경우는 매우 드뭅니다."

그러자 조맹이 그늘을 응시하면서 말했다.

"아침에 저녁을 기약할 수 없는데 누가 능히 다섯 해를 기다릴 수 있겠습니까."

후자가 밖으로 나와 다른 사람에게 말했다.

"조맹은 곧 죽을 것이오. 주민(主民: 백성의 일을 주관함)하면서 완세게일(翫歲愒日: 세월이 흐르는 것을 싫어하며 급한 나머지 기다리지 못함)하고 있으니 그가 얼마나 오래 갈 수 있겠소?"

秦后子有寵於桓, 如二君於景. 其母曰 "弗去, 懼選." 癸卯, 鍼適晉, 其車千乘. 書曰 "秦伯之弟鍼出奔晉." 罪秦伯也. 后子享晉侯, 造舟于河, 十里舍車, 自雍及絳. 歸取酬幣, 終事八反. 司馬侯問焉, 曰 "子之車盡於此而已乎." 對曰 "此之謂多矣. 若能少此, 吾何以得見." 女叔齊以告公, 且曰 "秦公子必歸. 臣聞, 君子能知其過, 必有令圖. 令圖, 天所贊也." 后子見趙孟. 趙孟曰 "吾子其曷歸." 對曰 "鍼懼選於寡君, 是以在此, 將待嗣君." 趙孟曰 "秦君何如." 對曰 "無道." 趙孟曰 "亡乎." 對曰 "何爲, 一世無道, 國未艾也. 國於天地, 有與立焉. 不數世淫, 弗能斃也." 趙孟曰 "天乎." 對曰 "有焉." 趙孟曰 "其幾何." 對曰 "鍼聞之, 國無道而年穀和熟, 天贊之也. 鮮不五稔." 趙孟視蔭曰 "朝夕不相及, 誰能待五." 后子出而告人曰 "趙孟將死矣. 主民, 翫歲而愒日, 其與幾何."

● 정나라에서는 유초(游楚)의 난을 이유로 군신이 맹약하게 되었다.

---

6) '그렇다면 하늘이 그를 받아들인 것입니까'라는 의미이다. '천호'와 관련해 '천'(天)을 '요'(夭)의 잘못으로 보아 '그렇다면 단명하게 되는 것입니까'로 풀이하는 견해도 있다.

6월 9일, 정간공과 대부들이 공손 단의 집에 모여 결맹했다. 이때 한호(罕虎)와 공손 교(僑: 자산), 공손 단(段), 인단(印段), 유길(游吉), 사대(駟帶) 등 6명이 따로 은밀히 규문(閨門: 정나라 도성 성문)에 모여 사적으로 맹약했다. 그러나 그 장소는 사실 훈수(薰隧: 규문 밖의 도로 이름)였다. 이때 공손 흑은 억지를 부려 맹약에 참여하면서 태사(太史)로 하여금 자신의 이름을 등재하게 한 뒤 이를 '7자'(七子: 일곱 대부)로 칭했다. 그러나 자산은 그를 꾸짖지 않았다.

진나라 대부 중항목자(中行穆子: 荀吳)가 무종(無終: 산융의 부락 명칭)과 여러 적인들을 태원(大原: 大鹵로 산서성 태원시 서남쪽에 위치)에서 격파했다. 이는 숭졸(崇卒: 보병을 결집시켜 작전을 폈다는 뜻이나 '보병을 중시했다'로 해석하기도 함)한 데 따른 것이었다. 당시 개전이 임박했을 때 위서(魏舒)가 말했다.

"적은 보병이고 우리는 전차병인데 양군이 조우하는 곳은 지형이 험요하니 10명의 보병을 분대로 편성해 전차 1승에 대응하게 하면 반드시 승리할 수 있을 것입니다. 그들을 포위해 험요지에 밀어넣으면 능히 이길 수 있으니 청컨대 전 부대를 보병부대로 개편하기 바랍니다. 부대 개편은 저부터 시작하겠습니다."

이에 곧 전차부대를 해체하여 보병의 대열을 편성했는데 전차 5승에 따르는 15명의 군졸로써 3오(三伍: 5명으로 구성된 보병분대 '伍'를 셋 편성한다는 뜻임)를 구성했다. 이때 순오(荀吳: 중항목자)의 총애를 받는 자가 곧바로 보병 대열에 편입하려고 하지 않자 위서가 그의 목을 베어 군중에 돌렸다.

진나라 군사가 다섯 종류의 대열을 이루어 서로 돕는 진세를 펼쳤다. 이에 양(兩: 전차 50승)이 전면, 오(伍: 전차 125승)가 후면, 전(專: 전차 81승)이 우익, 참(參: 전차 27승)이 좌익, 편(偏: 전차 25승)이 선봉에 서게 되었는데 이로써 적을 유인했다. 당시 적인들이 이를 크게 비웃었다. 그러자 진나라 군사가 적인들이 진세를 펼칠 틈을 주지 않고 곧바로 진공해 이들을 대파했다.

거나라 공자 전여(展輿)가 보위에 올라 여러 공자들의 봉록을 박탈했다. 그러자 공자들이 제나라에 있던 거질(去疾)을 불러들였다. 가을, 제나라의 공자 서(鉏)가 거질을 본국으로 들여보내자 전여가 오나라로 달아났다.

노나라 숙궁이 군사를 이끌고 가 운(鄆: 산동성 기수현 동북쪽) 땅을 영토로 편입시키면서 국경을 정했다. 이는 거나라의 내란을 이용한 것이었다. 이때 거나라의 무루(務婁)와 무호(瞀胡), 공자 멸명(滅明)이 대방(大厖)과 상의미(常儀靡) 두 고을을 들어 제나라로 달아났다. 이를 두고 군자가 이같이 평했다.

"거나라의 전여가 군주 노릇을 하지 못한 것은 인재를 버렸기 때문이다. 인재를 어찌 버릴 수 있는가.『시경』「주송·유청(維淸)」에 이르기를, '강성해지는 데에는 현인을 얻는 것보다 나은 것이 없다네'라고 했다. 지극히 옳은 말이다."

鄭爲游楚亂故, 六月丁巳, 鄭伯及其大夫盟于公孫段氏. 罕虎·公孫僑·公孫段·印段·游吉·駟帶私盟于閨門之外, 實薰隧. 公孫黑強與於盟, 使大史書其名, 且曰"七子."子産弗討. 晉中行穆子敗無終及群狄于大原, 崇卒也. 將戰, 魏舒曰 "彼徒我車, 所遇又阨, 以什共車, 必克. 困諸阨, 又克. 請皆卒, 自我始." 乃毁車以爲行, 五乘爲三伍. 荀吳之嬖人不肯卽卒, 斬以徇. 爲五陳以相離, 兩於前, 伍於後, 專爲右角, 參爲左角, 偏爲前拒, 以誘之. 翟人笑之. 未陳而薄之, 大敗之. 莒展輿立, 而奪群公子秩. 公子召去疾于齊. 秋, 齊公子鉏納去疾, 展輿奔吳. 叔弓帥師疆鄆田, 因莒亂也. 於是莒務婁·瞀胡及公子滅明以大厖與常儀靡奔齊. 君子曰"莒展之不立, 棄人也夫. 人可棄乎.『詩』曰'無競維人.'善矣."

●진평공이 병이 들자 정간공이 공손 교(僑: 자산)를 시켜 진나라를 빙문하면서 문병하게 했다. 이때 진나라 대부 숙향이 자산에게 물었다.

"과군의 질병을 놓고 복인(卜人)이 말하기를, '실침(實沈: 중국 신화에 나오는 高辛氏의 아들)과 대태(臺駘: 汾水의 신령)가 조화를 부렸다'고 했습니다. 그런데 태사(大史)조차 실침과 대태에 대해 알지 못합니다. 그대에게 감히 묻겠는데 이는 과연 어떤 신령입니까?"

자산이 대답했다.

"옛날 제곡(帝嚳: 고신씨)에게 두 아들이 있었는데 맏이가 알백(閼伯), 막내가 실침입니다. 그들은 광림(曠林: 광대한 산림)에 살면서 서로 사이가 좋지 않아 매일 무기를 들고 싸웠습니다. 제요(帝堯: 요임금)이 이들을 좋지 않게 여겨 알백을 상구(商丘)로 옮겨 진성(辰星: 大火星, 心星)으로써 시절을 정하게 했습니다. 후에 상(商)나라 사람이 이 일을 계속 잇게 되자 진성은 상성(商星: 은나라를 상징하는 별)이 되었습니다. 또 당시 실침은 대하(大夏: 산서성 익성현)로 옮겨 삼성(參星)으로써 시절을 정하게 했습니다. 후에 당(唐)나라 사람이 이 일을 계속 이으면서 하나라와 상나라에 귀복해 섬겼는데 그 말기에는 당숙우(唐叔虞)로 불렸습니다. 주무왕의 부인인 읍강(邑姜)이 태숙(大叔: 叔虞)을 잉태했을 때 꿈에 천제가 나타나 이르기를, '내가 그대 아들의 이름을 우(虞)라 하여 당나라 땅을 주리니 장차 삼성에 속하면서 자손이 번성할 것이다'라고 했습니다. 과연 아들을 낳았는데 손바닥에 '우'자 문양이 있었습니다. 이에 이름을 '우'라고 지었습니다. 훗날 주성왕이 당나라를 멸망시키고 태숙을 당나라에 봉했습니다. 이에 삼성은 진성(晉星: 진나라를 상징하는 별)이 된 것입니다. 이로써 보건대 실침은 삼성과 관계있는 신령입니다. 또 옛날 소호(少皞: 금천씨)는 막내아들 이름을 매(昧)라고 했습니다. 그는 물을 관장하는 관원의 우두머리가 되어 윤격(允格)과 대태라는 두 아들을 낳았습니다. 그중 대태가 부친의 일을 계승하여 분수(汾水)와 도수(洮水)를 소통시키고 큰 못에 제방을 쌓은 뒤 사람들을 이끌고 광활한 고원지대로 가 살았습니다. 이에 천자인 전욱(顓頊)이 크게 기뻐하며 그를 분수 일대의 땅에 봉했습니다. 그의 후손의 나라인 심(沈)·사(姒)·욕(蓐)·황(黃) 등 네 나라는 여러 대에 걸쳐 조상의 제사를 잘 지켜왔습니다. 그러나 현재 진나라가 분수 일대를 다스리면서 네 나라가 모두 멸망했습니다. 이로써 보건대 대태는 분수의 신령과 관련이 있는 신입니다. 그러나 실침과 대태 두 신령이 군주의 병을 일으킨 것은 아닐 것입니다. 산천의 신령은 수해와 한발, 온역(瘟疫) 등의 재해가 있을 때 무사하기를 기원하는 제사를 받게 됩니다. 일월성신의 신령은 눈이나 서리, 바람, 비 따위가 시령에 맞지 않을 때 무사하기를 기원하는 제사를 받게 됩니다. 지금 군주의 병은 출입(出入: 노동과 휴식)과 음식(飮食), 애락(哀樂)이 절도를 잃었기 때문에 생긴 것입니다. 그러니 산천이나 일월성신의 신령이 무슨 조화를 부릴 일이 있겠습니까. 제가 듣건대 '군자는 하루에 4시(四時)가 있으니 아침에는 정사를 살피고, 낮에는 자문을 구하고, 저녁에는 정령을 확정하고, 밤에는 몸을 편히 쉬게 한다'고 했습니다. 그래야만 체기(體氣)를 적절히 발산시켜 체내에 옹폐추저(壅閉湫底: 기운이 막혀 통하지 않음)를 없게 하고 몸을 피로하게 만들지 않는 것입니다. 마음속으로 이것을 명백히 하지 않으면 모든 일의 절도를 잃게 됩니다. 지금 군주는 이를 지키지 않아 병이 난 듯합니다. 또 제가 듣건대 '내관(內官: 여기서는 제후의 처첩)에 동성의 여인은 들이지 않는다'고 했습니다. 이는 자손이 번성하지 못하기 때문입니다. 미려함으로 인한 총애가 한 사람에게 집중되어 너무 일찍 소진되면 서로 병을 일으킨다고 했습니다. 이로 인해 군자는 동성의 짝을 싫어한다고 했습니다. 이에 『지』(志)에 이르기를, '첩을 구하면서 그 성을 모르면 점을 친다'고 했습니다. 고인들은 이 두 가지를 매우 삼갔습니다. 남녀 사이에 성씨를 분별하는 것은 예 중의 큰 것입니다. 지금 군주의 내관에는 동성인 희씨가 네 사람이나 있습니다. 군주의 병은 이로 인한 것이 아니겠습니까. 만일 이 두 가지 일로 인한 것이 확실하다면 달리 낫게 할 수 있는 방법이 없습니다. 4명의 희씨를 내보낸다면 그래도 괜찮겠지만 그렇지 않으면 병세가 더욱 중해질 것입니다."

숙향이 말했다.

"좋은 말씀입니다. 나는 아직까지 그같은 말을 들어보지 못했습니다. 말씀이 모두 옳습니다."

숙향이 자리에서 일어서자 정나라의 행인 자우(子羽)가 그를 전송했다. 이때 숙향이 자우에게 정나라의 정사에 관해 물은 뒤 자석에 대해서도 물었다. 자우가 대답했다.

"그가 얼마나 가겠습니까. 예의가 없고, 남을 능멸하기 좋아하고, 부유함을 믿고 윗사람을 업신여기니 장차 오래 갈 수 없을 것입니다."

진평공이 숙향으로부터 자산의 말을 전해 듣고 칭송했다.

"과연 박물군자(博物君子: 사물을 널리 변식하는 인재)로다."

그러고는 자산에게 많은 예물을 내렸다.

晉侯有疾, 鄭伯使公孫僑如晉聘, 且問疾. 叔向問焉. 曰"寡君之疾病, 卜人曰'實沈·臺駘爲祟.'史莫之知, 敢問此何神也."子產曰"昔高辛氏有二子, 伯曰閼伯, 季曰實沈, 居于曠林, 不相能也. 日尋干戈, 以相征討. 后帝不臧, 遷閼伯于商丘, 主辰. 商人是因, 故辰爲商星. 遷實沈于大夏, 主參. 唐人是因, 以服事夏商. 其季世曰唐叔虞. 當武王邑姜方震大叔, 夢帝謂己'余命而子曰虞, 將與之唐, 屬諸參, 而蕃育其子孫.'及生, 有文在其手曰'虞', 遂以命之. 及成王滅唐而封大叔焉, 故參爲晉星. 由是觀之, 則實沈, 參神也. 昔, 金天氏有裔子曰'昧'. 爲玄冥師, 生允格臺駘. 臺駘能業其官, 其汾洮, 障大澤, 以處大原. 帝用嘉之, 封諸汾川. 沈姒蓐黃, 實守其祀. 今晉主汾而滅之矣. 由是觀之, 則臺駘, 汾神也. 抑此二者, 不及君身. 山川之神, 則水旱癘疫之災, 於是乎禜之. 日月星辰之神, 則雪霜風雨之不時, 於是乎禜之. 若君身, 則亦出入·飮食·哀樂之事也. 山川星辰之神, 又何爲焉. 僑聞之, 君子有4時. 朝以聽政, 晝以訪問, 夕以脩令, 夜以安身. 於是乎節宣其氣, 勿使有所壅閉湫底, 以露其體. 玆心不爽而昏亂百度. 今無乃壹之, 則生疾矣. 僑又聞之, 內官不及同姓, 其生不殖. 美先盡矣, 則相生疾, 君子是以惡之. 故『志』曰'買妾不知其姓, 則卜之.'違此二者, 古之所愼也. 男女辨姓, 禮之大司也. 今君內實有4姬焉, 其無乃是也乎. 若由是二者, 弗可爲也已. 四姬有省猶可, 無則必生疾矣."叔向曰"善哉, 肸未之聞也. 此皆然矣."叔向出, 行人揮送之. 叔向問鄭故焉, 且問子晳. 對曰"其與幾何. 無禮而好陵人, 怙富而卑其上, 弗能久矣." 晉侯聞子産之言, 曰 "博物君子也." 重賄之.

●진평공이 진(秦)나라에 의원을 보내달라고 요구하자 진경공(秦景公)이 의화(醫和: 진나라의 명의)를 시켜 진평공의 병을 돌보게 했다. 의화가 진평공을 진찰한 뒤 말했다.

"군주의 병은 치료할 수 없습니다. 이 병을 두고 이르기를, '여색을 가까이하여 나타난 것으로 그 양상이 고(蠱)와 같으니 귀신의 조화나 음식 탓도 아니며 마음이 미혹되어 뜻을 잃게 된 데 따른 것이다. 양신(良臣)이 죽으려 하건만 하늘이 도울 수 없다'라고 했습니다."

"그러면 여자를 가까이할 수 없다는 것이오?"

"절제해야만 합니다. 선왕은 음악으로 만사를 절제했으니 이로써 5성(五聲)의 절도 있는 연주가 있게 된 것입니다. 지속본말(遲速本末)이 서로 음을 조절하면서 조화를 이루고 이후 아래로 내려가 정지한 후에는 더 이상 소리를 내지 못하게 합니다. 이때 번수음성(煩手淫聲: 억지 기교를 통해 나오는 음란한 소리)을 내게 되면 사람의 마음을 도인(慆堙: 도를 넘어 음탕하고 꽉 막히게 함)하게 하고, 평화(平和)를 잊게 합니다. 그래서 군자는 그같은 음악을 듣지 않는 것입니다. 모든 사물이 음악과 한 가지여서 일단 지나치게 되면 응당 그만두어 병이 생기지 않도록 해야 합니다. 군자가 금슬(琴瑟: 여기서는 여색)을 가까이하는 것은 의절(儀節: 예의와 절도)을 드러내자는 것이지 도심(慆心: 음탕한 마음)을 일으키고자 하는 것이 아닙니다. 하늘에는 6기(六氣: 여섯 가지 기상)가 있는데 여기에서 5미(五味)와 5색(五色), 5성(五聲)이 나옵니다. 이것이 도에 지나치면 6질(六疾)이 생깁니다. 6기는 곧 음(陰)·양(陽)·풍(風)·우(雨)·회(晦)·명(明: '회명'은 밤과 낮을 의미)을 말합니다. 이것이 나뉘어 춘하추동의 4시(四時)가 되고 순서를 갖춰 5절(五節: 5성의 절제 있는 조화)을 이룹니다. 그러나 이것이 도에 지나치면 재해가 됩니다. 음기가 지나치면 한질(寒疾: 냉증), 양기가 지나치면 열질(熱疾: 열병), 풍기가 지나치면 말질(末疾: 수족의 병), 우기가 지나치면 복질(腹疾: 뱃병), 회기가 지나치면 혹질(惑疾: 일종의 도색증), 명기가 지나치면 심질(心疾: 일종의 정신병)이 생깁니다. 여인은 양물회시(陽物晦時: 주로 밤에 남자를 좇아 陽事를 한다는 뜻)이니 지나치게 가까이하면 내열고혹(內熱蠱惑: 몸이 달아오르고 정신이 미혹됨)의 질병이 생깁니다. 지금 군주는 여색에 절도가 없고 밤낮을 가리지 않으니 어찌 이 지경에 이르지 않을 수 있겠습니까."

의화가 진평공 앞에서 물러나온 뒤 조맹에게 진찰 결과를 고하자 조맹이 말했다.

"당신이 말한 양신(良臣)은 누구를 두고 한 말이오?"

"주(主: 경대부의 속료들이 경대부를 부를 때의 경칭)를 두고 이른 말입니다. 주가 진나라의 재상이 된 지 이미 8년이 되었는데 진나라에 난이 일어나지 않고, 제후들 중 공경스럽지 않은 자가 없으니 가히 양신이라 이를 만합니다. 제가 듣건대 '국가 대신으로 영광스럽게 군주의 총임을 받아 봉록을 누리고 국가 대사를 맡고 있으면서 재해가 일어나는데도 그 잘못을 고치지 않는다면 반드시 벌을 받게 된다'고 했습니다. 지금 군주는 여색을 지나치게 가까이해 병이 남으로써 장차 사직을 위해 후일을 걱정할 수 없게 되었습니다. 그 어느 우환이 이보다 더 클 수 있겠습니까. 그런데도 그대는 이를 막지 못하고 있습니다. 이에 이같이 말씀드리는 것입니다."

"그런데 무엇을 고(蠱)라고 하는 것이오?"

"이는 어느 일에 지나치게 빠져 미혹됨으로써 생겨나는 것입니다. 문자상으로는 명충(皿蟲: 그릇 속의 독충)이 곧 '고'이고, 벌레로는 곡물에 생기는 비충(飛蟲)이 '고'입니다. 『주역』에서는 여자가 남자를 홀리고, 큰 바람이 산에 있는 나무를 쓰러뜨리는 것을 '고'라고 합니다. 이들 모두 같은 종류의 사물인 것입니다."

조맹이 찬탄했다.

"참으로 양의(良醫)이시오."

그러고는 의화를 두터이 예우하여 돌려보냈다.

晉侯求醫於秦. 秦伯使醫和視之, 曰"疾不可爲也. 是謂'近女室, 疾如蠱. 非鬼非食, 惑以喪志. 良臣將死, 天命不祐.'"公曰"女不可近乎."對曰"節之. 先王之樂, 所以節百事也, 故有五節, 遲速本末以相及, 中聲以降, 五降之後, 不容彈矣. 於是有煩手淫聲, 慆堙心耳, 乃忘平和, 君子弗聽也. 物亦如之, 至于煩, 乃舍也已, 無以生疾. 君子之近琴瑟, 以儀節也, 非以慆心也. 天有六氣, 降生五味, 發爲五色, 徵爲五聲, 淫生六疾. 六氣曰陰陽風雨晦明也. 分爲四時, 序爲五節. 過則爲菑, 陰淫寒疾, 陽淫熱疾, 風淫末疾, 雨淫腹疾, 晦淫惑疾, 明淫心疾. 女, 陽物而晦時, 淫則生內熱惑蠱之疾. 今君不節不時, 能無及此乎."出告趙孟. 趙孟曰"誰當良臣."對曰"主是謂矣. 主相晉國, 於今八年, 晉國無亂, 諸侯無闕, 可謂良矣. 和聞之, 國之大臣, 榮其寵祿, 任其寵節, 有菑禍興而無改焉, 必受其咎. 今君至於淫以生疾, 將不能圖恤社稷, 禍孰大焉. 主不能禦, 吾是以云也."趙孟曰"何謂蠱."對曰"淫溺惑亂之所生也. 於聞, 皿蟲爲蠱, 穀之飛亦爲蠱. 在『周易』, 女惑男, 風落山, 謂之「蠱」. 皆同物也."趙孟曰"良醫也."厚其禮而歸之.

●초나라 영윤 공자 위가 공자 흑굉(黑肱)과 백주리(伯州犁)에게 명하여 주(犨: 하남성 노산현 동남쪽)와 역(櫟: 하남성 상채현 북쪽), 겹(郟: 하남성 양성현)에 성을 쌓게 했다. 정나라 사람들이 이를 두려워하자 자산이 안심시켰다.

"우리에게 해될 것이 없소. 초나라 영윤은 장차 대사(大事: 여기서는 시해)를 행하기 위해 두 사람을 조정에서 미리 제거하려는 것이오. 화가 우리 정나라에는 미치지 않을 것인데 무엇을 근심하는 것이오?"

겨울, 초나라 공자 위가 정나라를 빙문하려고 하자 오거(伍擧)가 부사(副使)가 되었다. 그들이 아직 초나라 국경을 넘지 않았을 때 초왕이 병이 났다는 소식이 들리자 공자 위는 돌아가고 오거만 정나라를 빙문하게 되었다.

11월 4일, 공자 위가 도성에 당도한 뒤 문병을 구실로 궁중으로 들어가 초왕 겹오(郟敖)를 목졸라 시해한 뒤 초왕의 두 아들인 막(幕)과 평하(平夏)마저 죽였다. 이에 우윤 자간(子干: 공자 比)은 진(晉)나라, 궁구윤(宮廏尹) 자석(子晳: 공자 흑굉)은 정나라로 달아났다. 이어 공자 위는 태재 백주리를 겹(郟)에서 죽인 뒤 초왕을 겹에 장사지내면서 겹오(郟敖)로 칭하게 했다.

초나라가 정나라에 사람을 보내 초왕의 죽음을 알렸다. 그러자 빙문차 정나라에 와 있던 오거가 사자에게 초왕의 후계자를 어떻게 표현해야 좋은지 물었다. 사자가 대답했다.

"과대부(寡大夫) 위(圍)입니다."

그러자 오거가 표현을 바꾸어 말했다.

"공왕(共王)의 아들 위가 왕위를 이을 사람 중 가장 연장입니다."

이에 앞서 자간이 진나라로 달아날 때 그를 따르는 수레가 모두 5승이었다. 그러자 진나라의 숙향이 자간에게 자국에 망명 중인 진(秦)나라 공자 후자(后子)와 같은 녹을 주게 했다. 이는 모두 1백 명을 먹일 수 있는 것이었다. 이에 조문자(趙文子)가 말했다.

"진나라 공자는 부자요."

숙향이 말했다.

"녹은 그 사람의 덕행을 기준으로 합니다. 덕행이 같으면 나이로써 하고, 나이가 같으면 지위를 기준으로 합니다. 공자의 식록(食祿)은 본국의 형세를 기준으로 하지 부를 기준으로 한다는 말은 들어보지 못했습니다. 더구나 수레 1천 승을 이끌고 그 나라를 떠난 자는 강어(彊禦: 횡포)하여 다루기가 어렵습니다.『시경』「대아·증민」에 이르기를, '환과(鰥寡)를 업신여기지 않고 강어(彊禦)를 두려워하지 않네'라고 했습니다. 진(秦)나라와 초나라는 그 지위가 같은 나라입니다."

이에 후자와 자간을 같은 위치에 놓게 했다. 그러자 후자가 사양했다.

"저 감(鍼)은 쫓겨날까 두려워했고 초나라 공자는 신임을 얻지 못했습니다. 그래서 모두 도망쳐나온 것이니 저희들이야 오직 명을 따를 뿐입니다. 그러나 저와 기려(羈旅: 나그네)를 동등하게 대우하는 것은 불가하지 않겠습니까. 사일(史佚)도 말하기를, '비기하기'(非羈何忌: '나그네도 아닌데 왜 공경하는가'라는 뜻으로, 忌는 敬과 통함)라고 했습니다."

초영왕(楚靈王: 공자 위)이 즉위하자 위피(蔿罷)가 영윤이 되고 위계강(蔿啓彊)이 태재가 되었다.

정나라 유길이 초나라로 가 겹오의 장례에 참석하고 새로 즉위한 군주를 찾아본 뒤 귀국하여 자산에게 말했다.

"어서 행기(行器: 회맹을 위한 행장)를 갖추십시오. 새로 즉위한 초왕은 태치(汰侈: 교만하고 사치함)하여 모든 일에 나서서 주재하기를 좋아합니다. 그는 반드시 제후들을 모을 것입니다. 우리가 회맹에 참석할 날이 멀지 않았습니다."

그러나 자산은 이같이 말했다.

"몇 년의 세월이 흐르지 않으면 그리하지 못할 것이오."

12월, 진나라가 이미 증제(烝祭: 겨울 제사)를 지냈다. 조맹이 남양(南陽)으로 가 증조부 맹자여(孟子餘)[7]를 제사지내려고 했다. 12월 1일, 온(溫) 땅에서 증제를 지냈다. 12월 7일, 조맹이 죽었다. 정간공이 진나라로 가 조문하려 했으나 조씨 가문의 사양으로 진나라의 옹(雍: 하남성 수무현 서쪽) 땅에서 돌아갔다.

楚公子圍使公子黑肱・伯州犁城犨櫟郟, 鄭人懼. 子産曰 "不害. 令尹將行大事, 而先除二子也. 禍不及鄭, 何患焉."冬, 楚公子圍將聘于鄭, 伍擧爲介. 未出竟, 聞王有疾而還. 伍擧遂聘. 十一月己酉, 公子圍至, 入問王疾, 縊而弑之. 遂殺其二子幕及平夏. 右尹子干出奔晉. 宮廐尹子晳出奔鄭. 殺大宰伯州犁于郟. 葬王於郟, 謂之郟敖. 使赴于鄭, 伍擧問應爲後之辭焉. 對曰 "寡大夫圍." 伍擧更之曰 "共王之子圍爲長." 子干奔晉, 從車五乘. 叔向使與秦公子同食, 皆百人之饔. 趙文子曰 "秦公子

---

7) '맹자여'는 조최를 말한다. '맹'을 조돈, '자여'를 조최로 보는 견해가 있으나 이는 잘못이다. 여기의 '맹'은 '원조'의 의미를 지닌 것이다.

富.”叔向曰 “氐祿以德, 德鈞以年, 年同以尊. 公子以國, 不聞以富. 且夫以千乘去其國, 彊禦已甚.『詩』曰 '不侮鰥寡, 不畏彊禦.' 秦楚匹也.” 使后子與子干齒. 辭曰 “鍼懼選, 楚公子不獲, 是以皆來, 亦唯命. 且臣與羈齒, 無乃不可乎. 史佚有言曰 '非羈何忌.'” 楚靈王卽位, 薳罷爲令尹, 薳啓彊爲大宰. 鄭游吉如楚, 葬郟敖, 且聘立君. 歸, 謂子産曰 “具行器矣. 楚王汰侈而自說其事, 必合諸侯. 吾往無日矣.” 子産曰 “不數年, 未能也.” 十二月, 晉旣烝. 趙孟適南陽, 將會孟子餘. 甲辰朔, 烝于溫. 庚戌卒. 鄭伯如晉弔, 及雍乃復.

2년(기원전 540)

2년 봄, 진후가 한기(韓起)를 보내 빙문하게 했다. 여름, 숙궁(叔弓)이 진나라로 갔다. 가을, 정나라가 그 대부 공손 흑(黑)을 죽였다. 겨울, 공이 진나라로 가던 중 황하에 이르러 되돌아왔다. 계손숙(季孫宿)이 진나라로 갔다.

二年春, 晉侯使韓起來聘. 夏, 叔弓如晉. 秋, 鄭殺其大夫公孫黑. 冬, 公如晉, 至河乃復. 季孫宿如晉.

●2년 봄, 진평공이 한선자(韓宣子)를 시켜 노나라를 빙문하면서 집정 사실을 알리고 노소공을 진현하게 했다. 이는 예에 맞는 일이다. 한선자는 노나라의 태사(大史)로부터『역』(易: 주역)과『상』(象: 주문왕이 반포한 정령집),『노춘추』(魯春秋: 노나라 사서) 등의 책을 빌려 보고는 말했다.

"주례(周禮: 주왕조의 예법)는 모두 노나라에 있군요. 나는 이제야 주공이 덕을 베풀고 주왕조가 천하를 다스리게 된 이유를 알았습니다."

노소공이 한선자를 위해 향례를 베풀었다. 노나라 계무자가『시경』「대아·면(緜)」의 졸장을 읊자 한선자가『시경』「소아·각궁(角弓: 형제지국의 우의를 노래함)」의 시를 읊었다. 이에 계무자가 한선자에게 절하며 말했다.

"삼가 감히 그대가 폐읍을 미봉(彌縫: 결점을 보완해줌)해준 것에 배사드립니다. 과군은 그대를 믿고 있습니다."

그러고는 『시경』「소아·절남산(節南山: 진나라의 덕이 만방에 베풀어지는 것을 비유)」의 졸장을 읊었다. 향례가 끝난 뒤 계무자가 자신의 집에서 연회석을 마련했다. 당시 계무자의 집에는 아름다운 나무가 한 그루 서 있었는데, 한선자가 그 나무를 칭송하자 계무자가 말했다.

"제가 어찌 이 나무를 성심껏 돌보지 않겠습니까. 잘 길러서 그대가 「소아·각궁」을 읊은 뜻을 잊지 않도록 하겠습니다."

그러고는 『시경』「소남·감당(甘棠)」을 읊었다. 이에 한선자가 말했다.

"나는 그 시를 감당할 수 없습니다. 소공(召公: 주나라 초기의 召康公)에게 미칠 수 없습니다."

한선자가 노나라를 떠나 제나라로 가 납폐(納幣: 정혼을 위한 예물을 바치는 것으로 약혼에 해당)한 뒤 제나라 대부 자아(子雅: 공손 조)를 만났다. 이에 자아가 아들 자기(子旗: 欒施)를 불러 한선자를 배견하게 했다. 한선자가 주위 사람에게 말했다.

"가문을 보전할 인물이 아니다. 신하 노릇도 제대로 하지 못할 것이다."

한선자가 또 제나라 대부 자미(子尾: 공손 채)를 만나자 자미도 아들 강(彊: 高彊으로, 곧 子良)을 불러 한선자를 배견하게 했다. 한선자가 그에 대해서도 자아의 아들에게 한 것과 똑같은 말을 했다. 대부분의 대부들이 한선자를 비웃었다. 그러나 오직 안자(晏子)만은 그의 말을 믿으면서 말했다.

"그분은 군자이다. 군자에게는 성심이 있으니 그분의 지적은 나름대로 근거가 있는 것이다."

한선자가 제나라를 떠나 위나라를 예방하자 위양공(衛襄公)이 그에게 향례를 베풀었다. 그 자리에서 위나라 대부 북궁문자(北宮文子)가 『시경』「위풍·기욱(淇澳: 덕행을 사물에 비유해 칭송한 내용임)」의 시를 읊자 한선자가 「위풍・목과(木瓜: 두텁게 보답하고자 하는 내용임)」의 시를 읊었다.

二年春, 晉侯使韓宣子來聘, 且告爲政而來見, 禮也. 觀書於大史氏, 見「易」, 「象」與「魯春秋」, 曰 "周禮盡在魯矣. 吾乃今知周公之德, 與周之所以王也." 公享之. 季武子賦「緜」之卒章. 韓子賦「角弓」. 季武子拜曰 "敢拜子之彌縫敝邑, 寡君有望矣." 武子賦「節」之卒章. 旣享, 宴于季氏, 有嘉樹焉, 宣子譽之. 武子曰 "宿敢不封殖此樹, 以無望「角弓」." 遂賦「甘棠」. 宣子曰 "起不堪也, 無以及召公." 宣子遂如齊納幣. 見子雅. 子雅召子旗, 使見宣子. 宣子曰 "非保家之主也, 不臣." 見子尾. 子尾見彊. 宣子謂之如子旗. 大夫多笑之. 唯晏子信之, 曰 "夫子, 君子也. 君子有信, 其有以知之矣." 自齊聘於衛. 衛侯享之, 北宮文子賦「淇澳」. 宣子賦「木瓜」.

●여름 4월, 진나라 대부 한수(韓須: 한기의 아들)가 제나라로 가 진평공을 위해 제녀(齊女)를 맞이했다. 이에 제나라에서는 진무우(陳無宇)를 시켜 소강(少姜: 진평공에게 출가한 제녀로, 곧 少齊)을 호송하여 진나라 공궁으로 들여보내게 했다. 소강이 진평공의 총애를 입자 진평공은 소강을 소제(少齊)로 불렀다. 이때 진나라는 소강을 따라온 진무우가 제나라의 경이 아니라는 사실을 알고는 무례하다는 이유로 그를 중도(中都: 산서성 평요현)에 수금했다. 이에 소강이 진무우를 위해 진평공에게 진정했다.

"호송하는 사람의 지위가 맞이하러 온 사람의 신분에 맞아야 하므로 대국인 진나라를 두려워한 나머지 오히려 경이 아닌 신분으로 바꾸었던 것입니다. 이로 인해 예를 어지럽게 만들었습니다."

이때 노나라 대부 숙궁(叔弓)이 진나라를 빙문했다. 이는 한선자의 빙문에 따른 답방이었다. 당시 진평공이 사람을 보내 숙궁을 교로(郊勞: 빈객을 교외에서 위로하는 의식)하게 하자 숙궁이 사양했다.

"과군이 저를 보내 구호(舊好)를 다지게 하면서 당부하기를, '감히 진나라로 가 빈객 노릇을 하지 말라'고 했습니다. 제가 사명(使命)을 집사(執事: 진평공)에게 상달할 수 있다면 폐읍에 홍(弘: 당시의 관용어로 커다란 은혜를 입음)이 되겠습니다. 제가 어찌 감히 교외에서 군주의 사자를 맞이할 수 있겠습니까. 청컨대 저의 사양을 받아주기 바랍니다."

도성으로 들어간 뒤 객관에 들게 하자 숙궁이 또다시 사양했다.

"과군이 저에게 진나라와의 구호를 이어지게 하라고 명했으니 호합(好合: 우호관계가 맺어짐)하여 사명이 완성되면 이는 저의 복이 됩니다. 제가 어찌 감히 대관(大館)에 들어가 머물 수 있습니까."

진나라의 숙향이 말했다.

"자숙자(子叔子: 숙궁)는 예를 아는 사람이다. 내가 듣건대 '충신(忠信)은 예의 그릇이고, 비양(卑讓: 자신을 낮추어 사양함)은 예의 근본이다'라고 했다. 사불망국(辭不忘國: 사양하면서 나라를 잊지 않음)은 충신, 선국후기(先國後己: 먼저 나라를 생각하고 자신을 뒤에 생각함)는 비양이다. 『시경』「대아・민로(民勞)」에 이르기를, '삼가 위의(威儀)를 공경스럽게 하여 유덕자(有德者)를 가까이하라'고 했다. 그 사람이 바로 유덕자에 가까운 사람이다."

夏四月, 韓須如齊逆女. 齊陳無宇送女, 致少姜. 少姜有寵於晉侯, 晉侯謂之少齊. 謂陳無宇非卿, 執諸中都. 少姜爲之請曰 "送從逆班, 畏大國也, 猶有所易, 是以亂作." 叔弓聘于晉, 報宣子也. 晉侯使郊勞, 辭曰 "寡君使弓來繼舊好, 固曰 '女無敢爲賓.' 徹命於執事, 敝邑弘矣. 敢辱郊使. 請辭." 致館. 辭曰 "寡君命下臣來繼舊好, 好合使成, 臣之祿也. 敢辱大館." 叔向曰 "子叔子知禮哉. 吾聞之曰 '忠信, 禮之器也. 卑讓, 禮之宗也.' 辭不忘國, 忠信也. 先國後己, 卑讓也. 『詩』曰 '敬愼威儀, 以近有德.' 夫子近德矣."

●가을, 정나라 대부 공손 흑(黑)이 난을 일으켜 유씨(游氏: 여기서는 유씨의 宗主인 游吉을 지칭)를 제거하고 자신이 그 자리를 대신하고

자 했다. 그러나 전에 자남(子南)과 싸울 때 입은 상처가 도져 실행에 옮기지 못했다. 이에 사씨(駟氏: 공손 흑의 일족)와 여러 대부들이 공손 흑을 죽이려고 했다.

이때 자산은 변경에 가 있다가 이 소식을 들었다. 그는 속히 도성에 이르지 못할 것을 두려워하여 급히 거(遽: 역마)에 올라탔다. 도성에 당도하자 곧바로 관원을 공손 흑에게 보내 그의 죄상을 열거하게 했다.

"백유(伯有)의 난이 일어났을 때 진·초 두 나라를 시봉하는 일로 인해 그대를 단죄하지 못했다. 그대는 난심(亂心)을 지닌 채 만족할 줄 모르니 국가는 더 이상 그대를 용인할 수 없다. 멋대로 백유를 토벌한 것이 첫 번째 죄이고, 형제끼리 쟁실(爭室: 부인으로 맞이하기 위해 다툼)한 것이 두 번째 죄이고, 훈수지맹(薰隧之盟)에서 군위(君位)를 가탁한 것이 세 번째 죄이다. 사죄(死罪)가 셋이나 있으니 어찌 더 이상 그대를 용인할 수 있는가. 그대가 속히 죽지 않는다면 대형(大刑: 사형)이 그대의 머리 위에 떨어질 것이다."

공손 흑이 재배계수(再拜稽首)하면서 말했다.

"저는 조만간 죽을 것이니 하늘이 저를 학대하는 것을 도와주지 말기 바랍니다."

자산이 말했다.

"사람이라면 누구인들 죽지 않겠는가. 흉인(凶人: 흉악한 자)은 선종할 수 없다. 이것이 천명이다. 흉악한 짓을 하면 흉인이 되는 것이다. 하늘을 돕지도 못하고 있는데 어찌 흉인을 돕겠는가."

이때 공손 흑이 자신의 아들 인(印)을 저사(褚師: 시장을 담당하는 관원)로 임명해줄 것을 청했다. 그러자 자산이 말했다.

"인에게 재능이 있다면 군주가 장차 그를 임용할 것이고, 그렇지 않으면 조만간 그대의 뒤를 따를 것이다. 그대는 자신의 죄과를 걱정할 생각은 하지 않고 또 무엇을 청하는 것인가. 속히 죽지 않으면 사구(司寇)가 너의 죄를 다스릴 것이다."

7월 1일, 공손 흑이 목을 매어 죽었다. 이에 주씨지구(周氏之衢: 정나라의 주요 도로)에 폭시(暴尸: 시신을 밖에 드러내놓음)한 뒤 그의 죄상을 기록한 푯말을 그 옆에 세웠다.

이때 진소강(晉少姜)이 죽었다. 노소공이 조문차 진나라로 가던 중 황하에 이르렀을 때 진평공이 사문백(士文伯)을 시켜 이같이 사절하게 했다.

"항려(伉儷: 정실)가 아니니 청컨대 욕림(辱臨)하지 말기 바랍니다."

이에 노소공이 돌아갔다. 그러나 동행했던 계손숙(季孫宿)은 진나라로 가 수복(襚服: 사자에게 입히는 衣衾)을 바쳤다. 이때 진나라 숙향이 제나라 대부 진무우(陳無宇)의 처리 문제를 놓고 진평공에게 건의했다.

"그에게 무슨 죄가 있습니까. 군주가 공족대부를 보내 소강을 맞이했으니 제나라도 상대부인 진무우를 시켜 소강을 호송하게 한 것입니다. 이를 두고 불경하다고 하는 것은 군주의 요구가 지나친 것입니다. 우리가 스스로 공경히 행하지 못하고 오히려 제나라의 사자를 잡아가둔 것입니다. 군주의 형벌이 편파적이니 장차 무엇으로 맹주의 역할을 수행하려는 것입니까. 게다가 소강도 용서를 구한 적이 있습니다."

겨울 10월, 진무우가 제나라로 돌아갔다. 11월, 정나라 대부 인단(印段)이 진나라로 가 소강의 죽음을 조상했다.

秋, 鄭公孫黑將作亂, 欲去游氏而代其位, 傷疾作而不果. 駟氏與諸大夫欲殺之. 子産在鄙聞之, 懼弗及, 乘遽而至. 使吏數之, 曰 "伯有之亂, 以大國之事, 而未爾討也. 爾有亂心, 無厭, 國不女堪. 專伐伯有, 而罪一也. 昆弟爭室, 而罪二也. 薰隧之盟, 女矯君位, 而罪三也. 有死罪三, 何以堪之. 不速死, 大刑將至." 再拜稽首辭曰 "死在朝夕, 無助天爲虐." 子産曰 "人誰不死. 凶人不終命也. 作凶事, 爲凶人. 不助天, 其助凶人乎." 請以印爲褚師. 子産曰 "印也若才, 君將任之. 不才, 將朝夕從女. 女罪之不恤, 而又何請焉. 不速死, 司寇將至." 七月壬寅, 縊. 尸諸周氏之衢, 加木焉. 晉少姜卒. 公如晉, 及河. 晉侯使士文伯來辭曰 "非伉儷也. 請君無辱." 公還, 季孫宿遂致服焉. 叔向言陳無宇於晉侯曰 "彼何罪. 君使公族逆之, 齊使上大夫逆之. 猶曰'不共', 君求以貪. 國則不共, 而執其使. 君刑已頗, 何以爲盟主. 且少姜有辭." 冬十月, 陳無宇歸. 十一月 鄭印段如晉弔.

3년(기원전 539)

3년 봄 주력(周曆) 정월 정미, 등자 원(原)이 졸했다. 여름, 숙궁이 등나라로 갔다. 5월, 등성공(滕成公)을 안장했다. 가을, 소주자가 내조했다. 8월, 크게 기우제를 지냈다. 겨울, 크게 우박이 내렸다. 북연백(北燕伯) 관(款)이 제나라로 망명했다.

三年春王正月丁未, 滕子原卒. 夏, 叔弓如滕. 五月, 葬滕成公. 秋, 小邾子來朝. 八月, 大雩. 冬, 大雨雹. 北燕伯款出奔齊.

●3년 봄 1월, 정나라 대부 유길이 진나라로 가 소강의 장례식에 참석했다. 이때 진나라 대부 양병(梁丙)과 장적(張趯)이 유길을 배견했다. 양병이 유길에게 말했다.

"그대가 온 것은 정도에 지나친 것입니다."

자태숙(子大叔: 유길)이 말했다.

"어찌 안 올 수 있습니까. 전에 진문공과 진양공이 패자로 있을 때는 제후들을 번거롭게 하지 않았습니다. 제후들에게 3년에 한 번 빙문하고 5년에 한 번 조현하게 했는데 일이 있을 때 회동하고 화목하지 못하면 결맹했습니다. 군주가 훙거하면 대부가 조상하고, 경이 장례식에 참석했습니다. 부인이 세상을 떠나면 사(士)가 조상하고, 대부가 장례식에 참석했습니다. 단지 족히 예절을 밝히고, 일을 명하고, 부족함을 보완하는 것에 그쳤으니 따로 명을 더하는 일이 없었습니다. 그러나 지금은 군주의 폐총(嬖寵)의 상에도 조상하고, 제후국들은 적당한 신분의 사람을 선택해 장례식에 참석시킬 수도 없고, 수적(守適: 정실부인)의 경우와 똑같은 예를 차려야만 합니다. 우리 나라는 오직 죄를 얻을까 두려워할 뿐이니 어찌 감히 번거로운 것을 꺼리겠습니까. 소강은 군주의 총애를 받다가 죽었으니 제나라에서는 반드시 계실(繼室)을 보낼 것입니다. 그리 되면 저는 또 축하하러 와야 하니 이번 사행(使行)만으로 끝나지는 않을 것입니다."

그러자 장적이 말했다.

"옳은 말씀입니다. 저는 이같은 예수(禮數 :예절)에 관해 잘 들었습니다. 그러나 이후로는 그대에게 이같은 일이 없을 것입니다. 이는 비유컨대 대화성(大火星)과 같다고 할 수 있습니다. 대화성이 하늘의 한가운데 위치하면 한서(寒暑)가 물러납니다. 지금 우리 진나라는 국세가 극에 달해 있으니 장차 쇠퇴하지 않겠습니까. 진나라는 앞으로 제후들의 지지를 잃게 될 것이니 설령 제후들이 번거로운 행사를 찾고자 할지라도 그리 될 수 없을 것입니다."

두 대부가 물러나자 자태숙이 좌우 사람에게 말했다.

"장적은 지모가 있는 사람이다. 그런데 어찌하여 아직도 군자의 뒷자리를 차지하고 있는 것인가."

1월 9일. 등성공(滕成公: 原)이 세상을 떠났다. 등나라는 노나라와 동맹국이었으므로 『춘추』에 그의 이름을 기록한 것이다.

三年春王正月, 鄭游吉如晉, 送少姜之葬. 梁丙與張趯見之. 梁丙曰 "甚矣哉. 子之爲此來也." 子大叔曰 "將得已乎. 昔, 文襄之霸也, 其務不煩諸侯. 令諸侯三歲而聘, 五歲而朝, 有事而會, 不協而盟. 君薨, 大夫弔, 卿共葬事. 夫人, 士弔, 大夫送葬. 足以昭禮命事謀闕而已, 無加命矣. 今嬖寵之喪, 不敢擇位, 而數於守適. 唯懼獲戾, 豈敢憚煩. 少姜有寵而死, 齊必繼室. 今茲, 吾又將來賀, 不唯此行也." 張趯曰 "善哉. 吾得聞此數也. 然自今, 子其無事矣. 譬如火焉, 火中, 寒暑乃退. 此其極也, 能無退乎. 晉將失諸侯, 諸侯求煩不獲." 二大夫退. 子大叔告人曰 "張趯有知, 其猶在君子之後乎." 丁未, 滕子原卒. 同盟, 故書名.

●제경공이 안영(晏嬰)을 시켜 진나라에 계실(繼室)을 받아줄 것을

청하게 했다. 이에 안영이 진나라로 가 말했다.

"과군이 저를 보내면서 이르기를, '저는 군주를 시봉하고자 조석으로 정성을 게을리하지 않고 있습니다. 지폐(質幣: 예물로, 質은 贄와 통함)을 봉헌하면서 때를 놓치지 않으려 했으나 나라에 어려운 일이 많아 뜻대로 하지 못했습니다. 불미한 선군의 적녀(嫡女)가 군주의 내관이 되어 저의 희망을 밝게 해주더니 복이 없어 일찍 운명(隕命: 殞命)함으로써 저를 실망시켰습니다. 군주가 만일 선군과의 우호를 잊지 않고 제나라를 혜고(惠顧: 뒤돌아봄)하여 저를 감싸주고 태공(大公: 제나라의 시조 강태공)과 정공(丁公: 강태공의 아들)에게 복을 빌면서 폐읍을 환하게 비춰주고, 폐읍의 사직을 안정시켜 준다면, 폐읍에는 아직도 선군의 적녀와 고자매(姑姊妹: 선군의 첩실이 낳은 딸) 약간명이 있습니다. 군주가 만일 폐읍을 버리지 않고자 한다면 사자를 보내 신중하게 선택하여 내관을 채우기 바랍니다. 이는 저의 소망이기도 합니다' 라고 했습니다."

한선자가 숙향을 시켜 안영에게 이같이 전하게 했다.

"이는 바로 과군이 바라던 바이기도 합니다. 과군은 홀로 국가대사를 처리할 수 없는 터에 아직 항려(伉儷)가 없는 형편입니다. 복상 기간 중에 감히 청하지 못하고 있습니다. 귀국의 군주가 이같은 명을 주니 이보다 더 큰 은혜가 없습니다. 만일 폐읍을 혜고하여 진나라를 편안하게 하고, 우리의 내주(內主: 제후의 처첩)를 보내준다면 어찌 과군만이 그 은혜를 입겠습니까. 이 나라의 모든 신하가 그 은혜를 받게 되는 것입니다. 대략 당숙(唐叔: 진나라 시조) 이하의 역대 선군의 신령 모두 이를 총가(寵嘉: 영광으로 삼음)할 것입니다."

진평공과 제녀 사이의 혼사가 성립하자 안자(晏子)가 진평공으로부터 향례를 받았다. 이때 진나라 숙향이 배석하여 안자와 이야기를 주고받으면서 물었다.

"제나라 사정은 요즘 어떻습니까?"

안자가 대답했다.

"제나라가 계세(季世: 말세)에 이르렀다는 것 이외에 나머지는 잘 모르겠습니다. 제나라는 아마도 진씨(陳氏: 진경중의 일족)의 세상이 될 것입니다. 군주가 백성을 버리자 백성들이 진씨에게 귀부하고 있습니다. 제나라에는 원래 4종의 양기(量器: 곡식을 세는 단위)가 있는데 두(豆: '1두'는 4升)·구(區: '1구'는 4豆로 곧 1斗 6升)·부(釜: '1부'는 4區로 곧 6斗 4升)·종(鍾: '1종'은 10釜로 곧 6石 4斗)이 바로 그것입니다. 4승(升)이 1두가 되어 차례로 네 배씩 더하여 1부가 되고 1부의 10배가 곧 1종이 됩니다. 진씨는 두·구·부의 세 가지 단위에 모두 하나씩을 더 붙임으로써 5승을 1두, 5두를 1구, 5구를 1부로 하니 1종의 양은 공식적인 양보다 훨씬 많습니다. 그는 바로 이 사가(私家)의 단위로 사람들에게 곡식을 빌려주었다가 거두어들일 때는 공가(公家)의 단위를 사용합니다. 또 산에서 벌목한 나무를 시장에 가지고 나가도 벌목 당시보다 비싸지 않고, 어(魚: 생선)·염(鹽: 소금)·신합(蜃蛤: 대합 등의 패류) 등도 채취 당시의 가격보다 비싸지 않습니다. 백성들은 자신들이 생산하는 것을 셋으로 나눠 그 둘은 군주에게 바치고 나머지 하나는 의식에 충당합니다. 군주가 거둬들인 생산물은 썩고 벌레가 먹고 있지만 백성은 빈곤하여 삼로(三老: 上壽·中壽·下壽로 모두 80 이상의 노인을 지칭)들조차 기한(飢寒)에 떠는 형편입니다. 도성의 각 시장에서 파는 신발을 보더라도 누(屨: 일반 신발)는 싸지만 용(踊: 일종의 의족으로 刖刑을 받은 사람이 신는 왼쪽 신발)은 비쌉니다. 백성이 질병 등으로 고통에 시달릴 때 진씨가 가서 욱휴(燠休: 위문한다는 뜻이나 厚賜로 보기도 함)하며 백성들을 마치 부모처럼 섬깁니다. 이에 백성들이 그에게 귀부하는 것이 흐르는 물과 같습니다. 그가 백성들의 지지를 받지 않으려 할지라도 장차 이를 어찌 피할 수 있겠습니까. 기백(箕伯)과 직병(直柄), 우수(虞遂), 백희(伯戲: 네 사람 모두 순임금의 후손으로 진씨의 선조) 등의 신령이 그 후대인 호공(胡公: 주왕조 초기에 陳 땅에 봉해진 胡公不淫을 지칭)과 태희(大姬: 주무왕의 장녀로 호공의 부인)의 신령을 좇아 이미 제나라로 와서 진씨를 돕고 있는 것입니다."

그러자 숙향도 말했다.

"과연 그렇습니다. 우리 공실 또한 지금 말세에 이르렀습니다. 전마(戰馬)는 전차에 매어져 있지 않아 경(卿)들은 군사를 지휘할 수가 없습니다. 공실의 전차는 어자(御者)와 융우(戎右)가 없어 몰지 못하고 보병부대에는 지휘자가 없는 형편입니다. 일반 백성은 지쳐 있는데 궁실은 더욱 사치스럽기만 합니다. 도근상망(道墐相望: 길거리에 아사자의 시체가 서로 쳐다보고 있을 정도로 많음)인데 총희를 낸 집안은 재물을 쌓아둘 곳이 없는 상황입니다. 백성은 군주의 명령을 들으면 마치 외적을 피하듯이 하고 난(欒)·극(郤)·서(胥)·원(原)·호(狐)·속(續)·경(慶)·백(伯: 이들 모두 진나라 전래의 호족임) 등의 씨족들은 모두 몰락해 조례(皁隷: 천역)로 전락했습니다. 이에 정권이 세력 있는 일부 가문의 손에 떨어지자 백성은 의지할 곳이 없게 되었습니다. 그런데도 군주는 반성하기는커녕 날마다 환락으로 근심을 잊고 있습니다. 공실의 위세가 이같이 추락한 적이 과연 이전에 있었습니까. 참정(讒鼎: 커다란 鼎의 일종)에 새겨진 명문에 이르기를, '매단비현(昧旦丕顯: 이른 새벽에 일어나 명성을 크게 빛내기 위해 노력함)·후세유태(後世猶怠: 후세 자손에 가서는 오히려 게을러짐)'이라고 했습니다. 하물며 어느 하루도 회개할 생각을 하지 않으니 어찌 오래 갈 수 있겠습니까."

"그러면 그대는 장차 어찌할 생각입니까?"

숙향이 대답했다.

"진나라의 공족은 끝났습니다. 내가 듣건대 '공실이 장차 쇠약해지게 되면 우선 그의 종족이 마치 지엽이 먼저 떨어지듯이 몰락하고 공실도 뒤따라 조락한다'고 했습니다. 나 힐(肹)의 종족(宗族)은 원래 11족(族)이었으나 지금은 오직 양설씨(羊舌氏)만 남아 있을 뿐입니다. 게다가 나 또한 현능한 자식이 없습니다. 공실에 법도가 없으니 과연 선종만 하더라도 만행(萬幸: 천만다행)일 것입니다. 그러니 죽은들 어찌 제사를 받을 수 있겠습니까."

齊侯使晏嬰請繼室於晉, 曰 "寡君使嬰曰 '寡人願事君, 朝夕不倦, 將奉質幣, 以無失時, 則國家多難, 是以不獲. 不腆先君之適, 以備內官, 煜燿寡人之望, 則又無祿, 早世隕命, 寡人失望. 君若不忘先君之好, 惠顧齊國, 辱收寡人, 徼福於大公·丁公, 照臨敝邑, 鎭撫其社稷, 則猶有先君之適及遺姑姊妹若而人. 君若不棄敝邑, 而辱使董振擇之, 以備嬪嬙, 寡人之望也.'" 韓宣子使叔向對曰 "寡君之願也. 寡君不能獨任其社稷之事, 未有伉儷. 在縗絰之中, 是以未敢請. 君有辱命, 惠莫大焉. 若惠顧敝邑, 撫有晉國, 賜之內主, 豈惟寡君, 擧群臣實受其貺. 其自唐叔以下, 實寵嘉之." 旣成昏, 晏子受禮. 叔向從之宴, 相與語. 叔向曰 "齊其何如." 晏子曰 "此季世也, 吾弗知. 齊其爲陳氏矣. 公棄其民, 而歸於陳氏. 齊舊四量, 豆區釜鍾. 四升爲豆, 各自其四, 以登於釜, 釜十則鍾. 陳氏三量皆登一焉, 鍾乃大矣. 以家量貸, 而以公量收之. 山木如市, 弗加於山. 魚鹽蜃蛤, 弗加於海. 民參其力, 二入於公, 而衣食其一. 公聚朽蠹, 二三老凍餒. 國之諸市, 屨賤踊貴. 民人痛疾, 而或燠休之, 其愛之如父母, 而歸之如流水, 欲無獲民, 將焉辟之. 箕伯·直柄·虞遂·伯戲, 其相胡公·大姬, 已在齊矣." 叔向曰 "然, 雖吾公室, 今亦季世也. 戎馬不駕, 卿無軍行, 公乘無人, 卒列無長. 庶民罷敝, 而宮室滋侈. 道殣相望, 而女富溢尤. 民聞公命, 如逃寇讎. 欒·郤·胥·原·狐·續·慶·伯, 降在皂隷. 政在家門, 民無所依. 君日不悛, 以樂慆憂. 公室之卑, 其何日之有. 讒鼎之銘曰 '昧旦丕顯, 後世猶怠'. 況日不悛, 其能久乎." 晏子曰 "子將若何." 叔向曰 "晉之公族盡矣. 肸聞之, 公室將卑, 其宗族枝葉先落, 則公從之. 肸之宗十一族, 唯羊舌氏在而已. 肸又無子. 公室無度, 幸而得死, 豈其獲祀."

● 당초 제경공이 안자의 집을 바꿔줄 생각으로 말했다.

"그대의 집은 시장에서 가깝고, 저습하고 협소하며 시끄럽고 먼지가 많으니 살기에 좋지 않소. 상개(爽塏: 통풍이 잘되어 쾌적하고 높은 지대에 지은 집)로 바꿔 살도록 하시오."

"그곳은 군주의 선신(先臣: 안영의 선조)이 살던 곳으로 제가 선업(先業)을 계승하기에 부족하니 저에게는 이미 사치스러운 곳입니다. 하물며 소인은 시장에 가까이 살면서 조석으로 필요한 것을 쉽게 구할 수 있으니 이는 소인에게 크게 이롭습니다. 그런데 어찌 감히 이려(里旅: 마을 사람)를 번거롭게 하겠습니까."

이에 경공이 웃으면서 말했다.

"그대는 시장 가까이 살고 있다고 하는데 과연 귀천(貴賤: 물건 가격의 고하)을 알고 있소?"

"이미 그로 인해 이로움이 있는데 어찌 모를 리 있겠습니까."

"그렇다면 무엇이 비싸고 무엇이 싼 것이오?"

당시 제경공은 월형(刖刑)을 남용해 이미 용(踊: 일종의 의족)을 파는 사람이 있었다. 안자가 대답했다.

"용은 비싸고 누(履: 일반 신발)는 쌉니다."

이는 이미 안자가 제경공에게 고했던 것이다. 그래서 숙향과 함께 이야기하면서 이 말을 했던 것이다. 제경공은 안자의 이같은 말을 듣고 비로소 형벌을 줄였다. 이를 두고 군자는 이같이 평했다.

"어진 사람의 말은 그 이로움이 얼마나 광대한가. 안자의 한마디 말에 제경공이 형벌을 줄였다. 『시경』 「소아·교언(巧言)」에 이르기를, '군자여지(君子如祉: 군자가 복을 행함)·난서천이(亂庶遄已: 화란이 거의 곧바로 그침)'라고 했다. 이는 곧 이를 두고 한 말이다."

안자가 진나라로 가 있을 때 제경공이 그의 집을 새로 지어주었다. 이에 안자가 귀국했을 때는 집이 이미 완성되어 있었다. 안자가 배사하고는 곧 새 집을 헌 뒤 마을 사람들의 집으로 만들어 모든 것을 이전과 똑같이 복구해 놓았다. 이어 원래 살던 주민들에게 불러들이면서 말했다.

"속담에 이르기를, '집의 호오(好惡)를 점치는 것이 아니라 오직 이웃의 호오를 점친다'라고 했소. 여기 몇 분은 이미 이웃의 호오를 점친 뒤 살아왔는데 내가 집을 지어 여러분의 점복을 어긋나게 하는 것은 상서롭지 못하오. 군자는 예에 맞지 않는 짓을 하지 않고 소인은 상서롭지 못한 짓을 범하지 않는 것이 고래의 법도요. 그러니 내가 어찌 감히 이를 어기겠소."

그러고는 그들이 원래 살던 곳으로 들어가 살게 했다. 그러나 처음에는 제경공이 이를 허락하지 않았다. 결국 안자가 진환자를 통해 이를 청하자 제경공이 허락했다.

初, 景公欲更晏子之宅, 曰"子之宅近市, 湫隘囂塵, 不可以居, 請更諸爽塏者." 辭曰"君之先臣容焉, 臣不足以嗣之, 於臣侈矣. 且小人近市, 朝夕得所求, 小人之利也. 敢煩里旅." 公笑曰"子近市, 識貴賤乎." 對曰"旣利之, 敢不識乎." 公曰"何貴何賤." 於是景公繁於刑, 有鬻踊者. 故對曰"踊貴屨賤." 旣已告於君, 故與叔向語而稱之. 景公爲是省於刑. 君子曰"仁人之言, 其利博哉. 晏子一言, 而齊侯省刑. 『詩』曰'君子如祉, 亂庶遄已.' 其是之謂乎." 及晏子如晉, 公更其宅, 反則成矣. 旣拜, 乃毁之而爲里室, 皆如其舊. 則使宅人反之, 曰"諺曰'非宅是卜, 唯鄰是卜.' 二三子先卜鄰矣, 違卜不祥. 君子不犯非禮, 小人不犯不祥, 古之制也. 吾敢違諸乎." 卒復其舊宅. 公弗許. 因陳桓子以請, 乃許之.

● 여름 4월, 정간공이 진나라로 갔다. 공손 단(段)이 상례(相禮)했는데 그는 매우 경비(敬卑: 공손하고 겸허함)하여 예에 어긋나는 일이 없었다. 진평공이 그를 가상히 여겨 다음과 같은 내용의 책서(策書)를 내렸다.

"자풍(子豊: 공손 단의 부친)은 진나라에 공로가 있었다. 나는 그 일을 들은 이후 줄곧 잊지 않고 있었다. 이에 그대에게 주전(州田: 州縣의 땅)을 주어 옛 공훈을 치하하고자 한다."

백석(伯石: 공손 단)이 재배계수하여 책서를 받고 나왔다. 이를 두고 군자가 이같이 평했다.

"예의는 사람에게 극히 중요한 것이다. 백석은 교오한 사람이나 진나라에서 한 번 예의를 지켜 오히려 복록을 받게 되었다. 하물며 시종 예의를 행하는 사람은 어떠하겠는가. 『시경』「용풍·상서(相鼠)」에 이르기를, '사람이 예의도 없으면서 어찌하여 일찍 죽지도 않는가'라고 했다. 이는 예를 말한 것이다."

당초 주현(州縣: 하남성 비양현 동남쪽)은 진나라 대부 난표(欒豹)의 채읍이었다. 난씨가 멸망하자 범선자(范宣子)와 조문자(趙文子), 한선자(韓宣子) 모두 그 땅을 차지하고자 했다. 이에 조문자가 말했다.

"온현(溫縣: 원래 주현이 속해 있는 조씨의 식읍으로 하남성 온현 서남쪽에 위치)은 나의 고을입니다."

두 선자(宣子)가 반박했다.

"대부 극칭(郤稱)이 주현과 온현을 나눈 이래 주현은 이미 세 가문을 거쳐 내려왔소. 진나라에서 새로이 나뉘어진 고을이 단지 주현만이 아니오. 그러니 누가 이를 나눠지기 이전의 상태로 돌려놓을 수 있단 말이오?"

이에 조문자는 크게 부끄러운 나머지 이를 포기했다. 그러자 두 선자도 말했다.

"우리가 옳은 얘기를 해놓고 스스로 취할 수는 없다."

그러고는 그들도 이를 포기했다. 이후 조문자가 집정하게 되자 그의 아들 조획(趙獲)이 건의했다.

"이제는 가히 주현을 차지할 수 있습니다."

조문자가 꾸짖었다.

"물러가라. 두 분의 말이 도의에 맞다. 도의에 어긋나면 화가 된다. 나는 자신의 고을도 제대로 다스리지 못하는데 또 어찌 주현을 다스릴 수 있단 말인가. 이는 스스로 화를 부르는 일이다. 군자가 이르기를, '우환을 모르기가 매우 어렵다'고 했다. 알지 못하면 모르되 알면서 따르지 않으면 이보다 더 큰 화는 없다. 다시 주현 문제를 거론하는 자는 반드시 죽게 될 것이다."

정나라의 풍씨(豊氏: 공손 단의 씨족)가 원래 살던 곳은 진나라의 한씨가 있는 곳이었다. 백석이 주현을 상으로 받게 된 것은 한선자가 백석을 위해 진평공에게 요청한 데 따른 것이었다. 이는 백석이 훗날 그 땅을 반납하면 자신이 그 땅을 차지하려는 속셈에서 나온 것이었다.

5월, 노나라 대부 숙궁이 등나라로 가 등성공의 장례식에 참석했다. 이때 자복초(子服椒: 자복혜백)가 부사가 되었다. 이들이 등나라 도성의 교외에 이르렀을 때 마침 자복초의 숙부인 의백(懿伯)의 기일이었다.[8] 경자(敬子: 숙궁)가 자복초를 위해 이날 도성으로 들어가지 않으려고 하자 혜백(惠伯: 자복초)이 말했다.

"공사(公事: 공가의 일)에는 공리(公利: 공가의 이익)만 있을 뿐 사기(私忌: 사적인 기휘)는 없는 것입니다. 제가 먼저 들어갈 것을 청합니다."

그러고는 먼저 도성으로 들어가 객관에 들었다. 이에 경자가 그의 뒤를 따르게 되었다.

이때 진나라 대부 한기(韓起)가 제나라로 가 진도공을 위해 제녀(齊女)를 맞이했다. 그런데 공손 채(蠆)는 전에 소강이 진평공의 총애를 받은 것을 생각하고는 기자(其子: 자신의 딸이라는 뜻으로, '子'는 남녀에 공히 사용했음)를 공녀(公女: 제경공의 딸)와 바꾼 뒤 공자(公子: 제경공의 딸)를 다른 곳으로 시집보냈다. 진나라 사람들이 이 사실을 알고 한선자에게 고했다.

"제나라의 자미(子尾: 공손 채)가 진나라를 속이고 있습니다. 진나라가 왜 이를 받아들여야 합니까."

한선자가 말했다.

"우리가 제나라의 지지를 얻고자 하면서 오히려 제나라의 총신을 멀리하면 그 총신이 장차 우리를 따라오겠소?"

夏四月, 鄭伯如晉, 公孫段相, 甚敬而卑, 禮無違者. 晉侯嘉焉, 授之以

---

8) 공영달은 자복초의 숙부인 의백의 원수를 만나게 되자 경자가 자복초로 하여금 원수를 갚게 할 생각으로 등나라 도성 입성을 꺼렸다고 주장했다. 정현은 경자가 의백에게 원한이 있었다고 주장했다. 둘 다 모두 문맥상 부자연스러운데다가 무슨 근거가 있는 것도 아니다. 대략 '기일'(忌日)로 해석하는 것이 타당할 듯하다.

策曰 "子豊有勞於晉國, 余聞而弗忘. 賜女州田, 以胙乃舊勳." 伯石再拜稽首, 受策以出. 君子曰 "禮, 其人之急也乎. 伯石之汰也, 一爲禮於晉, 猶荷其祿, 況以禮終始乎.『詩』曰 '人而無禮, 胡不遄死.' 其是之謂乎." 初, 州縣, 欒豹之邑也. 及欒氏亡, 范宣子·趙文子·韓宣子皆欲之. 文子曰 "溫, 吾縣也." 二宣子曰 "自郤稱以別, 三傳矣. 晉之別縣不唯州, 誰獲治之." 文子病之, 乃舍之. 二子曰 "吾不可以正議而自與也." 皆舍之. 及文子爲政, 趙獲曰 "可以取州矣." 文子曰 "退, 二子之言, 義也. 違義禍也. 余不能治余縣, 又焉用州, 其以徼禍也. 君子曰 '弗知實難.' 知而弗從, 禍莫大焉, 有言州必死." 豊氏故主韓氏, 伯石之獲州也, 韓宣子爲之請之, 爲其復取之之故. 五月, 叔弓如滕, 葬滕成公, 子服椒爲介. 及郊, 遇懿伯之忌, 敬子不入. 惠伯曰 "公事有公利, 無私忌. 椒請先入." 乃先受館, 敬子從之. 晉韓起如齊逆女. 公孫蠆爲少姜之有寵也, 以其子更公女而嫁公子. 人謂宣子 "子尾欺晉, 晉胡受之." 宣子曰 "我欲得齊而遠其寵, 寵將來乎."

● 가을 7월, 정나라 대부 한호(罕虎)가 진나라로 가 진평공이 새 부인을 맞이한 일을 축하하면서 이같이 호소했다.

"초나라가 매일 새 왕이 즉위했는데도 찾아오지 않는 이유가 무엇이냐며 폐읍을 문책하고 있습니다. 그러나 만일 초나라의 요구를 듣게 되면 진나라의 집사(執事: 진평공)가 과군을 향해 '본래 외심(外心: 딴마음)이 있었다'고 말할까 두려울 뿐입니다. 그렇다고 초나라에 가지 않으면 송나라에서 맺은 맹약으로 인해 똑같은 얘기를 들을 수밖에 없습니다. 폐읍의 입장에서는 가나 안 가나 죄가 될 뿐입니다. 과군은 저를 보내면서 이같은 사정을 말씀드리라고 했습니다."

한선자가 숙향을 시켜 이같이 회답하게 했다.

"귀군(貴君)이 만일 과군을 받드는 마음을 지니고 있으면 초나라에 간들 무슨 해가 되겠소? 이는 송나라에서 맺은 회맹의 우호를 다지는 일이기도 하오. 귀군이 진실로 맹약을 생각한다면 과군은 곧 죄과를 사면해야 한다는 것을 알 것이오. 귀군이 만일 과군을 받드는 마음이 없다면 설령 조석으로 폐읍을 찾아온다 해도 과군은 믿지 않을 것이오. 귀군이 실로 과군을 받드는 마음을 지니고 있다면 굳이 욕명(辱命: 삼가 명을 받드는 것을 뜻함)할 필요가 있겠소? 귀군은 초나라에 가도록 하시오. 실로 과군을 받드는 마음을 갖고 있다면 귀군이 초나라에 있는 것은 곧 우리 진나라에 있는 것과 마찬가지요."

이때 진나라 대부 장적(張趯)이 사람을 정나라의 태숙(大叔: 유길)에게 보내 질책했다.

"그대가 돌아간 이후 소인은 선대부터 살아온 폐려(敝廬: 누추한 집)를 분제(糞除: 청소)하고 말하기를, '그분이 장차 돌아올 것이다'라고 했습니다. 그런데 이번에 자피(子皮: 한호)가 사행으로 와 소인은 크게 실망했습니다."

태숙이 말했다.

"저는 신분이 낮아서 가지 못했습니다. 이번에 자피가 간 것은 대국인 진나라를 두려워하고 새 부인을 존경하기 때문입니다. 또 맹자(孟子: 장적)가 지난번에 말하기를, '그대는 장차 할 일이 없을 것이오'라고 했습니다. 지금 저는 대략 할 일이 없습니다."

소주목공(小邾穆公)이 노나라에 조현차 찾아왔다. 이때 계무자가 제후들에 대한 예보다 등급을 낮추어 대하려고 하자 목숙(穆叔)이 반대했다.

"불가합니다. 조나라와 등나라, 주(邾)나라, 소주(小邾)나라는 실로 우리와 맺은 우호를 잊지 않고 있습니다. 우리가 매우 공경스러운 자세로 맞이할지라도 오히려 그들이 두 마음을 가질까 두렵습니다. 그런데 우호국에 대한 예우의 등급을 또 낮추게 되면 이는 다른 많은 우호국들의 뜻과 배치되는 것입니다. 그러니 전과 같이 대하면서 오히려 더욱 공경스런 모습을 보여야 합니다. 『지』(志)에 이르기를, '공경을 잘 하면 재앙이 없다'고 했습니다. 또 이르기를, '찾아온 사람을 공경스럽게 영접하는 것이 하늘이 복을 내리는 원인이다'라고 했습니다."

이에 계손숙이 목숙의 말을 좇았다.

8월, 노나라가 크게 기우제를 지냈다. 이는 가물었기 때문이다.

이때 제경공이 제나라 동부 변경인 거(莒) 땅에서 사냥했다. 그러자 마침 이곳으로 추방되어 있던 노포별(盧蒲嫳)이 제경공을 찾아와서 읍소했다.

"저는 이제 늙어 머리털이 이처럼 엉성하고 짧아졌습니다. 제가 무슨 짓을 할 수 있겠습니까."

"좋소. 내가 돌아가서 두 공자에게 말해보겠소."

제경공이 사냥에서 돌아와 자미와 자아에게 이를 말하자 자미는 노포별의 관직을 회복시키고자 했다. 그러나 자아가 반대했다.

"그의 머리털은 짧아졌으나 오히려 그 복수심은 더욱 커졌습니다. 그를 돌아오게 하면 우리의 가죽을 밑에 깔고 누우려고 할지도 모를 일입니다."

9월, 자아가 노포별을 북연으로 추방했다.

연간공(燕簡公: 백관)에게는 폐총(嬖寵)이 많았다. 그는 여러 대부들을 제거한 뒤 폐총을 대부로 삼고자 했다. 겨울, 연나라 대부들이 서로 짜고 연간공의 폐총을 죽이자 연간공은 두려운 나머지 제나라로 달아났다. 이에 『춘추』는 이같이 썼다.

"북연의 백관(伯款)이 제나라로 달아났다."

이는 죄를 그에게 돌린 것이다.

10월, 정간공이 초나라에 가자 자산이 상례했다. 초영왕이 정간공에게 향례를 베풀면서 『시경』 「소아·길일(吉日: 주선왕의 사냥을 칭송한 내용임)」의 시를 읊었다. 향례가 끝나자 자산이 곧 사냥 도구를 갖추었다. 이에 초영왕이 정간공과 함께 강남의 몽택(夢澤: 호북성 안륙현 남쪽)에서 사냥했다.

마침 이때 제나라 대부 공손 조(竈)가 죽었다. 그러자 대부 사마조(司馬竈)가 안자를 보고 말했다.

"또 자아(子雅: 공손 조)를 잃었습니다."

안자가 말했다.

"애석한 일입니다. 그의 아들 자기(子旗: 欒施)도 화를 면치 못할 터이니 위태롭기 그지없습니다. 강성(姜姓)의 씨족은 쇠미해지고 규성(嬀姓: 陳氏의 후예)의 씨족이 바야흐로 창성하기 시작했습니다. 2혜(二惠: 제혜공의 두 아들인 자미와 자아)가 경상(競爽: 강경하면서도 명백함)할 때에는 그런대로 좋았으나 이제 또 한 사람이 죽었으니 강성 씨족이 매우 위태롭게 되었습니다."

秋七月, 鄭罕虎如晉, 賀夫人, 且告曰 "楚人日徵敝邑, 以不朝立王之故. 敝邑之往, 則畏執事, 其謂寡君, '而固有外心'. 其不往, 則宋之盟云. 進退罪也. 寡君使虎布之." 宣子使叔向對曰 "君若辱有寡君, 在楚何害. 脩宋盟也. 君苟思盟, 寡君乃知免於戾矣. 君若不有寡君, 雖朝夕辱於敝邑, 寡君猜焉. 君實有心, 何辱命焉. 君其往也. 苟有寡君, 在楚猶在晉也." 張趯使謂大叔曰 "自子之歸也, 小人糞除先人之敝廬, 曰 '子其將來.' 今子皮實來, 小人失望." 大叔曰 "吉賤不獲來, 畏大國, 尊夫人也. 且孟曰 '而將無事.' 吉庶幾焉." 小邾穆公來朝. 季武子欲卑之, 穆叔曰 "不可. 曹滕二邾, 實不忘我乎. 敬以逆之, 猶懼其貳. 又卑一睦焉, 逆群好也. 其如舊而加敬焉. 『志』曰 '能敬無災.' 又曰 '卿逆來者, 天所福也.'" 季孫從之. 八月, 大雩, 旱也. 齊侯田於莒, 盧蒲嫳見, 泣且請曰 "余髮如此種種, 余奚能爲." 公曰 "諾, 吾告二子." 歸而告之. 子尾欲復之. 子雅不可, 曰 "彼其髮短而甚長, 其或寢處我矣." 九月, 子雅放盧蒲嫳于北燕. 燕簡公多嬖寵, 欲去諸大夫而入其寵人. 冬, 燕大夫比以殺公之外嬖. 公懼, 奔齊. 書曰 "北燕伯款出奔齊." 罪之也. 十月, 鄭伯如楚, 子産相. 楚子享之, 賦「吉日」. 旣享, 子産乃具田備, 王以田江南之夢. 齊公孫竈卒. 司馬竈見晏子, 曰 "又喪子雅矣." 晏子曰 "惜也, 子旗不免, 殆哉. 姜族弱矣, 而嬀將始昌. 二惠競爽, 猶可, 又弱一个焉, 姜其危哉."

4년(기원전 538)

4년 봄 주력(周曆) 정월, 크게 우박이 내렸다. 여름, 초자·채후·

진후(陳侯)·정백·허남·서자(徐子)·등자·돈자(頓子)·호자(胡子)·심자(沈子)·소주자·송나라 세자 좌(佐)·회이(淮夷)가 신(申)에서 만났다. 초나라 사람이 서자(徐子)를 잡았다. 가을 7월, 초자·채후·진후·허남·돈자·호자·심자·회이가 오나라를 쳤다. 제나라의 경봉(慶封)을 잡아 죽였다. 드디어 뇌(賴)를 멸했다. 9월, 증(鄫)을 취했다. 겨울 12월 을묘, 숙손표가 졸했다.

四年春王正月, 大雨雹. 夏, 楚子蔡侯陳侯鄭伯許男徐子滕子頓子胡子沈子小邾子宋世子佐淮夷, 會于申. 楚人執徐子. 秋七月, 楚子蔡侯陳侯許男頓子胡子沈子淮夷, 伐吳, 執齊慶封, 殺之, 遂滅賴. 九月, 取鄫. 冬十二月乙卯, 叔孫豹卒.

●4년 봄 1월, 허도공(許悼公: 허영공의 아들)이 초나라로 가자 초영왕이 그를 머물러 있게 한 뒤 정간공도 머물러 있게 했다. 이에 다시 강남에서 사냥하자 허도공도 여기에 참여했다.

이때 초영왕이 초거(椒擧: 오거)를 진나라로 보내 제후들의 회동을 요구하면서 정간공과 허도공에게는 초나라에 머물며 소식을 기다리게 했다. 초거가 진나라로 가 이같이 치명(致命: 사명을 전함)했다.

"과군이 저를 보내면서 말하기를, '전에 군주가 폐읍에 은혜를 베풀어 송나라에서 결맹할 당시 진·초 두 나라를 따르는 나라는 서로 번갈아 조현하도록 했습니다. 근래 여러 다난한 일로 인해 나는 각 나라 제후들의 지원을 받고자 합니다'라고 했습니다. 이에 저 초거를 시켜 군주가 틈을 내어 과군의 요구를 들어달라고 청하게 했습니다. 군주에게 만일 사방지우(四方之虞: 사방 변경의 우환)가 없다면 군주의 위총(威寵: 위엄과 총애)을 이용해 제후들을 소집하고자 합니다."

진평공이 이를 허락하지 않으려고 하자 대부 사마후(司馬侯)가 간했다.

"불가합니다. 초왕은 지금 한창 자고자대(自高自大)해 있습니다. 하늘이 혹 그로 하여금 욕심을 채우게 하여 다른 사람의 그에 대한 원한을 키운 뒤 벌을 내리려 하는 것인지도 모릅니다. 아니면 혹여 그로 하여금 선종하게 하려는 것인지도 확실히 알 수는 없습니다. 진·초 두 나라는 오직 하늘의 도움에 의지해야지 서로 다투면 안 됩니다. 군주는 그의 요청을 허락하여 덕행을 닦으면서 그 결과를 기다리십시오. 만일 초왕의 덕행으로 귀결되면 우리도 장차 그를 섬겨야 할 것이니 하물며 다른 제후들이야 말할 것이 있겠습니까. 만일 초왕이 황음무도한 쪽으로 나아가면 초나라 백성들이 장차 그를 버릴 터인데 누가 우리와 다투려고 하겠습니까."

이에 진평공이 말했다.

"우리 진나라에는 위태롭지 않을 세 가지 요소가 있으니 그 누가 우리와 필적할 수 있겠소. 우리 나라는 지세가 험요한 데다가 전마(戰馬)를 많이 생산하고 있고 제나라와 초나라는 오히려 많은 화난에 휩싸여 있소. 이 세 가지 요소가 있는 한 어느 쪽을 선택하든 성공하지 못할 리가 있겠소?"

그러자 사마후가 반박했다.

"지세의 험요와 많은 전마에 의지하며 이웃의 화난을 우(虞: '즐기다'는 뜻으로 '娛'와 통함)하는 것은 오히려 나라가 위태로워질 세 가지 요소입니다. 4악(四嶽)9)과 3도(三塗: 崖口로, 하남성 숭현 남쪽에 위치. 太行山과 轘轅 등으로 보기도 함), 양성(陽城: 하남성 등봉현 동남쪽), 태실(大室: 하남성 등봉현 북쪽. 중간에 崇山이 위치), 형산(荊山: 호북성 남장현 서쪽), 중남(中南: 終南山으로, 섬서성 서안시 남쪽에 위치) 등은 천하의 험요지입니다. 그러나 이들 지역은 한 성씨의 소유가 아닙니다. 기주(冀州: 산서성과 하남성을 흐르는 황하의 동북지역과 산동성 서북지역 및 하북성 동남부 일대)의 북부는 전마가 많이 생산되는 곳이기는 하나 그곳에서 흥성한 나라는 없었습니다. 지세가 험

---

9) '4악'은 동악인 태산(泰山)과 서악인 화산(華山), 남악인 형산(衡山), 북악인 항산(恒山)을 지칭한다.

요하고 전마가 많이 생산된다고 하여 그것이 국가를 굳건히 만드는 요소는 아닙니다. 이는 예로부터 그러했습니다. 그래서 선왕이 덕을 닦아 신령과 사람 사이를 소통시켰다는 얘기는 있어도 험요지와 전마에 의지했다는 얘기는 없는 것입니다. 또한 이웃 나라의 화난은 좋아할 일이 못 됩니다. 오히려 화난으로 인해 더욱 나라를 굳건히 하며 강토를 넓혔고, 정반대로 아무런 화난이 없는데도 나라를 잃거나 영토를 잃었습니다. 그러니 어찌 이웃의 화난을 즐거워할 수 있겠습니까. 제나라는 중손(仲孫: 공손 무지)의 난이 있었기 때문에 제환공이 출현했고 그로 인해 지금에 이르기까지 그 힘에 의지하고 있습니다. 우리 진나라도 이비(里丕: 이극과 비정)의 난이 있었기 때문에 진문공이 나타났고 이로 인해 맹주가 된 것입니다. 그러나 위(衛)나라와 형(邢)나라는 아무런 화난이 없는데도 오히려 적들이 이들을 멸망시켰습니다. 따라서 다른 사람의 화난은 결코 좋아할 것이 못되는 것입니다. 이 세 가지를 믿고 수덕(修德)과 정사를 제대로 행하지 않으면 위기가 닥쳐왔을 때 구제할 길이 없는데 어찌 능히 성공하겠습니까. 군주는 초나라의 요청을 허락하도록 하십시오. 은나라 주(紂)는 황음무도한 데 반해 주문왕은 인자하고 온화하여 결국 은나라는 망했고 주나라는 흥했던 것입니다. 그러니 어찌 제후들의 지지를 얻기 위해 초나라와 다툴 필요가 있겠습니까."

이에 진평공이 초나라 사자의 청을 수락하기로 하고 곧 숙향을 시켜 이같이 회답하게 했다.

"과군은 국가대사가 있어 춘추로 때맞춰 진현(晉見: 알현)하지 못했습니다. 제후들은 본래 군주가 장악하고 있는데 굳이 욕명(辱命: 여기서는 욕되게도 도움을 청한다는 뜻임)할 필요가 있겠습니까."

그러자 초거가 곧바로 초영왕을 위해 두 나라가 혼인할 것을 청했다. 진평공이 이 또한 수락했다. 이때 초영왕이 정나라 자산에게 물었다.

"진나라가 과연 나에게 제후들과의 회동을 허락하겠소?"

"아마 수락할 것입니다. 진군(晉君)은 사소한 안일을 탐할 뿐 그 뜻이 제후들에게 있지 않습니다. 그의 대부들은 바라는 것만 많을 뿐 누구 하나 군주를 도우려 하지 않습니다. 송나라에서 맺은 맹약이 있고 이번에 양국의 우호관계를 마치 한 나라와 같이 돈독하게 하자고 제한했는데 설령 이를 수락하지 않으려고 해도 과연 무슨 핑계로 이를 거절할 수 있겠습니까."

"그렇다면 제후들이 틀림없이 맹회에 참석할 것으로 보는 것이오?"

"틀림없이 올 것입니다. 이는 송나라에서 맺은 맹약을 따르는 일이고, 군주의 환심을 사는 일이고, 이미 진나라가 허락하여 진나라를 두려워하지 않아도 되는데 무슨 이유로 안 오겠습니까. 그러나 노나라와 위나라, 조나라, 주(邾)나라의 제후들은 오지 않을 것입니다. 조나라는 송나라를, 주나라는 노나라를 두려워하기 때문입니다. 노나라와 위나라는 제나라에 핍박받고 있는 데다 진나라와 가까이 지내고 있기 때문입니다. 이들 몇 나라는 오지 않을 것입니다. 그러나 그 밖의 나라들은 군주의 위력이 미치는 곳에 있는데 누가 감히 오지 않으려 하겠습니까."

"만일 그렇다면 내가 요구하는 것은 장차 안 되는 것이 없다는 것이오?"

자산이 대답했다.

"다른 사람에게서 쾌의(快意)를 찾으려고 하면 안 되지만 다른 사람과 함께 하고자 하면 모두 이룰 수 있을 것입니다."

四年春王正月, 許男如楚, 楚子止之, 遂止鄭伯, 復田江南, 許男與焉. 使椒擧如晉求諸侯, 二君待之. 椒擧致命曰 "寡君使擧曰, '曰, 君有惠, 賜盟于宋曰, 晉楚之從, 交相見也. 以歲之不易, 寡人願結驩於二三君.' 使擧請間. 君若苟無四方之虞, 則願假寵以請於諸侯." 晉侯欲勿許. 司馬侯曰 "不可. 楚王方侈, 天或者欲逞其心, 以厚其毒而降之罰, 未可知也. 其使能終, 亦未可知也. 晉楚唯天所相, 不可與爭. 君其許之, 而修德以待其歸. 若歸於德, 吾猶將事之, 況諸侯乎. 若適淫虐, 楚將棄之, 吾又誰與爭." 公曰 "晉有三不殆, 其何敵之有. 國險而多馬, 齊楚多難. 有是三者, 何鄕而不濟." 對曰 "恃險與馬, 而虞隣國之難, 是三殆也. 四嶽·三塗‧陽城‧大室‧荊山‧中南, 九州之險也, 是不一姓. 冀之北土, 馬之所生, 無興國焉. 恃險與馬, 不可以爲固也, 從古以然. 是以先王務修德音以亨神人, 不聞其務險與馬也. 隣國之難, 不可虞也. 或多難以固其國, 啓其疆土, 或無難以喪其國, 失其守宇. 若何虞難. 齊有仲孫之難而獲桓公, 至今賴之. 晉有里‧丕之難而獲文公, 是以爲盟主. 衛邢無難, 敵亦喪之. 故人之難, 不可虞也. 恃此三者, 而不修政德, 亡於不暇, 又何能濟. 君其許之. 紂作淫虐, 文王惠和, 殷是以隕, 周是以興, 夫豈爭諸侯." 乃許楚使. 使叔向對曰 "寡君有社稷之事, 是以不獲春秋時見. 諸侯, 君實有之, 何辱命焉." 椒擧遂請昏, 晉侯許之. 楚子問於子産曰 "晉其許我諸侯乎." 對曰 "許君. 晉君少安, 不在諸侯. 其大夫多求, 莫匡其君. 在宋之盟, 又曰如一, 若不許君, 將焉用之." 王曰 "諸侯其來乎." 對曰 "必來. 從宋之盟, 承君之歡, 不畏大國, 何故不來. 不來者, 其魯衛曹邾乎. 曹畏宋, 邾畏魯, 魯衛偪於齊而親於晉, 唯是不來. 其餘, 君之所及也, 誰敢不至." 王曰 "然則吾所求者, 無不可乎." 對曰 "求逞於人, 不可. 與人同欲, 盡濟."

● 하늘에서 커다란 우박이 내렸다. 노나라의 계무자가 대부 신풍(申豊)에게 물었다.

"우박을 막을 수 있소?"

"성인이 위에 앉아 다스리면 우박이 내리지 않고 설령 내리더라도 재앙이 되지 않습니다. 옛날에는 태양이 북륙(北陸: 虛星과 危星의 별자리)에 있을 때 얼음을 저장했다가 서륙(西陸: 昴星과 畢星의 별자리)이 이른 아침에 보일 때 꺼내 썼습니다. 얼음을 저장하는 시기는 깊은 산과 깊은 골짜기의 물이 굳게 어는 호한(沍寒: 극한)의 시기입니다. 얼음을 꺼내는 시기는 조정의 벼슬자리에 있는 경‧대부‧사가 손님을 접대하거나, 군주의 식용에 제공하거나, 상제(喪祭)를 당하거나 할 때입니다. 얼음을 저장할 때에는 흑모(黑牡: 검은 숫양)와 거서(秬黍: 검은 기장)로써 사한(司寒: 추위의 신인 玄冥)에게 제사지내고, 얼음을 꺼낼 때에는 도호(桃弧: 복숭아나무로 만든 활)와 극시(棘矢: 가시나무로 만든 화살)를 문 위에 걸어두어 재앙의 기운을 털어냅니다. 얼음을 저장하고 꺼내는 데는 때가 정해져 있고, 모든 식육지록(食肉之祿: 고기를 먹을 수 있는 신분의 인물)이 얼음을 사용할 수 있습니다. 또 대부와 명부(命婦: 작위를 받은 사람의 부인)가 죽으면 이들의 몸을 씻을 때 얼음을 사용합니다. 얼음은 추위의 신에게 제사지낸 뒤 저장하고 염소를 바치는 제사를 지낸 뒤 꺼냅니다. 얼음은 군주가 먼저 사용하고 화성(火星)이 나타나는 시기에 꺼내 분배를 끝냅니다. 이에 명부명부(命夫命婦: 작위를 받은 경대부와 그 부인들)를 위시해 심지어 노질(老疾: 노인과 병자)에 이르기까지 얼음을 분배받지 않는 자가 없게 됩니다. 얼음은 산인(山人: 산림을 관장하는 관원으로 곧 山虞)이 채취하고, 현인(縣人: 고을의 관원으로 곧 縣正)이 운반하고, 여인(輿人: 하급 관원)이 교부하고, 예인(隷人: 하급 관원)이 저장합니다. 얼음은 찬 바람에 의해 굳어지기 때문에 춘풍이 불면 꺼냅니다. 얼음은 용의주도하게 저장하고 광범위하게 사용합니다. 그래서 겨울에 건양(愆陽: 때 아닌 더위)이 없고, 여름에 복음(伏陰: 숨어 있는 음기)이 없고, 봄에 처풍(凄風: 차가운 바람)이 없고, 가을에 고우(苦雨: 오랫동안 내려 재해가 되는 비)가 없는 것입니다. 이에 천둥이 쳐도 인축(人畜)이 상하지 않고, 서리나 우박이 내려도 재해가 되지 않고, 온역이 돌지도 않고, 백성이 요절하는 일이 없게 됩니다. 그러나 지금은 하천이나 연못의 얼음을 취해 저장했다가 남으면 버리고 쓰지 않고 있습니다. 이에 바람이 크게 불지 않는데도 초목이 조락하고, 천둥이 치지도 않았는데 인축이 상하고, 얼음우박이 내려 재해가 되는 것입니다. 그러니 이를 누가 능히 막을 수 있겠습니까.『시경』「빈풍·칠월(七月)」의 마지막 장은 얼음을 저장하는 도리를 말한 것입니다."

大雨雹. 季武子問於申豊曰 "雹可禦乎." 對曰 "聖人在上, 無雹, 雖有, 不爲災. 古者, 日在北陸而藏氷. 西陸, 朝覿而出之. 其藏氷也, 深山窮谷, 固陰冱寒, 於是乎取之. 其出之也, 朝之祿位, 賓食喪祭, 於是乎用之. 其藏之也, 黑牡·秬黍, 以享司寒. 其出之也, 桃弧·棘矢, 以除其災. 其出入也時, 食肉之祿, 氷皆與焉. 大夫命婦, 喪浴用氷. 祭寒而藏之, 獻羔而啓之, 公始用之. 火出而畢賦. 自命夫·命婦, 至於老疾, 無不受氷. 山人取之, 縣人傳之, 輿人納之, 隷人藏之. 夫氷以風壯, 而以風出. 其藏之也周, 其用之也徧, 則同無愆陽, 夏無伏陰, 春無淒風, 秋無苦雨. 雷出不震, 無菑霜雹, 癘疾不降, 民不夭札. 今藏川池之氷, 棄而不用. 風不越而殺, 雷不發而震. 雹之爲菑, 誰能禦之.「七月」之卒章, 藏氷之道也."

● 여름, 제후들이 초나라로 갔다. 그러나 노소공과 위양공, 조무공, 주장공(邾莊公)은 맹회에 참석하지 않았다. 조무공과 주장공은 국내가 다난(多難)한 이유를 들었다. 노소공은 시제(時祭: 조상에 대한 제사), 위양공은 질병을 핑계댔다. 이때 정간공은 다른 제후들보다 먼저 신(申) 땅으로 가 제후들이 오기를 기다렸다.

6월 16일, 초영왕이 제후들과 신 땅에서 만났다. 이때 초거(椒擧)가 초영왕에게 건의했다.

"제가 듣건대 '제후들은 다른 데 귀복하는 것이 아니라 오직 예를 지키는 나라에 귀복한다'고 했습니다. 이제 군주가 비로소 제후들을 손에 넣었으니 신중히 예를 지키도록 하십시오. 패업의 성공 여부는 바로 이번 회동에 달려 있습니다. 하계(夏啓: 하나라 우왕의 아들)는 균대(鈞臺: 夏臺로, 하남성 우현 남쪽)에서 제후들에게 향례를 베풀었고, 은나라 탕왕은 경박(景亳: 하남성 상구시)에서 제후들에게 명을 내렸고, 주무왕은 맹진(孟津: 盟津으로, 하남성 맹현 남쪽)에서 제후들과 맹서했고, 주성왕(周成王)은 기양(岐陽: 기산의 남쪽으로, 섬서성 기산현)에서 제후들과 수렵했고, 주강왕(周康王)은 풍궁(酆宮: 豊宮)에서 제후들의 조현을 받았고, 주목왕(周穆王)은 도산(塗山: 안휘성 회원현 동남쪽)에서 제후들과 만났고, 제환공은 소릉(召陵)에서 제후들의 군사들을 모았고, 진문공은 천토(踐土)에서 제후들과 회맹했습니다. 군주는 이중 어느 것을 택할 것입니까. 지금 송나라 상술(向戌)과 정나라 공손 교(僑)가 와 있는데 이들은 제후들의 대부들 중 가장 뛰어난 인물들입니다. 군주는 이들의 자문을 받아 선택하도록 하십시오."

초영왕이 말했다.

"나는 제환공의 방식을 택할 것이오."

그러고는 곧 사람을 송나라 좌사 상술과 정나라 대부 자산에게 보내 회맹의 예에 관한 자문을 구했다. 송나라의 상술이 대답했다.

"소국이 예의를 배우고 대국이 이를 쓰려고 하니 어찌 감히 들어서 아는 바대로 진언하지 않겠습니까."

이어 공작(公爵)이 제후들을 규합할 때 취할 6개 항목의 예절을 말했다. 이에 대해 자산은 이같이 대답했다.

"소국은 대국을 섬기는 것을 직책으로 삼고 있으니 어찌 감히 소국이 지켜야 할 예를 말씀드리지 않겠습니까."

그러고는 백(伯)·자(子)·남(男)이 공작과 회동할 때 지켜야 할 6개 항목의 예절을 말했다. 이를 두고 군자는 이같이 평했다.

"합좌사(合左師: 상술)는 선대의 예를 견지하는 데 능했고, 자산은 소국의 군주를 보좌하는 데 능했다."

이때 초영왕은 초거에게 명하여 자신의 뒤에서 시종하면서 자신에게 실수가 있으면 이를 곧바로 바로잡게 했다. 그러나 회맹이 끝날 때까지 초거는 아무것도 시정해주지 않았다. 초영왕이 그 연고를 묻자 초거가 대답했다.

"제가 당초 보지도 못한 6개 항목의 예절이 있는데 이를 모르는 제가 무엇을 근거로 바로잡아 드리겠습니까."

당시 송나라 태자 좌(佐: 송평공의 아들로 훗날의 송원공)가 늦게 회동 장소에 도착했다. 이때 초영왕은 무성(武城)에서 사냥하고 있었기 때문에 오래도록 송나라 태자 좌를 접견할 수 없었다. 이에 초거가 초영왕에게 청하여 접견하지 못하는 이유를 송나라 태자 좌에게 말해주도록 했다. 그러자 초영왕이 사람을 시켜 송나라 태자에게 이같이 말하게 했다.

"마침 무성에 종묘 제사가 있어 과군이 종묘에 타폐(墮幣: 布幣로 예물을 종묘에 바치는 것을 뜻함)하려고 합니다. 이에 감히 늦게 접견하게 되는 것을 사과드립니다."

원래 서자(徐子: 서나라의 군주 章禹)는 오녀(吳女) 소생이었다. 이에 초나라는 그가 두 마음을 갖고 있을 것으로 여겨 그를 신 땅에 억류했다. 이때 초영왕이 제후들에게 교만한 태도를 보이자 초거가 간했다.

"제가 말씀드린 6왕 2공(六王二公)[10]의 일은 모두 제후들에게 예의를 보인 경우입니다. 이것이 바로 제후들이 그 명을 받아들인 이유이기도 한 것입니다. 이와 달리 하나라 걸(桀)은 잉(仍: 有仍으로, 산동성 금향현 동북쪽)에서 제후들과 회동하자 민(緡: 有緡으로, 산동성 금향현 서북쪽)나라가 배반했습니다. 또 은나라 주(紂)는 여(黎: 산서성 장치현 서남쪽)에서 제후들과 수렵하자 동이(東夷)가 배반했고, 주유왕(周幽王)은 태실(大室)에서 제후들과 회맹하자 융적이 배반했습니다. 이는 모두 제후들에게 교만한 모습을 보인 데 따른 것입니다. 이로 인해 제후들은 그 명을 버렸습니다. 지금 군주는 교만한 자세로 제후들을 대하니 일이 성사되지 못할까 두렵습니다."

그러나 초영왕은 이를 좇지 않았다. 이에 자산이 좌사(左師: 상술을 지칭)을 만나 말했다.

"나는 초나라를 두려워하지 않소. 초왕은 교만하여 권간(勸諫)을 받아들이지 않고 있소. 그는 10년을 넘기지 못할 것이오."

좌사도 동조했다.

"그 말이 옳소. 그가 10년 동안 교만한 자세를 거두지 않으면 그의 사악함이 먼 데까지 미치고 말 것이오. 그의 사악함이 먼 데까지 미친 뒤에야 비로소 백성들이 그를 버릴 것이오. 선(善) 또한 이와 같아서 덕

---

10) 하나라 계왕·은나라 탕왕·주무왕·주성왕·주강왕·주목왕 등 6왕과 제환공·진문공 등 2공이다.

행이 먼 곳까지 미친 뒤에야 비로소 흥성해지는 법이오."

夏, 諸侯如楚, 魯衛曹邾不會. 曹邾辭以難, 公辭以時祭, 衛侯辭以疾. 鄭伯先待于申. 六月丙午, 楚子合諸侯于申. 椒舉言於楚子曰 "臣聞, 諸侯無歸, 禮以爲歸. 今君始得諸侯, 其愼禮矣. 霸之濟否, 在此會也. 夏啓有鈞臺之享, 商湯有景亳之命, 周武有孟津之誓, 成有岐陽之蒐, 康有酆宮之朝, 穆有塗山之會, 齊桓有召陵之師, 晉文有踐土之盟. 君其何用. 宋向戌·鄭公孫僑在, 諸侯之良也, 君其選焉." 王曰 "吾用齊桓." 王使問禮於左師與子産. 左師曰 "小國習之, 大國用之, 敢不薦聞." 獻公合諸侯之禮六. 子産曰 "小國共職, 敢不薦守." 獻伯子男會公之禮六. 君子謂合左師善守先代, 子産善相小國. 王使椒舉侍於後以規過. 卒事不規. 王問其故, 對曰 "禮, 吾所未見者有六焉, 又何以規." 宋大子佐後至, 王田於武城, 久而不見. 椒舉請辭焉. 王使往曰 "屬有宗祧之事於武城, 寡君將墮幣焉, 敢謝後見." 徐子, 吳出也, 以爲貳焉, 故執諸申. 楚子示諸侯侈, 椒舉曰 "夫六王二公之事, 皆所以示諸侯禮也. 諸侯所由用命也. 夏桀爲仍之會, 有緡叛之. 商紂爲黎之蒐, 東夷叛之. 周幽爲大室之盟, 戎狄叛之. 皆所以示諸侯侈也, 諸侯所由棄命也. 今君以侈, 無乃不濟乎." 王弗聽. 子産見左師曰 "吾不患楚矣, 侈而愎諫, 不過十年." 左師曰 "然. 不十年侈, 其惡不遠, 遠惡而後棄. 善亦如之, 德遠而後興."

● 가을 7월, 초영왕이 제후들을 이끌고 가 오나라를 쳤다. 이때 송나라 태자와 정간공은 먼저 본국으로 돌아갔다. 송나라 대부 화비수(華費遂)와 정나라 대부가 이들을 대신하여 종군했다.

초영왕이 대부 굴신(屈申)에게 명하여 주방(朱方)을 포위하게 했다. 8월 갑신일, 초나라 군사가 주방을 함락시킨 뒤 제나라에서 망명해 와 있던 경봉(慶封)을 포로로 잡고 그의 일족을 모두 죽여버렸다. 초영왕이 곧이어 경봉을 죽이려고 하자 초거가 초영왕에게 건의했다.

"제가 듣건대 '흠이 없는 사람만이 남을 죽일 수 있다'고 했습니다. 제나라의 경봉은 다만 그의 군주의 명을 어겨 이 나라로 망명해 와 있는 것입니다. 그는 우리에게 고분고분하기만한데 왜 죽이려는 것입니까? 그를 죽이게 되면 제후들 사이에 추문이 전파될 터인데 어찌하여 이같은 일을 하려는 것입니까?"

그러나 초영왕은 이를 듣지 않았다. 곧 경봉에게 명하여 등에 부월(斧鉞: 도끼)을 지고 군중을 돌며 말하게 했다.

"혹여 제나라의 경봉과 같이 군주를 시해하고 군주의 어린 아들을 억누르며 대부들과 회맹하는 자가 있어서는 안 된다."

그러자 경봉은 군중을 돌며 말했다.

"혹시 초공왕의 서자 위(圍: 초영왕)와 같이 자신의 군주인 조카 균(麋: 초강왕의 아들 겹오)을 죽이고 대신 왕이 된 뒤 제후들과 회맹하는 자가 있어서는 안 된다."

초영왕이 대로하여 경봉을 속히 죽이게 했다.

이어 초영왕은 곧바로 제후들을 이끌고 가 뇌(賴)나라를 쳐 마침내 멸망시켰다. 이때 뇌자(賴子)가 면박함벽(面縛含璧)[11]하자 선비들은 단배여츤(袒背輿櫬)[12]하여 뇌자의 뒤를 좇아 중군(中軍)으로 나아갔다. 이때 초영왕이 뇌자를 어떻게 처리해야 할지 몰라 초거에게 문의하자 초거가 대답했다.

"옛날 초성왕이 허나라를 공략했을 때 허희공(許僖公)이 이같이 하자 초성왕이 친히 그 결박을 풀어주고 허희공의 입에서 구슬을 받아낸 뒤 그 관재를 불태웠습니다."

초영왕이 이 말을 좇은 뒤 뇌나라의 도성을 언(鄢: 호북성 의성현 서남쪽) 땅으로 옮겼다. 이때 초영왕은 허나라를 뇌나라 땅으로 옮길 생각으로 대부 투위구(鬪韋龜)와 공자 기질(棄疾: 초공왕의 아들로 초영왕의 동생)을 시켜 뇌나라 땅에 성을 쌓게 한 뒤 회군했다. 그러자 우윤 신무우(申無宇)가 말했다.

---

11) 두 팔을 뒤로 묶고 입에는 구슬을 머금는 것으로, 죽은 목숨임을 상징하는 항복의식이다.
12) 웃통을 벗어 등을 드러낸 채 관재를 수레에 싣고 가는 항복 의식이다.

"초나라의 화는 장차 여기에서 시작될 것이다. 제후들을 소집하자 곧바로 제후들이 달려오고, 다른 나라를 침공하여 곧바로 이기고, 변경에 성을 쌓자 아무도 방해하는 자가 없었다. 군주가 원하는 바대로 모두 이뤄졌으니 과연 백성들이 살 수 있겠는가. 백성이 안거(安居)하지 못하면 그 누가 살아 군명을 견뎌낼 것인가. 군명을 견뎌내지 못하면 화란이 생기는 법이다."

9월, 노나라가 증(鄫)나라를 취했다. 이는 쉽게 차지했음을 말한 것이다. 당초 거나라에 난이 일어나자 저구공(著丘公)이 즉위했으나 거나라에 복속된 증나라를 안무하지 못했다. 그러자 증나라가 거나라를 배반하고 노나라에 귀부했다. 이에 '취'(取)라고 쓴 것이다. 무릇 성읍을 공략할 때 군사를 이용하지 않고 차지하는 것을 '취'라고 한다.

秋七月, 楚子以諸侯伐吳. 宋大子·鄭伯先歸. 宋華費遂·鄭大夫從. 使屈申圍朱方, 八月甲申, 克之. 執齊慶封而盡滅其族. 將戮慶封. 椒舉曰"臣聞, 無瑕者可以戮人. 慶封惟逆命, 是以在此, 其肯從於戮乎. 播於諸侯, 焉用之."王弗聽, 負之斧鉞, 以徇於諸侯, 使言曰"無或如齊慶封弒其君, 弱其孤, 以盟其大夫."慶封曰"無或如楚共王之庶子圍, 弒其君兄之子麇而代之, 以盟諸侯."王使速殺之. 遂以諸侯滅賴. 賴子面縛銜璧, 士袒, 輿櫬從之, 造於中軍. 王問諸椒舉. 對曰"成王克許, 許僖公如是, 王親釋其縛, 受其璧, 焚其櫬."王從之. 遷賴於鄢. 楚子欲遷許於賴, 使鬪韋龜與公子棄疾城之而還. 申無宇曰"楚禍之首, 將在此矣. 召諸侯而來, 伐國而克, 城竟莫校. 王心不違, 民其居乎. 民之不處, 其誰堪之. 不堪王命, 乃禍亂也."九月, 取鄫, 言易也. 莒亂, 著丘公立而不撫鄫, 鄫叛而來, 故曰取. 凡克邑不用師徒曰取.

● 정나라 자산이 구부제(丘賦制: 전지의 대소에 따라 병사를 징발하는 제도)[13]를 마련했다. 그러자 백성들이 그를 비방했다.

"그의 부친이 길거리에서 죽더니 이제 자신은 전갈의 꼬리가 되었다. 그가 호령하는 자리에 앉아 있으니 이 나라는 장차 어찌 될 것인가."

대부 자관(子寬 : 游遬)이 이 말을 전하자 자산이 말했다.

"그같은 비방이 무슨 해가 되겠소? 실로 사직에 이롭기만 하다면 생사를 불문하고 시행할 것이오. 내가 듣건대 '선을 행하는 자는 법도를 함부로 고치지 않아 일을 능히 성사시킨다'고 했소. 백성은 방종하게 놓아둘 수 없고 법도는 함부로 고칠 수 없소. 『시경』(詩經 : 아래 구절은 실전)에 이르기를, '예의에 어긋나지 않는다면 어찌하여 남의 말을 걱정하는가'라고 했소. 나는 내 뜻을 바꾸지 않을 것이오."

자관이 탄식했다.

"정나라에서는 국씨(國氏 : 자산의 일족을 지칭)가 먼저 망할 것이다. 윗사람이 불의에 기초해 법령을 제정하면 그 폐해가 또한 막심한데 처음부터 탐람한 생각으로 법령을 제정하면 그 폐해를 장차 어찌 감당할 것인가. 또한 희성의 제후국 중에서는 채나라와 조나라, 등나라가 먼저 망할 것이다. 이들은 대국에 가까이 있으면서도 예의가 없다. 그중에서도 정나라가 위나라보다 먼저 망할 것이다. 정나라는 대국과 근접해 있으면서도 법도조차 없다. 위정자는 법도를 좇아 정령을 펼 생각을 하지 않고 임의로 시행한다. 이에 백성 또한 각자 자기 주견대로 하려 드니 어찌 윗사람을 안중에 두겠는가."

겨울, 오나라가 초나라를 치면서 극(棘)과 역(櫟), 마(麻 : 안휘성 탕산현 동북쪽) 등지로 진공했다. 이는 주방의 싸움에 대한 보복이었다. 이때 초나라 대부 심윤(沈尹) 석(射)은 하예(夏汭 : 한수가 장강으로 들어가는 지점으로, 호북성 무한시에 위치)에 이르러 명을 받드느라 분주했고, 침윤(箴尹) 의구(宜咎 : 원래 陳의 대부이나 노양공 24년에 초나라로 망명해 대부가 됨)는 종리(鍾離)에 성을 쌓았고, 위계강(薳啓彊)은 소(巢)에 성을 쌓았고, 연단(然丹 : 정목공의 손자 子革으로 노양공 19년에 초나라로 망명)은 주래(州來)에 성을 쌓았다. 그러나 동부 지역

---

13) '구부제'는 사방 1리를 1정(井), 16정을 1구(丘)로 정한 뒤 매 구마다 전마(戰馬) 1필, 소 3마리를 바치게 한 제도를 말한다.

은 수재가 나 성을 쌓을 수가 없었다. 이에 초나라 대부 팽생(彭生)이 뇌 땅에 있는 군사들의 축성작업을 중지시켰다.

鄭子産作丘賦. 國人訪之曰 "其父死於路, 己爲蠆尾. 以令於國, 國將若之何." 子寬以告. 子産曰 "何害. 苟利社稷, 死生以之. 且吾聞, 爲善者不改其度, 故能有濟也. 民不可逞, 度不可改.『詩』曰 '禮義不愆, 何恤於人言.' 吾不遷矣." 渾罕曰 "國氏其先亡乎. 君子作法於凉, 其敝猶貪, 作法於貪, 敝將若之何. 姬在列者, 蔡及曹滕其先亡乎. 偪而無禮. 鄭先衛亡, 偪而無法. 政不率法, 而齊於心. 民各有心, 何上之有." 冬, 吳伐楚, 入棘櫟麻, 以報朱方之役. 楚沈尹射奔命於夏汭, 咸尹宜咎城鍾離, 薳啓彊城巢, 然丹城州來. 東國水, 不可以城, 彭生罷賴之師.

● 당초 노나라 대부 숙손목자(叔孫穆子: 숙손표)는 종족을 떠나 길을 가다가 경종(庚宗: 산동성 사수현 동쪽)에 이르렀을 때 한 여인을 만났다. 숙손목자는 그 여인에게 사적으로 먹을 것을 만들어줄 것을 부탁한 뒤 마침내 그 여인과 사통했다. 그 여인이 여행하게 된 연고를 묻자 숙손목자는 사실대로 말해주었다. 그 여인은 울면서 그를 전송했다. 이후 숙손목자는 제나라로 가 국씨(國氏) 집안의 여인을 아내로 맞이하여 아들 맹병(孟丙)과 중임(仲壬)을 얻었다.

하루는 숙손목자가 꿈을 꾸었다. 꿈속에서 하늘이 무너져 내려 자신을 짓눌렀으나 이를 밀어내지 못했다. 좌우를 둘러보다가 한 사람을 발견했다. 그는 피부가 검고 곱사등이인 데다가 눈은 쑥 들어가고 입은 가(豭: 수퇘지)처럼 삐죽 나와 있었다. 숙손목자가 두려운 나머지 꿈결에 소리쳤다.

"우(牛)야, 나를 도와다오."

이에 비로소 하늘을 지탱해낼 수 있었다. 아침이 되어 부하들을 모두 불러 비슷하게 생긴 사람을 찾아보았으나 그같이 생긴 사람은 한 사람도 없었다. 그러자 그는 부하들에게 꿈이야기를 한 뒤 그같이 생긴 사람을 필히 기억해두라고 당부했다. 숙손목자의 형 숙손선백(叔孫宣伯)

이 제나라로 도망해 오자 숙손목자가 먹을 것을 보냈다. 그러자 선백이 물었다.

"노나라에서는 우리의 선인들이 세운 공을 생각해 장차 우리 종족을 보존할 것이다. 이때 틀림없이 너를 부를 터인데 그리 되면 너는 어찌할 셈이냐?"

"오랫동안 그같이 되기를 바랐습니다."

노나라에서 과연 사람을 보내 숙손목자를 불렀다. 이에 그는 형 선백에게 아무 말도 하지 않고 곧바로 노나로 돌아갔다. 숙손목자가 경이 되자 경종에서 사통했던 여인이 찾아와 꿩을 바쳤다. 숙손목자가 그녀에게 아이가 어찌 되었는지 묻자 그 여인이 대답했다.

"아들이 자라 이미 꿩을 잡아드릴 수 있게 되었습니다. 지금 저를 따라왔습니다."

숙손목자가 아들을 불러서 보니 지난날 꿈속에서 본 자와 꼭 같았다. 숙손목자가 그의 이름을 묻지도 않고 문득 '우야'라고 소리지르자 그녀의 아들은 '네'라고 대답했다. 숙손목자가 크게 기뻐하며 곧 부하들을 모두 불러 그 아이를 보게 한 뒤 자신의 소신(小臣: 곁에서 시종하는 신하)으로 삼았다. 우는 숙손목자의 총애를 받았다. 성장한 후에는 가문의 일을 도맡았다.

숙손목자는 제나라에 있을 때 제나라 대부 공손명(公孫明: 子明)과 가까이 지냈다. 공손명은 숙손이 귀국한 뒤 국강(國姜: 국씨 집에서 얻은 숙손표의 아내)을 데려가지 않자 이내 그녀를 아내로 맞이했다. 숙손이 이 사실을 알고 대로했다.

숙손은 국강 소생의 맹병과 중임이 성장하자 곧 노나라로 데려왔다. 이때 숙손은 구유(丘蕕: 위치 미상)에서 사냥하다가 병이 들었다. 그러자 소신으로 있던 우는 숙손 집안을 흔들어 가산을 모두 차지할 생각을 품었다. 이에 숙손의 큰아들 맹병에게 맹서를 강요했으나 뜻을 이루지 못했다. 이때 숙손은 아들 맹병을 위해 종(鍾)을 하나 만들어주면서 말했다.

"너는 아직 노나라 대부들과 교제한 일이 없으니 대부들을 위한 향례를 베풀면서 종의 낙성식(落成式)을 거행토록 해라."

준비가 다 되자 맹병이 우를 시켜 숙손에게 낙성식 날짜를 물어보게 했다. 그러자 우는 숙손에게 가서는 이를 보고하지도 않은 채 다른 이야기를 하다가 밖으로 나와 자기가 임의로 정한 날짜를 알려주었다. 드디어 빈객들이 초청된 날 문득 종소리가 들리자 숙손이 크게 놀라 그 연고를 물었다. 그러자 우가 대답했다.

"맹병이 북부인(北夫人: 국강)이 보낸 객(客: 공손명)을 맞이하고 있습니다."

이 말을 들은 숙손이 대로하여 빈객들이 모여 있는 곳으로 가려고 하자 우가 만류했다. 빈객들이 돌아가자 숙손표가 사람을 시켜 맹병을 구금한 뒤 곧바로 밖에서 죽이게 했다. 이때 우는 또 중임에게 맹서를 강요하다가 뜻을 이루지 못했다.

원래 중임은 노소공의 어자 내서(萊書)와 잘 아는 사이여서 공궁 안에서 함께 놀곤 했다. 그런데 어느 날 노소공이 중임에게 옥환(玉環)을 주었다. 중임이 우를 시켜 이를 부친에게 보이도록 하자 우는 안으로 들어가 이를 보고하지도 않은 채 다른 이야기를 하다가 밖으로 나와서는 중임에게 옥환을 돌려주며 차도록 했다. 이어 우는 숙손표에게 건의했다.

"중임을 시켜 군주를 진현하게 하는 것이 어떻겠습니까."

"그 이유가 무엇인가?"

"진현하게 하지 않아도 그는 이미 군주를 찾아가 뵈었습니다. 군주가 그에게 옥환을 하사했는데 그는 지금도 이를 차고 있습니다."

이에 대로한 숙손표가 곧 중임을 내쫓았다. 중임은 제나라로 달아났다. 숙손표는 병세가 위독해지자 중임을 부르도록 명했다. 그러나 우는 말로만 응답한 채 그를 부르지 않았다.

이때 두설(杜洩: 숙손표 가신의 우두머리)이 숙손표를 찾아갔다. 숙손표가 허기와 갈증을 호소하면서 두설에게 창을 내준 뒤 우를 척살하도록 명했다. 그러자 두설이 대답했다.

"그를 부르기만 하면 올 터인데 어찌하여 그를 죽이려는 것입니까."

우가 이 사실을 알고 찾아온 사람들에게 말했다.

"어른의 병세가 위중해 사람을 만나려고 하지 않습니다."

그리고는 찾아온 사람들이 가져온 음식을 모두 개(个: 곁방)에 들여놓은 뒤 나가게 했다. 이어 음식을 숙손표에게 주지 않은 채 모두 쏟아 버린 뒤 빈 그릇을 밖으로 내놓고는 사람들을 시켜 이를 치우게 했다.

12월 26일, 숙손표가 아무것도 먹지 못했다. 12월 28일, 숙손표가 마침내 죽었다. 우는 숙손표의 서자인 소자(昭子)를 후계자로 세운 뒤 그를 보좌했다. 이때 노소공이 두설에게 명하여 숙손표의 장례를 치르게 했다. 그러자 우는 두설을 제거할 생각으로 숙중소자(叔仲昭子: 叔仲帶)와 남유(南遺: 계손씨의 가신)에게 뇌물을 준 뒤 계손씨에게 두설에 관해 나쁘게 말하도록 했다.

당시 두설은 노거(路車)를 이용해 장례를 치를 생각으로 경의 장의(葬儀)를 모두 갖추었다. 그러자 남유가 계손씨에게 말했다.

"숙손표는 노거를 탄 일이 없는데 어찌하여 장례에 이를 사용한다는 것입니까. 총경(冢卿: 경의 우두머리인 正卿으로 곧 계손씨를 지칭)도 노거가 없는 터에 개경(介卿: 亞卿)을 노거로 장사지내는 것은 잘못된 것이 아니겠습니까."

계손씨가 고개를 끄덕이며 말했다.

"그 말이 옳소."

그리고는 곧 두설에게 노거를 사용하지 못하게 했다. 두설이 이를 거부했다.

"돌아가신 분은 조정의 명을 받고 천자를 빙문했습니다. 이때 천자가 지난날의 공훈을 생각해 노거를 하사한 것입니다. 이에 돌아와 복명하면서 노거를 군주에게 드리자 군주가 천자의 명을 감히 어길 수 없다면서 노거를 다시 내려주었습니다. 이때 이 사실을 3관(三官: 사도와 사마, 사공)에게 기록하게 했습니다. 그대는 사도로서 이름을 기록했고,

돌아가신 분은 사마로서 공정(工正)을 시켜 하사받은 거복(車服)을 기록하게 했고, 맹손(孟孫)은 사공으로서 그 공훈을 기록했습니다. 이제 그분이 돌아가셨는데 그 노거를 사용하지 않는 것은 군명을 저버리는 일이 됩니다. 또 기록이 엄연히 공부(公府)에 수장되어 있는데 노거를 사용하지 않으면 곧 3관의 존재를 무시하는 셈이 됩니다. 군주가 사용을 명하여 하사한 거복을 생전에는 삼가하여 감히 쓰지 못했는데 사후에도 쓰지 못한다면 장차 이를 어디에 쓸 것입니까."

이에 계손씨도 할 수 없이 노거를 이용해 장례를 치르도록 허용했다. 이후 계손씨가 중군을 폐지하려고 하자 우가 말했다.

"돌아가신 분도 본래 중군을 없애고자 했습니다."

初, 穆子去叔孫氏, 及庚宗, 遇婦人, 使私爲食而宿焉. 問其行, 告之故, 哭而送之. 適齊, 娶於國氏, 生孟丙·仲壬. 夢天壓己, 弗勝. 顧而見人, 黑而上僂, 深目而豭喙, 號之曰 "牛, 助余." 乃勝之. 旦而皆召其徒, 無之. 且曰 "志之." 及宣伯奔齊, 饋之. 宣伯曰 "魯以先子之故, 將存吾宗, 必召女. 召女何如." 對曰 "願之久矣." 魯人召之, 不告而歸. 旣立, 所宿庚宗之婦人, 獻以雉. 問其姓. 對曰 "余子長矣, 能奉雉而從我矣." 召而見之, 則所夢也. 未問其名, 號之曰 "牛", 曰 "唯." 皆召其徒, 使視之, 遂使爲豎. 有寵, 長, 使爲政. 公孫明知叔孫於齊, 歸, 未逆國姜, 子明取之. 故怒, 其子長而後使逆之. 田於丘蕕, 遂遇疾焉. 豎牛欲亂其室而有之, 强與孟盟, 不可. 叔孫爲孟鍾, 曰 "爾未際, 饗大夫以落之." 旣具, 使豎牛請日. 入, 弗謁. 出, 命之日. 及賓至, 聞鐘聲. 牛曰 "孟有北婦人之客." 怒, 將往, 牛止之. 賓出, 使拘而殺諸外. 牛又强與仲盟, 不可. 仲與公御萊書觀於公, 公與之環, 使牛入示之. 入, 不示. 出, 命佩之. 牛謂叔孫 "見仲而何." 叔孫曰 "何爲." 曰 "不見, 旣自見矣, 公與之環而佩之矣." 遂逐之, 奔齊. 疾急, 命召仲, 牛許而不召. 杜洩見, 告之飢渴, 授之戈. 對曰 "求之而至, 又何去焉." 豎牛曰 "夫子疾病, 不欲見人." 使實饋于个而退. 牛弗進, 則置虛, 命徹. 十二月癸丑, 叔孫不食. 乙卯卒. 牛立昭子而相之. 公使杜洩葬叔孫. 豎牛賂叔孫仲昭子與南遺, 使惡杜洩于季孫而去之. 杜洩將以路葬, 且盡卿禮. 南遺謂季孫曰 "叔孫未乘路, 葬焉用之. 且冢卿無路, 介卿以葬, 不亦左乎." 季孫曰 "然." 使杜洩舍路. 不可, 曰 "夫子受命於朝, 而聘於王. 王思舊勳而賜之路. 復命而致之君. 君不敢逆王命而復賜之, 使三官書之. 吾子爲司徒, 實書名. 夫子爲司馬, 與工正書服. 孟孫爲司空, 以書勳, 今死而弗以, 是棄君命也. 書在公府而弗以, 是廢三官也. 若命服生弗敢服, 死又弗以, 將焉用之." 乃使以葬. 季孫謀去中軍, 豎牛曰 "夫子固欲去之."

5년(기원전 537)

5년 봄 주력(周曆) 정월, 중군(中軍)을 폐했다. 초나라가 그 대부 굴신(屈申)을 죽였다. 공이 진나라로 갔다. 여름, 거나라의 모이(牟夷)가 모루(牟婁)·방(防)·자(玆)를 들어 망명해 왔다. 가을 7월, 공이 진나라에서 돌아왔다. 무진(戊辰), 숙궁이 군사를 이끌고 거나라 군사를 분천(蚡泉)에서 깨뜨렸다. 진백이 졸했다. 겨울, 초자·채후·진후(陳侯)·허남·돈자·심자·서인(徐人)·월인(越人)이 오나라를 쳤다.

五年春王正月, 舍中軍. 楚殺其大夫屈申. 公如晉. 夏, 莒牟夷以牟婁及防玆, 來奔. 秋七月, 公至自晉. 戊辰, 叔弓帥師, 敗莒師于蚡泉. 秦伯卒. 冬, 楚子蔡侯陳侯許男頓子沈子徐人越人, 伐吳.

●5년 봄 1월, 노나라가 중군을 폐지했다. 이는 공실의 위세를 약하게 만들기 위한 조치였다. 중군의 폐지는 대부 시씨(施氏: 施孝叔)에 의해 발의되었고 장씨(臧氏)에 의해 폐지 협의가 이루어졌다. 당초 중군을 창설할 때 공실의 군사를 3분하여 세 가문이 1군씩 장악하게 했다. 이때 계손씨가 장악한 군사는 모두 징병 및 징세의 방식으로 충원되었다. 이에 반해 숙손씨는 장정들만 사병으로 삼고 노약자는 제외했다. 맹손씨는 절반만 사병으로 삼고 나머지는 제외했다.

중군을 폐지한 뒤 공실의 군사를 다시 4분하여 계손씨가 그 4분의 2를 차지했고 숙손씨와 맹손씨는 각각 4분의 1씩 차지했다. 이들 모두 징병과 징세를 통해 인력과 물자를 거둔 뒤 노소공에게 공납하는 방식을 채택했다. 이때 계손씨는 책서(策書)의 형식으로 두설에게 명하여 숙손표의 영전에 이같이 고하게 했다.

"그대는 본래 중군을 폐지하고자 했는데 이제 이미 폐지되었기에 감히 고합니다."

두설이 반대했다.

"그분은 실로 중군을 폐지할 생각이 없었기 때문에 희굉(僖閎: 노희공의 사당 대문)과 오보지구(五父之衢: 산동성 곡부현 동남쪽)에서 맹서했던 것입니다."

그러고는 그 문서를 받아 땅바닥에 내던지고는 숙손씨의 가신들을 이끌고 호곡했다. 그러자 숙중자(叔仲子: 숙중대)가 계손씨에게 보고했다.

"저는 대부 자숙손(子叔孫: 叔孫州仇)으로부터 명을 받았습니다. 그는 제 명대로 살지 못하고 죽은 사람을 장사지낼 때는 서문(西門)을 통해 나가라고 했습니다."

계손씨가 두설에게 명하여 그대로 집행하게 하자 두설이 말했다.

"경의 상례(喪禮)는 남문을 통해 나가는 것이 우리 노나라의 예법입니다. 그대는 집정한 후 아직 예법을 고친 적이 없었는데 이제 그 예법을 바꾸려고 합니다. 많은 신하들이 주살될까 두려워하고 있으나 저는 감히 그 지시를 따르지 못하겠습니다."

이에 두설은 장례식을 마친 뒤 곧 노나라를 떠났다.

숙손표의 아들 중임이 제나라에서 돌아왔다. 계손씨가 그를 숙손씨 가문의 후계자로 세우려고 하자 남유가 건의했다.

"숙손씨 가문이 강대해지면 계손씨 가문은 약해질 수밖에 없습니다. 그러니 그 가문에 난이 일어난 이때 알은체하지 않는 것이 가하지 않겠습니까?"

그러고는 국인들을 시켜 우를 도와 대고(大庫: 관부의 문서와 재물을 저장하는 곳간)의 뜰에서 중임을 공격하게 했다. 이때 사궁(司宮: 공궁을 관리하는 관원이나, 계손씨 또는 숙손씨 밑에 있는 환관으로 보기도 함)이 활을 쏘아 중임의 눈을 맞추자 중임이 곧바로 죽었다. 그러자 우가 노나라 동쪽 변경에 있는 숙손씨 가문의 영지 30개 성읍을 떼어 남유에게 주었다.

소자(昭子: 숙손표의 서자)가 숙손씨 가문의 후계자가 되자 가문 사람들이 모두 찾아와 소자를 배견했다. 이때 소자가 이들을 모두 모아 놓고 말했다.

"소신(小臣) 우가 우리 숙손씨 가문에 화난을 조성해 크게 어지럽게 만들어놓았소. 적자를 죽인 뒤 서자인 나를 후계자로 세우고, 영지를 떼어 자신의 죄를 사면받고자 했으니 이보다 더 큰 죄는 없을 것이오. 속히 그를 잡아 죽여야만 하오."

우가 크게 두려워한 나머지 제나라로 달아났다. 이때 죽은 맹병과 중임의 아들들이 국경을 지키는 관소 밖에서 그를 기다렸다가 잡아 죽인 뒤 그의 목을 베어 영풍(寧風: 제나라와 노나라의 경계지역으로 위치 미상)의 가시밭 위에 내던졌다. 이를 두고 중니가 이같이 평했다.

"숙손소자(叔孫昭子)가 자신을 후계자로 내세운 우의 공을 인정하지 않은 것은 일반 사람들로서는 극히 하기 어려운 일이다. 주임(周任: 고대의 전설적인 사관)이 말하기를, '위정자는 사적인 공에 상을 주지 않고 사적인 원한에 벌을 주지 않는다'고 했다. 『시경』 「대아·억」에 이르기를, '군자가 정직한 덕행을 쌓으니 사방의 나라들이 모두 찾아와 귀복하네'라고 했다."

당초 숙손표가 태어날 때 그의 부친 장숙(莊叔)이 『주역』으로 점을 치자 '명이괘'(明夷卦)가 '겸괘'(謙卦)로 변하는 점괘가 나왔다. 이를 복초구(卜楚丘: 노나라의 점복관)에게 보이자 복초구가 이같이 풀이했다.

"이 아기는 장차 나라를 떠났다가 돌아와 가문을 계승해 제사를 받들 것입니다. 그때 참인(讒人: 무함을 잘 하는 사람)을 데리고 들어올 터인데 그의 이름은 '우'(牛)라고 합니다. 이 아기는 훗날 결국 굶어 죽을 것입니다. '명이괘'는 해를 뜻하는데 일(日)의 단위는 10입니다. 하루에는 10시(時)가 있고 이는 10위(位)에 해당하니 첫째가 천자, 둘째가 제후, 셋째가 경입니다. 해는 상지중(上地中: 땅 속에서 솟아오를 때로, 鷄鳴時에 해당)이 가장 존귀하고, 식일(食日: 해가 수평선 위로 머리를 드러내기 시작할 때)이 두 번째이고, 단일(旦日: 해가 막 위로 치솟아 올라가는 시점)이 세 번째입니다. '명이괘'가 '겸괘'로 변하는 것은 날이 밝기는 했으나 아직 높이 솟아오르지 못한 것으로, 대략 날이 밝아오는 시점에 해당합니다. 그래서 경의 지위를 계승해 가문의 제사를 받들게 된다고 말한 것입니다. 해가 '겸괘'로 변하는 것은 새를 의미합니다. 이에 '명이가 난다'라고 하는 것입니다. 그러나 해가 높이 솟지 못한 때여서 '날개를 늘어뜨린다'고 말한 것입니다. 이는 해의 움직임을 상징합니다. 그래서 '군자가 길 위에 있다'고 한 것입니다. 이때 해는 바로 단일(旦日)의 위치에 있게 됩니다. 그래서 사흘 동안 먹지 못해 굶주린다고 말한 것입니다. '이괘'(離卦)는 화(火)에 해당하고 '간괘'(艮卦)는 산(山)에 해당합니다. '이괘'는 불이 되니 불이 산을 태우면 산은 훼손됩니다. 이를 인간의 일에 비유하면 '간괘'는 사람이 하는 말을 상징하니 나쁜 말은 곧 '참언'(讒言)이 되는 셈입니다. 그래서 누군가 떠나게 된다고 말한 것입니다. 주인이 말을 하면 이는 반드시 참언일 것입니다. 본래 '이괘'는 소를 나타냅니다. 세상이 어지러워지면 참언이 잘 통하니 그때가 바로 '이괘'에 해당하는 것입니다. 그래서 그의 이름이 '우'(牛)라고 한 것입니다. '겸괘'는 부족(不足)을 뜻하니 날아도 높이 날지 못하고, 날개를 늘어뜨려 높이 오르지 못하고, 날개가 있어도 이를 마음껏 펼치지 못하는 것을 뜻합니다. 그래서 이 아이가 그대의 후계자가 될 것이라고 말한 것입니다. 그대는 아경(亞卿)으로 있으니 이 아기도 아경이 되기는 할 것입니다. 그러나 선종하지는 못할 것입니다."

五年春王正月, 舍中軍, 卑公室也. 毁中軍于施氏, 成諸臧氏. 初作中軍, 三分公室而各有其一. 季氏盡征之, 叔孫氏臣其子弟, 孟氏取其半焉. 及其舍之也, 四分公室, 季氏擇二, 二子各一. 皆盡征之, 而貢于公. 以書使杜洩告於殯, 曰"子固欲毁中軍, 旣毁之矣, 故告." 杜洩曰"夫子唯不欲毁也, 故盟諸僖閎, 詛諸五父之衢." 受其書而投之, 帥士而哭之. 叔仲子謂季孫曰"帶受命於子叔孫曰, 葬鮮者自西門." 季孫命杜洩. 杜洩曰"卿喪自朝, 魯禮也. 吾子爲國政, 未改禮, 而又遷之. 群臣懼死, 不敢自也." 旣葬而行. 仲至自齊, 季孫欲立之. 南遺曰"叔孫氏厚則季氏薄. 彼實家亂, 子勿與知, 不亦可乎." 南遺使國人助豎牛以攻諸大庫之庭. 司宮射之, 中目而死. 豎牛取東鄙三十邑, 以與南遺. 昭子卽位, 朝其家衆, 曰"豎牛禍叔孫氏, 使亂大從, 殺適立庶, 又披其邑, 將以赦罪, 罪莫大焉. 必速殺之." 豎牛懼, 奔齊. 孟仲之子殺諸塞關之外, 投其首於寧風之棘上. 仲尼曰"叔孫昭子之不勞, 不可能也. 周任有言曰'爲政者不賞私勞, 不罰私怨.'『詩』云'有覺德行, 四國順之.'"初, 穆子之生也, 莊叔以『周易』筮之, 遇「明夷」之「謙」, 以示卜楚丘. 曰"是將行, 而歸爲子祀. 以讒人入, 其名曰牛, 卒以餒死.「明夷」, 日也. 日之數十, 故有十時, 亦當十位. 自王已下, 其二爲公, 其三爲卿. 日上其中, 食日爲二, 旦日爲三.「明夷」之「謙」, 明夷未融, 其當旦乎. 故曰爲子祀. 日之「謙」當鳥, 故曰明夷于飛. 明夷未融, 故曰垂其翼. 象日之動, 故曰君子于行. 當三在旦, 故曰三日不食.「離」, 火也.「艮」, 山也.「離」爲火, 火焚山, 山敗. 於人爲言, 敗言爲讒. 故曰有攸往. 主人有言, 言必讒也. 純「離」爲牛. 世亂讒勝, 勝將適「離」, 故其名曰牛.「謙」不足, 飛不翔, 垂不峻, 翼不廣. 故曰其爲子後乎. 吾子亞卿也, 抑少不終."

●초영왕은 막오 굴신(屈申)이 초나라에 대해 두 마음을 지니고 있다고 여겨 그를 죽였다. 이어 굴생(屈生)을 막오로 삼은 뒤 영윤 자탕(子蕩)과 함께 진나라로 가 자신의 부인이 될 진녀(晉女)를 맞이하게 했다. 이들이 정나라를 지날 때 정간공이 자탕을 범(氾: 하남성 양성현 남쪽) 땅에서 위로하고, 굴생을 토씨(菟氏: 하남성 위씨현 서북쪽)에서

노소공 85

위로했다. 이때 진평공이 초나라로 출가하는 진녀를 형구(邢丘: 하남성 온현 동북쪽)까지 전송했다. 그러자 정나라 대부 자산이 정간공을 도와 형구에서 진평공과 만났다.

마침 이때 노소공이 진나라로 가게 되었다. 그는 교로(郊勞: 진나라 교외에서 위로받는 일)부터 증회(贈賄: 진평공에게 예물을 바치는 일)에 이르기까지 예의를 잃지 않았다. 이에 진평공이 여숙제(女叔齊: 사마후)에게 물었다.

"노후(魯侯: 노소공)는 예에 밝지 않소?"

"노후가 어찌 예를 알겠습니까."

"어째서 그렇다는 것이오? 교로에서 증회에 이르기까지 조금도 예에 어긋남이 없었소. 그런데 어째서 노후가 예를 모른다고 하는 것이오?"

"이는 의식(儀式)이지 예라고 할 수 없습니다. 예는 나라를 지키고, 정령을 제대로 행하고, 그 백성을 잃지 않게 하는 근본입니다. 지금 노나라의 정령은 대부들의 수중에 있는데 그는 이를 되찾지 못하고 있습니다. 대부 자가기(子家羈: 子家懿伯)는 매우 현능한 인물임에도 그를 등용하지 못하고 있습니다. 또 대국과의 맹약을 어기고 소국을 능학(陵虐)하고 있습니다. 다른 나라의 환난을 이롭게 여기면서 자국 역시 위기에 처해 있다는 사실을 모르고 있습니다. 이어 공실의 군사를 넷으로 나눔으로써 백성들이 3가(三家: 계손과 숙손, 맹손씨)에 의지해 살고 있습니다. 민심이 군주에게 있지 않은데도 군주는 그 폐해를 전혀 고려하지 않고 있습니다. 노후는 일국의 군주가 되어 위난이 장차 자신의 몸에 닥치게 되어 있는데도 이를 전혀 걱정하지 않고 있는 것입니다. 예의 본말(本末)이 여기에 있는데도 노후는 오히려 소쇄한 의식을 익히는 데 급급할 뿐입니다. 그러니 그가 예에 밝다고 말하는 것과는 그 차이가 너무 크지 않겠습니까."

이를 두고 군자가 이같이 평했다.

"숙후(叔侯: 여숙제)는 예를 제대로 알고 있는 사람이다."

楚子以屈申爲貳於吳, 乃殺之. 以屈生爲莫敖, 使與令尹子蕩如晉逆女. 過鄭, 鄭伯勞子蕩于氾, 勞屈生于菟氏. 晉侯送女于邢丘. 子産相鄭伯, 會晉侯于邢丘. 公如晉, 自郊勞至于贈賄, 無失禮. 晉侯謂女叔齊曰 "魯侯不亦善於禮乎." 對曰 "魯侯焉知禮." 公曰 "何爲. 自郊勞至于贈賄, 禮無違者, 何故不知." 對曰 "是儀也, 不可謂禮. 禮所以守其國, 行其政令, 無失其民者也. 今政令在家, 不能取也. 有子家羈, 弗能用也. 奸大國之盟, 陵虐小國. 利人之難, 不知其私. 公室四分, 民食於他. 思莫在公, 不圖其終. 爲國君, 難將及身, 不恤其所. 禮之本末, 將於此乎在, 而屑屑焉習儀以亟. 言善於禮, 不亦遠乎." 君子謂 "叔侯於是乎知禮."

● 진나라의 한선자가 초평왕의 부인이 될 진녀(晉女)를 호송하여 초나라로 갔다. 이때 숙향이 부사가 되었다. 이들이 정나라를 지날 때 정나라 대부 자피와 자태숙이 이들을 삭씨(索氏: 하남성 형양현 서쪽) 땅에서 영접했다. 이때 자태숙이 숙향에게 말했다.

"초왕은 교만이 지나치니 그대는 주의하도록 하십시오."

"교만이 지나친 것은 스스로에게 재앙이 되니 어찌 남에게 미치겠소. 우리가 가지고 간 예물을 봉헌할 때 삼가 위의를 견지하면서, 신의로써 지키고, 예로써 행하고, 공경히 시작해 끝을 생각하고, 이후 의식을 좇아 하지 않는 것이 없을 것이오. 또 순종하여 예의를 잃지 않고, 공경하면서도 위엄을 잃지 않고, 옛 성현의 말씀으로 인도하고, 옛날의 법도를 준수하고, 선왕의 일로써 헤아리고, 두 나라의 이해득실을 따지면 초왕이 비록 교만하다 할지라도 나를 어찌하겠소?"

한선자 일행이 초나라에 당도하자 초영왕이 대부들을 조정에 모아놓고 말했다.

"진나라는 우리의 원수요. 진실로 그들의 면전에서 우리 뜻대로 할 수 있다면 다른 나라는 우려할 필요가 없소. 지금 온 사람들은 그 나라의 상경과 상대부요. 만일 내가 한기(韓起)를 혼(閽: 문지기)으로 삼고, 숙향을 사궁(司宮: 궁안의 일을 담당하는 환관)으로 삼는다면 이는 진나라에 치욕을 가하기에 족하고 우리 또한 뜻대로 하게 되는 것이오.

이같이 하는 것이 가하지 않겠소?"

　대부들 중 대답하는 사람이 없었다. 이때 오직 위계강이 나서 말했다.
"가합니다. 만일 그에 대한 대비책만 있다면 안 될 리가 있겠습니까. 필부에게 치욕을 가할 때에도 이에 대한 대비가 없을 수 없는데 하물며 한 나라에 치욕을 가할 때야 더 말할 것이 있겠습니까. 이에 옛 성왕들은 힘써 예를 행하고 다른 사람에게 치욕을 안기지 않으려고 했던 것입니다. 조빙(朝聘: 조현과 빙문)을 할 때에는 규(珪: 옥을 圭처럼 깎아 만든 玉器)를 쓰고 향조(享覜: 향례와 진현)를 할 때에는 장(璋: 끝을 뾰족하게 만든 각이 진 玉器로 조빙과 제사, 장례 등에 사용함)을 사용합니다. 소국에게는 술직(述職: 소국이 대국을 조현함)의 규정이 있고 대국에게는 순공(巡功: 대국이 소국을 시찰함)의 제도가 있습니다. 궤(几)를 설치하고도 기대지 않고, 술잔에 술이 차 있어도 마시지 않고, 연회 때 서로 좋은 예물을 교환하고, 만찬에 좋은 음식을 더 내옵니다. 또 손님이 나라 안으로 들어오면 교로(郊勞)하고, 떠날 때에는 증회(贈賄)합니다. 이것들은 모두 예의 최고 형식입니다. 나라가 어지러워지는 것은 바로 이같은 예의 상도(常道)를 잃었기 때문입니다. 화란은 바로 여기서 나오는 것입니다. 성복지역(城濮之役: 노희공 28년)이 있은 뒤 진나라는 초나라를 방비하지 않았기 때문에 필(邲) 땅에서 패했고, 필지역(邲之役: 노선공 12년) 이후 초나라는 진나라를 방비하지 않다가 언(鄢) 땅에서 패했습니다. 언 땅의 싸움 이후 진나라는 초나라에 대한 방비를 게을리하지 않은 데다가 오히려 초나라에 대해 예의를 더하고 화목으로써 이를 돈독히 했습니다. 이에 초나라는 진나라에 대해 보복할 길이 없어 화친을 요구했던 것입니다. 이미 혼인을 맺어 인척관계를 맺었는데도 그들에게 치욕을 가하여 그들을 우리의 원수로 만들려고 하니, 장차 뒷일을 어찌 대비하려는 것입니까. 또한 누가 그 뒷감당을 해야만 하는 것입니까. 만일 이를 감당할 사람이 있다면 가하나 그렇지 않다면 군주는 이 일을 다시 한 번 깊이 생각하기 바랍니다. 진나라가 지금 군주를 섬기는 자세는 제가 볼 때 가히 수긍할 만합니다. 군주가 제후들의 소집을 청하자 진나라의 주선으로 제후들이 균지(麇至: 무리지어 모임)했고, 혼인을 제의하자 진나라 군주가 친히 진녀(晉女)를 전송하면서 상경과 상대부를 호송차 우리 나라로 보냈습니다. 그런데도 그들에게 치욕을 안기려 한다면 군주는 반드시 이에 대한 대비책이 있어야만 할 것입니다. 만일 그렇지 않다면 장차 이를 어찌 대처하려는 것입니까. 진나라 대부 한기 밑에는 조성(趙成: 趙景子)과 중항오(中行吳: 中行穆子), 위서(魏舒), 범앙(范鞅), 지영(知盈)이 있습니다. 또 양설힐(羊舌肹) 밑에는 기오(祁午)와 장적(張趯), 적담(籍談: 籍父), 여제(女齊), 양병(梁丙), 장격(張骼), 보력(輔躒), 묘분황(苗賁皇: 본래는 초나라 사람)이 있습니다. 이들 모두 제후들이 응당 발탁해만 하는 양신(良臣)들입니다. 대부 한양(韓襄)은 공족대부가 되어 있고 한수(韓須)는 명을 받아 사자로 나가 있습니다. 기양(箕襄)과 형대(邢帶: 한기의 일족), 숙금(叔禽), 숙초(叔椒), 자우(子羽)는 모두 대가(大家: 커다란 씨족)들입니다. 한씨 가문이 부세를 징수하는 7개 성읍은 모두 성현(成縣: 커다란 고을로, '成'은 '盛'과 통함)입니다. 게다가 양설씨의 4족(四族: 銅鞮 伯華와 叔向, 叔魚, 叔虎)은 모두 강가(强家: 세력이 막강한 가문)입니다. 만일 진나라가 한기와 양힐(楊肸: 숙향)을 잃게 되면 남은 5경(五卿: 조성, 중항오, 위서, 범앙, 지영)과 8대부(八大夫: 기오, 장적, 적담, 여제, 양병, 장격, 보력, 묘분황)들이 한수와 양석(楊石: 숙향의 아들 楊食我)을 돕고 나설 것입니다. 그리 되면 10대 가문의 9개 현에서 장곡(長轂: 수레바퀴가 큰 전차) 9백 승을 내고 나머지 40개 현을 지키고 있는 4천 승의 전차를 보내 용맹을 떨치고 분노를 드러내 그들의 치욕을 보복하려 들 것입니다. 백화(伯華: 숙향의 형인 羊舌赤)가 계략을 세우고 중항백과 위서가 군사를 거느리면 성공하지 못할 리가 없습니다. 군주는 친밀히 대해야 할 상대를 원수로 만들고 무례한 행동으로 속구(速寇: 적들의 신속한 침입)를 자초하면서 아무런 대비책도 없습니다. 그러나 장차 군신들을 진나라로 보내 적의 포로로 만들고 군주의 쾌의(快意)만 채우려 한다면야 어찌 안 되겠습니까."

초영왕이 사죄했다.

"불곡(不穀)의 잘못이오. 대부(大夫: 위계강)를 부끄럽게 만들지 않을 것이오."

이에 진나라의 한자(韓子: 한기)를 후한 예로 대우했다. 초영왕은 숙향에게 모르는 사물을 질문하여 교만을 부리고자 했으나 뜻대로 되지 않자 그 또한 후한 예로 대우했다.

한기가 귀국할 때 정간공이 그를 위해 어(圉: 하남성 기현 남쪽)에서 위로하고자 했다. 그러나 한기가 사양하자 감히 만날 수가 없었다. 이는 예에 맞는 일이다.

晉韓宣子如楚逆女, 叔向爲介. 鄭子皮子大叔勞諸索氏. 大叔謂叔向曰 "楚王汰侈已甚, 子其戒之." 叔向曰 "汰侈已甚, 身之災也, 焉能及人. 若奉吾幣帛, 愼吾威儀, 守之以信, 行之以禮, 敬始而思終, 終無不復. 從而不失儀, 敬而不失威, 道之以訓辭, 奉之以舊法, 考之以先王, 度之以二國, 雖汰侈, 若我何." 及楚, 楚子朝其大夫曰 "晉, 吾仇敵也. 苟得志焉, 無恤其他. 今其來子, 上卿上大夫也. 若吾以韓起爲閽, 以羊舌肸爲司宮, 足以辱晉, 吾亦得志矣, 可乎." 大夫莫對. 薳啓彊曰 "可. 苟有其備, 何故不可. 恥匹夫不可以無備, 況恥國乎. 是以聖王務行禮, 不求恥人. 朝聘有珪, 享覜有璋, 小有述職, 大有巡功, 設机而不倚, 爵盈而不飮, 宴有好貨, 飧有陪鼎, 入有郊勞, 出有贈賄, 禮之至也. 國家之敗, 失之道也, 則禍亂興, 城濮之役, 晉無楚備, 以敗於邲. 邲之役, 楚無晉備, 以敗於鄢. 自鄢以來, 晉不失備, 而加之以禮, 重之以睦, 是以楚弗能報而求親焉. 旣獲姻親, 又欲恥之, 以召寇讎, 備之若何. 誰其重此. 若有其人, 恥之可也. 若其未有, 君亦圖之. 晉之事君, 臣曰可矣. 求諸侯而麋至. 求昏而薦女, 君親送之, 上卿及上大夫致之. 猶欲恥之, 君其亦有備矣. 不然, 奈何. 韓起之下, 趙成・中行吳・魏舒・范鞅・知盈. 羊舌肸之下, 祁午・張趯・籍談・女齊・梁丙・張骼・輔躒・苗賁皇, 皆諸侯之選也. 韓襄爲公族大夫, 韓須受命而使矣. 箕襄・邢帶・叔禽・叔椒・子羽, 皆大家也. 韓賦七邑, 皆成縣也. 羊舌四族, 皆彊家也. 晉人若喪韓起・楊肸, 五卿八大夫輔韓須·楊石, 因其十家九縣, 長轂九百, 其餘四十縣, 遺守四千, 奮其武怒, 以報其大恥, 伯華謀之, 中行伯魏舒帥之, 其蔑不濟矣. 君將以親易怨, 實無禮以速寇, 而未有其備, 使群臣往遺之禽, 以逞君心, 何不可之有." 王曰 "不穀之過也, 大夫無辱." 厚爲韓子禮. 王欲赦叔向以其所不知, 而不能. 亦厚其禮. 韓起反, 鄭伯勞諸圉. 辭不敢見, 禮也.

●정나라 대부 한호가 제나라로 가 자미(子尾)의 집안에서 아내를 맞이했다. 이때 제나라 대부 안자(晏子)가 그를 자주 방문했다. 대부 진환자(陳桓子: 진무우)가 그 연고를 묻자 안자가 대답했다.

"그는 선인을 등용하는데 능하니 민지주(民之主: 군주)입니다."

여름, 거나라 대부 모이(牟夷)가 모루(牟婁: 산동성 제성현 서쪽)와 방(防: 산동성 안구현 서남쪽에 위치), 자(玆: 산동성 제성현 서북쪽) 땅을 들어 노나라로 도망쳤다. 모이가 거나라의 경이 아닌데도 『춘추』에 그 이름을 기록한 것은 그가 가지고 온 땅을 귀하게 여겼기 때문이다.

이때 거나라 사람이 이를 고소하자 진평공이 마침 진나라에 와 있는 노소공을 억류하고자 했다. 범헌자가 만류했다.

"불가합니다. 조현하러 온 사람을 수금하는 것은 곧 그를 유인한 셈이 됩니다. 죄 있는 나라를 토벌하면서 군사를 동원하지 않고, 유인하여 그 뜻을 이루고자 하는 것은 나태한 자세입니다. 맹주가 되어 이 두 가지 잘못을 범하면 불가하지 않겠습니까. 청컨대 그를 일단 돌려보낸 뒤 기회를 보아 군사를 이끌고 가 토벌하기 바랍니다."

이에 진평공이 노소공을 돌려보냈다. 가을 7월, 노소공이 진나라에서 귀국했다.

이때 거나라 군사가 노나라로 쳐들어왔다. 그러나 노나라는 아무런 대비도 하지 않고 있었다. 7월 14일, 노나라 숙궁(叔弓)이 분천(蚡泉: 노나라와 거나라의 경계지역으로 위치 미상)에서 거나라 군사를 깨뜨렸다. 이는 거나라 군사가 진세를 펼칠 여유를 갖지 못한 데 따른 것이었다.

겨울 10월, 초영왕이 제후들과 동이(東夷)의 군사들을 이끌고 가 오나라를 쳤다. 이는 극과 역, 마 땅의 싸움에 대한 보복이었다. 이때 초나라 대부 위석(蔿射)은 번양(繁揚: 繁陽으로, 하남성 신채현 북쪽에 위치)의 군사를 이끌고 하예(夏汭)로 가 초영왕과 합류했다. 월(越)나라 대부 상수과(常壽過)는 군사를 이끌고 가 쇄(瑣: 안휘성 곽구현 동쪽) 땅에서 초영왕과 합류했다.

초나라 군사는 오나라가 군사를 출동시켰다는 소식을 듣고 급히 위계강에게 명하여 군사를 이끌고 가 오나라 군사를 치게 했으나 급히 서두르는 바람에 방어책을 제대로 세우지 못했다. 이에 오나라 군사가 초나라 군사를 작안(鵲岸: 안휘성 무위현 남쪽에서 동릉시 북쪽에 이르는 장강의 북안 일대)에서 격파했다.

이에 초영왕이 급히 일(馹: 傳車)을 타고 나예(羅汭: 호남성 상음현)로 갔다. 이때 오왕 이말(夷昧: 餘昧)이 아우 궐유(蹶由)를 초나라 진영으로 보내 초나라 군사를 호로(犒勞: 음식을 주어 위로함)하게 했다. 그러자 초나라 군사가 궐유를 억류한 뒤 장차 그의 피를 군고(軍鼓)에 바르고자 했다. 이때 초영왕이 사람을 시켜 궐유에게 물었다.

"그대가 여기 오는 것을 두고 거북점을 치니 길하다고 나왔는가?"

"길하다고 나왔습니다. 과군은 군주가 폐읍에서 용병할 것이라는 소식을 듣고 곧 수구(守龜: 국가에서 길흉을 점칠 때 사용하는 龜甲)를 구워 점을 쳤습니다. 이때 수구에 고하여 말하기를, '내가 곧 사람을 시켜 초나라 군사를 호로하고, 초왕이 얼마나 노했는지를 살핀 뒤 굳게 방비를 할 것이니 신령이 미리 그 길흉을 알려주기 바랍니다'라고 했습니다. 이에 길하다고 나왔는데 점괘에서 이르기를, '승부를 미리 알 수 있다'고 했습니다. 군주가 만일 오나라의 사자를 기꺼이 영접하면 폐읍의 나태함을 조장해 장차 죽을 가능성이 크다는 사실조차 잊게 함으로써 폐읍의 멸망이 얼마 남지 않게 됩니다. 그러나 이제 군주가 분연히 뇌정(雷霆)의 노기를 내보여 사자를 학대하고 잡아둔 뒤 그의 피를 내어 군고에 바르면 오나라는 장차 어찌 대비해야 하는지를 알게 될 것입니다. 폐읍은 비록 지쳐 있으나 만일 일찍 서둘러 무기를 정비하고 성곽을 수축해 굳게 방어한다면 귀국 군사의 진공을 막아낼 수 있을 것입니다. 난이(難易)를 불문하고 미리 대비하고 있으면 가히 길하다고 할 수 있습니다. 게다가 오나라가 점복을 친 것은 사직의 길흉을 묻기 위한 것이었습니다. 어찌 한 사람을 위해 그같이 했겠습니까. 사자로 온 저의 피가 초나라 군고에 칠해져 폐읍이 미리 대비해야 한다는 사실을 깨닫고 불우(不虞: 뜻밖의 일)를 막는다면 이보다 더 길한 일이 어디에 있겠습니까. 나라의 수구(守龜)를 이용해 그 무엇인들 점치지 못하겠습니까. 1길1흉(一吉一凶)으로 나온 점괘에서 어느 누가 그 길흉이 언제 나타날지 알 수 있겠습니까. 성복지역(城濮之役)의 점괘는 필(邲) 땅의 싸움에서 그 징험(徵驗)이 나타났습니다. 저의 이번 사행도 어찌 그 징험이 나타나길 바라는 마음이 없겠습니까."

이에 초영왕이 궐유를 죽이지 않았다.

초나라 군사가 나예를 건너자 심윤(沈尹) 적(赤: 射)이 초나라 군사와 합류해 내산(萊山: 호남성 예릉현 북쪽)에 주둔했다. 위석이 번양의 군사를 이끌고 먼저 남회(南懷: 초나라의 변경으로 위치 미상)로 들어가자 초나라 군사가 일제히 그 뒤를 따라갔다. 그러나 여청(汝淸: 초나라 국경지대로 위치 미상)에 이르러 오나라 땅으로 진공할 수가 없었다. 이에 초영왕이 저기산(坻箕山: 안휘성 소현 남쪽)에서 군사를 사열하며 위세를 보였다. 이번 출병에 오나라가 미리 대비하자 초나라 군사는 아무런 공도 세우지 못하고 돌아갔다. 단지 오왕의 아우 궐유를 잡아 가지고 돌아갔을 뿐이다.

그러나 초영왕은 오나라의 보복이 두려운 나머지 심윤 석(射: 赤)에게 명하여 소(巢)에 머물며 명을 기다리게 하고 위계강에게는 우루(雩婁: 하남성 상성현 동북쪽)에서 명을 기다리게 했다. 이는 예에 맞는 일이다.

이때 진(晉)나라에 와 있던 진후자(秦后子)가 다시 본국으로 돌아갔다. 이는 진경공(秦景公)이 세상을 떠난 데 따른 것이었다.

鄭罕虎如齊娶於子尾氏. 晏子驟見之. 陳桓子問其故, 對曰 "能用善人, 民之主也." 夏, 莒牟夷以牟婁及防玆來奔. 牟夷非卿而書, 尊地也. 莒人愬于晉. 晉侯欲止公. 范獻子曰 "不可. 人朝而執之, 誘也. 討不以師, 而誘以成之, 惰也. 爲盟主而犯此二者, 無乃不可乎. 請歸之, 間而以師討焉." 又歸公. 秋七月, 公至自晉. 莒人來討, 不設備. 戊辰, 叔弓敗諸蚡泉, 莒未陳也. 冬十月, 楚子以諸侯及東夷伐吳, 以報棘櫟麻之役. 薳射以繁揚之師, 會於夏汭. 越大夫常壽過帥師會楚子于瑣. 聞吳師出, 薳啓彊帥師從之, 遽不設備, 吳人敗諸鵲岸. 楚子以馹至於羅汭. 吳子使其弟蹶由犒師, 楚人執之, 將以釁鼓. 王使問焉, 曰 "女卜來吉乎." 對曰 "吉. 寡君聞君將治兵於敝邑, 卜之以守龜, 曰, 余亟使人犒師, 請行以觀王怒之疾徐, 而爲之備, 尙克知之, 龜兆告吉, 曰, 克可知也. 君若驩焉, 好逆使臣, 滋敝邑休殆, 而忘其死, 亡無日矣. 今君奮焉, 震電馮怒, 虐執使臣, 將以釁鼓, 則吳知所備矣. 敝邑雖羸, 若早脩完, 其可以息師. 難易有備, 可謂吉矣. 且吳社稷是卜, 豈爲一人. 使臣獲釁軍鼓, 而敝邑知備, 以禦不虞, 其爲吉孰大焉. 國之守龜, 其何事不卜. 一臧一否, 其誰能常之. 城濮之兆, 其報在邲. 今此行也, 其庸有報志." 乃弗殺. 楚師濟於羅汭, 沈尹赤會楚子, 次於萊山. 薳射帥繁揚之師, 先入南懷, 楚師從之. 及汝淸, 吳不可入. 楚子遂觀兵於坻箕之山. 是行也, 吳早設備, 楚無功而還, 以蹶由歸. 楚子懼吳, 使沈尹射待命于巢, 薳啓彊待命于雩婁, 禮也. 秦后子復歸於秦, 景公卒故也.

6년(기원전 536)

6년 봄 주력(周曆) 정월, 기백 익고(益姑)가 졸했다. 진경공(秦景公)을 안장했다. 여름, 계손숙이 진나라로 갔다. 기문공(杞文公)을 안장했다. 송나라의 화합비(華合比)가 위나라로 망명했다. 가을 9월, 크게 기우제를 지냈다. 초나라의 위피(薳罷)가 군사를 이끌고 가 오나라를 쳤다. 겨울, 숙궁이 초나라로 갔다. 제후가 북연을 쳤다.

六年春王正月, 杞伯益姑卒. 葬秦景公. 夏, 季孫宿如晉, 葬杞文公. 宋華合比出奔衛. 秋九月, 大雩. 楚薳罷帥師, 伐吳. 冬, 叔弓如楚. 齊侯伐北燕.

●노소공 6년 봄 1월, 기문공(杞文公)이 세상을 떠났다. 그러자 노나라가 동맹국에 대한 상례에 준하여 조문했다. 이는 예에 맞는 일이다. 이때 또 노나라의 대부가 진(秦)나라로 가 진경공의 장례에 참석했다. 이 또한 예에 맞는 일이다.

3월, 정나라 사람이 정(鼎)에 형서(刑書: 형벌 조항)를 주조해 넣었다. 이에 진나라의 숙향이 사람을 보내 정나라 자산에게 다음과 같은 서신을 전했다.

"당초 나는 그대에게 우(虞: 여기서는 '희망'을 의미)를 가졌으나 이제는 끝났소. 옛날 선왕들은 일의 경중을 따져 죄를 다스렸을 뿐 형법을 정하지 않았소. 이는 백성들이 쟁심(爭心: 법을 이용해 다투려는 마음)을 일으킬까 두려워했기 때문이오. 그럼에도 범죄를 완전히 방지하지 못했소. 이로 인해 도의로써 방비하고, 올바른 정사로 독찰하고, 예로써 행하고, 신의로써 지키고, 인(仁)으로써 받들고, 녹위(祿位)를 제정하여 좇게 하고, 형벌로 엄단하여 방자함을 다스렸소. 그래도 제대로 하지 못할까 두려워하여 충(忠: 충성)으로써 교화하고, 행(行: 행동)으로써 권장하고, 무(務: 근면)로써 가르치고, 유(柔: 화목)로써 부리고, 경(敬: 공경)으로써 대하고, 강(彊: 엄숙)으로써 임하고, 강(剛: 견지)으로써 결단했소. 그럼에도 오히려 성철(聖哲)한 경상(卿相)과 명찰(明察)한 관원, 충신(忠信)한 지방장관, 자혜(慈惠)로운 스승을 구했던 것이오. 백성은 이같이 해야만 비로소 임용하여 부릴 수 있고 그래야만 화란이 생기지 않는 법이오. 백성들이 벽(辟: 형법)이 있다는 사실을 알게 되면 윗사람을 공경히 대하지 않고, 모두 쟁심을 일으켜 형법 조문을 끌어대 요행히 법망을 피해 자기 뜻을 이루고자 할 것이니 결국 그들을 다스릴 수 없게 되오. 하나라는 난정(亂政: 여기서는 정령이 지켜지지 않는다는 뜻임)이 있자 『우형』(禹刑)을 만들었고, 은나라는 난정이 있자 『탕형』(湯刑)을 만들었고, 주나라는 난정이 있자 『구형』(九刑)을 만들었소. 이 세 왕조의 형법은 모두 도의가 쇠미해진 숙세(叔世: 말기)에 나온 것이오. 그대는 정나라를 보좌하면서 봉혁(封洫: 경작지의 경계)을 엄히 하고, 방정(謗政: 비난을 받는 정책으로 丘賦制를 의미)을 세우고, 이제는 삼벽(參辟: 하・은・주 3대에 나온 형법)을 모방해 형서를 주조하여 백성들을 안정시키려 하고 있소. 그러나 이는 매우 어려운 일이 아니겠소?『시경』「주송・아장(我將)」에 이르기를, '주문왕의 법도를 본받아 매일 사방을 편안하게 하네'라고 했소. 또 『시경』「대아・문왕(文王)」에 이르기를, '주문왕을 본받자 만방이 믿고 따르네'라고 했소. 이같이 하기만 하면 어찌 형법이 필요하겠소? 백성들이 쟁단(爭端: 쟁송의 근거)을 알게 되면 장차 예를 버리고 형법 조문을 끌어들일 것이오. 그리 되면 추도지말(錐刀之末: 송곳 끝 같은 작은 일)조차 모두 법조문을 끌어대 다툴 것이 뻔하오. 결국 난옥(亂獄: 범법 사안)이 날로 극심해지고 회뢰(賄賂)가 성행하여 그대가 살아 있는 동안 정나라는 극히 쇠미해지고 말 것이오. 내가 듣건대 '국장망(國將亡: 나라가 장차 망하려 함)・필다제(必多制: 반드시 법령이 많아짐)'라고 했소. 이는 지금의 정나라를 두고 한 말일 것이오."

그러자 자산이 이같이 회신했다.

"과연 그대의 말씀과 같소. 나는 재주가 없어 자손대의 이익을 고려하지 못하고 오직 당대만 구하려고 했소. 이미 일이 진행되어 그대의 명을 받들 수는 없으나 어찌 감히 대혜(大惠: 가르쳐준 큰 은혜)를 잊을 수 있겠소?"

이때 진나라 대부 사문백(士文伯)이 자산을 평하여 말했다.

"대화성(大火星)이 출현하면 정나라는 큰 화재를 만날 것이다. 대화성이 아직 나타나지 않았는데도 불로써 형기(刑器)를 주조해 쟁송의 근거가 될 형법을 새겨넣었다. 만일 대화성이 이에 감응한다면 화재를 일으키지 않고 달리 어찌하겠는가."

六年春王正月, 杞文公卒, 弔如同盟, 禮也. 大夫如秦, 葬景公, 禮也. 三月, 鄭人鑄刑書. 叔向使詒子產書曰 "是吾有虞於子, 今則已矣. 昔, 先王議事以制, 不爲刑辟, 懼民之有爭心也. 猶不可禁禦, 是故閑之以義, 糾之以政, 行之以禮, 守之以信, 奉之以仁, 制爲祿位以勸其從, 嚴斷刑罰以威其淫. 懼其未也, 故誨之以忠, 聳之以行, 敎之以務, 使之以和, 臨之以敬, 涖之以彊, 斷之以剛. 猶求聖哲之上, 明察之官, 忠信之長, 慈惠之師, 民於是乎可任使也, 而不生禍亂. 民之有辟, 則不忌於上, 並有爭心, 以徵於書, 而徼幸以成之, 弗可爲矣. 夏有亂政而作「禹刑」, 商有亂政而作「湯刑」, 周有亂政而作「九刑」, 三辟之興, 皆叔世也. 今吾子相鄭國, 作封洫, 立謗政, 制參辟, 鑄刑書, 將以靖民, 不亦難乎. 『詩』曰 '儀式刑文王之德, 日靖四方.' 又曰 '儀刑文王, 萬邦作孚.' 如是, 何辟之有. 民知爭端矣, 將棄禮而徵於書. 錐刀之末, 將盡爭之. 亂獄滋豊, 賄賂並行, 終子之世, 鄭其敗吾. 肸聞之, 國將亡, 必多制, 其此之謂乎." 復書曰 "若吾子之言, 僑不才, 不能及子孫, 吾以救世也. 旣不承命, 敢亡大惠." 士文伯曰 "火見, 鄭其火乎. 火未出而作火以鑄刑器, 藏爭辟焉. 火如象之, 不火何爲."

● 여름, 노나라 대부 계손숙(季孫宿)이 진나라로 갔다. 이는 노나라가 거나라 땅을 차지한 일을 진나라가 묵인해준 것을 배사하기 위한 것이었다. 이때 진평공이 그를 위해 향례를 베풀었는데 가변(加籩: 연회 석상에 통상적인 때보다 음식을 더 많이 올린다는 뜻으로 加籩와 통함)이 있었다. 이에 계무자가 자리에서 물러나온 뒤 행인을 보내 이같이 고했다.

"소국이 대국을 섬기면서 실로 토벌을 면하면 다행이니 감히 상사(賞賜)를 구할 수 없습니다. 설령 상사를 받더라도 3헌(三獻: 주인이 빈객에게 내리는 석 잔의 술)을 넘을 수 없습니다. 지금의 가두(加豆: 加籩)는 저로서는 감당할 수 없습니다. 이는 죄과를 얻게 되는 것입니다."

그러자 한선자가 말했다.

"과군은 '가두'로써 그대를 기쁘게 하려는 것이오."

계손숙이 회답했다.

"과군도 아직 이같은 향례를 받지 못했는데 하물며 저는 군주의 노복에 불과한데 어찌 감히 가황(加貺: 상사를 더함)을 받을 수 있겠습니까."

계손숙이 굳이 철가(撤加: 加茱를 치움)를 청한 뒤 결국 일반 연회상으로 향례를 마쳤다. 이를 두고 진나라 사람들은 계손숙이 예를 안다고 생각해 향례가 진행되는 동안 매우 두텁게 선물을 보냈다.

이때 송나라의 시인(寺人) 유(柳)가 송평공의 총애를 입고 있었다. 그러나 태자 좌(佐: 송평공의 아들로 훗날의 송원공)가 그를 미워했다. 대부 화합비(華合比)가 태자에게 청했다.

"제가 유를 죽이도록 하겠습니다."

시인 유가 이 소식을 듣자 곧 구덩이를 파고는 희생 위에 맹서문을 얹고 흙으로 덮은 뒤 되돌아와 송평공에게 고했다.

"합비가 장차 망인지족(亡人之族)[14]을 불러들이려고 합니다. 이미 북곽(北郭)에서 맹서했습니다."

송평공이 사람을 보내 이를 확인하게 하자 과연 맹서한 흔적이 남아 있었다. 이에 곧 화합비를 추방하자 화합비는 위나라로 도망갔다. 이때 화합비의 아우 화해(華亥)가 형을 대신하여 우사(右師)를 맡고자 했다. 이에 시인 유와 결탁한 뒤 곧 그를 위해 증언했다.

"저는 이 얘기를 들은 지 오래되었습니다."

그러자 송평공이 곧 화해를 우사로 삼았다. 화해가 좌사(左師)를 찾아가자 좌사가 힐책했다.

"여부(女夫: '너'에 해당하는 경멸적인 칭호)는 반드시 망명할 것이다. 너는 이미 너의 종실을 망쳤으니 다른 사람들을 어찌 안중에나 두겠는가. 다른 사람들 또한 너를 어찌 보겠는가.『시경』「대아·판(板)」

---

14) 외국에 망명한 무리라는 뜻으로, 여기서는 노양공 17년에 진(陳)으로 망명한 화신(華臣)을 지칭한다.

에 이르기를, '종자(宗子: 적장자)는 성벽이니 성벽을 훼손시켜 스스로 고립된 나머지 홀로 두려움에 떠는 일이 없도록 하라'고 했다. 그러니 너는 홀로 두려움에 떠는 신세가 될 것이다."

6월 7일, 정나라에 대화재가 일어났다.

夏, 季孫宿如晉, 拜莒田也. 晉侯享之, 有加籩. 武子退, 使行人告曰 "小國之事大國也, 苟免於討, 不敢求貺. 得貺不過三獻. 今豆有加, 下臣弗敢, 無乃戾也." 韓宣子曰 "寡君以爲驩也." 對曰 "寡君猶未敢, 況下臣, 君之隷也, 敢聞加貺." 固請徹加而後卒事. 晉人以爲知禮, 重其好貨. 宋寺人柳有寵, 大子佐惡之. 華合比曰 "我殺之." 柳聞之, 乃坎用牲埋書, 而告公曰 "合比將納亡人之族, 旣盟于北郭矣." 公使視之, 有焉, 遂逐華合比. 合比奔衛. 於是華亥欲代右師, 乃與寺人柳比, 從爲之徵曰 "聞之久矣." 公使代之. 見於左師, 左師曰 "女夫也必亡. 女喪而宗室, 於人何有. 人亦於女何有. 『詩』曰 '宗子維城, 毋俾城壞, 無獨斯畏.' 女其畏哉."六月丙戌, 鄭災.

● 초나라 공자 기질(棄疾: 초영왕의 동생 蔡公으로 즉위 후 居로 개명)이 진나라로 갔다. 이는 진나라의 한자(韓子: 한기)가 진녀(晉女)를 호송한 일을 회보하기 위한 것이었다. 기질이 정나라를 지날 때 정나라 대부 한호(罕虎)와 공손 교(僑), 유길(游吉)이 정간공을 따라가 사(柤: 위치 미상) 땅에서 그를 위로하고자 했다.

공자 기질은 이를 사양하고 감히 만나려고 하지 않았으나 정나라에서 굳이 요청하자 할 수 없이 그들을 만났다. 이때 기질은 정간공을 마치 초왕을 대하듯이 배견하면서 승마(乘馬: 수레에 사용하는 말) 8필을 사면(私面: 사적인 만남으로, 곧 私覿)의 예물로 삼았다. 또 자피에게는 초나라의 상경을 배견하듯이 하여 승마 6필을 선사했다. 자산에게는 승마 4필, 자대숙에게는 승마 2필을 선사했다.

공자 기질은 이어 일행에게 추목채초(芻牧採樵: 풀을 베어 방목하고 땔나무를 구함)와 입전(入田: 논밭에 들어감), 초수(樵樹: 벌목), 채예

(采蓺: 심은 채과를 땀), 추옥(抽屋: 집을 헐어 땔감으로 씀), 강개(强丐: 강제로 물건을 구함)를 금했다. 그러고는 이같이 맹서했다.

"나의 명을 어기면 고위직은 그 직책을 박탈하고 하위직은 직위를 더욱 낮출 것이다."

이에 이들이 머무는 동안 난폭한 짓이 일어나지 않자 주인인 현지 백성들은 빈객인 초나라 사람들로 인해 아무런 부담을 갖지 않게 되었다. 이들이 왕래하는 동안 모두 이와 같았다. 정나라의 3경(三卿: 한호와 자산, 유길) 모두 공자 기질이 장차 초왕이 될 것을 의심하지 않았다.

이에 앞서 한선자(韓宣子: 한기)가 초나라로 갔을 때 초나라 사람이 그를 영접하지 않았다. 이에 공자 기질이 진나라의 변경에 당도했을 때 진평공 역시 사람을 보내 영접하는 일을 하지 않으려고 했다. 그러자 숙향이 진평공에게 간했다.

"초나라는 단정치 못했으나 우리는 단정히 해야 합니다. 어찌 초나라의 단정치 못한 행동을 본받을 수 있겠습니까.『시경』「소아·각궁(角弓)」에 이르기를, '그대가 교도(敎導)하자 백성이 모두 본받았네'라고 했습니다. 우리는 소신껏 예를 좇으면 됩니다. 어찌 남의 단정치 못한 행동을 본받겠습니까.『일주서』(逸周書)에 이르기를, '성인이 기준을 만들었다'고 했습니다. 차라리 선인(善人)을 기준으로 삼을지언정 남의 단정치 못한 행동을 기준으로 삼을 수 있겠습니까. 필부가 선을 행해도 백성은 이를 모범으로 삼는데 하물며 일국의 군주야 더 말할 것이 있겠습니까."

진평공이 크게 기뻐하며 곧 사람을 보내 공자 기질을 영접하게 했다.

가을 9월, 노나라가 크게 기우제를 지냈다. 이는 한재가 발생한 데 따른 것이었다.

당시 서(徐)나라 군주 의초(儀楚: 태자 때 이미 초나라를 빙문)가 초나라를 빙문했다. 그는 초영왕이 자신을 억류하려고 하자 이내 도망쳐 돌아갔다. 초영왕은 그가 배반할까 두려워한 나머지 위설(薳洩)을 보내 서나라를 치게 했다. 이때 오나라 군사가 서나라를 구원하자 초나라 영윤 자탕(子蕩)이 군사를 이끌고 가 오나라를 쳤다. 자탕은 예장(豫章: 강서성 남창현)에서 군사를 일으킨 뒤 초나라의 간계(乾谿: 안휘성 박현 동남쪽)에 군사를 주둔시켰다. 그러자 오나라 군사가 영격에 나서 초나라 군사를 방종(房鍾: 안휘성 몽성현 서남쪽)에서 깨뜨리고 초나라의 궁구윤(宮廐尹) 기질(棄疾: 鬪韋龜의 부친)을 생포했다. 이에 자탕은 패전의 죄과를 위설에게 돌린 뒤 마침내 그를 죽였다.

겨울, 노나라 대부 숙궁(叔弓)이 초나라를 빙문하면서 초나라의 패전을 위로했다.

11월, 제경공이 진나라로 갔다. 이는 북연(北燕)에 대한 공격을 허락받기 위한 것이었다. 이때 진나라 대부 사개(士匄: 일부 옛 판본에는 王正으로 되어 있음)가 사앙(士鞅)을 도와 황하 강변에서 제경공을 영접했다. 이는 예에 맞는 일이다. 진평공이 제경공의 요청을 수락했다.

12월, 제경공이 북연을 친 뒤 제나라에 있는 간공(簡公: 즉 北燕伯)을 본국으로 들여보내고자 했다. 이때 안자가 말했다.

"간공은 본국으로 들어가지 못할 것이다. 연나라에는 다른 군주가 있고 백성들이 그에 대해 두 마음이 없다. 과군은 뇌물을 탐하고 주위 사람은 아첨을 일삼는다. 큰일을 행할 때 신의에 기초하지 않고도 일찍이 잘된 적이 없었다."

楚公子棄疾如晉, 報韓子也. 過鄭, 鄭罕虎·公孫僑·游吉從鄭伯以勞諸柤. 辭不敢見. 固請見之, 見如見王, 以其乘馬八匹私面. 見子皮如上卿, 以馬六匹. 見子産, 以馬四匹. 見子大叔, 以馬二匹. 禁芻牧採樵, 不入田, 不樵樹, 不采蓺, 不抽屋, 不强匄. 書曰 "有犯命者, 君子廢, 小人降." 舍不爲暴, 主不愿賓. 往來如是. 鄭三卿皆知其將爲王也. 韓宣子之適楚也, 楚人弗逆. 公子棄疾及晉竟, 晉侯將亦弗逆. 叔向曰 "楚辟我衷, 若何效辟. 『詩』曰 '爾之敎矣, 民胥效矣.' 從我而已, 焉用效人之辟. 『書』曰 '聖作則.' 無寧以善人爲則, 而則人之辟乎. 匹夫爲善, 民猶則之, 況國君乎." 晉侯說, 乃逆之. 秋九月, 大雩, 旱也. 徐儀楚聘于楚. 楚子執之, 逃歸. 懼其叛也, 使薳洩伐徐. 吳人救之. 令尹子蕩帥師伐吳, 師

于豫章, 而次于乾谿. 吳人敗其師於房鍾, 獲宮廐尹棄疾. 子蕩歸罪於蔿
洩而殺之. 冬, 叔弓如楚聘且弔敗也. 十一月, 齊侯如晉, 請伐北燕也. 士
匄相士鞅, 逆諸河, 禮也. 晉侯許之. 十二月, 齊侯遂伐北燕, 將納簡公.
晏子曰 "不入. 燕有君矣, 民不貳. 吾君賄, 左右諂諛, 作大事不以信, 未
嘗可也."

7년(기원전 535)

7년 봄 주력(周曆) 정월, 제나라와 화친했다. 3월, 공이 초나라로 갔다. 숙손착(叔孫婼)이 제나라로 가 결맹에 참석했다. 여름 4월 갑진 삭(朔), 일식이 있었다. 가을 8월 무진, 위후 오(惡)가 졸했다. 9월, 공이 초나라에서 돌아왔다. 겨울 11월 계미, 계손숙이 졸했다. 12월 계해, 위양공(衛襄公)을 안장했다.

七年春王正月, 暨齊平. 三月, 公如楚. 叔孫婼如齊, 涖盟, 夏四月甲寅朔, 日有食之. 秋八月戊辰, 衛侯惡卒. 九月, 公至自楚. 冬十一月癸未, 季孫宿卒. 十二月癸亥, 葬衛襄公.

●7년 봄 1월, 북연(北燕)이 제나라와 강화했다. 이는 제나라가 요구한 것이었다. 1월 18일, 제경공이 군사들을 이끌고 가 연나라 변경지역인 괵(虢: 하북성 임구현 서북쪽) 땅에 주둔했다. 이때 연나라 사람이 행성(行成: 화친을 구함)했다.

"폐읍이 죄과를 알고 있으니 어찌 감히 청명(聽命)치 않겠습니까. 선군의 폐기(敝器: 寶器의 겸칭)를 올려 사죄를 청하고자 합니다."

이에 제나라 대부 공손 석(晳)이 제안했다.

"일단 항복을 접수하여 철병했다가 이후 잘못을 저지르게 되면 다시 출병하는 것이 가할 것입니다."

2월 14일, 제나라와 연나라가 유상(濡上: 濡水의 강변으로 하북성 임구현 서북 일대를 지칭)에서 결맹했다. 이때 연나라 사람이 연희(燕

姬)를 제경공에게 시집보내면서 요옹(瑤罋: 옥항아리)과 옥독(玉櫝: 옥상자), 가이(斝耳: 옥술잔)를 바쳤다. 이에 제나라 군사는 승리를 거두지 못하고 철수했다.

초영왕은 영윤으로 있을 때 초왕의 정기(旌旗)를 들고 사냥한 적이 있었다. 이때 우윤(芋尹: 초나라의 관직명) 신무우(申無宇)가 그 깃대를 자르면서 말했다.

"한 나라에 두 명의 군주가 있으면 누가 이를 감당할 것인가."

이후 초영왕은 보위에 오른 후 장대지궁(章臺之宮: 章華宮으로, 호북성 감리현 서북쪽에 위치)을 짓고 망명해 온 사람들을 그곳에 안치했다. 이때 신무우 휘하의 문지기가 도망해 장화궁 안으로 도망쳐 들어가자 신무우가 그를 포획하고자 했다. 그러자 장화궁의 유사(有司)가 그를 내주지 않으면서 말했다.

"왕궁 안에서 사람을 포획하는 것은 그 죄가 매우 크다."

그러고는 곧 신무우를 잡아 초영왕 앞으로 끌고 갔다. 이때 초영왕은 마침 술을 마시려는 참이었다. 그러자 신무우가 사(辭: 억울함을 밝히는 것으로, 곧 申訴)했다.

"천자가 경략(經略: 천하를 다스림)하고, 제후가 정봉(正封: 봉토를 다스림)하는 것은 옛날부터의 제도입니다. 봉략지내(封略之內: 영토 안)의 어느 곳인들 군토(君土: 군주의 땅)가 아니며, 식토지모(食土之毛: 봉토의 땅에서 나는 산물을 먹는 사람으로, '毛'는 오곡을 의미)의 누구인들 군신(君臣: 군주의 신하)이 아니겠습니까. 『시경』「소아·북산(北山)」에 이르기를, '보천지하(普天之下: 넓은 하늘 아래의 땅으로, 普는 溥로도 씀)·막비왕토(莫非王土: 왕의 땅 아닌 곳이 없음), 솔토지빈(率土之濱: 땅에 연접해 있는 사방 끝이라는 뜻으로, 곧 천하인을 상징)·막비왕신(莫非王臣: 왕의 신하 아닌 사람이 없음)'이라고 했습니다. 하늘에는 10일(日), 인간에게는 10등(等)이 있으니 이것이 바로 아랫사람이 윗사람을 섬기고 윗사람은 신령을 섬기는 이치인 것입니다. 그래서 왕(王)은 공(公), 공은 대부(大夫), 대부는 사(士), 사는 조(皁), 조는 여(輿), 여는 예(隷), 예는 요(僚), 요는 복(僕), 복은 대(臺)를 다스리는 것입니다. 또한 말에는 어(圉)가 있고, 소에는 목(牧)이 있듯이 모든 일에는 이를 담당하는 사람이 정해져 있습니다. 지금 장화궁의 유사가 말하기를, '너는 어찌하여 왕궁에서 사람을 잡으려고 하는가'라고 했습니다. 그렇다면 도망친 자를 장차 어디서 잡으라는 것입니까. 주문왕의 법령에 이르기를, '유망황열'(有亡荒閱: 도망한 자가 있으면 널리 수색해 잡아냄)이라고 했습니다. 이로써 주문왕이 천하를 차지하게 된 것입니다. 선군 초문왕(楚文王)도 복구지법(僕區之法: 범인 은닉에 관한 법)을 만들어 규정하기를, '도소은기(盜所隱器: 도둑질한 장물을 은닉함)·여도동죄(與盜同罪: 도둑과 같은 죄로 다스림)'라고 했습니다. 이로써 초문왕은 영토를 여수(汝水)까지 넓힐 수 있었던 것입니다. 만일 유사의 말을 좇으면 도신(逃臣: 도망친 노복)을 잡을 길이 없게 됩니다. 도망친 자를 그대로 놓아두면 곧 배대(陪臺: 노복)가 모두 사라지게 됩니다. 그리 되면 국사를 다스리는 데 문제가 생기지 않겠습니까. 옛날 주무왕이 은나라 주(紂)의 죄를 열거하면서 제후들에게 통고하기를, '주는 천하의 포도주(逋逃主: 도망친 범인들에게 은닉처를 제공한 주인)로 도망한 무리들이 모여 연수(淵藪: 원래는 물고기와 짐승이 모이는 연못과 덤불을 뜻하는 것으로, 사람과 물산이 몰려 있는 곳을 상징)를 이루었다'고 했습니다. 이에 사람들이 죽기를 각오하고 주를 토벌한 것입니다. 군주는 이제 비로소 제후들의 지지를 얻게 되었는데 주를 흉내내는 것은 불가하지 않겠습니까. 만일 2문(二文: 주문왕과 초문왕을 지칭)의 법으로써 도적을 취(取: 원래는 두 귀를 벤다는 뜻으로 포획의 뜻으로 전용)하게 하면 가히 도적 포획의 계책이 바로 거기에 있을 것입니다."

초영왕이 말했다.

"그대의 노복을 잡아가도록 하시오. 일개 도적이 총행을 입게 되면 그를 잡을 길이 없지 않겠소."

그러고는 곧 신무우를 사면했다.

七年春王正月, 曁齊平, 齊求之也. 癸巳, 齊侯次于虢. 燕人行成曰 "敝邑知罪, 敢不聽命. 先君之敝器, 請以謝罪." 公孫晳曰 "受服而退, 俟釁而動, 可也." 二月戊午, 盟于濡上. 燕人歸燕姬, 賂以瑤罋・玉櫝・斝耳, 不克而還. 楚子之爲令尹也, 爲王旌以田. 芉尹無宇斷之曰 "一國兩君, 其誰堪之." 及卽位, 爲章華之宮, 納亡人以實之. 無宇之閽入焉. 無宇執之, 有司弗與, 曰 "執人於王宮, 其罪大矣." 執而謁諸王. 王將飮酒, 無宇辭曰 "天子經略, 諸侯正封, 古之制也. 封略之內, 何非君土. 食土之毛, 誰非群臣. 故『詩』曰 '普天之下, 莫非王土. 率土之濱, 莫非王臣.' 天有十日, 人有十等, 下所以事上, 上所以共神也. 故王臣公, 公臣大夫, 大夫臣士, 士臣皁, 皁臣輿, 輿臣隸, 隸臣僚, 僚臣僕, 僕臣臺, 馬有圉, 牛有牧, 以待百事. 今有司曰, 女胡執人於王宮, 將焉執之. 周武王之法曰, 有亡荒閱, 所以得天下也. 吾先君文王, 作「僕區」之法, 曰盜所隱器, 與盜同罪, 所以封汝也. 若從有司, 是無所執逃臣也. 逃而舍之, 是無陪臺也. 王事無乃闕乎. 昔, 武王數紂之罪, 以告諸侯曰, '紂爲天下逋逃主, 萃淵藪', 故夫致死焉. 君王始求諸侯而則紂, 無乃不可乎. 若以二文之法取之, 盜有所在矣." 王曰 "取而臣以往, 盜有寵, 未可得也." 遂赦之.

● 초영왕이 장화궁을 완공한 뒤 제후들과 함께 낙성(落成)의 제례(祭禮)를 올리고자 했다. 이때 태재 위계강이 제안했다.

"제가 노후(魯侯: 노소공)를 오게 할 수 있습니다."

이에 위계강이 곧 노나라로 가 노소공을 초청하자 노소공이 이를 사양했다. 위계강이 설득했다.

"전에 귀국의 선군 노성공이 우리의 선대부 영제(嬰齊: 영윤 자중)에게 이르기를, '나는 선군 때의 우호를 잊을 수 없소. 장차 대부 형보(衡父: 公衡)를 초나라로 보내 초나라 사직을 진무(鎭撫)하고 초나라 백성을 집녕(輯寧: 단결하여 평안함)하게 하겠소'라고 했습니다. 영제는 촉(蜀: 노나라의 땅으로 산동성 태안시에 위치) 땅에서 명을 받고 그 명을 받들어 초나라로 돌아온 뒤 감히 명을 훼손할 수 없어 종묘로 가 이를 고했습니다. 전에 우리 선군 초공왕은 고개를 늘여 북망(北望)하면서 매달 매일 귀국의 사자가 오기를 고대했습니다. 노나라 사자가 꼭 올 것이라는 말이 대대로 전해져 그때로부터 지금까지 4대 군주에 이르고 있습니다. 그러나 가혜(嘉惠: 노성공이 약속한 은혜)는 아직까지 이루어지지 않고 있고 단지 노양공이 우리 나라 상사(喪事)에 욕림(辱臨)했을 뿐입니다. 그러나 당시는 고(孤: 초영왕)와 여러 대신들이 모두 도심실도(悼心失圖: 동요하는 마음으로 주의를 하지 못함)한 데다가 치국 문제로 인해 여유가 없었습니다. 그러니 노나라 군주의 은덕을 생각할 겨를이 있었겠습니까. 이제 만일 군주가 초나라로 옥지(玉趾: 발의 존칭)를 내디뎌 욕되게도 과군과 만나 초나라가 총령(寵靈: 총애하고 보우함)을 얻게 하고, 촉지역(蜀之役: 노성공 2년) 당시의 신의를 지켜 은혜를 베풀어준다면, 이는 이미 과군이 은덕을 입은 셈이 되니 어찌 감히 다시 촉 땅에서의 결맹과 같은 것을 바라겠습니까. 그리하면 귀국 선군의 신령들로 가뢰(嘉賴: 허락하고 의지함)할 것이니 어찌 과군만 좋아하겠습니까. 그러나 군주가 만일 초나라에 오지 않는다면 저는 과군에게 출병할 시기를 묻겠습니다. 그래서 과군이 지폐(質幣: 예물)를 받들고 촉 땅으로 가 군주를 만나본 뒤 귀국의 선군 노성공이 약속한 은사(恩賜)가 왜 이뤄지지 않는지를 묻도록 청하겠습니다."

이에 노소공이 초나라로 출발하게 되었다. 하루는 꿈속에서 선군 노양공이 자신을 위해 조(祖: 무사한 여행길을 위해 路神에게 올리는 제사)를 올리는 것을 보았다. 이에 대부 재신(梓愼)이 해몽했다.

"군주는 결국 가지 못할 것입니다. 선군 노양공이 초나라로 갈 때 주공(周公)이 조(祖)하는 꿈을 꾼 뒤 갔습니다. 그러나 이번에는 선군이 조했으니 군주는 가지 못할 것입니다."

그러자 자복혜백(子服惠伯)이 반박했다.

"가야 합니다. 당초 선군은 초나라로 간 일이 없었기 때문에 꿈속에 주공이 나타나 조한 뒤 길을 인도했던 것입니다. 선군은 이미 초나라에 갔다온 일이 있으니 이번에 꿈속에 나타난 것은 조를 한 뒤 군주를 인도하려는 것입니다. 초나라로 가지 않으면 어디로 간단 말입니까."

3월, 노소공이 초나라로 갔다. 도중에 정간공이 사지량(師之梁)에서 노소공을 위로했다. 이때 대부 맹희자(孟僖子: 仲孫貜)가 개(介: 조수)가 되었다. 그러나 그는 상례(相禮)를 제대로 하지 못했다. 초나라에 도착해서도 교로(郊勞)에 제대로 응대하지 못했다.

楚子成章華之臺, 願如諸侯落之. 大宰薳啓彊曰 "臣能得魯侯." 薳啓彊來召公, 辭曰 "昔, 先君成公, 命我先大夫嬰齊曰 '吾不忘先君之好, 將使衡父照臨楚國, 鎭撫其社稷, 以輯寧爾民.' 嬰齊受命于蜀, 奉承以來, 弗敢失隕, 而致諸宗祧. 曰, 我先君共王, 引領北望, 日月以冀. 傳序相授, 於今四王矣. 嘉惠未至, 唯襄公之辱臨我喪. 孤與其二三臣, 悼心失圖, 社稷之不皇, 況能懷思君德. 今君若步玉趾, 辱見寡君, 寵靈楚國, 以信蜀之役, 致君之嘉惠, 是寡君旣受貺矣, 何蜀之敢望. 其先君鬼神, 實嘉賴之, 豈唯寡君. 君若不來, 使臣請問行期, 寡君將承質幣而見于蜀, 以請先君之貺." 公將往, 夢襄公祖. 梓愼曰 "君不果行. 襄公之適楚也, 夢周公祖而行. 今襄公實祖, 君其不行." 子服惠伯曰 "行. 先君未嘗適楚, 故周公祖以道之. 襄公適楚矣, 而祖以道君, 不行, 何之." 三月, 公與楚, 鄭伯勞于師之梁. 孟僖子爲介, 不能相儀. 及楚, 不能答郊勞.

●여름 4월 1일, 일식이 있었다. 이를 두고 진평공이 사문백(士文伯)에게 물었다.

"누가 장차 일식의 재해를 당할 것 같소?"

"노나라와 위나라가 당할 것인데 위나라의 재해가 크고 노나라의 재해는 작을 것입니다."

"그것은 무슨 까닭이오?"

"일식이 일어날 때 해가 위나라 분야(分野)에서 떠나 노나라 분야로 옮겨갑니다. 여기서 재해가 발생하는데 노나라는 그 여파를 받는 것입니다. 이번의 큰 재해는 위나라 군주의 머리 위에 떨어지고 노나라의 상경이 그 재해의 여파를 받게 될 것입니다."

"『시경』 「소아 · 시월지교(十月之交)」에 이르기를, '저 태양이 일식을 일으키니 어느 곳이 해를 입을까'라고 했소. 이는 무엇을 뜻하는 것이오?"

"이는 선정(善政)이 이루어지지 못하고 있음을 말한 것입니다. 선정을 베풀지 않고 현인을 등용하지 않으면 일월의 재해 속에서 스스로 재앙을 취하게 됩니다. 따라서 정사는 신중히 하지 않을 수 없는 것입니다. 선정은 세 가지 일에 힘쓰는 것을 말합니다. 첫째는 택인(擇人: 현인의 선발)이고, 둘째는 인민(因民: 백성의 뜻을 따름)이고, 셋째는 종시(從時: 때에 맞추어 일을 행함)입니다."

진나라 사람이 노나라로 와 노나라와 기나라의 경계를 획정했다. 이에 계손숙이 초나라에 가 있는 맹손씨의 영지인 성(成: 원래 기나라 땅으로 산동성 영양현 동북쪽 위치) 땅을 그에게 주려고 했다. 이때 맹손씨의 가신인 사식(射息)이 성 땅을 관장하고 있었다. 그가 이같이 반대했다.

"어떤 사람이 말하기를, '비록 설병지지(挈瓶之知: 병을 기울여 물을 뜨는 정도의 작은 지혜를 의미)밖에 없지만 기물을 지키면서 빌려주지 않는다'고 했습니다. 이것이 예입니다. 부자(夫子: 주인에 대한 존칭)가 군주를 좇아 출국했는데 영지를 지키는 가신이 그의 영지를 잃는다면 설령 그대라고 할지라도 저의 충성을 의심할 수밖에 없을 것입니다."

계손씨가 말했다.

"군주가 초나라에 가 있는 것은 진나라에게는 죄가 되오. 게다가 진나라의 명을 듣지 않으면 노나라의 죄는 더욱 무거워지게 되오. 진나라 군사가 틀림없이 쳐들어올 터인데 우리는 이를 막아낼 힘이 없으니 일단 그 땅을 그들에게 준 뒤 기회를 틈타 기나라로부터 다시 취하느니만 못하오. 내가 맹손씨에게 도(桃: 산동성 문상현 동북쪽) 땅을 주도록 하겠소. 또한 훗날 만일 성 땅이 회복되면 누가 감히 그 땅을 차지하겠소? 그리 되면 맹손씨는 두 곳의 성 땅을 얻는 셈이 되오. 노나라는 우환을 제거하고 맹손씨는 봉읍을 더하는 일인데, 그대는 무엇을 근심하는 것이오?"

이때 사식은 도 땅에 산이 없는 것을 이유로 사절했다. 이에 계손숙이 내산(萊山)과 작산(柞山: 두 산 모두 산동성 내무현에 위치)을 덧붙여 주자 사식이 비로소 도 땅으로 옮겨갔다. 당시 진나라 사람은 기나라를 위해 성 땅을 차지했던 것이다.

초영왕이 노소공을 위해 신대(新臺: 장화궁)에서 향례를 베풀었다. 이때 장렵자(長鬣者: 수염이 매우 긴 사람을 뜻하나, 건장한 사람으로 해석하기도 함)를 시켜 상례하게 하면서 우호의 표시로 노소공에게 대굴(大屈: 활의 일종)을 선사했다. 그러나 초영왕은 얼마 후 이를 후회했다. 이때 초나라 대부 위계강이 이 이야기를 듣고 노소공을 찾아가 배견했다. 노소공이 대굴을 선사받은 이야기를 하자 위계강이 일어나 절하면서 축하했다. 노소공이 의아해하며 물었다.

"무슨 이유로 축하하는 것이오?"

위계강이 대답했다.

"제나라와 진나라, 월나라의 군주 모두 이를 갖고 싶어한 지 매우 오래되었습니다. 과군은 이를 누구에게 줄 것인지 정한 적이 없었는데 이제 이를 군주에게 전하게 되었습니다. 그러니 이제 군주는 이들 세 이웃나라를 잘 방비하도록 해야 할 것입니다. 보물을 소중히 간직해야 하는 일을 떠맡게 되었으니 어찌 감히 축하드리지 않을 수 있겠습니까."

이에 노소공이 크게 두려워한 나머지 대굴을 곧 돌려주었다.

이때 정나라 대부 자산이 진나라를 방문했는데 마침 진평공은 병이 나 자리에 누워 있었다. 이에 한선자가 자산을 영접하게 되었다. 하루는 그가 자산에게 사적으로 물었다.

"과군이 병으로 누운 지 이미 3개월이 되오. 이에 사방으로 가 군망(群望: 여러 명산대천에 제사를 지냈다는 뜻으로, '望'은 산천을 바라보며 제사지낸다는 뜻임)했으나 유가무추(有加無瘳: 병이 더해질 뿐 나아지지 않음)요. 근일 꿈속에서 황웅(黃熊)이 침문(寢門)으로 들어

오는 모습을 보았는데, 이는 무슨 악귀요?"

그러자 자산이 해몽했다.

"군주가 영명하고 그대가 대정(大政: 여기서는 正卿을 지칭)이 되어 있는데 어느 귀신이 감히 범하겠습니까. 옛날 요임금이 우임금의 부친인 곤(鯀)을 우산(羽山)에서 죽였는데 그의 정령이 황웅으로 변해 우연(羽淵)으로 들어간 뒤 하교(夏郊: 하왕조 때 郊祭에서 배향하는 신령)가 되었습니다. 이에 삼대(三代: 하·은·주)에 걸쳐 그를 제사지내 왔습니다. 진나라는 맹주가 되고도 혹여 그를 제사지내지 않은 것은 아닙니까?"

이에 한선자는 곧 하교에게 제사를 지냈다. 진평공은 병이 점차 나아지게 되자 자산에게 거나라에서 헌납받은 이방정(二方鼎: 다리 넷 달린 네모난 솥)을 하사했다.

夏四月甲辰朔, 日有食之. 晉侯問於士文伯曰"誰將當日食."對曰"魯衛惡之, 衛大魯小."公曰"何故."對曰"去衛地, 如魯地. 於是有災, 魯實受之. 其大咎其衛君乎. 魯將上卿."公曰"『詩』所謂'彼日而食, 于何不臧'者, 何也."對曰"不善政之謂也. 國無政, 不用善, 則自取謫于日月之災. 故政不可不慎也. 務三而已. 一曰擇人, 二曰因民, 三曰從時."晉人來致杞田, 季孫將以成與之. 謝息爲孟孫守, 不可. 曰"人有言曰, 雖有挈瓶之知, 守不假器, 禮也. 夫子從君, 而守臣喪邑, 雖吾子亦有猜焉."季孫曰"君之在楚, 於晉罪也. 又不聽晉, 魯罪重矣. 晉師必至, 吾無以待之, 不如與之, 間晉而取諸杞. 吾與子桃, 成反, 誰敢有之, 是得二成也. 魯無憂而孟孫益邑, 子何病焉."辭以無山, 與之萊柞, 乃遷于桃. 晉人爲杞取成. 楚子享公于新臺, 使長鬣者相, 好以大屈. 旣而悔之. 蘧啓彊聞之, 見公. 公語之, 拜賀. 公曰"何賀."對曰"齊與晉越欲此久矣. 寡君無適與也, 而傳諸君, 君其備禦三隣, 愼守寶矣, 敢不賀乎."公懼, 乃反之. 鄭子産聘于晉. 晉侯有疾. 韓宣子逆客, 私焉曰"寡君寢疾, 於今三月矣, 竝走群望, 有加而無瘳. 今夢黃熊入于寢門, 其何厲鬼也."對曰"以君之明, 子爲大政, 其何厲之有. 昔, 堯殛鯀于羽山, 其神化爲黃熊, 以入于羽

淵, 實爲夏郊, 三代祀之. 晉爲盟主, 其或者未之祀也乎."韓子祀夏郊,
晉侯有間, 賜子産莒之二方鼎.

●정나라 대부 자산이 공손 단(段)의 아들 풍시(豐施)를 위해 전에 공손 단이 진평공으로부터 상으로 받은 주현(州縣)의 땅을 진나라의 한선자에게 돌려주면서 말했다.
"지난날 귀국 군주가 공손 단에게 대사를 맡을 만하다고 여겨 주현 땅을 하사했습니다. 그러나 그는 복이 없어 일찍 죽는 바람에 오래도록 군덕(君德)을 누리지 못했습니다. 그의 아들은 감히 그 땅을 물려받을 수도 없고 그렇다고 감히 귀국 군주에게 말씀드릴 수도 없는 처지입니다. 이에 이 땅을 사사로이 그대에게 반환하고자 합니다."
한선자가 사절하자 자산이 다시 설득했다.
"옛 사람이 말하기를, '아비는 땔나무를 베었는데 자식은 나뭇짐을 지지 못하네'라고 했습니다. 공손 단의 아들은 부친의 봉록조차 제대로 보전하지 못할까 걱정하는 형편이니 어찌 대국의 은사(恩賜)까지 지닐 수 있겠습니까. 설령 그가 그대의 집정 기간 동안 지니고 있을지라도 그대의 뒤를 잇는 분이 만일 공교롭게도 강역(疆埸: 경계)에 대해 말한다면 결국 폐읍이 득죄하게 되고 풍씨 또한 큰 벌을 받게 될 것입니다. 그대가 주현 땅을 거두는 것은 폐읍의 죄를 사면하고 풍씨 가문을 존속시키는 길입니다. 이에 감히 이같이 청하는 것입니다."
이에 한선자가 그 땅을 돌려받은 뒤 그 사실을 진평공에게 고했다. 그러자 진평공이 그 땅을 한선자에게 하사했다. 한선자는 전에 주현 땅에 대해 한 말이 있었기 때문에 이를 차지하는 것을 부끄럽게 생각했다. 이에 그 땅을 송나라 대부 악대심(樂大心)에게 요청해 그의 영지인 원현(原縣: 하남성 제원현 서북쪽)과 바꾸었다.
이때 정나라 사람들은 백유(伯有: 양소)의 유령으로 인해 큰 소동을 빚고 있었다. 누군가 '백유가 나타났다'고 말하면 모두들 정신없이 달아나는 바람에 어디로 갔는지도 모를 지경이 되었다. 형서를 주조하던 해의 2월에 어떤 사람이 꿈속에서 백유가 갑옷을 입고 걸어가는 것을 보았다며 이같이 말한 적이 있었다.

"3월 2일에 사대(駟帶: 노양공 10년에 공손 단을 도와 백유를 죽인 인물)를 죽일 것이다. 또 이듬해 1월 27일에는 공손 단을 죽일 것이다."

과연 그해 3월 2일에 사대가 세상을 떠났다. 이에 정나라 사람들이 모두 무서움에 떨었다. 또 제나라와 연나라가 강화하던 달의 27일에는 공손 단마저 죽었다. 이에 정나라 사람들은 백유의 유령을 더욱 두려워하게 되었다.

이로부터 한 달이 지난 후 자산이 공손 설(洩)을 자공(子孔)의 후계자, 대부 양지(良止: 백유의 아들)를 백유의 후계자로 세워 백유의 혼령을 위로했다. 이에 비로소 유령소동이 멈추었다. 이때 자태숙이 소동이 멈춘 연유를 묻자 자산이 설명했다.

"귀신은 머물 곳이 있으면 악귀가 되지 않소. 나는 그 귀신들을 위해 머물 곳을 찾아준 것이오."

"그런데 공손 설을 왜 자공의 후계자로 삼은 것이오?"

"백성들을 기쁘게 하기 위한 것이었소. 백유는 의리가 없는데 그 후계자를 세우게 되면 백성들이 귀신 문제로 인해 혹하게 될 것이오. 그래서 공손 설을 자공의 후계자로 함께 세워 민심을 풀어준 것이오. 위정자는 때로 도의에 어긋나는 일을 이용해서라도 백성들의 환심을 사야 하오. 그들의 환심을 사지 못하면 신복(信服)시킬 수 없기 때문이오. 백성들이 신복하지 않으면 명을 따르지 않게 되오."

자산이 진나라에 당도하자 진나라 대부 조경자(趙景子: 趙成)가 물었다.

"백유가 아직도 못된 악귀로 나올 수 있습니까?"

"가능합니다. 사람이 바로 죽게 되면 이를 '백'(魄)이라고 하고, 백이 된 뒤 움직이는 양기를 '혼'(魂)이라고 합니다. 살아 있을 때 의식(衣食)으로 쓴 물건이 정미하고 많으면 혼백의 기운이 매우 강해집니다. 이에 정령(精靈)으로 변하면 곧바로 신명(神明)의 경지에 이르게 되니다. 그러나 필부필부(匹夫匹婦)는 대부분 선종하지 못하고 혼백이 다른 사람의 몸에 붙어 악귀로 변하는 것입니다. 백유는 우리의 선군 정목공의 후손이고 자량(子良: 공자 거질)의 손자이며 자이(子耳: 공손첩)의 아들이고 폐읍의 경으로서 3대에 걸쳐 집정했습니다. 정나라는 비록 강대하지 못해 속담에서 말하는 소위 '최소국'(蕞小國)과 닮아 있지만 그의 가문은 3대에 걸쳐 집권을 했고, 그는 생전에 숱한 물건을 사용하면서 그중 정수(精髓)를 취한 것이 매우 많습니다. 또한 그의 일족은 매우 성대하여 의지할 만한 세력이 웅후(雄厚)합니다. 그런데도 선종을 하지 못했으니 그가 귀신이 된 것 또한 당연한 일이 아니겠습니까."

정나라 대부 자피의 일족은 술을 마실 때 절도가 없었다. 이로 인해 마사씨(馬師氏: 한삭의 일족으로 馬師의 관직이 성씨가 된 것임)와 자피씨 간의 관계가 매우 좋지 않았다. 제나라 군사가 연나라에서 회군하던 그 달에 한삭(罕朔)이 자피의 아우 한퇴(罕魋)를 죽인 뒤 진(晉)나라로 달아났다. 이에 진나라의 한선자가 한삭에게 어떤 관직을 줄 것인지 문의하자 자산이 대답했다.

"귀국 군주의 기신(羈臣: 외국에서 망명해온 나그네와 같은 신하로 여기서는 한삭을 지칭)은 만일 몸이 용납되어 죽음을 면할 수 있다면 그것으로 족할 뿐 어찌 감히 직위를 가릴 수 있겠습니까. 경이 본국을 떠나 외국으로 가면 대부의 반열에 놓고, 죄를 지은 사람이면 그 죄에 따라 등급을 낮춰주는 것이 옛날의 법도입니다. 한삭은 폐읍에서 중대부였고 그의 관직은 마사(馬師)였습니다. 그는 정나라에서 득죄하여 도망온 것이니 오직 집정(執政: 한선자를 지칭하는 말로, 이때 한선자는 중군의 主將이 되었음)의 처분에 달려 있을 뿐입니다. 그가 죽음을 면하게 되면 그것만으로도 그 은혜가 매우 큰데 또 감히 무슨 직위를 구할 수 있겠습니까."

한선자는 자산의 대답이 일리가 있다고 생각해 한삭을 폐대부(嬖大夫: 하대부)의 반열에 두었다.

子産爲豊施歸州田於韓宣子, 曰"曰, 君以夫公孫段爲能任其事, 而賜之州田, 今無祿早世, 不獲久享君德. 其子弗敢有, 不敢以聞於君, 私致諸子." 宣子辭. 子産曰"古人有言曰, 其父析薪, 其子弗克負荷. 施將懼不能任其先人之祿, 其況能任大國之賜. 縱吾子爲政而可, 後之人若屬有疆場之言, 敝邑獲戾, 而豊氏受其大咎. 吾子取州, 是免敝邑之戾, 而建置豊氏也. 敢以爲請." 宣子受之, 以告晉侯. 晉侯以與宣子. 宣子爲初言, 病有之, 以易原縣於樂大心. 鄭人相驚以伯有, 曰"伯有至矣." 則皆走, 不知所往. 鑄刑書之歲二月, 或夢伯有介而行, 曰"壬子, 余將殺帶也. 明年壬寅, 余又將殺段也." 及壬子, 駟帶卒. 國人益懼. 齊燕平之月壬寅, 公孫段卒. 國人愈懼. 其明月, 子産立公孫洩及良止以撫之, 乃止. 子大叔問其故. 子産曰"鬼有所歸, 乃不爲厲, 吾爲之歸也." 大叔曰"公孫洩何爲." 子産曰"說也, 爲身無義而圖說. 從政有所反之, 以取媚也. 不媚, 不信. 不信, 民不從也." 及子産適晉, 趙景子問焉, 曰"伯有猶能爲鬼乎." 子産曰"能. 人生始化曰魄, 旣生魄, 陽曰魂. 用物精多, 則魂魄强. 是以有精爽, 至於神明. 匹夫匹婦强死, 其魂魄猶能馮依於人, 以爲淫厲. 況良霄我先君穆公之胄, 子良之孫, 子耳之子, 敝邑之卿, 從政三世矣. 鄭雖無腆, 抑諺曰蕞爾國, 而三世執其政柄, 其用物也弘矣, 其取精也多矣. 其族又大, 所馮厚矣. 而强死, 能爲鬼, 不亦宜乎." 子皮之族飮酒無度, 故馬師氏與子皮氏有惡. 齊師還自燕之月, 罕朔殺罕魋. 罕朔奔晉. 韓宣子問其位於子産. 子産曰"君之羈臣, 苟得容以逃死, 何位之敢擇. 卿違, 從大夫之位, 罪人以其罪降, 古之制也. 朔於敝邑, 亞大夫也, 其官馬師也. 獲戾而逃, 唯執政所寘之. 得免其死, 爲惠大矣. 又敢求位." 宣子爲子産之敏也, 使從嬖大夫.

● 가을 8월, 위양공(衛襄公)이 죽었다. 이에 진나라의 한 대부가 범헌자(范獻子)에게 건의했다.

"위나라는 우리 진나라를 섬기며 가까이 지내왔습니다. 그런데 진나라는 위나라를 예우하지 않고 그 나라의 죄인을 비호하며 그 땅까지 빼앗았습니다. 그래서 제후들이 두 마음을 품게 된 것입니다.『시경』「소아·상체」에 이르기를, '들판의 척령(鶺鴒: 할미새. 걸어다닐 때 꼬리를 위아래로 흔들어 마치 위급을 알리는 듯한 모습으로 간주됨)도 형제끼리 서로 구원하네'라고 했습니다. 또 이르기를, '죽을 고비에서도 형제가 서로 생각하네'라고 했습니다. 형제지간도 화목하지 못하면 서로 가까워질 수 없는데 하물며 관계가 소원한 경우야 누가 감히 와서 귀복할 것입니까. 이제 위나라의 사군(嗣君)을 예우하지 않으면 위나라는 반드시 우리 나라를 배반할 것입니다. 이는 제후들과의 우호관계를 끊는 일이 됩니다."

범헌자가 이 이야기를 한선자에게 고했다. 한선자가 크게 기뻐하며 범헌자를 시켜 위나라를 조문하면서 전에 빼앗았던 척(戚) 땅을 돌려주게 했다. 이때 위나라 대부 제오(齊惡: 齊子)가 왕실로 가 국상을 고하면서 청명(請命: 恩命을 청함)했다. 이에 주경왕이 왕실의 경사 간공(簡公)을 위나라로 보내 조문하게 하면서 위양공을 추모했다.

"숙부는 척각(陟恪: 승천)하여 선왕의 좌우에서 상제를 보좌하며 섬기리라. 내 어찌 감히 고어(高圉: 아어의 부친)와 아어(亞圉: 주왕조의 선조인 두 사람 모두 은왕조 때의 제후로 죽은 뒤 恩命을 받았음)를 잊으랴."

9월, 노소공이 초나라에서 돌아왔다. 이때 맹희자는 상례(相禮)를 제대로 하지 못한 것을 치욕으로 생각해 예의를 배웠다. 그는 예의에 정통한 사람이 있으면 곧바로 찾아가 배웠다. 임종에 즈음해 휘하의 대부들을 불러놓고 이같이 당부했다.

"예의는 인간의 근본이다. 예의를 모르면 자립할 수 없다. 내가 듣건대 '장차 달자(達者: 모든 일에 통달한 사람)가 나오리니 그 이름은 공구(孔丘)이다'라고 했다. 그는 성인(聖人: 여기서는 뛰어난 인물을 지칭)의 후손으로 그 가문은 송나라에서 패망했다. 그의 조상 불보하(弗父何: 송민공의 아들이며 송여공의 형)는 보위를 송여공(宋厲公)에게 넘겨주었다. 불보하의 증손인 정고보(正考父: 공자의 조부)는 송대공

(宋戴公)과 송무공(宋武公), 송선공(宋宣公)을 보좌하면서 삼명(三命: 상경)이 되었으나 그 자세는 날로 더욱 공경스러웠다. 이에 그의 사당에 있는 정명(鼎銘: 세 발 솥에 새겨넣은 명문)에 새겨넣기를, '일명이루(一命而僂: 대부가 되어서는 등을 굽힘)·재명이구(再命而傴: 하경이 되어서는 몸을 굽힘)·삼명이부(三命而俯: 상경이 되어서는 고개를 숙임)를 행하니 담장 옆을 갈 때 빨리 걸으면 누구도 감히 나를 업신여기지 못할 것이다. 전(饘: 진한 죽)도 여기에 끓이고, 죽(鬻: 원래는 묽은 죽임)도 여기에 끓여 호구(餬口: 입에 풀칠하듯 죽을 먹고 생활함)할 것이다'라고 했다. 그의 공경스러움이 이와 같았다. 일찍이 대부 장손흘(臧孫紇: 臧武仲)이 말하기를, '성인은 명덕(明德: 밝은 덕)을 고루 갖추고 있으니 만일 당세(當世: 세상을 맡는다는 뜻으로 군주가 되는 것을 의미)를 못하면 그 후손 중에 반드시 달인(達人)이 나올 것이다'라고 했다. 지금 보건대 장차 공구에게 이같은 일이 있지 않겠는가. 만일 내가 획몰(獲沒: 善終)하게 되면 반드시 열(說: 맹희자의 아들 남궁경숙)과 하기(何忌: 맹희자의 아들 맹의자)를 그분에게 맡기도록 하라. 그래서 그분을 스승으로 삼고 섬기면서 예의를 익혀 그 지위를 지킬 수 있도록 하라."

이에 맹의자(孟懿子)와 남궁경숙(南宮敬叔)이 중니를 스승으로 섬기게 되었던 것이다. 이를 두고 중니가 말했다.

"잘못을 능히 고칠 수 있는 사람이 바로 군자다. 『시경』「소아·녹명」에 이르기를, '군자가 시칙시효(是則是效: 기준으로 삼아 본받음)하네'라고 했다. 맹희자는 칙효(則效)할 만한 사람이다."

이때 주왕실의 경사(卿士) 선헌공(單獻公: 선정공의 아들)이 가까운 친척을 버리고 외국에서 온 객신(客臣)들만 등용했다. 겨울 10월 20일, 선양공(單襄公)과 선경공(單頃公: 선헌공의 조부)의 족인들이 선헌공을 죽이고 왕실의 대부 선성공(單成公: 선헌공의 동생)을 새 군주로 옹립했다.

秋八月, 衛襄公卒. 晉大夫言於范獻子曰 "衛事晉爲睦, 晉不禮焉, 庇其賊人而取其地, 故諸侯貳. 『詩』曰 '鶺鴒在原, 兄弟急難.' 又曰 '死喪之威, 兄弟孔懷.' 兄弟之不睦, 於是乎不弔, 況遠人, 誰敢歸之. 今又不禮於衛之嗣, 衛必叛我, 是絕諸侯也." 獻子以告韓宣子. 宣子說, 使獻子如衛弔, 且反戚田. 衛齊惡告喪于周, 且請命. 王使臣簡公如衛弔. 且追命襄公曰 "叔父陟恪, 在我先王之左右, 以佐事上帝. 余敢忘高圉亞圉." 九月, 公至自楚. 孟僖子病不能相禮, 乃講學之, 苟能禮者從之. 及其將死也, 召其大夫, 曰 "禮, 人之幹也. 無禮, 無以立. 吾聞將有達者曰孔丘, 聖人之後也, 而滅於宋. 其祖弗父何, 以有宋而授厲公. 及正考父佐戴武宣, 三命玆益共. 故其鼎銘云 '一命而僂, 再命而傴, 三命而俯. 循牆而走, 亦莫余敢侮. 饘於是, 鬻於是, 以餬余口.' 其共也如是. 臧孫紇有言曰 '聖人有明德者, 若不當也, 其後必有達人.' 今其將在孔丘乎. 我若獲沒, 必屬說與何忌於夫子, 使事之而學禮焉, 以定其位." 故孟懿子與南宮敬叔師事仲尼. 仲尼曰 "能補過者, 君子也. 『詩』云 '君子是則是效.' 孟僖子可則效已也." 單獻公棄親用羇. 冬十月辛酉, 襄頃之族殺獻公而立成公.

●11월. 노나라 대부 계무자(季武子)가 죽었다. 이에 진평공이 백하(伯瑕)에게 물었다.

"내가 일식에 대해 물었던 일에 과연 응험이 나타났소. 이같은 일을 일종의 상규(常規)로 간주할 수 있겠소?"

"그렇지는 않습니다. 6물(六物)이 항상 같지 않고, 백성의 마음이 늘 한결같지 않고, 일이 이루어지는 순서가 닮지 않고, 관원들의 자세가 동일하지 않고, 시작이 같아도 결과는 같지 않으니 어찌 상규로 간주할 수 있겠습니까. 『시경』「소아·북산(北山)」에 이르기를, '어떤 자는 집에서 편히 쉬고 어떤 자는 나라를 위해 죽도록 일하네'라고 했습니다. 결과의 차이가 바로 이와 같습니다."

"무엇을 6물이라고 하는 것이오?"

"세(歲), 시(時), 일(日), 월(月), 성(星), 신(辰)을 말하는 것입니다."

"많은 사람들이 나에게 신(辰: 1歲에 일월이 12번 만나게 되는 것을 지칭)에 대해 얘기했으나 그 뜻이 모두 같지 않소. 과연 무엇을 '신'이라고 하는 것이오?"

"일월이 서로 만나는 것을 '신'이라고 합니다. 그래서 이를 날짜와 상배(相配: 10干과 12支의 배합)시키는 것입니다."

위양공의 부인 강씨(姜氏: 宣姜)는 아들이 없었다. 그러나 총희 주압(婤姶: 위영공의 모친)은 아들 맹집(孟縶: 公孟縶)을 낳았다. 하루는 대부 공성자(孔成子)가 꿈을 꾸었다. 꿈에 위나라 시조 강숙(康叔)이 나타나 그에게 말했다.

"원(元: 위영공의 이름)을 옹립토록 하라. 내가 너의 아들 공기(孔羈)의 손자인 공어(孔圉)와 대부 사구(史苟)로 하여금 그를 돕도록 하겠다."

대부 사조(史朝: 사구의 부친)도 꿈을 꾸었는데 꿈에 강숙이 나타나 말했다.

"내가 장차 너의 아들 사구와 공증서(孔烝鉏: 공성자)의 증손인 공어에게 명하여 원을 돕도록 하겠다."

사조가 공성자를 만나 꿈 이야기를 했다. 이에 두 사람은 서로의 꿈이 일치한 사실을 확인하게 되었다. 진나라의 한선자가 집정하면서 제후들을 예방하던 해에 주압이 또 아들을 낳았는데 이름을 원(元)이라고 지었다. 이때 큰아들 맹집은 발이 정상이 아니어서 제대로 걷지 못했다. 이에 공성자가 『주역』을 이용해 시초점을 치면서 이같이 빌었다.

"원은 위나라를 차지해 다스리고자 합니다."

그러자 점괘에 '둔괘'(屯卦)가 나왔다. 이에 공성자가 다시 빌었다.

"저는 맹집을 세울 생각이 없으니 신령이 이를 윤허해주기 바랍니다."

이에 '둔괘'가 '비괘'(比卦)로 변하는 점괘를 얻었다. 공성자가 이를 사조에게 보이자 사조가 이같이 풀이했다.

"이는 원형(元亨: 원이 국가를 향유한다는 뜻으로, '亨'은 '享'과 통함)이오. 이 일에 관해 더 이상 무엇을 의심하겠소?"

공성자가 물었다.

"원이 수뇌(首腦)가 된다는 뜻이 아니오?"

이에 사조가 대답했다.

"강숙이 나타나 그의 이름을 지어주었으니 가히 그렇다고 할 수 있소. 맹집은 온전한 사람이 아니어서 종주(宗主)가 될 수 없으니 수뇌가 된다고 말할 수는 없소. 게다가 괘사에서 이르기를, '이건후'(利建侯: 제후로 세우기에 이로움)라고 했소. 장자는 당연히 사위(嗣位)하는 것이니 '사위'를 길하다고 한다면 특별히 '건후'라고 한 이유는 무엇이오? 이는 장자 이외의 아들을 군주로 세우는 것을 말한 것이오. 두 점괘가 다 그런 뜻으로 말하고 있으니 그대는 원을 군주로 세우도록 하시오. 강숙의 명도 그렇고 두 점괘의 괘상 또한 그렇소. 복서(卜筮)가 꿈과 맞아떨어지면 주무왕은 그대로 좇았소. 그런데 왜 이를 좇지 않으려 하는 것이오? 다리가 불편한 사람은 한거(閑居)할 수 있을 뿐이오. 그러나 군주는 나라를 다스리고, 종묘 제사에 친림하고, 백성을 봉양하고, 귀신을 섬기고, 회조(會朝: 제후들 간의 회동과 천자에 대한 朝拜)에 참가해야 하니 어찌 능히 한거할 수 있겠소? 각자 서로 이로운 바를 좇아 나아가는 것이 가하지 않겠소?"

이에 공성자가 위영공(衛靈公: 공자 원)을 새 군주로 세웠다. 12월 23일, 위양공을 안장했다.

十一月, 季武子卒. 晉侯謂伯瑕曰 "吾所問日食, 從矣, 可常乎." 對曰 "不可. 六物不同, 民心不壹, 事序不類, 官職不則, 同始異終, 胡可常也. 『詩』曰 '或燕燕居息, 或憔悴事國.' 其異終也如是." 公曰 "何謂六物." 對曰 "歲時日月星辰是謂也." 公曰 "多語寡人辰, 而莫同. 何謂辰." 對曰 "日月之會是謂辰, 故以配日." 衛襄公夫人姜氏無子, 嬖人婤姶生孟縶, 孔成子夢康叔謂己 "立元, 余使羈之孫圉與史苟相之." 史朝亦夢, 康叔謂己 "余將命而子苟與孔烝鉏之曾孫圉相元." 史朝見成子, 告之夢, 夢協. 晉韓宣子爲政, 聘于諸侯之歲, 婤姶生子, 名之曰元. 孟縶之足不良能行. 孔成子以 『周易』 筮之, 曰 "元尚享衛國, 主其社稷." 遇 「屯」, 又 曰 "余尚立縶, 尚克嘉之." 遇 「屯」 之 「比」, 以示史朝. 史朝曰 "元亨, 又 何疑焉." 成子曰 "非長之謂乎." 對曰 "康叔名之, 可謂長矣. 孟非人也, 將不列於宗, 不可謂長. 且其 「繇」 曰 '利建侯'. 嗣吉何建, 建非嗣也. 二 卦皆云, 子其建之. 康叔命之, 二卦告之. 筮襲於夢, 武王所用也, 弗從何 爲. 弱足者居. 侯主社稷, 臨祭祀, 奉民人, 事鬼神, 從會朝, 又焉得居. 各 以所利, 不亦可乎." 故孔成子立靈公. 十二月癸亥, 葬衛襄公.

8년(기원전 534)

8년 봄, 진후(陳侯)의 아우 초(招)가 진(陳)나라 세자 언사(偃師)를 죽였다. 4월 신축, 진후 익(溺)이 졸했다. 숙궁(叔弓)이 진나라로 갔다. 초나라 사람이 진(陳)나라 행인 간징사(干徵師)를 잡아 죽였다. 진(陳)나라 공자 유(留)가 정나라로 망명했다. 가을, 홍(紅)에서 열병했다. 진(陳)나라 사람이 대부 공자 과(過)를 죽였다. 크게 기우제를 지냈다. 겨울 10월 임오, 초나라 군사가 진(陳)나라를 멸하고 그 공자 초(招)를 잡아 월나라로 추방했다. 진(陳)나라의 공환(孔奐)을 죽였다. 진애공(陳哀公)을 안장했다.

八年春, 陳侯之弟招殺陳世子偃師, 夏四月辛丑, 陳侯溺卒. 叔弓如 晉. 楚人執陳行人干徵師, 殺之, 陳公子留出奔鄭. 秋, 蒐于紅. 陳人殺 其大夫公子過. 大雩. 冬十月壬午, 楚師滅陳, 執陳公子招, 放之于越, 殺陳孔奐. 葬陳哀公.

● 8년 봄, 진(晉)나라의 위유(魏楡: 산서성 유차시 서북쪽) 땅에 있는 돌이 말을 했다. 이에 진평공이 의아해하며 악사 사광(師曠)에게 물었다.

"돌이 무슨 까닭으로 말을 하는 것이오?"

"본래 돌은 말을 할 수 없으니 무엇인가 빙의(憑依)하여 그리 되었을 것입니다. 그것도 아니면 백성들이 청람(聽濫: 잘못 들음)했을 것입니다. 제가 또 듣건대 '일을 하는 것이 때에 맞지 않아 백성들 사이에 원독(怨讟: 원한과 비방)이 생기면 말하지 않는 사물이 말하게 된다'고 했습니다. 지금 궁전을 숭치(崇侈: 높고 사치스러움)하게 짓자 민력이 조진(彫盡: 손상을 받고 다 써서 없어짐)하여 원독이 일시에 일어남으로써 백성들은 성명(性命: 목숨으로, '性'은 '生'과 통함)을 보존하지 못하고 있습니다. 그러니 돌이 말을 하는 것 또한 가능한 일이 아니겠습니까."

이때 진평공은 사기궁(虒祁宮: 산서성 후마시 부근에 위치)을 짓고 있었다. 숙향이 말했다.

"자야(子野: 사광)의 말은 군자의 말이다. 군자의 말은 성실하여 징험이 있다. 그래서 원망이 그의 몸에 미치지 않는 것이다. 그러나 소인의 말은 성실하지 못하고 징험이 없다. 그래서 원망과 재앙이 그의 몸에 미치는 것이다. 『시경』「소아·우무정(雨無正)」에 이르기를, '말을 잘하지 못하니 얼마나 슬픈가. 혀가 있어도 제대로 말을 하지 못하니 자신의 몸만 피로하게 만드네. 말을 잘하니 얼마나 좋은가. 듣기 좋은 말이 물 흐르듯 하니 자신의 몸을 처휴(處休: 안거하여 휴식을 취한다는 뜻이나, 休를 福樂으로 해석하기도 함)하게 하네'라고 했다. 이는 곧 사광과 같은 사람을 두고 이른 말이다. 이 궁전이 낙성되면 제후들이 반드시 배반할 것이다. 그리 되면 군주는 반드시 화를 당할 터인데 사광 선생은 이를 이미 알고 있을 것이다."

　八年春, 石言于晉魏楡. 晉侯問於師曠曰 "石何故言." 對曰 "石不能言, 或馮焉. 不然, 民聽濫也. 抑臣又聞之曰 '作事不時, 怨讟動于民, 則有非言之物而言.' 今宮室崇侈, 民力彫盡, 怨讟並作, 莫保其性. 石言不亦宜乎." 於是晉侯方築虒祁之宮. 叔向曰 "子野之言, 君子哉. 君子之言, 信而有徵, 故怨遠於其身. 小人之言, 僭而無徵, 故怨咎及之. 『詩』曰 '哀哉不能言, 匪舌是出, 唯躬是瘁. 哿矣能焉, 巧言如流, 俾躬處休.' 其是之謂乎. 是宮也成, 諸侯必叛, 君必有咎, 夫子知之矣."

●진애공(陳哀公: 이름은 溺)의 첫째 부인 정희(鄭姬)는 도태자(悼太子) 언사(偃師)를 낳았고, 둘째 부인은 공자 유(留), 셋째 부인은 공자 승(勝)을 낳았다. 세 부인 중 둘째 부인이 총애를 입자 그녀의 소생 유도 총애를 받게 되었다. 이에 진애공은 사도인 공자 초(招)와 공자 과(過)에게 부탁해 유를 돕게 했다. 이때 진애공은 폐질(廢疾)이 있었다. 3월 16일, 공자 초와 공자 과가 도태자 언사를 죽이고 공자 유를 후계자로 삼았다. 여름 4월 13일, 진애공이 목을 매어 죽었다.

이에 진나라의 행인 간징사(干徵師)가 초나라로 가 진애공의 죽음을 알리면서 새 군주가 선 사실을 고했다. 이때 공자 승이 초나라에 고소하자 초나라 사람이 간징사를 잡아 죽였다. 그러자 공자 유가 정나라로 달아났다. 이에 『춘추』는 이같이 썼다.

"진후(陳侯)의 동생 초가 진나라 세자 언사를 죽였다."

이는 초에게 죄가 있음을 밝힌 것이다. 또 『춘추』는 이같이 덧붙였다.

"초나라 사람이 진나라의 행인 간징사를 잡아 죽였다."

이는 행인 간징사에게 죄가 없음을 밝힌 것이다.

당시 노나라 대부 숙궁(叔弓)이 진나라로 갔다. 이는 사기궁의 낙성을 축하하기 위한 것이었다. 정나라 대부 유길(游吉)도 정간공을 도와 진나라로 갔다. 이 또한 사기궁의 낙성을 축하하기 위한 것이었다. 이때 진나라 대부 사조(史趙)가 정나라 대부 자태숙(子大叔)을 만나 말했다.

"사람들이 서로 속이는 것이 너무 심합니다. 조문해야 할 일을 오히려 축하하고 있습니다."

자태숙이 반문했다.

"어찌하여 조문해야 할 일이라고 하는 것입니까? 비단 우리 나라뿐만 아니라 장차 천하가 모두 축하할 것입니다."

陳哀公元妃鄭姬生悼大子偃師, 二妃生公子留, 下妃生公子勝. 二妃嬖, 留有寵, 屬諸司徒招與公子過. 哀公有廢疾. 三月甲申, 公子招·公子過殺悼大子偃師, 而立公子留. 夏四月辛亥, 哀公縊. 干徵師赴于楚,且告有立君. 公子勝愬之于楚, 楚人執而殺之. 公子留奔鄭. 書曰 "陳侯之弟招殺陳世子偃師." 罪在招也. "楚人執陳行人干徵師, 殺之." 罪不在行人也. 叔弓如晉, 賀虒祁也. 游吉相鄭伯以如晉, 亦賀虒祁也. 史趙見子大叔曰 "甚哉, 其相蒙也. 可弔也, 而又賀之." 子大叔曰 "若何弔也. 其非唯我賀, 將天下實賀."

● 가을, 노나라가 홍(紅: 강서성 소현 서남쪽) 땅에서 대대적으로 군대를 사열했다. 근모(根牟: 산동성 기수현 남쪽)에서 송나라와 위나라의 국경선에 이르는 지역에서 치러졌다. 이때 모두 전차 1천 승이 동원되었다.

7월 8일, 제나라 대부 자미(子尾)가 죽었다. 이에 자기(子旗)가 자미의 집안을 관리해주려고 했다. 7월 11일, 자기가 자미의 가재(家宰) 양영(梁嬰)을 죽였다. 8월 14일, 자기가 대부 자성(子成: 子城)과 자공(子工: 子公), 자거(子車: 공손 捷)를 추방하자 이들 모두 노나라로 달아났다. 이때 자기가 자량씨(子良氏: 高彊)를 위해 재(宰: 家宰)를 선정하자 자량의 가신들이 모여 말했다.

"유자(孺子: 자미의 어린 아들)가 이미 장성했소. 자기가 우리 가문을 돕는다고 하는 것은 사실 우리 가문을 겸병하려는 것이오."

이에 사람들을 무장시킨 뒤 자기를 치려고 했다. 당시 진환자(陳桓子)는 자미와 절친했다. 그 또한 집안 사람들을 무장시켜 자량의 집안 사람들을 도우려고 했다. 어떤 사람이 이를 자기에게 알렸다. 자기는 이 말을 믿으려고 하지 않았다. 이후 또 몇 사람이 와 이 일을 알리자 자기가 마침내 자량의 집으로 가려고 했다. 이때 또 몇 사람이 길에서 자기를 만나 이 일을 보고했다. 그러자 자기가 곧바로 진환자의 집으로 갔다.

당시 진환자는 자량의 집안 사람들을 돕기 위해 막 나가려던 참이었다. 그는 자기가 온다는 말을 듣고 곧바로 집으로 돌아가 유복(游服: 연회 등에 참석할 때 입는 통상복)으로 갈아입은 뒤 자기를 맞이했다. 그러자 자기가 진환자의 의도가 무엇인지를 물었다. 진환자가 반문했다.

"자량의 집안에서 사람들을 무장시켜 그대를 공격하려고 한다는 얘기를 들었소. 그대도 이같은 얘기를 들었소?"

"듣지 못했소."

"그대는 어찌하여 집안 사람들을 무장시키지 않는 것이오? 나는 그대를 따르고자 하오."

"그대는 왜 이같이 하려는 것이오? 자미의 후계자는 아직 어리오. 내가 그를 가르쳐도 그가 제대로 해낼 수 있을지 걱정이오. 나는 그에게 총질(寵秩: 높은 관직과 두터운 녹봉을 내림)을 베풀었소. 만일 내가 그들과 다투게 된다면 어찌 선인(先人: 자미)을 대할 수 있겠소. 그대는 왜 이를 그들에게 말하지 않는 것이오?『서경』「주서」에 이르기를, '혜불혜(惠不惠: 은혜에 감동하지 않는 자에게 은혜를 베푼다는 뜻으로, 앞의 惠는 동사, 뒤의 惠는 명사)·무불무(茂不茂: 권면을 받아들이지 않는 자를 권면한다는 뜻으로, 앞의 茂는 동사, 뒤의 茂는 명사)'라고 했소. 강숙(康叔)이 일을 하면서 관대했던 것도 바로 이 때문이었소."

그러자 진환자가 계상(稽顙: 이마를 땅에 대고 조아림)하면서 말했다.

"제경공(齊頃公)과 제영공(齊靈公)의 신령이 그대에게 복을 내릴 것이오. 나도 그같은 복을 받고자 하오."

이에 자량과 자기의 두 집안이 이전과 같이 서로 화목하게 지내게 되었다.

이때 진(陳)나라에서는 공자 초가 모든 죄를 공자 과에게 돌린 뒤 그를 잡아 죽였다. 9월, 초나라 공자 기질(棄疾)이 군사를 이끌고 가 손오(孫吳: 진나라 도태자 언사의 아들)의 뜻을 받들어 진나라의 도성을 포위했다. 이때 송나라 대부 대오(戴惡)가 군사를 이끌고 와 기질과 합세했다.

겨울 10월 18일(傳文에 나온 11월은 착오임), 초나라가 진나라를 멸망시켰다. 이때 여폐(輿嬖: 진애공으로부터 총애를 받은 통상적인 신하를 지칭) 원극(袁克)이 살마훼옥(殺馬毀玉: 진애공이 타던 말과 옥을 묘에 묻는 것을 의미)하여 부장(副葬)하고자 했다. 초나라 사람이 그를 죽이려고 하자 진애공의 말과 옥을 내놓으면서 살려줄 것을 청했다. 얼마 후 다시 소변을 보겠다고 말한 뒤 장막 안에서 소변을 보다가 머리에 수질(首絰)을 한 채로 도주했다.

이때 초영왕은 진나라를 멸망시킨 뒤 그 땅을 초나라의 진현(陳縣)으로 편입시켰다. 그러고는 대부 천봉술(穿封戌)을 진공(陳公: 진현의 장관)으로 삼으면서 말했다.

"그는 성균지역(城麇之役: 노양공 26년) 당시 아첨하지 않았다."

하루는 천봉술이 초영왕을 모시고 술을 마시게 되었다. 초영왕이 그에게 물었다.

"성균지역 당시 만일 내가 지금과 같은 위치에 이르게 될 것을 알았더라면 그대는 나에게 양보하지 않았겠소?"

천봉술이 대답했다.

"만일 군주가 지금과 같이 될 것을 알았더라면 저는 반드시 목숨을 걸고 예를 지켜 우리 초나라를 안정시켰을 것입니다."

이때 진평공이 사조와 진(陳)나라 문제를 논의하면서 물었다.

"진나라는 결국 이로써 망하고 만 것이오?"

"그렇게 되지는 않을 것입니다."

"어째서 그렇소?"

"진나라는 옛날 전욱(顓頊)의 후손이 세운 나라입니다. 전욱은 세성(歲星)이 순화성(鶉火星)의 위치에 있을 때 결국 멸망했으니 진나라도 그렇게 될 것입니다. 세성이 지금 기수(箕宿)와 두수(斗宿)의 사이에 있는 은하(銀河)에 머물러 있으니 장차 다시 소생할 것입니다. 게다가 진씨(陳氏)는 지금 제나라에서 정권을 잡은 뒤에야 최종적으로 멸망할 것입니다. 진나라의 조상은 전욱의 자손인 막(幕: 순임금의 조상)에서 고수(瞽瞍: 순임금의 부친)에 이르기까지 천명을 어긴 일이 없었습니다. 순임금은 거기에 더하여 거듭 성덕(盛德)을 밝힘으로써 그 덕행이 자손인 수(遂)까지 내려왔고 수의 후대도 이를 견지했습니다. 호공(胡公: 胡公 滿으로 陳의 시조)의 대에 이르러 무도한 일이 없자 주왕조에서 그에게 성을 하사하고 순임금을 제사지내게 했습니다. 제가 듣건대 '성덕은 반드시 백세사(百世祀: 1백 대의 후손에게까지 제사를 받는 것을 의미)를 받는다'고 했습니다. 순임금의 자손은 아직 1백 대가 되지 않았습니다. 그의 혈통은 장차 제나라에서 계속 이어질 것입니다. 그 징조가 이미 그곳에서 나타나고 있습니다."

秋, 大蒐于紅, 自根牟至于商衛, 革車千乘. 七月甲戌, 齊子尾卒, 子旗欲治其室. 丁丑, 殺梁嬰. 八月庚戌, 逐子成・子工・子車, 皆來奔, 而立子良氏之宰. 其臣曰 "孺子長矣, 而相吾室, 欲兼我也." 授甲將攻之. 陳桓子善於子尾, 亦授甲將助之. 或告子旗, 子旗不信. 則數人告. 將往, 又數人告於道, 遂如陳氏. 桓子將出矣, 聞之而還, 游服而逆之, 請命. 對曰 "聞彊氏授甲將攻子, 子聞諸." 曰 "弗聞." "子盍亦授甲. 無宇請從." 子旗曰 "子胡然. 彼孺子也, 吾誨之猶懼其不濟, 吾又寵秩之. 其若先人何. 子盍謂之. 『周書』曰 '惠不惠, 茂不茂.' 康叔所以服弘大也." 桓子稽顙曰 "頃靈福子, 吾猶有望." 遂和之如初. 陳公子招歸罪於公子過而殺之. 九月, 楚公子棄疾師師, 奉孫吳圍陳, 宋戴惡會之. 冬十一月壬午, 滅陳. 輿嬖袁克, 殺馬毁玉以葬. 楚人將殺之, 請寘之. 旣又請私, 私於幄, 加絰於顙而逃. 使穿封戌爲陳公, 曰 "城麇之役不諂." 侍飮酒於王. 王曰 "城麇之役, 女知寡人之及此, 女其辟寡人乎." 對曰 "若知君之及此, 臣必致死禮, 以息楚國." 晉侯問於史趙曰 "陳其遂亡乎." 對曰 "未也." 公曰 "何故." 對曰 "陳, 顓頊之族也. 歲在鶉火, 是以卒滅, 陳將如之. 今在析木之津, 猶將復由. 且陳氏得政于齊而後陳卒亡. 自幕至于瞽瞍, 無違命. 舜重之以明德, 寘德於遂, 遂世手之. 及胡公不淫, 故周賜之姓, 使祀虞帝. 臣聞, 盛德必百世祀. 虞之世數未也. 繼守將在齊, 其兆旣存矣."

9년(기원전 533)

9년 봄, 숙궁(叔弓)이 초자와 진(陳)에서 만났다. 허나라가 이(夷)로 옮겼다. 여름 4월, 진(陳)에 화재가 났다. 가을, 중손확(仲孫貜)이 제나라로 갔다. 겨울, 낭(郎)에 유(囿)를 만들었다.
九年春, 叔弓會楚子于陳. 許遷于夷. 夏四月, 陳災. 秋, 仲孫貜如齊. 冬, 築郎囿.

● 9년 봄, 노나라 대부 숙궁(叔弓)과 송나라 대부 화해(華亥), 정나라 대부 유길(游吉), 위나라 대부 조염(趙黶) 등이 진(陳: 안휘성 박현 북쪽) 땅에서 초영왕을 만났다.

2월 경신일, 초나라 공자 기질이 허나라를 이(夷) 땅으로 옮겼다. 그러나 실은 성보(城父) 땅으로 주래(州來: 안휘성 봉대현 경계)와 회북(淮北: 회수 북쪽)의 땅을 떼어서 허나라에 준 것이다. 이때 초나라 대부 오거(伍擧)가 허남(許男: 허도공)에게 땅을 넘겨주었다. 대부 연단(然丹: 子革, 鄭丹)은 성보 사람들을 진 땅으로 옮기고, 복수(濮水: 산동성 하택시 경내를 관류) 서안에 있는 이(夷) 땅을 떼어 진 땅에 붙였다. 그러고는 방성산(方城山: 하남성 섭현) 바깥쪽 사람들을 허나라가 차지했던 땅으로 옮겼다.

당시 주왕조의 감대부(甘大夫: 감 땅의 지방장관) 양(襄)이 진나라 대부 염가(閻嘉)와 염(閻: 하남성 낙양시 소재) 땅을 놓고 다투었다. 그러자 진나라 대부 양병(梁丙)과 장적(張趯)이 음(陰) 땅의 융인들을 이끌고 가 주왕조의 직할령인 영(潁: 하남성 등봉현 동쪽) 땅을 쳤다. 그러자 주경왕이 대부 첨환백(詹桓伯)을 진나라로 보내 견책했다.

"우리 주왕조는 하왕조 때 우리의 조상인 후직(后稷)의 공로에 힘입어 위(魏: 산서성 예성현 서쪽)와 태(駘: 후직의 봉지인 邰로, 섬서성 무공현 서남쪽에 위치), 예(芮: 산서성 예성현 서쪽), 기(岐: 섬서성 기산현), 필(畢: 섬서성 함양시 북쪽)나라의 땅을 우리의 서쪽 영토로 삼았소. 또 무왕 때에 이르러 상왕조에 승리해 포고(蒲姑: 산동성 박홍현 동남쪽)와 상엄(商奄: 산동성 곡부현) 땅을 우리의 동쪽 영토로 삼았소. 이어 파(巴: 호북성 양번시)와 복(濮), 초(楚: 초나라 도성 郢 땅으로, 호북성 강릉현 북쪽에 위치), 등(鄧: 하남성 등현)을 우리의 남쪽 영토로 삼았소. 나아가 숙신(肅慎: 북경시에서 동북쪽 일대에 걸친 광활한 지대)과 연(燕: 후대의 北燕으로, 지금의 북경시 일대), 박(亳: 위치 미상)을 우리의 북쪽 영토로 삼았소. 그러니 어찌 왕도 가까운 곳에 제후의 봉지가 있을 수 있겠소? 주문왕과 주무왕, 주성왕, 주강왕이 동모제(同母弟)들을 여러 나라에 제후로 봉해 주왕조의 울타리로 삼은 것은 왕실을 보위하기 위한 것이었소. 이는 왕실이 쇠퇴하는 것을 방지하기 위한 것이었으니 어찌 변모(弁髦: 필요없게 된 물건을 지칭)[15]와 같이 일이 끝났다고 버릴 수 있겠소. 선왕은 도올(檮杌: 요순시대 4凶 중 하나)과 같은 자들을 사방의 변경에 거주시켜 사람을 잡아먹는 괴물을 막았소. 그래서 윤성(允姓: 고대의 부락명으로 陰戎의 시조) 중의 간인(奸人)들이 과주(瓜州)에 살게 된 것이오. 그런데 백부 진혜공(晉惠公)이 진(秦)나라에서 귀국하는 길에 융인들을 유인해 우리 희성의 제후국들을 괴롭히게 하고 심지어는 왕도의 교외까지 들어오게 했소. 이에 융인들이 이들 지역을 차지하게 된 것이오. 융인이 중원을 점거한 것은 도대체 누구의 죄과요? 후직이 천하를 세웠는데 이제 융인이 천하를 제압하려고 하니 나의 입장이 매우 어렵지 않겠소? 백부(伯父: 천자가 동성의 제후들을 부르는 호칭으로 제후도 같은 성의 대신에게 이같이 칭했음)는 이 일을 깊이 헤아리기 바라오. 나에게 백부가 있는 것은 마치 의복에 관면(冠冕)이 있고, 수목과 유수(流水)에 그 본원이 있고, 백성에게 모주(謀主: 주도적으로 계책을 내는 사람으로 여기서는 군주)가 있는 것과 같소. 백부가 만일 열관훼면(裂冠毁冕: 관면을 찢고

---

15) '변모'는 검은 베로 만든 모자와 동자의 자른 머리를 뜻하는 말로, 동자가 성례(成禮)할 때 이전에 쓰던 관을 버린 데서 곧 더 이상 필요가 없어져버린다는 뜻으로 전용되었다.

훼손함)하고, 발본색원(拔本塞源: 뿌리를 뽑고 수원을 막음)하고, 전기모주(專棄謀主: 전횡하여 모주를 무시함)하면 설령 융적(戎狄)일지라도 마음속으로 여일인(余一人: 천자를 지칭)을 어찌 생각하겠소?"

이에 숙향이 한선자에게 말했다.

"진문공이 비록 패자였으나 어찌 예를 변경시킬 수 있었겠습니까. 오직 천자를 도와 극진히 받들고 공경을 더했을 뿐입니다. 진문공 이래로 시간이 지날수록 덕행이 쇠퇴하여 왕실을 경시하고 해를 끼치며 교횡(驕橫)하는 태도를 노골적으로 드러내 보였습니다. 그러니 제후들이 진나라에 대해 두 마음을 품는 것 또한 당연한 일이 아니겠습니까. 하물며 천자의 이번 언사는 사리에 합당하니 그대는 이를 깊이 헤아리기 바랍니다."

한선자가 이 말을 듣고 크게 기뻐했다. 이때 마침 주경왕이 인척의 상을 당하자 진나라가 대부 조성(趙成)을 보내 조상하게 했다. 이어 염 땅을 반환하고 수의(襚衣)를 바친 뒤 영(潁) 땅에서 잡은 포로도 모두 돌려보냈다. 그러자 주경왕 역시 왕실의 대부 빈활(賓滑)을 보내 감대부(甘大夫) 양(襄)을 체포한 뒤 진나라로 압송함으로써 진나라의 환심을 샀다. 진나라 사람이 감대부 양을 예로써 대한 뒤 돌려보냈다.

九年春, 叔弓·宋華亥·鄭游吉·衛趙黶會楚子于陳. 二月庚申, 楚公子棄疾遷許于夷, 實城父, 取州來淮北之田以益之. 伍擧授許男田. 然丹遷城父人於陳, 以夷濮西田益之. 遷方城外人於許. 周甘人與晉閻嘉爭閻田. 晉梁丙·張趯率陰戎伐潁. 王使詹桓伯辭於晉, 曰 "我自夏以后稷, 魏駘芮岐畢, 吾西土也. 及武王克商, 蒲姑·商奄, 吾東土也. 巴濮楚鄧, 吾南土也. 肅愼·燕·亳, 吾北土也. 吾何邇封之有. 文武成康之建母弟, 以蕃屛周, 亦其廢隊是爲, 豈如弁髦而因以敝之. 先王居檮杌于四裔, 以禦螭魅, 故允姓之姦, 居于瓜州. 伯父惠公歸自秦, 而誘以來, 使偪我諸姬, 入我郊甸, 則戎焉取之. 戎有中國, 誰之咎也. 后稷封殖天下, 今戎制之, 不亦難乎. 伯父圖之. 我在伯父, 猶衣服之有冠冕, 木水之有本原, 民人之有謀主也. 伯父若裂冠毀冕, 拔本塞源, 專棄謀主, 雖戎狄其何有余一人." 叔向謂宣子曰 "文之伯也, 豈能改物. 翼戴天子而加之以共. 自文以來, 世有衰德而暴滅宗周, 以宣示其侈, 諸侯之貳, 不亦宜乎. 且王辭直, 子其圖之." 宣子說. 王有姻喪, 史趙成如周弔, 且致閻田與褵, 反潁俘. 王亦使賓滑, 執甘大夫襄以說於晉, 晉人禮而歸之.

●여름 4월, 진(陳) 땅에서 화재가 일어났다. 이를 두고 정나라 대부 비조(裨竈)가 말했다.

"5년 후에 진나라는 다시 제후국으로 복구되고 복구된 지 52년 후에 완전히 망할 것이다."

자산이 그 이유를 묻자 비조가 대답했다.

"진나라의 본성은 수(水)에 속합니다. 화(火)는 수의 짝이 되는데 이는 초나라가 장악하고 있습니다. 지금 대화성이 나타나 진나라에 화재가 일어난 것입니다. 이는 초나라 세력을 몰아내고 진나라를 다시 세우는 것을 의미합니다. 음양오행은 수·화·목·금·토의 다섯 가지 요소가 서로 짝이 됩니다. 이에 5년이라고 말한 것입니다. 세성이 다섯 번 순화성의 위치에 나타난 뒤 진나라가 완전히 멸망하고 초나라가 그 땅을 온전히 소유하게 됩니다. 이는 천도입니다. 그래서 52년 후라고 말한 것입니다."

이때 진나라 대부 순영(荀盈: 伯夙)이 제나라로 가 아내를 맞이한 뒤 돌아갔다. 6월, 순영이 희양(戱陽: 하남성 내황현 북쪽)에서 죽었다. 도성인 강(絳)에 빈소를 차려놓고 아직 안장을 하지 않았을 때 진평공이 술을 마시며 악공에게 음악을 연주하게 했다. 그러자 선재(膳宰: 음식을 주관하는 진나라 관원) 도괴(屠蒯)가 빠른 걸음으로 나아가 술잔 올리는 일을 돕게 해달라고 청했다. 진평공이 이를 허락했다. 도괴가 잔을 악공에게 주어 술을 마시게 하고 말했다.

"그대는 군주의 귀로서, 직책은 사총(司聰: 군주로 하여금 세상 일을 잘 듣도록 돕는 것을 의미)이오. 일진이 자묘(子卯: 甲子와 乙卯로 은나라 주가 죽은 날이 갑자일이고 하나라 걸이 죽은 날이 을묘일임)가 되면 질일(疾日 : 忌日)이라 하오. 이때 군주는 주연을 폐하고 음악을 배우는 사람은 연습을 중지하니 이는 일진이 나쁘기 때문이오. 군주의 경좌(卿佐 : 경과 그를 보좌하는 대신)를 군주의 고굉(股肱)이라 하오. 고굉지신이 손상을 당하게 되면 그 어떤 아픔이 이보다 더하겠소? 그대는 순영이 세상을 떠난 사실을 듣지 못하고 연주하고 있으니 이는 불총(不聰)이오."

이어 진평공의 총신인 대부 폐숙(嬖叔)에게 술을 권하며 말했다.

"그대는 군주의 눈으로, 직책은 사명(司明 : 군주로 하여금 세상일을 밝게 보도록 돕는 것을 의미)이오. 사람은 복식으로 예의를 나타내고, 예의로써 일을 추진하오. 모든 일에는 각기 유형이 있고, 각 유형은 나름대로의 모양이 있소. 지금 군주의 복식은 정해진 예를 따르지 않고 있소. 그대는 이를 보지 못하고 있으니 이는 불명(不明)이오."

그러고는 자신도 술을 한 잔 따라 마시면서 말했다.

"맛은 행기(行氣 : 기혈의 운행)를 소통시키는 것입니다. 기혈(氣血)로써 의지를 충실히 하고, 의지로써 언사를 확실하게 하고, 언사로써 바른 명령이 나오게 하는 것입니다. 저의 직책은 사미(司味 : 군주로 하여금 세상일을 조화롭게 처리하도록 돕는 것을 의미)입니다. 지금 두 사람이 실관(失官 : 직책을 제대로 이행하지 않음)하고 있는데도 군주는 이를 치죄(治罪)하지 않고 있습니다. 이는 저의 죄입니다."

이에 진평공이 크게 기뻐하며 곧바로 철주(徹酒 : 술자리를 치움)하게 했다.

당초 진평공은 지씨(知氏 : 순영)를 폐하고 그 자리에 외폐(外嬖)를 앉히고자 했으나 생각을 바꿔 이를 중지했다. 가을 8월, 진평공이 순력(荀躒 : 순영의 아들 知文子)을 하군의 부장으로 삼았다. 이로써 순영의 상중에 술 마시고 음악을 즐긴 일로 인한 죄책감을 풀고자 했다.

이때 노나라 대부 맹희자가 제나라를 찾아가 성대한 빙문의 예를 거행했다. 이는 예에 맞는 일이다. 겨울, 노나라가 낭(郎 : 위치 미상) 땅에 유(囿 : 짐승을 기르는 동산)를 만들었다.『춘추』에 이를 쓴 것은 시기에 맞았기 때문이다. 당시 계평자(季平子)는 공사를 빨리 마무리짓고자 했다. 그러자 숙손소자(叔孫昭子)가 말했다.

"『시경』「대아 · 영대(靈臺)」에 이르기를, '설계와 영조(營造)를 서두르지 않으니 백성들이 부모를 돕는 아이들처럼 달려와 영대를 세우네'라고 했습니다. 어찌하여 속성(速成)을 꾀하는 것입니까. 이는 백성을 극도로 지치게 만드는 것입니다. 원유(園囿)는 없어도 되지만 백성이 없어서야 되겠습니까."

夏四月, 陳災. 鄭神竈曰 "五年, 陳將復封. 奉五十二年而遂亡." 子產問其故. 對曰 "陳, 水屬也, 火, 水妃也, 而楚所相也. 今火出而火陳, 逐楚而建陳也. 妃以五成, 故曰五年. 歲五及鶉火而後陳卒亡, 楚克有之, 天之道也, 故曰 五十二年." 晉荀盈如齊逆女, 還, 六月, 卒于戲陽. 殯于絳, 未葬. 晉侯飮酒樂. 膳宰屠蒯趨入, 請佐公使尊. 許之. 而遂酌以飮工, 曰 "女爲君耳, 將司聰也. 辰在子卯, 謂之疾日. 君徹宴樂, 學人舍業, 爲疾故也. 君之卿佐, 是謂股肱. 股肱或虧, 何痛如之. 女弗聞而樂, 是不聰也." 又飮外嬖嬖叔曰 "女爲君目, 將司明也. 服以旌禮, 禮以行事, 事有其物, 物有其容. 今君之容, 非其物也, 而女不見, 是不明也." 亦自飮也, 曰 "味以行氣, 氣以實志, 志以定言, 言以出令. 臣實司味, 二御失官, 而君弗命, 臣之罪也." 公說, 徹酒. 初, 公欲廢知氏而立其外嬖, 爲是悛而止. 秋八月, 使荀躒佐下軍以說焉. 孟僖子如齊殷聘, 禮也. 冬, 築郎囿, 書時也. 季平子欲其速成也, 叔孫昭子曰 "『詩』曰 '經始勿亟, 庶民子來.' 焉用速成. 其以剿民也. 無囿猶可, 無民其可乎."

10년(기원전 532)

10년 봄 주력(周曆) 정월. 여름, 제나라의 난시(欒施)가 망명해 왔다. 가을 7월, 계손의여(季孫意如) · 숙궁 · 중손확이 군사를 이끌고 가 거나라를 쳤다. 무자, 진후(晉侯) 표(彪)가 졸했다. 9월, 숙손착이 진나라로 가 진평공(晉平公)을 안장했다. 12월 갑자, 송성공(宋成公)

이 졸했다.

　十年春王正月. 夏, 齊欒施來奔. 秋七月, 季孫意如叔弓仲孫貜帥師, 伐莒. 武子, 晉侯彪卒. 九月, 叔孫婼如晉. 葬晉平公. 十二月甲子, 宋公成卒.

　●10년 봄 1월, 이상한 별 하나가 무녀수(婺女宿: 28수의 女宿)에 나타났다. 정나라 대부 비조가 자산에게 말했다.
　"7월 3일에 진군(晉君)이 죽게 될 것입니다. 금년의 세성은 현효(玄枵: 전욱을 상징하는 虛宿)에 있습니다. 그 분야는 지금 강씨(姜氏: 제나라를 지칭)와 임씨(任氏: 설나라를 지칭)가 차지하고 있습니다. 무녀수는 현효의 3수(宿) 중 머리에 해당하는데 요성(妖星: 客星으로 新星과 變星을 통칭)이 이곳에 나타났습니다. 이는 재해가 장차 읍강(邑姜: 제나라 시조 강태공의 딸로, 주무왕의 처이며 진나라 시조 강숙의 모친)의 자손에게 일어날 것임을 예고하는 것입니다. 읍강은 진군의 선비(先妣: 진평공은 읍강으로부터 28세손임)입니다. 하늘의 성좌는 7기(七紀: 28수를 7개씩 나누어 사방에 배치한 것을 의미)로 헤아리는데 7월 3일에 봉공(逢公: 고대 제나라 땅의 제후)이 죽었습니다. 당시에도 요성이 지금의 위치에 출현했습니다. 저는 이를 기(譏: 점복)로써 알게 된 것입니다."
　제혜공의 후손인 난씨(欒氏: 子雅의 아들 난시를 지칭)와 고씨(高氏: 子尾의 아들 고강을 지칭)는 모두 술을 좋아하는 데다가 처첩의 말을 잘 믿었다. 이로 인해 이들을 원망하는 사람이 매우 많았다. 이들은 진씨(陳氏: 陳敬仲의 후손으로 진환자를 지칭)와 포씨(鮑氏: 鮑文子를 지칭) 가문보다 세력이 강했으면서도 진씨와 포씨를 미워했다. 여름, 진환자에게 어떤 사람이 와서 고했다.
　"자기(子旗: 난시)와 자량(子良: 고강)이 진씨와 포씨 가문을 공격하려고 합니다."
　이어 그는 포씨에게도 똑같이 고했다. 이에 진환자는 집안 사람들을 무장시킨 뒤 포씨 집으로 갔다. 진환자는 도중에 자량이 만취한 상태로 마구 수레를 모는 것을 목도했다. 곧 포문자(鮑文子)를 찾아가자 그 또한 이미 집안 사람들을 무장시켜 놓고 있었다.

두 사람은 곧 사람을 시켜 2자(二子: 자기와 자량)의 동태를 살피게 했다. 마침 2자는 술을 마시려고 하던 중이었다. 진환자가 포문자에게 제안했다.

"그들이 우리를 공격하려고 한다는 얘기가 설령 사실이 아니라 할지라도 우리가 집안 사람들을 무장시켰다는 얘기를 듣게 되면 반드시 우리를 몰아내려고 할 것이오. 그들이 술을 마시는 기회를 이용해 우리가 선공을 가하는 것이 어떻겠소?"

이때 진씨와 포씨는 매우 화목했다. 드디어 난씨와 고씨에 대해 선제공격을 가했다. 당시 기습공격을 받은 자량이 말했다.

"우리가 먼저 군주의 지지를 받으면 장차 진씨와 포씨가 어디로 가겠는가."

그러고는 곧 공궁의 호문(虎門: 제경공 路寢의 남문)을 공격했다. 마침 이때 안평중(晏平仲: 안영)은 단위(端委: 朝服을 착용함)한 채 호문 밖에 서 있었다. 안영은 4족(四族: 난씨·고씨·진씨·포씨)으로부터 지지를 요청받았지만 어느 쪽도 편들지 않았다. 이때 안영의 수하가 물었다.

"진씨와 포씨를 돕는 것이 어떻겠습니까?"
"그들에게 어디 도와줄 만한 점이 있는가."
"그러면 난씨와 고씨를 돕는 것이 어떻겠습니까?"
"그들이 어찌 진씨나 포씨보다 나은 사람들이라고 할 수 있는가."
"그렇다면 돌아가는 것이 어떻겠습니까?"
"군주가 공격을 당하고 있는데 어디로 간단 말인가."

이내 제경공이 부르자 비로소 공궁 안으로 들어갔다. 이때 제경공이 대부 왕흑(王黑)에게 영고비(靈姑鈺: 제경공의 깃발)를 들려 교전하는 것을 점치자 길하다는 점괘가 나왔다. 그러자 왕흑이 영고비를 3척 길이로 줄이는 것을 허용해달라고 청했다. 제경공이 허락하자 곧 영고비를 지휘기로 사용했다.

5월 경진일, 직문(稷門: 제나라 도성의 문으로 산동성 치박시 서쪽)에서 교전이 이루어졌다. 난씨와 고씨가 대패했다. 이들은 장(莊: 제나라 도성의 대로명)에서 패한 뒤 또다시 이들을 추격해온 국인들에 의해 녹문(鹿門: 제나라 도성의 동남문)에서 대패했다. 이에 난시와 고강은 노나라로 도주했다. 싸움이 끝난 후 진씨와 포씨가 난씨와 고씨의 재산을 나누어 가졌다. 그러자 안영이 진환자에게 건의했다.

"그들의 재산을 반드시 군주에게 넘겨주도록 해야 합니다. 겸양은 덕행의 근본이고 다른 사람에게 양보하는 것은 의덕(懿德: 미덕)입니다. 무릇 혈기가 넘치면 누구나 경쟁심이 발동하기 때문에 이익은 억지로 구할 수 있는 것이 아닙니다. 따라서 도의를 생각하는 것이 다른 사람을 이기는 것입니다. 도의는 이익의 근본입니다. 이익을 많이 쌓아놓게 되면 요얼(妖孽)이 나타나게 됩니다. 그러니 잠시 이익을 쌓아두지 말고 서서히 커지게 하는 것이 바람직합니다."

이에 진환자는 난씨와 고씨의 재산을 제경공에게 바친 뒤 거(莒: 산동성 거현) 땅으로 물러나 휴식하는 것을 허락해달라고 청했다. 이어 그는 망명 중인 대부 자산(子山)을 불러들인 뒤 장막과 기물, 종자들의 의복과 신발 등을 모두 사적으로 갖춰주었다. 또 자산이 이전에 보유했던 극읍(棘邑: 산동성 임치현 서북쪽)도 돌려주었다.

진환자는 망명 중인 대부 자상(子商)에게도 똑같은 방식을 취해 그의 이전 봉읍을 돌려주었다. 공족(公族) 자주(子周)에게도 그같이 하여 부우(夫于: 산동성 장산현 서남쪽 20리 지점)를 그에게 넘겨주었다. 또 자성(子城)과 자공(子公), 공손 첩(捷) 등에 대해서도 조속히 귀환하도록 조치한 뒤 봉록을 더해주었다.

그는 이 밖에도 공자나 공손으로서 봉록이 없는 사람에게는 사적으로 자신의 봉읍을 나눠주었다. 나아가 빈궁한 고아나 과부들에게도 자신이 보유하고 있는 곡식을 나눠주면서 말했다.

"『시경』「대아·문왕」에 이르기를, '진석재주(陳錫載周: 賞賜를 널리 베풀어 주나라를 세움)라고 했소.[16] 이는 능히 시사(施舍)한 것을 말한 것이오. 제환공이 이같이 하여 패자가 되었소."

이에 제경공이 진환자에게 거 땅 부근의 성읍을 주었으나 그는 사양했다. 이때 제경공의 모친 목맹희(穆孟姬)가 진환자를 위해 고당(高唐: 산동성 고당현 동쪽)을 진환자에게 줄 것을 요청했다. 이를 계기로 진씨는 그 세력을 크게 신장하기 시작했다.

十年春王正月, 有星出于婺女. 鄭神竈言於子産曰 "七月戊子, 晉君將死. 今兹, 歲在顓頊之虛, 姜氏任氏實守其地. 居其維首, 而有妖星焉, 告邑姜也. 邑姜, 晉之妣也. 天以七紀, 戊子, 逢公以登, 星斯於是乎出. 吾是以譏之." 齊惠欒高氏皆耆酒, 信內多怨, 彊於陳鮑氏而惡之. 夏, 有告陳桓子曰 "子旗子良將攻陳鮑." 亦告鮑氏. 桓子授甲而如鮑氏, 遭子良醉而騁, 遂見文子, 則亦授甲矣. 使視二子, 則皆將飮酒. 桓子曰 "彼雖不信, 聞我授甲, 則必逐我. 及其飮酒也, 先伐諸." 陳鮑方睦, 遂伐欒高氏. 子良曰 "先得公, 陳鮑焉往." 遂伐虎門. 晏平仲端委立于虎門之外, 四族召之, 無所往. 其徒曰 "助陳鮑乎." 曰 "何善焉." "助欒高乎." 曰 "庸愈乎." "然則歸乎." 曰 "君伐焉歸." 公召之而後入. 公卜使王黑以靈姑銔率, 吉. 請斷三尺焉而用之. 五月庚辰, 戰于稷, 欒高敗, 又敗諸莊. 國人追之, 又敗諸鹿門. 欒施高彊來奔. 陳鮑分其室. 晏子謂桓子 "必致諸公. 讓, 德之主也, 讓之謂懿德. 凡有血氣, 皆有爭心, 故利不可强, 思義爲愈. 義, 利之本也, 蘊利生孽. 姑使無蘊乎, 可以滋長." 桓子盡致諸公, 而請老于莒. 桓子昭子山, 私具幄幕器用從者之衣屨, 而反棘焉. 子商亦如之, 而反其邑. 子周與如之, 而與之夫于. 反子城·子公·公孫捷, 而皆益其祿. 凡公子公孫之無祿者, 私分之邑. 國之貧約孤寡者, 私與之粟. 曰 "『詩』云 '陳錫載周', 能施也. 桓公是以霸." 公與桓子莒之旁邑, 辭.

---

16) 현재의『시경』에는 '載'가 '哉'로 되어 있다. '재주'를 '두루 널리 (베풀다)'의 뜻으로 풀이하기도 한다.

穆孟姬爲之請高唐, 陳氏始大.

● 가을 7월, 노나라의 계평자(季平子)가 거나라로 쳐들어가 경읍(郠邑: 산동성 기수현)을 점령했다. 그는 포로들을 노소공에게 바친 뒤 박사(亳社: 노나라 건국 당시 은나라 유민들이 세운 사당)의 제사에 처음으로 사람을 희생으로 사용했다. 노나라 대부 장무중(臧武仲: 장손흘)이 제나라에 있다가 이 소식을 듣고 탄식했다.

"주공(周公)은 노나라가 올리는 제사를 받지 않을 것이다. 주공은 도의에 맞는 제사만 받는 분인데 노나라의 제사는 도의에 맞지 않는다. 『시경』「소아·녹명」에 이르기를, '그들의 덕행에 관한 명성이 매우 드높으니 사람들에게 경박함을 보여서는 아니 되네'라고 했다. 이같은 짓은 가히 경박함의 도를 넘었다고 할 만하다. 사람을 제물로 바쳐 축생처럼 다뤘으니 하늘이 장차 누구에게 복을 내리겠는가."

7월 3일, 진평공이 죽었다. 정간공이 조문차 진나라로 가던 중 황하에 이르렀을 때 진나라 사람이 이를 사양했다. 이에 유길(游吉)만 진나라로 갔다.

9월, 노나라 대부 숙손착(叔孫婼)과 제나라 대부 국약(國弱), 송나라 대부 화정(華定), 위나라 대부 북궁희(北宮喜: 北宮貞子), 정나라 대부 한호(罕虎), 허인(許人), 조인(曹人), 거인(莒人), 주인(邾人), 기인(杞人), 소주인(小邾人) 등이 진나라로 갔다. 이는 진평공을 안장하기 위한 것이었다. 이때 정나라 대부 자피(子皮: 한호)가 진나라로 가면서 예물을 갖고 가려고 했다. 그러자 자산이 만류했다.

"조상을 하면서 어찌 예물을 바친단 말입니까. 예물을 갖고 가려면 반드시 수레 1백 량(兩: 1량은 폐백용 수레 1백 승)이 있어야 합니다. 수레 1백 량에 물건을 싣고 가려면 반드시 1천 명의 사람이 필요합니다. 1천 명의 사람이 가면 일시에 돌아오지 못하게 됩니다. 그리 되면 재물은 결국 모두 비용으로 없어지고 말 것입니다. 1천 명의 사람이 예물을 갖고 몇 차례 가다 보면 나라가 망하지 않겠습니까."

그러나 자피는 끝내 예물을 청해 갖고 갔다. 진평공의 안장이 끝난 후 각 제후국의 대부들이 모두 이 기회를 이용해 아예 진나라의 신군(新君: 진소공)을 배견하고자 했다. 그러자 노나라의 숙손소자(叔孫昭子)가 말했다.

"이는 예에 맞지 않는 일입니다."

그러나 각 제후국의 대부들은 이 말을 좇지 않았다. 이때 진나라 대부 숙향이 대부들을 사양하며 신군의 말을 전했다.

"대부들의 일은 이미 끝났소. 그런데 또 대부들이 나를 상견하고자 하나 고(孤)는 애통하게도 복상 중에 있소. 만일 내가 가복(嘉服: 吉服)으로 갈아입고 대부들을 상견하고자 해도 상례가 아직 끝나지 않았으니 그렇게 할 수 없고, 그렇다고 상복을 입은 채로 만나면 이는 대부들에게 거듭 조문을 받는 셈이 되오. 대부들의 생각으로는 이 일을 장차 어찌하는 것이 좋겠소?"

이에 대부들은 배견을 청할 근거를 찾지 못했다. 결국 정나라 대부 자피는 갖고 갔던 예물을 제대로 바치지도 못한 채 모두 비용으로 써 버리고 돌아갔다. 자피는 귀국한 후 자우(子羽)를 만나 말했다.

"도리를 아는 것이 어려운 것이 아니라 이를 실행하는 것이 어렵소. 자산은 도리를 익히 알고 있었지만 나는 이를 제대로 알지 못했소. 『일주서』에 이르기를, '욕심이 법도를 망치고 방종이 예를 망친다'고 했소. 이는 나와 같은 사람을 두고 이른 말이오. 자산은 법도와 예를 익히 알고 있었는데 나는 방종하여 욕심을 부린 나머지 스스로를 제지하지 못했소."

노나라 대부 숙손소자가 진나라에서 돌아오자 대부들이 모두 찾아와 그를 만났다. 이때 제나라에서 망명해 온 고강도 숙손소자를 진현한 뒤 물러갔다. 숙손소자가 여러 대부들에게 말했다.

"자식 된 자는 근신하지 않을 수 없소. 지난날 제나라의 경봉(慶封)이 망명하자 자미(子尾)는 제나라 군주로부터 많은 고을을 하사받았으나 그는 서서히 이를 군주에게 반환하기 시작했소. 제나라 군주는 그의 충성을 높이 사 그를 총애해 마지않았소. 그는 죽기 전에 공궁에서 병이 났는데 제나라 군주가 그를 수레에 태워 집으로 돌려보내면서 친히 그 수레를 밀어주었소. 그의 아들은 부업(父業)을 잇지 못해 지금 여기에 와 있는 것이오. 부친의 충성은 미덕이 되었지만 그의 아들은 그 뒤를 잇지 못하고 오히려 자신이 저지른 죄과를 부친에게까지 미치게 만들었소. 그러니 난불신야(難不愼也: '어찌 삼가지 않을 수 있겠소'라는 뜻으로, '難'은 '奈何'의 줄임말임)를 언급하지 않을 수 있겠소? 부친의 공로를 사라지게 하고, 부친의 미덕을 던져버려 제사지낼 사람조차 없게 만들고, 죄과가 그 자신의 몸에 미치게 만들었으니 이 어찌 재난이 아니라고 하겠소? 『시경』 「소아 · 정월」과 「대아 · 첨앙(瞻卬)」에 이르기를, '부자아선(不自我先: 재앙은 나보다 앞서 오는 것도 아님) · 부자아후(不自我後: 그렇다고 나보다 뒤에 오는 것도 아님)'라고 했소. 이는 바로 이같은 경우를 두고 말한 것이오."

겨울 12월, 송평공이 죽었다. 당초 송평공의 뒤를 이은 송원공(宋元公)은 시인(寺人) 유(柳)를 미워한 나머지 그를 죽이려 했다. 송평공의 상을 당하자 시인 유는 송원공이 앉을 자리에 미리 숯불을 피워 따뜻하게 만들어놓은 뒤 송원공이 들어오면 숯불을 치우곤 했다. 안장을 할 때에 이르러 시인 유는 송원공의 총신(寵信)을 받게 되었다.

秋七月, 平子伐莒取鄆, 獻俘, 始用人於亳社. 臧武仲在齊, 聞之曰 "周公其不饗魯祭乎. 周公饗義, 魯無義. 『詩』曰 '德音孔昭, 視民不佻.' 佻之謂甚矣, 而壹用之, 將誰福哉." 戊子, 晉平公卒. 鄭伯如晉, 及河, 晉人辭之, 游吉遂如晉. 九月, 叔孫婼 · 齊國弱 · 宋華定 · 衛北宮喜 · 鄭罕虎 · 許人 · 曹人 · 莒人 · 邾人 · 薛人 · 杞人 · 小邾人如晉, 葬平公也. 鄭子皮將以幣行. 子産曰 "喪焉用幣. 用幣必百兩, 百兩必千人, 千人至將不行. 不行, 必盡用之. 幾千人而國不亡." 子皮固請以行. 旣葬, 諸侯之大夫欲因見新君. 叔孫昭子曰 "非禮也." 弗聽. 叔向辭之曰 "大夫之事畢矣. 而又命孤, 孤斬焉在衰絰之中. 其以嘉服見, 則喪禮未畢. 其以喪服見, 是重受弔也. 大夫將若之何." 皆無辭以見. 子皮盡用其幣, 歸謂子羽

曰 "非知之實難, 將在行之. 夫子知之矣, 我則不足.『書』曰 '欲敗度, 縱敗禮.' 我之謂矣. 夫子知度與禮矣, 我實縱欲而不能自克也." 昭子至自晉, 大夫皆見. 高彊見而退. 昭子語諸大夫曰 "爲人子, 不可不愼也哉. 昔, 慶封亡, 子尾多受邑而稍致諸君, 君以爲忠而甚寵之. 將死, 疾于公宮, 輦而歸, 君親推之. 其子不能任, 是以在此. 忠爲令德, 其子弗能任, 罪猶及之, 難不愼也. 喪夫人之力, 棄德曠宗, 以及其身, 不亦害乎.『詩』曰 '不自我先, 不自我後.' 其是之謂乎." 冬十二月, 宋平公卒. 初, 元公惡寺人柳, 欲殺之. 及喪, 柳熾炭于位, 將至, 則去之. 比葬又有寵.

11년(기원전 531)

11년 봄 주력(周曆) 2월, 숙궁이 송나라로 가 송평공(宋平公)의 장례에 참석했다. 여름 4월 정사, 초자 건(虔)이 채후 반(般)을 유인해 신(申)에서 죽였다. 초나라 공자 기질(棄疾)이 군사를 이끌고 가 채나라를 포위했다. 5월 갑신, 부인 귀씨(歸氏)가 훙했다. 비포(比蒲)에서 크게 열병(閱兵)했다. 중손확이 주자와 만나 침상(祲祥)에서 결맹했다. 가을, 계손의여가 진나라 한기(韓起)·제나라 국약(國弱)·송나라 화해(華亥)·위나라 북궁타(北宮佗)·정나라 한호(罕虎)·조인·기인과 궐은(厥憖)에서 만났다. 9월 기해, 우리 소군 제귀(齊歸)를 안장했다. 겨울 11월 정유, 초나라 군사가 채나라를 멸하고 채나라 세자 유(有)를 잡아가지고 돌아와 희생으로 사용했다.

十一年春王二月, 叔弓如宋. 葬宋平公. 夏四月丁巳, 楚子虔誘蔡侯般, 殺之于申, 楚公子棄疾帥師, 圍蔡. 五月甲申, 夫人歸氏薨. 大蒐于比蒲. 仲孫貜會邾子, 盟于祲祥. 秋, 季孫意如會晉韓起齊國弱宋華亥衛北宮佗鄭罕虎曹人杞人于厥憖. 九月己亥, 葬我小君齊歸. 冬十一月丁酉, 楚師滅蔡, 執蔡世子有, 以歸用之.

●11년 봄 2월, 노나라 대부 숙궁(叔弓)이 송나라로 갔다. 이는 송평

공의 장례에 참석하기 위한 것이었다. 이때 주경왕이 왕실의 대부 장홍(萇弘: 萇叔)에게 물었다.

"지금의 제후들 중 누가 길하고 누가 흉하겠소?"

"채나라가 흉합니다. 올해의 운은 채후(蔡侯) 반(般: 채경공의 아들로 곧 蔡靈公)이 그의 군주를 죽인 해와 같습니다. 세성이 시위(豕韋: 28수의 室宿)의 자리에 있으나 올 한 해를 넘기지는 않을 것입니다. 초나라가 장차 채나라를 차지하게 되나 이는 흉운을 더하는 일입니다. 세성이 대량(大梁: 12星次의 하나)의 자리로 옮기게 되면 채나라는 다시 일어나고 초나라는 흉운을 만나게 될 것입니다. 이는 천도입니다."

초영왕이 신(申: 하남성 남양시와 그 북쪽 일대) 땅에 체류하면서 채영공(蔡靈公)을 불렀다. 채영공이 이에 응하려고 하자 채나라 대부가 만류했다.

"초왕은 탐람하면서도 신의가 없는데 유독 우리 채나라에 대해 원한을 품고 있습니다. 지금 그가 보내온 예물이 많고 초청하는 언사 또한 달콤합니다. 이는 우리를 유인하는 것이니 안 가느니만 못합니다."

그러나 채영공은 이를 좇지 않았다. 3월 15일, 초영공이 갑사들을 매복시킨 뒤 채영공을 위해 향례를 베풀었다. 이어 채영공을 술에 취하게 만든 후 수금했다. 여름 4월 7일, 채영공을 죽이고 그를 시종했던 70명도 함께 살육했다. 초나라 공자 기질(棄疾)이 군사를 이끌고 가 채나라를 포위했다. 이때 진나라의 한선자가 숙향에게 물었다.

"초나라가 과연 이길 수 있겠소?"

"가히 그럴 것입니다. 채후(蔡侯)는 그의 군주에게 죄를 지은 데다 백성들의 지지를 얻지 못했습니다. 이에 하늘이 초나라를 통해 가수폐지(假手斃之: 남의 손을 빌려 죽임)하려는 것이니 어찌 이기지 못하겠습니까. 그러나 제가 듣건대 '신의 없이 얻은 요행은 다시 반복되지 않는다'고 했습니다. 초왕이 진(陳)나라 손오(孫吳: 훗날의 陳惠公)를 받들어 진나라를 토벌하면서 말하기를, '장차 진나라를 안정시키려 한다'고 했습니다. 이에 진나라 사람들이 그에게 복종했는데 초왕은 오히려 진나라를 초나라의 일개 현으로 삼고 말았습니다. 이제 또 채나라를 속여 그 군주를 죽이고 그 나라를 포위했습니다. 비록 요행으로 승리를 거둘지라도 초왕은 반드시 그 재앙을 받아 오래 갈 수 없습니다. 하나라 걸은 유민(有緡: 고대 부락)과 싸워 이기고도 나라를 잃었고 은나라 주는 동이(東夷: 동쪽의 여러 부락)를 이기고도 그 몸을 망쳤습니다. 초나라는 그들보다 나라도 작고 지위가 낮으면서 여러 차례에 걸쳐 2왕(二王: 桀·紂)보다 더욱 잔포한 모습을 보이니 어찌 앙화(殃禍)를 입지 않겠습니까. 하늘이 불선(不善)한 자를 한때 돕는 것은 그에게 복을 주는 것이 아니고 그의 흉악(凶惡)을 더하게 한 뒤 벌을 내리려는 것입니다. 이를 하늘의 운행에 비유하면 하늘에는 5재(五材: 5행)가 있으니 사람들로 하여금 이를 교대로 사용하게 하다가 효용이 떨어지면 버리는 것과 같습니다. 이로써 초나라는 구제받지 못하고 몰진(沒振: 최종적으로 흥성함)이 불가능하게 될 것입니다."

十一年春王二月, 叔弓如宋, 葬平公也. 景王問於萇弘曰 "今兹, 諸侯何實吉, 何實凶." 對曰 "蔡凶. 此蔡侯般弑其君之歲也. 歲在豕韋, 弗過此矣. 楚將有之, 然壅也. 歲及大梁, 蔡復楚凶, 天之道也." 楚子在申, 召蔡靈侯. 靈侯將往, 蔡大夫曰 "王貪而無信, 唯蔡於感, 今幣重而言甘, 誘我也, 不如無往." 蔡侯不可. 三月丙申, 楚子伏甲而饗蔡侯於申, 醉而執之. 夏四月丁巳, 殺之. 刑其士七十人. 公子棄疾帥師圍蔡. 韓宣子問於叔向曰 "楚其克乎." 對曰 "克哉. 蔡侯獲罪於其君, 而不能其民, 天將假手於楚以斃之, 何故不克. 然肸聞之, 不信以幸, 不可再也. 楚王奉孫吳以討於陳曰, 將定而國. 陳人聽命, 而遂縣之. 今又誘蔡而殺其君, 以圍其國, 雖幸而克, 必受其咎, 弗能久矣. 桀克有緡以喪其國, 紂克東夷而隕其身. 楚小位下, 而亟暴於二王, 能無咎乎. 天之假助不善, 非祚之也, 厚其凶惡而降之罰也. 且譬之如天, 其有五材而將用之, 力盡而斃之, 是以無拯, 不可沒振."

●5월, 노나라의 제귀(齊歸: 노양공의 첩으로 노소공의 모친)가 훙

거했다. 마침 노나라가 비포(比蒲: 위치 미상)에서 대규모의 열병(閱兵)을 거행했다. 이는 예에 어긋나는 일이다. 얼마 후 노나라 대부 맹희자가 주장공(邾莊公: 주도공의 아들 穿)을 만나 침상(寢祥: 산동성 곡부현)에서 결맹하고 구호(舊好)를 다졌다. 이는 예에 맞는 일이다.

　천구(泉丘: 산동성 영양현과 사수현의 중간 지대)에 사는 사람에게 딸이 있었다. 그녀는 꿈속에서 자신의 유막(帷幕)으로 맹씨의 조묘를 뒤덮는 모습을 보았다. 이에 곧 맹희자에게 달려갔는데 그녀의 친구도 함께 따라갔다. 두 여인은 청구(淸丘: 하남성 복양현 동남쪽)의 사(社: 토지신에게 제사지내는 사당)에서 맹서했다.

　"맹씨의 아들을 낳게 되면 서로 돕고 버리지 말자."

　맹희자는 그 두 여자에게 위씨(蕆氏: 맹희자의 처) 집에 살게 하면서 추실(簉室: 副室, 즉 첩으로, 바깥에 집을 지어 별거하게 한 데서 나온 것임)로 삼았다. 맹희자가 침상에서 돌아와 위씨 집에 살면서 천구의 여인으로부터 의자(懿子: 仲孫何忌)와 남궁경숙(南宮敬叔)을 얻었다. 그녀의 친구는 아들이 없어 경숙을 기르게 되었다.

　초나라 군사가 채나라를 점령하고 있을 때 진나라 대부 순오(荀吳)가 한선자에게 건의했다.

　"우리는 진(陳)나라를 구하지도 못하고 이제 또 채나라마저 구하지 못한다면 물이무친(物以無親: '이로써 다른 사람들이 우리를 가까이 하지 않다'는 뜻으로, 청대의 顧炎武는 '物'을 '人'으로 해석)이 될 것입니다. 그리 되면 진나라가 제후들을 통솔할 수 없다는 사실 또한 곧 분명해집니다. 맹주국이 되어 멸망하는 나라를 구하지 않는다면 맹주가 무슨 소용이 있겠습니까."

　가을, 노나라 대부 계손의여(季孫意如)가 진나라의 한기(韓起)와 제나라의 국약(國弱), 송나라의 화해(華亥), 위나라의 북궁타(北宮佗), 정나라의 한호(罕虎), 조인(曹人), 기인(杞人) 등과 궐은(厥憖: 하남성 신향현)에서 만났다. 이는 채나라를 구하는 일을 논의하기 위한 것이었다. 정나라 대부 자피가 회동에 참석하기 위해 떠나려고 할 때 자산이 말했다.

"이번 길은 멀지 않으나 채나라를 구할 수는 없을 것입니다. 채나라는 작으면서 불순(不順)하고, 초나라는 크면서 부덕(不德)합니다. 하늘이 장차 채나라를 버려 초나라를 더욱 흉악하게 만들고 초나라의 흉악이 가득 차면 벌을 내리려는 것이니 채나라는 반드시 망하고 말 것입니다. 게다가 채나라는 군주를 잃고도 나라를 지킬 수 있는 자가 매우 적습니다. 그러나 3년 후에는 초왕에게 재앙이 있을 것입니다. 미악(美惡: 선악)은 세성이 일주할 때 반드시 그 보응(報應)이 있게 되니 초왕의 사악은 이미 세성의 일주하는 시기와 맞아떨어지고 있습니다."

진나라가 대부 호보(狐父)를 초나라로 보내 채나라를 용서해줄 것을 청했으나 초영왕이 듣지 않았다.

9월, 노나라에서 제귀를 안장했다. 그러나 노소공은 비통해하지 않았다. 이에 장례에 참석했던 진나라의 사인(士人)이 귀국하여 사조(史趙)에게 이 사실을 고하자 사조가 말했다.

"노나라 군주는 반드시 다른 나라의 교외에서 살게 될 것이다."

이에 시종이 물었다.

"그것은 무슨 까닭입니까?"

"그는 제귀의 아들로서 모친을 추모하지 않으니 조상의 신령들이 그를 도울 수 없기 때문이다."

이때 숙향도 말했다.

"노나라 공실은 장차 쇠미해질 것이다. 군주가 큰 상을 당했는데 나라에서는 열병을 그만두지 않고, 3년상에 일일지척(一日之慼: 단 하루 동안의 슬퍼함)도 없다. 나라에서 국상을 중히 여기지 않는 것은 곧 군주를 두려워하지 않는 것이고, 군주가 비통해하는 모습을 보이지 않는 것은 부모를 돌보지 않는 것이다. 나라 사람이 군주를 두려워하지 않고, 군주가 부모를 돌아보지 않는데 공실이 어찌 쇠미해지지 않을 수 있겠는가. 아마도 거의 그의 나라를 잃게 될 것이다."

겨울 11월, 초영왕이 채나라를 멸망시킨 뒤 채나라의 은태자(隱大

子: 채영공의 태자 有)를 강산(岡山: 위치 미상)의 제사에 희생으로 썼다. 이를 두고 초나라 대부 신무우(申無宇)가 탄식했다.

"이는 매우 상서롭지 못한 일이다. 5생(五牲: 희생으로 사용되는 다섯 가지 가축)도 그 가축의 조상을 제사지낼 때는 희생으로 사용하지 않는데 하물며 일국의 제후를 희생으로 쓴단 말인가. 군주는 반드시 이 일을 후회할 것이다."

이때 초영왕은 진(陳)과 채(蔡), 불갱(不羹)[17] 땅에 성을 쌓고 공자 기질을 보내 채나라 땅을 다스리게 했다. 하루는 초영왕이 신무우에게 물었다.

"기질이 채나라 땅을 잘 다스리는 것을 어찌 생각하오?"

"택자막여부(擇子莫如父: 아들을 아는 데는 부친보다 나은 이가 없음)·택신막여군(擇臣莫如君: 신하를 아는 데는 군주보다 나은 이가 없음)이라고 했습니다. 일찍이 정장공(鄭莊公: 정무공의 아들 寤生)은 역(櫟 하남성 우현) 땅에 성을 쌓고 공자 자원(子元)을 시켜 이를 지키게 했는데 그는 훗날 정소공(鄭昭公)으로 하여금 제대로 보위에 오르지 못하게 했습니다. 그러나 제환공(齊桓公)은 곡(穀: 산동성 동아현 동남쪽) 땅에 성을 쌓고 관중(管仲)을 시켜 이를 지키게 했는데 지금에 이르기까지 제나라는 그 혜택을 입고 있습니다. 제가 듣건대 '5대부재변(五大不在邊: 다섯 부류의 權貴는 변방에 두지 않는다는 뜻으로, 太子·母弟·公子·公孫·正卿을 지칭)·5세부재정(五細不在庭: 다섯 부류의 卑賤은 조정에 두지 않는다는 뜻으로, 賤者·少者·遠者·新者·小者를 지칭)·친부재외(親不在外: 군주의 가까운 친척은 외지에 두지 않음)·기부재내(羈不在內: 외국에서 온 客臣을 조정 안에 두지 않음)'라고 했습니다. 그런데 지금 공자 기질은 외지에 나가 있고 정나라에서 온 단(段)은 조정에 있으니 군주는 이를 다소 경계하는 것이 좋

---

17) 당시 초나라에는 두 개의 불갱성(不羹城)이 있었다. 동갱성(東羹城)은 지금의 하남성 무양현 북쪽, 서갱성(西羹城)은 하남성 양성현 동남쪽에 있었다.

을 것입니다."

"그렇다면 나라 안에 있는 대성(大城)은 어찌해야 하오?"

"정나라는 경(京: 하남성 형양현 동남쪽)과 역(櫟) 땅에 대성이 있어 만백(曼伯: 정소공)을 죽였고, 송나라는 소(蕭: 안휘성 소현 서북쪽)와 박(亳: 하남성 상구시 북쪽) 땅에 대성이 있어 공자 자유(子游)를 죽였습니다. 또 제나라는 거구(渠丘: 葵丘로 산동성 치박시)에 대성이 있어 공손 무지(無知)를 죽였고, 위나라는 포(蒲: 하남성 장원현 동쪽)와 척(戚) 땅에 대성이 있어 위헌공(衛獻公)을 국외로 나가게 한 것입니다. 이같은 일을 생각해보면 국내에 대성이 있는 것은 오히려 나라에 해가 됩니다. '말대필절(末大必折: 물건의 끝부분이 크면 반드시 부러짐) · 미대부도(尾大不掉: 꼬리가 크면 몸을 움직이지 못함)'라는 얘기는 군주도 이미 잘 알고 있을 것입니다."

五月, 齊歸薨, 大蒐于比蒲, 非禮也. 孟僖子會邾莊公盟于祲祥, 修好, 禮也. 泉丘人有女, 夢以其帷幕孟氏之廟, 遂奔僖子, 其僚從之. 盟于清丘之社, 曰"有子, 無相棄也."僖子使助薳氏之簉. 反自祲祥, 宿于薳氏, 生懿子及南宮敬叔於泉丘人. 其僚無子, 使字敬叔. 楚師在蔡, 晉荀吳謂韓宣子曰"不能救陳, 又不能救蔡, 物以無親, 晉之不能, 亦可知也已. 爲盟主而不恤亡國, 將焉用之."秋, 會于厥憖, 謀救蔡也. 鄭子皮將行. 子産曰"行不遠, 不能救蔡也. 蔡小而不順, 楚大而不德, 天將棄蔡以壅楚. 盈而罰之, 蔡必亡矣. 且喪君而能守者, 鮮矣. 三年, 王其有咎乎. 美惡周必復, 王惡周矣."晉人使狐父請蔡于楚, 弗許. 九月, 葬齊歸, 公不慼. 晉士之送葬者, 歸以語史趙. 史趙曰"必爲魯郊."侍者曰"何故."曰"歸姓也, 不思親, 祖不歸也."叔向曰"魯公室其卑乎. 君有大喪, 國不廢蒐. 有三年之喪, 而無一日之慼. 國不恤喪, 不忌君也. 君無慼容, 不顧親也. 國不忌君, 君不顧親, 能無卑乎. 殆其失國."冬十一月, 楚子滅蔡, 用隱大子于岡山. 申無宇曰"不祥. 五牲不相爲用, 況用諸侯乎. 日必悔之."楚子城陳蔡不羹. 使棄疾爲蔡公. 王問於申無宇曰"棄疾在蔡, 何如."對曰"擇子莫如父, 擇臣莫如君. 鄭莊公城櫟而寘子元焉, 使昭公不立. 齊桓公城穀而實管仲焉, 至于今賴之. 臣聞, 五大不在邊, 五細不在庭. 親不在外, 羈不在內. 今棄疾在外, 鄭丹在內. 君其少戒." 王曰 "國有大城, 何如." 對曰 "鄭京·櫟實殺曼伯, 宋蕭·亳實殺子游, 齊渠丘實殺無知, 衛蒲·戚實出獻公, 若由是觀之, 則害於國. 末大必折, 尾大不掉, 君所知也."

●주왕실의 경사 선자(單子: 單成公)가 진나라의 한선자를 척(戚) 땅에서 만났다. 그런데 그는 말을 하는 동안 시종 눈을 아래에만 두고 말 또한 매우 작고 느렸다. 이에 숙향이 말했다.

"선자는 곧 죽을 것이다. 조현할 때에는 고정된 위치가 있고, 회동할 때에는 신분을 밝히는 표지(標識)가 있고, 옷깃에는 괴(襘: 옷고름을 매는 곳)가 있고, 옷 띠에는 결(結: 매듭)이 있는 것이다. 회동이나 조현을 할 때에는 자리에 있는 사람들이 모두 들을 수 있도록 해야 하는데, 이는 일의 순서를 명백히 하기 위한 것이다. 상대를 바라보는 시선은 괴결(襘結)의 중간을 벗어나지 않아야 하는데, 이는 용모를 바르게 하기 위한 것이다. 말로써 명령을 발포하고 용모로써 자세를 밝히는 것이니 이를 잃으면 결함이 나타나게 된다. 지금 선자는 왕실 조정의 우두머리가 되어 맹회에서 천자의 명을 전하면서 눈길이 옷 띠 위로 올라가지 못하고, 말 또한 한 발짝만 떨어져 있어도 들리지 않는다. 용모에서 위의(威儀)를 단정히 드러내지 못하고 언어에서 그 뜻을 명백히 전달하지 못하고 있다. 용모가 단정하지 못하면 공손한 뜻이 드러나지 않고, 말이 불분명하면 사람들이 내용을 잘 몰라 명을 제대로 따르지 못하게 된다. 그는 이미 수기(守氣: 몸을 지키는 기운으로, 곧 정신)를 잃은 것이다."

12월, 주왕실의 경사 선성공(單成公)이 죽었다.

單子會韓宣子于戚, 視下言徐. 叔向曰 "單子其將死乎. 朝有著定, 會有表, 衣有襘, 帶有結. 會朝之言, 必聞于表著之位, 所以昭事序也. 視不過結襘之中, 所以道容貌也. 言以命之, 容貌以明之, 失則有闕. 今單子爲王官伯, 而命事於會, 視不登帶, 言不過步, 貌不道容, 而言不昭矣. 不道不共, 不昭不從, 無守氣矣." 十二月, 單成公卒.

12년(기원전 530)

12년 봄, 제나라의 고언(高偃)이 군사를 이끌고 가 북연백(北燕伯)을 양(陽)으로 들여보냈다. 3월 임신, 정백 가(嘉)가 졸했다. 여름, 송공이 화정(華定)을 시켜 빙문하게 했다. 공이 진나라로 가기 위해 황하까지 갔다가 돌아왔다. 5월, 정간공(鄭簡公)을 안장했다. 초나라가 그 대부 성웅(成熊)을 죽였다. 가을 7월. 겨울 10월, 공자 은(憖)이 제나라로 망명했다. 초자가 서(徐)나라를 쳤다. 진나라가 선우(鮮虞)를 쳤다.

十二年春, 齊高偃帥師, 納北燕伯于陽. 三月壬申, 鄭伯嘉卒, 夏, 宋公使華定來聘. 公如晉, 至河乃復. 五月, 葬鄭簡公, 楚殺其大夫成熊. 秋七月. 冬十月, 公子憖出奔齊. 楚子伐徐. 晉伐鮮虞.

●12년 봄, 제나라 대부 고언(高偃)이 북연백(北燕伯) 관(款)을 당(唐: 경문의 '陽'으로 하북성 당현 동북쪽)으로 들여보냈다. 이는 그곳에 북연백을 지지하는 사람이 많았기 때문이다.

3월, 정간공이 죽었다. 안장을 위한 장제(葬除: 매장을 위해 도로의 장애물을 치우는 조치)로 인해 유씨(游氏: 자태숙 유길을 지칭) 집안의 사당이 장차 헐리게 되었다. 이때 자태숙(子大叔)이 장제를 하는 수하의 인부들에게 도구를 손에 쥔 채 서 있기만 하고 사당은 헐지 말라고 명하면서 이같이 말했다.

"자산(子産)이 그대들 앞을 지나면서 철거하지 않는 이유를 묻거든 '차마 조묘를 헐지 못하겠습니다. 허락이 떨어지면 곧 헐도록 하겠습니다'라고 대답하도록 하라."

과연 이같은 일이 있자 자산은 유씨의 사당을 비켜서 길을 내게 했다. 그러나 이번에는 사묘(司墓: 분묘를 관리하는 관원)의 집이 장제에 걸리게 되었다. 그 집을 헐면 이른 아침에 장례를 마칠 수 있지만 그렇지 못하면 정오가 되어서야 비로소 장례를 마칠 수 있는 상황이었다. 자태숙이 자산에게 이를 헐 것을 요청하며 말했다.

"이를 헐지 않으면 각국에서 온 빈객들을 어찌 예우할 것입니까?"

그러자 자산이 말했다.

"제후국에서 온 빈객들이 우리의 상례(喪禮)에 기꺼이 참가했는데 어찌 한낮까지 기다리는 것을 꺼리겠소? 빈객에게 해되는 일이 없고, 백성에게도 해를 끼치는 일이 없다면 어찌 이를 마다하겠소?"

이에 사묘의 집을 헐지 않고 한낮에 장례를 마쳤다. 이를 두고 군자가 평했다.

"이 일에 관해 자산은 예를 잘 알아서 지켰다. 예에는 남에게 해를 끼치면서 자신의 뜻을 이루는 경우는 없다."

여름, 송나라 대부 화정(華定)이 노나라를 빙문했다. 이는 사군(嗣君)이 즉위했음을 알리기 위한 것이었다. 이에 노소공이 그를 위해 향례를 베풀고 『시경』「소아 · 육소(蓼蕭)」의 시를 읊었다. 그러나 화정은 이를 알아듣지도 못했고 또 시로써 화답하지도 못했다. 그러자 노나라 숙손소자(叔孫昭子)가 말했다.

"그는 반드시 망할 것이다. 시 속에 나오는 연어(宴語: 연회에서 사용하는 우스갯소리를 의미)18)도 생각해내지 못하고, 총광(寵光: 총신과 영광)을 드러내지도 못하고, 미덕도 모르고, 남과 함께 받는 복록도 받지 못했다. 그러니 장차 무엇으로 그 자리를 유지할 것인가."

十二年春, 齊高偃納北燕伯款于唐, 因其衆也. 三月, 鄭簡公卒, 將爲葬除. 及游氏之廟, 將毀焉. 子大叔使其除徒執用以立, 而無庸毀. 曰"子産過女, 而問何故不毀, 乃曰, 不忍廟也. 諾, 將毀矣." 旣如是, 子産乃使辟之. 司墓之室, 有當道者. 毀之, 則朝而塴. 弗毀, 則日中而塴. 子大叔請

---

18) 이 구절의 '연어'(宴語)는 『시경』「소아 · 육소」의 '연소어혜(燕笑語兮) · 시이유예처혜(是以有譽處兮)'라는 구절에 나오는 '소어'(笑語)를 지칭한다.

毁之, 曰 "無若諸侯之賓何." 子産曰 "諸侯之賓, 能來會吾喪, 豈憚日中. 無損於賓, 而民不害, 何故不爲." 遂弗毁, 日中而葬. 君子謂 "子産於是乎知禮. 禮無毁人以自成也." 夏, 宋華定來聘, 通嗣君也. 享之, 爲賦「蓼蕭」, 弗知, 又不答賦. 昭子曰 "必亡. 宴語之不懷, 寵光之不宣, 令德之不知, 同福之不受, 將何以在."

●제경공과 위영공, 정간공이 진나라로 갔다. 이는 진나라의 사군(嗣君)을 조현하기 위한 것이었다. 이때 노소공도 진나라를 향해 떠났으나 황하까지 갔다가 이내 돌아갔다. 이는 경지역(鄆之役: 노소공 10년에 노나라가 거나라 땅을 점령한 사건) 당시 거나라 사람이 이를 진나라에 호소하자 진나라가 마침 진평공의 상을 당해 이 일의 처리를 미룬 데 따른 것이었다. 이로 인해 진나라는 노소공이 찾아오는 것을 사양했다. 그러나 노나라 공자 은(憖: 子仲)은 그 길로 곧장 진나라로 나아갔다.

이때 진소공(晉昭公)이 제후들을 위해 향례를 베풀었다. 정나라의 자산이 정간공을 보좌했다. 그러나 그는 향례에 참석하는 것을 사양했다. 그러고는 복상 기간이 끝난 뒤 명을 좇을 수 있도록 허락해달라고 청했다. 진나라 사람이 이를 허락했다. 이는 예에 맞는 일이다.

진소공이 제경공과 함께 술을 마실 때 중항목자(中行穆子)가 진소공 옆에서 상례(相禮)했다. 이때 두 나라 군주가 투호놀이를 했다. 진소공이 먼저 던지게 되자 중항목자가 말했다.

"술은 회수(淮水)와 같이 많고 고기는 지(坻: 강 가운데에 있는 모래섬)만큼이나 많습니다. 과군이 화살을 던져 병에 들어가면 후사(侯師: 제후들의 수장)가 되는 것입니다."

진소공이 화살을 던지자 화살이 병 속으로 들어갔다. 그러자 제경공도 화살을 손에 들고 말했다.

"술은 승수(澠水)와 같이 많고 고기는 능(陵: 언덕)만큼이나 많습니다. 제가 화살을 던져 병에 들어가면 진후(晉侯)와 함께 교대로 후사가 되는 것입니다."

그러고는 곧 화살을 던지자 화살이 병 속으로 들어갔다. 놀이가 끝난 뒤 진나라 대부 백하(伯瑕)가 중항목자에게 말했다.

"그대의 말이 적절치 못했소. 우리는 이미 패자를 칭했는데 병에 화살을 던져넣는 것이 패자가 되는 일과 무슨 상관이 있다는 것이오? 화살을 병에 넣는 일을 준(雋: 기이한 일)으로 삼았으니 이제 제후(齊侯)는 과군을 낮춰 본 나머지 귀국한 뒤 다시는 찾아오지 않을 것입니다."

중항목자가 말했다.

"우리의 장수들이 강어(彊御: 彊梁으로, 강하고 힘이 있음)하고 졸승(卒乘: 보병과 전차병)이 서로 노력하니 지금도 예전과 다름이 없소. 제나라가 장차 무슨 일을 할 수 있겠소?"

이때 제나라 대부 공손수(公孫傁)가 빠른 걸음으로 달려나와서 말했다.

"날이 이미 저물었고 군주 또한 피로하니 이제 그만 가야 하겠습니다."

그러고는 제경공과 함께 나갔다.

齊侯·衛侯·鄭伯如晉, 朝嗣君也. 公如晉, 至河乃復. 取鄆之役, 莒人愬于晉, 晉有平公之喪, 未之治也. 故辭公. 公子憖遂如晉. 晉侯享諸侯, 子産相鄭伯, 辭於享, 請免喪而後聽命. 晉人許之, 禮也. 晉侯以齊侯宴, 中行穆子相. 投壺, 晉侯先. 穆子曰 "有酒如淮, 有肉如坻. 寡君中此, 爲諸侯師." 中之. 齊侯擧矢曰 "有酒如澠, 有肉如陵. 寡人中此, 與君代興." 亦中之. 伯瑕謂穆子曰 "子失辭. 吾固師諸侯矣, 壺何爲焉. 旣以中雋也. 齊君弱吾君, 歸弗來矣." 穆子曰 "吾軍帥彊禦, 卒乘競勸, 今猶古也, 齊將何事." 公孫傁趨進曰 "日旰君勤, 可以出矣." 以齊侯出.

● 초영왕이 대부 성호(成虎: 成熊)를 약오(若敖: 노선공 4년에 난을 일으켰던 자문의 일족)의 잔당으로 여겨 이내 죽여버렸다. 당시 어떤 사람이 초영왕에게 성호를 무함했는데 성호는 그 사실을 알고도 도망

노소공 151

칠 수 없었다. 이에 『춘추』는 이같이 썼다.

"초나라가 그 대부인 성호를 죽였다."

이는 성호가 군주의 총행(寵幸)을 아깝게 여긴 것을 밝힌 것이다.

6월, 정간공을 안장했다.

당시 진나라 대부 순오(荀吳)가 제나라 군사와의 회합을 가장하여 선우(鮮虞: 하북성 정정현 일대에 거주한 이민족)나라로부터 가도(假道)한 뒤 드디어 석양(昔陽: 하북성 진현 서쪽)으로 진공했다. 가을 8월 10일, 진나라가 비(肥)나라를 멸망시킨 뒤 비자(肥子) 면고(緜皐)를 데리고 돌아왔다.

마침 이때 주왕실의 대신이자 원백(原伯: 원읍의 장관)으로 있는 교(絞)가 포악했다. 그는 마침내 여신(輿臣: 群臣)들로 하여금 무리를 이루어 도주하게 만들었다. 겨울 10월 1일, 원읍(原邑: 본래 나라로 있다가 진나라의 읍이 된 곳으로 하남성 제원현 서북쪽에 위치)의 사람들이 교를 쫓아내고 공자 궤심(跪尋: 원백 교의 동생)을 옹립했다. 이에 교는 교(郊: 하남성 공현 부근) 땅으로 달아났다.

주왕실의 경사 감간공(甘簡公)은 아들이 없어 대부 감과(甘過: 감간공의 동생)를 후계자로 삼았다. 그러자 감과는 주왕실의 대부였던 감성공(甘成公)과 감경공(甘景公)의 일족을 소탕하고자 했다. 이에 감성공과 감경공의 일족이 왕실의 경사 유헌공(劉獻公: 劉子 摯)을 뇌물로 매수했다. 8월 25일, 감성공과 감경공의 일족이 감도공(甘悼公: 감과)을 죽인 뒤 대부 추(鰌: 감성공의 손자)를 후계자로 세웠다. 8월 26일, 이들은 헌태자(獻太子: 주왕실의 왕자 壽로 추정)의 스승인 유피(庾皮)의 아들 과(過)를 죽였다. 이어 왕실의 대부 하신(瑕辛)을 시장에서 죽이고, 또 왕실의 대부 궁폐작(宮嬖綽)과 왕손몰(王孫沒), 유주구(劉州鳩), 음기(陰忌)를 비롯해 감간공의 가신 노양자(老陽子) 등도 죽였다.

楚子謂成虎若敖之餘也, 遂殺之. 或譖成虎於楚子, 成虎知之而不能行. 書曰 "楚殺其大夫成虎." 懷寵也. 六月, 葬鄭簡公. 晉荀吳偽會齊師者, 假道於鮮虞, 遂入昔陽. 秋八月壬午, 滅肥, 以肥子緜皐歸. 周原伯絞虐, 其興臣使曹逃. 冬十月壬申朔, 原興人逐絞而立公子跪尋, 絞奔郊. 甘簡公無子, 立其弟過. 過將去成景之族. 成景之族賂劉獻公. 丙申, 殺甘悼公, 而立成公之孫鰌. 丁酉, 殺獻大子之傅・庚皮之子過. 殺瑕辛于市, 及宮嬖綽・王孫沒・劉州鳩・陰忌・老陽子.

●노나라 대부 계평자(季平子)가 계손씨 가문의 후계자가 된 뒤 비읍(費邑: 계손씨의 봉읍)의 가재 남괴(南蒯: 南遺의 아들)를 예우하지 않았다. 이에 남괴가 대부 자중(子仲: 공자 은)에게 제안했다.

"제가 계평자를 몰아내고 그의 가산을 모두 공에게 드리겠습니다. 공이 그 자리를 차지하면 저는 계손씨의 비읍을 차지하여 공의 신하가 되겠습니다."

자중이 이를 허락했다. 이때 남괴는 숙중목자(叔仲穆子: 숙중대의 아들 叔仲小)에게도 이를 고하면서 그 까닭을 설명했다. 원래 계평자의 부친인 계도자(季悼子: 계무자의 아들)가 죽었을 때 숙손소자(叔孫昭子: 숙손착)는 재명(再命)을 받고 노나라의 경이 되었다. 또 계평자가 거나라에 승리를 거두었을 때 숙손소자는 다시 삼명(三命)을 받게 되었다. 이때 숙중목자는 계평자와 숙손소자 가문을 이간할 생각으로 계평자에게 말했다.

"숙손소자가 삼명을 받은 것은 부형의 지위를 넘어서는 것이오. 이는 예에 어긋나는 일이오."

"옳은 말이오."

이에 계평자가 숙손소자를 사퇴시키려고 했다. 그러자 숙손소자가 말했다.

"우리 숙손씨 가문에 가화(家禍)가 있어 적자를 죽이고 서자를 후계자로 세우는 일이 일어났다. 그래서 내가 이 자리에 있게 된 것이다. 만일 가화로 인해 나를 폐(黜: 여기서는 파면)하고자 한다면 나는 그 명을 따르겠다. 그러나 만일 군명을 폐기하지 않는다면 본래부터 이는 내 자리인 것이다."

그러고는 조정으로 나아가 담당 관원에게 명했다.

"나는 장차 계씨와 쟁송하고자 하니 송사(訟辭)를 기록하면서 편향되는 일이 없도록 하라."

이에 계평자는 두려워한 나머지 모든 책임을 숙중목자에게 떠넘긴 뒤 뒤로 물러섰다. 이로 인해 숙중목자와 남괴, 자중은 계손씨를 치기로 모의했으나 자중은 이 사실을 노소공에게 고한 뒤 바로 그를 따라 진나라로 갔다. 이때 남괴도 혹여 실패할까 두려워한 나머지 비읍을 들어 계손씨를 배반하고 제나라로 갔다.

자중은 진나라에서 돌아오던 중 위나라에 이르렀을 때 노나라에서 난이 일어났다는 소식을 듣고 부사(副使)를 떼어둔 채 먼저 몸을 빼내 귀국했다. 그러다가 교외에 이르렀을 때 비읍이 반기를 들었다는 소식을 듣고는 곧바로 제나라로 달아났다. 남괴가 계손씨를 배반하고자 할 때 그의 동향 사람이 이를 알아채고는 남괴의 집 앞을 지나면서 탄식했다.

"휼휼호(恤恤乎: 안타깝다), 추호(湫乎: '슬프다'는 뜻으로, '湫'는 '愁'의 假借), 유호(攸乎: '걱정스럽다'는 뜻으로, '攸'는 '悠'의 가차). 심사천모(深思淺謀: 깊이 생각하기는 했으나 계책이 짧음)로다. 가까운 관계에 있으면서 뜻을 먼 곳에 두고 가신의 몸으로 군주의 일을 도모하니 어찌 이같은 사람이 있을 수 있는가."

이때 남괴가 매서(枚筮: '은밀히 命辭가 없는 통상적인 방법으로 시초점을 친다'는 뜻으로, '枚'는 '微'의 뜻임)하자 '곤괘'(坤卦)가 '비괘'(比卦)로 변하는 점괘가 나왔다. 괘사에 이르기를, '황색 치마가 원길(元吉: 가장 길함)하다'고 했다. 남괴는 자신이 꾀하는 일이 크게 길할 것으로 여기고 이를 자복혜백(子服惠伯)에게 보이면서 말했다.

"곧 무슨 일을 거행하고자 하면 어찌 되겠습니까."

"내가 일찍이 점서(占筮)를 배우면서 듣기를, '충신(忠信)한 일이면 괘상대로 이루어지지만 그렇지 않으면 반드시 패한다'고 했소. 외강내온(外彊內溫: 밖으로 강하고 안으로 온순함)이 '충'(忠)이고, 화이솔정

(和以率貞 : 화순한 자세로 점복의 괘상을 실행함)이 '신'(信)이오. 그래서 괘사에 이르기를, '황색 치마가 원길하다'고 한 것이오. 황색은 몸의 중간을 치장하는 내의의 색깔이고, 치마는 몸의 아래를 치장하는 복식이오. '원'(元)은 선(善)의 으뜸을 말하는 것이오. 마음이 불충(不忠)하면 그 색깔과 부합치 않게 되오. 아래에 있는 자가 불공(不恭)하면 치마와 어울리지 못하게 되오. 하는 일이 불선(不善)하면 그 기준에 부합치 않게 되오. 안팎이 조화를 이루어야 '충'(忠)이 되고, '신'(信)으로 일을 행해야 '공'(恭)이 되고, 성심으로 3덕(三德 : 충·신·공)을 배양해야 선(善)이 되는 것이오. 이같은 덕행이 없으면 괘사의 길운을 차지할 길이 없는 것이오. 『역』(易)으로는 위험한 일을 점칠 수 없소. 그런데 그대는 장차 무슨 일을 하려는 것이오? 게다가 아랫사람으로 과연 능히 공경스러울 수 있겠소? 중미(中美)는 황색이고, 상미(上美)는 원(元)이고, 하미(下美)는 치마이니 이 세 가지가 모두 조화를 이루어야 괘사의 예측과 맞아떨어지게 되는 것이오. 만일 조금이라도 어긋나게 되면 점서가 비록 길할지라도 길운을 차지할 수 없는 것이오."

남괴가 장차 반기를 들기 위해 비읍으로 가기 전에 마을 사람들에게 술을 대접했다. 이때 한 사람이 이같은 노래를 불렀다.

"채소밭이 하나 있는데 오히려 구기나무가 자라네. 나를 좇는 자는 호남자이고, 나를 버리는 자는 비루한 자라네. 배린(倍鄰 : '이웃을 배반하다'라는 뜻으로, '倍'는 '背'와 통함)은 부끄러운 짓이니 어서 그만두게나. 그대는 우리 마을에 속한 사람이 아닌가."

계평자가 숙손소자를 시켜 숙중소(叔仲小 : 숙중목자)를 추방하고자 했다. 숙중소가 이 소식을 듣고 감히 조정에 나아가지 못했다. 그러자 숙손소자가 관원을 숙중소에게 보내 정사를 논의할 일이 있으니 조정으로 나와 기다려달라고 전하면서 말했다.

"나는 원부(怨府 : 남의 원망을 한 몸에 받는 사람)가 되지 않겠다."

季平子立而不禮於南蒯. 南蒯謂子仲 "吾出季氏, 而歸其室於公, 子更其位, 我以費爲公臣." 子仲許之. 南蒯語叔仲穆子, 且告之故. 季悼子之

卒也. 叔孫昭子以再命爲卿. 及平子伐莒, 克之, 更受三命. 叔仲子欲構
二家, 謂平子曰 "三命踰父兄, 非禮也." 平子曰 "然." 故使昭子. 昭子曰
"叔孫氏有家禍, 殺適立庶, 故婼也及此. 若因禍以斃之, 則聞命矣. 若不
廢君命, 則固有著矣." 昭子朝而命吏曰 "婼將與季氏訟, 書辭無頗." 季
孫懼, 而歸罪於叔仲子. 故叔仲小·南蒯·公子憖謀季氏, 憖告公, 而遂
從公如晉. 南蒯懼不克, 以費叛如齊. 子仲還及衛聞亂, 逃介而先. 及郊,
聞費叛, 遂奔齊. 南蒯之將叛也, 其鄕人或知之, 過之而歎, 且言曰 "恤恤
乎, 湫乎, 攸乎. 深思而淺謀, 邇身而遠志, 家臣而君圖, 有人矣哉." 南蒯
枚筮之, 遇「坤」之「比」, 曰 "黃裳元吉." 以爲大吉也, 示子服惠伯曰
"卽欲有事, 何如." 惠伯曰 "吾嘗學此矣, 忠信之事則可, 不然必敗. 外彊
內溫, 忠也. 和以率貞, 信也. 故曰 '黃裳元吉'. 黃, 中之色也. 裳, 下之
飾也. 元, 善之長也. 中不忠, 不得其色. 下不共, 不得其飾. 事不善, 不得
其極. 內外倡和爲忠, 率事以信爲共, 供養3德爲善, 非此三者弗當. 且夫
「易」, 不可以占險, 將何事也, 且可飾乎. 中美能黃, 上美爲元, 下美則裳,
參成可筮. 猶有闕也, 筮雖吉, 未也." 將適費, 飮鄕人酒. 鄕人或歌之曰
"我有圃, 生之杞乎. 從我者子乎, 去我者鄙乎, 倍其鄰者恥乎. 已乎已乎,
非吾黨之士乎." 平子欲使昭子逐叔仲小. 小聞之, 不敢朝. 昭子命吏謂小
待政於朝, 曰 "吾不爲怨府."

●초영왕이 주래(州來)에서 겨울 사냥을 한 뒤 영미(潁尾: 潁水의 淮
水 유입처인 潁口로, 안휘성 영상현 동남쪽에 위치)에 주둔했다. 그러
고는 대부 탕후(蕩侯)와 반자(潘子), 사마독(司馬督), 효윤(囂尹) 오
(午), 능윤(陵尹) 희(喜)에게 명하여 군사를 이끌고 가 서(徐)나라를
포위함으로써 오나라에 위협을 가하도록 했다. 이때 초영왕은 간계(乾
谿: 안휘성 박현 동남쪽)에 머물며 그들을 후원했다.

마침 눈이 내리자 초영왕이 피관(皮冠: 가죽으로 만든 관)을 쓰고,
진복도(秦復陶: 秦에서 보낸 짐승의 털로 만든 옷)를 입고, 취피(翠被:
비취새의 깃털로 장식한 겉옷)를 걸치고, 표석(豹鳥: 표범 가죽으로 만

든 신)을 신고, 채찍을 손에 쥐고 밖으로 나왔다. 이때 대부 복석보(僕析父)가 초영왕을 수종했다.

우윤 자혁(子革)이 저녁에 초영왕을 조현하러 오자 초영왕이 그를 접견하면서 관과 겉옷을 벗고 손에 쥔 매를 아래로 내려놓았다. 이어 그와 함께 이야기를 나누면서 물었다.

"옛날 우리 선왕 웅역(熊繹)은 여급(呂級: 제나라 강태공의 아들 丁公으로, '級'은 '汲' 또는 '伋'으로도 씀)과 왕손 모(牟: 위나라 康叔의 아들 康伯), 섭보(燮父: 晉나라 唐叔의 아들), 금보(禽父: 노나라의 伯禽)와 함께 주강왕(周康王)을 섬겼소. 그때 다른 네 나라는 모두 보물을 하사받았으나 유독 우리만 받지 못했소. 이제 내가 성주(成周)로 사람을 보내 구정(九鼎)을 웅역에 대한 하사물로 삼고자 하오. 천자가 이를 나에게 줄 것 같소?"

자혁이 대답했다.

"군주에게 줄 것입니다. 옛날 우리 선왕 웅역이 형산(荊山: 호북성 남장현 서쪽)에 머물 때 필로남루(篳路襤縷: '필로'는 형산 일대의 대나무로 만든 짐수레, '남루'는 해진 옷)로 초망(草莽: 수풀)에 기거했습니다. 발섭산림(跋涉山林: 산을 넘고 물을 건넘)하여 천자를 섬기면서 도호(桃弧: 복숭아나무로 만든 활로, 辟邪用으로 쓰임)와 극시(棘矢: 가시나무로 만든 화살로, 벽사용임)를 천자에게 바쳤습니다. 제나라 군주는 천자의 외숙이었고, 진(晉)나라와 노나라, 위나라 군주는 천자의 동모제(同母弟)였습니다. 당시 우리 초나라는 보물을 하사받지 못했지만 다른 나라들은 모두 보물을 하사받았습니다. 이제 주왕실을 비롯해 제나라와 진나라, 노나라, 위나라 등 네 나라가 우리 군주를 받들면서 오직 군명을 따르고자 하는데 어찌 구정을 아끼겠습니까."

이에 초영왕이 다시 물었다.

"옛날 황조(皇朝: 조상의 극존칭)의 백부였던 곤오(昆吾: 초나라 조상의 형)가 구허(舊許: 허나라의 고토)에 살았소. 그런데 지금 정나라 사람이 그 땅을 욕심내어 우리에게 돌려주지 않고 있소. 우리가 그 땅을 돌려달라고 하면 그들이 그 땅을 나에게 돌려줄 것으로 보오?"

"군주에게 돌려줄 것입니다. 왕실에서 구정을 아끼지 않을 터에 정나라가 어찌 감히 그 땅을 아끼겠습니까."

초영왕이 또다시 물었다.

"이전에 제후들이 우리를 멀리하고 진나라를 두려워했소. 그러나 지금 우리가 진(陳: 하남성 회양현에 위치한 도성 宛丘를 지칭)과 채(蔡: 채나라 도성은 上蔡와 新蔡, 下蔡로 차례로 옮겼는데, 여기서는 하채인 州來를 의미), 두 곳의 불갱(不羹)에 큰 성을 쌓고 각 성마다 전차를 1천 승씩 배치했소. 참으로 그대의 공이 매우 컸소. 이제 제후들이 우리를 두려워하지 않겠소?"

"제후들이 군주를 두려워하고 있을 것입니다. 이 4국(四國)[19]만으로도 제후들을 두렵게 하기에 족한데 게다가 초나라의 힘까지 더하니 어찌 감히 군주를 두려워하지 않겠습니까."

이때 공윤 노(路)가 초영왕에게 와 청했다.

"군주가 규옥(圭玉)을 깎아 척비(鏚柲: '척'은 도끼, '비'는 병기의 자루)를 장식하라고 명했는데, 청컨대 어느 크기로 할 것인지 명해주기 바랍니다."

이에 초영왕이 안으로 들어가 알아보는 사이에 복석보가 자혁에게 말했다.

"그대는 초나라 백성들이 존경하는 인물입니다. 이제 그대는 맞장구만 치고 있으니 그 말이 마치 메아리와 같습니다. 그리하면 장차 나라가 어찌 되겠습니까."

그러자 자혁이 대꾸했다.

"칼날을 마려(摩厲: 磨礪와 같은 말로, 날카롭게 가는 것을 의미)하며 때를 기다리고 있는 중이오. 왕의 말이 잘못 나오면 내 칼날이 장차

---

19) 4개의 성읍으로, 국(國)은 진·채 두 나라와 두 불갱 땅에 있는 큰 성읍을 지칭한다.

158

왕을 베어버릴 것이오."

잠시 후 초영왕이 안에서 나와 이야기를 다시 하게 되었다. 이때 좌사(左史) 의상(倚相)이 빠른 걸음으로 그들 앞을 지나갔다. 그러자 초영왕이 말했다.

"저 사람은 좋은 사관(史官)이니 그대는 잘 보아두기 바라오. 그는 『삼분』(三墳)과 『오전』(五典), 『팔색』(八索), 『구구』(九丘: 이들 책은 모두 실전됨) 등을 모두 읽을 수 있소."

이에 자혁이 대답했다.

"제가 일찍이 저 사람에게 물은 적이 있습니다. 옛날 주목왕(周穆王)이 마음 내키는 바대로 하고자 하여 주행천하(周行天下)를 통해 천하의 모든 땅에 거철마적(車轍馬跡: 수레바퀴와 말발굽 자국)을 남기려고 했습니다. 그러자 경사인 제공(祭公) 모보(謀父)가 「기초」(祈招)의 시를 지어 주목왕의 마음을 제지했습니다. 이로 인해 주목왕은 지궁(祇宮)에서 획몰(獲沒: 善終)할 수 있게 되었습니다. 제가 저 사람에게 그 시를 알고 있는지 물었으나 그는 알지 못했습니다. 만일 더 먼 옛날의 일을 묻는다면 그가 어찌 이를 알 수 있겠습니까."

"그렇다면 그대는 그 시를 아오?"

"알고 있습니다. 그 시에 이르기를, '기초(祈招)가 음음(愔愔: 차분하고 부드러움)하니 덕음(德音)을 밝히네. 우리 군주의 풍도를 생각하니 풍도가 옥과 같고 금과 같네. 민력을 보존하면서도 스스로는 취포지심(醉飽之心: 크게 만족해하는 마음)이 없다네'라고 했습니다."

초영왕이 이 말을 듣고 곧 자혁에게 읍을 하고 안으로 들어간 뒤 여러 날이 지나도록 음식을 올려도 먹지 않고 잠자리에서 누워도 잠을 자지 못했다. 결국 그는 자극(自克: 스스로를 억제함)하지 못하고 화난을 당하게 되었다. 이를 두고 중니가 평했다.

"옛 책에 이르기를, '극기복례(克己復禮: 스스로를 억제하여 예로 돌아감)를 인이라 한다'고 했다. 참으로 좋은 말이다. 만일 초영왕이 이같이 할 수 있었다면 어찌 간계에서 치욕을 당했겠는가."

진나라가 선우(鮮虞)를 쳤다. 이는 비(肥)나라를 멸망시킨 여세를 몰아 진공한 것이다.

楚子狩于州來, 次于潁尾, 使蕩侯·潘子·司馬督·囂尹午·陵尹喜帥師圍徐以懼吳. 楚子次于乾谿, 以爲之援. 雨雪, 王皮冠, 秦復陶, 翠被, 豹舃, 執鞭以出, 僕析父從. 右尹子革夕, 王見之, 去冠被, 舍鞭. 與之語曰 "昔, 我先王熊繹, 與呂級·王孫牟·燮父·禽父, 並事康王, 四國皆有分, 我獨無有. 今吾使人於周, 求鼎以爲分, 王其與我乎." 對曰 "與君王哉. 昔, 我先王熊繹辟在荊山, 篳路藍縷, 以處草莽. 跋涉山林, 以事天子. 唯是桃弧·棘矢, 以共禦王事. 齊, 王舅也. 晉及魯衛, 王母弟也. 楚是以無分, 而彼皆有. 今周與4國服事君王, 將唯命是從, 豈其愛鼎." 王曰 "昔, 我皇祖伯父昆吾, 舊許是宅. 今鄭人貪賴其田, 而不我與. 我若求之, 其與我乎." 對曰 "與君王哉. 周不愛鼎, 鄭敢愛田." 王曰 "昔, 諸侯遠我而畏晉, 今我大城陳蔡不羹, 賦皆千乘, 子與有勞焉. 諸侯其畏我乎." 對曰 "畏君王哉. 是4國者, 專足畏也, 又加之以楚, 敢不畏君王哉." 工尹路請曰 "君王命剝圭以爲鏚柲, 敢請命." 王入視之. 析父謂子革 "吾子, 楚國之望也. 今與王言如響, 國其若之何." 子革曰 "摩厲以須, 王出, 吾刃將斬矣." 王出復語. 左史倚相趨過. 王曰 "是良史也, 子善視之. 是能讀「三墳」,「五典」,「八索」,「九丘」." 對曰 "臣嘗問焉, 昔, 穆王欲肆其心, 周行天下, 將皆必有車轍馬跡焉. 祭公謀父作「祈招」之詩, 以止王心. 王是以獲沒於祇宮. 臣問其詩而不知也. 若問遠焉, 其焉能知之." 王曰 "子能乎." 對曰 "能. 其詩曰 '祈招之愔愔, 式昭德音. 思我王度, 式如玉, 式如金. 形民之力, 而無醉飽之心.'" 王揖而入, 饋不食, 寢不寐數日. 不能自克, 以及於難. 仲尼曰 "古也有志, 克己復禮, 仁也. 信善哉. 楚靈王若能如是, 豈其辱於乾谿." 晉伐鮮虞, 因肥之役也.

13년(기원전 529)

13년 봄, 숙궁이 군사를 이끌고 가 비(費)를 포위했다. 여름 4월,

초나라 공자 비(比)가 진나라에서 초나라로 돌아와 군주 건(虔)을 간계(乾谿)에서 시해했다. 초나라 공자 기질(棄疾)이 공자 비를 죽였다. 가을, 공이 유자(劉子)·진후·제후·송공·위후·정백·조백·거자·주자·등자·설백·기백·소주자와 평구(平丘)에서 만났다. 8월 갑술, 평구에서 동맹했다. 공은 결맹에 참여하지 않았다. 진나라 사람이 계손의여를 잡아가지고 돌아갔다. 공이 모임에서 돌아왔다. 채후 여(廬)가 채나라로 돌아가고 진후(陳侯) 오(吳)가 진(陳)나라로 돌아갔다. 겨울 10월, 채영공(蔡靈公)을 안장했다. 공이 진나라로 가던 중 황하에 이르렀다가 되돌아왔다. 오나라가 주래(州來)를 멸했다.

十三年春, 叔弓帥師, 圍費. 夏四月, 楚公子比自晉歸于楚, 弑其君虔于乾谿, 楚公子棄疾殺公子比. 秋, 公會劉子晉侯齊侯宋公衛侯鄭伯曹伯莒子邾子滕子薛伯杞伯小邾子于平丘, 八月甲戌, 同盟于平丘, 公不與盟 晉人執季孫意如以歸, 公至自會. 蔡侯廬歸于蔡, 陳侯吳歸于陳. 冬十月, 葬蔡靈公. 公如晉, 至河乃復. 吳滅州來.

●13년 봄, 노나라 대부 숙궁(叔弓)이 비읍(費邑)을 포위했으나 이기지 못하고 오히려 패배했다. 그러자 계평자가 노해 비읍 사람들을 보면 모두 포로로 잡을 것을 명했다. 이에 대부 야구부(冶區夫)가 간했다.

"이는 옳지 못합니다. 만일 비읍 사람들을 만나게 되면 의한식기(衣寒食飢: 헐벗은 자에게 옷과 음식을 준다는 뜻으로, '衣'와 '食'은 동사임)하고, 영주(令主: 좋은 주인)가 되어 그들의 곤핍을 구하도록 하십시오. 그러면 비읍 사람들이 마치 집 나갔던 사람이 자기 집으로 돌아오듯 하여 남씨(南氏: 남괴와 그 일족)는 곧 망하고 말 것입니다. 백성들이 장차 그를 배반하게 되면 그가 누구와 함께 비읍에 살 수 있겠습니까. 그대가 만일 비읍 사람들을 위력으로 협박하고, 분노로써 그들을 두려워하게 만들면 그들은 그대를 증오한 나머지 마침내 배반한 뒤 남씨를 위해 모일 것입니다. 만일 제후들까지 모두 이같이 하면 비읍 사람들은 돌아가 의지할 데가 없게 될 것이니 남씨와 친하게 지내는 것 말고 장차 어디로 갈 수 있겠습니까."

계평자가 이를 좇자 비읍 사람들이 남씨를 배반했다.

十三年春, 叔弓圍費, 弗克, 敗焉. 平子怒, 令見費人執之以爲囚俘. 冶區夫曰 "非也. 若見費人, 寒者衣之, 飢者食之. 爲之令主, 而共其乏困. 費來如歸, 南氏亡矣. 民將叛之, 誰與居邑. 若憚之以威, 懼之以怒, 民疾而叛, 爲之聚也. 若諸侯皆然, 費人無歸, 不親南氏, 將焉入矣." 平子從之. 費人叛南氏.

● 초영왕은 영윤으로 있을 때 대사마 위엄(蔿掩: 蔦掩)을 죽이고 그의 가산을 빼앗은 적이 있었다. 즉위한 이후에는 위거(蔿居)의 땅을 빼앗았다. 허나라를 다른 곳으로 옮길 때에는 허나라 대부 허위(許圍)를 인질로 삼았다.

초나라 대부 채유(蔡洧)는 초영왕의 총애를 받았으나 초영왕이 채나라를 멸망시킬 때 그의 부친이 전사했다. 초영왕은 간계로 갈 때 채유를 시켜 위나라 도성을 지키는 일에 참여하게 한 뒤 떠났다. 신(申: 하남성 남양시) 땅에서 제후들이 회동할 때 월나라 대부 상수과(常壽過)가 육(戮: 모욕을 뜻하는 말로, '僇'과 통함)을 당했는데 초영왕은 투위구(鬪韋龜)의 봉지인 중주(中犫: 위치 미상) 땅을 빼앗았다. 이때 초영왕은 또 만성연(蔓成然: 子旗, 鬪成然)의 봉지를 빼앗고는 그를 교윤(郊尹: 교외를 다스리는 장관)으로 삼았다. 만성연은 원래 채공(蔡公: 공자 기질)을 섬겼다.

이로 인해 위씨 일족과 위거, 허위, 채유, 만성연 등은 모두 초영왕으로부터 예우받지 못했다. 이들은 관직을 잃은 여러 족속들을 끌어들이고 월나라의 대부 상수과를 유인해 마침내 난을 일으켰다. 이들은 고성(固城: 위치 미상)을 포위하고 식주(息舟: 위치 미상)를 점령한 뒤 그곳에 성을 쌓고 거점으로 삼았다.

노양공 22년 당시 초나라 대부 관기(觀起)가 죽었을 때 그의 아들 관종(觀從: 子玉)은 채나라에 있으면서 조오(朝吳: 채나라 대부 聲子의 아들)를 섬겼다. 이때 관종이 조오에게 말했다.

"지금 채나라를 봉(封: 여기서는 회복을 의미)하지 못한다면 채나라는 다시는 회복되지 못할 것입니다. 내가 이를 한번 시험해보이고자 합니다."

그러고는 곧 채공(蔡公: 공자 기질)의 명을 내세워 망명 중인 초나라 자간(子干: 공자 比)과 자석(子晳: 공자 흑굉)을 불러들였다. 이들이 교외에 이르자 관종이 나가 영접하면서 사정을 말하고는 억지로 그들과 결맹한 뒤 성 안으로 들어가 채공을 급습했다.

이때 마침 채공은 막 식사하려던 중이었는데 이들이 습격해 오는 것을 보고는 황급히 달아났다. 관종은 자간에게 채공의 자리에 앉아서 식사하게 하고는 구덩이를 파서 희생을 묻으면서 맹서문을 희생 위에 얹고는 다른 곳으로 빨리 가게 했다. 이어 관종은 채나라 사람들에게 이같이 떠들어댔다.

"채공이 자간과 자석을 불러들여 접견하고는 장차 그들을 입국시키기 위해 결맹한 뒤 벌써 그들을 초나라로 들여보냈다. 채공은 곧 군사를 이끌고 그들을 뒤따라 본국으로 쳐들어갈 것이다."

채나라 사람이 모여 관종을 잡으려고 하자 관종이 변명했다.

"도적인 두 공자를 놓치고 바야흐로 채공의 반란군이 편성되고 있는데 장차 나를 죽여 무슨 도움이 되겠소?"

그러자 사람들이 곧 그를 풀어주었다. 이때 조오가 사람들에게 말했다.

"여러분이 만일 초왕을 위해 사망(死亡: 죽거나 망명함)할 수 있다면 응당 채공의 명을 좇지 말고 일이 되어가는 것을 지켜보며 기다리는 것이 좋을 것이오. 만일 안정을 구하고자 한다면 채공과 같은 편이 되어 그의 소망을 이루게 하는 것이 좋을 것이오. 그러나 위상(違上: 여기서는 채공을 좇지 않는 것을 의미)하여 어디로 간들 좋을 것이 있겠소?"

많은 사람들이 입을 모아 말했다.

"채공과 함께할 것입니다."

이에 채공을 받들고 자간과 자석을 불러낸 뒤 등(鄧: 하남성 누하시 동남쪽) 땅에서 결맹했다. 이로써 관종과 조오는 진나라와 채나라 사람들의 나라를 되찾으려는 마음에 의지해 자신의 목적을 이루게 되었다. 초나라 공자 비(比)와 공자 흑굉(黑肱), 공자 기질(棄疾), 만성연, 채나라 조오 등이 진(陳)·채(蔡)·불갱(不羹)·허(許)·섭(葉) 등지의 군사들을 이끌고 4족(四族: 초나라의 위씨와 허위, 채유, 만성연의 일족)의 도움을 받아 초나라로 쳐들어갔다.

초나라 교외에 이르자 진나라와 채나라 사람들이 무도한 초나라를 토벌하고 나라를 회복한 명성을 남기고자 기념 보루를 쌓고 기치를 내걸 것을 청했다. 그러자 채공이 그들의 뜻을 알아채고 말했다.

"신속히 움직여야 하오. 게다가 일꾼들이 극히 피로해 있으니 울타리만 쳐도 될 것이오."

이에 울타리를 쳐 군영을 감쌌다. 채공은 곧 초나라 대부 수무모(須務牟)와 사패(史猈)를 시켜 먼저 도성으로 들어가 초영왕의 정복인(正僕人: 시종의 우두머리)을 이용해 태자 녹(祿)과 공자 피적(罷敵)을 죽이게 했다. 이에 공자 비가 초왕이 되고 공자 흑굉이 영윤이 되어 어피(魚陂: 호북성 천문현 서북쪽)에 머물렀다. 공자 기질은 사마가 되어 초영왕의 근신들을 제거한 뒤 자신의 무리를 대거 발탁했다. 이어 관종을 간계에 있는 초영왕의 군사에게 보내 이번 사태를 알리는 한편 이같이 말하게 했다.

"먼저 돌아오는 자는 이전의 녹위(祿位)를 회복하게 되나 뒤에 돌아오는 자는 의형(劓刑: 코를 베는 형벌)에 처할 것이다."

이로 인해 초영왕의 군사는 자량(訾梁: 하남성 신양현)에 이르자 스스로 궤산하고 말았다.

초영왕은 여러 공자가 이미 죽었다는 소식을 듣고 스스로 타고 있는 수레 밑으로 몸을 던져 굴러떨어지면서 자탄했다.

"자식을 사랑하는 사람들의 마음이 나와 같을까."

시종이 대답했다.

"훨씬 심합니다. 일반 백성들은 늙어 자식이 없으면 구학(溝壑)에 굴러떨어지게 된다는 것을 알고 있습니다."

"내가 남의 자식들을 많이 죽였으니 이 지경에 이르지 않을 수 있겠는가."

이에 우윤 자혁이 건의했다.

"교외에서 기다리다가 국인들의 처분을 따르도록 하십시오."

"많은 사람들의 분노는 건드릴 수 없소."

"그러면 큰 성읍으로 간 연후에 제후들에게 구원을 청하도록 하십시오."

"제후들도 모두 배반했소."

"그러면 일단 다른 제후국으로 망명했다가 대국의 도군(圖君: 여기서는 초영왕을 위한 계책을 의미)을 따르도록 하십시오."

"대복(大福: 군주가 되는 것을 지칭)은 두 번 다시 오지 않는 법이오. 오직 모욕만 당할 뿐이오."

이에 자혁은 초영왕을 버려둔 채 초나라로 돌아갔다. 이때 초영왕은 하수(夏水: 漢水)를 따라 내려가 언(鄢: 호북성 의성현 서남쪽) 땅으로 들어가고자 했다. 이때 우윤(芋尹) 신무우의 아들 신해(申亥)가 말했다.

"나의 부친이 두 번이나 군명을 어겼지만 초왕이 나의 부친을 죽이지 않았으니 그 어떤 은혜가 이보다 더 클 수 있겠는가. 군주의 곤경을 차마 보고만 있을 수도 없고 은혜 또한 버릴 수 없는 일이다. 나는 왕을 따를 것이다."

그러고는 곧 초영왕을 찾아나섰다. 얼마 후 극위(棘圍: 위치 미상, 두예는 극 땅의 대문으로 해석)에서 초영왕을 만나 함께 돌아갔다.

여름 5월 25일, 초영왕이 우윤 신해의 집에서 목을 매어 죽었다. 신해는 자신의 두 딸을 순사(殉死)시켜 초영왕을 안장했다. 이에 앞서 관종이 자간에게 건의했다.

"기질을 죽이지 않으면 설령 나라를 얻는다 할지라도 화를 입을 것입니다."

"나는 차마 그럴 수 없소."

관종이 말했다.

"다른 사람은 장차 당신에 대해 참을지 몰라도 나는 차마 그때까지 인내하며 기다릴 수 없소."

그러고는 곧 떠나버렸다.

당시 초나라 도성에서는 매일 밤만 되면 어떤 사람이 크게 놀라 외치고 다녔다.

"왕이 도성으로 들어온다."

5월 15일 밤에 기질이 사람을 시켜 이곳저곳을 다니며 이같이 외치게 했다.

"왕이 들어왔다."

이에 도성 안의 사람들이 모두 크게 놀랐다. 그러자 기질은 또 만성연을 시켜 자간과 자석에게 이같이 보고하게 했다.

"왕이 들어왔습니다. 도성 안 사람들이 당신의 사마 기질을 죽이고 당신들을 죽이러 몰려오고 있습니다. 만일 그대가 스스로 빨리 도모하면 모욕을 당하지는 않을 것입니다. 군중의 분노가 마치 홍수나 커다란 불길과 같으니 어찌할 도리가 없습니다."

이때 또 어떤 사람이 외치며 달려왔다.

"백성들이 이미 새까맣게 몰려왔습니다."

이에 두 공자는 모두 자살하고 말았다.

5월 18일에 기질이 왕위에 올라 자신의 이름을 웅거(熊居)로 개명했다. 그는 죽은 자간을 자(訾) 땅에 장사지낸 뒤 자오(訾敖)라고 칭했다. 이어 죄수 한 사람을 죽인 뒤 그 시체에 초왕의 옷을 입혀 한수에 흘려보내고는 곧 시체를 수습해 안장함으로써 국인들의 마음을 가라앉혔다. 기질이 만성연을 영윤으로 삼았다.

楚子之爲令尹也, 殺大司馬蔿掩而取其室. 及卽位, 奪蔿居田. 遷許而質許圍. 蔡洧有寵於王, 王之滅蔡也, 其父死焉, 王使與於守而行. 申之會, 越大夫戮焉. 王奪鬪韋龜中犫, 又奪成然邑而使爲郊尹. 蔓成然故事蔡公. 故蒍氏之族及薳居·許圍·蔡洧·蔓成然, 皆王所不禮也. 因群喪職之族, 啓越大夫常壽過作亂, 圍固城, 克息舟, 城而居之. 觀起之死也, 其子從在蔡, 事朝吳, 曰 "今不封蔡, 蔡不封矣. 我請試之." 以蔡公之命召子干·子晳, 及郊而告之情, 強與之盟, 入襲蔡. 蔡公將食, 見之而逃. 觀從使子干食, 坎用牲, 加書而速行. 己徇於蔡曰 "蔡公召二子, 將納之, 與之盟而遣之矣, 將師而從之." 蔡人聚將執之. 辭曰 "失賊成軍, 而殺余何益." 乃釋之. 朝吳曰 "二三子若能死亡, 則如違之以待所濟. 若求安定, 則如與之以濟所欲. 且違上, 何適而可." 衆曰 "與之." 乃奉蔡公, 召二子而盟于鄧, 依陳蔡人以國. 楚公子比·公子黑肱·公子棄疾·蔓成然·蔡朝吳, 帥陳蔡不羹許葉之師. 因四族之徒, 以入楚. 及郊, 陳蔡欲名, 故請爲武軍. 蔡公知之曰 "欲速. 且役病矣, 請藩而已." 乃藩爲軍. 蔡公使須務牟與史猈先入, 因正僕人殺大子祿及公子罷敵. 公子比爲王, 公子黑肱爲令尹, 次于魚陂. 公子棄疾爲司馬, 先除王宮. 使觀從從師于乾谿, 而遂告之. 且曰 "先歸復所, 後者劓." 師及訾梁而潰. 王聞群公子之死也, 自投于車下曰 "人之愛其子也, 亦如余乎." 侍者曰 "甚焉, 小人老而無子, 知擠于溝壑矣." 王曰 "余殺人子多矣, 能無及此乎." 右尹子革曰 "請待于郊, 以聽國人." 王曰 "衆怒, 不可犯也." 曰 "若入於大都而乞師於諸侯." 王曰 "皆叛矣." 曰 "若亡於諸侯, 以聽大國之圖君也." 王曰 "大福不在, 祇取辱焉." 然丹乃歸于楚. 王沿夏, 將欲入鄢. 芋尹無宇之子申亥曰 "吾父再奸王命, 王弗誅, 惠孰大焉. 君不可忍, 惠不可棄, 吾其從王." 乃求王, 遇諸棘圍以歸. 夏五月癸亥, 王縊于芋尹申亥氏. 申亥以其二女殉而葬之. 觀從謂子干曰 "不殺棄疾, 雖得國, 猶受禍也." 子干曰 "余不忍也." 子玉曰 "人將忍子, 吾不忍俟也." 乃行. 國每夜駭曰 "王入矣." 乙卯夜, 棄疾使周走而呼曰 "王至矣." 國人大驚. 使蔓成然走告子干子晳曰 "王至矣. 國人殺君司馬, 將來矣. 君若早自圖也, 可以無辱. 衆怒如水火焉, 不可爲謀." 又有呼而走至者曰 "衆至矣." 二子皆自殺. 丙

辰, 棄疾卽位, 名曰熊居. 葬子干于訾, 實訾敖. 殺囚, 衣之王服而流諸
漢, 乃取而葬之, 以靖國人. 使子旗爲令尹.

●초나라 군사가 서(徐)나라에서 귀환할 때 오나라 사람이 예장(豫
章: 안휘성 곽구현 일대)에서 초나라 군사를 깨뜨리고 초나라의 5수(五
帥: 탕후와 반자, 사마독, 효윤 오, 능윤 희 등 다섯 장수)를 포획했다.
초평왕(楚平王: 공자 기질)은 진나라와 채나라를 봉(封: 재건)하고
빼앗은 고을을 다시 돌려주었다. 또 공을 세운 자들에게 재물을 내리
고, 크게 베풀어 백성들을 너그럽게 대하고, 죄인을 용서하고 관직에서
쫓겨난 자들을 복귀시켰다. 이어 관종을 불러 접견하면서 말했다.
"그대가 요구하는 것을 모두 들어주겠소."
"저의 선대는 좌개복(佐開卜: 卜官의 조수)이었습니다."
이에 그를 복윤(卜尹: 복관의 우두머리)으로 삼았다.
초평왕은 대부 지여자궁(枝如子躬)을 시켜 정나라를 빙문하면서 주
(犨: 하남성 노산현 동남쪽)와 역(櫟) 땅을 정나라에 돌려주게 했다.
그러나 지여자궁은 빙문이 끝나도록 땅을 돌려주지 않았다. 이에 정나
라 사람이 청했다.
"길에서 듣기를, 주와 역 땅을 과군에게 돌려주라고 명했다는데 감히
그 명을 받고자 합니다."
지여자궁이 대답했다.
"저는 그같은 명을 받은 적이 없습니다."
지여자궁이 초나라로 돌아가자 초평왕이 주와 역 땅을 돌려주었는지
물었다. 그러자 지여자궁이 강복(降服: 사죄의 표시로 윗옷 내지 소복
등을 벗는 것을 지칭)한 뒤 이같이 사죄했다.
"제가 고의로 군명을 어기고 돌려주지 않았습니다."
이에 초평왕이 그의 손을 잡고 말했다.
"그대는 공연히 자신을 학대하지 마시오. 잠시 집에 돌아가 쉬고 있
으면, 일이 있을 때 그대에게 알리도록 하겠소."

몇 년 후 우윤 신해(申亥)가 초영왕의 관이 있는 곳을 초평왕에게 고했다. 이에 곧 초영왕을 개장했다.

당초 초영왕은 거북점을 치면서 이같이 말한 적이 있었다.

"나는 천하를 차지하고자 합니다."

그러나 점괘가 불길하게 나왔다. 초영왕은 거북의 등껍질을 내던지며 하늘을 향해 욕설을 퍼부었다.

"이 보잘것없는 것조차 나에게 주지 않았다면 나는 반드시 자취(自取: 자력으로 차지함)하고야 말 것이다."

백성들은 만족할 줄 모르는 초영왕의 욕심으로 인해 크게 근심했다. 그래서 난이 일어나자 마치 집으로 돌아가듯이 가담했던 것이다.

당초 초공왕(楚共王)에게는 총적(冢適: 적장자)이 없고 총애하는 첩이 낳은 다섯 명의 서자만이 있었다. 이로 인해 초공왕은 누구를 후계자로 정해야 좋을지 결정을 내리지 못했다. 이에 초공왕은 성신(星辰)과 산천에 큰 제사를 드리며 기도했다.

"청컨대 신령이 다섯 아들 중에서 후계자를 선택해 그로 하여금 나라를 이끌게 해주십시오."

그러고는 성신과 산천의 신령에게 옥벽(玉璧)을 두루 보이며 다짐했다.

"이 옥벽을 정면으로 향하여 절하는 아들이 바로 신령이 점지하는 후계자인 것으로 알겠습니다. 누가 감히 신령의 뜻을 거부하겠습니까."

초공왕은 제사를 끝낸 뒤 애첩 파희(巴姬)와 함께 몰래 옥벽을 대실(大室: 조묘)의 뜰에 묻었다. 그러고는 다섯 아들에게 명하여 재계한 뒤 장유의 순서에 따라 앞으로 나아가 절하게 했다. 큰아들인 초강왕(楚康王)은 두 다리를 옥벽 위에 걸쳐놓은 자세로 절을 했다. 둘째인 초영왕은 팔꿈치를 옥벽의 위에 두었다. 셋째 자간과 넷째 자석은 모두 옥벽으로부터 멀리 떨어진 곳에서 절을 했다. 다섯째 초평왕은 아직 어린 까닭에 다른 사람이 안고 들어가 두 차례에 걸쳐 절하게 했는데, 모두 엽뉴(厭紐: 옥벽의 끈 위에 눌러 앉았다는 뜻으로, '厭'은 '壓'과 통함)의 자세를 취했다. 훗날 투위구는 아들 만성연(蔓成然: 투성연)을 초평왕에게 맡기면서 아들에게 이같이 말했다.

"예의를 버리고 천명을 위배하면 초나라는 위태로워질 것이다."

자간이 진나라에서 초나라로 귀국할 때 진나라의 한선자가 숙향에게 물었다.

"자간이 대략 성공할 것으로 봅니까?"

"어려울 것입니다."

그러자 한선자가 말했다.

"지금 초나라 사람들이 동오상구(同惡相求 : 여기서는 초나라 사람들이 모두 초영왕을 미워하며 서로 자기 편을 구했다는 의미임)하며 마치 장사꾼들이 거래 상대방을 찾듯이 하고 있는데 어찌하여 어렵다고 하는 것이오?"

"초나라 사람 중에 그와 똑같은 애호심을 가진 사람이 없는데 누가 그와 똑같은 증오심을 갖겠습니까. 국권을 장악하는 데는 다섯 가지의 난점이 있습니다. 총애를 받는 사람은 있되 현재(賢才)가 없는 것이 그 하나입니다. 현재는 있되 내응(內應)이 없는 것이 그 둘입니다. 내응은 있되 계모(計謀)가 없는 것이 그 셋입니다. 계모는 있되 따르는 백성(百姓)이 없는 것이 그 넷입니다. 백성은 있되 본인에게 덕행(德行)이 없는 것이 그 다섯입니다. 자간은 우리 진나라에서 13년 동안이나 있었으나 진나라와 초나라 사람으로 그를 따르는 사람 중에 달자(達者 : 사물의 이치를 깨우친 인물)가 있었다는 얘기를 듣지 못했습니다. 그러니 그에게는 현재가 없다고 말할 수 있습니다. 또 일족은 다 사라져버렸고 가까운 사람들은 배반했으니, 내응이 없다고 말할 수 있습니다. 틈이 없는데도 몸을 움직였으니, 계략이 없다고 말할 수 있습니다. 외국에서 나그네로 생을 마치려고 했으니, 백성이 없다고 말할 수 있습니다. 그가 망명한 이래 그를 애석해한 움직임이 없으니, 덕이 없다고 말할 수 있습니다. 지금 초왕이 포악하여 꺼리는 것이 없지만 만일 초나라 사람들이 자간을 군주로 삼으려면 자간은 위에 든 다섯 가지 어려움을 극복하고 지금의 군주를 시해해야만 하는데 누가 능히 그를 도우려 들겠습니까. 초나라를 차지할 사람은 아마도 공자 기질일 것입니다. 그는 진나라와 채나라를 다스리고 있는데 도성 밖의 사람들까지도 그에게 귀의하고 있습니다. 번쇄하고 사악한 일이 일어나지 않고, 도적들은 그 모습을 숨겼고, 비록 사욕이 있을지라도 예의를 거스르지 않고, 백성들은 원망하는 마음을 품지 않고 있습니다. 앞서 선대에 신령들이 그를 점지한 바 있고 백성들은 그를 믿고 있습니다. 또 미성(羋姓: 초나라 군주의 성씨)이 보위를 놓고 다툴 때에는 반드시 막내아들이 군주가 된다는 것이 초나라의 통례입니다. 신령의 보우를 받는 것이 그가 군주가 될 수 있는 첫째 이유입니다. 따르는 백성이 있는 것이 둘째 이유이고, 미덕을 지니고 있는 것이 셋째 이유입니다. 총귀(寵貴: 총애와 현귀)가 있는 것이 넷째 이유이고, 막내아들로서 상례에 부합하는 것이 다섯째 이유입니다. 이러한 다섯 가지 이점으로 다섯 가지 난점이 있는 자를 제거하는데 누가 능히 이를 방해할 수 있겠습니까. 자간은 관직이 우윤이었고 총귀로 말하면 일개 서자일 뿐입니다. 그는 신령의 뜻을 물을 때 옥벽으로부터 너무 멀리 떨어져 있었습니다. 그는 존귀함을 잃었고, 총애를 버렸고, 백성들은 그를 생각지 않고, 국내에서 도와줄 사람이 없는데 장차 무엇에 의지해 군주가 될 수 있겠습니까."

이에 한선자가 물었다.

"제환공(齊桓公)이나 우리 진문공(晉文公)도 원래는 그와 비슷한 처지가 아니었소?"

숙향이 대답했다.

"제환공은 위희(衛姬)의 아들로 제희공(齊僖公)의 총애를 받았습니다. 또 포숙아(鮑叔牙)와 빈수무(賓須無), 습붕(隰朋) 등이 잘 보좌했고, 거나라와 위나라가 외원이 되었고, 국씨(國氏)와 고씨(高氏)가 내응했습니다. 그는 종선여수(從善如水: 선을 좇기를 물 흐르듯이 함)하고 하선제숙(下善齊肅: 행동이 신속했다는 뜻으로, '하선'은 일반 행동, '제숙'은 신속함을 의미)했습니다. 재물을 탐하지 않았고, 멋대로 사욕을 채우려 하지 않았고, 시사(施舍)를 게을리하지 않았고, 구선(求

善)을 싫어하지 않았습니다. 이로써 나라를 차지하게 되었으니 이 또한 당연한 일 아니겠습니까. 또 우리의 선군 진문공은 호계희(胡季姬)의 아들로 진헌공(晉獻公)의 총애를 받았습니다. 또 학문을 좋아해 한 가지 뜻에 전념했고, 나이 17세에 훌륭한 인재 다섯을 거느렸습니다. 선대부 자여(子餘: 조최)와 자범(子犯: 호언)이 심복이 되었고, 위주(魏犨: 위무자)와 가타(賈佗)가 고굉의 역할을 수행했고, 제·송·진(秦)·초가 외원이 되었고, 난씨(欒氏)·극씨(郤氏)·호씨(狐氏)·선씨(先氏)가 내응했습니다. 이어 망명 19년 동안에 뜻을 더욱 굳건히 했고, 나라 안에서는 진혜공(晉惠公)과 진회공(晉懷公)이 백성들을 버리자 백성들이 진문공을 따르며 친부했습니다. 진헌공의 자손이 모두 사라지자 백성들은 진문공 이외에 달리 바랄 데가 없게 되었습니다. 마침 하늘도 진나라를 돕는 상황에서 그 누가 진문공을 대신할 수 있었겠습니까. 이 두 군주는 초나라의 자간과는 달랐던 것입니다. 초공왕에게는 총애하는 아들이 또 있고, 국내에는 오주(奧主: 속이 깊어 헤아리기 어려운 군주)가 있습니다. 자간은 백성에게 시사한 일이 없고, 밖으로는 외원이 없고, 진나라를 떠날 때도 전송해준 사람이 없고, 귀국해서도 영접해준 사람이 없었습니다. 그런 사람이 무엇을 믿고 초나라를 바랄 수 있겠습니까."

楚師還自徐, 吳人敗諸豫章, 獲其五帥. 平王封陳蔡, 復遷邑, 致群賂, 施舍寬民, 宥罪擧職. 召觀從, 王曰 "唯爾所欲." 對曰 "臣之先佐開卜." 乃使爲卜尹. 使枝如子躬聘于鄭, 且致犨櫟之田. 事畢, 弗致. 鄭人請曰 "聞諸道路, 將命寡君以犨櫟, 敢請命." 對曰 "臣未聞命." 旣復, 王問犨櫟. 降服而對曰 "臣過失命, 未之致也." 王執其手曰 "子毋勤. 姑歸, 不穀有事, 其告子也." 他年, 芋尹申亥以王柩告, 乃改葬之. 初, 靈王卜, 曰 "余尙得天下." 不吉, 投龜詬天而呼曰 "是區區者而不余畀, 余必自取之." 民患王之無厭也, 故從亂如歸. 初, 共王無冢適, 有寵子五人, 無適立焉. 乃大有事于群望, 而祈曰 "請神擇於五人者, 使主社稷." 乃徧以璧見於群望曰 "當璧而拜者, 神所立也, 誰敢違之." 旣乃與巴姬密埋璧於大室之庭, 使五人齊, 而長入拜. 康王跨之. 靈王肘加焉. 子干子晳皆遠之. 平王弱, 抱而入, 再拜皆厭紐. 鬪韋龜屬成然焉, 且曰 "棄禮違命, 楚其危哉." 子干歸, 韓宣子問於叔向曰 "子干其濟乎." 對曰 "難." 宣子曰 "同惡相求, 如市賈焉, 何難." 對曰 "無與同好, 誰與同惡. 取國有五難. 有寵而無人, 一也. 有人而無主, 二也. 有主而無謀, 三也, 有謀而無民, 四也. 有民而無德, 五也. 子干在晉十三年矣, 晉楚之從, 不聞達者, 可謂無人. 族盡親叛, 可謂無主. 無釁而動, 可謂無謀. 爲羈終世, 可謂無民. 亡無愛徵, 可謂無德. 王虐而不忌, 楚君子干涉五難以弑舊君, 誰能濟之. 有楚國者, 其棄疾乎. 君陳蔡, 城外屬焉. 苛慝不作, 盜賊伏隱, 私欲不違, 民無怨心. 先神命之, 國民信之, 羋姓有亂, 必季實立, 楚之常也. 獲神, 一也. 有民, 二也. 令德, 三也. 寵貴, 四也. 居常, 五也. 有五利以去五難, 誰能害之. 子干之官, 則右尹也. 數其貴寵, 則庶子也. 以神所命, 則又遠之. 其貴亡矣, 其寵棄矣, 民無懷焉, 國無與焉, 將何以立." 宣子曰 "齊桓晉文, 不亦是乎." 對曰 "齊桓, 衛姬之子也, 有寵於僖. 有鮑叔牙・賓須無・隰朋以爲輔佐, 有莒衛以爲外主, 有國高以爲內主. 從善如流, 下善齊肅, 不藏賄, 不從欲, 施舍不倦, 求善不厭, 是以有國, 不亦宜乎. 我先君文公, 狐季姬之子也, 有寵於獻. 好學而不貳, 生十七年, 有士五人. 有先大夫子餘・子犯以爲腹心, 有魏犨・賈佗以爲股肱, 有齊宋秦楚以爲外主, 有欒郤狐先以爲內主. 亡十九年, 守志彌篤. 惠懷棄民, 民從而與之. 獻無異親, 民無異望, 天方相晉, 將何以代文. 此二君者, 異於子干. 共有寵子, 國有奧主. 無施於民, 無援於外, 去晉而不送, 歸楚而不逆, 何以冀國."

●진나라가 사기궁(虒祁宮)의 낙성식을 가졌다. 그러나 이때 축하 차 진소공을 조현한 제후들은 모두 두 마음을 품었다. 노나라가 거나라의 경(鄑: 산동성 기수현) 땅을 점령한 일로 해서 진나라는 제후들의 군사를 이끌고 가 노나라를 치려고 했다. 이때 진나라의 숙향이 말했다.
"제후들에게 한번 위력을 보이지 않으면 안 된다."

이에 곧 사방의 제후들을 소집하면서 오나라 군주에게도 알렸다. 가을, 진소공이 오왕 이말과 양(良: 강소성 비현) 땅에서 만나기로 했다. 그러나 물길이 통하지 않아 오왕이 회동을 사절하자 진소공도 할수없이 되돌아가게 되었다.

7월 29일, 주(邾)나라의 남쪽 지역에서 제후들의 군사를 사열했다. 갑사를 태운 전차가 4천 승이었다. 진나라 대부 양설부(羊舌鮒: 叔魚)가 사마를 대리하면서 제후들을 평구(平丘: 하남성 봉구현 동쪽)에 모았다.

이때 정나라 자산(子産)과 자태숙(子大叔)이 정정공(鄭定公)을 도와 회동에 참석했다. 이때 자산은 악막(幄幕: 야영용 장막) 9벌을 가지고 갔고 자태숙은 40벌을 갖고 갔다. 그러나 자태숙은 집을 떠난 지 얼마 안 되어 곧 후회했다. 이에 야영할 때마다 악막을 조금씩 없애 결국 회동 장소에 이르렀을 때에는 자산이 갖고 간 악막의 숫자와 같아졌다.

제후들의 군사가 위나라 경내에 머물자 양설부가 위나라에 대해 뇌물을 구하면서 부하들에게 시초(柴草)를 함부로 취하게 했다. 그러자 위나라 사람들이 대부 도백(屠伯)을 시켜 숙향에게 죽과 비단 한 상자를 올리면서 이같이 청하게 했다.

"제후들이 진나라를 섬기면서 감히 두 마음을 품지 못하고 있습니다. 하물며 우리 위나라는 진나라 군주의 궁전 처마 밑에 있으니 어찌 감히 딴 뜻을 품을 수 있겠습니까. 지금 시초를 취하는 자들이 여느 때와는 달리 함부로 취하고 있으니 감히 청컨대 그들을 제지해주기 바랍니다."

숙향이 죽만 받고 비단은 돌려주면서 회답했다.

"진나라에 양설부라는 사람이 있소. 그는 재물에 대한 욕심이 끝이 없소. 그는 장차 화를 당할 수밖에 없는데, 바로 이번 일로 인해 당할 것이오. 만일 그대가 위나라 군주의 명으로 그에게 재물을 주면 일이 곧 해결될 것이오."

도백이 숙향의 말을 좇아 그대로 행하자 그가 물러나오기도 전에 양설부가 명을 내려 시초를 함부로 취하지 못하게 했다.

이때 진나라가 제후들과 전에 맺었던 맹약을 다지려고 하자 제나라가 동의하지 않았다. 이에 진소공이 숙향을 유헌공(劉獻公)에게 보내 문의했다.

"제나라가 결맹하려고 하지 않으니 어찌하면 좋겠습니까?"

유헌공이 대답했다.

"결맹은 지신(厎信: 신의를 표시함)하는 일이오. 만일 군주가 진실로 신의를 지키면 제후들은 두 마음을 품지 않을 터인데 어찌하여 걱정하는 것입니까. 제나라에 문사(文辭)로써 고하고 무력으로 감독하면 될 것입니다. 만일 제나라가 동의하지 않으면 진나라 군주의 공적은 오히려 훨씬 많아질 것입니다. 군주가 군사를 출동시킨다면 천자의 경사인 내가 천자의 군사를 인솔하겠다고 청하여 원융(元戎: 공격용 대형 전차) 10승으로 길을 열도록 하겠습니다. 출병 시기의 지속(遲速)은 오직 군주의 결정에 달려 있습니다."

이에 숙향이 제나라 사람에게 고했다.

"제후들이 결맹을 위해 이미 여기에 모였소. 지금 귀국 군주는 결맹이 이로울 게 없다고 하지만 과군은 이번 결맹에 귀국 군주가 참여할 것을 청하고 있소."

제나라 사람이 반문했다.

"제후들이 두 마음을 품은 나라를 토벌하는 일이라면 구맹(舊盟)을 다질 필요가 있소. 그러나 만일 제후들이 모두 구맹을 좇아 일을 하는 것이라면 굳이 다시 구맹을 다질 필요가 있겠소?"

이에 숙향이 설득했다.

"맹주국이 쇠미해져 제후들이 공부(貢賦: 공납 의무)를 이행하지 않으면 이는 정상적인 상황이라고 할 수 없소. 공부를 이행하면서도 예의를 지키지 않으면 정상적인 상황이라 할지라도 질서가 없게 되오. 예의를 지키면서도 위엄이 없으면 질서가 있을지라도 공경스런 모습이 없게 되오. 위엄이 있으면서도 그 위엄을 널리 드러내지 않으면 공경스런 모습이 있을지라도 이를 신령 앞에 떳떳이 고할 수 없게 되오. 신령 앞에 떳떳이 고할 수 없게 되면 공경을 포기하는 것이고 만사가 좋은 결과를 맺을 수 없게 되오. 이것이 바로 국가가 멸망하는 원인이 되는 것이오. 이로 인해 현군(賢君)의 제도는 제후들에게 해마다 빙문하여 자신의 직책을 가슴 깊이 새기게 하고, 매 3년째마다 행해지는 1차 조근(朝覲) 때에는 예를 익히게 하고, 2차 조근하는 매 6년째에 제후들을 회동시켜 위엄을 보이고, 제후들이 두 번째 회동하는 매 12년째에는 결맹하여 신의를 표명하도록 하는 것이오. 그래서 지업어호(志業於好: 우호를 맺은 가운데 자신의 직책을 명심함)·강례어등(講禮於等: 등급 차서로써 예를 익힘)·시위어중(示威於衆: 제후들의 회동에서 위엄을 내보임)·소명어신(昭明於神: 신령 앞에 신의를 밝힘)을 행하는 것이오. 예로부터 이는 빠뜨릴 수 없는 것이오. 국가의 존망지도(存亡之道)는 늘 여기에서 나오는 것이오. 우리 진나라는 예를 좇아 결맹을 주재하고 있으나 오직 이를 제대로 하지 못할까 두려워하고 있소. 이제 우리는 삼가 재계한 뒤 깨끗한 희생을 받들어 귀국 군주 앞에 이를 늘어놓고 결맹을 마무리지으려 하오. 귀국 군주가 지금 말하기를, '내가 반드시 이 일을 그치도록 하겠다. 재계하고 말 것이 무엇이 있겠는가'라고 하고 있소. 이는 오직 귀국 군주가 알아서 하도록 하시오. 과군은 그 명을 따를 것이오."

그러자 제나라 사람이 두려워하며 말했다.

"소국이 무슨 말을 해도 결단은 대국이 내리는 것이니 어찌 감히 청종(聽從)치 않겠소. 이미 명을 받았으니 공경히 나아가 결맹에 참여할 것이오. 결맹 시기의 지속은 오직 귀국 군주의 결정에 달려 있을 따름이오."

숙향이 진나라 사람들에게 말했다.

"제후들과 우리 진나라 사이에 틈이 있으니 그들에게 우리의 위세를 보여주지 않으면 안 되오."

8월 4일, 진나라가 군사를 사열하면서 정기(旌旗)를 세우고도 패(斾: 실전 때 사용하는 정기에 장식된 술)를 달지 않았다. 8월 5일, 패를 달자 제후들이 모두 크게 두려워했다.

　晉城虒祁, 諸侯朝而歸者, 皆有貳心. 爲取鄆故, 晉將以諸侯來討. 叔向曰 "諸侯不可以不示威." 乃並徵會, 告于吳. 秋, 晉侯會吳子于良. 水道不可, 吳子辭, 乃還. 七月丙寅, 治兵于邾南, 甲車四千乘, 羊舌鮒攝司馬, 遂合諸侯于平丘. 子産·子大叔相鄭伯以會. 子産以幄幕九張行. 子大叔以四十, 旣而悔之, 每舍損焉. 及會, 亦如之. 次于衛地, 叔鮒求貨於衛, 淫芻蕘者. 衛人使屠伯饋叔向羹與一篋錦, 曰 "諸侯事晉, 未敢攜貳, 況衛在君之宇下, 而敢有異志. 芻蕘者異於他日, 敢請之." 叔向受羹反錦, 曰 "晉有羊舌鮒者, 瀆貨無厭, 亦將及矣, 爲此役也. 子若以君命賜之, 其已." 客從之. 未退, 而禁之. 晉人將尋盟, 齊人不可. 晉侯使叔向告劉獻公曰 "抑齊人不盟, 若之何." 對曰 "盟以底信. 君苟有信, 諸侯不貳, 何患焉. 告之以文辭, 董之以武師, 雖齊不許, 君庸多矣. 天子之老, 請帥王賦, 元戎十乘, 以先啓行. 遲速唯君." 叔向告于齊曰 "諸侯求盟, 已在此矣. 今君弗利, 寡君以爲請." 對曰 "諸侯討貳, 則有尋盟. 若皆用命, 何盟之尋." 叔向曰 "國家之敗, 有事而無業, 事則不經. 有業而無禮, 經則不序. 有禮而無威, 序則不共. 有威而不昭, 共則不明. 不明棄共, 百事不終, 所由傾覆也. 是故明王之制, 使諸侯歲聘以志業, 間朝以講禮, 再朝而會以示威, 再會而盟以顯昭明. 志業於好, 講禮於等, 示威於衆, 昭明於神, 自古以來, 未之或失也. 存亡之道, 恒由是興. 晉禮主盟, 懼有不治, 奉承齊犧, 而布諸君, 求終事也. 君曰 '余必廢之, 何齊之有.' 唯君圖之, 寡君聞命矣." 齊人懼, 對曰 "小國言之, 大國制之, 敢不聽從. 旣聞命矣, 敬共以往, 遲速唯君." 叔向曰 "諸侯有間矣, 不可以不示衆." 八月辛未, 治兵, 建而不旆. 壬申, 復旆之. 諸侯畏之.

●주나라와 거나라 사람이 진나라에 호소했다.

"노나라가 늘 우리를 침공해 우리는 거의 망할 지경이 되었습니다. 우리가 진나라에 진공(進貢)치 못하는 것은 노나라 때문입니다."

그러자 진소공이 노소공을 접견하지 않을 생각으로 숙향을 시켜 사절하게 했다.

"제후들이 8월 7일에 결맹하려고 하는데 과군은 귀국 군주를 모실 수 없다는 것을 알고 있소. 그러니 귀국 군주는 그날 수고하실 필요가 없소."

이에 노나라 대부 자복혜백(子服惠伯)이 반박했다.

"귀국의 군주는 만이(蠻夷)의 호소를 믿어 형제국과의 의를 끊고 주공의 후손을 버리려고 하는 것입니까. 오직 군명을 받들 뿐이니 과군은 명을 잘 받았습니다."

그러자 숙향이 위협했다.

"과군은 이곳에 갑병을 실은 전차 4천 승을 보유하고 있소. 설령 무도하게 이를 사용한다고 할지라도 모두 반드시 두려워할 것이오. 하물며 도리에 맞게 쓰는데 그 누가 감히 대적할 수 있겠소? 비록 소가 비쩍 말랐다고 할지라도 돼지 몸 위에 쓰러지면 어찌 그 돼지가 죽지 않을까 두렵지 않겠소. 더구나 귀국에는 남괴(南蒯)와 자중(子仲)으로 인한 우환이 있는데 어찌 그 일들을 모르는 체할 수 있겠소? 만일 우리 진나라가 많은 군사를 동원한 가운데 제후들의 군사마저 가세시켜 주(邾)나라와 거나라, 기나라, 증(鄫)나라 등의 귀국에 대한 노여움을 구실로 귀국의 죄를 문책하고, 남괴와 자중으로 인한 우환을 틈탄다면 어떤 일인들 이루지 못하겠소."

노나라 사람들이 크게 두려워한 나머지 진나라의 명에 따랐다.

8월 7일, 제후들이 평구(平丘)에서 결맹했다. 이는 제나라가 굴복한 데 따른 것이었다. 그러자 진소공이 제후들에게 명했다.

"정오에 회맹 장소로 모이도록 하시오."

이에 앞서 그 전날인 8월 6일에 진소공에 대한 조현이 모두 끝났다. 이때 정나라의 자산은 외복(外僕: 밖의 일을 하는 종복)들에게 명하여 빨리 회맹 장소에 유악(帷幄)을 치게 했다. 그러자 자태숙이 이를 제지하면서 다음날을 기다려 치게 했다. 저녁이 되어 자산은 외복들이 유악을 치지 않았다는 말을 듣고 다시 빨리 유악을 치게 했다. 그러나 이미 이때는 유악을 칠 자리가 없었다.

　결맹할 때 자산이 공부(貢賦)의 경중과 차서를 놓고 논쟁했다.

　"전에는 천자가 공부의 차서와 경중을 정할 때 신분의 고하에 근거해 결정했습니다. 신분이 존귀하면 공부 또한 많은 것이 주왕조의 제도로 신분이 낮고도 공부가 많은 경우는 전복(甸服: 畿內 1천 리 이내에 있는 백작과 자작의 나라)에 한했습니다. 우리 정나라는 남복(男服: 기내 1천5백 리 이내에 있는 나라)에 속합니다. 그런데 우리에게 공후(公侯)의 공부 기준을 제시하고 있으니 제대로 바치지 못할까 두렵습니다. 감히 청컨대 다시 정해주기 바랍니다. 제후들은 지금 마땅히 전쟁을 그만두고 서로 우호적으로 일을 처리하도록 노력해야 합니다. 그런데도 행리(行理: 行旅로, 사자인 行人을 지칭)의 공부 독촉이 단 한 달도 그냥 지나친 적이 없습니다. 공부에 한도가 없기에 소국이 이를 제대로 이행할 수 없으니 이것이 바로 득죄의 원인이 되는 것입니다. 제후들이 구맹을 다지는 것은 소국을 살리기 위한 것입니다. 소국의 공부에 한도가 없는 것은 멸망할 날을 손꼽아 기다리는 것과 같습니다. 소국의 존망에 관한 제도는 지금 새로이 정해져야 합니다."

　자산의 논쟁은 한낮부터 저녁까지 계속되었다. 이에 진나라 사람이 그의 청을 들어주었다.

　결맹이 끝난 뒤 자태숙이 자산을 책망했다.

　"만일 제후들이 우리 나라를 친다면 어찌 가벼이 대할 수 있겠습니까?"

　그러자 자산이 대답했다.

　"진나라 정사는 여러 가문의 사람이 장악하고 있소. 그들 모두 두 마음을 품고 그럭저럭 일을 처리해 나가고 있는데 어떻게 다른 나라를 칠 겨를이 있겠소? 나라의 형세가 떨치지 못한 것도 그러한데 무시까지 당하면 어찌 나라라고 할 수 있겠소?"

　이때 노소공은 결국 결맹에 참여하지 못했다. 마침 진나라 사람이 노나라 대부 계손의여(季孫意如: 계평자)를 억류해 막사 안에 가두고 적인(狄人)으로 하여금 그를 지키게 했다. 그러자 노나라 대부 사탁석(司

鐸射: 원래 '사탁'은 관직명임)이 비단을 품 안에 감추고 얼음을 가득 채운 호리병을 든 채 몰래 천막 안으로 기어들어가려고 했다. 막사를 지키던 자가 그를 제지하자 곧 그에게 비단을 준 뒤 무사히 안으로 들어갔다. 얼마 후 진나라 사람이 계평자를 데리고 귀국하자 자복초(子服湫: 子服椒)가 그를 수종했다.

정나라 자산은 귀국하던 중 아직 도성에 이르지 않았을 때 자피(子皮)가 죽었다는 소식을 듣고 통곡하며 말했다.

"나는 이제 끝이다. 내가 선한 일을 하도록 도와줄 사람이 없구나. 오직 그분만이 나를 알아주셨다."

이를 두고 중니가 이같이 평했다.

"자산은 이때의 행차에서 나라의 초석을 놓았다고 할 수 있다. 『시경』 「소아・남산유대」에 이르기를, '낙지군자(樂只君子: '즐거워라, 군자여'의 뜻으로, 只는 虛辭)・방가지기(邦家之基: 나라의 초석이라네)'라고 했다. 자산이야말로 군자로서 화락(和樂)을 구한 사람이었다."

그러고는 또 이같이 덧붙였다.

"제후들이 회동할 때 공사(貢事)를 한예(限藝: 한도의 기준을 정했다는 뜻으로, '예'는 기준을 의미)한 것은 예에 맞는 일이다."

邾人・莒人愬于晉曰 "魯朝夕伐我, 幾亡矣. 我之不共, 魯故之以." 晉侯不見公, 使叔向來辭曰 "諸侯將以甲戌盟, 寡君知不得事君矣, 請君無勤." 子服惠伯對曰 "君信蠻夷之訴, 以絶兄弟之國, 棄周公之後, 亦惟君. 寡君聞命矣." 叔向曰 "寡君有甲車四千乘在, 雖以無道行之, 必可畏也. 況其率道, 其何敵之有. 牛雖瘠, 僨於豚上, 其畏不死. 南蒯・子仲之憂, 其庸可棄乎. 若奉晉之衆, 用諸侯之師, 因邾莒杞鄫之怒, 而討魯罪, 間其二憂, 何求而弗克." 魯人懼, 聽命. 甲戌, 同盟于平丘, 齊服也. 令諸侯日中造于除. 癸酉, 退朝. 子産命外僕速張於除, 子大叔止之, 使待明日. 及夕, 子産聞其未張也, 使速往, 乃無所張矣. 及盟, 子産爭承曰 "昔, 天子班貢, 輕重以列, 列尊貢重, 周之制也, 卑而貢重者, 甸服也. 鄭, 伯男也. 而使從公侯之貢, 懼弗給也. 敢以爲請. 諸侯靖兵, 好以爲事. 行理

之命, 無月不至. 貢之無藝, 小國有闕, 所以得罪也. 諸侯修盟, 存小國
也. 貢獻無極, 亡可待也. 存亡之制, 將在今矣."自日中以爭, 至于昏, 晉
人許之. 旣盟, 子大叔咨之曰 "諸侯若討, 其可瀆乎." 子産曰 "晉政多
門, 貳偸之不暇, 何暇討. 國不競亦陵, 何國之爲."公不與盟. 晉人執季
孫意如, 以幕蒙之, 使狄人守之. 司鐸射懷錦奉壺飮氷, 以蒲伏焉. 守者
御之, 乃與之錦而入. 晉人以平子歸, 子服湫從. 子産歸, 未至, 聞子皮
卒, 哭且曰 "吾已. 無爲爲善矣, 唯夫子知我." 仲尼謂 "子産於是行也,
足以爲國基矣.『詩』曰 '樂只君子, 邦家之基.' 子産, 君子之求樂者也."
且曰 "合諸侯, 藝貢事, 禮也."

●선우(鮮虞)나라 사람들이 진나라 군사가 총출동했다는 말을 듣고
도 변경의 경계를 소홀히 하고 무비(武備)를 갖추지 않았다. 이에 진나
라 대부 순오(荀吳)가 저옹(著雍: 위치 미상)을 출발해 상군을 이끌고
선우나라로 쳐들어갔다. 중인(中人: 하북성 당현 서북쪽)에 이르러 충
차(衝車)를 이용해 전투를 벌였다. 진나라 군사가 대승을 거두고 많은
전리품을 노획하여 회군했다.

초나라가 채나라를 멸망시켰을 때 초영왕이 허(許: 하남성 허창시 동
쪽)나라와 호(胡: 안휘성 부양시와 부양현)나라, 심(沈: 하남성 침구현
동남쪽)나라를 비롯해 도(道: 하남성 확산현 북쪽)와 방(房: 하남성 수
평현), 신(申: 하남성 남양시와 그 북부 일대) 땅의 백성들을 모두 형
(荊: 초나라)으로 이주시켰다. 초평왕은 즉위하자 곧 진나라와 채나라
를 재건한 데 이어 이들 지역의 백성들을 모두 귀환시켰다. 이는 예에
맞는 일이다.

이때 채나라 은(隱)태자의 아들 여(廬: 채평공)도 채나라로 돌려보
냈다. 이는 예에 맞는 일이다. 진나라 도(悼)태자의 아들 오(吳: 陳惠公
孫吳)도 진나라로 돌려보냈다. 이 또한 예에 맞는 일이다.

겨울 10월, 채영공(蔡靈公)을 안장했다. 이는 예에 맞는 일이다.

이때 노소공이 진나라로 갔다. 그러자 진나라 대부 순오가 한선자에

게 말했다.

"제후들이 서로 조현하는 것은 구호(舊好)를 다지기 위한 것입니다. 그런데 그 나라의 경을 억류하여 그 군주로 하여금 조현하게 만드는 것은 우호에 좋지 않으니 차라리 사절하느니만 못합니다."

이에 대부 사경백(士景伯)을 시켜 황하 강변에서 노소공의 입국을 사절하게 했다.

이때 마침 오나라가 주래(州來)를 멸망시켰다. 초나라 영윤 자기(子旗: 투성연)가 오나라를 칠 것을 청했다. 그러나 초평왕이 반대했다.

"내가 아직 백성을 안무하고, 귀신을 제대로 받들고, 방어설비를 완전히 갖추고, 국가(國家: 여기서는 나라와 가정을 지칭)를 안정시키는 일을 이루어내지 못하고 있소. 그런데 지금 백성을 동원하여 실패하게 되면 후회한들 소용이 없게 되오. 주래(州來: 안휘성 봉대현 경계)가 오나라에 귀속된 것은 초나라 수중에 있는 것과 같으니 영윤은 잠시 기다리도록 하시오."

鮮虞人聞晉師之悉起也, 而不警邊, 且不修備. 晉荀吳自著雍以上軍侵鮮虞, 及中人, 驅衝競, 大獲而歸. 楚之滅蔡也, 靈王遷許胡沈道房申於荊焉. 平王卽位, 旣封陳蔡, 而皆復之, 禮也. 隱大子之子廬歸于蔡, 禮也. 悼大子之子吳歸于陳, 禮也. 冬十月, 葬蔡靈公, 禮也. 公如晉. 荀吳謂韓宣子曰 "諸侯相朝, 講舊好也. 執其卿而朝其君, 有不好焉, 不如辭之." 乃使士景伯辭公于河. 吳滅州來, 令尹子旗請伐吳. 王弗許, 曰 "吾未撫民人, 未事鬼神, 未修守備, 未定國家, 而用民力, 敗不可悔. 州來在吳, 猶在楚也. 子姑待之."

●노나라 대부 계손(季孫: 계손의여)이 아직 진나라에 억류되어 있을 때 자복혜백(子服惠伯)이 진나라 대부 중항목자(中行穆子)에게 사적으로 말했다.

"노나라가 진나라를 섬기는 자세가 어찌하여 만이(蠻夷)의 소국들보다 못하다는 것입니까. 노나라는 진나라와 형제지국이고, 땅도 만이의 소국들보다 크고, 진나라가 요구하는 공부(貢賦) 물품을 모두 구비하고 있습니다. 만일 이인(夷人)들을 위해 노나라를 버림으로써 우리로 하여금 제나라 초나라를 섬기게 한다면 진나라에 무슨 도움이 되겠습니까. 친친여대(親親與大: 가까운 이웃 나라와 친하게 지내고 영토가 큰 나라를 도와줌)와 상공벌부(賞共罰否: 공물을 잘 바치는 나라를 포상하고 그렇지 못한 나라를 벌줌)가 바로 맹주국이 해야 할 일입니다. 그대는 이를 한번 깊이 헤아려주기 바랍니다. 속담에 이르기를, '신일주이'(臣一主二: 신하는 하나인데 군주는 둘임)라고 했습니다. 우리 노나라가 의지할 대국이 어찌 진나라밖에 없겠습니까."

중항목자가 이 말을 한선자에게 고하면서 말했다.

"초나라가 진나라와 채나라를 멸망시켰을 때 우리는 그 나라들을 구하지 못했는데 이제 만이의 소국을 위해 이웃 나라 사람을 억류하고 있으니 이를 장차 무엇에 쓸 것입니까."

진나라가 곧 계손씨를 노나라로 돌려보냈다. 이에 자복혜백이 진나라에 대해 말했다.

"과군은 무슨 죄인지도 모르는 사이에 제후들을 모아놓은 자리에서 우리 나라의 경을 체포했습니다. 만일 죄가 있으면 사명(死命: 명을 받들어 죽음)하는 것이 당연합니다. 그러나 죄가 없다고 말하면서 그에게 은사(恩赦)를 베풀지라도, 만일 제후들이 그 얘기를 듣지 못한다면 이는 도명(逃命: 명을 회피함)과 다름없습니다. 그러니 이를 어찌 사면이라고 할 수 있겠습니까. 청컨대 제후들이 회맹하는 자리에서 군혜(君惠)를 베풀기 바랍니다."

그러자 한선자가 걱정이 되어 숙향에게 물었다.

"그대가 계손씨를 조용히 돌려보낼 수 있겠소?"

"불가능합니다. 그러나 저의 아우 부(鮒: 양설부)라면 할 수 있을 것입니다."

이에 한선자가 곧 숙어(叔魚: 양설부)에게 이 일을 전담하게 했다. 그러자 숙어가 계손씨를 만나 말했다.

"지난날 제가 군주에게 죄를 짓고 스스로 노나라 군주를 찾아가 몸을 의탁한 적이 있습니다. 만일 당시 계무자(季武子: 계평자의 조부)의 은사(恩賜)가 없었다면 저에게 오늘은 없었을 것입니다. 설령 뼈만이라도 진나라로 돌아갔다 할지라도 그대 집안이 저에게 생명의 살을 붙여 준 것과 같습니다. 그러니 제가 어찌 감히 그대에게 제 마음을 다하지 않겠습니까. 그대는 돌아가도록 했는데도 돌아가지 않고 있습니다. 제가 담당 관원에게 들으니 이미 그대를 위해 서하(西河: 황하의 서안으로, 섬서성 대려현과 화양현 일대)에 제관(除館: 객관을 수리함)해 놓았다고 합니다. 장차 어찌할 생각입니까?"

숙어가 말을 마치고는 눈물을 흘렸다. 계평자가 두려워한 나머지 자복혜백보다 먼저 돌아갔다. 그러나 자복혜백은 귀국하지 않고 진나라가 예를 갖추어 송환할 때를 기다렸다.

季孫猶在晉, 子服惠伯私於中行穆子曰 "魯事晉何以不如夷之小國. 魯, 兄弟也, 土地猶大, 所命能具. 若爲夷棄之, 使事齊楚, 其何瘳於晉. 親親與大, 賞共罰否, 所以爲盟主也. 子其圖之. 諺曰 '臣一主二.' 吾豈無大國." 穆子告韓宣子, 且曰 "楚滅陳蔡不能救, 而爲夷執親, 將焉用之." 乃歸季孫. 惠伯曰 "寡君未知其罪, 合諸侯而執其老. 若猶有罪, 死命可也. 若曰無罪而惠免之, 諸侯不聞, 是逃命也, 何免之爲. 請從君惠於會." 宣子患之, 謂叔向曰 "子能歸季孫乎." 對曰 "不能. 鮒也能." 乃使叔魚. 叔魚見季孫曰 "昔, 鮒也得罪於晉君, 自歸於魯君. 微武子之賜, 不至於今. 雖獲歸骨於晉, 猶子則肉之, 敢不盡情. 歸子而不歸, 鮒也聞諸吏, 將爲子除館於西河, 其若之何." 且泣. 平子懼, 先歸. 惠伯待禮.

14년(기원전 528)

14년 봄, 의여(意如)가 진나라에서 돌아왔다. 3월, 조백 등(滕)이 졸했다. 여름 4월. 가을. 조무공(曹武公)을 안장했다. 8월, 거자 거질(去疾)이 졸했다. 겨울, 거나라에서 그 공자 의회(意恢)를 죽였다.

十四年春, 意如至自晉. 三月, 曹伯滕卒. 夏四月. 秋, 葬曹武公. 八月, 莒子去疾卒. 冬, 莒殺其公子意恢.

●14년 봄, 계손의여(季孫意如)가 진나라에서 돌아왔다. 『춘추』에 이같이 기록한 것은 진나라를 높이고 자기 나라인 노나라에 죄가 있음을 뜻하는 것이다. 진나라를 높이고 자기 나라에 죄가 있음을 나타낸 것은 예에 맞는 일이다.

이때 노나라 대부 남괴가 장차 난을 일으킬 생각으로 비읍(費邑) 사람과 맹약했다. 그러자 남괴의 가신 사도로기(司徒老祁)와 여계(慮癸)가 칭병한 뒤 사람을 남괴에게 보내 청했다.

"저는 맹약을 받아들이고자 했으나 마침 병이 났습니다. 만일 그대의 덕택으로 죽지 않는다면 병이 낫기를 기다려 다시 그대와 결맹할 수 있게 해주기 바랍니다."

남괴가 이들의 청을 들어주었다. 그런데 이들 두 사람은 비읍 백성들에 기대어 남괴를 배반할 생각이었다. 이에 백성들을 모두 모아놓고 함께 결맹하고자 했다. 두 사람이 그 자리에서 남괴를 협박했다.

"우리들은 저들의 주군을 잊을 수 없소. 다만 지금까지 줄곧 그대를 두려워하여 3년 동안 그대의 명을 좇았을 뿐이오. 그대가 만일 잘 헤아리지 않으면 비읍 사람들은 주군에 대해 불인(不忍: 잔인하지 못함)하여 앞으로 더 이상 그대를 두려워하지 않을 것이오. 그대는 어디로 간들 마음먹은 대로 하지 못하겠소. 청컨대 우리가 그대를 전송하도록 해주시오."

남괴가 5일 동안의 말미를 청한 뒤 마침내 제나라로 달아났다. 남괴가 제경공을 모시고 술을 마실 때 제경공이 문득 말했다.

"반부(叛夫: 배신자)."

남괴가 대답했다.

"저는 제나라 공실을 더욱 강하게 만들고자 합니다."

이에 제나라 대부 자한석(子韓晳)이 말했다.

"가신이 공실을 더욱 강하게 만들고자 하니 이보다 더 큰 죄는 없습니다."

이때 비읍의 사도로기와 여계가 와 비읍을 회수하고자 했다. 제경공이 대부 포문자(鮑文子)를 시켜 비읍을 노나라에 돌려주게 했다.

十四年春, 意如至自晉, 尊晉罪己也. 尊晉罪己, 禮也. 南蒯之將叛也, 盟費人. 司徒老祁慮癸僞廢疾, 使請於南蒯曰 "臣願受盟而疾興, 若以君靈不死, 請待間而盟." 許之. 二子因民之欲叛也, 請朝衆而盟. 遂劫南蒯曰 "群臣不忘其君, 畏子以及今, 三年聽命矣. 子若弗圖, 費人不忍其君, 將不能畏子矣. 子何所不逞欲. 請送子." 請期五日. 遂奔齊. 侍飮酒於景公. 公曰 "叛夫." 對曰 "臣欲張公室也." 子韓晳曰 "家臣而欲張公室, 罪莫大焉." 司徒老祁慮癸來歸費. 齊侯使鮑文子致之.

● 여름, 초평왕이 연단(然丹)을 보내 종구(宗丘: 호북성 자귀현)에서 서부 지역의 군사를 선발하여 검열하고 그곳의 백성들을 위무하게 했다. 그러면서 빈궁한 자에게 시사(施舍)하여 곤궁을 구해주고, 어린 고아들을 양육하고, 병든 노인을 봉양하고, 개특(介特: 홀아비)을 거두고, 재난당한 자들을 구제하고, 고아와 과부에게 부과된 세를 면제하고, 죄인을 사면하고, 간특한 자를 엄히 다스리고, 엄체(淹滯: 재능이 있으면서도 등용되지 못한 자)를 등용하게 했다. 이어 예로써 신인(新人)을 접대하면서 구인(舊人)에 대해서는 공적에 의거해 관직과 승천(昇遷)을 정하고, 공적을 장려하면서 친척들과 화목하게 지내고, 현량(賢良)을 임용하여 물관(物官: 적재적소에 배치할 관원을 물색함)하게 했다.

초평왕은 또 대부 굴피(屈罷)를 시켜 소릉(召陵)에서 동부지역의 군사를 선발하고 검열하면서 서부지역에서 행한 것과 똑같이 행하게 했다. 그리고 사방의 인국(鄰國)들과 우호관계를 맺고 5년 동안 백성들을 편히 쉬게 한 연후에 비로소 동원했다. 이는 예에 맞는 일이다.

가을 8월, 거나라 군주 저구공(著丘公)이 죽었다. 그러나 사군(嗣君)

교공(郊公)이 부친의 죽음을 슬퍼하지 않았다. 이에 백성들이 그를 따르지 않고 저구공의 동생 경여(庚輿: 莒共公)를 옹립하고자 했다. 이때 거나라 대부 포여후(蒲餘侯: 茲夫)는 공자 의회(意恢)를 미워해 경여와 사이 좋게 지냈다. 그러나 교공은 공자 탁(鐸)을 미워해 공자 의회와 가까이 지냈다. 공자 탁이 포여후를 의지하면서 그와 더불어 이같이 모의했다.

"그대가 의회를 죽이시오. 나는 군주를 내쫓고 경여를 맞아들이겠소."
포여후가 이를 수락했다.

초나라 영윤 자기(子旗)는 초평왕을 옹립하는 데 공을 세운 것만 믿고 욕심을 절제할 줄 몰랐다. 이에 양씨(養氏)와 한패가 되어 끝없이 탐욕을 부리자 초평왕이 이를 크게 걱정했다. 9월 3일, 초평왕이 투성연(鬪成然: 자기)을 죽이고 양씨의 일족까지 모두 주멸했다. 이어 대부 투신(鬪辛: 투성연의 아들)을 운(鄖: 호북성 안륙현) 땅에 거주시켜 그들의 훈공을 잊지 않겠다는 뜻을 표시했다.

겨울 12월, 거나라 대부 포여후 자부(茲夫)가 공자 의회를 죽이자 교공이 제나라로 달아났다. 이에 공자 탁이 경여를 제나라에서 맞이했다. 이때 제나라 대부 습당(隰黨)과 공자 서(鉏)가 경여를 호송하자 거나라가 제나라에 뇌전(賂田: 뇌물로 땅을 줌)했다.

夏, 楚子使然丹簡上國之兵於宗丘, 且撫其民. 分貧振窮, 長孤幼, 養老疾, 收介特, 救災患, 宥孤寡, 赦罪戾, 詰姦慝, 擧淹滯. 禮新敍舊, 祿勳合親, 任良物官. 使屈罷簡東國之兵於召陵, 亦如之. 好於邊疆, 息民五年, 而後用師, 禮也. 秋八月, 莒著丘公卒, 郊公不慼. 國人弗順, 欲立著丘公之弟庚輿. 蒲餘侯惡公子意恢而善於庚輿, 郊公惡公子鐸而善於意恢, 公子鐸因蒲餘侯而與之謀曰 "爾殺意恢, 我出君而納庚輿." 許之. 楚令尹子旗有德於王, 不知度. 與養氏比, 而求無厭. 王患之. 九月甲午, 楚子殺鬪成然, 而滅養氏之族. 使鬪辛居鄖, 以無忘舊勳. 冬十二月, 蒲餘侯茲夫殺莒公子意恢, 郊公奔齊. 公子鐸逆庚輿於齊. 齊隰黨·公子鉏送之, 有賂田.

●진나라 대부 형후(邢侯: 邢伯)와 옹자(雍子: 본래는 초나라 사람이었으나 후에 진나라 대부가 됨)가 축(鄐: 하남성 온현 부근) 땅을 놓고 오래도록 다투었으나 타협을 이루지 못했다. 마침 이 사건을 담당한 사경백(士景伯)이 초나라에 가게 되자 숙어(叔魚)가 그 직무를 대리했다.

한선자가 숙어에게 명하여 이 구옥(舊獄: 오래된 소송)을 단옥(斷獄: 심리하여 판정을 내림)하게 했는데 원래 잘못은 옹자에게 있었다. 그러나 숙어는 옹자가 자신의 딸을 바쳐 처자로 삼게 하자 그 허물을 형후에게 뒤집어씌웠다. 형후가 대로한 나머지 숙어와 옹자를 조정에서 죽였다. 한선자가 그 죄를 묻자 숙향이 말했다.

"세 사람이 같은 죄이니 시생륙사(施生戮死: 살아 있는 자를 사형에 처해 그 시체를 늘어놓아 사람들에게 보이고 죽은 자 역시 陳尸함)하는 것이 좋겠습니다. 옹자는 자신의 죄를 스스로 알면서도 뇌물로써 매직(買直: 승소를 사들임)했고, 숙어는 육옥(鬻獄: 소송을 거래 대상으로 삼음)했고, 형후는 전살(專殺: 법에 의거하지 않고 함부로 죽임)했으니 그들의 죄는 같습니다. 자신이 유죄이면서 다른 사람의 미명(美名)을 약탈하는 것을 '혼'(昏: 혼란), 탐람하여 패관(敗官: 관기를 무너뜨림)하는 것을 '묵'(墨: 두예는 불결로 해석), 살인을 꺼리지 않는 것을 '적'(賊)이라고 했습니다. 『서경』「하서」(夏書: 다음 내용은 실전)에 이르기를, '혼과 묵, 적은 사형에 처한다'고 했습니다. 이는 고요(皐陶: 순임금 때 사법을 관장한 東夷의 수령)가 정한 형법입니다. 청컨대 이를 좇기 바랍니다."

이에 형후를 사형에 처해 진시(陳尸: 시체를 늘어놓아 사람들에게 보임)하고 옹자와 숙어의 시체 또한 진시하게 했다. 이를 두고 중니가 이같이 평했다.

"숙향에게는 옛날의 유직(遺直: 예로부터 내려오는 정직한 유풍)이 있었다. 형법을 만들어 시행하는 것은 치국의 대사이다. 그는 친속(親屬)을 은비(隱庇)하지 않았고, 아우 숙어의 죄악을 세 번에 걸쳐 책하면서 형벌을 말감(末減: 경감을 뜻하는 말로, '末'은 '薄', '減'은 '輕'의 의미임)하지 않았다. 하는 일이 도의에 부합하니 가히 정직하다고 이를 만하다. 평구(平丘)의 회동 당시 숙어의 수뢰행위를 책하며 위나라에게 너그럽게 대해 진나라가 잔포(殘暴)해지는 일이 없게 했다. 노나라의 계손씨를 귀국시킬 당시 숙어의 사기(詐欺)를 이용해 노나라에게 관용을 보임으로써 진나라가 사람을 학살(虐殺)하는 일이 없게 했다. 형후의 소송 사건에서는 숙어의 탐람(貪婪)을 지적하며 법을 정당히 집행하여 진나라가 편파적으로 사건을 처리하는 일이 없게 했다. 그는 3언(三言)으로 3악(三惡)을 제거하여 3리(三利)를 더하고, 살친(殺親: 친족을 죽임)으로 영예를 더욱 높였다. 이는 참으로 도의에 부합하는 것이다."

晉邢侯與雍子爭鄐田, 久而無成. 士景伯如楚, 叔魚攝理. 韓宣子命斷舊獄, 罪在雍子. 雍子納其女於叔魚, 叔魚蔽罪邢侯. 邢侯怒, 殺叔魚與雍子於朝. 宣子問其罪於叔向. 叔向曰 "三人同罪, 施生戮死可也. 雍子自知其罪而賂以買直, 鮒也鬻獄, 邢侯專殺, 其罪一也. 己惡而掠美爲昏, 貪以敗官爲墨, 殺人不忌爲賊. 「夏書」曰 '昏墨賊殺,' 皐陶之刑也. 請從之." 乃施邢侯而尸雍子與叔魚於市. 仲尼曰 "叔向, 古之遺直也. 致國制刑, 不隱於親, 三數叔魚之惡, 不爲末減. 曰義也夫, 可謂直矣. 平丘之會, 數其賄也, 以寬衛國, 晉不爲暴. 歸魯季孫, 稱其詐也, 以寬魯國, 晉不爲虐. 邢侯之獄, 言其貪也, 以正刑書, 晉不爲頗. 三言而除三惡, 加三利, 殺親益榮猶義也夫."

15년(기원전 527)

15년 봄 주력(周曆) 정월, 오자 이말(夷末)이 졸했다. 2월 계유, 무궁(武宮)에서 제사가 있었다. 약(籥)이 행해질 때 숙궁이 졸했다. 악(樂)을 쓰지 않고 제사를 끝냈다. 여름, 채나라의 조오(朝吳)가 정나라로 망명했다. 6월 정사 삭(朔), 일식이 있었다. 가을, 진나라의 순오(荀吳)가 군사를 이끌고 가 선우(鮮虞)를 쳤다. 겨울, 공이 진나라로 갔다.

十五年春王正月, 吳子夷末卒. 二月癸酉, 有事于武宮, 籥入叔弓卒, 去樂卒事. 夏, 蔡朝吳出奔鄭. 六月丁巳朔, 日有食之. 秋, 晉荀吳帥師, 伐鮮虞. 冬, 公如晉.

● 15년 봄, 노나라가 노무공(魯武公)에 대한 체제(禘祭)를 올리기 위해 백관들에게 고하여 재계하도록 했다. 이때 대부 재신(梓愼)이 말했다.

"체제 올리는 날 재앙이 있을까 두렵다. 나는 검붉은 침(祲: 요기)을 보았는데 이는 제상(祭祥: 제사 올릴 때의 瑞氣)이 아니라 상분(喪氛: 상을 당할 惡氣)이다. 그 재앙이 어찌 제사를 주도하는 사람의 신상에 있지 않겠는가."

2월 15일, 체제를 지낼 때 숙궁(叔弓)이 이를 주재했는데 약(籥: 피리와 같은 악기로. 여기서는 이를 부는 악공을 지칭)이 사당에 들어서자마자 돌연 죽게 되었다. 이에 음악을 중지하고 곧바로 제사를 마쳤다. 이는 예에 맞는 일이다.

초나라 대부 비무극(費無極)은 조오(朝吳)가 채나라에 가게 된 것을 질시하여 그를 제거하고자 했다. 이에 조오에게 말했다.

"초왕은 오직 그대만을 믿고 있소. 그래서 그대를 채나라에 있게 하려는 것이오. 그대도 이제는 나이가 적지 않은데 아직 아랫자리에 있으니 참으로 치욕스런 일이오. 그러니 꼭 높은 자리를 요구하도록 하시오. 나도 그대를 도와 그같이 청하도록 하겠소."

그러고는 곧 조오의 윗자리에 있는 사람들에게 말했다.

"초왕은 오직 조오만 믿고 있기에 그를 채나라로 보내려고 하는데 그대들은 그보다 못하오. 그런데도 그의 윗자리에 앉아 있으니 이는 곤란한 일이 아니겠소? 이 일을 어찌 처리할지 미리 고려하지 않으면 반드시 그대들에게 위난이 닥칠 것이오."

여름, 채나라 사람들이 조오를 축출하자 조오가 정나라로 달아났다. 이에 초평왕이 크게 노해 비무극에게 물었다.

"나는 오직 조오만 믿었기에 그를 채나라에 있게 한 것이오. 게다가 조오가 없었다면 나는 이 자리에 있지 못했을 것이오. 그런데 그대는 무슨 까닭으로 그를 제거한 것이오?"

비무극이 대답했다.

"제가 어찌 조오를 마다하겠습니까. 그러나 저는 전부터 그의 사람됨이 일반인과 다르다는 것을 알고 있었습니다. 조오가 채나라에 있게 되면 채나라는 틀림없이 곧바로 날아가버리고 말 것입니다. 조오를 제거하는 것은 채나라의 날개를 끊는 것과 같습니다."

十五年春, 將禘于武公, 戒百官. 梓愼曰"禘之日其有咎乎. 吾見赤黑之祲, 非祭祥也, 喪氛也. 其在涖事乎."二月癸酉, 禘, 叔弓涖事, 籥入而卒, 去樂卒事, 禮也. 楚費無極害朝吳之在蔡也, 欲去之. 乃謂之曰"王唯信子, 故處子於蔡. 子亦長矣, 而在下位, 辱. 必救之. 吾助子請."又謂其上之人曰"王唯信吳, 故處諸蔡, 二三子莫之如也. 而在其上, 不亦難乎. 弗圖, 必及於難."夏, 蔡人逐朝吳. 朝吳出奔鄭. 王怒曰"余唯信吳, 故實諸蔡. 且微吳, 吾不及此. 女何故去之."無極對曰"臣豈不欲吳. 然而前知其爲人之異也. 吳在蔡, 蔡七速飛. 去吳, 所以翦其翼也."

● 6월 9일, 주경왕의 태자 수(壽)가 죽었다. 가을 8월 22일, 주경왕의 왕후인 목후(穆后: 태자 수의 모친)가 붕어했다.

이때 진나라 대부 순오(荀吳)가 군사를 일으켜 선우(鮮虞)나라를 치고 고(鼓: 백적의 일종으로, 선우나라에 속해 있었는데 하북성 진현에 위치)나라를 포위했다. 이때 고나라의 어떤 사람이 성 안 사람들을 이끌고 반기를 들어 진나라에 귀부할 것을 청했으나 목자(穆子: 순오)가 이를 허락하지 않았다. 좌우 사람들이 물었다.

"군사를 수고롭게 하지 않고도 성을 얻을 수 있는데 왜 허락하지 않는 것입니까?"

"나는 숙향이 이같이 얘기하는 것을 들었소. 그가 말하기를, '호오(好惡)가 도에 지나치지 않으면 백성들이 나아갈 바를 알기 때문에 성사되지 못할 일이 없다'고 했소. 어떤 사람이 우리의 성읍을 들어 반기를 든다면 우리는 그를 극히 미워할 것이오. 다른 사람이 성읍을 들어 귀부하는데 우리가 왜 홀로 이를 반겨야 하오? 미워하는 자에게 상을 준다면 반겨야 할 사람은 장차 어찌 대할 것이오? 만일 상을 주지 않는다면 이는 신의를 잃는 것이니 그리 되면 무엇으로 백성을 지킬 것이오? 역량이 있으면 나아가고 그렇지 못하면 물러나 역량을 헤아린 뒤 행해야 할 것이오. 우리는 성을 차지하기 위해 간악한 자를 가까이할 수는 없소. 그리 되면 오히려 잃는 것이 훨씬 많을 것이오."

이에 고나라 사람에게 반기를 든 자를 죽이고 성의 방어시설을 수리할 여유를 주었다. 고나라를 포위한 지 3개월 만에 고나라의 어떤 사람이 투항을 자청하면서 부하를 보내 목자를 만나게 하자 목자가 말했다.

"그대들의 얼굴을 보니 아직 먹을 양식이 있는 듯하니 당분간 돌아가 성을 수리하도록 하시오."

그러자 진나라의 군리(軍吏)가 물었다.

"성을 얻게 되었는데도 이를 점거하지 않고 군사를 수고롭게 하여 병기를 손상시키고 있습니다. 그리하면 장차 무엇으로 군주를 섬기려는 것입니까?"

"이것이 내가 군주를 섬기는 방법이오. 일개 성읍을 얻어 백성들에게 게으름을 가르친다면 장차 그 성읍을 어디에 쓰겠소? 성읍 하나를 얻어 게으름을 사는 것은 일관된 근신(勤愼)을 견지하느니만 못하오. 게으름을 사는 것은 좋은 결과를 맺을 수 없고 일관된 근신을 버리는 것은 상서롭지 못하오. 고나라 사람들은 그들의 군주를 잘 섬겨야 하고 우리 또한 우리의 군주를 잘 섬겨야 하오. 그래야만 도의를 좇으면서 어긋나지 않게 되오. 호오가 도를 지나치지 않으면 성읍을 얻을 수 있고 백성 또한 도의의 소재를 알게 되오. 사명(死命: 목숨을 바쳐 명을 수행함)하여 두 마음이 없게 되면 이 또한 좋지 않겠소?"

마침내 고나라 사람들이 식갈력진(食竭力盡: 양식이 다 떨어지고 힘이 다함)을 고하자 그때서야 비로소 성을 차지했다. 순오가 승리를 거두고 돌아가면서 단 한 사람도 죽이지 않고 오직 고나라 군주 원제(载鞮: 뒤에 나오는 鳶鞮와 같은 인물로 보임)만 데리고 돌아갔다.

겨울, 노소공이 진나라로 갔다. 이는 평구에서의 회동 때문이다.

六月乙丑, 王大子壽卒. 秋八月戊寅, 王穆后崩. 晉荀吳帥師伐鮮虞, 圍鼓. 鼓人或請以城叛, 穆子弗許. 左右曰 "師徒不勤, 而可以獲城, 何故不爲." 穆子曰 "吾聞諸叔向曰 '好惡不愆, 民知所適, 事無不濟.' 或以吾城叛, 吾所甚惡也. 人以城來, 吾獨何好焉. 賞所甚惡, 若所好何. 若其弗賞, 是失信也, 何以庇民. 力能則進, 否則退, 量力而行. 吾不可以欲城而邇姦, 所喪滋多." 使鼓人殺叛人而繕守備. 圍鼓三月, 鼓人或請降, 使其民見, 曰 "猶有食色, 姑修而城." 軍吏曰 "獲城而弗取, 勤民而頓兵, 何以事君." 穆子曰 "吾以事君也. 獲一邑而教民怠, 將焉用邑. 邑以賈怠, 不如完舊. 賈怠無卒, 棄舊不祥. 鼓人能事其君, 我亦能事吾君. 率義不爽, 好惡不愆, 城可獲而民知義所, 有死命而無二心, 不亦可乎." 鼓人告食竭力盡而後取之. 克鼓而反, 不戮一人, 以鼓子载鞮歸. 冬, 公如晉, 平丘之會故也.

● 12월, 진나라 순력(荀躒)이 성주(成周)로 가 목후(穆后)의 장례식에 참석했다. 대부 적담(籍談: 籍父)이 부사로 갔다. 장례를 마치고 제상(除喪: 상복을 벗음)하자 주경왕이 진나라 문백(文伯: 순력)을 위해 연회를 베풀었다. 노호(魯壺: 노나라가 진헌한 호리병)를 술잔으로 삼았다. 이때 주경왕이 물었다.

"백씨(伯氏: 백부), 제후들이 모두 왕실에 예기(禮器)를 바쳤는데 유독 진나라만 그러지 않은 이유가 무엇이오?"

문백이 적담에게 읍을 하면서 회답하게 하자 적담이 이같이 대답했다.

"제후들이 봉상(封賞)을 받을 때 모두 왕실로부터 명기(明器: 덕을 밝히는 기물)를 받아 그것으로 사직을 다스리고 있습니다. 그래서 능히 이기(彝器: 酒器로 사용하는 청동제 禮器)를 천자에게 바칠 수 있는 것입니다. 진나라는 깊은 산중에 자리잡아 융적과 이웃해 있고 게다가 왕실과 멀리 떨어져 있습니다. 천자의 위복(威福)이 미치지 못해 융인을 배복(拜服)시키기에 겨를이 없는데 어찌 능히 이기를 바칠 수 있겠습니까."

그러자 주경왕이 말했다.

"숙씨(叔氏: 숙부), 그대는 지난 일을 모두 잊고 있단 말이오? 숙부인 당숙(唐叔)은 주성왕(周成王)의 동모제인데 어찌 왕실에서 기물을 나눠주지 않았겠소? 밀수(密須: 감숙성 영대현 서쪽)의 명고(名鼓)와 대로(大路: 큰 수레)는 주문왕이 대군을 사열할 때 사용했던 기물이오. 궐공(闕鞏: 주무왕에게 멸망당한 고대 국가)의 갑옷은 주무왕이 은나라를 칠 때 사용했던 것이오. 당숙은 이를 받아 참허(參虛: 參星이 있는 곳으로, 곧 진나라의 分野)를 차지하고 융적을 광정(匡正)했던 것이오. 이후 주양왕(周襄王)이 2로(二路: 大路와 戎路)와 척월거창(鏚鉞秬鬯: '척'은 큰 도끼, '월'은 금도끼, '거창'은 검은 기장으로 담은 香酒), 동궁호분(彤弓虎賁: 붉은 칠을 한 활과 호위병) 등을 진문공에게 하사했던 것이오. 진문공이 이를 받아 남양(南陽: 하남성 신향지구 일대) 땅을 보유하고 동하(東夏: 동쪽의 나라들로 제나라와 노나라, 송나라 등을 지칭)를 무정(撫征: 다스리며 정토함)했던 것이오. 이것이 왕실에서 나눠준 것이 아니고 무엇이오? 왕실은 공훈이 있는 자를 버려두지 않았고, 공적이 있으면 책서(策書)에 기록했고, 땅을 떼어주어 그를 봉양했고, 이기(彝器)를 하사해 그를 안무했고, 거복(車服)을 주어 그를 표창했고, 문장(文章: 거복 및 정기 등과 같이 채색으로 장식한 기물)을 주어 그를 드러냈소. 이로써 후대 자손에게까지 그 공을 잊지 않게 했으니 이것이 소위 복(福)이라 하는 것이오. 숙부가 이같은 복조(福祚)를 기억하지 않으면 숙부의 마음은 과연 어디에 있는 것이오? 옛날 그대의 고조(高祖: 여기서는 선조를 의미) 손백염(孫伯黶: 진나라 대부)이 진나라의 전적을 담당하여 이로써 태정(大政: 집정대신으로,

곧 정경을 의미)이 되었소. 이에 성을 적씨(籍氏)라고 한 것이오. 신유(辛有: 주평왕 때의 대부)의 둘째 아들 동(董)이 진나라로 가 기록을 담당하면서 이때 비로소 진나라에 동사(董史: 董氏의 사관)가 있게 된 것이오. 그대는 진나라 사전(司典: 전적을 담당하는 관원)의 후손으로 어찌하여 이같은 일들을 잊고 있단 말이오?"

적담이 대답하지 못했다. 빈객들이 물러간 뒤 주경왕이 말했다.

"적담의 후손은 녹위(祿位)를 향유하지 못할 것이다. 전고를 예로 들면서 오히려 그 조상의 일을 잊고 있기 때문이다."

적담이 진나라로 돌아와 주경왕과 나눈 대화를 고하자 숙향이 말했다.

"천자는 선종하지 못할 것이다. 내가 듣건대 '소락필졸'(所樂必卒: 즐거움에 의거하면 반드시 죽음을 초래함)이라고 했다. 지금 천자는 우려할 처지에 즐기고 있으니 만일 우려할 일로 죽게 되면 이는 선종이라 이를 수 없는 것이다. 천자는 한 해 사이에 두 차례의 3년상을 치르게 되었는데 조문객과 주연을 즐기며 제후국에 이기를 요구했다. 우려할 처지에 즐기는 것이 도에 지나쳤으니 이는 예가 아니다. 이기를 내리는 것은 공훈을 권장하기 위한 것으로 상사(喪事)가 있을 때 하는 것이 아니다. 3년상은 비록 천자와 같이 귀한 신분이라 할지라도 수복(遂服: 예복으로 3년상을 치름)하는 것이 예다. 천자가 비록 수복하지 못할지라도 연락(宴樂)이 너무 빠르니 이는 예가 아니다. 예는 왕의 대경(大經: 근본 규범)이다. 한 번의 행동으로 두 가지 예를 어겼으니 이는 대경을 좇지 않은 것이다. 말로써 고전을 계고(稽考: 고찰)하고, 전적으로 대경을 기록하는 것인데 천자는 대경을 잊은 채 말만 많이 했다. 그러니 전고를 예로 든들 무슨 소용이 있단 말인가."

十二月, 晉荀躒如周, 葬穆后, 籍談爲介. 旣葬除喪, 以文伯宴, 樽以魯壺. 王曰 "伯氏, 諸侯皆有以鎭撫王室, 晉獨無有, 何也." 文伯揖籍談, 對曰 "諸侯之封也, 皆受明器於王室, 以鎭撫其社稷, 故能薦彛器於王. 晉居深山, 戎狄之與隣, 而遠於王室. 王靈不及, 拜戎不暇, 其何以獻器." 王曰 "叔氏, 而忘諸乎. 叔父唐叔, 成王之母弟也, 其反無分乎. 密須之鼓與其大路, 文所以大蒐也. 闕鞏之甲, 武所以克商也. 唐叔受之以處參虛, 匡有戎狄. 其後襄之二路, 鍼鉞秬鬯, 彤弓虎賁, 文公受之, 以有南陽之田, 撫征東夏, 非分而何. 夫有勳而不廢, 有績而載, 奉之以土田, 撫之以彝器, 旌之以車服, 明之以文章, 子孫不忘, 所謂福也. 福祚之不登, 叔父焉在. 且昔而高祖孫伯黶, 司晉之典籍, 以爲大政, 故曰籍氏. 及辛有之二子董之, 晉於是乎有董史. 女, 司典之後也. 何故忘之." 籍談不能對. 賓出, 王曰 "籍父其無後乎. 數典而忘其祖." 籍談歸, 以告叔向. 叔向曰 "王其不終乎. 吾聞之, 所樂必卒焉. 今王樂憂, 若卒以憂, 不可謂終. 王一歲而有三年之喪二焉, 於是乎以喪賓宴, 又求彝器, 樂憂甚矣, 且非禮也. 彝器之來, 嘉功之由, 非由喪也. 三年之喪, 雖貴遂服, 禮也. 王雖弗遂, 宴樂以早, 亦非禮也. 禮, 王之大經也. 一動而失二禮, 無大經矣. 言以考典, 典以志經, 忘經而多言, 擧典, 將焉用之."

16년(기원전 526)

16년 봄, 제후(齊侯)가 서나라를 쳤다. 초자가 융만자(戎蠻子)를 유인해 죽였다. 여름, 공이 진나라에서 돌아왔다. 가을 8월 기해, 진후 이(夷)가 졸했다. 9월, 크게 기우제를 지냈다. 계손의여가 진나라로 갔다. 겨울 10월, 진소공(晉昭公)을 안장했다.

十六年春, 齊侯伐徐. 楚子誘戎蠻子, 殺之. 夏, 公至自晉. 秋八月己亥, 晉侯夷卒. 九月, 大雩. 季孫意如如晉. 冬十月, 葬晉昭公.

●16년 봄 1월, 노소공이 진나라에 머물렀다. 이는 진나라 사람이 억류한 데 따른 것이었다. 이를 『춘추』에 쓰지 않은 것은 은휘(隱諱)했기 때문이다.

제경공이 서나라를 쳤다. 초평왕이 만씨(蠻氏: 하남성 여양 일대에 살던 戎蠻)의 나라에 난이 일어난 데 이어 만자(蠻子: 융만 부락의 수령)가 신의가 없다는 말을 들었다. 이에 연단(然丹)을 시켜 융만자(戎

蠻子: 만자) 가(嘉)를 유인해 죽이게 하자 연단이 마침내 만씨의 나라를 점령했다. 그러나 후에 다시 그의 아들을 군주로 세웠다. 이는 예에 맞는 일이다.

2월 14일, 제나라 군사가 포수(蒲隧: 강소성 수녕현 서남쪽)에 이르렀다. 이때 서나라 사람이 강화를 제의했다. 서나라 군주가 담인(郯人) 및 거인(莒人)과 함께 제경공과 회동해 포수에서 맹약하면서 갑보(甲父: 산동성 금향현 남쪽)나라의 솥을 기증했다. 이를 두고 노나라 대부 숙손소자(叔孫昭子)가 말했다.

"제후국들 사이에 패자가 없는 것은 소국에게 매우 해로운 일이다. 제나라 군주가 무도하여 군사를 일으켜 원방(遠方)을 친 뒤 그들과 만나 결맹하고 귀국했는데도 이를 막을 자가 없다. 이는 패자가 없기 때문이다. 『시경』「소아·우무정(雨無正)」에 이르기를, '종주(宗周)가 쇠미해 망하려고 하자 사람들이 지려(止戾: '머물며 안정되다'는 뜻으로, 戾는 安居의 의미)할 길 없네. 정대부(正大夫: 집정대부)가 사방으로 흩어져 사니 나의 고통을 알지 못하네'라고 했다. 이는 참으로 이를 두고 이르는 말인가."

十六年春王正月, 公在晉, 晉人止公. 不書, 諱之也. 齊侯伐徐. 楚子聞蠻氏之亂也, 與蠻子之無質也, 使然丹誘戎蠻子嘉殺之, 遂取蠻氏. 旣而復立其子焉, 禮也. 二月丙申, 齊師至于蒲隧. 徐人行成. 徐子及郯人莒人會齊侯, 盟于蒲隧, 賂以甲父之鼎. 叔孫昭子曰 "諸侯之無伯, 害哉. 齊君之無道也, 興師而伐遠方, 會之有成而還, 莫之亢也. 無伯也夫. 『詩』曰 '宗周旣滅, 靡所止戾. 正大夫離居, 莫知我肄.' 其是之謂乎."

●3월, 진나라 대부 한기(韓起)가 정나라를 빙문하자 정정공이 그를 위해 향례를 베풀었다. 이때 정나라의 자산이 사람들에게 이같이 경계했다.

"만일 조정의 향례에 참석하게 되면 공각(共恪: 공경)하지 못한 일이 없도록 해야 하오."

이때 정나라 대부 공장(孔張: 이름은 申, 자는 子張)이 늦게 참석해 빈객들 사이에 서게 되었다. 집정(執政: 여기서는 의식을 담당하는 관원)이 그를 제지하자 공장은 빈객들 뒤로 갔다. 집정이 또 그를 제지하자 공장이 악기들을 걸어놓은 사이로 가 기다릴 수밖에 없었다. 빈객들이 모두 이를 보고 웃었다. 향연이 끝난 뒤 대부 부자(富子)가 자산에게 간했다.

　"대국의 손님을 접대할 때는 신중하지 않을 수 없습니다. 그러나 우리 쪽 사람이 웃음거리가 되었으니 어찌 그들이 우리를 업신여기지 않겠습니까. 우리가 모두 예를 지킬지라도 그들은 우리를 낮춰볼 것입니다. 나라에 예가 없는데 무엇으로 면목을 세울 것입니까. 공장이 자신이 있어야 할 위치를 잃게 된 것은 그대의 수치였습니다."

　자산이 대로하여 말했다.

　"명령의 발포가 부적당하고, 명령을 내린 후 신의가 없고, 형벌을 행하면서 불공평하고, 소송 사안이 멋대로 혼란스럽고, 조회에서 불공경하고, 명을 내려도 따르는 사람이 없고, 대국의 능멸을 초치하고, 백성들을 지치게 만들고도 공을 세우지 못하고, 죄를 짓고도 이를 알지 못했다면 이는 곧 나의 수치요. 자장(子張: 공장)은 선군의 곤손(昆孫: 형의 손자)으로 자공(子孔: 정양공의 형으로 공장의 조부인 공자 嘉)의 후예이며 집정대부의 후계자요. 그는 대부의 후계자가 되어 군명을 받고 사자가 되어 여러 나라를 두루 다님으로써 국인들이 존경하고 제후들 또한 익히 알고 있는 인물이오. 그는 조정에서 관직을 맡고 있으면서 집 안에 사당을 두고 있고, 나라에서 녹읍을 받고, 전쟁에 필요한 자원을 분담하고 있고, 상제(喪祭) 때 일정한 직책이 있고, 나라 제사의 신(脤: 祭肉)을 군주로부터 받으면서 집안 제사의 제육을 군주에게 바치기도 하고, 군주를 도와 종묘에서 제사지내기도 했으니 이미 일정한 자리가 정해져 있다고 할 수 있소. 그의 집안은 누대에 걸쳐 높은 지위를 이어오면서 대대로 그 가업을 지켜왔소. 그러나 이번에 그는 자신이 있어야 할 자리를 잊고 있고 있었던 것이오. 그런데 내가 왜 이번 일을 수치스럽게 생각해야만 하오? 행동이 단정치 못한 사람들이 저지른 잘못을 모두 집정에게 돌리면 이는 선왕이 정한 형벌을 없애는 것이 되오. 그대는 다른 일로 나를 규간(規諫)해주기 바라오."

이때 한선자는 옥환(玉環) 한 쌍 중 하나를 갖고 있었는데 나머지 하나는 정나라 상인의 손에 있었다. 한선자가 정정공에게 나머지 하나를 마저 갖게 해달라고 청했다. 그러자 자산이 이를 구해주지 않을 생각으로 변명했다.

"이는 부고(府庫)에서 간수하고 있는 기물이 아니기 때문에 과군은 알지 못합니다."

이에 자태숙과 자우(子羽)가 자산에게 물었다.

"한자(韓子: 한선자)는 다른 것을 따로 요구하는 것도 아니고 우리 또한 진나라에 대해 두 마음을 품을 수 없는 처지입니다. 그러니 진나라와 한자를 소홀히 대할 수 없습니다. 만일 모함하고자 하는 자가 중간에 서서 이간하고 귀신이 저들을 도와 흉노(凶怒: 흉포하게 노함)하게 만들면 그때 후회한들 무슨 소용이 있겠습니까. 집정은 어찌하여 옥환 하나를 아끼려는 것입니까? 이로 인해 대국의 미움을 살까 걱정되는데, 왜 옥환을 상인으로부터 구해 그에게 주려고 하지 않는 것입니까?"

자산이 대답했다.

"나 또한 진나라를 경시하거나 두 마음을 품고자 하는 것이 아니오. 시종 그들을 잘 섬기고자 구해주지 않는 것이니 이는 충신(忠信)을 지키려는 뜻에서 나온 것이오. 내가 듣건대 '군자는 재물이 없는 것을 걱정하지 않고 영명(令名)이 없는 것을 걱정한다'고 했소. 또한 '나라를 다스리면서 사대자소(事大字小: 소국은 대국을 섬기고 대국은 소국을 돌봄)를 못하는 것이 걱정이 아니라 예이정위(禮以定位: 예로써 자신의 지위를 확고하게 함)를 못하는 것이 걱정이다'라고 했소. 만일 대국 사람이 소국에 명하여 요구한 바를 모두 얻게 된다면 장차 무엇으로 그 요구를 당할 것이오? 한 번 들어주고 한 번 들어주지 못한다면 오히려 그 죄가 더욱 클 것이오. 대국의 요구가 도의에 부합하지 않을 경우 물리치지 못하면 그들이 언제 만족할 날이 있겠소? 만일 우리가 그들의 요구를 끝없이 들어주다가 변경 고을로 전락하는 날에는 우리는 제후국의 지위를 상실하게 될 것이오. 한자가 군명을 받든 사자로 와 이곳에서 옥환을 취하게 된다면 그의 탐욕이 도를 넘게 되니 어찌 죄가 되지 않겠소? 옥환 하나로 인해 두 가지 죄를 만들어 우리는 국가의 지위를 잃고 한자는 탐람한 사람이 되니 어찌 그같은 일을 할 수 있겠소? 게다가 우리 경우는 옥환 하나로 죄를 사게 되니 이는 너무 값어치 없는 일이 아니겠소?"

한선자가 정나라 상인으로부터 나머지 옥환을 사려고 하자 가격이 이미 정해졌다. 이때 상인이 말했다.

"이 일을 반드시 군대부(君大夫: 집정대부로, 자산을 지칭)에게 알려 주기 바랍니다."

한선자가 자산에게 말했다.

"전날 내가 옥환을 얻고자 청했는데 집정이 의롭지 않다고 하여 다시는 감히 말씀드리지 못했소. 이제 상인에게서 옥환을 사기로 했는데 그 상인은 이 일을 반드시 집정에게 알리라고 했소. 이에 감히 청을 드리는 것이오."

그러자 자산이 대답했다.

"전에 우리의 선군 정환공(鄭桓公: 정나라의 시조)은 상인들과 함께 주왕조의 조정을 떠나 이곳으로 왔습니다. 그때 모두들 힘을 합쳐 이 땅을 애살(艾殺: '깨끗이 소제하다'라는 뜻으로, '艾'는 '刈'와 통함)하고 봉호여곽(蓬蒿藜藿: 각종 야생초목의 총칭)을 벤 뒤 함께 정주(定住)해 왔습니다. 이후 대대로 맹서하여 서로 믿어왔는데 그 맹서에 이르기를, '그대들은 나를 배반하지 않고, 나는 그대들의 물건을 강매(強買)하거나 개탈(匃奪: 빌린다는 구실로 약탈함)하지 않는다. 그대들이 이시보회(利市寶賄: 奇貨를 좋은 가격으로 거래함)할지라도 나는 추궁하지 않을 것이다'라고 했습니다. 이 질서(質誓: 맹서)로 인해 능히 서로 협조하면서 오늘까지 온 것입니다. 이제 그대가 우호를 다지기 위해 폐읍을 빙문하여 폐읍에게 상인의 물건을 강탈하도록 한다면 이는 상인들과의 맹서를 어기라고 가르치는 것이 되니 안 되는 일이 아니겠습니까. 귀하는 옥환 하나를 얻음으로써 제후국 하나를 잃는 짓은 반드시 하지 않을 것으로 압니다. 만일 대국이 명을 내려 무예(無藝: 기준이 없음)로 공물을 납부하게 한다면 우리 정나라는 비록 대국의 일개 변방 성읍이 될지라도 그 명을 좇지 않을 것입니다. 만일 제가 그 옥환을 헌상하게 되면 저는 부지소성(不知所成: '어떤 좋은 점이 있는지 모르겠다'는 뜻으로, '成'은 '善'의 의미)입니다. 이에 감히 저의 소견을 사사로이 포달(布達: 널리 전달함)하는 바입니다."

이에 한선자가 옥환을 사양하면서 말했다.

"내가 비록 불민하기는 하나 어찌 감히 옥환을 요구하여 두 가지 죄를 짓겠소? 옥환을 감히 사양하고자 하오."

三月, 晉韓起聘于鄭, 鄭伯享之. 子産戒之曰 "苟有位於朝, 無有不共恪." 孔張後至, 立於客間. 執政禦之, 適客後. 又禦之, 適縣間. 客從而笑之. 事畢, 富子諫曰 "夫大國之人, 不可不愼也, 幾爲之笑而不陵我. 我皆有禮, 夫猶鄙我. 國而無禮, 何以求榮. 孔張失位, 吾子之恥也." 子産怒曰 "發命之不衷, 出令之不信, 刑之頗類, 獄之放紛, 會朝之不敬, 使命之不聽, 取陵於大國, 罷民而無功, 罪及而弗知, 僑之恥也. 孔張, 君之昆孫, 子孔之後也, 執政之嗣也. 爲嗣大夫, 承命以使周於諸侯, 國人所尊, 諸侯所知. 立於朝而祀於家, 有祿於國, 有賦於軍, 喪祭有職, 受脤歸脤, 其祭在廟, 己有著位, 在位數世, 世守其業, 而忘其所, 僑焉得恥之. 辟邪之人而皆及執政, 是先王無刑罰也. 子寧以他規我." 宣子有環, 其一在鄭商. 宣子謁諸鄭伯, 子産弗與, 曰 "非官府之守器也, 寡君不知." 子大叔·子羽謂子産曰 "韓子亦無幾求, 晉國亦未可以貳. 晉國韓子不可偸也. 若屬有讒人交鬭其間, 鬼神而助之, 以興其凶怒, 悔之何及. 吾子何愛於一環, 其以取憎於大國也, 盍求而與之." 子産曰 "吾非偸晉而有二心, 將終事之, 是以弗與, 忠信故也. 僑聞君子非無賄之難, 立而無令名之患. 僑聞爲國非不能事大字小之難, 無禮以定其位之患. 夫大國之人,令於小國, 而皆獲其求, 將何以給之. 一共一否, 爲罪滋大. 大國之求, 無禮以斥之, 何饜之有. 吾且爲鄙邑, 則失位矣. 若韓子奉命以使, 而求玉焉, 貪淫甚矣, 獨非罪乎. 出一玉以起二罪, 吾又失位, 韓子成貪, 將焉用之. 且吾以玉賈罪, 不亦銳乎." 韓子買諸賈人, 旣成賈矣, 商人曰 "必告君大夫." 韓子請諸子産曰 "日, 起請夫環, 執政弗義, 弗敢復也. 今買諸商人, 商人曰, 必以聞, 敢以爲請." 子産對曰 "昔, 我先君桓公, 與商人皆出自周. 庸此比耦以艾殺此地, 斬之蓬蒿藜藋, 而共處之. 世有盟誓, 以相信也, 曰 '爾無我叛, 我無强賈, 毋或匃奪. 爾有利市寶賄, 我勿與知.' 恃此質誓, 故能相保, 以至于今. 今吾子以好來辱, 而謂敝邑强奪商人, 是教敝邑背盟誓也. 毋乃不可乎. 吾子得玉而失諸侯, 必不爲也. 若大國令而共無藝, 鄭, 鄙邑也, 亦弗爲也. 僑若獻玉, 不知所成, 敢私布之." 韓子辭玉曰 "起不敏, 敢求玉以徼二罪. 敢辭之."

● 여름 4月, 정나라의 6경(六卿)이 교외에서 한선자를 전송하는 연회를 베풀었다. 이때 한선자가 제안했다.

"청컨대 각 대부가 시 한 수를 읊으면 내가 정나라의 의도를 알 수 있을 것이오."

이에 대부 자차(子齹: 자피의 아들 嬰齊)가 『시경』「정풍·야유만초(野有蔓草)」의 시를 읊었다. 그러자 한선자가 평했다.

"유자(孺子)[20]가 훌륭하오. 나는 그대에게 기대를 걸겠소."

다음으로 자산이 「정풍·고구(羔裘)」의 시를 읊었다. 그러자 한선자가 평했다.

"나로서는 그 시의 내용을 감당할 수가 없소."

이어 자태숙이 「정풍·건상(褰裳)」의 시를 읊었다. 그러자 한선자가 평했다.

---

20) 어린 사람으로. 여기서는 자차가 자피의 3년상을 아직 마치지 않았기 때문에 이같이 칭한 것이다.

"내가 여기 있는데 어찌 감히 그대가 수고스럽게도 다른 사람을 섬기도록 만들겠소?"

자태숙이 절을 하자 한선자가 말했다.

"참으로 좋소, 그대가 이같은 시를 읊어주니. 만일 이번 일이 없었다면 어찌 끝까지 우호를 지켜나갈 수 있겠소?"

자유(子游)가 「정풍‧풍우(風雨: 변절치 않을 뜻을 노래함)」의 시를 읊고, 자기(子旗)가 「정풍‧유녀동거(有女同車: 신뢰를 노래함)」의 시를 읊고, 자류(子柳)가 「정풍‧탁혜(蘀兮: 군신간의 협조를 노래함)」의 시를 읊었다. 이에 한선자가 크게 기뻐하며 말했다.

"정나라는 아마 크게 흥할 것이오. 각 대부들이 군주의 이름으로 나를 전송하면서 읊은 시들이 모두 정나라의 의도를 드러내지 않은 것이 없고 친근하고 연호(燕好: 우호)하는 내용들뿐이오. 더구나 각 대부들 모두 누대에 걸친 대부들이니 정나라는 가히 두려울 것이 없을 것이오."

그러고는 정나라의 6경에게 말을 선사하고 『시경』「주송‧아장(我將: 하늘을 두려워하는 내용임)」의 시를 읊었다. 이에 자산이 배사한 뒤 나머지 다섯 경들에게도 모두 한선자에게 배사하게 하면서 말했다.

"그대가 난을 그치게 하겠다고 하니 어찌 감히 그 은덕에 배사하지 않을 수 있겠습니까."

한선자가 자산을 사적으로 만난 자리에서 보옥과 말을 선사하면서 말했다.

"그대는 나에게 옥환을 포기하라고 명했소. 이는 금옥과 같은 말로써 나의 죽음을 면하게 해준 것이오. 그러니 어찌 감히 자수(藉手: 손에 있는 물건에 기댄다는 뜻으로, 薄禮를 의미)해서라도 배사하지 않을 수 있겠소?"

夏四月, 鄭六卿餞宣子於郊. 宣子曰 "二三君子請皆賦, 起亦以知鄭志." 子齹賦「野有蔓草」. 宣子曰 "孺子善哉. 吾有望矣." 子産賦鄭之「羔裘」. 宣子曰 "起不堪也." 子大叔賦「褰裳」. 宣子曰 "起在此, 敢勤子至於他人乎."子大叔拜. 宣子曰 "善哉, 子之言是. 不有是事, 其能終乎." 子游賦「風雨」, 子旗賦「有女同車」, 子柳賦「蘀兮」. 宣子喜曰 "鄭其庶乎. 二三君子以君命貺起, 賦不出鄭志, 皆暱燕好也. 二三君子數世之主也, 可以無懼矣." 宣子皆獻馬焉, 而賦「我將」. 子產拜, 使五卿皆拜, 曰 "吾子靖亂, 敢不拜德." 宣子私覿於子產, 以玉與馬, 曰 "子命起舍夫玉, 是賜我玉而免吾死也, 敢不藉手以拜."

●노소공이 진나라에서 돌아왔다. 대부 자복소백(子服昭伯: 자복혜백의 아들 子服回)이 계평자(季平子)에게 말했다.

"진나라 공실은 앞으로 쇠미해질 것입니다. 군주는 나이가 어리고 6경은 그 세력은 막강한 데다가 사오(奢傲: 사치하고 거만함)합니다. 이는 장차 그들의 습성이 될 것입니다. 습성이 자연스럽게 굳어지면 공실이 쇠미해지지 않을 수 있겠습니까."

이에 계평자가 말했다.

"그대는 아직 어리오. 어찌 국가대사를 알 수 있겠소?"

가을 8월, 진소공(晉昭公)이 세상을 떠났다.

9월, 노나라가 대규모의 기우제를 지냈다. 이는 한재가 났기 때문이다.

정나라도 크게 가물었다. 이에 대부 도격(屠擊)과 축관(祝款), 수부(竪柎) 등에게 명하여 상산(桑山: 위치 미상)을 제사지내게 했다. 그러나 이들이 산 위의 나무들을 모두 베도록 비는 내리지 않았다. 이에 자산이 말했다.

"산신에게 제사지내는 것은 산림을 무성하게 하려는 것이다. 그런데 지금 오히려 나무들을 모두 베어버렸으니 그 죄가 더할 수 없이 크다."

그러고는 이들의 벼슬과 채읍을 모두 박탈했다.

겨울 10월, 노나라 대부 계평자가 진나라로 가 진소공의 장례에 참석했다. 이때 계평자가 말했다.

"자복회(子服回: 자복소백)의 말이 가히 믿을 만했다. 자복씨(子服氏)는 현명한 아들을 두었다."

公至自晉. 子服昭伯語季平子曰 "晉之公室, 其將遂卑矣. 君幼弱, 六卿彊而奢傲, 將因是以習. 習實爲常, 能無卑乎." 平子曰 "爾幼, 惡識國." 秋八月, 晉昭公卒. 九月, 大雩, 旱也. 鄭大旱, 使屠擊·祝款·豎柎有事於桑山. 斬其木, 不雨. 子産曰 "有事於山, 蓺山林也. 而斬其木, 其罪大矣." 奪之官邑. 冬十月, 季平子如晉葬昭公. 平子曰 "子服回之言猶信, 子服氏有子哉."

17년(기원전 525)

17년 봄, 소주자가 내조했다. 여름 6월 갑술 삭(朔), 일식이 있었다. 가을, 담자(郯子)가 내조했다. 8월, 진나라의 순오가 군사를 이끌고 가 육혼(陸渾)의 융(戎)을 멸했다. 겨울, 혜성이 대진(大辰)에 나타났다. 초나라 사람이 오나라와 장안(長岸)에서 싸웠다.

十七年春, 小邾子來朝. 夏六月甲戌朔, 日有食之. 秋, 郯子來朝. 八月, 晉荀吳帥師, 滅陸渾之戎. 冬, 有星孛于大辰. 楚人及吳戰于長岸.

●17년 봄, 소주목공(小邾穆公)이 노나라에 내조했다. 노소공이 그를 위해 향례를 베풀었다. 그 자리에서 계평자가 『시경』「소아·채숙(采叔: 내조를 칭송한 내용임)」의 시를 읊자 소주목공이 「소아·청청자아(菁菁者莪: 융숭한 대접을 칭송한 내용임)」의 시를 읊었다. 이에 소자(昭子: 숙손소자)가 말했다.

"만일 나라를 다스릴 인재가 없다면 어찌 나라가 능히 오래 갈 수 있겠는가."

여름 6월 1일, 일식이 있었다. 이에 축사(祝史: 祭官으로, '祝'과 '史' 모두 제관을 의미)가 제물을 올려 제사지낼 것을 청했다. 그러자 소자가 말했다.

"일식이 있으면 천자는 음식을 풍성하게 들지 않고 사(社)에서 북을 칩니다. 제후들은 사에서 제물을 올려 제사를 지내고 조정에서 북을 칩니다. 이것이 예입니다."

계평자가 반대했다.

"그것은 불가하오. 오직 6월 초하루에 특(慝: 음기)이 일어나지 않고 있는데도 일식이 있을 때 비로소 북을 치고 제물을 올려 제사지내는 것이 예에 합당하오. 그 밖에는 그리하지 않는 것이 옳소."

태사(大史)가 말했다.

"그것이 바로 이 달입니다. 태양이 춘분을 지나 아직 하지에 이르지 않았는데도 3진(三辰: 日·月·星)에 재앙이 나타났습니다. 이같은 때에는 조정 백관은 강물(降物: 소복을 입음)하고, 군주는 불거(不擧: 풍성한 음식을 들지 않음)한 채 정침을 떠나 일식의 시간을 피해야 하고, 악공은 북을 치고, 축사는 제물을 올리고, 사관은 사령(辭令: 여기서는 제문)을 지어 재앙이 빨리 사라지기를 기도해야 합니다. 『서경』「하서」(夏書)에 이르기를, '해와 달의 교합이 정상적인 위치가 아닌 곳에서 이루어지면 고(瞽: 악사)는 북을 치고, 색부(嗇夫: 관명으로, 제사 담당 관원)는 수레를 타고 질주하고, 백성들은 급히 뛰어나간다'고 했습니다. 이는 6월 초하루에 일식이 일어난 경우를 말한 것입니다. 6월은 하력(夏曆)의 4월에 해당하니 이 달을 맹하(孟夏)라고 합니다."

그러나 계평자는 이를 좇지 않았다. 소자가 물러나오면서 말했다.

"저 사람은 장차 딴 마음을 품을 것이다. 그는 군군(君君: 군주를 군주로 여김)하지 않고 있다."

十七年春, 小邾穆公來朝, 公與之燕. 季平子賦「采叔」, 穆公賦「菁菁者莪」. 昭子曰 "不有以國, 其能久乎." 夏六月甲戌朔, 日有食之. 祝史請所用幣. 昭子曰 "日有食之, 天子不擧, 伐鼓於社. 諸侯用幣於社, 伐鼓於朝. 禮也." 平子禦之, 曰 "止也. 唯正月朔, 慝未作, 日有食之, 於是乎有伐鼓用幣, 禮也. 其餘則否." 大史曰 "在此月也. 日過分而未至, 三辰有災. 於是乎百官降物, 君不擧, 辟移時, 樂奏鼓, 祝用幣, 史用辭. 故「夏書」曰 '辰不集于房, 瞽奏鼓, 嗇夫馳, 庶人走.' 此月朔之謂也. 當夏四月, 是謂孟夏." 平子弗從. 昭子退曰 "夫子將有異志, 不君君矣."

●가을, 담자(郯子)가 노나라에 내조하자 노소공이 그를 위해 연회를 베풀었다. 이때 소자가 담자에게 물었다.

"소호씨(少皞氏)의 시대에 조명(鳥名)을 관명으로 삼은 것은 무슨 까닭입니까?"

담자가 대답했다.

"그는 나의 선조로 내가 그 이유를 알고 있소. 옛날 황제씨(黃帝氏)는 구름으로 일을 기록했기 때문에 각 부 장관을 두면서 모두 운(雲)자로 명명했던 것이오. 염제씨(炎帝氏)는 불로 일을 기록했기 때문에 화(火)자로 명명했던 것이오. 공공씨(共工氏)는 물로 일을 기록했기 때문에 수(水)자로 명명했던 것이오. 태호씨(大皞氏)는 용으로 일을 기록했기 때문에 용(龍)자로 명명했던 것이오. 그런데 나의 선조인 소호씨가 즉위했을 때 봉조(鳳鳥)가 날아왔소. 이에 새로써 일을 기록해 조(鳥)자로 관명을 삼게 되었던 것이오. 봉조씨(鳳鳥氏)는 천문역법, 현조씨(玄鳥氏)는 춘분과 추분, 백조씨(伯趙氏: 하지 때 와서 동지 때 가는 왜가리 伯勞를 지칭)는 하지와 동지, 청조씨(青鳥氏)는 입춘과 입하, 단조씨(丹鳥氏)는 입추와 입동을 관장하는 관원이었소. 또 축구씨(祝鳩氏)는 사도(司徒: 백성의 교도를 담당), 저구씨(鴡鳩氏)는 사마(司馬: 법제 담당), 시구씨(鳲鳩氏)는 사공(司空: 수리와 토지 담당), 상구씨(爽鳩氏)는 사구(司寇: 도적 검거 담당), 골구씨(鶻鳩氏)는 사사(司事: 농사 담당)가 되었소. 이상 5구(五鳩)는 백성을 모아 영도하는 일을 맡았소. 이어 5치(五雉)[21]는 다섯 분야의 공정(工正: 工人 담당 관장)이 되었소. 이들은 기물과 도구를 편리하게 하고 도량을 통일하여 이민(夷民: 백성들을 고르게 함)을 이루었소. 9호(九扈)는 아홉 분야의 농정(農正: 농민 담당 관장)이 되었소. 이들은 호민(扈民: 백성을 제어함)하여 백성들이 방종한 짓을 하지 못하도록 만들었소. 이후

---

21) '5치'는 구체적으로 서방의 준치(鷷雉), 동방의 치치(鶅雉), 남방의 적치(翟雉), 북방의 희치(鵗雉), 伊水와 洛水의 남쪽에 있는 휘치(翬雉)를 의미한다.

전욱씨(顓頊氏) 이래로 태고의 일을 기록할 수 없어 근고(近古)의 일을 기록하기 시작했소. 백성을 다스리는 관장이 되어 백성들의 일로 관명을 삼게 되자 이미 과거를 참조하여 일을 처리할 수 없게 된 것이오."

중니가 이 이야기를 듣고 곧 담자를 진현하여 이를 배웠다. 이어 이를 다 배운 뒤 사람들에게 말했다.

"내가 듣건대 '천자가 고대의 관제(官制)를 잃자 관제에 관한 학문이 사이(四夷)에 의해 보존되었다'고 했다. 이는 가히 믿을 만한 이야기이다."

秋, 郯子來朝, 公與之宴. 昭子問焉, 曰"少皞氏鳥名官, 何故也."郯子曰"吾祖也, 我知之. 昔者, 黃帝氏以雲紀, 故爲雲師而雲名. 炎帝氏以火紀, 故爲火師而火名. 共工氏以水紀, 故爲水師而水名. 大皞氏以龍紀, 故爲龍師而龍名. 我高祖少皞摯之立也, 鳳鳥適至, 故紀於鳥, 爲鳥師而鳥名. 鳳鳥氏, 歷正也. 玄鳥氏, 司分者也. 伯趙氏, 司至者也. 靑鳥氏, 司啓者也. 丹鳥氏, 司閉者也. 祝鳩氏, 司徒也. 鴡鳩氏, 司馬也. 鳲鳩氏, 司空也. 爽鳩氏, 司寇也. 鶻鳩氏, 司事也. 五鳩, 鳩民者也. 五雉, 爲五工正, 利器用, 正度量, 夷民者也. 九扈, 爲九農正, 扈民無淫者也. 自顓頊氏以來, 不能紀遠, 乃紀於近. 爲民師而命以民事, 則不能故也."仲尼聞之, 見於郯子而學之. 旣而告人曰"吾聞之, 天子失官, 學在四夷, 猶信."

● 진경공(晉頃公)이 대부 도괴(屠蒯)를 주왕실로 보내 낙수(雒水: 지금의 洛水)와 삼도산(三塗山)에서 제사지내는 것을 허락해달라고 청했다. 그러자 주왕실의 대부 장홍(萇弘)이 집정 유자(劉子: 劉文公)에게 말했다.

"진나라 빈객의 얼굴이 흉맹(凶猛)한 기색을 띠고 있으니 제사를 지내려는 것이 아닙니다. 내심 융인을 치려는 것이 아니겠습니까. 육혼씨(陸渾氏: 융인 부락으로, 후에 伊水와 洛水 일대로 이주)가 초나라와 가까이 지내고 있으니 틀림없이 이 때문일 것입니다. 그대는 미리 대비해야 할 것입니다."

이에 융인에 대한 경계를 한층 강화했다.

9월 24일, 진나라 대부 순오(荀吳)가 군사를 이끌고 극진(棘津:南津으로, 하남성 연진현 동북쪽에 위치)을 떠나 도보로 황하를 건넌 뒤 제사(祭史)를 시켜 낙수의 신에게 희생을 바쳐 제사지내게 했다. 육혼 사람들이 이를 전혀 눈치채지 못하고 있는 틈을 타 진나라 군사가 육혼으로 진격해 들어갔다.

9월 27일, 진나라 군사가 드디어 육혼을 멸망시키면서 그들이 초나라와 가까이 지내며 진나라에 대해 두 마음을 품은 사실을 책망했다. 이에 육혼자(陸渾子:육혼의 군주)가 초나라로 달아나고 그의 부하들은 감록(甘鹿:하남성 숭현 서북쪽)으로 달아났다. 그러자 주왕실이 그들을 대거 포획했다.

이때 진나라 한선자가 꿈을 꾸었다. 꿈속에서 진문공이 순오의 손을 잡고 육혼 땅을 건네주었다. 한선자가 목자(穆子:순오)를 시켜 군사를 이끌고 가 포로들을 문궁(文宮:진문공의 사당)에 바치게 했다.

晉侯使屠蒯如周, 請有事於雒與三塗. 萇弘謂劉子曰"客容猛, 非祭也. 其伐戎乎. 陸渾氏甚睦於楚, 必是故也. 君其備之."乃警戒備. 九月丁卯, 晉荀吳帥師涉自棘津, 使祭史先用牲于雒. 陸渾人弗知, 師從之. 庚午, 遂滅陸渾, 數之以其貳於楚也. 陸渾子奔楚, 其衆奔甘鹿. 周大獲. 宣子夢文公攜荀吳而授之陸渾, 故使穆子帥師, 獻俘于文宮.

●겨울, 혜성이 대진(大辰:大火星)을 지나 곧장 서쪽으로 날아가 은한(銀漢:은하)을 넘고 있었다. 노나라 대부 신수(申須)가 말했다.

"혜성은 제구포신(除舊布新:묵은 것을 제거하고 새 것을 펼침)하는 별이오. 천문 현상은 늘 길흉의 징조를 보이는데 이제 혜성이 대화성 자리를 청소하고 있으니 대화성이 다시 출현할 때에는 반드시 재앙을 퍼뜨리고야 말 것이오. 각 제후국에 커다란 화재가 일어날 것이오."

재신(梓愼)이 동조했다.

"나도 작년에 본 적이 있는데 이는 바로 그 징조가 나타난 것이오. 그때 대화성이 나타나는 것을 보았소. 지금 혜성이 대화성 자리에 나타나 더욱 밝게 빛나고 있으나 대화성이 사라지면 틀림없이 잠복하고 말 것이오. 혜성이 대화성과 함께 있은 지 이미 오래되었으니 어찌 이같이 되지 않겠소. 대화성이 나타나는 것은 하력(夏曆)으로 3월, 은력(殷曆)으로 4월, 주력(周曆)으로는 5월이 되오. 이중 하대의 역수가 천문 현상과 잘 맞아떨어지니 만일 화재가 난다면 네 나라가 그 화를 입을 것이오. 송나라와 위나라, 진(陳)나라, 정나라가 바로 그것이오. 송나라는 대진(大辰) 분야, 진나라는 태호(大皥) 분야, 정나라는 축융(祝融) 분야이니 이들 지역 모두 화방(火房: '대화성이 거주하다'는 뜻으로, '房'은 동사)하는 곳이오. 혜성이 은한에 이르고 있는데 은한은 물의 상징이오. 위나라는 옛날 전욱의 분야이기에 제구(帝丘: 하남성 복양현 서남쪽)라고 하오. 그 지역을 지배하는 별은 대수(大水)요, 수(水)는 화지모(火之牡: 물과 어울리는 수컷 짝)요. 화재는 대개 병자일(丙子日)이나 임오일(壬午日)에 일어나오. 이는 그날에 바로 수와 화가 만나기 때문이오. 만일 대화성이 사라지고 혜성이 잠복하게 되면 반드시 임오일에 화재가 날 것이나 화재는 혜성이 나타난 그 달을 넘기지는 않을 것이오."

이때 정나라 대부 비조(裨竈)가 자산에게 말했다.

"송나라와 위나라, 진나라, 정나라에 장차 같은 날 화재가 날 것입니다. 그러나 만일 우리가 관가(瓘斝: 제사용 酒器)와 옥찬(玉瓚: 옥으로 만든 국자)을 이용해 신령을 제사지내면 정나라에는 틀림없이 화재가 나지 않을 것입니다."

그러나 자산은 이를 좇지 않았다.

冬, 有星孛于大辰, 西及漢. 申須曰 "彗所以除舊布新也. 天事恒象, 今除於火, 火出必布焉. 諸侯其有火災乎." 梓愼曰 "往年, 吾見之, 是其徵也. 火出而見. 今玆, 火出而章, 必火入而伏. 其居火也久矣, 其與不然乎. 火出, 於夏爲三月, 於商爲四月, 於周爲五月. 夏數得天, 若火作, 其四國當之, 在宋衛陳鄭乎. 宋, 大辰之虛也. 陳, 大皥之虛也. 鄭, 祝融之虛也. 皆火房也. 星孛及漢, 漢, 水祥也. 衛, 顓頊之虛也. 故爲帝丘. 其星 爲大水, 水, 火之牡也. 其以丙子若壬午作乎. 水, 火所以合也. 若火入而 伏, 必以壬午, 不過其見之月." 鄭裨竈言於子産曰 "宋衛陳鄭將同日火, 若我用瓘斝玉瓚, 鄭必不火." 子産弗與.

● 오나라가 초나라를 쳤다. 이에 초나라 영윤 양개(陽匄: 子瑕)가 점을 쳤는데 점괘가 불길하게 나왔다. 그러자 대부 사마 자어(子魚: 공자 魴)가 말했다.

"우리 나라는 강의 상류에 위치해 있는데 어찌하여 불길하다는 것입니까. 더구나 우리 초나라의 전례에 따르면 전쟁에 관한 일은 사마가 점을 치기 전에 점을 칠 일을 보고하게 되어 있습니다. 청컨대 다시 점을 쳐주십시오."

그러고는 이같이 축원했다.

"제가 부하들을 이끌고 나가 전사하면 초나라 대군이 그 뒤를 따를 것이니 바라건대 대승을 거둘 수 있게 해주소서."

그러자 점괘는 길하게 나왔다. 과연 두 나라 군사가 장안(長岸: 안휘성 당도현 서남쪽)에서 교전할 때 자어가 먼저 전사하자 초나라 군사가 그 뒤를 이어 공격함으로써 오나라 군사를 대파하고 오왕이 탄 배 여황(餘皇)을 노획했다. 이에 수(隨)나라 사람들을 보내 뒤에 도우러 온 사람들과 함께 이 배를 지키게 했다. 그러고는 배 둘레에 샘물이 나올 정도록 참호를 깊이 파고 숯을 이용해 참호를 메운 뒤 진세를 펼치고는 별도의 명을 기다리게 했다. 이때 오나라 공자 광(光: 훗날의 오왕 闔閭)이 무리에게 말했다.

"선왕이 탔던 배를 잃었으니 그것이 어찌 오직 나만의 죄가 되겠는가. 여러분에게도 죄가 있는 것이다. 청컨대 여러분의 힘으로 그 배를 되찾아 죽을 죄를 면할 수 있게 해주기 바란다."

그러자 무리가 큰소리로 응답했다. 이에 공자 광이 장렵자(長鬣者: 키가 크고 힘이 장사인 사람을 지칭) 3명에게 배 옆으로 몰래 접근해 잠복할 것을 명하면서 이같이 당부했다.

"내가 '여황'이라고 소리치면 너희들이 곧바로 대답하도록 하라."

오나라 군사가 밤을 이용해 이들의 뒤를 따랐다. 드디어 세 번 '여황'이라고 소리쳐 부르자 잠복해 있던 자들이 모두 질대(迭對: 번갈아 대답함)했다. 이에 초나라 군사들이 소리 나는 곳을 쫓아가며 세 사람을 죽이는 통에 군중이 매우 혼란스러워졌다. 오나라 군사가 이 틈을 이용해 초나라 군사를 대파하고 여황을 도로 빼앗아 돌아갔다.

吳伐楚. 陽匄爲令尹, 卜戰, 不吉. 司馬子魚曰 "我得上流, 何故不吉. 且楚故, 司馬令龜, 我請改卜." 令曰, "魴也以其屬死之, 楚師繼之, 尙大克之." 吉. 戰于長岸. 子魚先死, 楚師繼之, 大敗吳師, 獲其乘舟餘皇. 使隨人與後至者守之, 環而塹之, 及泉, 盈其隧炭, 陳以待命. 吳公子光請於其衆曰 "喪先王之乘舟, 豈唯光之罪, 衆亦有焉. 請藉取之, 以救死." 衆許之. 使長鬣者三人, 潛伏於舟側, 曰 "我呼餘皇, 則對." 師夜從之, 三呼, 皆迭對. 楚人從而殺之, 楚師亂. 吳人大敗之, 取餘皇以歸.

18년(기원전 524)

18년 봄 주력(周曆) 3월, 조백 수(須)가 졸했다. 여름 5월 임오, 송·위·진(陳)·정나라에 화재가 났다. 6월, 주나라 사람이 우(鄅)로 쳐들어갔다. 가을, 조평공(曹平公)을 안장했다. 겨울, 허나라가 백우(白羽)로 옮겼다.

十八年春王三月, 曹伯須卒. 夏五月壬午, 宋衛陳鄭災. 六月, 邾人入鄅. 秋, 葬曹平公. 冬, 許遷于白羽.

●18년 봄 2월 15일, 주왕실의 대부 모득(毛得: 毛伯 得)이 모백(毛伯) 과(過)를 죽인 뒤 그의 자리를 차지했다. 이를 두고 대부 장홍(萇弘)이 말했다.

"모득이 반드시 도망갈 것이다. 을묘일(乙卯日: 2월 15일)은 하왕조

때 곤오(昆吾: 夏伯)의 포악함이 극에 달했던 날로, 이는 곤오가 교횡(驕橫)한 데 따른 것이었다. 모득이 천자가 있는 도성에서 교횡으로써 일을 성사시켰으니 도망가지 않고 무엇을 기다릴 것인가."

3월, 조평공(曹平公)이 죽었다.

여름 5월, 대화성이 황혼 무렵에 출현했다. 5월 7일, 큰 바람이 불었다. 그러자 노나라 대부 재신(梓愼)이 말했다.

"이는 융풍(融風: 춘풍)으로 화재의 시작이다. 7일 이후에 화재가 일어나고야 말 것이다."

5월 9일, 바람이 매우 심했다. 5월 14일, 바람이 더욱 거세졌다. 이날 드디어 송나라와 위나라, 진나라, 정나라에서 동시에 화재가 일어났다. 이때 재신이 옛날 대정씨(大庭氏: 노나라 도성 내에 있던 고대 국가)의 고방(庫房) 위에 올라가 하늘을 바라보며 말했다.

"불이 나는 곳은 송나라와 위나라, 진나라, 정나라이다."

며칠 후 네 나라가 모두 화재 발생 사실을 알렸다. 그러자 정나라 대부 비조가 말했다.

"내 말을 듣지 않으면 정나라도 장차 큰 불이 날 것이오."

정나라 사람들이 그의 말을 좇을 것을 청했다. 그러나 자산은 이를 듣지 않았다. 자태숙이 물었다.

"국가의 보물은 백성을 지키기 위한 것입니다. 만일 화재가 나면 나라가 거의 망하게 될 것입니다. 나라가 망하는 것을 가히 구할 수 있다는데도 집정은 무엇을 아끼려는 것입니까?"

자산이 반문했다.

"천도는 유원(悠遠)하고 인도는 절근(切近)하오. 천도는 인도에 미치는 것이 아닌데 무엇을 근거로 천도로써 인도를 안다는 것이오? 비조가 어찌 천도를 알 수 있겠소? 그는 말을 너무 많이 하니 어쩌다가 간혹 그럴 듯한 말도 하지 않겠소?"

자산이 끝내 보물을 내주지 않았다. 그러나 화재는 다시 일어나지 않았다.

정나라에 아직 화재가 일어나지 않았을 때 대부 이석(里析)이 자산에게 고했다.

"장차 커다란 이변이 생겨 백성이 진동하고 나라가 거의 망하는 지경에 이르게 될 것입니다. 그때 나는 이미 죽어 없어져 실로 이를 겪지 않아도 될 것입니다. 그러니 천도하여 화를 피하는 것이 가하지 않겠습니까."

그러자 자산이 말했다.

"설령 그렇다 할지라도 나 혼자로서는 천도 여부를 결정할 수 없소."

화재가 막 일어나려고 할 때 이석은 이미 죽었으나 아직 장사를 지내지 않고 있었다. 이에 자산이 인부 30명을 보내 그의 영구를 다른 곳으로 옮기게 했다. 화재가 일어나자 자산은 진나라에서 온 공자(公子)와 공손(公孫)들에게 동문(東門)을 통해 피해 나가게 했다. 또 사구를 시켜 신객(新客: 새로 빙문을 온 빈객)은 성 밖으로 내보내고 구객(舊客: 이미 빙문차 와 있던 빈객)은 함부로 객관의 문 밖으로 나오지 못하게 했다. 대부 자관(子寬: 游速)과 자상(子上)에게는 여러 사당을 순찰하면서 종묘까지 돌게 했다. 대부 공손 등(登)에게는 대구(大龜: 점치는 거북등)를 안전한 곳으로 옮기게 했다. 축사(祝史)에게는 주석(主祏: 종묘에 있는 역대 군주의 신주를 담은 石匣)을 주묘(周廟: 周厲王의 묘)로 옮긴 뒤 그 사유를 선군의 신령에게 고하게 했다. 부인(府人: 보물 창고의 담당 관원)과 고인(庫人: 거마와 병갑 창고의 담당 관원)에게는 각자 맡은 바를 잘 계비(戒備)하게 했다. 이어 대부 상성공(商成公)을 시켜 공궁의 경계를 명하게 하는 한편 선군의 궁인들을 공궁에서 빼내 불길이 닿지 않는 곳에 안치하게 했다. 사마와 사구에게는 불길이 이르는 쪽에 늘어서서 불길을 잡도록 했다. 성 아래 사람들에게는 대열을 지어 성 위로 올라가게 했다. 화재가 난 이튿날에는 야사구(野司寇: 관명으로, 일종의 경찰 업무 담당)를 시켜 각자 자신들이 징발한 인부들을 잘 단속하게 했다. 또 교인(郊人: 郊區 담당 지방관)에게는 축사를 도와 도성의 북쪽을 깨끗이 소제한 뒤 현명(玄冥: 북방의 水神)과 회록(回祿: 남방의 火神)에게 화재 진화를 빌고 4용(四鄘: 도성 사방의 성벽을 관장하는 토지신)에게도 기도하게 했다. 그러고는 화재로 인해 집을 잃은 사람들을 기록한 뒤 그들의 부세를 관면(寬免)하고 집 지을 재료를 공급했다. 이때 3일 동안 호곡(號哭)하면서 도성의 시장을 정지시켰다. 이어 행인(行人)을 각국에 보내 화재 발생 사실을 알리게 했다.

송나라와 위나라도 모두 이같이 했다. 그러나 진(陳)나라는 불길을 제대로 잡지 못했고, 허나라는 화재를 당한 나라들을 위문하지 않았다. 이에 군자는 진나라와 허나라가 장차 다른 나라들보다 먼저 멸망하리라는 것을 알게 되었다.

十八年春王二月乙卯, 周毛得殺毛伯過, 而代之. 萇弘曰 "毛得必亡, 是昆吾稔之日也, 侈故之以. 而毛得以濟侈於王都, 不亡何待." 三月, 曹平公卒. 夏五月, 火始昏見. 丙子, 風. 梓愼曰 "是謂融風, 火之始也. 七日, 其火作乎." 戊寅, 風甚. 壬午, 大甚. 宋衛陳鄭皆火. 梓愼登大庭氏之庫以望之, 曰 "宋衛陳鄭也. 數日, 皆來告火. 裨竈曰 "不用吾言, 鄭又將火." 鄭人請用之. 子産不可. 子大叔曰 "寶以保民也. 若有火, 國幾亡. 可以救亡, 子何愛焉." 子産曰 "天道遠, 人道邇, 非所及也, 何以知之. 竈焉知天道. 是亦多言矣, 豈不或信." 遂不與, 亦不復火. 鄭之未災也, 里析告子産曰 "將有大祥, 民震動, 國幾亡. 吾身泯焉, 弗良及也. 國遷其可乎." 子産曰 "雖可, 吾不足以定遷矣." 及火, 里析死矣, 未葬, 子産使輿三十人遷其柩. 火作, 子産辭晉公子公孫于東門. 使司寇出新客, 禁舊客勿出於宮. 使子寬・子上巡群屏攝, 至于大宮. 使公孫登徙大龜. 使祝史徙主於周廟, 告於先君. 使府人庫人各儆其事. 商成公儆司宮, 出舊宮人, 寘諸火所不及. 司馬司寇列居火道, 行火所焮. 城下之人, 伍列登城. 明日, 使野司寇各保其徵. 郊人助祝史除於國北, 禳火于玄冥・回祿, 祈于四鄘. 書焚室而寬其征, 與之材. 三日哭, 國不市. 使行人告於諸侯. 宋衛皆如是. 陳不救火, 許不弔災, 君子是以知陳許之先亡也.

●6월, 우(鄅: 산동성 임기현 북쪽)나라 군주가 순행하며 벼의 작황을 실사했다. 이때 주(邾)나라 군사가 우나라를 습격하자 우나라 사람들이 성문을 닫으려고 했다. 그러자 주나라 사람 양라(羊羅)가 곧바로 달려가 성문을 닫으려는 사람을 죽이고 그의 머리를 끌어당겼다. 그 틈에 주나라 군사들이 성 안으로 들어가 우나라의 백성들을 모두 포로로 잡아 돌아갔다. 우자(鄅子)가 말했다.

"나는 돌아갈 곳이 없으니 오직 처자식과 함께 주나라로 갈 수밖에 없구나."

우자가 주나라로 가자 주장공(邾莊公)이 우자의 부인은 돌려주었으나 그의 딸은 잡아두었다.

가을, 조평공을 안장했다. 장례에 참석했던 노나라 사람이 주왕실의 대부 원백(原伯) 노(魯)를 만나 함께 이야기를 나누면서 그가 학문을 좋아하지 않는다는 사실을 알게 되었다. 이에 노나라로 돌아와 대부 민자마(閔子馬: 閔馬父)에게 이 이야기를 하자 민자마가 말했다.

"주왕실이 곧 어지러워질 것이오. 배우기를 좋아하지 않는 자가 매우 많아진 연후에 비로소 대인(大人: 집권 대부)들에게까지 영향을 미치게 될 것이오. 그러면 대인들은 자리를 잃을까 걱정하여 사리를 밝히려 들지 않을 것이오. 그러면서 그들은 또 말하기를, '배우지 않아도 좋다. 그렇더라도 해로울 것이 없다'고 할 것이오. 해로울 것이 없다고 하여 배우지 않으면 일을 되는 대로 적당히 처리하게 되오. 그리 되면 하릉상체(下陵上替: 아랫사람이 윗사람을 능멸하여 기강이 문란해짐)하게 되니 어찌 난이 일어나지 않을 수 있겠소? 무릇 학습이란 식물을 재배하는 것과 같아 배우지 않으면 장차 쇠락해질 수밖에 없소. 대략 원씨(原氏)는 망하고 말 것이오."

7월, 정나라의 자산은 화재를 계기로 사(社)를 크게 정비하고 사방의 신령에게 불양(祓禳: 재앙을 털어내는 제사를 올림)했다. 이는 예에 맞는 일이다. 자산은 병사들을 정선하여 대대적인 사열을 거행하기 위해 사열 장소를 깨끗이 정리했다. 당시 자태숙의 가묘(家廟)는 군사들이 지나가는 길 남쪽에 있었다. 자태숙이 사는 집은 길 북쪽에 있었는데 정원이 매우 좁았다. 자태숙은 사흘간의 말미가 지나자 사열 장소를 청소하는 인부들을 길의 남쪽과 가묘의 북쪽에 배열한 뒤 말했다.

"자산이 이곳을 지나면서 속히 정리하라고 명하면 너희들을 향하고 있는 쪽을 헐도록 하라."

자산이 상조(上朝: 조정회의에 참석함)하러 가던 중 그 앞을 지나다가 크게 화를 냈다. 그러자 인부들이 남쪽의 사당을 헐기 시작했다. 자산이 충(衝: 네거리)에 이르러 종자를 보내 인부들을 제지한 뒤 명했다.

"북쪽으로 헐도록 하라."

화재가 일어났을 때 자산이 사람들에게 무기를 나눠주면서 성가퀴 위로 올라가게 했다. 그러자 자태숙이 물었다.

"진나라가 치러 오지 않겠습니까?"

"내가 듣건대 '소국이 수비하는 일을 잊으면 위험하다'고 했소. 하물며 화재가 났으니 더 이상 말할 게 있겠소? 나라가 작아도 무시당하지 않는 것은 미리 방비를 하고 있기 때문이오."

얼마 후 진나라의 변리(邊吏: 변경을 지키는 관원)가 정나라를 책망했다.

"정나라가 재해를 당하자 우리 진나라 군주와 대부들은 감히 안거(安居)하지 못한 채 복서(卜筮)를 하고 주망(走望: 사방으로 달려가 산천에 제사를 올림)하느라 희옥(犧玉: 희생과 옥백)을 아끼지 않고 있소. 정나라의 재해는 과군의 커다란 근심거리요. 그런데 지금 정나라의 집정은 한연(攔然: 살벌하다는 뜻으로, 청대의 전대흔은 僩의 잘못으로 봄)히 사람들에게 무기를 나눠주어 성벽 위로 오르게 하니 장차 누구에게 그 잘못을 물어야 하오? 변경 사람들이 모두 두려워하고 있어 감히 고하지 않을 수 없소."

그러자 자산이 대답했다.

"만일 그대의 말과 같다면 우리 나라의 재해는 귀국 군주의 근심거리가 될 것입니다. 폐읍의 정사가 정상적이지 못해 하늘이 재해를 내린 것입니다. 사악한 자가 이 틈을 타 폐읍을 치는 계책을 내어 탐람한 자를 끌어들임으로써 또다시 폐읍에게 불리함을 안기고 귀국 군주의 근심을 가중시킬까 두려워했습니다. 행여 우리가 망하지 않는다면 오히려 변명할 수도 있지만, 불행히도 망하게 되면 귀국 군주가 걱정해준다 한들 또한 미치지 못할 것입니다. 정나라는 다른 나라들과도 접경하고 있어 공격을 받지 않을까 걱정이니 일이 나면 망주(望走: 기대를 걸고 투항함)할 나라는 진나라뿐입니다. 우리 나라는 이제까지 진나라를 섬겨왔는데 감히 두 마음을 품겠습니까."

당시 초나라 좌윤 왕자 승(勝)이 초평왕에게 고했다.

"허나라는 정나라와 원수지간으로 우리 초나라의 영역 안에 있는 까닭에 정나라에 대해 무례하게 굴고 있습니다. 지금 진나라와 정나라가 화목하게 지내고 있으니 만일 정나라가 허나라를 치고 진나라가 정나라를 돕는다면 초나라는 결국 땅을 잃게 될 것입니다. 그런데도 군주는 어찌하여 허나라를 다른 곳으로 옮기지 않는 것입니까. 허나라는 우리 초나라가 전유(專有)하고 있는 것이 아닌 데다가 정나라는 지금 영정(令政: 충실한 정치)을 행하고 있습니다. 허나라는 말하기를, '정나라는 원래 우리의 옛 도성이다'라고 하는 데 반해 정나라는 '허나라는 우리가 전쟁을 통해 얻은 성읍이다'라고 말하고 있습니다. 섭(葉) 땅은 초나라의 입장에서 보면 방성(方城) 밖에 있는 차폐물(遮蔽物)과 같은 곳입니다. 땅은 경시할 수 없고 국가는 작다고 하여 만만히 볼 수 있는 것이 아닙니다. 우리로서는 허나라를 남에게 빼앗길 수도 없고, 구원(仇怨)을 불러일으킬 수도 없으니, 군주는 이를 한번 깊이 헤아리기 바랍니다."

초평왕이 이 이야기를 듣고 크게 기뻐했다. 겨울, 초평왕이 왕자 승을 시켜 허나라를 석(析: 하남성 내향현 서북쪽) 땅으로 옮기게 했다. 석 땅은 원래 백우(白羽)로 불렸다.

六月郳人藉稻. 邾人襲郳, 郳人將閉門. 邾人羊羅攝其首焉, 遂入之, 盡俘以歸. 郳子曰 "余無歸矣, 從帑於邾." 邾莊公反郳夫人, 而舍其女. 秋,葬曹平公. 往者見周原伯魯焉, 與之語, 不說學. 歸以語閔子馬. 閔子馬曰"周其亂乎. 夫必多有是說, 而後及其大人. 大人患失而惑, 又曰, 可以無學, 無學不害. 不害而不學, 則苟而可. 於是乎下陵上替, 能無亂乎. 夫學, 殖也, 不學將落, 原氏其亡乎." 七月, 鄭子產爲火故, 大爲社, 祓禳於四方, 振除火災, 禮也. 乃簡兵大蒐, 將爲蒐除. 子大叔之廟在道南, 其寢在道北, 其庭小. 過期三日, 使除徒陳於道南廟北, 曰"子產過女而命速除, 乃毀於而鄉." 子產朝, 過而怒之, 除者南毀. 子產及衝, 使從者止之曰"毀於北方." 火之作也, 子產授兵登陴. 子大叔曰"晉無乃討乎." 子產曰"吾聞之, 小國忘守則危, 況有災乎. 國之不可小, 有備故也." 旣, 晉之邊吏讓鄭曰"鄭國有災, 晉君大夫不敢寧居, 卜筮走望, 不愛牲玉. 鄭之有災, 寡君之憂也. 今執事㮣然授兵登陴, 將以誰罪. 邊人恐懼, 不敢不告." 子產對曰"若吾子之言, 敝邑之災, 君之憂也. 敝邑失政, 天降之災. 又懼讒慝之間謀之, 以啓貪人, 荐爲敝邑不利, 以重君之憂. 幸而不亡, 猶可說也. 不幸而亡, 君雖憂之, 亦無及也. 鄭有他竟, 望走在晉. 旣事晉矣, 其敢有二心." 楚左尹王子勝言於楚子曰"許於鄭, 仇敵也, 而居楚地, 以不禮於鄭. 晉鄭方睦, 鄭若伐許, 而晉助之, 楚喪地矣. 君盍遷許. 許不專於楚. 鄭方有令政. 許曰'余舊國也.' 鄭曰'余俘邑也.' 葉在楚國, 方城外之蔽也. 土不可易, 國不可小, 許不可俘, 讎不可啓. 君其圖之." 楚子說. 冬, 楚子使王子勝遷許於析. 實白羽.

19년(기원전 523)

19년 봄, 송공이 주나라를 쳤다. 여름 5월 무진, 허나라 세자 지(止)가 주군 매(買)를 시해했다. 기묘, 지진이 있었다. 가을, 제나라의 고발(高發)이 군사를 이끌고 가 거나라를 쳤다. 겨울, 허도공(許悼公)을 안장했다.

十九年春, 宋公伐邾. 夏五月戊辰, 許世子止弑其君買. 己卯, 地震. 秋, 齊高發帥師, 伐莒. 冬, 葬許悼公.

●19년 봄, 초나라 공윤(工尹) 적(赤)이 음융(陰戎) 사람들을 하음(下陰: 호북성 노하구시 서북쪽)으로 옮기고 영윤 자하(子瑕)는 겹(郟: 하남성 겹현)에 성을 쌓았다. 노나라의 숙손소자(叔孫昭子)가 말했다.

"초나라의 의도는 제후들에게 있지 않다. 근근히 자국만 보전해 대를 이어가고자 할 뿐이다."

초평왕이 일찍이 채나라에 있을 때 격양봉인(郹陽封人: 격양 땅의 지방장관)의 딸이 사적으로 초평왕이 있는 곳으로 가 태자 건(建: 子木)을 낳았다. 초평왕이 귀국하여 보위에 오른 뒤 대부 오사(伍奢: 오자서의 부친)로 하여금 태자의 사(師)가 되게 했다. 이때 비무극(費無極)은 소사(少師)가 되었으나 태자로부터 총신을 받지 못했다. 이에 마침내 태자를 무함할 생각으로 초평왕에게 건의했다.

"태자 건이 가히 처를 맞이할 만합니다."

이에 초평왕이 태자를 위해 진(秦)나라에서 여인을 맞이하게 되었다. 비무극이 여인을 맞이하러 간 일행에 끼었다가 초평왕에게 그 여인을 취할 것을 적극 권했다. 1월, 초평왕의 새 부인 영씨(嬴氏)가 진나라에서 도착했다.

우자(鄅子)의 부인은 송나라 대부 상술(向戌)의 딸이었다. 이에 상술의 아들 상녕(向寧)이 우나라를 침공한 주나라를 치기 위해 송원공(宋元公)에게 출병을 청했다. 2월 송원공이 주나라로 쳐들어가 충(蟲: 산동성 제녕현) 땅을 포위했다. 3월, 송나라 군사가 충 땅을 점거하자 주나라가 우나라 포로들을 모두 돌려보냈다.

여름, 허도공(許悼公: 허영공의 아들)이 학질에 걸렸다. 5월 5일, 허도공이 태자 지(止)가 올린 약을 먹고 죽었다. 그러자 태자 지가 진(晉)나라로 달아났다. 이에 『춘추』는 이같이 썼다.

"태자가 그 군주를 시해했다."

이를 두고 군자가 평했다.

"진심진력(盡心盡力)으로 군주를 섬기는 데에는 약물(藥物)을 올리지 않아도 가하다."

주(邾)나라 사람과 예(郳: 曹姓의 제후국으로 훗날 초나라에 의해 멸망)나라 사람, 서(徐)나라 사람이 송원공과 만났다. 5월 12일, 이들이 충 땅에서 결맹했다.

이때 초평왕이 주사(舟師: 수군)를 편성해 복(濮: 초나라 서남부의 소수 민족 거주지) 땅을 쳤다. 이때 비무극이 초평왕에게 건의했다.

"진나라가 패자를 칭하게 된 것은 중원의 여러 제후국과 가까이 있기에 가능한 것입니다. 그러나 우리 초나라는 중원에서 멀리 떨어진 벽지에 처해 있어 진나라와 패권을 다툴 수 없습니다. 만약 성보(城父: 北城父로 하남성 보풍현 동쪽 40리에 위치)를 대성(大城: 성벽 등을 높여 대대적으로 수축함)한 뒤 태자를 보내 북방과 교통하고 군주는 남방을 취하면 이것이 가히 천하를 얻는 좋은 방법이 될 것입니다."

초평왕이 크게 기뻐하며 이를 좇았다. 이에 태자 건이 성보에 머물게 되었다. 이때 초나라 영윤 자하가 진(秦)나라를 빙문했다. 이는 부인을 보내준 것에 배사하기 위한 것이었다.

가을, 제나라 대부 고발(高發)이 군사를 이끌고 가 거나라를 쳤다. 거공공(莒共公)이 기장(紀鄣: 강소성 공유현 북쪽)으로 달아나자 고발이 대부 손서(孫書: 子占)를 보내 기장을 치게 했다.

당초 거나라에 한 부인(婦人)이 있었는데 거공공이 그녀의 남편을 죽이자 그녀는 이부(嫠婦: 과부)가 되었다. 나이를 먹게 되자 여인은 기장으로 가 기거하면서 성벽의 높이를 속으로 헤아려 실로 새끼줄을 꼰 뒤 거(去: 간직해둔다는 뜻으로, '去'는 '弆'와 통함)해두었다. 제나라 군사가 진공하자 그 여인이 간직해두었던 새끼줄을 꺼내 성 밖으로 던졌다. 한 병사가 이를 자점(子占: 손서)에게 바쳤다. 자점이 병사들에게 명해 새끼줄을 타고 성벽 위로 올라가게 했다. 성벽 위로 올라간 병사가 60명이 되었을 때 새끼줄이 끊어지자 성 아래 군사들이 고조(鼓譟)했다. 이에 성벽 위로 올라간 자들 또한 고조하자 거공공은 두려워한 나머지 성의 서문을 열고 도주했다.

7월 14일, 제나라 군사가 기장으로 들어갔다.

十九年春, 楚工尹赤遷陰于下陰, 令尹子瑕城郟. 叔孫昭子曰 "楚不在諸侯矣. 其僅自完也, 以持其世而已." 楚子之在蔡也, 郹陽封人之女奔之, 生大子建. 及卽位, 使伍奢爲之師. 費無極爲少師, 無寵焉, 欲譖諸王, 曰 "建可室矣." 王爲之聘於秦, 無極與逆, 勸王取之. 正月, 楚夫人嬴氏至自秦. 鄖夫人, 宋向戌之女也, 故向寧請師. 二月, 宋公伐邾, 圍蟲. 三月, 取之. 乃盡歸鄖俘. 夏, 許悼公瘧. 五月戊辰, 飮大子止之藥, 卒. 大子奔晉. 書曰 "弑其君." 君子曰 "盡心力以事君, 舍藥物可也." 邾人·郳人·徐人會宋公. 乙亥, 同盟于蟲. 楚子爲舟師以伐濮. 費無極言於楚子曰 "晉之伯也, 邇於諸夏, 而楚辟陋, 故弗能與爭. 若大城城父而寘大子焉, 以通北方, 王收南方, 是得天下也." 王說, 從之, 故大子建居于城父. 令尹子瑕聘于秦, 拜夫人也. 秋, 齊高發帥師伐莒. 莒子奔紀鄣. 使孫書伐之. 初, 莒有婦人, 莒子殺其夫, 已爲嫠婦. 及老, 託於紀鄣, 紡焉以度而去之. 及師至, 則投諸外. 或獻諸子占. 子漸使師夜縋而登. 登者六十人, 縋絶, 師鼓譟. 城相之人亦譟. 莒共公懼, 啓西門而出. 七月丙子, 齊師入紀.

● 이 해에 정나라 대부 사언(駟偃: 자유)이 죽었다. 자유(子游: 사언)는 진나라 대부의 딸을 아내로 맞아 아들 사사(駟絲)를 낳았으나 이때 사사의 나이가 매우 어렸다. 이에 그의 부형들이 사언의 아우 자하(子瑕)를 가문의 후계자로 삼았다. 자산은 자하의 사람됨을 싫어하고 자하가 후계자가 되는 것이 상규에 부합하지 않는다는 것을 알고 이를 허락하지 않았으나 그렇다고 이를 제지하지도 않았다. 이에 사씨 집안 사람들이 크게 두려워하게 되었다.

훗날 사사가 진나라에 있는 외숙에게 이 사실을 고했다. 겨울, 진나라 사람이 사람을 시켜 선물을 갖고 정나라로 가 사결이 사씨 가문의 후계자가 된 연고를 묻게 했다. 사씨 집안 사람들이 두려워하자 사기(駟乞: 자하)가 도주하고자 했다. 그러나 자산이 이를 허용하지 않았다. 이때 사씨 집안 사람들이 거북점을 치려 했으나 이 또한 허락지 않았다. 정나라 대부들이 모여 진나라에 어떻게 해명할 것인지를 논의하자 자산은 결론이 나기를 기다리지 않고 곧 진나라에서 온 사람에게 회답했다.

"우리 정나라는 불천(不天: 하늘로부터 복을 받지 못함)하여 과군의 여러 신하가 찰채요혼(札瘥夭昏: '찰채'는 유행병으로 인한 병사, '요혼'은 요절)했습니다. 이제 또 우리의 선대부 사언을 잃었는데 그의 아들이 아직 어려 그 집안의 일부 부형들이 종주(宗主)가 단절될 것을 우려한 나머지 족인들과 상의한 끝에 장친(長親: 친자 중 나이가 많은 사람으로, 여기서는 사기를 지칭)을 후계자로 삼은 것입니다. 과군은 그 집안의 일부 대부들에게 말하기를, '정녕 하늘이 사씨 가문의 후계 문제를 박란(剝亂: 교란)하게 하려는 듯하니 내가 무엇을 어찌할 수 있겠소'라고 했습니다. 속담에 이르기를, '난문(亂門: 어지러운 집안의 문) 앞을 지나가지 말라'고 했습니다. 백성들이 흉기를 들고 난을 일으켜도 사람들은 그 앞을 지나기를 꺼리는데 하물며 하늘이 내리는 난을 감히 알려고 하겠습니까. 이제 대부가 그 연고를 묻고자 하지만 과군조차 실로 감히 이를 알려고 하지 않는데 그 누가 그 집안일을 확실히 알 수 있겠습니까. 평구(平丘)의 회동에서 귀국 군주가 구맹을 다지면서 말하기를, '각자의 직분을 게을리하는 일이 없도록 하라'고 했습니다. 과군의 일부 신하가 즉세(卽世: 去世)한 일에 대해 진나라 대부가 그 후계자 문제를 놓고 멋대로 간섭하면 이는 진나라가 우리 나라를 변경의 한 고을로 만드는 것입니다. 그리 되면 어찌 한 국가라고 할 수 있겠습니까."

자산은 진나라 사람이 갖고 온 선물을 사양하면서 그 사자에게 이같이 회답했다. 이에 진나라 사람은 더 이상 간여하지 않고 이 일을 덮어두었다.

이때 초나라 사람이 주래(州來)에 성을 쌓았다. 심윤(沈尹) 술(戌)이 말했다.

"초나라 사람들은 반드시 패할 것이다. 지난날 오나라가 주래를 멸망시키자 자기(子旗)가 오나라를 칠 것을 청했다. 그때 군주가 이르기를, '나는 아직 백성들을 안무하지 못했다'고 했다. 지금도 이전의 상황과 같은데 주래에 성을 쌓고 오나라에 싸움을 거니 어찌 패하지 않을 수 있겠는가."

이에 그의 시종이 말했다.

"군주는 피곤한 줄 모르고 시사(施舍)하면서 백성들을 5년 동안이나 쉬게 했으니 가히 안무했다고 이를 만합니다."

심윤 술이 말했다.

"내가 듣건대 '백성을 안무하는 군주는 안으로 씀씀이를 절약하고 밖으로 덕행을 세워 백성이 낙성(樂性: 삶을 즐긴다는 뜻으로, '性'은 '生'과 통함)하고 외부의 적이 없게 한다'고 했다. 지금 초나라는 궁실의 규모에 한도가 없고, 백성들은 매일 무슨 일이 일어날까 두려워하고, 노피사전(勞罷死轉: 피로에 지쳐 죽은 시체가 거두는 사람이 없어 나뒹구는 것을 의미)하고, 침식(寢食)조차 잊고 있다. 이는 안무했다고 할 수 없는 것이다."

정나라에 큰 수재가 났다. 이때 용들이 시문(時門: 정나라 도성의 문) 밖에 있는 호수 유연(洧淵)에서 싸웠다. 이에 국인들이 영(禜: 재앙을 몰아내는 액막이 제사)을 하자고 청했다. 그러나 자산이 거부했다.

"우리가 싸울 때 용들은 거들떠보지도 않소. 용들이 싸우는데 왜 우리만 가서 알아보려는 것이오? 제사를 지낸들 그곳은 본래 용들이 사는 곳이오. 우리가 용들에게 요구할 것도 없고, 용들 또한 우리에게 요구할 것이 없소."

결국 정나라는 액막이 제사를 하지 않았다.

이때 초나라 영윤 자하가 오나라 대부 궐유(蹶由)를 두고 초평왕에게 말했다.

"그에게 무슨 죄가 있겠습니까. 속담에 이르기를, '실어노(室於怒: 집에서 화나는 일을 당함)·시어색(市於色: 저자에서 성난 기색을 내보임)'이라고 했습니다. 이는 우리 초나라와 같은 경우를 두고 말한 것입니다. 이제 이전의 분노를 버려야 합니다."

이에 초평왕이 궐유를 돌려보냈다.

是歲也, 鄭駟偃卒. 子游娶於晉大夫, 生絲, 弱. 其父兄立子瑕. 子産憎其爲人也, 且以爲不順, 弗許, 亦弗止. 駟氏聳. 他日, 絲以告其舅. 冬, 晉人使以幣如鄭, 問駟乞之立故. 駟氏懼, 駟乞欲逃. 子産不遣. 請龜以卜, 亦弗予. 大夫謀對. 子産不待而對客曰 "鄭國不天, 寡君之二三臣札瘥夭昏. 今又喪我先大夫偃, 其子幼弱, 其一二父兄, 懼隊宗主, 私族於謀而立長親. 寡君與其二三老曰 '抑天實剝亂是, 吾何知焉.' 諺曰 '無過亂門.' 民有亂兵, 猶憚過之, 而況敢知天之所亂. 今大夫將問其故, 抑寡君實不敢知, 其誰實知之. 平丘之會, 君尋舊盟曰 '無或失職.' 若寡君之二三臣, 其卽世者, 晉大夫而專制其位, 是晉之縣鄙也, 何國之爲." 辭客幣而報其使. 晉人舍之. 楚人城州來. 沈尹戌曰 "楚人必敗. 昔, 吳滅州來, 子旗請伐之. 王曰 '吾未撫吾民.' 今亦如之, 而城州來以挑吳, 能無敗乎." 侍者曰 "王施舍不倦, 息民五年, 可謂撫之矣." 戌曰 "吾聞, 撫民者, 節用於內, 而樹德於外, 民樂其性, 而無寇讎. 今宮室無量, 民人日駭, 勞罷死轉, 忘寢與食, 非撫之也." 鄭大水, 龍鬪于時門之外洧淵. 國人請爲禜焉, 子産弗許, 曰 "我鬪, 用不我覿也. 龍鬪, 我獨何覿焉. 禳之, 則彼其室也. 吾無求於龍, 龍亦無求於我." 乃止也. 令尹子瑕言蹶由於楚子曰 "彼何罪. 諺所謂 '室於怒, 市於色'者, 楚之謂矣. 舍前之忿可也." 乃歸蹶由.

20년(기원전 522)

20년 봄 주력(周曆) 정월. 여름, 조나라의 공손 회(會)가 몽(鄸)에서 송나라로 망명했다. 가을, 도적이 위후의 형 집(縶)을 죽였다. 겨울 10월, 송나라의 화해(華亥)·상녕(向寧)·화정(華定)이 진(陳)나라로 망명했다. 11월 신묘, 채후 노(盧)가 졸했다.

二十年春王正月, 夏, 曹公孫會自鄸出奔宋. 秋, 盜殺衛侯之兄縶.

冬十月, 宋華亥向寧華定出奔陳. 十一月辛卯, 蔡侯廬卒.

● 20년 봄 2월 1일, 해가 남지(南至: 동지를 의미)했다. 이때 노나라 대부 재신(梓慎)이 망분(望氛: 천기를 봄)한 뒤 말했다.

"금년에 송나라에 난이 일어나 나라가 거의 망할 지경이 되고 3년 이후에나 비로소 회복될 것이다. 그리고 채나라에는 큰 상사(喪事)가 있을 것이다."

이에 숙손소자(叔孫昭子)가 말했다.

"그렇다면 송나라에서 난리를 일으킬 자는 대씨(戴氏)와 환씨(桓氏)일 것이다. 그들의 사치와 무례가 이미 극에 달했다. 난은 그들로부터 일어날 것이다."

이때 비무극이 초평왕에게 말했다.

"태자 건과 오사가 방성 밖의 세력을 이끌고 반기를 들려 합니다. 그들은 스스로 송나라 및 정나라와 같은 처지라고 생각하고 있습니다. 이에 제나라와 진나라는 그들을 교보(交輔: 공동으로 도와줌)하여 우리 초나라를 해치려 하고 있습니다. 그들의 계획은 이미 성사되어 있습니다."

초평왕이 이 말을 믿고 묻자 오사가 이같이 힐난했다.

"군주는 이미 전에 범한 한 가지 일만으로도 그 잘못이 엄중하기 그지없는데 어찌하여 또 참언(讒言)을 믿으려 하는 것입니까?"

대로한 초평왕이 곧 오사를 체포한 뒤 성보(城父)의 사마 분양(奮揚)을 시켜 태자 건을 죽이게 했다. 그러나 분양은 성보에 도달하기 전에 사람을 미리 보내 태자를 달아나게 했다. 3월, 태자 건이 송나라로 달아났다. 이때 초평왕이 분양을 부르자 분양은 성보 사람을 시켜 자신을 체포해 초평왕에게 데려가게 했다. 초평왕이 성보를 질책했다.

"말이 내 입에서 너의 귀로 들어갔는데 누가 이 사실을 건에게 알렸는가?"

"제가 고했습니다. 군주가 전에 저에게 명하기를, '태자 건을 섬기면서 나를 섬기듯 하라'고 했습니다. 저는 재주가 없어 구이(苟貳: 상황을 좇아 두 마음을 품음)할 수 없었습니다. 이에 이미 처음의 명을 받들어 섬겨온 터에 차마 뒤의 명을 좇을 수가 없어 태자를 떠나게 한 것입니다. 얼마 후 다시 이를 후회했으나 이미 어쩔 수가 없었습니다."

"그러고도 감히 나에게 온 까닭은 무엇인가?"

"명을 받고 가 실명(失命: 사명을 명령대로 하지 못함)한 처지에 부름을 받고도 오지 않으면 이는 두 번 죄를 짓는 것입니다. 달아나려 해도 갈 곳이 없습니다."

초평왕이 말했다.

"돌아가도록 하라."

이때 비무극이 초평왕에게 오사의 자식들을 무함하고 나섰다.

"오사의 자식들은 재능이 있는 자들입니다. 그들이 만일 오나라로 가게 되면 반드시 우리 초나라의 우환이 될 것입니다. 군주는 어찌하여 그 아비를 사면한다는 구실로 그들을 부르지 않는 것입니까? 그들은 인의(仁義)가 있으니 부르면 반드시 올 것입니다. 그리하지 않으면 장차 큰 우환이 될 것입니다."

이에 초평왕이 사람을 시켜 오사의 자식들에게 이같이 말하게 했다.

"소환에 응하면 너희들의 부친을 용서할 것이다."

그러자 오사의 큰아들 당군(棠君: '당' 땅의 대부) 상(尙: 伍尙)이 아우 오원(伍員: 오자서)에게 말했다.

"너는 오나라로 가도록 해라. 나는 장차 도성으로 돌아가 죽을 생각이다. 나의 지혜는 너만 못하니 나는 죽어도 되지만 너는 살아남아 원한을 갚아주기 바란다. 부친을 사면한다는 명을 듣고 급히 돌아가지 않을 수 없다. 그러나 친척이 살육되면 원수를 갚지 않을 수 없다. 급히 달려가 죽더라도 부친을 사면하게 하는 것은 효순(孝順)이고 일의 성사를 헤아려 행동하는 것은 인의(仁義)이다. 택임(擇任: 여기서는 복수를 선택하는 임무)을 띠고 앞으로 나아가는 것은 명지(明智)이고 죽을 줄 알면서도 피하지 않는 것은 용기(勇氣)이다. 부친을 버려둘 수 없고 명예 또한 버릴 수 없다. 너는 네가 할 일을 힘써 성사시키도록 하라. 상종(相從: 여기서는 서로 강권하지 않는 것을 뜻함)하는 것이 보다 나을 것이다."

이에 오상(伍尙)은 도성으로 돌아갔다. 이때 그의 부친 오사는 오원이 오지 않았다는 말을 듣고 말했다.

"초나라의 군신이 장차 간식(旰食: 원래는 저녁에 먹는 음식이나, 여기서는 때맞추어 밥을 먹지 못하는 것을 의미)하지 않겠는가."

그러자 초나라가 오사와 오상을 모두 죽여버렸다. 오원이 오나라로 가 오왕 주우(州于: 僚)에게 초나라 침공의 이점을 설명했다. 그러자 오나라 공자 광(光)이 오왕에게 말했다.

"이는 자신의 부형이 살육당한 것을 보복하기 위한 것이니 그의 말을 좇을 수 없습니다."

오원이 말했다.

"공자 광은 장차 딴 뜻을 품고야 말 것이다. 잠시 저 사람을 위해 용사(勇士)를 구해주고 나는 교외에서 때를 기다려야 하겠다."

그러고는 곧 전설제(鱄設諸)라는 사람을 공자 광에게 추천한 뒤 자신은 교외로 가 농사를 지었다.

二十年春王二月己丑, 日南至. 梓愼望氛曰"今茲, 宋有亂, 國幾亡, 三年而後弭. 蔡有大喪." 叔孫昭子曰"然則戴桓也. 汏侈無禮已甚, 亂所在也." 費無極言於楚子曰"建與伍奢將以方城之外叛. 自以爲猶宋鄭也, 齊晉又交輔之, 將以害楚. 其事集矣. 王信之, 問伍奢. 伍奢對曰"君一過多矣, 何信於讒." 王執伍奢. 使城父司馬奮揚殺大子, 未至而使遣之. 三月, 大子建奔宋. 王召奮揚. 奮揚使城父人執己以至. 王曰"言出於余口, 入於爾耳, 誰告建也." 對曰"臣告之. 君王命臣曰'事建如事余.' 臣不佞, 不能苟貳. 奉初以還, 不忍後命, 故遣之. 旣而悔之, 亦無及已." 王曰"而敢來, 何也." 對曰"使而失命, 召而不來, 是再奸也. 逃無所入." 王曰"歸." 從政如他日. 無極曰"奢之子材, 若在吳, 必憂楚國, 盍以免其父召之. 彼仁, 必來. 不然, 將爲患." 王使召之, 曰"來, 吾免而父." 棠君尙謂其弟員曰"爾適吳, 我將歸死. 吾知不逮, 我能死, 爾能報. 聞免父之命, 不可以莫之奔也. 親戚爲戮, 不可以莫之報也. 奔死免父, 孝也. 度功而行, 仁也. 擇任而往, 知也. 知死不辟, 勇也. 父不可棄, 名不可廢, 爾其勉之, 相從爲愈."伍尙歸. 奢聞員不來, 曰"楚君大夫其旰食乎."楚人皆殺之. 員如吳, 言伐楚之利於州于. 公子光曰"是宗爲戮而欲反其讎, 不可從也."員曰"彼將有他志. 余故爲之求士, 而鄙以待之."乃見鱄設諸焉, 而耕於鄙.

●송원공은 신의가 없고 사심(私心)이 많은 데다 화씨(華氏)와 상씨(向氏)를 미워했다. 이에 대부 화정(華定)과 화해(華亥), 상녕(向寧)이 모여 모의했다.

"망명하는 것이 죽는 것보다는 나으니 우리가 먼저 손을 쓰도록 합시다."

이에 화해가 칭병하여 여러 공자들을 유인했다. 공자들이 문병차 오자 곧바로 잡아가두었다. 여름 6월 9일, 공자 인(寅)과 공자 어융(御戎), 공자 주(朱), 공자 고(固), 공손 원(援), 공손 정(丁)을 죽인 뒤 대부 상승(向勝)과 상행(向行)은 곡물 창고에 가두었다. 당시 송원공이 화씨 집으로 가서 공자와 공손 등을 풀어줄 것을 요청했으나 화씨들은 이를 들어주지 않고 오히려 송원공을 위협했다.

6월 16일, 송나라 태자 난(欒)과 송원공의 동모제인 진(辰), 공자 지(地)를 잡아 인질로 삼았다. 그러자 송원공도 화해의 아들 무척(無慼)과 상녕의 아들 상라(向羅), 화정의 아들 화계(華啓)를 잡은 뒤 화씨와 맹서하고 이들을 인질로 삼았다.

이때 위나라 대부 공맹집(公孟縶)이 대부 제표(齊豹: 齊子氏)를 홀시했다. 이에 그의 관직인 사구 벼슬과 봉읍인 견(鄄) 땅을 빼앗은 뒤 전쟁을 치르게 되면 돌려주고 그렇지 못하면 다시 빼앗곤 했다. 또 공맹(公孟: 공맹집)은 대부 북궁희(北宮喜)와 저사포(褚師圃)를 매우 미워해 그들을 제거하고자 했다. 이때 공자 조(朝)는 선군인 위양공(衛襄公)의 부인 선강(宣姜)과 사통했는데 이 사실이 들통날까 두려워 틈을 보아 난을 일으키고자 했다. 드디어 제표와 북궁희, 저사포, 공자 조가 모의해 난을 일으켰다.

당초 제표는 대부 종로(宗魯)를 공맹에게 추천하여 참승(驂乘: 수레에 편승한 경호역)을 맡게 했다. 제표가 난을 일으키기 직전 종로에게 말했다.

"공맹이 좋지 못하다는 것은 그대도 잘 알고 있을 것이오. 앞으로 공맹과 함께 수레를 타지 말도록 하시오. 나는 장차 그를 죽일 것이오."

종로가 대답했다.

"나는 그대로 인해 공맹을 섬기게 되었고 그대가 나를 칭찬한 까닭에 공맹은 나를 가까이하게 되었습니다. 그가 좋지 않다는 것은 나 또한 알고 있습니다. 또한 자신에게 이롭다는 이유로 그의 곁을 떠나지 못하고 있는 것은 나의 잘못입니다. 그러나 이제 화난이 닥쳤다는 얘기를 듣고 곁을 떠나게 되면 그대가 나를 위해 한 말을 거짓으로 만드는 셈이 됩니다. 그대는 그대의 일을 하도록 하십시오. 나는 장차 이로 인해 죽을 것입니다. 나는 이 일을 비밀에 부쳐 그대를 섬기고, 공맹이 있는 곳으로 돌아가 그를 위해 죽는 것이 가하지 않겠습니까."

6월 29일, 위영공(衛靈公)이 평수(平壽: 산동성 평도현 서남쪽)에 있었다. 공맹이 개획문(蓋獲門: 위나라 도성의 외성에 있는 문) 밖에서 제사를 지내려고 했다. 이때 제씨 일족이 문 밖에 유장(帷帳)을 치고 안에 무장한 갑사들을 숨겨두었다. 이어 대부 축와(祝蛙)를 시켜 창을 땔나무 속에 감춘 수레를 이끌고 가 성문 옆에 둔 뒤 또 한 대의 수레로는 공맹이 집을 나올 때부터 그 뒤를 따르게 했다.

당시 대부 화제(華齊)가 공맹의 수레를 몰고, 종로가 참승이 되었다. 공맹의 수레가 굉문(閎門: 曲門) 안으로 들어가자 제표가 창을 들고 공맹을 공격했다. 종로가 이를 등으로 막다가 팔이 잘려나갔다. 그 사이에 창이 공맹의 어깨에 꽂혔다. 결국 두 사람 모두 제표의 창에 찔려 절명하고 말았다.

위영공은 난이 일어났다는 소식을 듣고 급히 수레를 몰아 열문(閱

門: 위나라 도성의 문)을 통해 도성 안으로 들어갔다. 이때 대부 경비(慶比)가 위영공의 수레를 몰고 공남초(公南楚: 南楚)가 참승이 되었다. 화인(華寅)에게는 이거(貳車: 副車)를 몰게 했다. 공궁에 이르렀을 때 대부 홍류퇴(鴻駵魋)를 수레에 태운 뒤 위영공이 보물을 싣고 궁중에서 빠져나왔다. 대부 저사자신(褚師子申)은 대로 사거리에서 위영공을 만나 곧바로 뒤를 쫓아갔다.

제표의 집 앞을 지날 때 화인을 시켜 웃통을 벗은 채 수레 덮개를 들고 수레의 허술한 곳을 향해 날아오는 화살 등을 막게 했다. 이때 제표가 위영공 일행을 향해 활을 쏘아 공남초의 등을 맞혔다. 그러나 이로 인해 위영공은 무사히 도성을 빠져나올 수 있게 되었다. 화인은 성곽의 문을 닫은 뒤 성벽을 넘어가 위영공을 뒤따랐다. 위영공이 사조(死鳥: 위나라의 동쪽 교외로, 위치 미상)에 이르렀을 때 대부 석주서(析朱鉏: 成子)가 야음을 이용해 성의 배수구를 통해 밖으로 빠져나와 도보로 위영공을 뒤쫓아갔다.

이때 제경공이 대부 공손 청(青: 子石)을 시켜 위나라를 빙문하게 했다. 공손 청은 국경을 넘어서면서 위나라에 난이 일어났다는 소식을 듣고는 곧 사람을 제경공에게 보내 누구를 빙문해야 좋은지 물었다. 그러자 제경공이 이같이 회답했다.

"아직 나라 안에 있으면 그가 위나라의 군주이다."

이에 공손 청이 곧 빙문의 절차를 밟았다. 공손 청이 위영공을 따라 사조로 간 뒤 빙례를 행하려고 하자 위영공이 사양했다.

"망인(亡人: 망명한 자로, 곧 위영공)이 불녕(不佞)하여 사직을 지키지 못하고 초망(草莽: 잡초 우거진 곳) 속에 망명 중이오. 그러니 지금으로서는 그대가 군명을 수행할 여지가 없소."

빈객인 제나라 사자가 말했다.

"과군은 조정에서 저에게 명하기를, '집사에게 아하(阿下: 몸을 낮추어 의탁함)하라'고 했습니다. 저는 감히 두 마음을 품을 수 없습니다."

주인인 위영공이 말했다.

"만일 귀국 군주가 선군 때의 우호를 잊지 않고 폐읍을 돌보아 사직을 안정시켜 주고자 한다면, 종묘가 그곳에 있으니 거기서 빙례를 받도록 하겠소."

이로 인해 공손 청은 빙례를 정지했다. 그런데 이때 위영공이 굳이 공손 청을 만나려고 했다. 공손 청은 제경공의 명을 받지 못한 까닭에 우선 자신이 타고 온 말을 진현의 예물로 올렸다. 이는 아직 사명(使命)을 수행하지 못한 데 따른 것이었다.

이때 위영공은 공손 청이 보낸 말을 자신의 수레를 끄는 말로 삼았다. 밤이 되어 빈객인 공손 청이 위영공을 위해 야간순찰을 돌겠다고 하자 주인인 위영공이 사절했다.

"망인의 근심이 사자인 그대에게 미쳐서는 안 되고 초망 속에 있는 사람으로서 그대에게 수고를 끼칠 수 없으니 감히 사절하고자 하오."

이에 빈객인 공손 청이 말했다.

"과군의 하신인 저는 군주의 목어(牧圉)와 같은 존재입니다. 만일 밖을 지키는 임무를 제대로 수행하지 못하면 심중에 과군이 없는 셈이 됩니다. 저는 죄를 면하지 못할까 두려운 나머지 이로써 죽음이나 면할까 하여 청하는 것입니다."

그러고는 직접 탁(鐸: 커다란 방울의 일종)을 치면서 모닥불을 피워 놓고 위나라 사람과 함께 밤새도록 야간순찰을 돌았다. 이때 제표의 가재(家宰)인 거자(渠子)가 북궁희를 부르러 갔다. 그러자 북궁희의 가재는 자신들의 계책을 숨긴 채 거자를 죽이고는 드디어 기회를 틈타 제표를 공격하여 마침내 제씨 일족을 완전히 제거했다.

6월 30일, 위영공이 도성으로 들어가 북궁희와 팽수(彭水: 위나라 도성 부근의 강으로 지금은 사라짐) 강변에서 맹서했다. 가을 7월 1일, 위영공이 국인들과 맹서했다. 8월 25일, 위나라 대부 공자 조와 저사포, 자옥소(子玉霄), 자고방(子高魴) 등이 진(晉)나라로 달아났다. 윤8월 12일, 위영공이 선군인 위양공의 부인 선강을 죽였다. 위영공은 훗날 북궁희와 석주서에게 각각 정자(貞子)와 성자(成子)라는 시호를 내리고 제씨 가문의 묘지를 그들에게 주었다.

이때 위영공은 국내가 안정되었음을 제나라에 알리면서 자석(子石: 공손 청)이 예가 있다고 전했다. 제경공은 마침 술을 마시려던 중 이 소식을 듣고는 대부들에게 말했다.

"이는 여러분들이 잘 교도(教導)한 덕분이오."

대부 원하기(苑何忌)가 이같이 겸양했다.

"저희들이 공손 청의 상사(賞賜)에 참여하면 반드시 그가 처벌받을 때 함께 벌을 받게 될 것입니다. 『서경』「강고」에 이르기를, '부자형제(父子兄弟)는 죄불상급(罪不相及: 죄가 서로에게 미치지 않음)이다' 라고 했습니다. 하물며 군신들 사이에서야 더 말할 것이 있겠습니까. 제가 어찌 감히 군사(君賜: 군주의 하사)를 탐하여 선왕의 말씀을 어기겠습니까."

마침 이때 위나라 사람 금장(琴張)이 종로가 죽었다는 소식을 듣고 조문하려고 했다.[22] 그러자 중니가 만류했다.

"제표가 사악한 인물이 되고 공맹이 피살된 것은 모두 그로 인한 것인데 그대는 어찌하여 조문하려는 것인가. 군자는 사악한 자의 봉록을 먹지 않고, 난에 관여하지 않고, 사악한 짓으로 인해 이구(利疚: 사리를 도모해 심적 고통을 당함)하지 않고, 다른 사람을 사악으로 대하지 않고, 의롭지 않은 일을 덮어두지 않고, 예가 아닌 것은 행하지 않는다."

宋元公無信多私, 而惡華向. 華定·華亥與向寧謀曰 "亡愈於死, 先諸." 華亥僞有疾, 以誘群公子. 公子問之, 則執之. 夏六月丙申, 殺公子寅·公子御戎·公子朱·公子固·公孫援·公孫丁, 拘向勝·向行於其廩. 公如華氏請焉, 弗許, 遂劫之. 癸卯, 取大子欒與母弟辰·公子地以

---

22) '금장'은 『논어』「자한」 편에 나오는 금뢰(琴牢)를 말하는 것으로 알려져 있다. 삼국시대 위나라의 가규 등은 '금장'을 자장(子張)으로 보았으나, 자장은 공문 내에서 가장 나이가 어려 이때 공자의 제자로 있었을 가능성은 거의 없다. '금장'이 『논어』에 나오는 '금뢰'인 것은 거의 확실하나, 과연 '자장'과 동일인물인지 여부는 여전히 불투명하다.

爲質. 公亦取華亥之子無慼・向寧之子羅・華定之子啓, 與華氏盟以爲質. 衛公孟縶狎齊豹, 奪之司寇與鄄, 有役則反之, 無則取之. 公孟惡北宮喜・褚師圃, 欲去之. 公子朝通于襄夫人宣姜, 懼而欲以作亂. 故齊豹・北宮喜・褚師圃・公子朝作亂. 初, 齊豹見宗魯於公孟, 爲驂乘焉. 將作亂, 而謂之曰"公孟之不善, 子所知也. 勿與乘, 吾將殺之." 對曰"吾由子事公孟, 子假吾名焉, 故不吾遠也. 雖其不善, 吾亦知之. 抑以利故不能去, 是吾過也. 今聞難而逃, 是僭子也. 子行事乎, 吾將死之, 以周事子, 而歸死於公孟, 其可也." 丙辰, 衛侯在平壽, 公孟有事於蓋獲之門外, 齊子氏帷於門外而伏甲焉. 使祝鼃寘戈於車薪以當門, 使一乘從公孟以出. 使華齊御公孟, 宗魯驂乘. 及閎中, 齊氏用戈擊公孟, 宗魯以背蔽之, 斷肱, 以中公孟之肩, 皆殺之. 公聞亂, 乘驅自閱門入, 慶比御公, 公南楚驂乘, 使華寅乘貳車. 及公宮, 鴻駵魋駟乘于公, 公載寶以出. 褚師子申遇公于馬路之衢, 遂從. 過齊氏, 使華寅肉袒執蓋, 以當其闕. 齊氏射公, 中南楚之背. 公遂出. 寅閉郭門, 踰而從公. 公如死鳥, 析朱鉏宵從寶出, 徒行從公. 齊侯使公孫青聘于衛. 既出, 聞衛亂, 使請所聘. 公曰"猶在竟內, 則衛君也." 乃將事焉. 遂從諸死鳥, 請將事. 辭曰"亡人不佞, 失守社稷, 越在草莽. 吾子無所辱君命." 賓曰"寡君命下臣於朝, 曰'阿下執事.' 臣不敢貳." 主人曰"君若惠顧先君之好, 昭臨敝邑, 鎮撫其社稷, 則有宗祧在." 乃止. 衛侯固請見之, 不獲命, 以其良馬見, 爲未致使故也. 衛侯以爲乘馬. 賓將掫, 主人辭曰"亡人之憂, 不可以及吾子. 草莽之中, 不足以辱從者. 敢辭." 賓曰"寡君之下臣, 君之牧圉也. 若不獲扞外役, 是不有寡君也. 臣懼不免於戾, 請以除死." 親執鐸, 終夕與於燎. 齊氏之宰渠子召北宮子. 北宮氏之宰不與聞謀殺渠子, 遂伐齊氏, 滅之. 丁巳晦, 公入. 與北宮喜盟于彭水之上. 秋七月戊午朔, 遂盟國人. 八月辛亥, 公子朝・褚師圃・子玉霄・子高魴出奔晉. 閏月戊辰, 殺宣姜. 衛侯賜北宮喜謚曰貞子, 賜析朱鉏謚曰成子, 而以齊氏之墓予之. 衛侯告寧于齊, 且言子石. 齊侯將飲酒, 徧賜大夫曰"二三子之教也." 苑何忌辭曰"與於青之賞, 必及於其罰. 在「康誥」曰'父子兄弟, 罪不相及.'況在群

234

臣. 臣敢貪君賜以干先王." 琴張聞宗魯死, 將往弔之. 仲尼曰 "齊豹之 盜, 而孟縶之賊, 女何弔焉. 君子不食姦, 不受亂, 不爲利疚於回, 不以回 待人, 不蓋不義, 不犯非禮."

●송나라에 일어난 화씨와 상씨의 난으로 인해 공자 성(城: 子城)과 대부 공손 기(忌), 악사(樂舍), 사마강(司馬彊), 상의(向宜), 상정(向 鄭), 초건(楚建: 초나라 태자 건), 예신(郳申: 소주목공의 아들로 郳甲 으로도 씀)이 정나라로 달아났다. 이들의 당우(黨羽)가 화씨와 귀염(鬼 閻: 하남성 서화현 동북쪽 30리에 위치)에서 싸웠으나 이내 패하고 말 았다. 이에 공자 성은 진(晉)나라로 갔다.

화해와 그의 아내는 반드시 손을 씻고 인질이 된 공자들에게 밥을 먹 인 후에 식사했다. 송원공과 그의 부인 역시 매일 꼭 화씨 집으로 가 공 자들에게 밥을 먹인 후에야 비로소 돌아갔다. 화해는 이같은 일이 마음 에 걸려 공자들을 돌려보내려고 했다. 그러자 상녕이 만류했다.

"우리는 군주를 믿지 못해 공자들을 인질로 삼은 것인데, 만일 그들 을 돌려보내면 우리는 곧바로 며칠 후면 죽게 될 것입니다."

송원공이 화비수(華費遂)에게 청하여 장차 화씨를 치려고 했다. 그 러자 화비수가 대답했다.

"저는 감히 한 번 죽는 것을 애석하게 여기는 것은 아닙니다. 그러나 자칫 근심을 제거하려다가 도리어 근심을 더 키울까 걱정입니다. 제가 두려워하는 것은 바로 이것입니다. 제가 어찌 감히 명을 듣지 않겠습 니까."

"아이들이 죽는 것은 명에 달려 있는 것이오. 나는 그들이 구(詬: 치 욕으로, '訽'와 통함)를 당하는 것을 더 이상 참을 수 없소."

겨울 10월. 송원공이 화해와 상씨 쪽 인질을 죽인 뒤 그들을 공격했 다. 10월 13일, 화씨와 상씨가 진(陳)나라로 달아났다. 대부 화등(華 登)은 오나라로 달아났다. 당시 상녕이 태자를 죽이려고 하자 화해가 만류했다.

"군주를 배반하고 도망가는 처지에 또 그 아들까지 죽인다면 그 누가 우리를 받아들이겠소? 그들을 돌려보내면 곧 공을 세우는 셈이 되오."

그러고는 소사구(少司寇) 화경(華牼)을 시켜 공자들을 송환하게 하면서 말했다.

"그대는 나이가 많아 다른 사람을 섬길 수 없소. 세 공자를 증인으로 내세우면 반드시 화를 면할 것이오."

이에 화경이 공자들을 공궁 안으로 들여보냈다. 화경이 공궁의 문 밖으로 나가려 할 때 송원공이 급히 그를 불러 접견하면서 그의 손을 잡고 말했다.

"나는 그대에게 죄가 없다는 것을 알고 있소. 그대는 돌아와 이전의 관직에 복귀하도록 하시오."

宋華向之亂, 公子城·公孫忌·樂舍·司馬彊·向宜·向鄭·楚建·郳申出奔鄭. 其徒與華氏戰于鬼閻, 敗子城. 子城適晉. 華亥與其妻必盥而食所質公子者, 而後食. 公與夫人每日必適華氏, 食公子而後歸. 華亥患之, 欲歸公子. 向寗曰"唯不信, 故質其子. 若又歸之, 死無日矣."公請於華費遂, 將攻華氏. 對曰"臣不敢愛死, 無乃求去憂而滋長乎. 臣是以懼, 敢不聽命." 公曰"子死亡有命, 余不忍其詢." 冬十月, 公殺華向之質而攻之. 戊辰, 華向奔陳, 華登奔吳. 向寗欲殺大子. 華亥曰"干君而出, 又殺其子, 其誰納我. 且歸之有庸." 使少司寇牼以歸, 曰"子之齒長矣, 不能事人, 以三公子爲質, 必免." 公子旣入, 華牼將自門行. 公遽見之, 執其手曰"余知而無罪也, 入復而所."

●제경공이 개(疥: 이틀에 한 번씩 도지는 작은 학질로, '痎'와 통함)에 걸렸다. 이후 점차 악화되더니 드디어 점(痁: 커다란 학질)이 되었다. 1년이 지나도록 낫지 않자 제후들이 위문사절로 보낸 문병객들이 매우 많았다. 이에 대부 양구거(梁丘據: 子猶)와 예관(裔款)이 제경공에게 건의했다.

"지금 귀신을 섬기면서 매우 풍성하게 차려 선군 때보다 제수(祭需)

가 더 늘었습니다. 이제 군주의 병환이 제후들의 근심이 되고 있으니 이는 축사(祝史: 祭官)의 죄입니다. 제후들은 정황도 모른 채 우리가 귀신에게 불경했기 때문이라고 생각하고 있습니다. 군주는 어찌하여 대부 축고(祝固)와 사은(史嚚)을 처형하여 빈객들에게 변명하지 않는 것입니까."

제경공이 크게 기뻐하며 이를 안자(晏子)에게 말하자 안자가 만류했다.

"전에 송나라의 회맹에서 초나라 대부 굴건(屈建)이 진나라의 조무(趙武: 조문자)에게 범회(范會: 범무자 士會)의 덕에 관해 물었습니다. 그때 조무가 대답하기를, '그분은 집안을 잘 다스리고, 진나라 일을 말할 때도 실정을 숨기지 않아 사심이 전혀 없습니다. 그의 축사가 나라 제사를 지내면서 귀신에게 진실을 고하니 내심 부끄러울 게 없습니다. 집안일에도 의아한 구석이 없으니 그의 축사가 귀신에게 특별히 빌 것이 없습니다'라고 했습니다. 굴건이 그 말을 전하자 초강왕(楚康王)이 말하기를, '신인(神人: 신령과 사람)이 모두 원한이 없으니 그분의 빛나는 덕행으로 5군(五君: 진문공·진양공·진영공·진성공·진경공)을 도와 패자가 되도록 한 것은 당연한 일이다'라고 했습니다."

제경공이 말했다.

"양구거와 예관은 과인이 귀신을 잘 섬긴다고 했소. 그래서 축사를 주살하려는 것이오. 그런데 그대가 이같은 말을 하는 것은 무슨 까닭이오?"

"만일 덕행이 있는 군주가 있으면 외내(外內: 여기서는 국가와 공궁 안의 일을 지칭)가 모두 황폐하지 않고, 상하가 서로 원망하지 않고, 행동에 어긋나는 일이 없고, 그의 축사가 귀신에게 진실을 고하게 됩니다. 그러면 부끄러운 마음이 없을 것입니다. 이에 귀신이 그 제사를 받음으로써 나라는 귀신이 내리는 복을 받게 되고, 축사도 복받는 일에 참여하게 됩니다. 그들이 번지노수(蕃祉老壽: 자손이 많고 큰 복을 받으며 장수함)하는 것은 그들이 군주의 충실한 사자인 데다 그들의 말이 귀신에게 성신(誠信)하게 들리기 때문입니다. 그러나 만일 그들이 공교롭게도 황음한 군주를 만나면, 외내가 모두 파사(頗邪: 편벽되고 사악함)하고, 상하가 서로 원망하고, 행동이 사벽(邪辟)하여 도리에 어긋나고, 방종하게도 사욕을 마음껏 채우게 됩니다. 이에 고대심지(高臺深池: 누대를 높게 짓고 못을 깊게 팜)와 당종무녀(撞鐘舞女: 악기를 울려 음악을 연주하고 무희가 춤을 춤)를 행하여 민력을 참예(斬刈: 극도로 소진시킴)하고, 백성의 재물을 약탈한 것을 받아들이고, 이같은 행동으로 잘못을 저지르고, 뒤의 사람을 생각지 않습니다. 나아가 포악하며 방종하고, 멋대로 행동하여 법도가 없고, 꺼리는 바가 없고, 방독(謗讟: 비방)을 생각지 않고, 귀신을 두려워하지 않고, 신령이 노해 백성이 고통을 당해도 마음속에 이를 회개하는 구석이 없습니다. 이 경우 그의 축사가 귀신에게 진실을 고하면 이는 군주의 죄과를 고하는 셈이 됩니다. 그렇다고 잘못을 덮어두고 좋은 일만 들어 고한다면 이는 교무(矯誣: 허위와 부실을 고함)하는 셈이 됩니다. 진퇴무사(進退無辭: 이도저도 못해 귀신에게 고할 말이 없음)하면 결국 긴요하지도 않은 공허한 얘기로 귀신의 환심을 사려고 듭니다. 이에 귀신은 그 제사를 받지 않은 채 그 나라에 재앙을 내리게 되고, 축사 또한 그 피해를 입게 됩니다. 그들이 요혼고질(夭昏孤疾: 요절하거나 병에 걸림)하는 것은 그들이 포학한 군주의 사자가 된 데다 그들의 말이 귀신에게 참만(僭嫚: 여기서는 귀신을 능멸한다는 뜻임)하게 들리기 때문입니다."

제경공이 다시 물었다.

"그러면 어찌해야 되오?"

"축사를 처형해서는 안 됩니다. 산림의 나무는 형록(衡鹿)이 지키고, 호택(湖澤)의 환포(萑蒲: 갈대)는 주교(舟鮫: 여기의 '鮫'는 '鮫'의 잘못임)가 지키고, 수(藪: 大澤으로, 늪을 지칭)의 신증(薪蒸: 땔나무)은 우후(虞候)가 지키고, 바닷가의 염신(鹽蜃: 소금과 대합)은 기망(祈望)이 지킵니다. 그런데 지금 현비지인(縣鄙之人: 궁벽지의 사람들)이 도성으로 들어와 정사를 보고, 핍개지관(偪介之關: 도성에 가까운 관문)에서 횡포하게 세금을 거두어 사복을 채우고, 승사대부(承嗣大夫:

세습 대부)들이 다른 사람들의 재화를 헐값에 강매(强買)하고 있습니다. 정령의 공포에 일정한 기준이 없고, 징렴(徵斂: 세금 징수)에 절제가 없고, 궁실은 날마다 새롭게 단장되고, 음탕한 음악이 끊임없이 연주됩니다. 내총을 받는 총희(寵姬)들은 저자에서 멋대로 물건을 빼앗고, 외총을 받는 총신(寵臣)들은 변경에 참령(僭令: 거짓 군명)을 내리고 있습니다. 사욕을 추구해 사사로이 재물을 구하면서 만일 아래에서 이를 제대로 공급하지 않으면 곧바로 죄를 줍니다. 이에 민인(民人)들이 모두 고병(苦病: 고통으로 곤경에 처함)하여 남녀 모두 세상을 저주하고 있습니다. 축도(祝禱)를 통해 도움을 얻을지라도 백성들이 저주하면 손실이 있습니다. 요(聊)와 섭(攝: '요'와 '섭' 모두 제나라의 서부 변경으로 산동성 요성시 일대에 위치) 땅의 이동과 고수(姑水: 동부 변경으로 산동성 초원현 회선산에서 발원해 南流하는 지금의 大姑河)와 우수(尤水: 제나라의 동부 변경인 산동성 액현 마안산에서 발원해 남류하는 지금의 小姑河)의 이서에는 많은 사람들이 살고 있습니다. 설령 축사가 축도를 아무리 잘 한다 할지라도 어떻게 억조인(億兆人: 수많은 사람)의 저주를 이겨낼 수 있겠습니까. 만일 군주가 축사를 주살하고자 한다면 수덕(修德)한 뒤에라야 가능할 것입니다."

이에 제경공이 크게 기뻐하며 유사(有司)에게 명하여 관정(寬政)을 펴고, 도성 부근의 관문을 헐고, 금령을 폐지하고, 세금을 감경하고, 공가(公家)에 대한 채무를 탕감하게 했다.

齊侯疥, 遂痁. 期而不瘳, 諸侯之賓問疾者多在. 梁丘據與裔款言於公曰 "吾事鬼神豊, 於先君有加矣. 今君疾病爲諸侯憂, 是祝史之罪也. 諸侯不知, 其謂我不敬. 君盍誅於祝固‧史嚚以辭賓." 公說, 告晏子. 晏子曰 "日, 宋之盟, 屈建問范會之德於趙武. 趙武曰 '夫子之家事治, 言於晉國, 竭情無私. 其祝史祭祀, 陳信不愧. 其家事無猜, 其祝史不祈.' 建以語康王. 康王曰 '神人無怨, 宜夫子之光輔五君, 以爲諸侯主也.'" 公曰 "據與款謂寡人能事鬼神, 故欲誅于祝史. 子稱是語, 何故." 對曰 "若有德之君, 外內不廢, 上下無怨, 動無違事, 其祝史薦信, 無愧心矣. 是以鬼神用饗, 國受其福, 祝史與焉. 其所以蕃祉老壽者, 爲信君使也, 其言忠信於鬼神. 其適遇淫君, 外內頗邪, 上下怨疾, 動作辟違, 從欲厭私. 高臺深池, 撞鐘舞女, 斬刈民力, 輸掠其聚, 以成其違, 不恤後人. 暴虐淫從, 肆行非度, 無所還忌, 不思謗讟, 不憚鬼神, 神怒民痛, 無悛於心. 其祝史薦信, 是言罪也. 其蓋失數美, 是矯誣也. 進退無辭, 則虛以求媚. 是以鬼神不饗其國以禍之, 祝史與焉. 所以夭昏孤疾者, 爲暴君使也, 其言僭嫚於鬼神." 公曰 "然則若之何." 對曰 "不可爲也. 山林之木, 衡鹿守之. 澤之萑蒲, 舟鮫守之. 藪之薪蒸, 虞候守之. 海之鹽蜃, 祈望守之. 縣鄙之人, 入從其政. 偪介之關, 暴征其私. 承嗣大夫, 强易其賄. 布常無藝, 徵斂無度, 宮室日更, 淫樂不違. 內寵之妾, 肆奪於市. 外寵之臣, 僭令於鄙. 私欲養求, 不給則應. 民人苦病, 夫婦皆詛. 祝有益也, 詛亦有損. 聊攝以東, 姑尤以西, 其爲人也多矣. 雖其善祝, 豈能勝億兆人之詛. 君若欲誅於祝史, 修德而後可." 公說, 使有司寬政, 毁關, 去禁, 薄斂, 已責.

●12월, 제경공이 패택(沛澤: 산동성 박흥현)에서 사냥했다. 이때 제경공이 활을 이용해 우인(虞人: 수렵 담당 관원)을 부르자 우인이 이에 응하지 않았다. 제경공이 사람을 보내 잡아오게 하자 우인이 이같이 해명했다.

"전에 선군은 사냥할 때 전(旃: 순적색의 구부러진 자루에 달린 깃발)으로 대부를 부르고, 활로 사(士)를 부르고, 피관(皮冠)으로 우인을 불렀습니다. 저는 피관을 보지 못했기 때문에 감히 나아가지 못했습니다."

이에 그를 놓아주었다. 이를 두고 중니가 이같이 평했다.

"도의를 지키는 것이 관제를 지키느니만 못하다. 군자는 우인을 옳게 여겼다."

제경공이 사냥에서 돌아온 뒤 안자(晏子)가 천대(遄臺: 산동성 임치현 동쪽)에서 시종하고 있었는데 대부 자유(子游: 양구거)가 수레를 급히 몰고 와 진현했다. 그러자 제경공이 칭송했다.

"오직 양구거(梁丘據)만이 나와 마음이 맞는구나."

안자가 반박했다.

"양구거 또한 군주의 비위를 맞추는 사람일 뿐입니다. 그가 어찌 군주의 마음과 맞는 사람이겠습니까."

"화(和: 마음이 맞음)와 동(同: 비위를 맞춤)은 어떻게 다르오?"

안자가 대답했다.

"같지 않습니다. '화'는 마치 국을 만드는 것과 같습니다. 수(水)와 화(火), 혜(醯: 초), 해(醢: 고기와 생선 등으로 만든 장), 염(鹽), 매(梅: 매실)로 생선이나 고기를 조리할 때 우선 땔나무를 이용해 끓입니다. 이어 재부(宰夫)가 간을 맞추면서 제지이미(齊之以味: 양념으로 맛을 조화시킨다는 뜻으로 '齊'는 '劑'와 통함)합니다. 만일 맛이 부족한 듯하면 양념을 더하고 지나치면 덜어냅니다. 이에 윗사람이 그 국을 먹으면 마음이 평온해집니다. 군신지간도 이와 같습니다. 군주가 가하다 할지라도 그중 불가한 것이 있을 때에는 신하가 그것을 지적해 더욱 완전하게 만드는 것입니다. 또한 군주가 불가하다고 할지라도 그중 가한 것도 있을 때에는 신하가 이를 지적해 불가한 것을 제거하도록 만드는 것입니다. 이로써 정사가 공평하게 되어 불간(不干: 예를 벗어나지 않음)하게 되고 백성들은 쟁심(爭心: 빼앗고자 하는 마음)이 없어지는 것입니다. 그래서 『시경』「상송·열조(烈祖)」에 이르기를, '화갱(和羹: 간이 잘 맞는 국)이 있어 이미 계평(戒平: 맛의 조화를 이루었다는 뜻으로, 戒는 具備의 뜻임)하네. 종하무언(鬷嘏無言: 국을 올리자 신령이 내려와 아무런 지적도 하지 않는다는 뜻으로, 鬷은 奏, 嘏는 假와 통함)하니 상하가 다투지 않고 평화롭네'라고 한 것입니다. 선왕이 5미(五味)를 갖추고, 5성(五聲)을 조화롭게 한 것은 사람의 마음을 평정하게 하여 선정을 완성시키고자 한 것입니다. 성음 역시 맛과 같습니다. 1기(一氣: 공기)와 2체(二體: 文舞와 武舞), 3류(三類: 風·雅·頌), 4물(四物: 사방의 사물), 5성(五聲: 궁·상·각·치·우), 6률(六律: 황종·태주·고선·유빈·이칙·무역), 7음(七音: 궁·상·각·치·

우·변궁·변치), 8풍(八風: 팔방의 바람), 9가(九歌: 九功之德을 노래한 것)가 서로 섞여 소리가 이루어집니다. 또 청탁(淸濁)과 대소(小大), 단장(短長), 질서(疾徐), 애락(哀樂), 강유(剛柔), 지속(遲速), 고하(高下), 출입(出入), 주소(周疏) 등이 서로 조화를 이룹니다. 이에 윗사람이 이를 들으면 마음이 평온해집니다. 마음이 평온해지면 덕행이 화(和)를 이루게 됩니다. 『시경』「빈풍·낭발(狼跋)」에 이르기를, '덕음불하'(德音不瑕: 덕행의 명성에 하자가 없음)라고 했습니다. 그러나 지금 양구거는 이와 다릅니다. 군주가 가하다고 하면 그 또한 가하다고 하고 불가하다고 하면 그 또한 불가하다고 합니다. 만일 맹물을 이용해 맹물의 간을 맞추려 하면 누가 이를 마실 수 있겠습니까. 또 금슬(琴瑟)로 어느 한 가지 소리만 탄주하게 되면 누가 이를 들을 수 있겠습니까. 동(同)이 도리에 맞지 않은 것은 바로 이와 같습니다."

제경공이 술을 마시고 크게 즐거워하면서 말했다.

"만일 자고이래 죽는 일이 없었다면 그 즐거움이 과연 어떠했겠소?"

안자가 대답했다.

"자고이래 죽는 일이 없다면 지금의 즐거움은 곧 옛 사람의 즐거움이 되는 셈이니 군주는 여기서 무엇을 얻을 수 있겠습니까. 옛날 상구씨(爽鳩氏: 전설적인 고대 인물)가 이 땅에 살기 시작한 이래 계즉씨(季䓵氏: 하왕조 때의 제후)와 봉백릉(逢伯陵: 은왕조 때의 제후), 포고씨(蒲姑氏: 은주 교체기 때의 제후)가 차례로 그 뒤를 이었고 이후 태공(大公: 주왕조의 선조인 고공단보)이 이어받았습니다. 만일 자고이래 죽는 일이 없었다면 상구씨의 즐거움이 계속되었을 것이니 이는 결코 군주가 바라는 바가 아닐 것입니다."

十二月, 齊侯田于沛, 招虞人以弓, 不進. 公使執之, 辭曰"昔, 我先君之田也, 旃以招大夫, 弓以招士, 皮冠以招虞人. 臣不見皮冠, 故不敢進." 乃舍之. 仲尼曰"守道不如守官, 君子韙之." 齊侯至自田, 晏子侍于遄臺. 子猶馳而造焉. 公曰"唯據與我和夫." 晏子對曰"據亦同也, 焉得爲和." 公曰"和與同異乎." 對曰"異. 和如羹焉, 水火醯醢鹽梅以烹魚肉,燀之以薪. 宰夫和之, 齊之以味, 濟其不及, 以洩其過. 君子食之, 以平其心. 君臣亦然. 君所謂可, 而有否焉, 臣獻其否以成其可. 君所謂否, 而有可焉, 臣獻其可以去其否. 是以政平而不干, 民無爭心. 故『詩』曰 '亦有和羹, 旣戒旣平. 鬷嘏無言, 時靡有爭.' 先王之濟五味, 和五聲也, 以平其心, 成其政也. 聲亦如味, 一氣, 二體, 三類, 四物, 五聲, 六律, 七音, 八風, 九歌, 以相成也. 清濁, 小大, 短長, 疾徐, 哀樂, 剛柔, 遲速, 高下, 出入, 周疏, 以相濟也. 君子聽之, 以平其心. 心平德和. 故『詩』曰 '德音不瑕.' 今據不然. 君所謂可, 據亦曰可. 君所謂否, 據亦曰否. 若以水濟水, 誰能食之. 若琴瑟之專壹, 誰能聽之. 同之不可也如是." 飲酒樂, 公曰 "古而無死, 其樂若何." 晏子對曰 "古而無死, 則古之樂也, 君何得焉. 昔, 爽鳩氏始居此地, 季萴因之, 有逢伯陵因之, 蒲姑氏因之, 而後大公因之. 古若無死, 爽鳩氏之樂, 非君所願也."

● 정나라 대부 자산(子産)이 병이 들자 자태숙(子大叔)에게 당부했다. "내가 죽으면 그대가 틀림없이 집정이 될 것이오. 오직 유덕자만이 관정(寬政)으로 백성을 복종시킬 수 있소. 그렇지 못한 사람은 맹정(猛政)으로 다스리느니만 못하오. 무릇 불은 맹렬하기 때문에 백성들이 이를 두려워하므로 불에 타죽는 사람이 많지 않소. 그러나 물은 유약하기 때문에, 백성들이 친근하게 여겨 쉽게 가지고 놀다가 이로 인해 매우 많은 사람이 물에 빠져 죽게 되오. 그래서 관정을 펴기가 매우 어려운 것이오."

자산이 몇 달 동안 앓다가 죽었다. 이에 자태숙이 집정이 되었는데 그는 차마 맹정을 펴지 못하고 관정으로 일관했다. 그러자 정나라에는 도둑이 많아져 환부지택(萑苻之澤: 갈대가 무성한 못)에 무리지어 살게 되었다. 이에 자태숙이 후회했다.

"내가 일찍이 자산의 말을 들었더라면 이 지경에 이르지는 않았을 것이다."

그러고는 곧 보병을 출동시켜 환부지택에 숨어 지내는 도둑들을 토벌하여 모두 죽여버렸다. 그러자 도둑이 점차 뜸해졌다. 이를 두고 중니가 평했다.

"참으로 잘한 일이다. 정치가 관대해지면 백성이 태만해진다. 태만해지면 엄히 다스려 바르게 고쳐놓아야 한다. 정치가 엄하면 백성이 상해를 입게 된다. 상해를 입게 되면 관대함으로 이를 어루만져야 한다. 관이제맹(寬以濟猛: 관대함으로 백성들이 상처 입는 것을 막음)과 맹이제관(猛以濟寬: 엄정함으로 백성들의 태만함을 고침)으로 정치는 조화를 이루게 되는 것이다. 『시경』「대아·민로(民勞)」에 이르기를, '백성들이 이미 크게 지쳐 조금이라도 편안해지는 것이 흘가(汔可: 거의 가하다는 뜻이나, 汔을 乞의 假借로 보기도 함)하네. 중원에 은혜를 베풀어 사방을 안무해야 하네'라고 했다. 이는 관정의 필요성을 말한 것이다. 또 '궤수(詭隨: 간사한 거짓말로 속이는 사람)를 좇지 말고 조심하여 사악한 자 경계해야 하네. 응당 구학(寇虐: 약탈하며 잔혹한 자)을 막아야 하니 그들은 일찍이 외명(畏明: 법도를 두려워함)하지 않는 자들이라네'라고 했다. 이는 맹정의 필요성을 말한 것이다. 이어 '유원능이(柔遠能邇: 먼 곳을 안무하고 이웃과 가까이한다는 뜻으로, 能은 親善의 의미)하여 우리 국왕을 편안하게 하리'라고 했다. 이는 화목으로 나라를 편히 할 필요성을 말한 것이다. 그리고 『시경』「상송·장발(長發)」에 이르기를, '다투거나 조급하지 않고, 강하지도 유하지도 않네. 포정(布政)이 뛰어나니 백록(百祿)이 모여드네'라고 했다. 이는 관정과 맹정이 잘 조화된 지극한 정치를 말한 것이다."

자산이 세상을 떠났을 때 중니가 이 소식을 듣고 눈물을 흘리며 말했다.

"그는 고인의 유애(遺愛: 전래의 慈惠를 이은 사람)였다."

鄭子産有疾, 謂子大叔曰 "我死, 子必爲政. 唯有德者能以寬服民, 其次莫如猛. 夫火烈, 民望而畏之, 故鮮死焉. 水懦弱, 民狎而翫之, 則多死焉. 故寬難." 疾數月而卒. 大叔爲政, 不忍猛而寬. 鄭國多盜, 取人於萑苻之澤. 大叔悔之曰 "吾早從夫子, 不及此." 興徒兵以攻萑苻之盜, 盡殺之. 盜少止. 仲尼曰 "善哉. 政寬則民慢. 慢則糾之以猛. 猛則民殘, 殘則施之以寬. 寬以濟猛, 猛以濟寬, 政是以和. 『詩』曰 '民亦勞止, 汔可小康. 惠此中國, 以綏四方.' 施之以寬也. '毋從詭隨, 以謹無良. 式遏寇虐, 慘不畏明.' 糾之以猛也. '柔遠能邇, 以定我王.' 平之以和也. 又曰 '不競不絿, 不剛不柔. 布政優優, 百祿是遒.' 和之至也." 及子産卒, 仲尼聞之, 出涕曰 "古之遺愛也."

21년(기원전 521)

21년 봄 주력(周曆) 3월, 채평공(蔡平公)을 안장했다. 여름, 진후가 사앙(士鞅)을 보내 빙문하게 했다. 송나라 화해·상녕·화정이 진(陳)나라에서 송나라로 들어와 남리(南里)에서 반(叛)했다. 가을 7월 임오 삭(朔), 일식이 있었다. 8월 을해, 숙첩(叔輒)이 졸했다. 겨울, 채후(蔡侯) 주(朱)가 초나라로 망명했다.

二十一年春王三月, 葬蔡平公. 夏, 晉侯使士鞅來聘. 宋華亥向寧華定, 自陳入于宋南里以叛. 秋七月壬午朔, 日有食之. 八月乙亥, 叔輒卒. 冬, 蔡侯朱出奔楚. 公如晉, 至河乃復.

●21년 봄, 주경왕이 무역(無射: 본래는 음률의 이름이나 여기서는 무역의 음을 내는 종을 지칭)을 주조하고자 했다. 그러자 영(伶: 주왕실의 악관)으로 있는 주구(州鳩)가 말했다.

"천자는 대략 심질(心疾)로 죽을 것이다. 무릇 음악은 천자가 관장하는 것이다. 성음은 음악을 싣는 본체이고 종은 소리 내는 기물이다. 천자는 풍속을 살펴 곡을 만든 뒤 악기로 이를 모으고 소리로 이를 표달(表達)하는 것이다. 작은 악기는 소리가 부조(不窕: 작고 가늘지 않음)하고 큰 악기는 불화(不橄: 넓고 크지 않음)하니 이로써 모든 사물이 조화를 이루게 된다. 소리가 조화를 이루어야 비로소 좋은 음악이 완성되는 것이다. 그래서 조화된 소리는 사람들의 귀로 들어가 마음속에 담기는 것이다. 심억(心億: 마음이 안정된다는 뜻임)하면 곧 즐거워진다. 그러나 소리가 너무 작고 가늘면 모든 사람이 들을 수 없고, 너무 넓고 크면 듣고 있기가 어렵다. 이로 인해 마음이 불안하게 되는데 마음이 불안하면 병이 생긴다. 지금 종소리가 너무 넓고 크니 천자는 내심 이를 견디지 못할 것이다. 그러니 어찌 오래 살 수 있겠는가."

3월, 채평공(蔡平公)을 안장했다. 장례 도중 채나라 태자 주(朱)가 마땅히 서 있어야 할 자리를 잃고 아래로 가 서 있었다. 이때 장례식에 참석했던 노나라 대부가 귀국해 소자(昭子)를 배견했다. 소자가 채나라의 장례식 상황을 묻자 대부가 당시의 정황을 그대로 고했다. 그러자 소자가 탄식했다.

"채나라는 대략 망하고야 말 것이다. 만일 망하지 않는다면 새로 즉위한 군주는 반드시 선종하지 못할 것이다.『시경』「대아·가악(假樂)」에 이르기를, '자리에 앉아 게을리하지 않자 백성이 능히 쉴 수 있었네'라고 했다. 지금 채나라 군주가 새로 즉위하여 아래로 내려가 서 있었으니 그 자신이 장차 그같이 될 것이다."

여름, 진나라 대부 사앙(士鞅)이 노나라를 빙문했다. 이때 노나라는 숙손씨(叔孫氏)가 집정하고 있었다. 계손씨(季孫氏)가 숙손씨로 하여금 진나라에 득죄하게 만들 생각으로, 유사(有司)를 시켜 제나라 대부 포국(鮑國: 포문자)이 비읍을 반환하러 왔을 때 대접했던 뇌례(牢禮: 7牢로 당시 포국에게는 5牢로 대접하는 것이 옳았음)로 대접하게 했다. 과연 사앙이 대로했다.

"포국의 지위는 낮고 제나라는 진나라에 비해 작은데 나에게 그를 대접한 7뢰를 받게 하는 것은 폐읍을 얕보는 짓이다. 장차 귀국하게 되면 이를 군주에게 보고할 것이다."

노나라 사람들이 크게 두려워한 나머지 4뢰를 더하여 11뢰의 예로써 그를 대접했다.

二十一年春, 天王將鑄無射. 泠州鳩曰 "王其以心疾死乎. 夫樂, 天子之職也. 夫音, 樂之輿也. 而鐘音之器也. 天子省風以作樂, 器以鐘之, 輿以行之, 小者不窕, 大者不摦, 則和於物. 物和則嘉成. 故和聲入於耳而藏於心, 心億則樂. 窕則不咸. 摦則不容, 心是以感. 感實生疾. 今鐘摦矣, 王心弗堪, 其能久乎."三月, 葬蔡平公. 蔡大子朱失位, 位在卑. 大夫送葬者歸, 見昭子. 昭子問蔡故, 以告. 昭子歎曰 "蔡其亡乎. 若不亡, 是君也必不終. 『詩』曰 '不解于位, 民之攸墍.' 今蔡侯始卽位, 而適卑, 身將從之."夏, 晉士鞅來聘, 叔孫爲政. 季孫欲惡諸晉, 使有司以齊鮑國歸費之禮爲士鞅. 士鞅怒曰 "鮑國之位下, 其國小, 而使鞅從其牢禮, 是卑敝邑也. 將復諸寡君."魯人恐, 加四牢焉, 爲十一牢.

●송나라 대부 화비수는 화추(華貙: 子皮)와 화다료(華多僚), 화등(華登)의 세 아들을 낳았다. 이때 화추는 소사마(少司馬), 화다료는 어사(御士: 군주의 측근)가 되었다. 그런데 화다료는 화추와 서로 미워한 나머지 그를 송원공에게 무함했다.

"화추가 망명한 화해 등을 불러들이려고 합니다."

화다료가 여러 차례에 걸쳐 이같이 말하자 송원공이 마침내 말했다.

"사마(司馬: 화비수)는 나로 인해 자신의 좋은 아들을 잃었소. 사람의 사망(死亡: 죽음과 망명)은 모두 명운에 달린 것이오. 나는 두 번 다시 그의 아들을 망명하게 할 수는 없소."

화다료가 말했다.

"군주가 만일 사마를 아낀다면 응당 그를 망명시켜야 합니다. 만일 죽음을 피할 수만 있다면 어찌 원근을 가릴 필요가 있겠습니까."

송원공이 크게 두려워한 나머지 시종을 시켜 화수비의 시종 의료(宜僚)를 불렀다. 이어 그에게 술을 먹인 뒤 사마 화비수에게 화추의 추방에 관한 이야기를 전하게 했다. 그러자 사마가 탄식했다.

"틀림없이 화다료가 한 짓일 것이다. 나는 참언으로 사악한 일을 꾸미는 자식을 두고도 그를 죽이지 못하고 스스로 목숨을 끊지도 못하고 있다. 군명이 내렸으니 장차 이를 어찌해야 하는가."

그러고는 곧 송원공과 화추의 추방 문제를 상의했다. 두 사람은 맹제

(孟諸: 하남성 상구현 동북쪽)에서 사냥하는 도중 그 길로 화추를 망명시키고자 했다. 이에 송원공이 화추에게 술을 권하면서 매우 두터이 예물을 내리고는 그의 수종에게도 상을 내렸다. 사마 또한 송원공과 같이 그를 후하게 대했다. 그러자 화추의 가신 장개(張匄)가 이를 이상히 여겨 화추에게 간했다.

"여기에는 반드시 까닭이 있을 것입니다."

그러고는 자피(子皮: 화추)에게 칼을 의료의 목에 대고 이를 추궁하도록 권했다. 이에 마침내 의료가 이실직고했다. 이때 장개가 화다료를 죽이려고 하자 자피가 만류했다.

"사마는 나이가 많은데 이미 화등의 일만으로도 크게 상심했을 것이오. 내가 또 화다료를 죽이는 것은 차라리 내가 망명하느니만 못하오."

5월 14일, 자피가 사마를 배견하기 위해 나서다가 사마를 수레에 태워 조정으로 가는 화다료를 만나게 되었다. 장개가 분노를 억제하지 못하고 마침내 자피와 구임(臼任), 정편(鄭翩: 두 사람 모두 화표의 가신), 화다료를 죽인 뒤 사마를 협박해 난을 일으키고는 망명한 자들을 불러모았다. 5월 20일, 화씨와 상씨가 귀국했다. 그러자 악대심(樂大心)과 풍건(豊愆), 화경(華牼) 등이 횡(橫: 하남성 상구현 서남쪽) 땅에서 이들을 막았다. 이때 화씨는 노문(盧門: 송나라 도성 부근의 성문)에 살고 있었는데 마침내 남리(南里: 송나라 도성 내의 里)에서 반기를 들었다.

6월 19일, 송나라가 구용(舊鄘: 舊城)과 상림지문(桑林之門: 桑林社를 둘러싼 장벽의 문)을 수축한 뒤 이를 지켰다.

宋華費遂生華貙·華多僚·華登. 貙爲少司馬, 多僚爲御士, 與貙相惡, 乃譖諸公曰 "貙將納亡人." 亟言之. 公曰 "司馬以吾故亡其良子. 死亡有命, 吾不可以再亡之." 對曰 "君若愛司馬, 則如亡. 死如可逃, 何遠之有." 公懼, 使侍人召司馬之侍人宜僚, 飮之酒而使告司馬. 司馬歎曰 "必多僚也. 吾有讒子而弗能殺, 吾又不死, 抑君有命, 可若何." 乃與公謀逐華貙, 將使田孟諸而遣之. 公飮之酒, 厚酬之, 賜及從者. 司馬亦如之.

張匄尤之, 曰 "必有故." 使子皮承宜僚以劒而訊之. 宜僚盡以告. 張匄欲殺多僚. 子皮曰 "司馬老矣, 登之謂甚, 吾又重之, 不如亡也." 五月丙申, 子皮將見司馬而行, 則遇多僚御司馬而朝. 張匄不勝其怒, 遂與子皮·臼任·鄭翩殺多僚, 劫司馬以叛, 而召亡人. 壬寅, 華向入. 樂大心·豊愆·華牼禦諸橫. 華氏居盧門, 以南里叛. 六月庚午, 宋城舊鄘及桑林之門而守之.

●가을 7월 1일, 일식이 있었다. 그러자 노소공이 재신(梓愼)에게 물었다.

"이는 무슨 일이오? 화와 복 중 어느 쪽이 되겠소?"

재신이 대답했다.

"하지와 동지, 춘분과 추분에 일어나는 일식은 재앙이 되지 않습니다. 일월의 운행은 춘분과 추분에 동도(同道: 황도와 적도가 교차하기 때문에 이같이 말한 것임)하게 됩니다. 또 하지와 동지에는 상과(相過: 황도와 적도의 교차점에서 가장 멀리 떨어짐)하게 됩니다. 그러나 그 밖의 달에 일식이 있으면 재앙이 됩니다. 이는 양기가 음기를 이기지 못하기 때문입니다. 이에 늘 수재가 나는 것입니다."

이때 대부 숙첩(叔輒: 子叔)이 일식이 일어난 일을 두고 곡을 했다. 그러자 소자(昭子)가 말했다.

"자숙은 곧 죽을 것이다. 일식에는 곡을 하는 것이 아니다."

8월, 숙첩이 세상을 떠났다.

겨울 10월, 송나라 화등이 오나라 군사를 이끌고 가 화씨를 구원했다. 이때 제나라 대부 오지명(烏枝鳴)이 송나라를 수비하고 있었다. 주읍(廚邑: 위치 미상) 사람 복(濮)이 오지명에게 건의했다.

"『군지』(軍志)에 이르기를, '선인유탈인지심(先人有奪人之心: 先制하면 상대의 전의를 꺾어놓을 수 있음)·후인유대기쇠(後人有待其衰: 後制하려면 적의 세력이 쇠약해지기를 기다려야 함)'라고 했습니다. 그런데 어찌하여 적들이 지쳐 있고 아직 전열을 정비하지 않은 때를 틈타

치지 않는 것입니까. 만일 오나라 군사가 진격해 와 전열을 정비하게 되면 화씨측의 군세가 성해질 것이니 그때 후회한들 아무 소용이 없을 것입니다."

이에 그의 말을 좇았다. 10월 17일, 제나라와 송나라 군사가 오나라 군사를 홍구(鴻口: 하남성 우성현 서북쪽)에서 격파하고 오나라의 두 장수 공자 고금(苦雒)과 대부 언주원(偃州員)을 포획했다. 이때 화등이 패잔병을 이끌고 가 송나라 군사를 깨뜨렸다. 송원공이 도망가려고 하자 주읍 사람 복이 만류했다.

"저희 소인들은 차라리 자사(藉死: 군주를 위해 죽음)할지언정 송망(送亡: 군주의 망명을 호송함)할 수는 없습니다. 청컨대 군주는 잠시 기다려주십시오."

그러고는 군중(軍中)을 돌아다니며 외쳤다.

"양휘자(揚徽者: 깃발을 높이 올려 흔드는 자)는 군주의 편이다."

그러자 군사들이 모두 그의 말을 좇았다. 송원공이 양문(揚門: 송나라 도성의 문) 위에서 이를 내려다보고는 성 아래로 내려가 전군(全軍)을 순시하며 말했다.

"나라가 망하고 군주가 죽으면 이는 그대들의 수치이다. 그것이 어찌 고(孤) 한 사람만의 죄이겠는가."

이에 제나라 대부 오지명이 청했다.

"소수의 병력을 이용해 싸우려면 함께 치사(致死: 죽을 각오로 싸움)하느니만 못합니다. 함께 치사하는 것은 거비(去備: 수비를 철거함)하느니만 못합니다. 저들의 병력이 매우 많으니 청컨대 우리 군사는 모두 칼을 들고 싸우기 바랍니다."

송원공이 이를 좇았다. 화씨측이 패주하자 송나라와 제나라 군사들이 그들을 다시 즉(卽: 추격)했다. 이때 주읍 사람 복이 사람의 목을 치마로 싸 등에 둘러메고 다니면서 외쳤다.

"화등을 죽였다."

결국 화씨측을 신리(新里: 하남성 개봉시 동쪽)에서 깨뜨렸다. 이때 송나라 대부 적루신(翟僂新)은 화씨의 땅인 신리에 살았다. 그는 전투가 개시된 이후 갑옷과 투구를 벗고 송원공이 있는 곳으로 가 귀부했다. 대부 화주(華姓: 화씨의 일족)는 공리(公里: 정나라 도성의 거리 이름)에 살았는데 그 또한 이같이 했다.

11월 4일, 송나라 공자 성(城)이 진나라 군사를 이끌고 송나라로 들어왔다. 이때 조나라 대부 한호(翰胡)가 진나라 대부 순오(荀吳)와 제나라 대부 원하기(苑何忌), 위나라 공자 조(朝)와 만나 송나라를 구원하고자 했다. 11월 7일, 화씨와 저구(褚丘: 송나라 도성 郊區)에서 교전했다. 화씨측의 정편(鄭翩)이 관진법(鸛陣法)을 쓰고자 했으나 그의 어자는 아진법(鵝陣法)을 펼치고자 했다.

송나라 대부 자록(子祿: 向宜)이 공자 성의 전차를 몰고 장근(莊菫)이 거우가 되었다. 이때 화씨의 당우 간주(干犨)가 여(呂: 강소성 서주시 동남쪽 5리) 땅을 봉읍으로 갖고 있는 화표(華豹: 화씨의 당우)의 전차를 몰고 장개(張匄)가 거우가 되었다. 양측 군사가 조우하자 공자 성이 뒤로 후퇴했다. 그러자 화표가 말했다.

"야, 성아."

공자 성이 이 소리를 듣고 대로하여 방향을 돌려 앞으로 나아갔다. 그가 활에 화살을 메기려고 할 때 화표는 이미 시위를 당기고 있었다. 이에 공자 성이 말했다.

"송평공(宋平公)의 신령이 내 곁에서 도와줄 것이다."

화표가 시위를 놓자 화살이 공자 성과 자록의 사이를 뚫고 지나갔다. 공자 성이 다시 활에 화살을 메기려고 할 때 화표는 또다시 시위를 당기고 있었다. 이때 공자 성이 말했다.

"불압(不狎: 교대로 활을 쏘지 못하게 함)은 야비한 짓이다."

이에 화표가 화살을 시위에서 내렸다. 이 틈을 노려 공자 성이 화살을 날렸다. 화표는 화살을 맞고 그 자리에서 죽고 말았다. 그러자 장개가 수(殳: 머리 부분을 팔각으로 뾰족하게 깎아 만든 길이 1장 2척의 죽제 무기)를 빼어들고 전차에서 뛰어내렸다. 이에 공자 성이 화살을 날렸다. 장개는 허벅지에 화살을 맞고 부상을 당했다. 장개가 포복한 채로 기어가 공자 성이 탄 전차의 진(軫: 좌석 밑의 상자 부분과 뒤에 매달려 있는 횡목)을 끊어버렸다. 그러자 공자 성이 다시 화살을 날려 장개를 죽였다. 이때 화표의 어자 간주가 자신에게도 화살 한 발을 날려달라고 청했다. 공자 성이 달랬다.

"내가 그대를 위해 군주에게 잘 말해주겠소."

간주가 말했다.

"오승(伍乘: 대오를 이룬 전차대)과 함께 전사하지 않는 것은 군법상 중죄를 범하는 것입니다. 중죄를 범하고도 공자를 따른다면 군주가 어찌 저를 쓸 수 있겠습니까. 그대는 나를 빨리 쏘십시오."

이에 공자 성이 그에게 화살을 날리자 간주가 화살을 맞고 죽었다. 이때 송나라 군사가 화씨를 대파하고 남리(南里)를 포위했다. 화해가 가슴을 치고 크게 외치면서 화추를 찾아가 탄식했다.

"우리는 진나라 난씨(欒氏: 초나라로 망명한 후 반기를 들었다가 죽은 난영 일당)의 꼴이 되었소."

화추가 위로했다.

"그대는 나를 너무 겁주지 마시오. 오늘 일이 불행하게 전개되어야만 비로소 이후에 죽게 되는 것이오."

그러고는 화등을 시켜 초나라로 가 출병을 청하게 했다. 이어 화추는 전차 15승과 보병 70명을 이끈 채 적의 포위망을 뚫고 밖으로 나갔다. 화추는 수수(睢水: 하남성 상구현 경내) 가에 이르러 밥을 먹고 화등을 울며 전송한 뒤 다시 포위망을 뚫고 들어왔다.

초나라 대부 위월(薳越)이 군사를 이끌고 가 송나라 화씨를 영접하고자 했다. 그러자 태재 공자 범(犯)이 초평왕에게 간했다.

"제후국 중 오직 송나라만이 군주를 잘 섬겨왔는데 이제 또 그 나라마저 국정을 놓고 다투고 있습니다. 그런데 그 군주를 버려둔 채 그 신하를 돕는 것은 불가한 일이 아닙니까."

초평왕이 말했다.

"그대가 나에게 고하는 것이 너무 늦었소. 나는 이미 허락해버렸소."

이때 채도공(蔡悼公)이 초나라로 달아났다. 초나라의 비무극이 채나라의 동국(東國: 은태자의 아들)으로부터 뇌물을 받은 뒤 채나라 사람에게 말했다.

"태자 주(朱)가 초나라의 명을 듣지 않아 우리 군주가 동국을 채나라의 군주로 옹립하려 하고 있소. 만일 우선 우리 군주가 하려는 것을 따르지 않으려 하면 초나라는 반드시 채나라를 포위하고 말 것이오."

이에 채나라 사람들이 크게 두려워한 나머지 태자 주를 추방한 뒤 동국을 새 군주로 옹립했다. 태자 주가 초나라로 가 이를 고소하자 초평왕이 채나라를 치고자 했다. 비무극이 만류했다.

"채평공은 우리 초나라와 맹약한 일이 있기에 그를 채나라 군주로 삼았던 것입니다. 그런데 그의 아들 주가 두 마음을 품고 있었기 때문에 이를 폐위시킨 것입니다. 우리 초영왕이 채나라의 은태자를 죽였기 때문에 그의 아들 동국 역시 군주와 같이 초영왕을 미워하고 있습니다. 그러니 동국은 틀림없이 군주에게 크게 감사해할 것입니다. 지금 그를 보위에 그대로 두는 것 또한 가하지 않겠습니까. 하물며 폐립의 권한이 전적으로 군주에게 있으니 채나라에 대해 심려할 필요가 없습니다."

노소공이 진나라로 가기 위해 황하에 이르렀을 때 고(鼓)나라가 진나라를 배반했다. 진나라가 고나라를 돕고 있는 선우(鮮虞)나라를 치기 위해 노소공의 빙문을 사절했다.

秋七月壬午朔, 日有食之. 公問於梓愼曰 "是何物也, 禍福何爲." 對曰 "二至二分, 日有食之, 不爲災. 日月之行也, 分, 同道也. 至, 相過也. 其他月則爲災. 陽不克也, 故常爲水." 於是叔輒哭日食. 昭子曰 "子叔將死, 非所哭也." 八月, 叔輒卒. 冬十月, 華登以吳師救華氏. 齊烏枝鳴戍宋. 廚人濮曰 「軍志」有之, '先人有奪人之心, 後人有待其衰.' 盍及其勞且未定也伐諸. 若入而固, 則華氏衆矣, 悔無及也." 從之. 丙寅, 齊師·宋師敗吳師于鴻口, 獲其二帥公子苦雂·偃州員. 華登帥其餘以敗宋師. 公欲出, 廚人濮曰 "吾小人, 可藉死而不能送亡君, 請待之." 乃徇曰"楊徽者, 公徒也." 衆從之. 公自楊門見之, 下而巡之曰"國亡君死, 二三子之恥也, 豈專孤之罪也." 齊烏枝鳴曰"用少, 莫如齊致死. 齊致死, 莫如去備. 彼多兵矣, 請皆用劍." 從之. 華氏北, 復卽之. 廚人濮以裳裹首而荷以走, 曰"得華登矣." 遂敗華氏于新里. 翟僂新居于新里, 旣戰, 說甲于公而歸. 華姃居于公里, 亦如之. 十一月癸未, 公子城以晉師至. 曹翰胡會晉荀吳‧齊苑何忌‧衛公子朝救宋. 丙戌, 與華氏戰于褚丘. 鄭翩願爲鸛, 其御願爲鵝. 子祿御公子城, 莊堇爲右. 干犨御呂封人華豹, 張匄爲右. 相遇城還. 華豹曰"城也." 城怒而反之. 將注, 豹則關矣. 曰"平公之靈尙輔相余." 豹射出其間, 將注, 則又關矣. 曰"不狎, 鄙." 抽矢. 城射之, 殪. 張匄抽殳而下, 射之, 折股. 扶伏而擊之, 折軫. 又射之, 死. 干犨請一矢. 城曰"余言汝於君." 對曰"不死伍乘, 軍之大刑也. 干刑而從子, 君焉用之. 子速諸." 乃射之, 殪. 大敗華氏, 圍諸南里. 華亥搏膺而呼, 見華貙曰"吾爲欒氏矣." 貙曰"子無我迋, 不幸而後亡." 使華登如楚乞師. 華貙以車十五乘, 徒七十人, 犯師而出. 食於睢上, 哭而送之, 乃復入. 楚薳越帥師, 將逆華氏. 大宰犯諫曰"諸侯唯宋事其君, 今又爭國, 釋君而臣是助, 無乃不可乎." 王曰"而告我也後, 卽許之矣." 蔡侯朱出奔楚. 費無極取貨於東國, 而謂蔡人曰"朱不用命於楚, 君王將立東國. 若不先從王欲, 楚必圍蔡." 蔡人懼, 出朱而立東國. 朱愬于楚, 楚子將討蔡. 無極曰"平侯與楚有盟, 故封. 其子有二心, 故廢之. 靈王殺隱大子, 其子與君同惡, 德君必甚. 又使立之, 不亦可乎. 且廢置在君, 蔡無他矣." 公如晉, 及河, 鼓叛晉. 晉將伐鮮虞, 故辭公.

22년(기원전 520)

22년 봄, 제후가 거나라를 쳤다. 송나라 화해·상녕·화정이 송나라의 남리에서 초나라로 망명했다. 창간(昌間)에서 크게 열병했다. 여름 4월 을축, 천왕이 붕했다. 6월, 숙앙(叔鞅)이 경사로 가 경왕(景王)을 안장했다. 왕실이 어지러워졌다. 유자(劉子)·선자(單子)가 왕맹(王猛)을 데리고 황(皇)에서 살았다. 가을, 유자·선자가 왕맹을 데리고 왕성(王城)으로 들어갔다. 겨울 10월, 왕자 맹(猛)이 졸했다. 12월 계유 삭(朔), 일식이 있었다.

二十二年春, 齊侯伐莒. 宋華亥向寧華定, 自宋南里出奔楚. 大蒐于昌間. 夏四月乙丑, 天王崩, 六月, 叔鞅如京師, 葬景王, 王室亂. 劉子單子以王猛居于皇. 秋, 劉子單子以王猛入于王城. 冬十月, 王子猛卒. 十二月癸酉朔, 日有食之.

● 22년 봄 2월 16일, 제나라 대부 북곽계(北郭啓)가 군사를 이끌고 가 거나라를 치자 거자(莒子: 거교공)가 영격에 나서려고 했다. 그러자 대부 원양목지(苑羊牧之: 성은 원, 양은 자, 이름은 목지)가 간했다.

"제나라 장령의 지위가 매우 낮습니다. 그의 요구가 틀림없이 많지 않을 것이니 그들에게 머리를 숙이느니만 못할 것입니다. 대국을 노하게 해서는 안 됩니다."

그러나 거교공이 이를 좇지 않고 곧 제나라 군사를 수여(壽餘: 산동성 안구현)에서 깨뜨렸다. 이에 제경공이 친히 군사를 이끌고 가 거나라를 치자 거교공이 강화를 청했다. 이때 제나라 대부 사마조(司馬竈)가 거나라로 가 결맹에 참석했다. 거교공은 제나라로 가 결맹에 참석하면서 제나라 도성의 성문인 직문(稷門) 밖에서 맹서했다. 이로 인해 거나라 사람들은 거교공을 크게 미워했다.

이때 초나라 대부 위월(薳越)이 송원공에게 사람을 보내 고했다.

"과군은 군주가 불령(不令: 不善)한 신하로 인해 크게 걱정하고 있다는 말을 들었습니다. 이는 종묘의 수치이니 청컨대 과군이 그들을 넘겨 받아 주륙할 수 있게 해주기 바랍니다."

송원공이 회답했다.

"고가 못나 부형(父兄: 화씨와 상씨, 송원공의 동족을 지칭)들로부터 환심을 사지 못했소. 이로 인해 군주에게 심려를 끼치고 이번에는 욕되게도 이같은 명을 내리게 만들어 몸 둘 바를 모르겠소. 군신지간에 매일 교전하는 상황에서 군주가 만일 '나는 반드시 신하 쪽 사람들을 돕겠다'고 말한다면 나는 이를 받아들일 수밖에 없소. 사람들이 말하기를, '난이 일어난 집의 문 앞을 지나지 말라'고 했소. 군주가 만일 폐읍을 보호하는 은혜를 베푼다면 불충한 자를 비호하여 작란하는 자들을 장려하는 일이 없기를 바라오. 이것이 고의 소망이기도 하오. 오직 군주가 잘 헤아려주기를 기대하오."

초나라 사람들이 이 일을 크게 걱정했다. 이때 송나라를 수비하기 위해 파견되어 있던 제후국의 사람들이 모여 상의했다.

"만일 화씨들이 곤경에 처해 이내 죽기를 각오하고, 초나라가 공을 세우지 못하고 있는 것을 수치로 여겨 급히 출병하여 격전을 벌이게 되면 우리에게 이로울 것이 없소. 그러니 화씨 사람들을 밖으로 내보내 초나라가 공적을 세우도록 하느니만 못하오. 화씨 사람들 또한 달리 어찌할 도리가 없을 것이오. 송나라를 구하고 그 재해를 제거한다면 더 이상 바랄 것이 무엇이 있겠소."

이에 화씨들을 밖으로 내보낼 것을 강력히 청하자 송나라 사람들이 이를 좇았다. 2월 21일, 송나라 대부 화해와 상녕, 화정, 화추, 화등, 황엄상(皇奄傷), 성장(省臧), 사평(士平) 등이 초나라로 달아났다.

그러자 송원공이 공손 기(忌)를 대사마, 변앙(邊卬)을 대사도, 악기(樂祁)를 사성, 중기(仲幾)를 좌사, 악대심(樂大心)을 우사, 악만(樂輓)을 대사구로 새로 임명해 국인들을 안정시켰다.

二十二年春王二月甲子, 齊北郭啓帥師伐莒. 莒子將戰, 苑羊牧之諫曰 "齊帥賤, 其求不多, 不如下之. 大國不可怒也." 弗聽. 敗齊師于壽餘. 諸侯伐莒, 莒子行成, 司馬竈如莒涖盟. 莒子如齊涖盟, 盟于稷門之外. 莒於是乎大惡其君. 楚薳越使告于宋曰 "寡君聞君有不令之臣爲君憂, 無寧以爲宗羞, 寡君請受而戮之." 對曰 "孤不佞, 不能媚於父兄, 以爲君憂, 拜命之辱. 抑君臣日戰, 君曰余必臣是助, 亦唯命. 人有言曰 '唯亂門之無過.' 君若惠保敝邑, 無亢不衷, 以獎亂人, 孤之望也. 唯君圖之." 楚人患之. 諸侯之戍謀曰 "若華氏之困而致死, 楚恥無功而疾戰, 非吾利也. 不如出之以爲楚功, 其亦無能爲也已. 救宋而除其害, 又何求."乃固請出之. 宋人從之. 己巳, 宋華亥 · 向寧 · 華定 · 華貙 · 華登 · 皇奄傷 · 省臧 · 士平出奔楚. 宋公使公孫忌爲大司馬, 邊卬爲大司徒, 樂祁爲司城, 仲幾爲左師, 樂大心爲右師, 樂輓爲大司寇, 以靖國人.

● 왕자 조(朝: 주경왕의 서장자로, 곧 西王)와 그의 스승 빈기(賓起: 빈맹)는 주경왕으로부터 총애를 받았다. 주경왕과 빈맹(賓孟: 빈기)은 왕자 조를 좋아해 그를 태자로 세우고자 했다. 그러나 유헌공(劉獻公)의 서자인 백분(伯蚠: 유분)은 선목공(單穆公: 單旗)을 섬기며 빈맹의 사람됨을 미워해 그를 죽이려 했다. 또 백분은 왕자 조를 미워했다. 그는 왕자 조가 예제를 어지럽히고 있다고 생각한 나머지 그마저 제거하고자 했다.

하루는 빈맹이 교외로 나갔다가 수탉이 제 꼬리를 물어뜯는 것을 보았다. 시종에게 그 연고를 묻자 시종이 대답했다.

"제사의 희생이 될까 두려워하기 때문입니다."

빈맹이 급히 도성으로 돌아가 주경왕에게 이를 보고하면서 말했다.

"닭은 사람에 의해 제물로 쓰이는 것을 두려워하지만 사람은 이와 다릅니다. 희생은 실로 사람에 의해 제물로 쓰이는 것으로 인희(人犧: 사람이 제물이 됨)는 매우 어려운 일입니다. 그러나 스스로 희생이 되기를 원한다면 무엇이 해롭겠습니까."

그러나 주경왕은 이를 받아들이지 않았다.

여름 4월, 주경왕이 북산(北山)에서 사냥하면서 조정의 공경들로 하여금 모두 자신의 뒤를 따르게 했다. 이때 주경왕은 선목공와 유헌공을 잡아 죽이려고 했으나 문득 심질(心疾: 심장병)이 생겼다. 4월 18일, 주경왕이 왕실의 대부 영기(榮錡)의 집에서 붕어했다.

4월 22일, 유헌공이 세상을 떠났다. 그에게는 아들이 없었다. 이에 선목공이 유분(劉蚠: 백분)을 그의 후계자로 내세웠다. 5월 4일, 유분이 새로 즉위한 도왕(悼王: 왕자 猛)을 조현한 뒤 곧바로 기회를 엿보아 빈기를 공격해 죽였다. 이어 여러 왕자들과 함께 선목공 앞에서 결맹했다.

진나라가 고나라를 점거했을 때 종묘에 포로들을 바친 뒤 고자(鼓子)를 돌려보냈다. 그러자 고자는 다시 진나라를 배반하고 선우나라에 귀부했다. 6월, 진나라 대부 순오(荀吳)가 동양(東陽: 하북성 형대와 한단 지구 일대)을 순찰하면서 군사들에게 명하여 양식을 사들이는 사람으로 위장한 뒤 실제로는 갑옷을 메고 석양(昔陽: 하북성 진현 서쪽)의 성문 밖으로 나가 쉬게 했다. 마침내 고나라를 기습해 멸망시켰다. 이어 고자 연제(鳶鞮: 앞서 나온 䇮鞮와 동일 인물로 보임)를 데리고 회군하면서 대부 섭타(涉佗)를 보내 고 땅을 진수(鎭守)하게 했다.

王子朝·賓起有寵於景王. 王與賓孟說之, 欲立之. 劉獻公之庶子伯蚠事單穆公, 惡賓孟之爲人也, 願殺之. 又惡王子朝之言, 以爲亂, 願去之. 賓孟適郊, 見雄鷄自斷其尾. 問之, 侍者曰 "自憚其犧也." 遽歸告王, 且曰 "鷄其憚爲人用乎, 人異於是. 犧者, 實用人, 人犧實難, 己犧何害." 王弗應. 夏四月, 王田北山, 使公卿皆從, 將殺單子劉子. 王有心疾, 乙丑, 崩于榮錡氏. 戊辰, 劉子摯卒, 無子, 單子立劉蚠. 五月庚辰, 見王, 遂攻賓起, 殺之. 盟群王子于單氏. 晉之取鼓也, 旣獻而反鼓子焉, 又叛於鮮虞. 六月, 荀吳略東陽, 使師僞糴者, 負甲以息於昔陽之門外, 遂襲鼓滅之. 以鼓子鳶鞮歸, 使涉佗守之.

●6월 11일, 주경왕을 안장했다. 왕자 조가 구관(舊官) 및 백공(百工)으로 봉록을 잃은 사람들과 주영왕(周靈王) 및 주경왕(周景王)의 족인들을 규합해 난을 일으켰다. 이때 교(郊: 하남성 공현)와 요(要: 하남성 신안현), 전(錢: 위치 미상) 땅의 갑사들을 이끌고 가 유자(劉子) 백분(伯蚠)을 쫓아냈다.

6월 16일, 백분이 양(揚: 하남성 언사현 부근) 땅으로 달아났다. 이때 선자(單子: 선목공)가 도왕(悼王)을 장궁(莊宮: 주왕실의 왕궁)에서 맞이해 자신의 저택으로 돌아갔다. 그러나 왕자 선(還)이 밤에 도왕을 모시고 다시 장궁으로 들어갔다. 6월 17일, 선목공이 도성을 빠져나갔다. 왕자 선이 대부 소장공(召莊公: 왕자 조의 당우인 召伯 奐)과 상의하며 말했다.

"선기(單旗: 선목공)를 죽이지 않고서는 승리할 수 없소. 그와 중맹(重盟: 거듭 맹서함)하면 그는 반드시 찾아올 것이니 그때 제거하도록 합시다. 맹서를 어기고 승리를 거둔 사람이 매우 많소."

소장공이 이를 좇기로 했다. 이때 번경자(樊頃子)가 말했다.

"이는 말이 되지 않는다. 그들은 반드시 이기지 못할 것이다."

이에 왕자 선은 도왕을 받들고 선목공의 뒤를 추격했다. 영(領: 嶺嶺으로, 곧 轘轅山을 지칭. 하남성 언사현 동남쪽에 위치)에 이르러 대맹(大盟: 굳게 맹서한다는 뜻으로, 重盟과 같은 뜻임)한 뒤 함께 돌아왔다. 그러고는 도왕을 궁 밖으로 유인한 죄를 대부 지황(擊荒)에게 뒤집어씌워 죽인 뒤 선목공을 안심시켰다.

이때 유자 백분이 봉읍인 유(劉: 하남성 언사현 서남쪽) 땅으로 가자 선목공은 이내 왕자 선의 거짓말을 간파하고 도망갔다. 6월 19일, 선목공이 평치(平畤: 하남성 낙양시 부근)로 달아났다. 여러 왕자들이 그를 추격하자 선목공은 오히려 왕자 선(還)과 고(姑), 발(發), 약(弱), 종(鬷), 연(延), 정(定), 주(稠) 등을 죽였다. 이에 왕자 조가 경(京: 하남성 낙양시 서남쪽) 땅으로 달아났다.

6월 20일, 선목공이 경 땅을 치자 경 땅의 사람들은 산 속으로 달아나고 백분은 왕성(王城: 동주의 도성으로, 하남성 낙양시 서북쪽에 위치)으로 들어갔다. 6월 25일, 왕실의 경사 공간공(鞏簡公)이 경 땅에서 왕자 조에게 대패했다. 6월 29일, 왕실의 경사 감평공(甘平公) 또한 왕자 조에게 대패했다. 이때 노나라 대부 숙앙(叔鞅)이 경사에서 돌아와 왕실의 난을 고하자 대부 민마보(閔馬父)가 말했다.

"왕자 조는 반드시 승리하지 못할 것이다. 그가 친하게 지내는 사람들은 모두 하늘이 버린 사람들이다."

이때 선목공이 진나라에 고급(告急)하고자 했다. 가을 7월 3일, 주도왕이 평치에 이른 뒤 곧이어 다시 포차(圃車: 하남성 공현)로 갔다가 황(皇: 하남성 공현 서남쪽) 땅에 머물렀다. 이때 백분은 봉읍인 유 땅으로 갔다. 그러자 선목공이 왕자 처(處: 왕자 맹의 당우)를 보내 왕성을 지키게 한 뒤 백공들과 함께 평궁(平宮: 주평왕의 사당)에서 맹서했다. 7월 16일, 심힐(鄩肸: 왕자 조의 당우)이 선목공이 머물고 있는 황 땅을 공격하자 선목공이 이를 대파하고 심힐을 포로로 잡았다. 7월 17일, 선목공이 심힐을 왕성 안의 시장에서 불에 태워 죽였다.

8월 16일, 왕실의 사도 추(醜)가 천자의 군사를 이끌고 전성(前城: 하남성 낙양시 동남쪽 30리)에서 교전하다 패하게 되자 백공들이 반기를 들었다. 8월 24일, 백공들이 경사에 있는 선목공의 저택을 공격했으나 오히려 패했다. 8월 25일, 선목공이 백공들을 쳤다. 8월 26일, 선목공이 동어(東圉: 하남성 언사현 서남쪽)를 쳤다.

겨울 10월 13일, 진나라 대부 적담(籍談)과 순력(荀躒)이 9주지융(九州之戎: 육혼 일대에 거주하는 융인)을 비롯해 초(焦)와 하(瑕: 하남성 영보현 동쪽), 온(溫: 하남성 온현 남쪽), 원(原: 하남성 제원현 서북쪽) 등지의 군사를 이끌고 가 주도왕을 왕성으로 들여보냈다. 10월 16일, 선목공과 유분이 천자의 군사를 이끌고 교외에서 싸웠으나 패배했다. 이에 전성 사람들이 육혼의 융인들을 사(社: 하남성 공현 북쪽) 땅에서 격파했다.

11월 12일, 왕자 맹(猛: 주도왕)이 죽었다. 『춘추』에 '붕'이라 하지 않고 '졸'이라고 쓴 것은 아직 천자의 상례를 거행하지 않았기 때문이다. 11월 16일, 주경왕(周敬王: 東王)이 즉위했으나 대부 자려씨(子旅氏)의 집에 머물렀다.

12월 7일, 진나라 대부 적담과 순력, 가신(賈辛), 사마독(司馬督: 司馬烏) 등이 군사를 이끌고 와 음(陰: 平陰으로, 하남성 맹진현 북쪽에 위치)과 후씨(侯氏: 緱氏로, 하남성 언사현 남쪽에 위치), 계천(溪泉: 하남성 낙양시 동남쪽), 사(社) 등지에 나누어 주둔했다. 주경왕의 군사가 사(汜: 하남성 공현 동북쪽)와 해(解: 大解城은 하남성 낙양시 남쪽, 小解城은 하남성 낙양시 서남쪽에 위치), 임인(任人: 하남성 낙양시 부근) 등지에 나누어 주둔했다.

윤12월, 진나라 대부 기유(箕遺)와 악징(樂徵), 우항궤(右行詭) 등이 군사들에게 명해 낙수(洛水)와 이수(伊水)를 건너 전성을 점거하게 한 뒤 군사들을 전성의 동남쪽에 주둔시켰다. 이때 주경왕의 군사는 경초(京楚: 하남성 낙양시 부근)에 주둔했다. 12월 29일, 경(京) 땅으로 쳐들어가 서남부를 함몰시켰다.

丁巳, 葬景王. 王子朝因舊官百工之喪職秩者, 與靈景之族以作亂. 帥郊·要·餞之甲, 以逐劉子. 壬戌, 劉子奔揚. 單子逆悼王于莊宮以歸. 王子還夜取王以如莊宮. 癸亥, 單子出. 王子還與召莊公謀, 曰 "不殺單旗, 不捷. 與之重盟, 必來. 背盟而克者多矣." 從之. 樊頃子曰 "非言也, 必不克." 遂奉王以追單子. 及領, 大盟而復, 殺摯荒以說. 劉子如劉, 單子亡. 乙丑, 奔于平畤. 群王子追之. 單子殺還·姑·發·弱·鰋·延·定·稠, 子朝奔京. 丙寅, 伐之. 京人奔山, 劉子入于王城. 辛未, 鞏簡公敗績于京. 乙亥, 甘平公亦敗焉. 叔鞅至自京師, 言王室之亂也. 閔馬父曰 "子朝必不克, 其所與者, 天所廢也." 單子欲告急於晉, 秋七月戊寅, 以王如平畤, 遂如圃車, 次于皇. 劉子如劉. 單子使王子處守于王城, 盟百工于平宮. 辛卯, 鄩肸伐皇, 大敗, 獲鄩肸. 壬辰, 焚諸王城之市. 八月辛酉, 司徒醜以王師敗績于前城, 百工叛. 己巳, 伐單氏之宮, 敗焉. 庚午, 反伐之. 辛未, 伐東圉. 冬十月丁巳, 晉籍談·荀躒帥九州之戎及焦瑕溫原之師, 以納王于王城. 庚申, 單子·劉蚠以王師敗績于郊, 前城人敗陸渾于社. 十一月乙酉, 王子猛卒, 不成喪也. 己丑, 敬王卽位, 館于子旅氏. 十二月庚戌, 晉籍談·荀躒·賈辛·司馬督帥師軍于陰, 于侯氏, 于谿泉, 次于社. 王師軍于汜, 于解, 次于任人. 閏月, 晉箕遺·樂徵·右行詭, 濟師, 取前城, 軍其東南. 王師軍于京楚. 辛丑, 伐京, 毀其西南.

23년(기원전 519)

23년 봄 주력(周曆) 정월, 숙손착(叔孫婼)이 진나라로 갔다. 계축, 숙앙이 졸했다. 진나라 사람이 우리 행인 숙손착을 잡았다. 진나라 사람이 교(郊)를 포위했다. 여름 6월, 채후 동국(東國)이 초나라에서 졸했다. 가을 7월, 거자 경여(庚輿)가 망명해 왔다. 무진, 오나라가 돈(頓)·호(胡)·심(沈)·채(蔡)·진(陳)·허(許)나라의 군사를 계부(鷄父)에서 깨뜨렸다. 호자(胡子) 곤(髡)·심자(沈子) 영(逞)이 전사했다. 진(陳)나라의 하설(夏齧)을 죽였다. 천왕이 적천(狄泉)에 나가 있었다. 윤씨가 왕자 조(朝)를 세웠다. 8월 을미, 지진이 있었다. 겨울, 공이 진나라로 가다가 황하에 이르러 병을 얻게 되자 되돌아왔다.

二十三年春王正月, 叔孫婼如晉. 癸丑, 叔鞅卒. 晉人執我行人叔孫婼. 晉人圍郊. 夏六月, 蔡侯東國卒於楚. 秋七月, 莒子庚輿來奔. 戊辰, 吳敗頓胡沈蔡陳許之師于雞父, 胡子髡沈子逞滅, 獲陳夏齧. 天王居于狄泉, 尹氏立王子朝. 八月乙未, 地震. 冬, 公如晉, 至河有疾乃復.

●23년 봄 1월 1일, 주경왕(周敬王)과 진나라 군사가 교(郊) 땅을 포위했다. 1월 2일, 교와 심(鄩) 땅의 사람들이 궤산했다. 1월 6일, 진나라 군사는 평음, 주경왕의 군사는 택읍(澤邑: 狄泉으로, 하남성 낙양시에 위치)에 주둔했다. 이때 주경왕이 사람을 진나라 군사에게 보내 상황이 완화되었다고 전했다. 1월 9일, 진나라 군사가 회군했다.

이때 주(邾)나라 사람이 익(翼: 산동성 비현 서남쪽 90리 지점)에 성을 쌓고 이고(离姑: 산동성 비현)로부터 노나라 땅을 통과해 돌아가려고 했다. 그러자 주나라 대부 공손 서(鉏)가 말했다.

"노나라가 우리를 저지하려 할 것이오."

이에 무성(武城)으로부터 산길을 따라 남쪽으로 빠져나가려고 했다. 그러자 대부 서서(徐鉏)와 구약(丘弱), 모지(茅地) 등이 말했다.

"산길에서 곧바로 비를 만나면 빠져나가지 못할 것이오. 그리 되면 돌아가지도 못하게 되오."

결국 이고로부터 빠져나가기로 했다. 그러나 무성 사람들이 출병해 앞길을 가로막은 뒤 나무를 잘라 넘어뜨리지 않고 있다가 주나라 군사가 지나간 후에 비로소 넘어뜨렸다. 이에 마침내 주나라 군사를 격파하고 서서와 구약, 모지를 사로잡게 되었다.

주나라 사람이 이를 진나라에 고소하자 진나라 사람이 와 죄를 물었다. 노나라 대부 숙손착(叔孫婼: 숙손소자)이 진나라에 사자로 가자 진나라 사람이 그를 억류했다. 이에 『춘추』는 이같이 썼다.

"진나라 사람이 우리 나라 행인 숙손착을 억류했다."

이는 일국의 사자를 체포한 사실을 밝힌 것이다. 이때 진나라 사람이 노나라 숙손착과 주나라 대부로 하여금 각자 자신의 입장을 변론하게 했다. 그러자 숙손착이 말했다.

"열국의 경상(卿相)은 소국의 군주와 같은 격으로 대우하는 것이 본래 주왕조의 제도입니다. 게다가 주(邾)나라는 이인(夷人)이 세운 나라입니다. 과군이 임명한 부사(副使) 자복회(子服回)가 와 있으니 청컨대 그로 하여금 이 일을 담당하게 해주기 바랍니다. 이는 우리가 감히 주왕조의 제도를 폐기할 수 없기 때문입니다."

그러고는 끝내 변론하지 않았다. 그러자 진나라의 한선자가 주나라 사람으로 하여금 무리를 모으게 한 뒤 숙손착을 그들에게 내주려고 했다. 숙손착이 이 소식을 듣고 수종과 무기를 버려둔 채 진나라 조정으로 갔다. 이때 진나라 대부 사미모(士彌牟)가 한선자에게 간했다.

"그대는 깊이 생각지 않고 숙손착을 그의 원수들에게 내주려고 하니 숙손착은 반드시 이로 인해 죽게 될 것입니다. 노나라는 숙손착을 잃게 되면 반드시 주나라를 멸망시킬 것입니다. 주군(邾君: 邾莊公)이 나라를 잃게 되면 장차 어디로 망명하겠습니까. 그때 비록 후회한들 무슨 소용이 있겠습니까. 이른바 맹주란 명을 어긴 나라를 토벌하는 것입니다. 만일 제후국들이 모두 서로 상대국을 잡으려 들면 맹주는 과연 어디에 쓸 것입니까."

이에 한선자가 숙손착을 주나라 사람에게 내주지 않았다. 이어 숙손착과 부사 자복회를 각각 다른 객관에 묵게 했다. 이때 사백(士伯: 사미모)이 두 사람이 변명하는 말을 듣고 이를 전하자 한선자가 곧 두 사람을 억류하게 했다.

사백이 숙손착을 위해 수레를 몰면서 시종을 넷으로 한정했다. 숙손착을 태운 채 주나라 사람들이 머무는 객관 앞을 지나 옥리가 있는 곳으로 갔다. 이에 앞서 그는 주장공(邾莊公)을 먼저 돌려보내며 말했다.

"추요(芻蕘: 대개 柴草를 구하는 사람을 뜻하나, 여기서는 시초를 지칭)를 계속 대기가 어렵고 시종들이 크게 고생하고 있어 그대를 앞으로 다른 성읍에서 지내게 할 생각이오."

숙손착은 아침 일찍 일어나 문 앞에 서서 진나라의 명을 기다렸다. 그러자 진나라 사람이 숙손착을 기(箕: 산서성 포현 동북쪽) 땅에 머물게 하면서 자복소백(子服昭伯: 자복회)은 다른 성읍에 머물게 했다. 이때 범헌자(范獻子)는 숙손착으로부터 뇌물을 취할 생각으로 곧 사람을 보내 모자를 보내달라고 청했다. 그랬더니 숙손착은 범헌자의 관법(冠法: 모자의 모양)을 알아 오도록 한 뒤 모자 두 개를 내주면서 말했다.

"이것이 전부입니다."

마침 숙손착을 위해 숙손씨의 가신 신풍(申豊)이 많은 재물을 들고 진나라로 오자 숙손착이 말했다.

"나를 찾아오시오. 그대에게 재물의 용처를 말해주겠소."

신풍이 찾아가자 숙손착은 신풍을 밖으로 내보내지 않았다. 이때 숙손착과 함께 기(箕) 땅에 머물며 순손착을 지키는 관원이 짖기를 잘 하는 숙손착의 개를 달라고 청했다. 그러나 숙손착이 이를 받아들이지 않았다. 마침내 귀국할 때에 이르러 개를 잡아 자신을 간수하던 관원과 함께 먹어버렸다. 숙손착이 살던 곳은 단 하루를 머물더라도 반드시 그 장옥(墻屋: 지붕이나 담장)을 즙(葺: 짚을 이용해 집을 덮는다는 뜻이나, 후대에 집수리의 의미로 전용됨)해야만 했던 곳이다. 떠날 때에 이르러 처음 당도할 때와 같게 해놓았다.

二十三年春王正月壬寅朔, 二師圍郊. 癸卯, 郊鄢潰. 丁未, 晉師在平陰, 王使在澤邑. 王使告閒, 庚戌, 還. 邾人城翼, 還, 將自離姑. 公孫鉏曰 "魯將禦我." 欲自武城還, 循山而南. 徐鉏・丘弱・茅地曰 "道下遇雨, 將不出, 是不歸也." 遂自離姑. 武城人塞其前, 斷其後之木而弗殊. 邾師過之, 乃推而蹷之. 遂取邾師, 獲鉏弱地. 邾人愬于晉, 晉人來討. 叔孫婼如晉, 晉人執之. 書曰 "晉人執我行人叔孫婼." 言使人也. 晉人使與邾大夫坐. 叔孫曰 "列國之卿, 當小國之君, 固周制也. 邾又夷也. 寡君之命介子服回在, 請使當之, 不敢廢周制故也." 乃不果坐. 韓宣子使邾人取其衆, 將以叔孫與之. 叔孫聞之, 去衆與兵而朝. 士彌牟謂韓宣子曰 "子弗良圖, 而以叔孫與其讎, 叔孫必死之. 魯亡叔孫, 必亡邾. 邾君亡國, 將焉歸. 子雖悔之, 何及. 所謂盟主, 討違命也. 若皆相執, 焉用盟主." 乃弗與. 使各居一館. 士伯請其辭而愬諸宣子, 乃皆執之. 士伯御叔孫, 從者四人, 過邾館以如吏. 先歸邾子. 士伯曰 "以蒭蕘之難, 從者之病, 將館子於都." 叔孫旦而立, 期焉. 乃館諸箕. 舍子服昭伯於他邑. 范獻子求貨於叔孫, 使請冠焉. 取其冠法, 而與之兩冠, 曰 "盡矣." 爲叔孫故, 申豐以貨如晉. 叔孫曰 "見我, 吾告女所行貨." 見而不出. 吏人之與叔孫居於箕者, 請其吠狗, 弗與. 及將歸, 殺而與之食之. 叔孫所館者, 雖一日必葺其牆屋, 去之如始至.

●여름 4월 14일, 선목공이 자(訾: 하남성 공현 서남쪽) 땅을 점령하자, 유자 백분은 장(牆: 하남성 신안현 동북쪽)과 직(直: 하남성 신안현) 땅을 취하여 그곳 사람들을 자신의 지배하에 두었다.

6월 12일, 왕자 조가 윤읍(尹邑: 하남성 낙녕현)으로 들어갔다. 6월 13일, 왕실의 대부 윤어(尹圉: 尹文公)가 대부 유타(劉佗: 백분의 일족으로 주경왕의 당우)를 유인해 죽였다. 6월 16일, 선목공이 판도(阪道: 산길)를 따라 윤읍으로 들어갔다. 백분은 윤읍으로 들어가는 도로를 통해 진군하여 윤읍을 쳤다. 선목공이 먼저 이르렀다가 패하게 되자 백분이 곧 회군했다.

6월 19일, 왕실의 대부 소백(召伯) 환(奐: 소장공)과 남궁극(南宮極: 왕자 조의 당우)이 성주(成周)의 군사를 이끌고 가 윤읍을 지켰다. 6월 20일, 선목공과 백분, 번제(樊齊)가 주경왕을 모시고 유읍(劉邑)으로 갔다. 6월 24일, 왕자 조가 왕성으로 들어가 좌항(左巷)에 주둔했다. 가을 7월 9일, 대부 심라(鄩羅: 심힐의 아들)가 왕자 조를 장궁으로 들여보냈다. 주왕실의 대부 윤신(尹辛)이 백분의 군사를 당(唐: 하남성 낙양시 동쪽) 땅에서 격파했다. 7월 17일, 또다시 백분의 군사를 심(鄩) 땅에서 깨뜨렸다. 7월 25일, 윤신이 서위(西闈: 하남성 낙양시)를 점령했다. 7월 27일, 괴(蒯: 하남성 낙양시 서북쪽) 땅으로 진공하자 괴 땅 사람들이 궤산했다.

거자 경여(庚輿)는 잔포(殘暴)한 데다가 칼을 매우 좋아해 칼을 새로 주조하면 반드시 그 칼을 사람에게 시험했다. 국인들이 이를 크게 걱정했다. 그가 또 제나라를 배반하려고 하자 대부 오존(烏存)이 국인들을 이끌고 가 그를 몰아냈다. 경여는 출경(出境)할 즈음 오존이 수(殳: 대나무로 만든 병기)를 들고 도좌(道左: 길가)에 서 있다는 이야기를 듣고 자칫 저지되어 죽음을 당할까 크게 두려워했다. 이때 대부 원양목지(苑羊牧之)가 권했다.

"군주가 그의 앞을 지나가도록 하십시오. 오존은 뛰어난 용력으로 이름이 나면 족하다고 생각하는 사람인데, 어찌 굳이 군주를 시해하여 그 이름을 내려고 하겠습니까."

마침내 경여가 노나라로 달아났다. 이때 제나라 사람이 교공(郊公)을 거나라로 돌려보내 즉위하게 했다.

夏四月乙酉, 單子取訾, 劉子取牆人直人. 六月壬午, 王子朝入于尹. 癸未, 尹圉誘劉佗, 殺之. 丙戌, 單子從阪道, 劉子從尹道伐尹, 單子先至而敗, 劉子還. 己丑, 召伯奐·南宮極以成周人戍尹. 庚寅, 單子劉子樊齊以王如劉. 甲午, 王子朝入于王城, 次于左巷. 秋七月戊申, 鄩羅納諸莊宮, 尹辛敗劉師于唐. 丙辰, 又敗諸鄩. 甲子, 尹辛取西闈. 丙寅, 攻蒯, 蒯潰. 莒子庚輿虐而好劒, 苟鑄劒, 必試諸人. 國人患之. 又將叛齊. 烏存帥

國人以逐之. 庚輿將出, 聞烏存執殳而立於道左, 懼, 將止死. 苑羊牧之
曰 "君過之, 烏存以力聞可矣, 何必以弑君成名." 遂來奔. 齊人納郊公.

●오나라 사람이 주래(州來: 안휘성 봉대현 경계)를 치자 초나라 대부 위월(薳越)이 초나라 군사를 이끌고 제후국의 군사들과 함께 분명(奔命: 명을 받들어 급히 달려감)하여 주래를 구원하려고 했다. 오나라 사람이 이들을 종리(鍾離: 오초의 경계지역으로, 안휘성 봉대현 동북쪽에 위치)에서 저지했다. 마침 초나라 영윤 자하가 죽자 초나라 군사의 사기가 크게 떨어졌다. 그러자 오나라 공자 광이 오왕에게 말했다.

"제후국들이 비록 초나라에 무리지어 복종하고 있지만 모두 작은 나라들뿐입니다. 이들은 초나라를 두려워한 나머지 불획이(不獲已: 부득이) 참전한 것입니다. 제가 듣건대 '일을 할 때는 위엄이 편애보다 나으니 설령 약소한 세력이라 할지라도 위엄이 있으면 반드시 성공한다'고 했습니다. 호(胡: 안휘성 부양시)나라와 심(沈: 안휘성 부양시 서북쪽) 나라의 군주는 아직 어린 데다가 경박하고, 진(陳)나라 대부 설(齧: 夏齧)은 씩씩하기는 하나 우완(愚頑)합니다. 돈(頓: 하남성 항성현 서쪽) 나라와 허나라, 채나라는 초나라의 정령을 매우 싫어하고 있습니다. 초나라 영윤이 죽자 초나라 군사의 사기가 떨어졌고, 장수의 출신이 비천한데도 커다란 총신(寵信)을 받고 있고, 정령 또한 일정치 않습니다. 지금 일곱 나라가 함께 참전하고는 있으나 속마음이 각기 다르고, 장수의 출신이 비천하여 군사를 하나로 단결시키지 못하고, 큰 위력이 있는 명령이 시행되지 않고 있으니 가히 초나라 군사를 격파할 수 있을 것입니다. 우리가 만일 군사를 나눠 먼저 호와 심, 진 등 세 나라 군사를 무찌르면 그들은 반드시 앞장서 달아날 것입니다. 세 나라 군사가 무너지면 그 밖의 제후국 군사 역시 마음이 흔들리고 말 것입니다. 제후국의 군심이 괴란(乖亂: 이산하여 어지러움)하면 초나라 군사는 반드시 대분(大奔: 정신없이 사방으로 도주함)할 것입니다. 청컨대 먼저 우리의 선봉부대는 계비를 소홀히 하여 위력이 없는 것처럼 가장하고 후속 부대는 군진을 공고히 한 가운데 전열을 정비하도록 해주기 바랍니다."

오왕이 공자 광의 계책을 좇았다.

7월 29일, 계보(鷄父: 하남성 고시현 동남쪽)에서 접전이 일어났다. 오왕이 죄수 3천 명을 앞세워 먼저 호나라와 심나라, 진나라 군사에게 싸움을 걸었다. 3국의 군사가 다투어 오나라 군사를 사로잡으려고 했다. 이때 오나라 군사가 3군으로 나뉘어 죄수 3천 명으로 구성된 선봉대의 바로 뒤에 붙었다. 중군이 오왕을 따르는 가운데 공자 광은 우군, 왕자 엄여(掩餘)는 좌군을 이끌었다. 오나라의 선봉대에 편성된 일부 죄수는 달아나고 일부는 멈춰선 채 움직이지 않자 3국 군사들의 군진이 크게 어지러워졌다. 이 틈을 노려 오나라의 본진이 일거에 쳐들어가 3국의 군사를 대파하고 호나라와 진나라의 군주를 비롯해 진나라의 대부들을 대거 포로로 잡았다. 이어 오나라는 호나라와 심나라의 포로들에게 명해 허나라와 채나라, 돈나라 군영으로 도망치면서 이같이 외치게 했다.

"우리 군주가 죽었다."

오나라 군사가 시끄럽게 소리 지르며 이들을 추살(追殺)하자 허나라와 채나라, 돈나라의 군사들이 크게 놀라 모두 도주했다. 그러자 초나라 군사 역시 대분(大奔)했다. 이에 『춘추』는 이같이 썼다.

"호자(胡子) 곤(髡)과 심자(沈子) 영(逞)이 전사했다. 진나라 하설(夏齧)을 포로로 잡았다."

하설을 따로 쓴 것은 군신에 대해 사용하는 문사(文辭)가 다르기 때문이다. 양측의 교전을 언급하지 않은 것은 당시 초나라 군사가 아직 진을 치지 못했기 때문이다.

吳人伐州來, 楚薳越帥師及諸侯之師, 奔命救州來. 吳人禦諸鍾離. 子瑕卒, 楚師熸. 吳公子光曰 "諸侯從於楚子衆, 而皆小國也. 畏楚而不獲已, 是以來. 吾聞之曰, 作事威克其愛, 雖小必濟. 胡沈之君幼而狂, 陳大夫齧壯而頑, 頓與許蔡疾楚政. 楚令尹死, 其師熸, 帥賤多寵, 政令不壹. 七國同役而不同心, 帥賤而不能整, 無大威命, 楚可敗也. 若分師先以犯胡沈與陳, 必先奔. 三國敗, 諸侯之師乃搖心矣. 諸侯乖亂, 楚必大奔. 請先者去備薄威, 後者敦陳整旅." 吳子從之. 戊辰晦, 戰于雞父. 吳子以罪人三千, 先犯胡沈與陳. 三國爭之. 吳爲三軍以繋於後. 中軍從王, 光帥右, 掩餘帥左. 吳之罪人或奔或止, 三國亂. 吳師擊之, 三國敗, 獲胡沈之君及陳大夫. 舍胡沈之囚, 使奔許與蔡頓曰 "吾君死矣." 師譟而從之, 三國奔. 楚師大奔. 書曰 "胡子髡‧沈子逞滅, 獲陳夏齧." 君臣之辭也. 不言戰, 楚未陳也.

●8월 27일, 왕실의 대부 남궁극이 지진으로 인해 압사했다. 이에 왕실의 대부 장홍(萇弘)이 집정 유문공(劉文公)에게 말했다.
"그대가 노력해야 그대의 부친이 심혈을 기울였던 일을 가히 성사시킬 수 있을 것입니다. 전에 왕실이 무너질 때 3천(三川: 涇水‧渭水‧洛水) 일대에서 지진이 일어났습니다. 이제 서왕(西王: 왕자 조)의 대신 남궁극이 지진으로 죽은 것은 하늘이 그를 버렸기 때문입니다. 동왕(東王: 주경왕)이 틀림없이 대승을 거둘 것입니다."

이때 초나라 태자였던 건(建)의 모친이 격(鄰: 하남성 신채현) 땅에 살고 있었다. 그녀는 오나라 사람을 불러들인 뒤 그들을 위해 성문을 열어주었다. 겨울 10월 16일, 오나라 태자 제번(諸樊: 오왕 僚의 아들로, 壽夢의 아들 제번과 동명이인)이 격 땅으로 들어가 초부인(楚夫人: 태자 건의 모친)과 함께 그녀가 지닌 보기(寶器)들을 갖고 돌아갔다. 초나라 사마 위월이 뒤를 쫓아갔으나 미치지 못했다. 위월이 자진하려고 하자 많은 사람들이 만류했다.

"청컨대 기회를 틈타 오나라로 쳐들어가 승부를 겨루기 바랍니다."
위월이 말했다.

"군주의 군사를 다시 패하게 만들면 죽어도 죄를 짓게 되오. 디구나 군부인(君夫人)까지 잃었으니 그 누구도 죽음을 피할 수는 없소."
그러고는 곧 위서(薳澨: 호북성 경산현 서쪽에 있는 漢水의 東岸)에서 목을 매어 죽었다.

이때 노소공은 진나라에 잡혀 있는 숙손착의 일로 인해 진나라로 가다가 황하에 이르러 병이 나자 할 수 없이 발길을 돌렸다.

八月丁酉, 南宮極震. 萇弘謂劉文公曰 "君其勉之, 先君之力可濟也. 周之亡也, 其三川震. 今西王之大臣亦震, 王棄之矣. 東王必大克." 楚大子建之母在鄎, 召吳人而啓之. 冬十月甲申, 吳大子諸樊入鄎, 取楚夫人與其寶器以歸. 楚司馬薳越追之, 不及. 將死, 衆曰 "請遂伐吳以徹之." 薳越曰 "再敗君師, 死且有罪. 亡君夫人, 不可以莫之死也." 乃縊於薳澨. 公爲叔孫故如晉, 及河, 有疾而復.

●초나라 대부 낭와(囊瓦)가 영윤이 된 뒤 도성인 영에 성을 증수(增修)했다. 그러자 심윤(沈尹) 술(戌)이 말했다.

"자상(子常: 낭와)은 반드시 영을 잃을 것이다. 만일 영을 보위하지 못하면 성장(城牆)을 증수하는 것은 아무런 이득이 없다. 옛날 천자는 천하를 보위하기 위해 사방의 이적(夷狄)를 막는 데 역점을 두었다. 이후 천자의 지위가 떨어지자 천하를 지키는 책임이 제후들에게 있었다. 제후들은 각기 사방의 인국(鄰國)을 보위하는 책임을 지고 있었다. 그러나 제후들의 지위가 떨어지자 자국의 사경(四竟: 사방의 국경으로 '竟'은 '境'과 통함)만 지키게 되었다. 삼가 사경을 잘 지키고, 사방의 인국과 상호원조를 약속하고, 백성들은 살고 있는 땅에 정착해 생업을 즐기고, 봄·여름·가을의 세 계절에 농사가 잘 되고, 백성들에게 내우외구(內憂外懼: 안의 우환과 밖의 외침 위협)가 없으면 국가가 어찌 성장을 증수할 필요가 있겠는가. 지금 그는 오나라를 두려워한 나머지 영에 성을 쌓고 있으나 보위의 범위가 이미 너무 좁다. 이는 지위가 떨어진 제후들이 아무리 성을 쌓아도 사방을 보위하지 못하는 것과 같으니 어찌 영을 잃지 않을 수 있겠는가. 옛날 양백(梁伯: 양나라의 군주)이 궁실 밖에 참호를 파자 백성들이 궤산했다. 백성들이 윗사람을 버리면 망하는 것을 빼놓고 무엇을 기다릴 수 있겠는가. 강역(疆場: 변경)을 획정하고, 토전(土田)을 잘 정비하고, 주집(走集: 보루)을 튼튼히 하고, 민인(民人)을 가까이하고, 오후(伍候: 민호 편제인 部伍가 서로 돌본다는 뜻에서 나온 말로, 백성들이 자발적으로 나라를 지킨다는 뜻임)를 밝히고, 인국과 신의를 지키고, 관수(官守: 직무수행)를 삼가 행하고, 교례(交禮: 외교예절)를 지키고, 불참불탐(不僭不貪: 잘못을 저지르지 않고 탐욕을 부리지 않음)하고, 불나불기(不懦不耆: 약하거나 강포하지 않음)하고, 수비(守備)를 확실히 하여 불우(不虞: 불시의 사태)를 대비하면 무엇이 두려울 것인가. 『시경』「대아 · 문왕」에 이르기를, '무념이조(無念爾祖: 그대의 조상을 생각한다는 뜻으로, 無는 뜻없는 발어사) · 율수궐덕(聿修厥德: 그대의 덕성을 닦는다는 뜻으로, 聿도 뜻없는 발어사)'이라고 했다. 또한 선군 약오(若敖)와 분모(蚡冒)로부터 초무왕(楚武王), 초문왕(楚文王)에 이르기까지의 일을 한번 살펴보라. 당시 초나라는 사방 백리에 지나지 않았으나 사경을 근신하여 지킨 결과 영에 성을 쌓지 않았다. 그런데 지금은 영토가 사방으로 수기(數圻: 수천 리)가 되는데 오히려 영에 성을 쌓고 있으니 이는 매우 곤란한 일이 아니겠는가."

楚囊瓦爲令尹, 城郢. 沈尹戌曰 "子常必亡郢, 苟不能衛, 城無益也. 古者天子守在四夷. 天子卑, 守在諸侯. 諸侯守在四鄰. 諸侯卑, 守在四竟. 愼其四竟, 結其四援, 民狎其野, 三務成功, 民無內憂, 而又無外懼, 國焉用城. 今吳是懼而城於郢, 守已小矣. 卑之不獲, 能無亡乎. 昔, 梁伯溝其公宮而民潰. 民棄其上, 不亡何待. 夫正其疆場, 修其土田, 險其走集, 親其民人, 明其伍候, 信其鄰國, 愼其官守, 守其交禮, 不僭不貪, 不懦不耆, 完其守備, 以待不虞, 又何畏矣. 『詩』曰 '無念爾祖, 聿修厥德.' 無亦監乎若敖 · 蚡冒至于武文, 土不過同, 愼其四竟, 猶不城郢, 今土數圻, 而郢是城, 不亦難乎."

24년(기원전 518)

24년 봄 주력(周曆) 2월 병술, 중손확(仲孫貜)이 졸했다. 숙손착이 진나라에서 돌아왔다. 여름 5월 을미 삭(朔), 일식이 있었다. 가을 8월, 크게 기우제를 지냈다. 정유, 기백 욱리(郁釐)가 졸했다. 겨울, 오나라가 소(巢)를 멸했다. 기평공(杞平公)을 안장했다.

二十四年春王二月丙戌, 仲孫貜卒. 婼至自晉. 夏五月乙未朔, 日有食之. 秋八月, 大雩. 丁酉, 杞伯郁釐卒. 冬, 吳滅巢. 葬杞平公.

●24년 봄 1월 5일, 왕실의 대부 소간공(召簡公: 소장공의 아들 召伯盈)과 남궁은(南宮嚚: 남궁극의 아들)이 감환공(甘桓公: 감평공의 아들)을 데리고 왕자 조를 진현했다. 이에 유자 백분이 장홍(萇弘)에게 말했다.

"감씨(甘氏: 감환공)가 또 갔소."

장홍이 말했다.

"무슨 해가 되겠습니까. 동덕(同德)은 의와 합치되는 데에 그 의미가 있습니다. 『서경』 「주서·태서」에 이르기를, '은나라 주왕은 억조이인(億兆夷人: 수많은 천하 백성이라는 뜻으로, 夷는 뜻이 없는 語中助詞)을 거느렸지만 이덕(離德)이 되었네. 나에게는 난신(亂臣: 치세의 賢臣을 뜻하는 말로, 亂은 治의 뜻임) 10명이 있으니 동심동덕(同心同德)이라네'라고 했습니다. 이것이 주왕조가 흥기한 까닭입니다. 그대는 덕 닦기에 힘써야지 사람이 없는 것을 근심해서는 안 됩니다."

1월 22일, 왕자 조가 오(鄥: 원래는 정나라 땅으로, 하남성 언사현 남쪽에 위치) 땅으로 들어갔다.

이때 진나라 대부 사미모(士彌牟)가 기(箕) 땅으로 가 노나라 대부 숙손착을 영접했다. 그러자 숙손착이 부하 양기경(梁其踁)에게 명하여 문 안쪽에 매복하도록 하면서 당부했다.

"내가 고개를 왼쪽으로 돌려 기침을 하면 곧 사미모를 죽이고, 고개를 오른쪽으로 돌려 웃으면 그만두도록 하라."

숙손착이 사백(士伯: 사미모)을 만나자 사백이 말했다.

"과군이 맹주의 업무를 수행하느라 그대를 폐읍에 오랫동안 머물게 했습니다. 변변치 못한 폐읍의 예물이나마 그대의 수종에게 보내기 위해 특별히 저를 보내 그대를 맞이하게 한 것입니다."

숙손착이 예물을 받고 귀국했다. 2월, 숙손착이 진나라에서 돌아왔다.『춘추』에 이를 쓴 것은 진나라를 높이기 위한 것이다.

3월 15일, 진경공이 대부 사경백(士景伯: 사미모)을 왕실로 보내 실정을 알아보게 했다. 왕실로 간 사경백이 건제문(乾祭門: 왕성의 북문)에 서서 많은 사람들에게 물어보았다. 이에 진나라 사람이 왕자 조를 사양하면서 그의 사자를 받아들이지 않았다.

여름 5월 1일, 일식이 있었다. 그러자 노나라 대부 재신(梓愼)이 말했다.

"장차 큰 수재가 날 것이다."

그러나 숙손소자(叔孫昭子)는 이같이 말했다.

"이는 한재의 조짐이다. 태양이 춘분점을 지났지만 양기가 아직도 음기를 이겨내지 못하고 있다. 양기가 음기를 이기게 되면 그 기운이 반드시 크게 성할 것이다. 그러니 가뭄이 들지 않을 수 있겠는가. 양기가 음기를 이겨내야 할 시점이 이미 오래되었다. 이는 바로 양기의 세력이 한 군데로 모여 쌓이고 있는 것이다."

6월 8일, 왕자 조의 군사가 하읍(瑕邑: 위치 미상)과 행읍(杏邑: 하남성 우현 북쪽)을 치자 두 성읍이 무너졌다.

이때 정정공(鄭定公)이 진나라로 갔다. 자태숙이 상례(相禮)하며 범헌자(范獻子)를 진현했다. 범헌자가 자태숙에게 물었다.

"왕실을 어찌하는 것이 좋겠소?"

"노부(老夫)야 내 나라와 집안일조차 제대로 돌보지 못하고 있는데 어찌 감히 왕실의 일을 언급할 수 있겠습니까. 그러나 사람들이 말하기를, '과부가 베 짜는 북실이 끊어질까 걱정하지 않고 종주(宗周: 주나라 왕실)가 망할까 걱정하니 이는 그 화가 과부 자신의 머리 위에 떨어지기 때문이다'라고 합니다. 지금 왕실이 실로 준준(蠢蠢: 크게 동요하여 어지러움)하여 소국들은 크게 두려워하고 있습니다. 그러나 대국의 근심을 우리가 어찌 알겠습니까. 그대는 속히 잘 헤아리기 바랍니다. 『시경』「소아·육아」에 이르기를, '병지경의(餠之罄矣: 작은 술병이 비게 됨)·유뢰지치(有罍之恥: 술독의 수치가 됨)'라고 했습니다. 왕실이 편치 못한 것은 진나라의 치욕입니다."

범헌자가 두려운 나머지 한선자와 대책을 상의했다. 곧 제후들의 회동을 추진하기로 의견을 모았다. 회동 시기는 이듬해로 정해졌다.

가을 8월, 노나라에서 크게 기우제를 지냈다. 이는 한재가 났기 때문이다.

겨울 10월 11일, 왕자 조가 성주(成周)의 보규(寶珪: 전래의 보물인 규옥)를 황하에 던지고 하신에게 복을 빌었다. 10월 12일, 진인(津人: 나루터 사공)이 황하 강변에서 보규를 얻었다. 이때 왕실의 대부 음불녕(陰不佞)이 온(溫: 하남성 온현 남쪽) 땅 사람들을 이끌고 남쪽으로 내려와 왕자 조를 치면서 보규를 얻은 자를 잡았다. 그가 보규를 빼앗은 뒤 장차 이를 팔려고 하자 보규가 갑자기 돌로 변했다. 왕실이 안정된 뒤 음불녕이 이를 주경왕에게 바치자 주경왕이 그에게 동자(東訾: 하남성 공현 동쪽) 땅을 주었다.

이때 초평왕이 수군을 편성해 오나라 영내로 쳐들어갔다. 그러자 심윤(沈尹) 술이 말했다.

"이번 일로 초나라는 반드시 성읍을 잃을 것이다. 백성을 안무하지도 않은 채 동원하고, 오나라가 움직이지도 않았는데 그들을 속히 출병하게 만들었다. 오나라 군사가 급히 초나라 군사의 뒤를 쫓는데도 변경에는 아무런 계비도 없으니 어찌 성읍을 잃지 않을 수 있겠는가."

월나라 대부 서안(胥犴)이 예장(豫章)의 강물이 만곡(彎曲)하는 곳에서 초평왕을 위로하고 월나라 공자 창(倉)은 초평왕에게 승주(乘舟)를 올렸다. 공자 창과 월나라 대부 수몽(壽夢)이 군사를 이끌고 초평왕을 뒤따르자 초평왕은 초나라의 어양(圉陽: 안휘성 소현 남쪽)까지 갔다가 돌아갔다. 당시 오나라 군사는 초나라 군사를 바짝 뒤쫓았다. 이들은 변경의 수비군이 아무런 계비도 하지 않은 것을 알고는 곧바로 소

(巢)와 종리(鍾離)를 멸망시킨 뒤 돌아갔다. 이 일을 두고 심윤 술이 말했다.

"도성인 영을 잃게 될 단초가 바로 여기에 있다. 군주는 한 번 출동해 2성지수(二姓之師: 두 명의 장수로, 소와 종리의 대부를 지칭)를 잃었다. 이같이 몇 차례 거듭하게 되면 그 영향이 도성까지 파급되지 않겠는가.『시경』「대아·상유(桑柔)」에 이르기를, '누가 여개(厲介: 재앙의 단초인 禍端을 지칭)를 만들어 지금까지 해를 끼치게 했나'라고 했다. 이는 참으로 군주를 두고 말한 것이다."

二十四年春王正月辛丑, 召簡公·南宮囂以甘桓公見王子朝. 劉子謂萇弘曰"甘氏又往矣."對曰"何害. 同德度義.「大誓」曰'紂有億兆夷人, 亦有離德. 余有亂臣十人, 同心同德.'此周所以興也. 君其務德, 無患無人."戊午, 王子朝入于鄔. 晉士彌牟逆叔孫于箕. 叔孫使梁其踁待于門內, 曰"余左顧而欬, 乃殺之. 右顧而笑, 乃止."叔孫見士伯, 士伯曰"寡君以爲盟主之故, 是以久子. 不腆敝邑之禮, 將致諸從者. 使彌牟逆吾子."叔孫受禮而歸. 二月, 婼至自晉, 尊晉也. 三月庚戌, 晉侯使士景伯涖問周故, 士伯立于乾祭而問於介衆. 晉人乃辭王子朝, 不納其使. 夏五月乙未朔, 日有食之. 梓愼曰"將水."昭子曰"旱也. 日過分而陽猶不克, 克必甚, 能無旱乎. 陽不克莫, 將積聚也."六月壬申, 王子朝之師攻瑕及杏, 皆潰. 鄭伯如晉, 子大叔相, 見范獻子. 獻子曰"若王室何."對曰"老夫其國家不能恤, 敢及王室. 抑人亦有言曰'熬不恤其緯, 而憂宗周之隕, 爲將及焉.'今王室實蠢蠢焉, 吾小國懼矣. 然大國之憂也, 吾儕何知焉. 吾子其早圖之.『詩』曰'缾之罄矣, 有罍之恥.'王室之不寧, 晉之恥也."獻子懼, 而與宣子圖之. 乃徵會於諸侯, 期以明年. 秋八月, 大雩, 旱也. 冬十月癸酉, 王子朝用成周之寶珪沈于河. 甲戌, 津人得諸河上. 陰不佞以溫人南侵, 拘得玉者, 取其玉, 將賣之, 則爲石. 王定而獻之, 與之東訾. 楚子爲舟師以略吳疆. 沈尹戌曰"此行也, 楚必亡邑. 不撫民而勞之, 吳不動而速之, 吳踵楚, 而疆埸無備, 邑能無亡乎."越大夫胥犴勞王於豫章之汭, 越公子倉歸王乘舟. 倉及壽夢帥師從王, 王及圉陽而還. 吳人踵楚, 而邊人不備, 遂滅巢及鍾離而還. 沈尹戌曰 "亡郢之始, 於此在矣. 王壹動而亡二姓之帥, 幾如是而不及郢. 『詩』曰 '誰生厲階, 至今爲梗.' 其王之謂乎."

25년(기원전 517)

25년 봄, 숙손착이 송나라로 갔다. 여름, 숙예(叔詣)가 진나라 조앙(趙鞅)·송나라 악대심(樂大心)·위나라 북궁희(北宮喜)·정나라 유길(游吉)·조인·주인·등인·설인·소주인과 황보(黃父)에서 만났다. 구욕(鸜鵒)이 노나라로 날아와 둥지를 만들었다. 가을 7월 상신(上辛), 크게 기우제를 지냈다. 계신(季辛), 또 기우제를 지냈다. 9월 기해, 공이 제나라로 피해 양주(陽州)에 머물렀다. 제후가 공을 야정(野井)에서 위로했다. 겨울 10월 무진, 숙손착이 졸했다. 11월 기해, 송공 좌(佐)가 곡극(曲棘)에서 졸했다. 12월, 제후가 운(鄆)을 취했다.

二十五年春, 叔孫婼如宋. 夏, 叔詣會晉趙鞅宋樂大心衛北宮喜鄭游吉曹人邾人滕人薛人小邾人于黃父. 有鸜鵒來巢. 秋七月上辛, 大雩, 季辛, 又雩. 九月己亥, 公孫于齊, 次于陽州, 齊侯唁公于野井. 冬十月戊辰, 叔孫婼卒. 十一月己亥, 宋公佐卒于曲棘. 十二月, 齊侯取鄆.

●25년 봄, 노나라 대부 숙손착이 송나라를 빙문했다. 송나라 도성의 동문(桐門: 북문) 근처에 사는 우사(右師: 악대심)가 그를 접견했다. 우사는 숙손착과 이야기를 하면서 송나라 대부들을 얕보고 종가인 사성씨(司城氏: 樂氏의 대종족)마저도 천시했다. 이에 소자(昭子: 숙손착)가 수하들에게 말했다.

"우사는 도망치고야 말 것이다. 군자는 자신을 경중(敬重: 존경하고 중시함)한 연후에 다른 사람도 존중할 수 있는 것이다. 그래서 예의가 있는 것이다. 지금 그 사람은 그의 대부들을 얕보고 종족마저 천시하니 이는 자신을 천하게 만드는 것이나 다름없다. 그러니 어찌 예의가 있다고 하겠는가. 무례하면 반드시 도망치게 마련이다."

송원공이 소자를 위해 향례를 베풀고 『시경』 「소아·신궁(新宮: 현전하는 斯干)」의 시를 읊었다. 이에 소자가 「소아·거할(車轄)」의 시를 읊었다. 다음날 또 연회를 베풀어 술을 마시면서 크게 즐거워했다. 이때 송원공은 소자에게 자기 오른편에 앉게 한 뒤 이야기를 나누다가 함께 울었다. 송나라 대부 악기(樂祁: 樂祁犂)가 연회를 돕다가 물러나와 다른 사람에게 말했다.

"올해 내로 군주와 숙손착은 모두 죽고 말 것이다. 내가 듣건대 '애락(哀樂: 슬퍼해야 할 때 즐거워함)과 낙애(樂哀: 즐거워해야 할 때 슬퍼함)는 모두 상심(喪心: 마음을 잃음)으로 인한 것이다'라고 했다. 마음의 정상(精爽: 정령)을 혼백(魂魄)이라고 한다. 혼백이 나가버리고서야 어찌 오래 살 수 있겠는가."

당초 노나라의 종실인 계공약(季公若: 季公亥)의 누이가 소주부인(小邾夫人)이 되어 송원부인(宋元夫人: 송원공의 부인으로 곧 景曹)을 낳았다. 송원부인이 딸을 낳은 뒤 노나라 대부 계평자의 아내로 삼으려 하자 숙손착이 송나라를 빙문한 길에 친히 맞이하고자 했다. 이때 계공약이 일행을 따라가 조카딸인 송원부인 조씨(曹氏: 曹는 소주나라 군주의 성임)에게 말했다.

"출가시키지 마십시오. 노나라에서는 장차 그를 쫓아내려고 합니다."

조씨가 이 말을 송원공에게 고했다. 이에 송원공이 이 사실을 악기(樂祁)에게 말하자 악기가 말했다.

"출가시키도록 하십시오. 만일 말한 바와 같다면 오히려 노나라 군주가 틀림없이 국외로 도주하고 말 것입니다. 노나라의 정권이 계씨의 손에 장악된 지 벌써 3세(三世: 季文子와 季武子, 季平子의 3대)가 되었고 노나라 군주가 정권을 잃은 지 이미 4공(四公: 노선공·노성공·노양공·노소공)에 이르고 있습니다. 백성의 지지도 없이 능히 영지(逞志: 정령을 뜻대로 펼침)한 적은 한 번도 없었습니다. 그래서 군주는 그의 백성을 진무(鎭撫)하는 것입니다.『시경』「대아·첨앙(瞻卬)」에 이르기를, '백성을 잃으니 마음에는 근심뿐이네'라고 했습니다. 노나라 군주는 이미 백성의 지지를 잃었는데 어찌 영지할 수 있겠습니까. 조용히 대명(待命: 천명을 기다림)하는 것은 가하나 움직이면 반드시 우환이 뒤따를 것입니다."

　二十五年春, 叔孫婼聘于宋. 桐門右師見之, 語卑宋大夫, 而賤司城氏. 昭子告其人曰 "右師其亡乎. 君子貴其身而後能及人, 是以有禮. 今夫子卑其大夫而賤其宗, 是賤其身也. 能有禮乎. 無禮必亡." 宋公享昭子, 賦「新宮」. 昭子賦「車轄」. 明日宴, 飮酒樂. 宋公使昭子右坐, 語相泣也. 樂祁佐, 退而告人曰 "今玆, 君與叔孫, 其皆死乎. 吾聞之, 哀樂而樂哀, 皆喪心也. 心之精爽, 是謂魂魄. 魂魄去之, 何以能久." 季公婼之姊爲小邾夫人, 生宋元夫人, 生子以妻季平子. 昭子如宋聘, 且逆之. 公婼從, 謂曹氏勿與, 魯將逐之. 曹氏告公, 公告樂祁. 樂祁曰 "與之. 如是, 魯君必出. 政在季氏三世矣, 魯君喪政4公矣 無民而能逞其志者, 未之有也. 國君是以鎭撫其民.『詩』曰 '人之云亡, 心之憂矣.' 魯君失民矣, 焉得逞其志. 靖以待命猶可, 動必憂."

●여름, 노나라 대부 숙예(叔詣)와 진나라 대부 조앙(趙鞅: 趙成의 아들 趙簡子), 송나라 대부 악대심(樂大心), 위나라 대부 북궁희(北宮喜), 정나라 대부 태숙(大叔), 조인(曹人), 주인(邾人), 등인(滕人), 설인(薛人), 소주인(小邾人)이 황보(黃父: 黑壤으로, 산서성 익성현 동북쪽에 위치)에서 만났다. 이는 왕실의 문제를 상의하기 위한 것이었다. 이 회동에서 조간자(趙簡子: 조앙)가 각 제후국의 대부들에게 명하여 주경왕에게 곡식을 보내고 왕실을 수비할 병력을 준비하도록 하면서 말했다.

　"명년에는 천자를 경사로 모실 것입니다."

　이때 정나라 대부 자태숙(子大叔: 유길)이 조간자를 배견하자 조간자가 읍양(揖讓)과 주선(周旋)에 관한 예를 물었다. 자태숙이 대답했다.

"그것은 의식이지 예가 아닙니다."

"그렇다면 감히 묻건대 무엇을 예라고 하는 것이오?"

"저는 우리 선대부 자산에게 들은 바가 있습니다. 그가 말하기를, '예는 하늘의 규범이고 땅의 준칙이며 인간행동의 근거이다. 예는 천지의 상도이기에 사람들은 실로 이를 본받는 것이다. 하늘의 영명(英明)을 본받고, 땅의 본성에 의거해 하늘의 6기(六氣)를 만들고, 땅의 5행(五行)을 이용하는 것이다. 기는 5미(五味)로 화하여, 5색(五色)으로 발현되고, 5성(五聲)으로 드러낸다. 일정한 기준을 벗어나면 혼란스러워지고 사람들은 그 본성을 잃게 된다. 이에 예를 만들어 이를 좇는 것이다. 6축(六畜)과 5생(五牲), 3희(三犧)를 제정해 5미를 좇는다. 9문(九文: 아홉 가지 문양)[23])과 6채(六采: 靑·白·赤·黑·玄·黃), 5장(五章: 靑赤을 文, 赤白을 章, 白黑을 黼, 黑靑을 黻, 5색 구비를 繡라고 한 것을 지칭)을 제정해 5색을 좇는다. 9가(九歌)와 8풍(八風), 7음(七音), 6률(六律)을 제정해 5성(五聲)을 좇는다. 군신과 상하의 구별을 만들어 땅의 준칙을 따른다. 부부와 내외의 구별을 제정해 음양 2물(二物)의 규범으로 삼는다. 부자(父子)·형제(兄弟)·고자(姑姊: 고모와 질녀)·생구(甥舅: 외숙과 조카)·혼구(昏媾: 장인과 사위)·인아(姻亞: 혼인관계로 맺어진 인척의 총칭인 姻婭로, 원래 姻은 사위의 부친, 婭는 동서를 의미) 간의 도리를 제정해 하늘의 영명을 드러낸다. 정사(政事)와 용력(庸力: 농공업 관리를 뜻하는데, 庸은 民功, 力은 治功을 의미), 행무(行務: 일상적인 조치)를 제정해 4시(四時)를 따르게 한다. 형벌과 위옥(威獄: 위엄이 서린 형옥)을 제정해 백성들을 근신하게 하고 벼락과 번개를 모방한 형벌로 주살한다. 온자(溫慈: 온화와 자애)와 혜화(惠和: 은혜와 관용)의 조치를 제정해 하늘이 만물을 생육하는 것을 본받는다. 사람에게는 호(好)·오(惡)·희(喜)·노(怒)·애(哀)·

---

23) '9문'은 구체적으로 산(山)과 용(龍), 화(華), 충(蟲), 화(火), 조(藻), 분미(粉米), 보(黼), 불(黻) 등의 아홉 가지 문양을 지칭한다.

락(樂)의 6지(六志)가 있으니 이는 본래 6기에서 나오는 것이다. 이에 신중히 본받고 적절히 모방하여 6지를 제어하는 것이다. 슬프면 곡읍(哭泣)하고, 즐거우면 가무(歌舞)하고, 기쁘면 시사(施舍)하고, 노하면 전투(戰鬪)하게 되는 것이다. 기쁨은 호(好)에서 나오고, 노여움은 오(惡)에서 나온다. 이에 행동은 신중하고 정령의 시행에 믿음이 있어야 하니, 화복상벌(禍福賞罰)로써 생사를 제어하기 때문이다. 삶은 사람들이 좋아하는 것이고 죽음은 사람들이 싫어하는 것이다. 좋아하는 것은 즐거움이고 싫어하는 것은 슬픔이다. 슬픔과 즐거움이 예를 잃지 않으면 능히 천지의 본성에 부합할 수 있다. 이로써 능히 장구히 보전할 수 있는 것이다'라고 했습니다."

"실로 지극한 경지에 이르렀소. 예의 뜻이 참으로 굉대하기도 하오."

"예는 상하간의 기강(紀綱)이고, 천지간의 상도(常道)이고, 백성들의 삶이 영위되는 근거입니다. 이에 선왕들이 예를 존중한 것입니다. 그래서 능히 스스로 곡직(曲直: 수양을 통해 개조하거나 곧바로 나아감)하여 부례(赴禮: 예를 좇아 분주히 종사함)하는 자를 성인(成人: 완성된 사람)이라고 부르는 것입니다. 그러니 예가 굉대한 것은 당연한 일이 아니겠습니까."

"나 조앙은 원컨대 죽을 때까지 이 말을 지키고자 하오."

이때 송나라 대부 악대심이 물었다.

"우리 송나라는 천자에게 곡식을 보낼 수 없습니다. 송나라는 왕실에 대해 객이 되는데 어찌하여 객을 부리려는 것입니까?"

진나라 대부 사백(士伯)이 반문했다.

"천토의 맹약이 이루어진 이래 송나라가 그 어느 싸움에 참전하지 않고 그 어느 결맹에 참여하지 않은 적이 있습니까? 맹서문에는 공히 왕실을 위해 노력하자고 되어 있는데 그대는 어찌하여 피하려고 하는 것입니까? 그대는 군명을 받들고 대사에 참여했는데 송나라가 배맹하는 것은 불가하지 않겠습니까?"

이에 악대심은 감히 대답도 못한 채 첩(牒: 각국의 임무를 지시한 문서)을 받고 물러났다. 이때 사백이 이 일을 조간자에게 고하면서 말했다.

"송나라의 우사는 반드시 도망가고 말 것입니다. 군명을 받들고 사자로 와 맹약을 버리고 맹주국을 촉범(觸犯)하고자 했으니 이보다 더 큰 불상(不祥)이 어디에 있겠습니까."

夏, 會于黃父, 謀王室也. 趙簡子令諸侯之大夫輸王粟, 具戍人, 曰 "明年將納王." 子大叔見趙簡子, 簡子問揖讓周旋之禮焉. 對曰 "是儀也, 非禮也." 簡子曰 "敢問何謂禮." 對曰 "吉也聞諸先大夫子産曰 '夫禮, 天之經也, 地之義也, 民之行也. 天地之經, 而民實則之. 則天之明, 因地之性, 生其六氣, 用其五行. 氣爲五味, 發爲五色, 章爲五聲, 淫則昏亂, 民失其性. 是故爲禮以奉之. 爲六畜五牲三犧, 以奉五味. 爲九文六采五章, 以奉五色. 爲九歌八風七音六律, 以奉五聲. 爲君臣上下, 以則地義. 爲夫婦外內, 以經二物. 爲父子・兄弟・姑姉・甥舅・昏媾・姻亞, 以象天明. 爲政事・庸力・行務, 以從四時. 爲刑罰・威獄, 使民畏忌, 以類其震曜殺戮. 爲溫慈惠和, 以效天之生殖長育. 民有好惡喜怒哀樂, 生于六氣. 是故審則宜類, 以制六志. 哀有哭泣, 樂有歌舞, 喜有施舍, 怒有戰鬪. 喜生於好, 怒生於惡. 是故審行信令, 禍福賞罰, 以制死生. 生, 好物也. 死, 惡物也. 好物, 樂也. 惡物, 哀也. 哀樂不失, 乃能協于天地之性, 是以長久.'" 簡子曰 "甚哉, 禮之大也." 對曰 "禮, 上下之紀, 天地之經緯也, 民之所以生也, 是以先王尙之. 故人之能自曲直以赴禮者, 謂之成人. 大, 不亦宜乎." 簡子曰 "鞅也請終身守此言也." 宋樂大心曰 "我不輸粟, 我於周爲客, 若之何使客." 晉士伯曰 "自踐土以來, 宋何役之不會, 而何盟之不同. 曰同恤王室, 子焉得辟之. 子奉君命, 以會大事, 而宋背盟, 無乃不可乎." 右師不敢對, 受牒而退. 士伯告簡子曰 "宋右師必亡. 奉君命以使, 而欲背盟以干盟主, 無不祥大焉."

● "구욕(鸜鵒: 九官鳥)이 노나라로 와 둥지를 틀었다." 이를 『춘추』에 쓴 것은 전례 없는 일이었기 때문이다. 이때 노나라 대부 사기(師己)가 말했다.

"참으로 이상하다. 나는 주문왕과 주성왕 때 이같은 동요가 있다는 얘기를 들었다. 그 동요에 이르기를, '구(鸜)야, 욕(鵒)아, 군주가 나라 밖으로 나가 치욕을 당하네. 구욕이 깃을 고르니 군주는 외야(外野: 도성 밖)에 있고, 신하는 앞으로 가 말에게 먹이를 주네. 구욕이 껑충 뛰어다니니 군주는 간후(乾侯: 하북성 성안현 동남쪽)에 머물며 건유(褰襦: 바지와 짧은 솜저고리)를 달라네. 구욕이 둥지를 트니 길은 더욱 멀어지네. 조보(稠父: 노소공으로, 그의 이름이 稠임)가 고생 끝에 죽자 송보(宋父: 노정공으로, 그의 이름이 宋임)가 보위에 올라 교만을 부리네. 구욕, 구욕, 왕가내곡(往歌來哭: 떠날 때 노래 부르고 돌아올 때 곡을 함)하네'라고 했다. 이제 구욕이 노나라에 와 둥지를 트니 장차 재난이 일어나려는 것이다."

가을, 노나라가 대규모의 기우제를 두 차례 지냈다. 이를 『춘추』에 쓴 것은 가뭄이 심했기 때문이다.

당초 노나라 종실 계공조(季公鳥)는 제나라 대부 포문자(鮑文子)의 집에서 아내를 맞이해 갑(甲: 이름이 완전히 알려지지 않은 '某甲'을 의미)을 낳았다. 공조(公鳥)가 죽자 계공해(季公亥)가 종실인 공사전(公思展) 및 공조의 가신 신야고(申夜姑)와 함께 공조의 집을 돌보았다.

이때 공조의 아내 계사(季姒)가 향인(饗人: 음식 담당 가신) 단(檀)과 사통한 뒤 이 사실이 알려질까 크게 두려워했다. 이에 그녀의 시비를 시켜 자신을 채찍으로 때리게 한 뒤 공조의 누이동생인 진희(秦姬: 노나라 대부 秦遄의 처)에게 달려가 매맞은 자국을 보이며 말했다.

"공약(公若: 계공해)이 나를 사(使: 侍寢을 들게 함)하려고 하여 내가 동의하지 않자 이렇게 때린 것이오."

또 계평자의 아우 공보(公甫)를 찾아가 호소했다.

"공사전과 신야고가 나를 요(要: 무리한 짓을 강요함)하려고 했소."

이어 진희는 대부 공지(公之: 季平子의 동생으로 이름은 鞅)에게도 알렸다. 그러자 공지와 공보가 이 사실을 계평자에게 고했다. 계평자가 곧바로 공사전을 잡아 변(卞: 산동성 사수현 50리 지점) 땅에 억류한 뒤 신야고도 체포해 장차 죽이려고 했다. 그러자 공약이 울면서 애원했다.

"그를 죽이는 것은 곧 나를 죽이는 것입니다."

그러고는 사면을 간청했다. 그러나 계평자는 좌우의 소리(小吏)를 시켜 공약의 진현을 허락하지 않았다. 이에 한낮이 되도록 청을 넣지도 못했다. 이때 유사가 신야고의 처리에 관한 명을 받으러 가자 공지가 속히 신야고를 죽이도록 조치했다. 이에 공약은 계평자에게 원한을 품게 되었다.

당초 계씨(季氏)와 후씨(郈氏: 郈昭伯)는 투계(鬪鷄)를 좋아했다. 계씨는 닭에게 개(介: 갑옷을 뜻하나, 이를 '芥'로 보아 털에 겨자가루를 바른 것으로 해석하기도 함)를 씌웠고, 후씨는 금거(金距: 닭의 발톱에 끼운 쇠붙이)를 끼웠다. 계평자는 자신의 닭이 패하자 대로한 나머지 집을 후씨의 집터까지 늘린 뒤 오히려 전에 후씨가 자신의 집터를 침입했다고 꾸짖었다. 이로 인해 후소백 또한 계평자에게 원한을 품게 되었다.

이때 대부 장소백(臧昭伯)의 종제 장회(臧會: 臧頃伯)가 장씨 집에서 다른 사람을 무함하다가 계씨 집으로 도피하게 되었다. 이에 장소백이 장회를 잡아들이자 계평자가 대로해 장씨의 우두머리 가신을 붙잡아 억류했다. 마침 노양공의 사당에서 체제(禘祭)를 지내게 되었다. 그러나 만무(萬舞)를 추는 자가 겨우 두 사람뿐이었다. 이는 나머지 사람들 대부분이 계씨 집에서 만무를 춘 데 따른 것이었다. 이에 장손(臧孫: 장소백)이 말했다.

"이를 두고 이제 선군의 사당에서는 용(庸: 공로에 보답한다는 뜻으로, 酬庸과 같음)을 할 수 없게 되었다고 말하는 것이다."

이같은 일로 인해 노나라 대부들은 계평자를 크게 원망했다. 이때 계공해가 노소공의 아들 공위(公爲: 公叔務人)에게 활을 바친 뒤 함께 도성 밖으로 나가 활을 쏘면서 계평자를 제거할 일을 모의했다. 공위가 이를 종실인 공과(公果)와 공분(公賁)에게 말했다. 그러자 두 사람은 시인(寺人: 시종인 환관) 요사(僚柤)를 통해 이를 노소공에게 고했다. 당시 노소공은 마침 자고 있다가 일어나 이 이야기를 듣고는 창을 들어 요사를 치려고 했다. 이에 요사가 도주하자 노소공이 외쳤다.

"저놈 잡아라."

그러나 정식으로 하명하지는 않았다. 요사는 두려운 나머지 감히 문밖으로 나가지 못해 몇 달 동안 노소공을 조현하지 못했다. 그러나 노소공은 전혀 노하지 않았다. 공과 등이 또 요사를 보내 그 말을 하게 하자 노소공이 다시 창을 들어 치려고 했다. 이에 요사가 곧바로 그 자리를 피해 달아났다. 이후 다시 요사를 보내 고하자 노소공이 말했다.

"이는 소인들이 언급할 일이 아니다."

이에 공과가 직접 노소공을 찾아가 말했다. 노소공이 이 일을 장손(臧孫: 장소백)에게 말하자 장손은 성사하기가 어렵다는 뜻을 밝혔다. 노소공이 다시 후손(郈孫: 후소백)에게 말하자 후손은 성사가 가능하다며 즉시 거사할 것을 권했다. 노소공이 또 대부 자가의백(子家懿伯: 子家羈)에게 말하자 그가 말했다.

"이는 참인(讒人: 계씨를 헐뜯었다는 뜻에서 이같이 말한 것으로, 곧 계공해 등을 지칭)들이 군주를 끼고 요행을 구하는 것입니다. 만일 실패하면 군주가 그 악명을 쓰게 되니 그리할 수는 없는 일입니다. 몇 대에 걸쳐 사민(舍民: 백성을 버린다는 뜻으로, 노문공 이래 정권이 공실에 있지 않은 것을 이같이 비유한 것임)해놓고 이제 그들에게 기대어 일을 꾀하면 성공을 자신할 수 없습니다. 더구나 나라의 정권이 계씨에게 있으니 도모하기가 매우 어렵습니다."

노소공이 언짢아하며 물러갈 것을 명하자 자가의백이 말했다.

"저는 이미 문명(聞命: 군주의 명을 받음)했으니 만일 이같은 말이 새어나간다면 저는 불획사(不獲死: 선종하지 못함)할 것입니다."

그러고는 공궁 내에 머물렀다.

"有鸜鵒來巢", 書所無也. 師己曰 "異哉. 吾聞, 文武之世, 童謠有之, 曰 '鸜之鵒之, 公出辱之. 鸜鵒之羽, 公在外野, 往饋之馬. 鸜鵒跦跦, 公在乾侯, 徵褰與襦. 鸜鵒之巢, 遠哉遙遙. 稠父喪勞, 宋父以驕. 鸜鵒鸜鵒, 往歌來哭.' 童謠有是, 今鸜鵒來巢, 其將及乎." 秋, 書再雩, 旱甚也. 初, 季公鳥娶妻於齊鮑文子, 生甲. 公鳥死, 季公亥與公思展與公鳥之臣申夜姑相其室. 及季姒與饔人檀通, 而懼, 及使其妾抶己, 以示秦遄之妻曰 "公若欲使余, 余不可而抶余." 又訴於公甫曰 "展與夜姑將要余." 秦姬以告公之, 公之與公甫告平子. 平子拘展於卞而執夜姑, 將殺之. 公若泣而哀之曰 "殺是, 是殺余也." 將爲之請. 平子使豎勿內, 日中不得請. 有司逆命, 公之使速殺之. 故公若怨平子. 季郈之鷄鬪. 季氏介其鷄, 郈氏爲之金距. 平子怒, 益宮於郈氏, 且讓之. 故郈昭伯亦怨平子. 臧昭伯之從弟會, 爲讒於臧氏, 而逃於季氏, 臧氏執旃. 平子怒, 拘臧氏老. 將禘於襄公, 萬者二人, 其衆萬於季氏. 臧孫曰 "此之謂不能庸先君之廟." 大夫遂怨平子. 公若獻弓於公爲, 且與之出射於外, 而謀去季氏. 公爲告公果公賁. 公果公賁使侍人僚柤告公. 公寢, 將以戈擊之, 乃走. 公曰 "執之." 亦無命也. 懼而不出, 數月不見, 公不怒. 又使言, 公執戈以懼之, 乃走. 乃使言, 公曰 "非小人之所及也." 公果自言, 公以告臧孫, 臧孫以難. 告郈孫, 郈孫以可勸, 告子家懿伯, 懿伯曰 "讒人以君徼幸, 事若不克, 君受其名, 不可爲也. 舍民數世以求克, 事不可必也. 且政在焉, 其難圖也." 公退之. 辭曰 "臣與聞命矣, 言若洩, 臣不獲死." 乃館於公宮.

●노나라 대부 숙손소자(叔孫昭子)가 감(闞: 산동성 旺湖 내에 소재) 땅으로 갔을 때 노소공은 장부(長府: 府庫를 뜻하나, 관부의 명칭으로 보기도 함)에 거류하고 있었다. 9월 11일, 계씨를 치면서 공지(公之)를 집의 문 앞에서 죽인 뒤 곧바로 쳐들어갔다. 그러자 계평자가 대(臺) 위로 올라가 용서를 구했다.

"군주가 저의 죄를 살피지도 않고 유사(有司)를 시켜 저를 간과(干戈: 원래 무기를 뜻하나 여기서는 무력을 지칭)로써 치게 했습니다. 청컨대 저로 하여금 기수(沂水: 산동성 어대현 서남쪽) 가에서 군주가 저의 죄를 조사할 때까지 기다리게 해주십시오."

그러나 노소공이 허락하지 않았다. 이에 계평자가 다시 봉지인 비읍(費邑)에 수금(囚禁)해줄 것을 청했으나 허락하지 않았다. 또다시 수레 5승으로 망명하는 것을 허락해달라고 청했으나 이 또한 허락하지 않았다. 이에 자가자(子家子: 자가의백)가 간했다.

"저들의 청을 들어주십시오. 정령이 저들에게서 나온 지 이미 오래되어 많은 은민(隱民: 곤궁한 백성)들이 저들에게 기대어 취식(取食)하고 있습니다. 해가 떨어진 뒤 간악한 자가 나타날지도 모르는 일입니다. 백성들의 분노가 쌓이면 안 됩니다. 그리 되면 다스릴 수 없게 되고 이에 분노는 더욱더 쌓입니다. 분노가 쌓이고 쌓이면 백성들은 반심(叛心)을 품게 되고 결국 뜻을 같이하는 자들이 규합하게 됩니다. 이같은 상황이 되면 군주는 반드시 후회하게 될 것입니다."

그러나 노소공은 듣지 않았다. 이때 후손(郈孫)이 건의했다.

"그들을 반드시 죽여야만 합니다."

이에 노소공이 후손을 보내 맹의자(孟懿子)를 맞이하게 했다. 이때 숙손씨의 사마(司馬: 사마의 직책을 맡은 가신) 종려(鬷戾)가 부하들에게 물었다.

"이 일을 장차 어찌하면 좋겠소?"

대답하는 사람이 아무도 없었다. 이에 또 물었다.

"나는 가신에 불과해 국가대사를 감히 언급할 수 없소. 그러나 계씨가 있는 것과 없는 것 중 어느 쪽이 우리에게 유리하겠소?"

그러자 모두 입을 모아 말했다.

"계씨가 없으면 숙손씨도 없습니다."

"그렇다면 가서 그들을 구하도록 합시다."

이에 숙손씨 사람들을 이끌고 가 계씨 집의 서북쪽 일각을 허문 뒤 집 안으로 들어갔다. 이때 노소공의 친병들은 갑옷을 벗고 화살통을 손에 든 채 쭈그리고 앉아 있었다. 이에 종려는 곧바로 이들 친병들을 밖으로 몰아냈다.

그러자 맹씨가 사람을 보내 계씨 집 서북쪽 일각으로 올라가 계씨 집을 살펴보게 했다. 계씨 집을 살펴보던 사람이 집안에 숙손씨 가문의 깃발이 있는 것을 보고 곧바로 달려가 맹씨에게 알렸다. 이에 맹씨가 즉시 후소백을 체포해 도성의 남문 서쪽에서 죽인 뒤 노소공의 친병을 쳤다. 그러자 자가자(子家子)가 노소공에게 진언했다.

"모든 대부가 군주를 마치 겁지(劫持)한 것처럼 가장한 뒤 벌을 피하기 위해 출국하는 모습을 보이고, 군주는 여기에 남아 있도록 하십시오. 그리 되면 장차 계손의여(季孫意如: 계평자)가 군주를 섬기면서 감히 그 태도를 고치지 않을 수 없을 것입니다."

그러나 노소공이 반대했다.

"나는 차마 그리할 수는 없소."

그리고는 장손(臧孫: 장소백)과 함께 조상의 무덤이 있는 곳으로 가 신령에게 사별(辭別)한 뒤 망명처를 상의했다. 9월 13일, 노소공이 제나라로 손(孫: 달아났다는 뜻으로, '遜'과 통함)한 뒤 제나라의 양주(陽州: 산동성 동평현 북쪽) 땅에 머물렀다. 이에 제경공이 평음(平陰: 산동성 평음현 동북쪽 35리)으로 가 노소공을 위로하려고 하자 노소공이 먼저 야정(野井: 산동성 제하현 동남쪽)으로 가 있었다. 그러자 제경공이 말했다.

"이는 나의 잘못이다."

제경공이 유사를 보내 노소공을 평음에서 기다리게 했다. 이는 평음이 야정보다 양주에 가까웠기 때문이다. 이에 『춘추』는 이같이 썼다.

"노소공이 제나라로 달아나 양주에 머무르자 제경공이 야정으로 와 노소공을 위로했다."

이는 예에 맞는 일이다. 남에게 도움을 받으려면 우선 자신이 먼저 머리를 숙여야 한다. 이것이 예에 부합하는 선물(善物: 좋은 일)이다. 당시 제경공은 노소공에게 말했다.

"거나라의 국경에서 서쪽으로 1천 사(社: 1사는 25戶로, 1천 사는 곧 2만5천 호를 의미)를 드린 뒤 장차 군명을 기다리고자 하오. 내가 폐읍의 군사를 이끌고 귀국의 집사(執事)를 따라가 군명을 받들도록 하겠소. 군주의 근심은 곧 나의 근심이기도 하오."

이에 노소공이 크게 기뻐했다. 그러자 자가자가 말했다.

"천록(天祿: 하늘이 내린 복록으로, 여기서는 천자와 제후의 자리를 의미)은 두 번 다시 내리지 않습니다. 만일 하늘이 조군(胙君: '군주에게 복을 내린다'는 뜻으로, '胙'는 '祚'와 통함)할지라도 결코 주공이 받았던 복록을 넘지 않을 것이니 군주에게 노나라를 계속 다스리도록 하는 것만으로도 족한 것입니다. 노나라를 잃고 1천 사(社)를 얻어 제나라의 신하가 되면 누가 군주를 복위시키려 하겠습니까. 게다가 제나라 군주는 신의가 없으니 속히 진(晉)나라로 가느니만 못합니다."

그러나 노소공은 이를 듣지 않았다. 이때 장소백이 노소공의 수종들을 이끌고 결맹하고자 했다. 그 맹서문에는 이같이 쓰여 있었다.

"육력일심(戮力壹心: 온 힘을 다하고 마음을 하나로 합침)하여 호오(好惡)를 같이하고, 죄의 유무를 명확히 하고, 견권(繾綣: 원래는 단단히 묶는다는 뜻이나, 여기서는 '견결히'라는 뜻임)히 군주를 따르며 국내와 내통하는 일이 없을 것이다."

장소백이 군명을 내세워 자가자에게 그 맹약문을 보여주자 자가자가 말했다.

"만일 이와 같다면 나는 결맹에 참여할 수 없소. 나는 사람이 못나 여러분과 함께 행동하지 못하면서 오히려 우리 모두에게 죄가 있다고 여기고 있소. 나는 안팎이 서로 교통하는 가운데 짐짓 우리가 군주 곁을 떠나 망명하는 모습을 보이는 것이 바람직하다고 생각하오. 그러나 여러분은 망명하기를 원하면서 군위를 안정시키는 것을 꺼리고 있소. 그러니 어찌 여러분과 마음을 같이할 수 있겠소? 이미 군주를 위난에 빠뜨렸으니 그 어떤 죄가 이보다 더 클 수 있겠소? 안팎이 통하고 우리가 짐짓 군주 곁을 떠나면 군주는 장차 조속히 귀국할 터인데 안팎을 통하지 않게 하고 어찌하겠다는 것이오? 또한 장차 어디에서 군주를 사수하겠다는 것이오?"

그러고는 결맹에 참여하지 않았다.

이때 숙손소자(叔孫昭子)가 감(闞) 땅에서 돌아와 계평자를 만났다. 그러자 계평자가 계상(稽顙: 무릎을 꿇고 이마를 땅에 대는 거상 때의 답배로, 극도의 슬픔과 고마움을 상징)하면서 물었다.

"그대는 내가 어찌하면 좋겠소?"

"누구인들 죽지 않겠소? 그대는 군주를 쫓아냈다는 오명을 얻었으니 자손들이 장차 이를 잊지 못할 것이오. 이 어찌 가슴 아픈 일이 아니겠소? 그러니 내가 어찌하라고 말할 수 있겠소?"

"만일 내가 개과(改過)하여 군주를 섬길 수 있도록 해준다면 이는 소위 생사육골(生死肉骨: 죽은 자를 살려 백골에 살을 붙여줌)이라고 할 수 있소."

숙손소자가 제나라로 가 노소공을 수종하면서 이를 보고했다. 이때 자가자는 노소공이 있는 객관으로 가는 자는 모두 억류하도록 하명했다. 노소공과 숙손소자가 장막 안에서 이야기를 나눌 때 숙손소자가 다짐했다.

"백성을 안정시킨 뒤 꼭 군주를 모시도록 하겠습니다."

당시 노소공의 친병들은 숙손소자를 죽일 생각으로 그가 돌아가는 길가에 매복하고 있었다. 좌사(左師) 공사전이 이 사실을 노소공에게 고하자 노소공이 숙손소자에게 주(鑄: 산동성 비성현 남쪽) 땅을 통해 귀국하도록 일러주었다. 이를 계기로 계평자는 노소공을 맞아들이지 않으려는 생각을 품었다.

겨울 10월 4일, 숙손소자가 정침에서 재계한 뒤 축종(祝宗: 우두머리 祝史)으로 하여금 기사(祈死: 안락한 죽음을 기원함)하게 했다. 10월 11일, 숙손소자가 죽었다. 이때 좌사 공사전이 노소공을 승마(乘馬: 말이 아니라 수레에 탄다는 뜻임)시켜 귀국하려고 하자 노소공의 친병들이 이를 저지했다.

叔孫昭子如闞, 公居於長府. 九月戊戌, 伐季氏, 殺公之于門, 遂入之. 平子登臺而請曰 "君不察臣之罪, 使有司討臣以干戈, 臣請待於沂上以察罪." 弗許. 請囚于費, 弗許. 請以五乘亡, 弗許. 子家子曰 "君其許之.

政自之出久矣, 隱民多取食焉. 爲之徒者衆矣, 日入慝作, 弗可知也. 衆怒不可蓄也. 蓄而弗治, 將蘊. 蘊蓄, 民將生心. 生心, 同求將合. 君必悔之." 弗聽. 郈孫曰 "必殺之." 公使郈孫逆孟懿子. 叔孫氏之司馬鬷戾言於其衆曰 "若之何." 莫對. 又曰 "我家臣也, 不敢知國. 凡有季氏與無, 於我孰利." 皆曰 "無季氏, 是無叔孫氏也." 鬷戾曰 "然則救諸." 帥徒以往, 陷西北隅以入. 公徒釋甲, 執冰而踞, 遂逐之. 孟氏使登西北隅, 以望季氏. 見叔孫氏之旗, 以告. 孟氏執郈昭伯, 殺之于南門之西, 遂伐公徒. 子家子曰 "諸臣僞劫君者, 而負罪以出, 君止. 意如之事君也, 不敢不改." 公曰 "余不忍也." 與臧孫如墓謀, 遂行. 己亥, 公孫于齊, 次于陽州. 齊侯將唁公于平陰, 公先至于野井. 齊侯曰 "寡人之罪也." 使有司待于平陰, 爲近故也. 書曰 "公孫于齊, 次于陽州, 齊侯唁公于野井." 禮也. 將求於人, 則先下之, 禮之善物也. 齊侯曰 "自莒疆以西, 請致千社, 以待君命. 寡人將帥敝賦以從執事, 唯命是聽. 君之憂, 寡人之憂也." 公喜, 子家子曰 "天祿不再, 天若胙君, 不過周公, 以魯足矣. 失魯, 而以千社爲臣, 誰與之立. 且齊君無信, 不如早之晉." 弗從. 臧昭伯率從者將盟, 載書曰 "戮力壹心, 好惡同之. 信罪之有無, 繾綣從公, 無通外內." 以公命示子家子. 子家子曰 "如此, 吾不可以盟. 羈也不佞, 不能與二三子同心, 而以爲皆有罪. 或欲通外內, 且欲去君. 二三子好亡而惡定, 焉可同也. 陷君於難, 罪孰大焉. 通外內而去君, 君將速入, 弗通何爲. 而何守焉." 乃不與盟. 昭子自闞歸, 見平子. 平子稽顙曰 "子若我何." 昭子曰 "人誰不死. 子以逐君成名, 子孫不忘, 不亦傷乎. 將若子何." 平子曰 "苟使意如得改事君, 所謂生死而肉骨也." 昭子從公于齊, 與公言. 子家子命適公館者執之. 公與昭子言於幄內, 曰 "將安衆而納公." 公徒將殺昭子, 伏諸道. 左師展告公, 公使昭子自鑄歸. 平子有異志. 冬十月辛酉, 昭子齊於其寢, 使祝宗祈死, 戊辰, 卒. 左師展將以公乘馬而歸, 公徒執之.

●10월 15일, 왕실의 대부 윤문공(尹文公: 尹圉)이 공(鞏: 하남성 공현) 땅에서 낙수를 건너 동자(東訾)를 불태웠으나 이기지는 못했다.

11월, 송원공이 노소공을 위해 진나라로 가고자 했다. 이때 태자 난(欒: 宋景公)이 종묘에서 즉위하고 자신은 선군 송평공과 함께 조복을 입고 그를 보좌하는 꿈을 꾸었다. 이에 이튿날 아침 일찍 6경을 불러놓고 말했다.

"나는 불녕(不佞)하여 부형들을 제대로 모시지 못하고 여러분에게 걱정을 끼쳤으니 이는 내 잘못이오. 만일 내가 여러분의 복을 빌려 수령(首領: 머리와 목)을 온전히 하여 선종하게 된다면 편부(楄柎: 시신 밑에 놓는 목판)와 같은 관재(棺材)는 선군 때의 제도를 넘지 않도록 해주기 바라오."

대부 중기(仲幾)가 대답했다.

"군주가 만일 나라 일로 인해 사적으로 닐연(昵宴: 즐기기 위해 베푸는 연회)을 조촐하게 차리려고 한다면 저희들이 감히 참견할 일이 아닙니다. 그러나 송나라의 법도에는 출생과 장례에 관한 예법이 있어 선군 이래로 줄곧 지켜져 내려오고 있습니다. 그러니 저희들은 목숨을 걸고 이를 지켜 감히 위배되는 일이 없도록 해야 합니다. 신하가 자신이 할 일을 제대로 하지 못하면 법이 이를 용서하지 않을 것입니다. 저희들은 차마 그리할 수는 없기에 부득이 군명을 받들 수가 없습니다."

이에 송원공은 곧바로 진나라를 향해 나아갔다. 11월 13일, 송원공이 송나라의 곡극(曲棘: 하남성 난고현 동남쪽)에서 세상을 떠났다.

12월 14일, 제경공이 노나라의 운읍(鄆邑: 西鄆으로, 지금의 산동성 운성현 동쪽에 위치)을 포위했다.

당초 노나라 대부 장소백(臧昭伯)이 진나라로 갈 때 그의 종제 장회(臧會)가 보구(寶龜: 점복용의 거북 등)인 누구(僂句)를 몰래 훔쳐냈다. 장회가 이를 이용해 '신참'(信僭: 성실과 거짓) 중 어느 쪽이 좋은지를 점치자 '참'이 길하다는 점괘가 나왔다.

이때 장씨 가문의 가신이 진나라로 가 장소백의 안부를 물으려고 하자 장회가 동행을 청했다. 장소백이 집안 형편을 묻자 장회가 모두 대답했다. 그러나 처자와 동모제인 숙손에 대해서는 대답하지 않았다. 재삼 물었으나 대답하지 않았다. 이후 장소백이 진나라에서 돌아오던 중 교외에 이르게 되자 장회가 마중을 나왔다.

이에 장소백이 또 묻자 장회가 이전과 같이 아무 대답도 하지 않았다. 장소백이 도성에 이르러 성 밖에 머물며 처자형제들을 찾아가 보았으나 아무도 찾을 수가 없었다. 이에 장소백이 곧 장회를 잡아 죽이려고 하자 장회가 후(郈: 산동성 동평현 동남쪽 40리) 땅으로 달아났다. 그러자 후 땅의 읍재(邑宰) 방가(魴假)가 장회를 가정(賈正: 물건값을 관장하는 관원)으로 삼았다.

하루는 장회가 장부를 갖고 가 계씨에게 보고하게 되었다. 장소백이 이 사실을 알고 부하 5명을 시켜 과순(戈楯: 창과 방패)을 소지한 채 동여(桐汝: 후 땅의 마을 이름)에 잠복하게 했다. 장회가 계씨 집에서 나오는 것을 보고 잠복해 있던 사람들이 곧바로 그의 뒤를 추격했다. 그러자 장회가 다시 계씨 집으로 달아났다. 이들이 추격을 계속해 계씨 집 중문 밖에서 그를 잡았다. 계평자가 대로해 말했다.

"무슨 이유로 무기를 소지하고 내 집 문 안으로 들어온 것인가."

그러고는 장씨의 가신을 억류했다. 이에 계씨와 장씨는 서로 미워하게 되었다. 장소백이 노소공을 따라나서자 계평자는 곧 장회를 장씨 가문의 후계자로 삼았다. 이에 장회가 말했다.

"누구(僂句)가 나를 속이지 않았다."

이때 초평왕은 대부 위석(薳射)을 시켜 주굴(州屈: 안휘성 봉양현 서쪽)에 성을 쌓게 한 뒤 회수 근처의 작은 성읍인 가읍(茄邑: 위치 미상) 사람들을 성 안으로 이주시켰다. 이어 구황(丘皇: 하남성 신양현)에 성을 쌓고 자(訾: 위치 미상) 땅 사람들을 성 안으로 이주시켰다. 또 대부 웅상매(熊相禖)를 보내 소읍(巢邑: 안휘성 소현 동북쪽 5리)에 외성을 쌓게 하고, 대부 계연(季然)을 시켜 권(卷: 하남성 섭현 서남쪽) 땅에 외성을 쌓게 했다. 정나라 대부 자태숙이 이 말을 듣고 말했다.

"초왕은 곧 죽게 될 것이다. 백성들로 하여금 원래 살던 땅에 안거하게 하지 못했으니 백성들이 틀림없이 크게 근심할 것이다. 백성들의 근심은 필연 군주의 신상에까지 미칠 것이다. 그리 되면 초왕은 오래 살 수 없을 것이다."

壬申, 尹文公涉于鞏, 焚東訾, 弗克. 十一月, 宋元公將爲公故如晉. 夢大子欒卽位於廟, 已與平公服而相之. 且召六卿. 公曰 "寡人不佞, 不能事父兄, 以爲二三子憂, 寡人之罪也. 若以群子之靈, 獲保首領以歿, 唯是楄柎所以藉幹者, 請無及先君." 仲幾對曰 "君若以社稷之故, 私降昵宴, 群臣弗敢知. 若夫宋國之法, 死生之度, 先君有命矣. 群臣以死守之, 弗敢失隊. 臣之失職, 常刑不赦. 臣不忍其死, 君命祇辱." 宋公遂行. 己亥, 卒于曲棘. 十二月庚辰, 齊侯圍郠. 初, 臧昭伯如晉, 臧會竊其寶龜僂句. 以卜爲信與僭, 僭吉. 臧氏老將如晉問, 會請往. 昭伯問家故, 盡對. 及內子與母弟叔孫, 則不對. 再三問, 不對. 歸及郊, 會逆, 問, 又如初. 至, 次於外而察之, 皆無之. 執而戮之, 逸奔郈. 郈魴假使爲賈正焉, 計於季氏. 臧氏使五人以戈楯伏諸桐汝之閭. 會出, 逐之. 反奔, 執諸季氏中門之外. 平子怒曰 "何故以兵入吾門." 拘臧氏老. 季臧有惡. 及昭伯從公, 平子立臧會. 會曰 "僂句不余欺也." 楚子使蔿射城州屈, 復茄人焉. 城丘皇, 遷訾人焉. 使熊相禖郭巢, 季然郭卷. 子大叔聞之曰 "楚王將死矣, 使民不安其土, 民必憂. 憂將及王, 弗能久矣."

26년(기원전 516)

26년 봄 주력(周曆) 정월, 송원공(宋元公)을 안장했다. 3월, 공이 제나라에서 돌아와 운(鄆)에 거처했다. 여름, 공이 성(成)을 포위했다. 가을, 공이 제후·거자·기백과 모임을 갖고 전릉(鄟陵)에서 맹약했다. 공이 모임에서 돌아와 운에 거처했다. 9월 경신, 초자 거(居)가 졸했다. 겨울 10월, 천왕이 성주(成周)로 들어갔다. 윤씨(尹氏)·소백(召伯)·모백(毛伯)이 왕자 조(朝)를 데리고 초나라로 망명했다.

二十六年春王正月, 葬宋元公. 三月, 公至自齊, 居于鄆. 夏, 公圍成. 秋, 公會齊侯莒子邾子杞伯, 盟于鄟陵, 公至自會, 居于鄆. 九月庚申, 楚子居卒. 冬十月, 天王入于成周, 尹氏召伯毛伯以王子朝, 奔楚.

●26년 봄 1월 5일, 제경공이 운 땅을 점령했다.

이때 송원공을 안장했다. 송나라는 그의 유언을 좇지 않고 선군의 제도를 좇아 안장했다. 이는 예에 맞는 일이다.

3월, 노소공이 제나라에서 돌아와 운 땅에 거처했다. 이는 이미 노나라 경내에 이르렀음을 말한 것이다. 여름, 제경공이 노소공을 귀국시킬 생각으로 신하들에게 명했다.

"노나라에서 재물을 받지 마시오."

노나라 계씨의 가신 신풍(申豊)이 또 다른 가신 여고(女賈)를 따라가면서 금(錦: 여러 문양이 있는 비단) 2량(兩: 2丈이 1端, 2단이 1량임)을 폐(幣: 증정용 예물)로 삼았다. 이들은 비단뭉치를 하나로 단단히 묶어 진규(瑱圭: 제왕이 제후들의 조현을 받을 때 손에 잡고 있는 圭)처럼 만든 뒤 제나라 군진으로 갔다. 신풍이 제나라 자유(子猶: 양구거)의 가신 고의(高齮)에게 비단을 보여주며 말했다.

"이를 자유에게 잘 전해주면 우리는 당신을 제나라 고씨 집안의 후계자로 만들어주고 5천 유(庾: '1유'는 2斗 4升)의 곡식도 주도록 하겠소."

고의가 그 비단을 자유에게 보이자 자유가 이를 받고자 했다. 이때 고의가 이같이 덧붙였다.

"노나라 사람이 1백 량(兩)에 달하는 비단 한 무더기를 사놓았다며 길이 막혀 우선 이것만 폐재(幣財: 예물)로 올린다고 했습니다."

자유가 비단을 받고 난 뒤 제경공에게 말했다.

"저희들은 노나라 군주에게 힘을 다하지 못하고 있으나 이는 군명을 받들지 못하기 때문이 아닙니다. 그러나 제가 보건대 이상한 바가 있습니다. 송원공은 노나라 군주를 위해 진나라로 가다가 곡극에서 세상을 떠났고 노나라 숙손소자도 그의 군주를 본국으로 모시려다 병도 없는데 문득 죽었습니다. 이로 미루어 혹여 하늘이 노나라를 버린 것이나 아닌지 모르겠습니다. 그도 아니면 노나라 군주가 귀신에게 죄를 지어 이 지경에 이른 것이 아니겠습니까. 만일 군주가 곡극에서 기다려주시면 제가 군신들로 하여금 노나라 군주를 따라가 노나라 군사와 접전하도록 하여 한번 정황을 알아보겠습니다. 만일 가한 것으로 나타나면 출병이 성공할 것입니다. 그리 되면 군주가 계속 전진하더라도 이에 저항할 자가 없을 것입니다. 만일 불가한 것으로 나타나면 군주를 수고스럽게 만들 필요가 없을 것입니다."

제경공이 이를 좇았다. 곧바로 공자 서(鉏)를 시켜 군사를 이끌고 가 노소공을 따르게 했다. 이때 맹씨의 봉읍인 성(成: 산동성 영양현 동북쪽 90리) 땅의 대부 공손 조(朝)가 계평자에게 건의했다.

"지방에 도시를 두는 것은 나라를 지키기 위한 것입니다. 청컨대 저에게 제나라 군사를 저지하는 책임을 맡겨주십시오."

계평자가 이를 좇았다. 공손 조가 인질을 바치겠다고 제의했으나 계평자는 이를 거절하며 말했다.

"그대를 믿는 것만으로도 족하오."

공손 조가 짐짓 제나라 군사에게 말했다.

"맹씨 가문은 노나라의 폐실(敝室: 파락호)입니다. 그들이 성 땅을 받은 것은 과분한 일로 우리는 이를 참을 수 없습니다. 청컨대 제나라에 항복해 편히 쉴 수 있도록 해주십시오."

이에 제나라 군사가 성 땅을 포위했다. 그러자 성 땅의 군사가 치수(淄水: 지금의 小汶河로, 산동성 신태현 동북쪽 용당산에서 발원해 태안현 동남쪽을 지나 大汶河로 유입)에서 말에게 물을 먹이는 제나라 군사를 공격하며 말했다.

"이는 고을 백성들의 마음을 채워주기 위한 것이다."

노나라 군사는 모든 대비책을 갖춘 뒤 제나라에 말했다.

"우리는 고을 백성들의 뜻을 도저히 꺾을 수 없습니다."

이에 노나라와 제나라 군사가 취비(炊鼻: 산동성 영양현)에서 교전하게 되었다. 제나라 대부 자연첩(子淵捷: 공손 첩)이 노나라의 대부 설성자(洩聲子: 野洩)를 뒤쫓으며 활을 쏘아 순와(楯瓦: 방패 중간의 볼록 나온 부분)를 맞혔다. 이때 화살은 구(胊: 軥와 같은 말로 수레를 끄는 말을 제어하기 위해 얹어놓은 멍에)를 거쳐 주(輈: 끌채)를 관통하여 순와에 꽂혔다. 비(匕: 화살의 머리 부분)가 3치나 뚫고 들어가 박혔다.

그러자 설성자도 자연첩의 말을 향해 활을 쏘았다. 화살이 말 목 위에 있는 고삐를 끊자 말이 땅위로 넘어져 죽고 말았다. 이에 자연첩은 다른 전차로 갈아타게 되었다. 이때 노나라 사람이 그가 노나라 사람 종려(鬷戾)인 줄 착각하고 도와주었다. 그러자 자거(子車: 자연첩)가 말했다.

"나는 제나라 사람이다."

노나라 사람이 그를 공격하려고 하자 자거가 활을 쏘아 땅에 떨어뜨려 죽게 만들었다. 그러자 자거의 어자가 말했다.

"또 쏘십시오."

"적의 숫자가 많으면 겁만 주는 것으로 족하다. 그들을 노하게 만들어서는 안 된다."

이때 제나라 대부 자낭대(子囊帶)가 야설(野洩: 설성자)을 추격하면서 꾸짖었다. 야설이 대꾸했다.

"군중에서는 사적인 분노를 표시하는 것이 아니다. 내가 대꾸하면 사적인 싸움이 된다. 내가 장차 그대를 한번 상대해주겠다."

이에 자낭대가 또다시 꾸짖자 야설은 똑같이 대답했다. 당시 계평자의 가신 염수(冉豎)가 제나라 대부 진무자(陳武子: 子彊)를 쏘아 맞혔다. 그러자 진무자가 손에 든 활을 땅에 떨어뜨렸다. 진무자가 마구 거칠게 욕설을 해대자 염수가 계평자에게 고했다.

"군자 한 분이 백석(白晳: 흰 피부)에 진수미(鬒鬚眉: 검고 조밀한 수염과 눈썹)의 모습인데도 참으로 심구(甚口: '입이 매우 걸다'는 뜻임)였습니다."

계평자가 말했다.

"틀림없이 자강(子彊: 진무자)일 것이오. 왜 그를 상대하지 않았소?"
"그를 군자로 여겼는데 어찌 감히 상대할 수 있겠습니까."

이때 노나라 대부 임옹(林雍)은 대부 안명(顔鳴)의 거우가 된 것을 수치스럽게 여겨 마침내 전차에서 내렸다. 그러자 제나라 대부 원하기(苑何忌)가 그의 귀를 베었다. 안명은 임옹을 두고 떠나버렸다. 원자(苑子: 원하기)의 어자가 말했다.

"아래쪽을 보십시오."

이에 원하기가 임옹을 돌아보며 칼로 불(刜: 내리침)하여 그의 한쪽 발을 끊었다. 그러자 임옹이 경(鼜: 한 발로 껑충걸음을 함)하여 다른 전차를 타고 돌아갔다. 이때 안명은 세 차례에 걸쳐 제나라 군진으로 쳐들어가 큰소리로 외쳤다.

"임옹은 전차에 타라."

二十六年春王正月庚申, 齊侯取鄆. 葬宋元公, 如先君, 禮也. 三月, 公至自齊, 處于鄆, 言魯地也. 夏, 齊侯將納公, 命無受魯貨. 申豊從女賈, 以幣錦二兩, 縛一如瑱, 適齊師. 謂子猶之人高齕 "能貨子猶, 爲高氏後, 粟五千庾." 高齕以錦示子猶, 子猶欲之. 齕曰 "魯人買之, 百兩一布, 以道之不通, 先入幣財." 子猶受之, 言於齊侯曰 "群臣不盡力于魯君者, 非不能事君也. 然據有異焉. 宋元公爲魯君如晉, 卒於曲棘. 叔孫昭子求納其君, 無疾而死. 不知天之棄魯耶, 抑魯君有罪於鬼神, 故及此也. 君若待于曲棘, 使群臣從魯君以卜焉. 若可, 師有濟也. 君而繼之, 玆無敵矣. 若其無成, 君無辱焉." 齊侯從之, 使公子鉏帥師從公. 成大夫公孫朝謂平子, 曰 "有都以衛國也, 請我受師." 許之. 請納質, 弗許, 曰 "信女足矣." 告於齊師曰 "孟氏, 魯之敵室也. 用成已甚, 弗能忍也, 請息肩于齊." 齊師圍成. 成人伐齊師之飮馬于淄者, 曰 "將以厭衆." 魯成備而後告曰 "不勝衆." 師及齊師戰于炊鼻. 齊子淵捷從洩聲子, 射之, 中楯瓦, 繇胊汰輈, 匕入者三寸. 聲子射其馬, 斬鞅, 殪. 改駕, 人以爲鬷戾也, 而助之. 子車曰 "齊人也." 將擊子車. 子車射之, 殪. 其御曰 "又之." 子車曰 "衆可懼也, 而不可怒也." 子囊帶從野洩, 叱之. 洩曰 "軍無私怒, 報乃私也, 將亢子." 又叱之. 亦叱之. 冉豎射陳武子, 中手, 失弓而罵. 以告平子曰"有君子白皙鬒鬚眉, 甚口." 平子曰"必子彊也, 無乃亢諸." 對曰"謂之君子, 何敢亢之." 林雍羞爲顔鳴右, 下. 苑何忌取其耳. 顔鳴去之. 苑子之御曰"視下." 顧. 苑子刜林雍, 斷其足. 鑒而乘於他車以歸. 顔鳴三入齊師, 呼曰"林雍乘."

● 4월, 선자(單子)가 진(晉)나라로 가 위급을 고하며 구원병을 급히 청했다. 5월 5일, 유자(劉子) 백분의 군사들이 왕성을 차지한 왕자 조의 군사를 시씨(尸氏: 하남성 언사현 서쪽)에서 격파했다. 5월 15일, 왕성의 군사가 백분의 군사와 시곡(施谷: 하남성 낙양시 동쪽)에서 교전했다. 이 싸움에서 백분의 군사가 대패했다. 가을, 노소공이 제경공, 거교공(莒郊公), 주장공(邾莊公), 기도공(杞悼公) 등과 함께 전릉(鄟陵: 경문의 鄆陵)에서 결맹했다. 이는 노소공의 귀국을 모의하기 위한 것이었다.

7월 17일, 백분이 주경왕을 모시고 나갔다. 7월 17일, 거(渠: 하남성 낙양시) 땅에 머물렀다. 왕성을 차지한 군사들이 유읍(劉邑)을 불태웠다. 7월 24일, 주경왕이 저씨(褚氏: 하남성 낙양시 동쪽)에 머물렀다. 7월 25일, 주경왕이 환곡(萑谷)에 머물렀다. 7월 28일, 주경왕이 서미(胥靡: 하남성 언사현 동쪽)로 들어갔다. 7월 29일, 주경왕이 활(滑: 하남성 언사현 남쪽) 땅에 머물렀다. 이때 진나라 대부 지력(知躒)과 조앙(趙鞅)이 군사를 이끌고 가 주경왕을 맞이하면서 대부 여관(汝寬: 女叔寬)을 보내 관새(關塞: 하남성 낙양시 남쪽의 용문)를 지키게 했다.

9월, 초평왕이 세상을 떠났다. 이에 영윤 자상(子常)이 자서(子西: 공자 申)를 옹립할 생각으로 대부들에게 말했다.

"태자 임(壬: 초소왕으로, 軫으로도 불림)은 아직 어리오. 그의 생모는 선왕의 정부인도 아니고 원래 왕자 건(建)이 부인으로 맞이하려 했던 사람이오. 자서는 나이도 많고 호선(好善: 선행을 좋아함)하오. 연장자를 세우는 것은 순리에 맞고, 호선하는 사람을 세우면 나라가 잘 다스려지게 되오. 군주의 옹립이 순리에 맞고 나라 또한 잘 다스려지는 데 가히 그같이 되도록 힘쓰지 않을 수 있겠소?"

자서가 이 말을 전해 듣고 크게 노해 말했다.

"이는 나라를 어지럽히고 선왕을 악평하는 것이다. 국가는 외원(外援)이 있어야 한다. 이는 결코 소홀히 할 수 없는 것이다. 선왕이 정한 후계자가 있으니 이를 어지럽힐 수 없다. 패친(敗親: 친척간의 화목을 해침)은 적들을 신속히 불러들이는 것이고 난사(亂嗣: 후계 문제를 어지럽게 함)는 상서롭지 못한 것이다. 내가 보위에 오르면 악명을 뒤집어쓰게 될 것이다. 비록 나에게 천하를 준다 해도 나는 결코 받지 않을 터인데 초나라가 무슨 소용이 있겠는가. 반드시 영윤을 죽여야만 한다."

이에 자상이 크게 두려워한 나머지 이내 태자 임을 초소왕(楚昭王)으로 옹립했다.

四月, 單子如晉告急. 五月戊午, 劉人敗王城之師于尸氏. 戊辰, 王城人劉人戰于施谷, 劉師敗績. 秋, 盟于剸陵, 謀納公也. 七月己巳, 劉子以王出. 庚午, 次于渠. 王城人焚劉. 丙子, 王宿于褚氏. 丁丑, 王次于萑谷. 庚辰, 王入于胥靡. 辛巳, 王次于滑. 晉知躒趙鞅帥師納王, 使汝寬守闕塞. 九月, 楚平王卒, 令尹子常欲立子西, 曰 "大子壬弱, 其母非適也, 王子建實聘之. 子西長而好善, 立長則順, 建善則治. 王順國治, 可不務乎." 子西怒曰 "是亂國而惡君王也. 國有外援, 不可瀆也. 王有適嗣, 不可亂也. 敗親速讎, 亂嗣不祥, 我受其名. 敗吾以天下, 吾滋不從也. 楚國何爲, 必殺令尹." 令尹懼, 乃立昭王.

● 겨울 10월 16일, 주경왕이 활 땅에서 기병했다. 10월 21일, 교(郊) 땅에 있다가 곧바로 시(尸) 땅으로 옮겨가 머물렀다. 11월 11일, 진나라 군사가 공(鞏) 땅을 공략했다. 이때 소백 영(盈)이 왕자 조를 축출했다. 이에 왕자 조와 소씨(召氏) 일족, 모백(毛伯) 득(得)을 비롯해 대부

윤씨고(尹氏固)와 남궁은(南宮囂) 등이 주왕실의 전적(典籍)을 가지고 초나라로 달아났다. 왕실의 대부 음기(陰忌)는 거읍(莒邑: 위치 미상)으로 달아나 저항을 계속했다.

소백영이 시(尸) 땅에서 주경왕을 맞이하고 유자(劉子) 및 선자(單子)와 결맹했다. 이어 어택(圉澤: 東圉之澤으로, 하남성 낙양시 동쪽에 위치)에 주둔하면서 제상(堤上: 위치 미상)에 진을 쳤다. 11월 23일, 주경왕이 성주(成周)로 들어갔다. 11월 24일, 양궁(襄宮: 주양왕의 사당)에서 맹서했다. 진나라 군사가 대부 성공반(成公般)을 보내 성주에서 주왕실을 수위하게 한 뒤 돌아갔다. 12월 4일, 주경왕이 장궁(莊宮)으로 들어갔다. 이때 왕자 조가 사람을 제후들에게 보내 고했다.

"옛날 주무왕은 은나라에 승리했고, 주성왕은 천하 사방을 안정시켰고, 주강왕은 천하의 백성을 편히 쉬게 했소. 선왕들은 모두 형제들을 제후로 봉해 왕실의 번병(藩屛)으로 삼았소. 주성왕 등은 또한 말하기를, '나는 주문왕과 주무왕이 세운 공을 홀로 이을 수 없고, 또한 후손이 미패(迷敗: 미혹하여 정사에 실패함)하여 나라가 뒤집히고 위난에 빠질 때 어떻게 구해야 하는지도 고려해야만 하오'라고 했소. 이왕(夷王) 때에 이르러 왕의 몸에 악질(惡疾)이 들었소. 이에 제후들 중 사자를 산천에 보내 왕의 쾌유를 빌지 않은 자가 없었소. 여왕(厲王) 때에 이르러 왕의 마음이 여학(戾虐: 비뚤고 포학함)하여 만민이 이를 견디지 못하고 왕을 체(彘: 산서성 곽현) 땅으로 내보냈소. 이때 제후들은 각자 자신들의 직무를 미루어둔 채 왕실의 정사에 참여했소. 제후들은 선왕(宣王)이 성장하여 천하사를 알게 된 후에야 비로소 그에게 효관(效官: 천자의 자리를 내줌)했소. 유왕(幽王) 때에 이르러 하늘이 주왕조를 부조(不弔: 보우하지 않는다는 뜻임)[24]하고 왕은 우매한 데다가 도리를 좇지 않아 왕위를 잃게 되었소. 휴왕(携王)[25]이 천명을 촉범하

---

24) '부조'(不弔)의 유래와 관련해 양백준은 '숙선'(淑善)의 의미를 지닌 '숙'(叔)자를 옛사람들이 '조'(弔)자로 잘못 안 데서 비롯된 것으로 분석했다.

자 제후들이 그를 버리고 후계자를 세운 뒤 겹욕(郟鄏: 주왕조의 왕성이 있는 곳으로, 하남성 낙양시 서쪽에 위치)으로 천도했소. 이는 왕실과 형제지간인 제후들이 왕실을 위해 진력했기 때문에 가능했던 것이오. 혜왕(惠王) 때에 이르러 하늘이 왕실을 편안하게 만들지 않았소. 이에 왕자 퇴(頹)에게 화난을 일으킬 마음을 갖게 하고 또 숙대(叔帶: 주혜왕의 숙부로 주양왕의 동생)에게도 그같이 하여 주혜왕과 주양왕이 화난을 피하기 위해 도성을 버리고 유랑해야만 했소. 이때 진(晉)나라와 정나라가 불충한 자들을 모두 몰아내고 왕실을 안정시켰소. 이는 왕실과 형제지간인 제후들이 선왕의 명을 잘 따랐기 때문에 가능했던 것이오. 정왕(定王) 6년에 진(秦)나라 사람이 요망한 말을 퍼뜨려 이르기를, '주왕조에 자왕(頿王: 수염이 많은 천자)이 출현하리니 자신의 직분을 완수할 것이다. 제후들을 복종시켜 나라를 향유하리니 2세(二世: 주영왕과 주경왕)에 걸쳐 자시의 직분을 봉행할 것이다. 그러나 왕실에 왕위를 넘보는 자가 있으니 제후들은 왕실을 위해 이를 도모하지 않아 화란을 당할 것이다' 라고 했소. 영왕(靈王) 때에 이르러 왕은 태어나면서부터 수염이 있었소. 또 영왕은 매우 신성(神聖: 神奇하고 총명함)하여 제후들에게 원망을 사지 않았소. 영왕과 경왕(景王)은 모두 선시선종(善始善終)했소. 그런데 지금 왕실이 혼란해 선기(單旗: 선자)와 유적(劉狄: 유자 백분)이 천하를 어지럽혀 시종 도리에 어긋나는 짓만 하고 있소. 이들은 이르기를, '선왕이 즉위할 때 무슨 상규(常規)가 있었단 말인가. 오직 내가 마음속으로 옹립하고자 하면 옹립하는 것이니 누가 감히 나를 책할 것인가' 라고 하고 있소. 그들은 부조(不弔: 不善)한 무리를 이끌고 왕실에서 혼란을 조성하고 있소. 그들은 침욕무염(侵欲無厭: 난잡한 짓을 하려는 욕심에 끝이 없음)과 규구무도(規求無度: 획책하고 구하는 것에 절제가 없음), 관독귀신(貫瀆鬼神: 줄곧

---

25) 신후(申侯) 등이 주평왕을 신(申)에서 옹립하고 천왕(天王)으로 불렀다. 이때 괵공도 왕자 여신(余臣)을 휴(攜)에서 옹립했다. 여신은 적자가 아닌 까닭에 휴왕으로 불렸다.

신령들을 모독함), 만기형법(慢棄刑法: 함부로 형법을 버림), 배간제맹(倍奸齊盟: 맹약을 어기고 훼손시킴), 오흔위의(傲很威儀: 위의를 멸시함), 교무선왕(矯誣先王: 선왕을 무함하고 멸시함)을 행하고 있소. 그런데 진나라는 무도하게도 그들을 섭찬(攝贊: 찬조)하여 그들이 끝없는 욕심을 부리도록 방종(放縱)하고 있소. 이에 불곡은 이리저리 유랑한 끝에 지금 형만(荊蠻: 초나라 땅)에 몸을 숨긴 채 유지(攸厎: 돌아가 쉴 거처)도 없는 처지가 되었소. 만일 나의 일부 형제생구(兄弟甥舅: 제후들을 지칭)가 나서 내가 천법(天法)을 좇는 것을 도와주고 교활한 자들을 돕지 않으면 이는 곧 선왕의 명을 따르는 것이오. 신속한 천벌을 면할 생각으로 불곡을 위해 사도(救圖: 우려를 제거하고 위난을 고려함)하는 것이 바로 내가 바라는 바이기도 하오. 이에 감히 나의 속마음을 모두 밝히고 선왕의 법도를 언급한 것이오. 그러니 제후들은 실로 이를 깊이 헤아려주기 바라오. 옛날 선왕의 명에 이르기를, '왕후(王后)에게 적자가 없으면 서자 중에서 연장자를 택한다. 나이가 같으면 덕행이 있는 자로 하고, 덕행이 같으면 점복에 따른다'라고 했소. 천자의 자리에는 편애하는 자를 세울 수 없고, 공경은 사심이 없어야 하오. 이것이 전래의 법도요. 목후(穆后)와 태자 수(壽)가 일찍 즉세(卽世)하자 선자와 유자는 사사로이 어린 사람을 옹립해 선왕의 법도를 위배했소. 청컨대 백중숙계(伯仲叔季: 왕자 조의 입장에서 제후들을 총체적으로 지칭한 말임)는 이를 헤아려주기 바라오."

노나라 대부 민마보(閔馬父)가 이 말을 전해 듣고 말했다.

"문사(文辭: 아름답게 꾸민 말)는 예를 행하기 위한 것이다. 왕자 조는 주경왕의 명을 촉범하고, 진나라와 같은 대국을 멀리하고, 일심으로 천자의 자리에 오르고자 했다. 무례하기가 이미 극에 달했는데 문사가 무슨 소용이 있겠는가."

冬十月丙申, 王起師于滑. 辛丑, 在郊, 遂次于尸. 十一月辛酉, 晉師克鞏, 召伯盈逐王子朝. 王子朝及召氏之族·毛伯得·尹氏固·南宮嚚奉周之典籍以奔楚. 陰忌奔莒以叛. 召伯逆王于尸, 及劉子單子盟. 遂軍圉澤, 次于隄上. 癸酉, 王入于成周. 甲戌, 盟于襄宮. 晉師使成公般戍周而還. 十二月癸未, 王入于莊宮. 王子朝使告于諸侯曰 "昔, 武王克殷, 成王靖四方, 康王息民. 竝建母弟, 以蕃屛周. 亦曰, 吾無專享文武之功, 且爲後人之迷敗傾覆, 而溺入于難, 則振救之. 至于夷王, 王愆于厥身. 諸侯莫不竝走其望, 以祈王身. 至于厲王, 王心戾虐, 萬民弗忍, 居王于彘. 諸侯釋位, 以間王政. 先王有志而後效官. 至于幽王, 天不弔周, 王昏不若, 用愆厥位. 攜王奸命, 諸侯替之, 而建王嗣, 用遷郟鄏. 則是兄弟之能用力於王室也. 至于惠王, 天不靖周, 生頹禍心, 施于叔帶, 惠襄辟難, 越去王都. 則有晉鄭, 咸黜不端, 以綏定王家. 則是兄弟之能率先王之命也. 在定王六年, 秦人降妖, 曰 '周其有頿王, 亦克能修其職. 諸侯服享, 二世共職. 王室其有間王位, 諸侯不圖, 而受其亂災.' 至于靈王, 生而有頿. 王甚神聖, 無惡於諸侯. 靈王景王克終其世. 今王室亂, 單旗劉狄剝亂天下, 壹行不若. 謂先王何常之有. 唯余心所命, 其誰敢討之. 帥群不弔之人, 以行亂于王室. 侵欲無厭, 規求無度, 貫瀆鬼神, 慢棄刑法, 倍奸齊盟, 傲很威儀, 矯誣先王. 晉爲不道, 是攝是贊, 思肆其罔極. 玆不穀震盪播越, 竄在荊蠻, 未有攸厎. 若我一二兄弟甥舅, 獎順天法, 無助狡猾, 以從先王之命. 毋速天罰, 赦圖不穀, 則所願也. 敢盡布其腹心, 及先王之經, 而諸侯實深圖之. 昔, 先王之命曰 '王后無適, 則擇立長. 年鈞以德, 德鈞以卜.' 王不立愛, 公卿無私, 古之制也. 穆后及大子壽早夭卽世, 單劉贊私立少, 以間先王, 亦唯伯仲叔季圖之." 閔馬父聞子朝之辭, 曰 "文辭以行禮也. 子朝干景之命, 遠晉之大, 以專其志, 無禮甚矣. 文辭何爲."

●제나라에 혜성이 나타나자 제경공이 사람을 보내 양(禳: 재앙의 소멸을 비는 푸닥거리)을 하도록 했다. 이에 안자(晏子)가 간했다.

"이는 무익한 일로 오직 신령을 속일 뿐입니다. 천도는 불첨(不諂: 의심하지 않음)하고 천명은 불이(不貳: 착오가 없다는 뜻으로, '貳'는 '忒'의 잘못임)한데 무슨 이유로 빌려는 것입니까. 게다가 하늘에 혜성이 나타난 것은 더러운 것을 씻어내려는 것입니다. 군주에게 예덕(穢

德: 패덕)이 없는데 또 무엇을 빌려는 것입니까. 만일 예덕이 있다면 빈다고 하여 어찌 이를 줄일 수 있겠습니까.『시경』「대아·대명(大明)」에 이르기를, '이 문왕이 삼가고 공경하네. 광명정대하게 하늘을 섬기니 많은 복을 누리네. 덕행이 천명을 어기지 않으니 방국(方國: 사방의 나라)이 모두 귀순하네'라고 했습니다. 군주에게 위덕(違德: 덕을 어김)이 없으면 사방의 나라가 따를 터인데 어찌 혜성을 걱정하겠습니까.『시경』(詩經: 다음 시는 실전)에 이르기를, '내게는 거울이 없으니 있다면 오직 하후(夏后: 桀을 지칭)와 상(商: 紂를 지칭)뿐이네. 정사가 혼란하니 백성들이 끝내 유망(流亡)했네'라고 했습니다. 만일 덕행이 천명을 어기고 혼란스럽게 되면 백성들이 장차 유망할 것이니 축사(祝史)가 기원한들 보완할 길이 없습니다."

제경공이 크게 기뻐하며 양(禳)을 그치게 했다.

하루는 제경공이 안자와 함께 노침(路寢: 정전)에 앉아 있다가 이같이 탄식했다.

"이 얼마나 아름다운 집인가. 내가 죽은 뒤 누가 여기서 살게 될까."

안자가 물었다.

"감히 묻건대 군주의 말은 무슨 뜻입니까?"

"나는 유덕자가 이 집을 차지할 것으로 생각하오."

안자가 말했다.

"그 말씀대로라면 아마 진씨(陳氏: 陳敬仲의 후손)가 차지할 것입니다. 진씨는 비록 대덕은 없으나 백성들에게 널리 시사(施舍)하고 있습니다. 그는 두(斗)와 구(區), 부(釜), 종(鍾)의 용적을 적용하면서 공전(公田)에서 징세할 때에는 작은 용기를 쓰고 백성에게 시사할 때는 큰 용기를 사용합니다. 군주의 징세는 많고 진씨의 시사는 후하니 백성들이 그를 따르는 것입니다.『시경』「소아·거할(車舝)」에 이르기를, '비록 그대에게 줄 덕행은 없지만 정성을 다해 노래하고 춤추어야만 하네'라고 했습니다. 진씨의 시사를 두고 백성들은 이미 그의 덕행을 기려 노래하며 춤추고 있습니다. 만일 군주의 후대가 정사를 조금이라도 게을리하고 그때까지 진씨가 망하지 않는다면 이 나라는 장차 진씨의 나라가 되고 말 것입니다."

"과연 그렇소. 그렇다면 어찌해야 좋겠소?"

안자가 대답했다.

"오직 예만이 이를 막을 수 있습니다. 만일 예에 부합하면 사적으로 베푸는 은혜는 국가 단위에서 베푸는 은혜만 못합니다. 그리 되면 백성들은 함부로 이주하지 않고, 농민은 땅을 떠나지 않고, 상공인은 하는 일을 고치지 않고, 선비는 도의를 벗어나지 않고, 관원은 직무를 태만히 하지 않고, 대부는 공가(公家)의 이익을 사적으로 취하지 않게 됩니다."

"옳은 말이오. 나는 지금까지 그리하지 못했소. 나는 이제야 비로소 예로써 나라를 잘 다스릴 수 있다는 사실을 알게 되었소."

안자가 말했다.

"예로써 나라를 잘 다스릴 수 있다는 것은 매우 오래된 일로 예는 천지와 나란히 하는 것입니다. 군주가 명을 내리면 신하는 공손히 받들고, 아비가 자애로우면 자식은 효도하고, 형이 인애하면 아우는 공경하고, 남편이 화목하면 아내는 부드럽고, 시어미가 자애로우면 며느리는 잘 따르게 되니 이것이 바로 예입니다. 군주는 명을 내리되 도리에 어긋나지 않고, 신하는 명을 공손히 받들되 두 마음을 품지 않고, 아비는 자애롭되 자식을 가르치고, 자식은 효도하되 때로는 간하고, 형은 인애하되 친근히 대하고, 아우는 공경하되 순복(順服)하고, 남편은 화목하되 의리를 지키고, 아내는 부드럽되 마음을 바르게 하고, 시어미는 자애롭되 규권(規勸)을 따르고, 며느리는 순종하되 완곡하게 뜻을 밝힙니다. 이것이 예의 좋은 모습이라고 할 수 있습니다."

"참으로 좋은 말이오. 나는 이제야 비로소 예를 숭상해야만 한다는 사실을 듣게 되었소."

안자가 덧붙였다.

"선왕들은 천지에서 예를 배워 백성들을 다스렸습니다. 그래서 예를 숭상했던 것입니다."

　齊有彗星, 齊侯使禳之. 晏子曰 "無益也, 祇取誣焉. 天道不謟, 不貳其命, 若之何禳之. 且天之有彗也, 以除穢也. 君無穢德, 又何禳焉. 若德之穢, 禳之何損. 『詩』曰 '惟此文王, 小心翼翼. 昭事上帝, 聿懷多福. 厥德不回, 以受方國.' 君無違德, 方國將至, 何患於彗. 『詩』曰 '我無所監, 夏后及商. 用亂之故, 民卒流亡.' 若德回亂, 民將流亡, 祝史之爲, 無能補也." 公說, 乃止. 齊侯與晏子坐于路寢, 公歎曰 "美哉室, 其誰有此乎." 晏子曰 "敢問何謂也." 公曰 "吾以爲在德." 對曰 "如君之言, 其陳氏乎. 陳氏雖無大德, 而有施於民. 豆區釜鍾數, 其取之公也薄, 其施之民也厚. 公厚斂焉, 陳氏厚施焉, 民歸之矣. 『詩』曰 '雖無德與女, 式歌且舞.' 陳氏之施, 民歌舞之矣. 後世若少惰, 陳氏而不亡, 則國其國也已." 公曰 "善哉, 是可若何." 對曰 "唯禮可以已之. 在禮, 家施不及國, 民不遷, 農不移, 工賈不變, 士不濫, 官不滔, 大夫不收公利." 公曰 "善哉, 我不能矣. 吾今而後知禮之可以爲國也." 對曰 "禮之可以爲國也久矣, 與天地竝. 君令臣共, 父慈子孝, 兄愛弟敬, 夫和妻柔, 姑慈婦聽, 禮也. 君令而不違, 臣共而不貳, 父慈而教, 子孝而箴, 兄愛而友, 弟敬而順, 夫和而義, 妻柔而正, 姑慈而從, 婦聽而婉, 禮之善物也." 公曰 "善哉, 寡人今而後聞此禮之上也." 對曰 "先王所稟於天地, 以爲其民也, 是以先王上之."

27년(기원전 515)

　27년 봄, 공이 제나라로 갔다. 공이 제나라에서 돌아와 운(鄆)에서 살았다. 여름 4월, 오나라가 그 군주 요(僚)를 시해했다. 초나라가 그 대부 극완(郤宛)을 죽였다. 가을, 진나라 사앙(士鞅)·송나라 악기리(樂祁犁)·위나라 북궁희(北宮喜)·조인·주인·등인이 호(扈)에서 만났다. 겨울 10월, 조백 오(午)가 졸했다. 주나라의 쾌(快)가 망명해 왔다. 공이 제나라로 갔다. 공이 제나라에서 돌아와 운(鄆)에 거처했다.

二十七年春, 公如齊, 公至自齊, 居于鄆. 夏四月, 吳弑其君僚. 楚殺其大夫郤宛. 秋, 晉士鞅宋樂祁犂衛北宮喜曹人邾人滕人會于扈. 冬十月, 曹伯午卒. 邾快來奔. 公如齊, 公至自齊, 居于鄆.

●27년 봄, 노소공이 제나라로 갔다. 이어 제나라에서 돌아온 뒤 운(鄆) 땅에 거처했다. 이는 노소공이 도성 밖에 있었음을 말한 것이다.

이때 오왕 요(僚)는 초나라가 국상을 당한 것을 틈타 초나라를 치고자 했다. 이에 공자 엄여(掩餘)와 공자 촉용(燭庸)을 시켜 군사를 이끌고 가 잠(潛: 안휘성 곽산현 동북쪽 30리)나라를 포위하게 했다. 또 연릉(延陵)과 주래(州來)를 다스리는 계자(季子: 季札)를 시켜 상국(上國: 중원의 제후국)을 빙문하게 했다. 이로 인해 계자는 진(晉)나라를 빙문해 제후국들의 사정을 살폈다.

당시 초나라는 대부 유윤(蒍尹) 연(然)과 공윤(工尹) 균(麋)에게 명하여 군사를 이끌고 가 잠 땅을 구원하게 했다. 이때 좌사마 심윤(沈尹) 술(戌)은 도군자(都君子: 도성의 친병)와 왕마지속(王馬之屬: 초왕의 말을 관장하는 관원의 부하들)을 이끌고 증원군으로 나섰다. 그는 도중에 오나라 군사와 궁(窮: 안휘성 곽구현 서남쪽) 땅에서 조우하게 되었다.

마침 초나라 영윤 자상(子常)은 수군을 이끌고 사예(沙汭: 안휘성 회원현 동북쪽)까지 갔다가 돌아왔다. 이때 좌윤 극완(郤宛)과 공윤 수(壽)는 군사를 이끌고 잠 땅에 이르렀다. 이로 인해 오나라 군사는 진로가 막히고 퇴로가 차단되어 진퇴양난에 처했다. 그러자 오나라 공자 광이 말했다.

"지금이 절호의 시기이니 이때를 놓칠 수 없다."

그러고는 오나라의 당읍(堂邑) 사람 전설제(鱄設諸)에게 말했다.

"중원 땅의 제후국들 내에 떠도는 말이 있소. 이에 이르기를, '찾지 않고 무엇을 얻을 수 있겠는가'라고 했소. 나는 왕사(王嗣: 보위를 이을 후계자)로서 지금 보위를 얻고자 하오. 만일 일이 잘 풀리면 비록 계자가 돌아올지라도 나를 함부로 폐하지는 못할 것이오."

그러자 전설제가 말했다.

"왕을 시해할 수는 있습니다. 그러나 모친이 나이가 많고 자식이 아직 어립니다. 제가 없으면 그들은 어찌하겠습니까."

공자 광이 말했다.

"나는 그대의 몸과 같소."

여름 4월, 오나라 공자 광은 무장한 갑사들을 굴실(堀室: 지하실)에 숨겨둔 채 오왕을 초청하는 연회를 베풀었다. 이때 오왕은 갑사들을 양쪽 길가에 늘여세워 자신을 호위하게 했다. 호위 행렬이 공자 광의 집 대문까지 이어졌다. 공자 광의 집 대문과 계단, 방문, 연회석 등에 이르기까지 모두 오왕의 친병들로 가득 차게 되었다. 오왕의 좌우 양쪽에는 피(鈹: 양쪽으로 날이 선 검의 일종)를 든 갑사가 오왕을 호위했다.

이에 수자(羞者: 음식을 나르는 자)들은 문 밖에서 다른 옷으로 갈아입은 뒤 좌행(坐行: 무릎으로 기어감)하여 연회석 안으로 들어가야 했다. 이때 피를 든 자들이 수자의 양쪽에서 감시했다. 수자는 몸에 피의 날이 거의 닿을 정도의 위치에서 음식을 식탁에 올리는 사람에게 건네주어야 했다.

이때 공자 광이 발이 아프다는 핑계를 대고 지하실로 들어갔다. 그러자 전설제가 물고기 요리 속에 칼을 감추고 들어갔다가 마침내 그 칼을 뽑아 오왕을 찔렀다. 그 순간 호위병들이 양쪽에서 그의 가슴을 피(鈹)로 마구 찔러 죽였다. 결국 이때 오왕도 시해되고 말았다. 이에 합려(闔廬: 공자 광)는 전설제의 아들을 경으로 삼았다.

당시 계자는 중원의 제후국들을 차례로 빙문한 뒤 돌아와 말했다.

"만일 선군에 대한 제사를 잘 지내고, 백성들이 지금의 군주를 폐하지 않고, 토지와 오곡의 신이 봉헌을 받고, 나라와 가족이 뒤집히는 일이 없으면 그는 바로 나의 군주이다. 내가 감히 누구를 원망할 것인가. 죽은 자를 애통히 여기고 산 자를 섬겨 천명이 내리기를 기다릴 것이다. 내가 난을 일으키려는 것이 아니다. 보위에 오른 자에게 복종해야 한다. 이것이 전래의 상법(常法)이다."

그러고는 죽은 오왕의 묘 앞에 가서 통곡하며 복명했다. 이어 원래의 자리로 복귀한 뒤 명을 기다렸다. 이때 오나라 공자 엄여는 서(徐)나라, 공자 촉용은 종오(鍾吾: 강소성 숙천현 동북쪽)나라로 달아났다. 초나라 군사는 오나라에 난이 일어났다는 소식을 듣고 곧바로 병사들을 수습해 돌아갔다.

二十七年春, 公如齊. 公至自齊, 處于鄆, 言在外也. 吳子欲因楚喪而伐之. 使公子掩餘·公子燭庸帥師圍潛. 使延州來季子聘于上國, 遂聘于晉, 以觀諸侯. 楚莠尹然·工尹麇帥師救潛. 左司馬沈尹戌帥都君子與王馬之屬以濟師, 與吳師遇于窮. 令尹子常以舟師及沙汭而還. 左尹郤宛·工尹壽帥師至于潛, 吳師不能退. 吳公子光曰 "此時也, 弗可失也." 告鱄設諸曰 "上國有言曰, 不索何獲. 我王嗣也, 吾欲求之. 事若克, 季子雖至, 不吾廢也." 鱄設諸曰 "王可弒也. 母老子弱, 是無若我何." 光曰 "我, 爾身也." 夏四月. 光伏甲於堀室而享王. 王使甲坐於道及其門. 門階戶席, 皆王親也, 夾之以鈹. 羞者獻體改服於門外, 執羞者坐行而入, 執鈹者夾承之, 及體以相授也. 光僞足疾, 入于堀室. 鱄設諸寘劍於魚中以進. 抽劍刺王, 鈹交於胸, 遂弒王. 闔廬以其子爲卿. 季子至. 曰 "苟先君無廢祀, 民人無廢主, 社稷有奉, 國家無傾, 乃吾君也. 吾誰敢怨. 哀死事生, 以待天命. 非我生亂, 立者從之, 先人之道也." 復命哭墓, 復位而待. 吳公子掩餘奔徐, 公子燭庸奔鍾吾. 楚師聞吳亂而還.

● 초나라의 좌윤 극완(郤宛)은 정직하면서도 부드러웠다. 이에 국인들이 모두 그를 좋아했다. 그러나 비무극의 당우 언장사(鄢將師)는 우령(右領: 초나라의 관명)으로 있으면서 비무극과 한패가 되어 극완을 미워했다. 영윤 자상은 뇌물을 좋아하고 참언을 잘 믿었다. 이에 비무극이 극완을 무함하고자 했다. 하루는 비무극이 자상에게 말했다.

"자오(子惡: 극완)가 그대에게 술을 대접하고자 합니다."

그러고는 따로 자오에게 일렀다.

"영윤이 그대의 집에서 술을 마시고자 하오."

자오가 비무극에게 물었다.

"나는 지위가 낮은 사람이라 영윤을 모실 수 없소. 영윤이 욕되게도 굳이 오겠다고 하면 나에게는 매우 영광된 일이기는 하오. 그러나 지금 나에게는 영윤에게 봉헌할 것이 하나도 없소. 어찌하면 좋겠소?"

비무극이 대답했다.

"영윤은 갑병(甲兵: 투구 및 갑옷과 무기)을 좋아하니 그대는 그것들을 내놓도록 하시오. 내가 와서 좋은 것을 골라놓겠소."

그러고는 다섯 벌의 회갑(盔甲: 투구와 갑옷)과 다섯 종의 무기를 고른 뒤 말했다.

"이를 대문 옆에 놓아두도록 하시오. 영윤이 와서 반드시 이것들을 볼 것이니 그때 눈치를 보아 바치도록 하시오."

연회가 열리는 날이 되자 극완은 대문 왼쪽에 장막을 치고 그 안에 비무극이 골라놓은 갑병을 비치했다. 비무극이 영윤에게 말했다.

"저는 하마터면 그대에게 화를 입힐 뻔했습니다. 자오는 지금 그대에게 독수(毒手)를 쓰려고 합니다. 갑병이 모두 그의 집 대문 옆에 있으니 그대는 결코 가서는 안 됩니다. 게다가 이번 잠(潛) 땅의 싸움에서 우리 초나라가 오나라를 이길 수 있었는데도 자오는 오나라의 뇌물을 받고 회군했습니다. 그는 또 제장들을 오도하여 퇴병하게 한 뒤 말하기를, '승란불상'(乘亂不祥: 남의 어지러움을 틈타는 것은 상서롭지 못함)이라고 했습니다. 오나라가 우리의 국상을 틈탔으니 우리 또한 그들의 내란을 틈타는 것이 가하지 않겠습니까."

이에 영윤이 사람을 극완의 집으로 보내 동정을 살펴보게 했다. 과연 가서 살펴보니 갑병이 문 옆에 놓여 있었다. 그러자 영윤은 극완의 집에 가지 않고 곧바로 언장사를 불러 정황을 이야기해주었다. 언장사는 영윤 앞에서 물러나오자마자 즉시 좌우에 하령하여 극완을 치는 동시에 그의 집을 불태우게 했다. 자오는 이 소식을 듣고 곧 자진했다. 이때 국인들이 그의 집을 불태우지 않자 언장사가 곧 하령했다.

"극씨 집을 불설(不爇: 불태우지 않음)하면 같은 죄를 범하는 것이다."

그러자 혹자는 일편관(一編菅: 한 장의 거적이라는 뜻이나, '관'을 풀로 만든 방석으로 보기도 함), 또 혹자는 일병간(一秉秆: 한 다발의 짚)을 손에 들고 가 이를 내던졌으나 결국 불을 지르지는 않았다. 이에 영윤이 자기 사람들을 보내 그의 집을 불태웠다. 이어 극씨의 족당(族黨: 일족과 친구)을 주살한 뒤 양영종(陽令終: 영윤 양개의 아들)과 그의 아우 완(完) 및 타(佗), 대부 진진(晉陳: 극완의 당우)과 그의 자제를 모조리 죽였다. 이때 진진의 일족 중 한 사람이 도성 안에서 이같이 소리쳤다.

"언씨(鄢氏: 언장사)와 비씨(費氏: 비무극)가 스스로 군주인 양 행세하여 전횡을 일삼으며 나라를 화란의 도가니로 몰아넣고 있다. 왕실을 깎아내려 고립시키고, 군주와 영윤을 속여 사리를 채우고 있는데도 영윤은 그들의 말을 전적으로 믿고 있으니 장차 나라가 어찌 될 것인가."

영윤 자상이 이를 크게 우려했다.

郤宛直而和, 國人說之. 鄢將師爲右領, 與費無極比而惡之. 令尹子常賄而信讒. 無極譖郤宛焉, 謂子常曰"子惡欲飮子酒." 又謂子惡"令尹欲飮酒於子氏." 子惡曰"我賤人也, 不足以辱令尹. 令尹將必來辱, 爲惠已甚. 吾無以酬之, 若何." 無極曰"令尹好甲兵, 子出之, 吾擇焉." 取五甲五兵, 曰"寘諸門, 令尹至, 必觀之, 而從而酬之." 及饗日, 帷諸門左. 無極謂令尹曰"吾幾禍子. 子惡將爲子不利, 甲在門矣, 子必無往. 且此役也, 吳可以得志, 子惡取賂焉而還, 又誤群帥, 使退其師, 曰'乘亂不祥.' 吳乘我喪, 我乘其亂, 不亦可乎." 令尹使視郤氏, 則有甲焉. 不往, 召鄢將師而告之. 將師退, 遂令攻郤氏, 且爇之. 子惡聞之, 遂自殺也. 國人弗爇. 令曰"不爇郤氏, 與之同罪." 或取一編菅焉, 或取一秉秆焉, 國人投之, 遂弗爇也. 令尹炮之. 盡滅郤氏之族黨, 殺陽令終與其弟完及佗與晉陳及其子弟. 晉陳之族呼於國曰"鄢氏費氏自以爲王, 專禍楚國, 弱寡王室, 蒙王與令尹以自利也. 令尹盡信之矣, 國將如何." 令尹病之.

●가을, 진나라 대부 사앙(士鞅)과 송나라 대부 악기리(樂祁犁), 위나라 대부 북궁희(北宮喜), 조인(曹人), 주인(邾人), 등인(滕人)이 정나라의 호(扈: 하남성 원양현 서쪽) 땅에서 만났다. 이는 성주(成周)의 수호를 명하고 노소공의 도성 입성을 모의하기 위한 것이었다. 이때 송나라와 위나라는 모두 노소공을 입성시키는 것이 자국에 이롭다고 여겨 이를 강력히 주장했다. 그러나 진나라의 범헌자(范獻子: 사앙)는 노나라의 계평자로부터 재물을 받고는 송나라의 사성 자량(子梁: 악기리)과 위나라 대부 북궁정자(北宮貞子: 북궁희)에게 말했다.

"계평자는 자신이 무슨 죄를 지었는지도 모르는 와중에 노나라 군주로부터 공격을 당했소. 이에 그는 스스로 수금을 청하고 이어 외국으로 망명할 것을 청했는데도 모두 허락을 받지 못했소. 노나라 군주는 그를 이기지 못해 제 발로 걸어 국외로 나갔던 것이오. 어찌 아무런 대비도 없이 군주를 몰아낼 수 있겠소? 계평자가 원래의 자리를 회복한 것은 하늘이 그를 구해준 것이오. 하늘은 노나라 군주를 따르는 친병들의 분노를 가라앉히고 숙손씨의 마음을 열어준 셈이오. 그렇지 않고서야 어찌 노나라 군주를 따르는 친병들이 계평자를 치면서 갑옷을 벗고 화살통을 손에 쥔 채 놀이를 할 수 있겠소? 숙손씨는 화가 자기에게도 미칠까 두려워 스스로 계손씨와 함께 일어서고자 했으니 이는 하늘의 뜻이오. 노나라 군주는 제나라에 도움을 청한 지 3년이 되었으나 아무런 성과도 거두지 못했소. 그러나 계평자는 민심을 얻은 데 이어 회이(淮夷: 동방의 이민족)들마저 그의 편에 서게 만들었소. 10년을 지탱할 준비가 되어 있고, 제나라와 초나라의 지원이 있고, 하늘의 찬조가 있고, 백성의 도움이 있고, 견수(堅守)할 마음이 서 있고, 제후와 다름없는 권세를 지니고 있소. 그럼에도 그는 감히 이를 공개하지 않고 군주를 섬기는 자세 또한 군주가 도성 안에 있을 때와 다름이 없소. 그래서 나는 노나라 군주를 도성으로 들여보내는 것은 어렵다고 생각하오. 그대 두 사람은 자국의 사정을 고려하여 노나라 군주를 들여보내고자 하는데 이 또한 나의 바람이기도 하오. 청컨대 나는 두 분을 좇아 노나라를 포위하고자 하오. 만일 성공하지 못하면 곧 죽음이 있을 뿐이오."

자량과 북궁정자가 크게 두려워한 나머지 이를 사양했다. 이에 다른 소국들 또한 사양하자 노소공을 귀환시키는 문제는 사실상 매우 어렵게 되었다.

이때 노나라 대부 맹의자(孟懿子)와 양호(陽虎)가 운(鄆) 땅을 쳤다. 운 땅의 사람들이 장차 싸우려 하자 자가자(子家子)가 탄식했다.

"천명부도(天命不慆: 천명은 의심할 여지가 없음)는 매우 오래된 일이다. 군주를 망명하게 한 자들은 틀림없이 교전하고자 하는 무리들일 것이다. 하늘이 이미 군주에게 화를 내렸는데도 이들은 스스로 구복(求福)하고자 한다. 그러나 이 또한 어렵지 않겠는가. 만일 귀신이 있다면 이들은 이번 교전에서 반드시 패할 것이다. 아, 이제 희망이 없어진 셈이다. 과연 여기서 죽어야만 하는가."

노소공이 자가자를 진나라로 보냈다. 노소공의 친병들이 저지(且知: 산동성 운성현 부근)에서 패했다.

秋, 會于扈, 令戍周, 且謀納公也. 宋衛皆利納公, 固請之. 范獻子取貨于季孫, 謂司城子梁與北宮貞子曰 "季孫未知其罪, 而君伐之, 請囚請亡, 於是乎不獲. 君又弗克, 而自出也. 夫豈無備而能出君乎. 季氏之復, 天救之也. 休公徒之怒, 而啓叔孫氏之心. 不然, 豈其伐人而說甲執冰以游. 叔孫氏懼禍之濫, 而自同於季氏, 天之道也. 魯君守齊, 三年而無成. 季氏甚得其民, 淮夷與之, 有十年之備, 有齊楚之援, 有天之贊, 有民之助, 有堅守之心, 有列國之權, 而弗敢宣也, 事君如在國. 故鞅以爲難. 二子皆圖國者也, 而欲納魯君, 鞅之願也. 請從二子以圍魯, 無成, 死之." 二子懼, 皆辭, 乃辭小國, 而以難復. 孟懿子・陽虎伐鄆. 鄆人將戰. 子家子曰 "天命不慆久矣. 使君亡者, 必此衆也. 天旣禍之, 而自福也, 不亦難乎. 猶有鬼神, 且必敗也. 嗚呼. 爲無望也夫, 其死於此乎." 公使子家子如晉, 公徒敗于且知.

●초나라는 극완의 난으로 인해 국내의 비난 여론이 그치지 않았다. 또 제사지낼 때마다 영윤을 비난하지 않는 자가 한 사람도 없었다. 이에 심윤 술이 영윤 자상에게 말했다.

"좌윤 극완과 중구윤(仲廏尹) 양영종은 자신들이 무슨 죄를 저질렀는지도 모르는 채 그대에 의해 죽음을 당했습니다. 이로 인해 비난이 일어 지금까지 그치지 않고 있습니다. 저는 이 일을 매우 의아하게 생각합니다. 인자(仁者)는 사람을 죽여 비방을 막을 수 있다 할지라도 그같은 짓을 하려 들지 않습니다. 지금 그대는 사람을 죽여 비방을 야기하고도 이를 해결할 방법을 강구하지 않고 있으니 이 또한 기괴한 일이 아니겠습니까. 비무극은 초나라에서 무함을 잘하기로 악명이 높아 초나라 백성치고 이를 모르는 자가 없습니다. 그는 채나라 대부 조오(朝吳)를 제거하고, 채나라 군주 주(朱)를 내몰고, 초나라로 하여금 태자 건(建)을 잃게 하고, 연윤(連尹) 오사(伍奢)를 죽게 하고, 군주의 이목을 가려 사물을 제대로 분별하지 못하게 만들었습니다. 그렇지만 않았다면 초평왕의 온(溫: 溫良)·혜(惠: 慈惠)·공(恭: 恭敬)·검(儉: 節儉)한 성품은 초성왕과 초장왕을 넘는 바가 있었을 것입니다. 그런데도 제후들을 장악하지 못했던 것은 바로 비무극을 가까이했기 때문입니다. 그는 이번에 3무고(三無辜: 3명의 무고한 사람으로, 극완·양영종·진진을 지칭)를 죽게 하여 커다란 비난을 자초했습니다. 지금 그대는 비난이 그대의 몸에 미치게 되었는데도 그를 도모하지 않고 있으니 장차 그같은 자를 어디에 쓰려는 것입니까. 언장사는 그대의 명을 멋대로 고쳐 3족(三族: 극씨·양씨·진진씨)을 멸망시켰습니다. 이들은 모두 국지량(國之良: 나라의 인재로, '良'을 선량한 사람으로 해석하기도 함)으로 자리를 지키는 동안 잘못을 저지른 적이 없었습니다. 지금 오나라에 새로운 군주가 나와 변경의 긴장이 날로 고조되고 있습니다. 만일 초나라에 전쟁이 일어나면 그대는 위험에 처하게 될 것입니다. 지혜로운 사람은 무함하는 자를 제거하여 스스로를 편안하게 만드는데 지금 그대는 무함하는 자를 좋아하여 스스로를 위태롭게 만들고 있습니다. 그대의 어지러움이 도를 넘고 있습니다."

"이는 모두 나 와(瓦: 자상의 이름)의 죄요. 어찌 감히 양도(良圖: 계책을 잘 세워 추진함)하지 않을 수 있겠소?"

9월 16일, 영윤 자상이 비무극과 언장사를 죽인 데 이어 그들의 족당마저 모두 주살함으로써 국인들을 기쁘게 만들었다. 이에 비난이 곧바로 그치게 되었다.

겨울, 노소공이 제나라로 갔다. 제경공이 향례를 베풀어 노소공을 초대하고자 했다. 그러자 노나라 대부 자가자가 청했다.

"과군은 매일 아침저녁으로 제나라 조정으로 나가는데 또 향례를 베풀어 무엇을 하려는 것입니까. 간단한 술자리가 가할 것입니다."

이에 함께 술을 마시게 되었다. 이때 제경공이 재신(宰臣)에게 명하여 헌주(獻酒)[26]를 위해 청안(請安: 헌주하기 위해 자리를 떠남)하게 했다. 당초 노나라 대부 자중(子仲: 공자 은)에게 중(重)이라고 하는 딸이 있었는데 그녀는 제경공의 부인이 되었다. 이때 마침 제경공이 이같이 제안했다.

"청컨대 중(重)으로 하여금 밖으로 나와 여러분에게 인사하도록 하겠소?"

자가자가 이 이야기를 듣자마자 곧바로 노소공을 모시고 나왔.

12월, 진나라 대부 적진(籍秦)이 제후들의 수비 병사를 성주로 보냈다. 그러나 노나라 사람들은 난이 일어난 것을 이유로 이를 사절하고 가지 않았다.

楚郤宛之難, 國言未已, 進胙者莫不謗令尹. 沈尹戌言於子常曰 "夫左尹與中廐尹莫知其罪, 而子殺之, 以興謗讟, 至于今不已. 戌也惑之. 仁者殺人以掩謗, 猶弗爲也. 今吾子殺人以興謗而弗圖, 不亦異乎. 夫無極, 楚之讒人也, 民莫不知. 去朝吳, 出蔡侯朱, 喪大子建, 殺連尹奢, 屛王之

---

26) 당시 통상 같은 신분이면 제후가 직접 술을 권하나 신하들과 마실 때에는 재신(宰臣)을 시켜 술을 따르게 한다. 이때 제경공이 재신을 시켜 노소공에게 술을 따르게 한 것은 노소공을 제나라의 신하로 대했음을 뜻한다.

耳目, 使不聰明. 不然, 平王之溫惠共儉, 有過成莊, 無不及焉. 所以不獲諸侯, 邇無極也. 今又殺三不辜, 以興大謗, 幾及子矣. 子而不圖, 將焉用之. 夫鄢將師矯子之命, 以滅三族, 國之良也, 而不愆位. 吳新有君, 疆場日駭, 楚國若有大事, 子其危哉. 知者除讒以自安也, 今子愛讒以自危也, 甚矣其惑也." 子常曰 "是瓦之罪, 敢不良圖." 九月己未, 子常殺費無極與鄢將師, 盡滅其族, 以說于國. 謗言乃止. 冬, 公如齊, 齊侯請饗之. 子家子曰 "朝夕立於其朝, 又何饗焉. 其飲酒也." 乃飲酒, 使宰獻而請安. 子仲之子曰重, 爲齊侯夫人, 曰 "請使重見." 子家子乃以君出. 十二月, 晉籍秦致諸侯之戍于周, 魯人辭以難.

28년(기원전 514)

28년 봄 주력(周曆) 3월, 조도공(曹悼公)을 안장했다. 공이 진나라로 가 간후(乾侯)에 머물렀다. 여름 4월 병술, 정백 영(寧)이 졸했다. 6월, 정정공(鄭定公)을 안장했다. 가을 7월 계사, 등자(滕子) 영(寧)이 졸했다. 겨울, 등도공(滕悼公)을 안장했다.

二十八年春王三月, 葬曹悼公. 公如晉, 次于乾侯. 夏四月丙戌, 鄭伯寧卒. 六月, 葬鄭定公. 秋七月癸巳, 滕子寧卒, 冬, 葬滕悼公.

●28년 봄, 노소공이 진나라로 갔다가 장차 간후(乾侯)로 가고자 했다. 그러자 자가자가 만류했다.

"다른 사람의 도움을 구하면서 편히 지내려고 한다면 누가 군주를 연민(憐憫)하겠습니까. 우선 변경 지역으로 가 기다리는 것이 좋을 것입니다."

그러나 노소공은 이를 듣지 않고 곧 사람을 진나라로 보내 자신을 영접해줄 것을 청했다. 이에 진나라 사람이 질책했다.

"하늘이 노나라에 화를 내려 군주가 국외에서 피난을 하고 있다. 노나라 군주는 응당 사자 한 사람이라도 보내 나를 문후(問候)해야 했다.

그런데 그간 편히 생구(甥舅)[27]의 나라에 가 있다가 어찌 이제야 사자를 보내 자신을 영접하라는 것인가."

그러고는 노소공에게 노나라와 제나라 사이의 국경까지 돌아가 있게 한 연후에 다시 사람을 보내 맞이했다.

당초 진나라 대부 기영(祁盈)의 가신 기승(祁勝)과 오장(鄔臧)은 서로 아내를 바꿔 사통하며 지냈다. 기영이 이들을 체포하기 위해 대부 사마숙유(司馬叔游: 사마숙후의 아들)를 찾아가 문의하자 사마숙유가 말했다.

"『정서』(鄭書: 정나라 전래의 책)에 이르기를, '오직추정(惡直醜正: 정직한 자를 싫어함)하는 자들이 매우 많다'고 했소. 세상에는 참으로 무도한 자들이 자리에 앉아 있어 오히려 그대가 화를 면치 못할까 두렵소. 『시경』「대아·판(板)」에 이르기를, '백성 중에 사악한 자 많으니 다시는 스스로 사악에 빠지는 일이 없게 하네'라고 했소. 잠시 참는 것이 어떻겠소?"

기영이 반박했다.

"기씨 가문이 사적으로 벌을 내리는 것인데 국가와 무슨 상관이 있겠소?"

그러고는 곧바로 그들을 체포했다. 이때 기승이 순력(荀躒)에게 뇌물을 바치자 순력이 진경공(晉頃公)의 면전에서 기승을 옹호하고 나섰다. 이에 진경공이 기영을 체포하게 했다. 그러자 기영의 가신들이 모여 다짐했다.

"어차피 주인과 함께 죽을 바에는 주인으로 하여금 기승과 오장이 죽었다는 말을 듣고 마음만이라도 통쾌해할 수 있도록 만들어드립시다."

이에 곧바로 기승과 오장을 죽였다.

여름 6월, 진나라가 대부 기영과 양사아(楊食我: 숙향의 아들 伯

---

27) 제나라를 지칭하는 것으로, 노나라와 제나라는 줄곧 인척관계를 맺어왔기 때문에 이같이 표현한 것이다.

石)[28]를 죽였다. 양사아는 기영의 당우로 기영의 난을 도왔기 때문에 죽음을 당한 것이다. 이에 진나라에서 기씨(祁氏)와 양설씨(羊舌氏)가 멸문(滅門)되었다.

당초 진나라 대부 숙향(叔向)은 신공(申公) 무신씨(巫臣氏)의 딸을 아내로 맞이하고자 했다. 그러나 그의 모친은 친정의 일족 중에서 고르고자 했다. 이에 숙향이 말했다.

"저는 서모가 많은데도 불구하고 서형제가 매우 적습니다. 외가집 딸들은 애를 잘 낳지 못하니 저는 이를 감계(鑑戒)로 삼고자 합니다."

그러자 그의 모친이 충고했다.

"자령(子靈: 신공 무신)의 아내 하희(夏姬)는 3부(三夫: 子蠻·御叔·巫臣)와 1군(一君: 진영공), 1자(一子: 夏徵舒)를 죽게 했다. 또 1국(一國: 陳나라)을 멸망하게 했고 양경(兩卿: 孔寧·儀行父)을 도주하게 만들었다. 이 어찌 감계로 삼지 않을 수 있겠느냐. 내가 듣건대 '심미(甚美: 뛰어난 미색)는 반드시 심악(甚惡: 악독함)이 있다'고 했다. 그녀는 정목공(鄭穆公)의 소비(少妃: 첩) 요자(姚子)의 딸로 자맥(子貉: 정영공 夷)의 누이동생이었다. 자맥이 일찍 죽어 후사가 없자 하늘은 세상의 모든 아름다움을 그의 누이동생에게 모아놓았다. 그녀와 관계를 맺게 되면 반드시 크게 낭패를 볼 수밖에 없다. 옛날에 유잉씨(有仍氏)가 딸을 낳았는데 머리가 진흑(鬒黑: 조밀하고 검다는 뜻으로, '鬒'은 '鬒'과 통함)으로 매우 아름다웠다. 그녀의 머리가 너무 윤이 나 사람을 비출 만했기에 사람들이 그녀를 현처(玄妻)로 불렀다. 이때 순임금의 악정(樂正) 후기(后夔)가 그녀를 아내로 삼아 백봉(伯封)을 낳았다. 그러나 그는 마음 씀씀이와 생김새가 흡사 돼지와 같아 탐림무염(貪惏無饜: 탐욕이 끝이 없음)하고 분뢰무기(忿纇無期: 무례하

---

28) '양사아'는 숙향의 봉읍인 '양(楊: 산서성 홍동현 동남쪽)의 '사아'(食我)라는 뜻이다. '사아'는 양설씨 가문을 잡아먹는다는 뜻을 지니고 있다. 후세인들이 양설씨 가문이 멸문지화를 당한 것을 보고 이같은 이름을 지어냈을 가능성도 배제할 수 없다.

기가 끝이 없다는 뜻으로, '期'는 '綦'와 통함)했다. 이에 사람들이 그를 봉시(封豕: 큰 돼지)라고 불렀다. 이때 유궁(有窮)나라 군주 예(羿)가 그를 멸망시키자 이후 후기는 제사를 받지 못하게 되었다. 또한 하·은·주 3대가 멸망하고 진나라의 공자 신생(申生)이 쫓겨난 것도 모두 미색으로 인한 것이다. 너는 과연 어찌 생각하느냐. 무릇 우물(尤物: 絶美絶色을 지칭)은 사람의 마음을 미혹하게 만들기에 족하다. 실로 덕의(德義)를 완비한 사람이 아니면 반드시 화를 입게 되어 있다."

숙향이 크게 두려워하여 감히 무신의 딸을 아내로 맞이할 수 없었다. 그런데 이때 진평공(晉平公)이 숙향에게 억지로 무신의 딸을 아내로 삼게 했다. 이에 숙향이 백석(伯石: 양사아)을 얻었다. 백석이 막 태어났을 때 자용(子容: 숙향의 조카)의 모친이 시어머니에게 달려가 고했다.

"장숙사(長叔似)[29]가 아들을 낳았습니다."

숙향의 모친이 아이를 보려고 내당으로 가다가 아이의 우는 소리를 듣고는 곧바로 되돌아와 말했다.

"이는 시랑(豺狼)의 소리이다. 시랑을 닮은 사내는 반드시 야심(野心)을 갖게 마련이다. 저 아이만 아니었다면 우리 양설씨 집안이 결코 망하지는 않을 터인데 참으로 큰일이다."

이에 두 번 다시 아이를 보러 가지 않았다.

二十八年春, 公如晉, 將如乾侯. 子家子曰 "有求於人, 而卽其安, 人孰矜之. 其造於竟." 弗聽. 使請逆於晉. 晉人曰 "天禍魯國, 君淹恤在外. 君亦不使一个辱在寡人, 而卽安於甥舅, 其亦使逆君." 使公復于竟而後逆之. 晉祁勝與鄔臧通室. 祁盈將執之, 訪於司馬叔游. 叔游曰 "「鄭書」有之 '惡直醜正, 實蕃有徒.' 無道立矣, 子懼不免. 『詩』曰 '民之多辟, 無自立辟.' 姑已若何." 盈曰 "祁氏私有討, 國何有焉." 遂執之. 祁勝賂荀

---

29) '시아주버니 숙향의 처인 아랫동서'를 뜻하는 말로, 숙향이 백화(伯華)의 큰 동생인 까닭에 이같이 칭한 것이다.

躒, 荀躒爲之言於晉侯. 晉侯執祁盈. 祁盈之臣曰 "鈞將皆死, 憖使吾君聞勝與臧之死也以爲快." 乃殺之. 夏六月, 晉殺祁盈及楊食我. 食我, 祁盈之黨也, 而助亂, 故殺之. 遂滅祁氏·羊舌氏. 初, 叔向欲娶於申公巫臣氏, 其母欲娶其黨. 叔向曰 "吾母多而庶鮮, 吾懲舅氏矣." 其母曰 "子靈之妻殺三夫一君, 一子, 而亡一國兩卿矣. 可無懲乎. 吾聞之, 甚美必有甚惡, 是鄭穆少妃姚子之子, 子貉之妹也. 子貉早死無後, 而天鍾美於是, 將必以是大有敗也. 昔, 有仍氏生女黰黑而甚美, 光可以鑑, 名曰玄妻. 樂正后夔取之, 生伯封, 實有豕心, 貪惏無饜, 忿纇無期, 謂之封豕. 有窮后羿滅之, 夔是以不祀. 且三代之亡, 共子之廢, 皆是物也. 女何以爲哉. 夫有尤物, 足以移人. 苟非德義, 則必有禍." 叔向懼, 不敢取. 平公强使取之, 生伯石. 伯石始生, 子容之母走謁諸姑, 曰 "長叔姒生男." 姑視之, 及堂, 聞其聲而還, 曰 "是豺狼之聲也. 狼子野心, 非是, 莫喪羊舌氏矣." 遂弗視.

●가을, 진나라 대부 한선자(韓宣子)가 죽었다. 이에 위헌자(魏獻子)가 집정이 되었다. 그는 기씨(祁氏)의 땅을 7현(縣), 양설씨(羊舌氏)의 땅을 3현으로 나누었다. 이에 사마미모(司馬彌牟)는 오읍(鄔邑: 산서성 개휴현 동북쪽 27리), 가신(賈辛)은 기읍(祁邑: 산서성 기현 동남쪽), 사마오(司馬烏: 사마독)는 평릉(平陵: 산서성 문수현 동북쪽 20리), 위무(魏戊: 위헌자의 서자)는 경양(梗陽: 산서성 청서현), 지서오(知徐吾)는 도수(涂水: 산서성 유차시 서남쪽 20리), 한고(韓固: 한기의 손자)는 마수(馬首: 산서성 평정현 동남쪽 15리), 맹병(孟丙)은 우읍(盂邑: 산서성 우현), 악소(樂霄)는 동제(銅鞮: 산서성 심현 남쪽), 조조(趙朝: 조승의 증손)는 평양(平陽: 산서성 임분시), 요안(僚安)은 양씨읍(楊氏邑: 산서성 홍동현 동남쪽)의 대부가 되었다.

가신과 사마오는 왕실을 위해 세운 공이 인정되어 등용된 것이다. 지서오와 조조, 한고, 위무 등은 서자로서 자신들의 직무를 잃지 않고 가업을 능히 이은 것으로 평가받았다. 사마미모와 맹병, 악소, 요안 등 나머지 4명은 현의 대부 임무를 부여받은 뒤 위헌자를 진현했다. 이들 4명은 모두 현능했기 때문에 발탁된 것이다. 이때 위헌자가 대부 성전(成鱄)에게 물었다.

"내가 위무에게 1개 현을 주었는데 남들이 혹여 나를 두고 편파적이라고 하지 않겠소?"

성전이 대답했다.

"무슨 말씀입니까. 위무의 사람됨은 멀리 떨어져 있어도 군주를 잊지 않고, 가까이 있어도 핍동(偪同: 자신의 의견을 강요함)하지 않고, 유리한 위치에 있어도 도의를 생각하고, 곤핍한 상황에 처해도 순정(純正)을 견지하고자 하고, 예법을 지킬 생각으로 도에 지나친 행위를 하지 않습니다. 비록 그에게 1개 현을 주었다고는 하나 이 또한 옳은 일이 아니겠습니까. 옛날 주무왕이 상왕조와 싸워 이기고 천하를 광유(光有: 크게 차지했다는 의미로, '光'은 '廣'의 假借)했습니다. 형제로서 봉국을 받은 사람이 15명이었고 같은 희씨 성으로 봉국을 받은 사람이 40명이었습니다. 주무왕은 자신의 친속을 모두 등용했던 것입니다. 사람을 등용할 때에는 다른 것이 없고 오직 선한 사람을 등용할 뿐이니 친소(親疎) 간에 아무런 구별이 없는 것입니다. 『시경』「대아·황의(皇矣)」에 이르기를, '오직 문왕뿐이니 하늘이 그 마음을 헤아렸네. 덕음(德音: 政令)이 막(莫: 청정하다는 뜻으로, 현존본에는 貊으로 되어 있음)하니 그의 덕행은 극명(克明: 시비를 광명정대하게 가림)하네. 극명극류(克明克類: 시비와 선악을 밝게 가림)하니 극장극군(克長克君: 능히 어른답고 임금다움)하네. 능히 이 대국을 다스리니 극순극비(克順克比: 능히 사방을 순복하게 한다는 뜻으로, '比'는 '俾'와 통함)하네. 문왕에 복종하니 그의 덕행이 미회(靡悔: 회한이 없다는 뜻이나, 그치지 않는다로 해석하기도 함)하네. 이미 천제의 복록을 받았으니 그 복록이 자자손손까지 미치네'라고 했습니다. 마음으로 능히 도의를 규제하는 것을 '도'(度), 덕행이 단정해 응화(應和: 반응하여 조화됨)하는 것을 '막'(莫: 청정), 사방을 밝게 비추는 것을 '명'(明), 시사(施舍)에 힘써 사심이 없는 것을 '유'(類), 남을 교도(敎導)하면서 피곤한 줄 모르는 것을 '장'(長), 상경형위(賞慶刑威: 선악을 가려 상벌로써 위엄을 보임)하는 것을 '군'(君), 자화편복(慈和徧服: 자애롭고 화순하여 사람들을 두루 순복시킴)하는 것을 '순'(順), 택선(擇善)하여 좇는 것을 '비'(比), 천지를 법도로 삼는 것을 '문'(文)이라 합니다. 이 9덕(九德)에 잘못이 없으면 무슨 일을 하더라도 회한이 없게 됩니다. 이로써 천록(天祿)을 대대로 물려받고 자자손손이 이에 기대게 되는 것입니다. 그대의 인재 등용은 이미 주문왕의 덕행에 가까우니 그 영향이 매우 심원할 것입니다."

이때 가신이 그의 현으로 가기 전에 위헌자를 진현했다. 그러자 위헌자가 말했다.

"그대는 어서 가보도록 하시오. 전에 숙향이 정나라에 갔을 때 종멸(鬷蔑: 然明)이라는 추하게 생긴 사람이 있었소. 그가 숙향을 만나볼 생각으로 그릇을 수습하는 사람들을 따라가 당하에 서 있었소. 이때 그가 한 마디를 했는데 그 내용이 아주 좋았소. 숙향이 막 술을 마시려다가 이 한 마디를 듣고 곧 말하기를, '저 사람은 반드시 종명(鬷明: 종멸)일 것이다'라고 했소. 이에 당하로 내려가 그의 손을 잡고 당상으로 올라와 말하기를, '옛날 가대부(賈大夫: 가나라의 대부)는 매우 못생겼으나 미인을 아내로 맞았소. 그런데 아내는 결혼한 지 3년이 되도록 가대부에게 한 마디 말도 건네지 않고 웃지도 않았소. 그가 하루는 아내를 수레에 태우고 고(皐: 소택지)로 가 활로 꿩을 맞히자 그때야 비로소 그의 아내가 웃으며 말을 했소. 이에 가대부가 말하기를, 사람은 한 가지 재주라도 없으면 안 되니 만일 내가 활을 쏠 줄 몰랐으면 그대는 끝내 말도 하지 않고 웃지도 않았을 것이 아닌가 했소. 지금 그대는 외모가 다소 불양(不颺: 보기에 좋지 않음)한데 만일 그대가 아무 말도 하지 않았으면 나는 거의 그대와 만날 기회를 놓칠 뻔했소. 말은 하지 않으면 안 되니 바로 이 경우와 같소'라고 했소. 이에 두 사람은 곧 오래된 친구처럼 사귀었소. 지금 그대는 왕실을 위해 공을 세운 사람이오. 그래서 내가 그대를 등용한 것이오. 어서 임지로 가도록 하시오. 부디 공경스런 자세로 정성을 다해 그대의 공로를 훼손하지 말기 바라오.”

중니가 위헌자의 인재 등용에 관한 이야기를 듣고 이를 도의에 맞는 것으로 여겨 이같이 평했다.

"위헌자는 사람을 발탁하면서 가까운 사람 중 친족을 빼놓지 않았고 관계가 먼 사람 중 당연히 발탁해야 할 사람을 놓치지 않았다. 그러니 가히 도의에 부합한다고 이를 만하다.”

또 중니는 위헌자가 대부 가신에게 당부한 이야기를 듣고 이를 충성스럽다고 여겨 이같이 평했다.

"『시경』「대아·문왕」에 이르기를, '길이 천명에 부합하니 스스로 다복(多福: 하늘이 내리는 많은 복록)을 얻네'라고 했다. 이는 충성스러움을 말한 것이다. 위헌자의 인재 등용은 도의에 부합하고 그의 명은 충성을 체현한 것이다. 아마도 그의 가문은 후대에 이르기까지 오랫동안 진나라에서 복록을 누릴 것이다.”

겨울, 진나라의 경양 사람이 소송을 제기했다. 대부 위무(魏戊)가 판단을 내릴 수 없어 이내 안건을 위헌자에게 보고했다. 이때 한쪽 당사자인 대종(大宗: 가문의 적장자)이 여악(女樂)을 위헌자에게 뇌물로 바쳤다. 위헌자가 이를 받으려고 하자 위무가 위헌자의 가신 염몰(閻沒)과 여관(女寬)에게 말했다.

"그대들의 주인은 뇌물을 받지 않는 것으로 제후들 사이에 소문이 나 있소. 만일 경양 사람이 바치는 여악을 받게 되면 이보다 더 큰 수뢰(受賂)는 없게 되오. 두 분은 반드시 규간하도록 하시오.”

이에 두 사람이 모두 응낙했다. 퇴조(退朝)한 후 두 사람은 뜰에서 위헌자를 기다렸다. 이때 밥상이 들어오자 위헌자가 두 사람을 불러 식사하게 했다. 그러자 두 사람은 비치(比置: 밥상을 차림)가 끝날 때까지 세 차례에 걸쳐 길게 한숨을 쉬었다. 위헌자가 식사를 마친 후 두 사람을 불러 앞에 앉혀놓고 물었다.

"나는 백숙(伯叔: 집안의 백부와 숙부)으로부터 속담 중에 '유식망

우(唯食忘憂: 식사할 때만큼은 걱정을 잊음)라는 말이 있다고 들었소. 그런데 두 사람은 밥상이 차려지는 동안에 세 번씩이나 한숨을 쉬었으니 이는 대체 무슨 까닭이오?"

두 사람이 입을 모아 말했다.

"누가 저희 두 소인에게 술을 주었습니다. 그래서 어제 저녁에 밥을 먹지 않았습니다. 밥상이 들어올 때 저희들은 혹 배불리 먹지 못할까 걱정했습니다. 이에 첫 번째 한숨을 쉬었던 것입니다. 중치(中置: 밥상이 반쯤 차려짐) 때 저희들은 속으로 자구(自咎: 자책)하기를, 장군이 내리는 밥상인데 어찌 배불리 먹지 못할까 걱정하는가라고 했습니다. 이에 두 번째 한숨을 쉬었던 것입니다. 밥상이 다 차려진 뒤에는 배를 채우면 만족하는 소인들과 같이 군자의 마음도 만족할 줄 알면 얼마나 좋을까라고 생각해 세 번째 한숨을 쉬었던 것입니다."

이에 위헌자가 경양 사람이 바치는 뇌물을 사절했다.

秋, 晉韓宣子卒, 魏獻子爲政. 分祁氏之田以爲7縣, 分羊舌氏之田以爲三縣. 司馬彌牟爲鄔大夫, 賈辛爲祁大夫, 司馬烏爲平陵大夫, 魏戊爲梗陽大夫, 知徐吾爲塗水大夫, 韓固爲馬首大夫, 孟丙爲孟大夫, 樂霄爲銅鞮大夫, 趙朝爲平陽大夫, 僚安爲楊氏大夫. 謂賈辛司馬烏爲有力於王室, 故擧之. 謂知徐吾·趙朝·韓固·魏戊, 餘子之不失職, 能守業者也. 其四人者, 皆受縣而後見於魏子, 以賢擧也. 魏子謂成鱄 "吾與戊也縣, 人其以我爲黨乎." 對曰 "何也. 戊之爲人也, 遠不忘君, 近不偪同, 居利思義, 在約思純, 有守心而無淫行. 雖與之縣, 不亦可乎. 昔, 武王克商, 光有天下. 其兄弟之國者十五人, 姬姓之國者四十人, 皆擧親也. 夫擧無他, 唯善所在, 親疎一也. 『詩』曰 '唯此文王, 帝度其心. 莫其德音, 其德克明. 克明克類, 克長克君. 王此大國, 克順克比. 比于文王, 其德靡悔. 旣受帝祉, 施于孫子.' 心能制義曰度, 德正應和曰莫, 照臨四方曰明, 勤施無私曰類, 敎誨不倦曰長, 賞慶刑威曰君, 慈和徧服曰順, 擇善而從之曰比, 經緯天地曰文. 九德不愆, 作事無悔, 故襲天祿, 子孫賴之. 主之擧也, 近文德矣, 所及其遠哉." 賈辛將適其縣. 見於魏子. 魏子曰 "辛來,昔, 叔向適鄭, 鬷蔑惡, 欲觀叔向, 從使之收器者, 而往立於堂下. 一言而善. 叔向將飲酒, 聞之, 曰 '必鬷明也.' 下執其手以上, 曰 '昔, 賈大夫惡, 娶妻而美, 三年不言不笑, 御以如皐, 射雉獲之, 其妻始笑而言. 賈大夫曰 才之不可以已, 我不能射, 女遂不言不笑夫. 今子少不颺, 子若無言, 吾幾失子矣. 言之不可以已也如是.' 遂如故知. 今女有力於王室, 吾是以舉女. 行乎, 敬之哉, 毋墮乃力." 仲尼聞魏子之擧也, 以爲義, 曰 "近不失親, 遠不失擧, 可謂義矣." 又聞其命賈辛也, 以爲忠, "『詩』曰 '永言配命, 自求多福', 忠也. 魏子之擧也義, 其命也忠, 其長有後於晉國乎." 冬, 梗陽人有獄, 魏戊不能斷, 以獄上. 其大宗賂以女樂. 魏子將受之. 魏戊謂閻沒女寬曰 "主以不賄聞於諸侯, 若受梗陽人, 賄莫甚焉. 吾子必諫." 皆許諾. 退朝, 待於庭. 饋入, 召之. 比置三歎. 旣食, 使坐. 魏子曰 "吾聞諸伯叔, 諺曰 '唯食忘憂'. 吾子置食之間三歎, 何也." 同辭而對曰 "或賜二小人酒, 不夕食. 饋之始至, 恐其不足, 是以歎. 中置, 自咎曰 豈將軍食之, 而有不足. 是以再歎. 及饋之畢, 願以小人之腹爲君子之心, 屬厭而已." 獻子辭梗陽人.

29년(기원전 513)

29년 봄, 공이 간후(乾侯)에서 돌아와 운(鄆)에 살았다. 제후가 고장(高張)을 보내 공을 위문했다. 공이 진나라로 가 간후에 머물렀다. 여름 4월 경자, 숙예(叔詣)가 졸했다. 가을 7월. 겨울 10월 운(鄆)이 무너졌다.

二十九年春, 公至自乾侯, 居于鄆, 齊侯使高張, 來唁公. 公如晉, 次于乾侯. 夏四月庚子, 叔詣卒. 秋七月. 冬十月, 鄆潰.

●29년 봄, 노소공이 간후(乾侯)에서 돌아와 운(鄆) 땅에 거처했다. 이때 제경공이 대부 고장(高張: 高昭子)을 시켜 노소공을 찾아가 위로하게 했다. 그러자 고장이 노소공을 일컬어 '주군'(主君: 경대부의 가

신이 경대부를 일컬을 때의 호칭)으로 지칭했다. 그러자 자가자(子家子)가 말했다.

"제나라가 군주를 얕보고 있습니다. 군주는 스스로 치욕을 당하게 될 것입니다."

이에 노소공이 간후로 돌아갔다.

노나라 대부 계평자는 해마다 말을 사들이고 노소공을 수종하는 사람들의 의복과 신발 등을 갖춘 뒤 이를 노소공이 있는 간후로 보냈다. 이에 노소공이 말을 끌고 온 사람을 체포한 뒤 말을 팔아치웠다. 그러자 계평자가 다시는 말을 보내지 않았다. 이때 위영공(衛靈公)이 노소공에게 계복(啓服)으로 불리는 자신의 승마(乘馬: 수레를 끄는 말)를 선사했다. 그런데 그 말은 얼마 후 공교롭게도 참호에 빠져 죽고 말았다. 노소공이 그 말을 독(櫝: 관)에 넣어 묻으려고 하자 자가자가 만류했다.

"수종하는 자들이 모두 못 먹어 병에 걸려 있으니 청컨대 그들에게 그 말을 먹도록 해주십시오."

그러자 노소공은 헌 위(幃: 帷幕)로 말을 싸서 묻었다. 이때 노소공이 아들 공연(公衍)에게 고구(羔裘: 어린 양의 가죽으로 만든 옷)를 하사한 뒤 그를 시켜 용보(龍輔: 구슬 이름)를 제경공에게 바치게 했다. 공연은 용보는 물론 고구까지 바쳤다. 이에 제경공이 크게 기뻐하며 공연에게 양곡(陽穀: 산동성 양곡현 북쪽)을 상으로 내려주었다.

원래 공연과 공위(公爲) 형제가 태어날 때 그들의 모친들은 동시에 밖으로 나가 산실에 머물렀다. 이때 공연이 먼저 출생하자 공위의 모친이 말했다.

"우리가 함께 산실로 왔으니 내가 아기를 낳은 뒤 함께 가 희보(喜報)를 고하기로 합시다."

사흘 뒤 공위가 출생하자 공위의 모친이 약속을 깨고 자신이 먼저 아기를 낳았다고 노소공에게 고했다. 이에 공위가 형이 되었던 것이다.

노소공은 내심 공연이 양곡을 얻은 사실에 크게 기뻐하며 노나라에서 있었던 지난 일을 상기하고는 말했다.

"공위가 이번에 화를 일으킨 것이다. 그는 나중에 태어났으면서도 형이 되었으니 나를 속인 지 매우 오래되었다."

노소공이 이내 공위를 태자의 자리에서 몰아낸 뒤 공연을 태자로 삼았다.

3월 13일, 경사(京師)에서 소백(昭伯) 영(盈)과 윤씨고(尹氏固: 윤고)를 비롯해 원백(原伯) 노(魯)의 아들을 죽였다. 윤고(尹固)가 반쯤 달아나다가 왕실로 돌아올 때 어떤 여인이 성주의 교외에서 그를 만나 꾸짖었다.

"국내에 있을 때에는 사람들을 종용(慫慂)해 화란을 일으키고 국외로 달아나서는 며칠도 안 돼 돌아오니 이같은 사람이 어찌 3년을 넘길 수 있겠는가."

여름 5월 25일, 왕자 조거(趙車: 왕자 조의 당우)가 연(鄩: 위치 미상) 땅으로 들어가 반기를 들었으나 음불녕(陰不佞)이 그를 격파했다.

二十九年春, 公至自乾侯, 處于鄆. 齊侯使高張來唁公, 稱主君. 子家子曰 "齊卑君矣, 君祗辱焉." 公如乾侯. 平子每歲賈馬, 具從者之衣屨而歸之于乾侯. 公執歸馬者, 賣之, 乃不歸馬. 衛侯來獻其乘馬曰啓服, 塹而死. 公將爲之槥. 子家子曰 "從者病矣, 請以食之." 乃以幬裹之. 公賜公衍羔裘, 使獻龍輔於齊侯, 遂入羔裘, 齊侯喜, 與之陽穀. 公衍公爲之生也, 其母偕出. 公衍先生. 公爲之母曰 "相與偕出, 請相與偕告." 三日, 公爲生, 其母先以告. 公爲爲兄. 公私喜於陽穀而思於魯, 曰 "務人爲此禍也. 且後生而爲兄, 其誣也久矣." 乃黜之, 而以公衍爲大子. 三月己卯, 京師殺召伯盈・尹氏固及原伯魯之子. 尹固之復也, 有婦人遇之周郊, 尤之曰 "處則勸人爲禍, 行則數日而反, 是夫也, 其過三歲乎." 夏五月庚寅, 王子趙車入于鄩以叛, 陰不佞敗之.

● 가을, 용이 진나라 도성인 강(絳)의 교외에 출현했다. 그러자 위헌자(魏獻子)가 대부 채묵(蔡墨: 史墨)에게 물었다.

"내가 듣건대 '파충(爬蟲) 가운데 용보다 총명한 동물은 없다'고 했소. 이는 사람들이 용을 생득(生得: 산 채로 잡음)할 수 없기 때문에 그런 것이오. 용이 총명하다는 것이 과연 믿을 만한 것이오?"

채묵이 대답했다.

"사람들은 사실 용에 대해 잘 모르고 있습니다. 용은 결코 지혜롭다고 할 수 없습니다. 옛날 사람은 용을 길렀습니다. 그래서 나라에 환룡씨(豢龍氏)와 어룡씨(御龍氏)가 있게 된 것입니다."

"환룡씨와 어룡씨에 대해서는 나도 들은 바가 있소. 그러나 그 두 씨족이 있게 된 내력은 잘 모르오. 어째서 그같은 이름이 나온 것이오?"

"옛날 요숙안(飂叔安: 요나라의 군주 숙안으로, '飂'는 하남성 당하현 남쪽 80리 지점에 있었던 고대국가)의 후손 중에 동보(董父)라는 사람이 있었습니다. 그는 용을 매우 좋아한 나머지 용이 무엇을 좋아하는지를 알아내 용에게 먹이를 주며 기르고자 했습니다. 그러자 많은 용들이 그가 있는 곳으로 갔습니다. 이에 그는 용을 요축(擾畜: 길들이고 사육함)하는 일로 순임금을 섬겼습니다. 순임금은 그에게 동(董)이라는 성과 환룡이라는 씨를 하사했습니다. 이어 그를 종천(鬷川: 산동성 정도현 북쪽)에 봉했는데 종이씨(鬷夷氏)가 바로 그의 후손입니다. 이에 순임금 때 용을 기르는 사람이 존재했던 것입니다. 하왕조의 공갑(孔甲) 때에 이르러 공갑이 천제(天帝)에게 순복하자 천제가 그에게 네 마리 용을 내렸습니다. 이에 황하와 한수에 각각 두 마리씩을 두었는데 두 곳 모두 각각 암수 한 쌍이 있었습니다. 이후 공갑이 그 용을 사육할 수 없게 되었으나 용을 기를 수 있는 환룡씨도 구할 길이 없었습니다. 이때 도당씨(陶唐氏)는 이미 쇠락해져 있었는데 후에 유루(劉累: 하왕조의 신하)라는 이가 나타났습니다. 그는 용을 길들이는 비법을 환룡씨에게 배운 뒤 공갑을 섬기게 되었습니다. 이로써 용을 몇 마리 가량 능히 사육할 수 있게 되었습니다. 하후(夏后: 공갑)가 유루를 매우 좋아한 나머지 어룡이라는 씨를 내리고 시위씨(豕韋氏)의 후계자로 만들었습니다. 그런데 네 마리 용 가운데 암컷 한 마리가 죽게 되자 유루가 잠해(潛醢: 몰래 만든 고기 젓갈)를 만들어 하후에게 먹였습니다. 얼마 후 하후가 이를 먹고 싶어하여 유루를 찾자 그는 두려운 나머지 노현(魯縣: 하남성 노산현 동북쪽)으로 옮겨가 살았습니다. 범씨(范氏)가 바로 그의 후손입니다."

"그런데 지금은 왜 그 씨족이 없는 것이오?"

"무릇 세상의 모든 물물(物物: 사물)에는 이를 관장하는 관원이 있습니다. 관원은 자신의 관리 기술을 닦으면서 조석으로 자신의 업무만을 생각합니다. 만일 하루라도 소임을 제대로 이행하지 못하면 곧바로 죽음을 맞이하게 됩니다. 관직을 잃으면 공가의 녹봉을 먹을 수 없고, 관원이 오랫동안 해당 업무에 종사하면 관장하는 생물은 자연히 그를 따라붙게 됩니다. 만일 그 생물을 민기(泯棄: 소멸시켜 버림)하면 그 생물은 스스로 지복(抵伏: 숨어 엎드림)하여 나오지 않고 욱인불육(郁湮不育: 번민으로 울적하여 제대로 생장하지 못함)하게 됩니다. 이에 5행을 관장하는 관원이 나오게 된 것입니다. 이를 일러 5관(五官)이라고 합니다. 5관은 대대로 성씨를 이어받아 상공(上公)으로 봉해져 귀신(貴神: 귀한 신령)을 제사지냈습니다. 5관은 사직5사(社稷五祀: 土神·穀神·五行之神에 관한 제사)를 통해 이들 귀신을 존봉(尊奉)하는 역할을 수행합니다. 목(木)을 담당하는 장관을 구망(句芒), 화(火)를 담당하는 장관을 축융(祝融), 금(金)을 담당하는 장관을 욕수(蓐收), 수(水)를 담당하는 장관을 현명(玄冥), 토(土)를 담당하는 관원을 후토(后土)라고 합니다. 용은 물 속에 사는 생물입니다. 그런데 수관(水官)이 이를 버림에 따라 이후 용을 생득할 수 없게 된 것입니다. 만일 그렇지 않다면 『주역』에 다음과 같은 기록이 있을 리 없습니다. 건괘(乾卦)가 구괘(姤卦)로 변하는 괘사에 이르기를, '잠룡물용'(潛龍勿用: 숨은 용은 사용하지 않음)이라고 했습니다. 동인괘(同人卦)에는 '현룡재전'(見龍在田: 용이 밭에 출현함)이라고 했습니다. 대유괘(大有卦)에는 '비룡재천'(飛龍在天: 나는 용이 하늘에 있음)이라고 했습니다. 쾌괘(夬卦)에는 '항룡유회'(亢龍有悔: 정점에 이른 용은 후회하는 바가 있음)라고 했습니다. 곤괘(坤卦)에는 '견군룡무수길'(見群龍無首吉: 용

무리에 우두머리가 없음을 보게 되니 길함)이라고 했습니다. 곤괘가 박괘(剝卦)로 변하는 괘사에는 '용전우야'(龍戰于野: 용들이 들에서 싸움)라고 했습니다. 만일 용을 아침저녁으로 보지 않았다면 누가 이같이 용들의 모습을 자세히 형용할 수 있겠습니까."

"사직5사는 어느 제왕 때의 5관이 담당한 것이오?"

"원래 소호씨(少皥氏)에게 4숙(四叔: 4명의 숙부)이 있었는데 중(重)과 해(該), 수(修), 희(熙)가 그들입니다. 그들은 금(金)·목(木)·수(水)를 잘 다루었습니다. 소호씨는 중을 구망, 해를 욕수, 수와 희를 현명으로 삼았습니다. 이들은 대대로 그 직책을 잘 지키며 궁상(窮桑: 소호씨의 호인 동시에 산동성 곡부현의 옛 지명으로, 여기서는 소호씨를 지칭)을 보좌했습니다. 이들에 대한 제사가 바로 사직5사 중 3사입니다. 또 전욱씨(顓頊氏)에게 이(犂)라는 아들이 있었는데 그가 바로 축융이 되었습니다. 공공씨(共公氏)에게도 구룡(句龍)이라는 아들이 있었는데, 그가 후토가 되었습니다. 이들에 대한 제사가 사직5사 중 2사에 해당합니다. 후토는 사(社: 토지신)가 되었습니다. 직(稷: 곡물신)은 전지를 관장한 관원의 우두머리입니다. 열산씨(烈山氏)에게 주(柱)라는 아들이 있었는데 그가 직이 되자 하왕조와 그 이전 시기에는 주를 곡물신으로 제사지냈습니다. 그러나 주왕조의 시조인 기(棄)가 직이 된 이후로는 상왕조 이래 줄곧 그를 제사지내게 된 것입니다."

秋, 龍見于絳郊, 魏獻子問於蔡墨曰 "吾聞之, 蟲莫知於龍, 以其不生得也. 謂之知信乎." 對曰 "人實不知, 非龍實知. 古者畜龍, 故國有豢龍氏, 有御龍氏." 獻子曰 "是二氏者, 吾亦聞之, 而不知其故. 是何謂也." 對曰 "昔, 有飂叔安, 有裔子曰 '董父', 實甚好龍, 能求其耆欲以飲食之, 龍多歸之. 乃擾畜龍, 以服事帝舜. 帝賜之姓曰董, 氏曰豢龍. 封諸鬷川, 鬷夷氏其後也. 故帝舜氏世有畜龍. 及有夏孔甲, 擾于有帝. 帝賜之乘龍, 河漢各二, 各有雌雄, 孔甲不能食, 而未獲豢龍氏. 有陶唐氏旣衰, 其後有劉累, 學擾龍于豢龍氏, 以事孔甲, 能飲食之. 夏后嘉之, 賜氏曰御龍, 以更豕韋之後. 龍一雌死, 潛醢以食夏后. 夏后饗之, 旣而使求之. 懼而遷于魯縣, 范氏其後也." 獻子曰 "今何故無之." 對曰 "夫物, 物有其官, 官修其方, 朝夕思之. 一日失職, 則死及之. 失官不食, 官宿其業, 其物乃至. 若泯棄之, 物乃坻伏, 鬱湮不育. 故有五行之官, 是謂五官. 實列受氏姓, 封爲上公, 祀爲貴神. 社稷五祀, 是尊是奉. 木正曰句芒, 火正曰祝融, 金正曰蓐收, 水正曰玄冥, 土正曰后土. 龍, 水物也. 水官棄矣, 故龍不生得. 不然,『周易』有之. 在「乾」之「姤」, 曰 '潛龍勿用.' 其「同人」曰 '見龍在田.' 其「大有」曰 '飛龍在天.' 其「夬」曰 '亢龍有悔.' 其「坤」曰 '見群龍無首, 吉.'「坤」之「剝」曰 '龍戰于野.' 若不朝夕見, 誰能物之." 獻子曰 "社稷五祀, 誰氏之五官也." 對曰 "少皞氏有4叔, 曰重, 曰該, 曰脩, 曰熙, 實能金木及水. 使重爲句芒, 該爲蓐收, 脩及熙爲玄冥. 世不失職, 遂濟窮桑, 此其三祀也. 顓頊氏有子曰犁, 爲祝融, 共工氏有子曰句龍, 爲后土, 此其二祀也. 后土爲社. 稷, 田正也. 有烈山氏之子曰柱, 爲稷, 自夏以上祀之. 周棄亦爲稷, 自商以來祀之."

●겨울, 진나라 대부 조앙(趙鞅)과 구인(荀寅)이 군사를 이끌고 가 여빈(汝濱: 진나라가 탈취한 육혼 지역으로, 하남성 汝水 유역)에 성을 쌓았다. 이에 진나라 백성들로부터 1고(鼓: 30근이 1鈞, 4균이 1石, 4석이 1鼓이니 480근에 해당)의 철을 징수해 형정(刑鼎: 형법 조항을 새겨넣는 큰 솥)을 주조했는데 형정에 범선자(范宣子: 조앙)가 제정한 형법조문을 새겨넣었다. 이를 두고 중니가 말했다.

"진나라는 망하고 말 것이다. 그들은 국가의 법도를 잃어가고 있다. 진나라는 응당 당숙(唐叔)이 전한 법도를 잘 지켜 백성을 다스리는 대강(大綱)으로 삼고 경대부들 또한 자신의 위치에서 이를 잘 준수해야만 한다. 이에 백성은 능히 귀인을 존중할 수 있고, 귀인은 능히 가업을 지킬 수 있고, 귀천의 차서에도 잘못이 없게 된다. 이것이 바로 소위 법도인 것이다. 이에 진문공이 집질지관(執秩之官: 관리들의 爵秩을 담당하는 관원)을 두고 피려(被廬: 위치 미상)에서 법령을 제정하여 맹주가 되었던 것이다. 이제 진나라가 이같은 법령을 버리고 형정을 만들었으니 백성들은 모두 형정의 조문만 찾을 것이다. 그리 되면 무엇으로 귀인을 존중하고, 귀인은 어떻게 가업을 지켜나갈 것인가. 귀천에 차서가 없게 되면 무엇으로 나라를 다스릴 것인가. 범선자의 형서(刑書)는 이(夷: 위치 미상) 땅에서 열병할 때 지은 것으로 진나라의 난제(亂制: 舊禮를 어긴 법제)이다. 그러니 그것을 어찌 법령으로 삼을 수 있단 말인가."

진나라의 채사묵(蔡史墨: 채묵)도 말했다.

"범씨(范氏)와 중항씨(中行氏: 순림보가 中行을 맡은 이후 성씨가 됨)는 대략 망하고 말 것이다. 중항인(中行寅: 순인)은 하경(下卿)이면서 위의 명을 어기고 멋대로 형정을 주조해 나라의 법령으로 삼았으니 이는 곧 법간(法奸: 법령을 위반한 죄인)이다. 게다가 범씨까지 끌어들여 피려에서 만든 법령을 고쳤으니 곧 망하게 될 것이다. 재앙은 곧바로 조씨에도 미칠 것이니 이는 조맹(趙孟: 조앙)이 그 일에 참여했기 때문이다. 다만 조맹은 부득이 참여한 것이니 만일 덕행을 닦으면 재앙을 면할 수는 있을 것이다."

冬, 晉趙鞅·荀寅帥師城汝濱, 遂賦晉國一鼓鐵, 以鑄刑鼎, 著范宣子所爲刑書焉. 仲尼曰 "晉其亡乎, 失其度矣. 夫晉國將守唐叔之所受法度, 以經緯其民, 卿大夫以序守之. 民是以能尊其貴, 貴是以能守其業, 貴賤不愆, 所謂度也. 文公是以作執秩之官, 爲被廬之法, 以爲盟主. 今棄是度也, 而爲刑鼎, 民在鼎矣, 何以尊貴. 貴何業之守. 貴賤無序, 何以爲國. 且夫宣子之刑, 夷之蒐也, 晉國之亂制也, 若之何以爲法." 蔡史墨曰 "范氏中行氏其亡乎. 中行寅爲下卿, 而干上令, 擅作刑器, 以爲國法, 是法奸也. 又加范氏焉, 易之亡也. 其及趙氏, 趙孟與焉, 然不得已, 若德可以免."

30년(기원전 512)

30년 봄 주력(周曆) 정월, 공이 간후에 있었다. 여름 6월 경진, 진후 거질(去疾)이 졸했다. 진경공(晉頃公)을 안장했다. 겨울 12월, 오나라가 서(徐)나라를 멸했다. 서자(徐子) 장우(章羽)가 초나라로 망명했다.

　　三十年春王正月, 公在乾侯, 夏六月庚辰, 晉侯去疾卒. 秋八月, 葬晉頃公. 冬十二月, 吳滅徐, 徐子章羽奔楚.

●30년 봄 1월, 노소공이 간후에 있었다. 『춘추』는 노소공이 먼저 운과 간후에 있었던 사실을 쓰지 않았다. 이는 노소공을 비난하고 잘못의 소재를 밝히기 위한 것이다.

　여름 6월, 진경공(晉頃公)이 세상을 떠났다. 가을 8월, 진경공을 안장했다. 이때 정나라에서는 대부 유길(游吉)이 조문을 가 송장(送葬)까지 참여했다. 그러자 진나라 대부 위헌자(魏獻子)가 사경백(士景伯)을 보내 유길에게 문의했다.

　"우리 진도공(晉悼公)의 상례 때에 귀국에서는 자서(子西)가 조문했고 자교(子蟜)가 송장에 참여했소. 그런데 이번에는 그대가 무이(無貳: 副使를 데리고 오지 않음)한 까닭은 무엇이오?"

　유길이 대답했다.

　"제후들이 진나라 군주에게 귀복하는 것은 진나라에 예가 있기 때문입니다. 예라는 것은 소국이 사대(事大)하고 대국이 자소(字小: 소국을 아껴 다독임)하는 것을 말합니다. '사대'는 공손히 대국의 시명(時命: 집행 명령)을 받드는 데에 있고 '자소'는 소국의 결핍을 자신의 일처럼 걱정하며 보완해주는 데 있습니다. 우리 정나라는 대국 사이에 위치해 직공(職貢: 필요한 물품을 바침)을 공손히 받들어 불우지환(不虞之患: 뜻하지 않은 환난)에 대비하는 것을 사명으로 삼고 있습니다. 그러니 우리가 어찌 감히 공경히 조문하고 송장하는 예의를 잊을 수 있겠습니까. 선왕의 제도에 따르면 제후의 상사(喪事)에는 사(士)가 조문하고 대부가 송장하도록 되어 있습니다. 다만 가호(嘉好: 朝會)와 빙향(聘享: 빙문과 향례), 3군지사(三軍之事: 전쟁)의 경우에는 경을 보낸다고 했습니다. 전에 진나라에 상사가 있자 마침 폐읍이 한가하고 다른 일이 없었기에 선군이 직접 참석해 집불(執紼: 하관할 때 관의 끈을 잡는 것으로, 곧 送葬을 의미)한 적이 있습니다. 그러나 만일 폐읍이 부득이 한가롭지 못할 때에는 설령 사대부라 할지라도 선왕이 정한 예제를 다 따를 수가 없습니다. 대국은 은혜를 베풀어 통상적인 법도를 넘는 경우도 기꺼이 인정했고 이에 미치지 못한 것도 책망하지 않았습니다. 지정(底情: 정성을 다함)을 밝게 살펴 예의 대체적인 골격을 갖추었는지 여부만을 따져 골격이 갖추어졌으면 곧 예에 부합한 것으로 인정했던 것입니다. 주영왕(周靈王)의 상사 때 우리의 선군 정간공(鄭簡公)이 초나라에 있었던 까닭에 직접 가지 못하고 선대부 인단(印段)이 대신 참석했습니다. 그는 소경(少卿)이었지만 천자의 관리들은 우리를 책하지 않았습니다. 이는 우리 나라의 부족한 점을 자신의 일처럼 걱정해준 것입니다. 지금 대부가 말하기를, '그대들은 왜 이전의 예법을 좇지 않는가'라고 했습니다. 과거의 예절은 풍생(豊省: 정해진 법도보다 더하거나 덜함)이 있었는데 이제 무엇을 기준으로 해야만 할지 모르겠습니다. 상례(常禮)보다 예를 더하고자 하면 과군은 나이가 어려 공경을 다할 수 없습니다. 그러나 만일 이를 덜고자 하면 여기에 저 유길이 있습니다. 대부가 이를 잘 살펴주기 바랍니다."

 이에 진나라 사람은 더 이상 추궁하지 못했다.

 三十年春王正月, 公在乾侯, 不先書鄆與乾侯, 非公, 且徵過也. 夏六月, 晉頃公卒. 秋八月, 葬. 鄭游吉弔且送葬. 魏獻子使士景伯詰之, 曰 "悼公之喪, 子西弔, 子蟜送葬. 今吾子無貳, 何故." 對曰 "諸侯所以歸晉君, 禮也. 禮也者, 小事大, 大字小之謂. 事大, 在共其時命, 字小, 在恤其所無. 以敝邑居大國之間, 共其職貢, 與其備御不虞之患, 豈忘共命. 先王之制, 諸侯之喪, 士弔, 大夫送葬. 唯嘉好聘享三軍之事, 於是乎使卿. 晉之喪事, 敝邑之聞, 先君有所助執紼矣. 若其不間, 雖士大夫有所不獲數矣. 大國之惠, 亦慶其加, 而不討其乏, 明底其情, 取備而已, 以爲禮也. 靈王之喪, 我先君簡公在楚, 我先大夫印段實往, 敝邑之少卿也. 王吏不討, 恤所無也. 今大夫曰, 女盍從舊. 舊有豊有省, 不知所從. 從其豊, 則寡君幼弱, 是以不共. 從其省, 則吉在此矣, 唯大夫圖之."晉人不能詰.

● 오왕 합려가 서나라 사람을 시켜 공자 엄여(掩餘)를 잡게 하고, 종오(鍾吾)나라 사람을 시켜 공자 촉용(燭庸)을 체포하게 했다. 이에 두 공자가 초나라로 달아났다. 그러자 초소왕(楚昭王)이 이들을 큰 땅에 봉한 뒤 그들이 옮겨 살 곳을 정해주었다. 이때 감마윤(監馬尹) 악대심(樂大心)을 보내 오나라 공자들을 맞이한 뒤 양(養: 하남성 침구현 동남쪽) 땅에 살도록 배려했다.

이어 유윤(蒍尹) 연(然)과 좌사마 심윤(沈尹) 술을 보내 그곳에 성을 쌓게 하고 성보(城父)와 호(胡) 땅의 일부를 떼어 그들에게 하사했다. 이로써 그들을 이용해 장차 오나라에 위해를 가하려고 했다. 그러자 대부 자서(子西)가 간했다.

"오나라의 광(光)은 새로 나라를 차지하고 백성들과 매우 가까이 지내고 있습니다. 백성을 마치 자신의 자식같이 대하고, 백성들과 동고동락하고 있으니 이는 장차 그들을 이용하려는 것입니다. 만일 우리가 오나라의 변경 사람들과 사이좋게 지내 그들을 유복(柔服: 고분고분하게 복종함)하게 만들지라도 오히려 오나라가 쳐들어올까 두렵습니다. 우리가 그들의 원수를 강대하게 만들어 그들의 분노를 가중시켜서는 안 됩니다. 오나라는 주왕실의 주예(胄裔: 후예)이기는 했으나 해빈(海濱)에 버려져 희씨 성의 나라들과 교통하지 못했습니다. 그러나 이제는 강대해지기 시작해 중원의 여러 제후국과 견주게 되었고 군주인 광 또한 마음이 아주 넓어 스스로를 선왕과 같은 반열에 올려놓고자 애쓰고 있습니다. 하늘이 장차 그가 포학하다는 사실을 알게 될지 모르겠습니다. 혹여 그를 시켜 오나라를 멸망하게 만들고 이성 나라의 영토를 넓히려는 것인지도 알 수 없습니다. 아니면 끝내 오나라를 보우하려는 것인지도 모를 일입니다. 그러나 그 결과를 알 날이 그리 멀지 않았습니다. 우리가 어찌하여 잠시 우리의 귀신을 편히 쉬게 하고, 우리 백성들도 안정되게 만들면서 그 결과가 어찌 될지 기다려보지 않는 것입니까. 굳이 우리가 스스로 파양(播揚: 힘들게 움직임)할 이유가 있겠습니까.”

그러나 초소왕이 이를 듣지 않았다. 이에 오왕이 크게 노했다.

겨울 11월, 오왕이 종오자(鍾吾子)를 붙잡았다. 이에 서나라로 쳐들어가 산 위의 물을 막은 뒤 물을 서나라로 끌어들였다. 11월 23일, 오나라가 드디어 서나라를 멸망시켰다. 이에 서자(徐子) 장우(章禹: 경문의 章羽)가 오나라 풍속을 좇아 자신의 머리털을 자른 뒤 부인을 대동하여 오왕을 맞이했다. 그러자 오왕이 그를 위로하여 돌려보내면서 자신의 근신을 보내 그를 시종하게 했다. 그러나 서자는 곧바로 초나라로 도망갔다.

당시 초나라의 심윤 술이 군사들을 이끌고 가 서나라를 구하려고 했으나 때에 미치지 못했다. 이에 곧 이(夷) 땅에 성을 쌓고 서나라 군주를 그곳에 거처하게 했다. 이때 오왕 합려가 오원(伍員: 오자서)에게 물었다.

“당초 그대는 나에게 초나라를 치자고 말한 적이 있었소. 나는 그대의 의견이 옳다는 것을 알았소. 그러나 혹여 나에게 초나라 토벌을 명할까 두려웠고 또한 다른 사람이 내가 차지해야 할 공을 취할까 꺼렸소. 그러나 이제는 내가 스스로 이같은 공로를 취하고자 하오. 초나라를 치는 것이 과연 어떻겠소?”

오원이 대답했다.

“초나라에는 집정하는 사람이 많아 서로 뜻이 맞지 않습니다. 이에 국정을 책임질 자가 없는 상황입니다. 만일 우리가 3군을 편성하여 돌연 기습했다가 급속히 철퇴한 뒤 1군이 진공하면 저들은 반드시 전군이 총출동하여 나올 것입니다. 저들이 앞으로 나올 때 우리는 물러나고, 저들이 물러날 때 우리가 앞으로 진격하면 초나라 군사는 반드시 도폐(道敝: 도로로 달려나가 피폐해짐)해지고 말 것입니다. 우리가 누차 기습을 가했다가 급속히 철퇴하여 저들을 지치게 만들고, 다양한 방법으로 그들이 실수하도록 만든 뒤 우리의 3군이 일제히 진격하면 반드시 대승을 거둘 수 있을 것입니다."

오왕 합려가 이를 좇았다. 이로부터 초나라는 커다란 고통을 겪게 되었다.

吾子使徐人執掩餘, 使鍾吾人執燭庸. 二公子奔楚, 楚子大封而定其徙. 使監馬尹大心逆吳公子, 使居養. 莠尹然·左司馬沈尹戌城之, 取於城父與胡田以與之. 將以害吾也. 子西諫曰 "吳光新得國, 而親其民. 視民如子, 辛苦同之, 將用之也. 若好吳邊疆, 使柔服焉, 猶懼其至. 吾又彊其讎以重怒之, 無乃不可乎. 吳, 周之胄裔也, 而棄在海濱, 不與姬通. 今而始大, 比于諸華, 光又甚文, 將自同於先王. 不知天將以爲虐乎, 使翦喪吳國而封大異姓乎. 其抑亦將卒以祚吳乎. 其終不遠矣. 我盍姑億吾鬼神, 而寧吾族姓, 以待其歸, 將焉用自播揚焉." 王弗聽. 吳子怒, 冬十一月, 吳子執鍾吾子, 遂伐徐, 防山以水之. 己卯, 滅徐. 徐子章禹斷其髮, 攜其夫人, 以逆吳子. 吳子唁而送之, 使其邇臣從之, 遂奔楚. 楚沈尹戌帥師救徐, 弗及, 遂城夷, 使徐子處. 吳子問於伍員曰 "初, 而言伐楚, 余知其可也, 而恐其使余往也, 又惡人之有余之功也. 今余將自有之矣, 伐楚何如." 對曰 "楚執政衆而乖, 莫適任患. 若爲三師以肆焉, 一師至, 彼必皆出. 彼出則歸, 彼歸則出, 楚必道敝. 亟肆以罷之, 多方以誤之, 旣罷而後以三軍繼之, 必大克之." 闔廬從之, 楚於是乎始病.

31년(기원전 511)

31년 봄 주력(周曆) 정월, 공이 간후에 있었다. 계손의여가 진나라의 순력(荀躒)과 적력(適歷)에서 만났다. 여름 4월 정사, 설백 곡(穀)이 졸했다. 진후가 순력을 보내 간후에서 공을 위로하게 했다. 가을, 설헌공(薛獻公)을 안장했다. 겨울, 흑굉(黑肱)이 남(濫)을 들어 망명해 왔다. 12월 신해 삭(朔), 일식이 있었다.

三十一年春王正月, 公在乾侯. 季孫意如會晉荀躒于適歷. 夏四月丁巳, 薛伯穀卒. 晉侯使荀躒唁公于乾侯. 秋, 葬薛獻公. 冬, 黑肱以濫來奔. 十二月辛亥朔, 日有食之.

●31년 봄 1월, 노소공이 간후에 있었다. 이를 『춘추』에 쓴 것은 노소공이 국외로 나가지도 못하고 국내로 돌아올 수도 없음을 말한 것이다. 이때 진정공(晉定公)이 군사를 동원해 무력으로 노소공을 귀국시키려고 했다. 그러자 범헌자(范獻子)가 건의했다.

"만일 노나라의 계평자가 불러도 오지 않으면 이는 실로 신자(臣子)의 모습이 아닙니다. 연후에 그를 치는 것이 어떻겠습니까."

이에 진나라 사람이 계평자를 불렀다. 이때 범헌자가 은밀히 계평자에게 사람을 보내 이같이 전했다.

"그대는 꼭 오도록 하시오. 아무런 화도 없으리라는 것을 내가 보장하겠소."

계평자가 진나라의 적력(適歷: 위치 미상)으로 가 진나라 대부 순력(荀躒)과 만났다. 순력이 말했다.

"과군이 나를 시켜 그대에게 물어보게 하기를, '무슨 연고로 군주를 밖으로 내몰았는가. 주왕조에는 군주가 있는데도 섬기지 않는 자를 처벌하는 형벌이 있다'고 했소. 그대는 이를 잘 헤아리도록 하시오."

그러자 계평자가 연관마의(練冠麻衣: '연관'은 斬衰에서 小祥 13월이 될 때 쓰는 모자, '마의'는 삼으로 짠 상복)의 차림으로 선행(跣行: 맨발로 나아감)하여 부복한 뒤 대답했다.

"군주를 섬기는 일은 제가 하고자 했으면서도 부득이 하지 못한 것입니다. 어찌 감히 형명(刑命: 처벌 명령)을 피하겠습니까. 만일 군주가 저에게 죄가 있다고 여긴다면 저를 비읍에 수금한 뒤 군주의 사문(査問)을 받게 해주십시오. 오직 군명대로 처벌을 받겠습니다. 만일 저의 선신(先臣)의 공을 생각한다면 계씨의 후대를 끊지 말고 저 한 사람에게만 죽음을 명하기 바랍니다. 만일 죽이지도 않고 쫓아내지도 않는다면 이는 군주의 은혜로 사차불후(死且不朽)일 것입니다. 만일 제가 우리 군주를 따라 귀국할 수 있다면 이는 실로 제가 간절히 바라는 바이기도 합니다. 어찌 감히 이심(異心)을 품을 수 있겠습니까."

여름 4월, 계평자가 지백(知伯: 순력)을 따라 간후로 갔다. 이때 자가자(子家子)가 노소공에게 건의했다.

"군주는 그와 함께 돌아가도록 하십시오. 한때의 수치를 참지 못하면서 어찌 평생의 수치를 참을 수 있겠습니까."

노소공이 말했다.

"그리하겠소."

그러나 노소공을 수종하는 많은 사람들이 모두 반대했다.

"이는 진나라의 도움을 청하는 단 한 마디로 끝날 문제입니다. 진나라 군주는 틀림없이 그를 내쫓을 것입니다."

이때 순력이 진정공의 명의로 노소공을 위로하면서 말했다.

"과군이 저를 보내면서 군주의 명의로 숙손의여를 책망하게 했습니다. 숙손의여는 감히 죽음을 피하지 않을 것입니다. 그러니 군주는 속히 노나라로 들어가도록 하십시오."

노소공이 말했다.

"귀국 군주는 선군 때부터의 우의를 생각해 도망나온 사람에게까지 은혜를 베풀었소. 나에게 귀국하여 종묘를 분제(糞除: 깨끗이 소제함)한 뒤 귀국 군주를 섬기라는 것이나 나는 부인(夫人: 그자)을 만날 수 없소. 내가 그자를 만나게 된다면 하신(河神)이 내 말의 증명이 되어줄 것이오."

그러자 순력이 손으로 귀를 막고 도망치듯 그 자리를 떠나면서 말했다.

"과군은 기죄지공(其罪之恐: 황공하여 어찌할 바를 모름)인데 어찌 감히 노나라의 화난을 미리 알 리 있겠습니까. 저는 돌아가 있는 그대로 과군에게 복명하고자 합니다."

순력이 물러나와 계평자에게 말했다.

"군주의 노기가 식을 기미가 없으니 그대는 잠시 귀제(歸祭: 돌아가 제사를 주관한다는 말로, 군주의 업무를 대행한다는 뜻임)하도록 하시오."

그러자 자가자가 말했다.

"군주는 한 대의 수레에 올라 곧바로 노나라 군사에게 가도록 하십시오. 계손(季孫: 계평자)은 반드시 군주와 함께 귀국할 것입니다."

노소공은 이를 좇고자 했으나 많은 수종자들이 노소공을 위협했다. 이에 끝내 노소공은 귀국할 수 없었다.

이때 설백(薛伯: 薛獻公) 곡(穀)이 죽었다. 설나라는 노나라의 동맹국인 까닭에 『춘추』에 이를 쓴 것이다.

三十一年春王正月, 公在乾侯, 言不能外內也. 晉侯將以師納公. 范獻子曰 "若召季孫而不來, 則信不臣矣. 然後伐之, 若何." 晉人召季孫, 獻子使私焉曰 "子必來, 我受其無咎." 季孫意如會晉荀躒于適歷. 荀躒曰 "寡君使躒謂吾子, 何故出君. 有君不事, 周有常刑. 子其圖之." 季孫練冠麻衣跣行, 伏而對曰 "事君, 臣之所不得也, 敢逃刑命. 君若以臣爲有罪, 請囚於費, 以待君之察也, 亦唯君. 若以先臣之故, 不絶季氏, 而賜之死. 若弗殺弗亡, 君之惠也, 死且不朽. 若得從君而歸, 則固臣之願也. 敢有異心." 夏4月, 季孫從知伯如乾侯. 子家子曰 "君與之歸, 一慙之不忍, 而終身慙乎." 公曰 "諾." 衆曰 "在一言矣, 君必逐之." 荀躒以晉侯之命唁公, 且曰 "寡君使躒以君命討於意如, 意如不敢逃死, 君其入也." 公曰 "君惠顧先君之好, 施及亡人, 將使歸糞除宗祧以事君, 則不能見夫人. 己所能見夫人者, 有如河." 荀躒掩耳而走, 曰 "寡君其罪之恐, 敢與知魯國之難. 臣請復於寡君." 退而謂季孫 "君怒未怠, 子姑歸祭." 子家子曰 "君以一乘入于魯師, 季孫必與君歸." 公欲從之, 衆從者脅公, 不得歸. 薛伯穀卒, 同盟故書.

●가을, 오나라 군사가 초나라로 쳐들어가 이(夷) 땅을 치고 잠(潛: 안휘성 곽산현 남쪽)과 육(六: 한휘성 육안현 북쪽) 땅을 침공했다. 초나라의 심윤 술이 군사를 이끌고 가 잠 땅을 구하자 오나라 군사가 돌아갔다. 이때 초나라 군사는 잠 땅 사람들을 남강(南岡: 안휘성 곽산현

북쪽)으로 이주시킨 후에 비로소 돌아갔다. 마침 오나라 군사가 현(弦: 하남성 황천현 서북쪽) 땅을 포위하자 초나라의 좌사마 심윤 술(戌)과 우사마 계(稽)가 군사를 이끌고 현 땅을 구원한 뒤 예장(豫章)으로 나아갔다. 그러자 오나라 군사가 퇴각했다. 이는 오왕이 오자서(伍子胥)의 계책을 사용한 첫 번째 사례였다.

겨울, 주(邾)나라 대부 흑굉(黑肱)이 남(濫: 산동성 등현 동남쪽) 땅을 들어 노나라로 도망해 왔다. 『춘추』는 그의 지위가 낮았음에도 그의 이름을 썼다. 이는 땅을 소중히 여겼기 때문이다. 이를 두고 군자가 이같이 평했다.

"이름을 신중하게 다루지 않으면 안 되는 이유는 바로 이와 같다. 때에 따라서는 이름이 나타나 있는 것이 아예 나타나지 않느니만 못한 경우가 있다. 땅을 들어 배반할 경우는 설령 그 지위가 낮을지라도 반드시 지명을 밝힘으로써 그 사람의 이름을 기재하는 것이다. 그리하면 마침내 불의가 각인되어 영원히 마멸되지 않는다. 그런 까닭에 군자는 동즉사례(動則思禮: 한 번 몸을 움직이면 예를 생각함)와 행즉사의(行則思義: 일을 행하면 의를 생각함), 불위리회(不爲利回: 이익과 예에 어긋나는 일을 하지 않음), 불위의구(不爲義疚: 불의한 일로 인한 고통을 당하지 않음)를 행하는 것이다. 혹자는 구명(求名)을 바라나 뜻을 이루지 못하고, 혹자는 이름을 감추고자 하나 그 이름을 명백히 드러낸다. 이는 모두 불의한 자들을 징계한 것이다. 제표(齊豹: 齊子氏)는 위나라의 사구로서 수사대부(守嗣大夫: 承嗣大夫로, 곧 세습 대부)였으나 한 짓이 의롭지 않았다. 이에 『춘추』가 '도'(盜)라고 기록한 것이다. 주(邾)나라 대부 서기(庶其)와 거나라 대부 모이(牟夷), 주나라 대부 흑굉(黑肱)은 땅을 들어 도주했으나 오직 녹봉만 원했을 뿐 명의(名義)를 추구하지 않았다. 그래서 비록 그들의 지위가 낮을지라도 반드시 그 이름을 기록한 것이다. 이 두 경우는 바로 징사거탐(懲肆去貪: 방자함을 징계하고 탐욕을 제거함)의 실례를 보여준 것이다. 만일 스스로 간난(艱難)의 길로 들어서면서 윗사람을 위기에 빠뜨렸는데도 그 이름을 크게 선양한다면 공난지사(攻難之士: 화란을 일으키기 좋아하는 자로, '攻'은 '作'의 뜻임)가 모두 다투어 그같은 짓을 하려 들 것이다. 만일 절읍반군(竊邑叛君: 나라의 성읍을 들어 반기를 드는 것을 의미)하여 커다란 사리를 구했는데도 그 이름을 기재하지 않는다면 탐모지민(貪冒之民: 탐욕에 끝이 없는 사람)이 모두 그 일에 치력(致力: 진력)할 것이다. 이로 인해 『춘추』는 제표를 '도'라고 쓰고 3명의 반역자의 이름을 밝힌 것이다. 이로써 그 불의를 징계하고 악행과 무례를 준렬히 꾸짖었으니 이는 선지(善志: 뛰어난 기록)라 할 만하다. 그래서 말하기를, 『춘추』의 기술은 미이현(微而顯: 문자는 은미한 내용을 담고 있으나 뜻만큼은 명확함)·완이변(婉而辨: 표현이 완곡하면서도 시비를 분명히 가림)하다'고 한 것이다. 윗사람은 능히 춘추대의(春秋大義)를 발양하여 선인을 권면하고 음인(淫人: 방자하고 패악한 인물)을 두렵게 만들 수 있다. 이에 군자는 『춘추』를 귀하게 여기는 것이다."

12월 1일, 일식이 있었다. 이날 밤 진나라 대부 조간자(趙簡子)가 꿈을 꾸었다. 꿈속에서 동자가 발가벗고 노랫소리에 맞추어 도무(蹈舞)했다. 다음날 아침 사묵(史墨)에게 점을 치게 하면서 물었다.

"내가 이같은 꿈을 꾸자 이제 일식이 있게 되었으니 이는 어찌 된 일이오?"

사묵이 대답했다.

"앞으로 6년 뒤인 이 달에 오나라는 초나라의 도성인 영(郢)으로 진공하나 끝내 승리는 거두지 못할 것입니다. 오나라 군사가 영으로 입성하는 날은 반드시 경진일(庚辰日)일 것입니다. 일월이 진미(辰尾: 蒼龍의 꼬리)에 있으니 경오일(庚午日)에 태양이 재해를 내리기 시작할 것입니다. 화(火)는 금(金)을 이기니 오나라는 화에 해당하는 초나라를 이길 수 없습니다."

秋, 吳人侵楚, 伐夷, 侵潛六. 楚沈尹戌帥師救潛, 吳師還. 楚師遷潛於南岡而還. 吳師圍弦. 左司馬戌·右司馬稽帥師救弦, 及豫章. 吳師還. 始用子胥之謀也. 冬, 邾黑肱以濫來奔, 賤而書名, 重地故也. 君子曰"名之不可不愼也如是. 夫有所有名而不如其已. 以地叛, 雖賤必書地, 以名其人. 終爲不義, 弗可滅已. 是故君子動則思禮, 行則思義, 不爲利回, 不爲義疚. 或求名而不得, 或欲蓋而名章, 懲不義也. 齊豹爲衛司寇, 守嗣大夫. 作而不義, 其書爲盜. 邾庶其·莒牟夷·邾黑肱以土地出, 求食而已, 不求其名, 賤而必書. 此二物者, 所以懲肆而去貪也. 若艱難其身, 以險危大人, 而有名章徹, 攻難之士, 將奔走之. 若竊邑叛君, 以徼大利而無名, 貪冒之民, 將寘力焉. 是以「春秋」書齊豹曰 '盜', 三叛人名, 以懲不義, 數惡無禮, 其善志也. 故曰,「春秋」之稱, 微而顯, 婉而辨. 上之人能使昭明, 善人勸焉, 淫人懼焉, 是以君子貴之." 十二月辛亥朔, 日有食之. 是夜也, 趙簡子夢童子嬴而轉以歌. 旦, 占諸史墨, 曰 "吾夢如是, 今而日食, 何也." 對曰 "六年及此月也, 吳其入郢乎. 終亦弗克. 入郢, 必以庚辰. 日月在辰尾, 庚午之日, 日始有謫. 火勝金, 故弗克."

32년(기원전 510)

32년 봄 주력(周曆) 정월, 공이 간후에 있었다. 감(闞)을 취했다. 여름, 오나라가 월나라를 쳤다. 가을 7월. 겨울, 중손하기(仲孫何忌)가 진나라 한불신(韓不信)·제나라 고장(高張)·송나라 중기(仲幾)·위나라 세숙신(世叔申)·정나라 국참(國參)·조인·거인·설인·기인·소주인과 함께 성주(成周)에 성을 쌓았다. 12월 기미, 공이 간후에서 훙했다.

三十二年春王正月, 公在乾侯, 取闞. 夏, 吳伐越. 秋七月. 冬, 仲孫何忌會晉韓不信齊高張宋仲幾衛世叔申鄭國參曹人莒人薛人杞人小邾人, 城成周, 十二月己未, 公薨于乾侯.

●32년 봄 1월, 노소공이 간후에 머물고 있었다.『춘추』에 이를 쓴 것은 노소공이 노나라 안팎으로 오도 가도 못하고 또 현능한 사람을 임용하지 못했음을 말한 것이다.

여름, 오나라가 월나라를 쳤다. 이는 오나라가 월나라에 대해 처음으로 군사를 동원한 것이다. 이때 진나라 대부 사묵이 말했다.

"앞으로 40년이 못 되어 월나라는 오나라를 차지하고 말 것이다. 세성(歲星: 당시에는 세성이 머무는 나라가 복을 받는다는 믿음이 있었음)이 월나라의 자리에 있는데도 오나라가 월나라를 공격하면 반드시 세성이 내리는 재앙을 입게 될 것이다."

가을 8월, 주소왕(周昭王)이 왕실의 대부 부신(富辛)과 석장(石張)을 진나라로 보내 성주(成周) 성벽의 증축을 요청했다. 이때 주소왕이 말했다.

"하늘이 왕실에 화를 내려 나의 형제들로 하여금 난심(亂心)을 품게 함으로써 백부에게 근심을 안겨주었소. 나와 가까운 일부 생구지국(甥舅之國)은 불황계처(不皇啓處: 편히 쉴 여유가 없다는 뜻의 당시 상용어로, '皇'은 '遑'과 통하고 '啓'는 '坐'의 뜻임)한 지 이미 10년이 되었고, 근수(勤守: 왕실을 지키기에 힘씀)한 지도 5년이나 되었소. 나는 하루도 그 공을 잊은 적이 없었고, 농부가 풍년을 바라는 것과 같이 조마조마하며 두려운 마음으로 때를 기다렸소. 만일 백부가 대혜(大惠)를 베풀어 다시 한 번 진문후(晉文侯)와 진문공(晉文公)의 대업을 이루고, 왕실의 우환을 덜게 하고, 주문왕과 주무왕에게 복을 빌어 맹주의 자리를 공고히 하고, 영명(令名)을 널리 떨치게 된다면 그것이 바로 내가 가장 간절히 바라는 바이기도 하오. 옛날 주성왕은 제후들을 모아 성주에 성을 쌓고 동도(東都)로 삼음으로써 문덕(文德: 문치의 덕)을 드높였소. 이제 나는 주성왕에게 복을 빌어 성주의 성벽을 수축함으로써 왕실을 수비하는 사졸들의 노고를 제거하고자 하오. 이에 제후들이 편안해하고 모적(蟊賊: 해충과 같은 도적)을 멀리 내쫓을 수 있다면 이는 진나라의 공인 것이오. 삼가 이 일을 백부에게 위탁하는 것은 백부로 하여금 거듭 새로운 대업을 도모하게 하려는 것이오. 내가 백성들로부터 원망을 듣지 않게 되고, 백부가 영시(榮施: 영광된 공적)를 차지하게 된다면 선왕의 신령이 백부의 공적을 용(庸: 크게 기림)할 것이오."

그러자 진나라의 범헌자가 위헌자에게 말했다.

"우리가 왕실을 수비하는 것은 차라리 성주에 성을 쌓느니만 못하오. 천자 또한 분명히 이같이 말씀했소. 설령 성을 쌓은 뒤 왕실에 무슨 일이 일어날지라도 진나라는 여지(與知: 참여)하지 않을 수 있을 것이오. 제후들의 노고를 완화할 수 있다면 우리 진나라 또한 근심을 제거할 수 있을 것이오. 이에 힘쓰지 않고 또 무엇을 하겠소?"

"그 계책이 매우 좋소."

위헌자가 곧 대부 백음(伯音: 韓不信)을 보내 회답했다.

"천자가 명을 내렸으니 어찌 감히 명을 받들어 제후들에게 분주히 알리지 않겠습니까. 성벽 증축의 지속(遲速)과 최서(衰序: 각 나라의 등급을 좇아 공정을 할당함)는 모두 저희들의 책임입니다."

겨울 11월, 진나라 대부 위서(魏舒: 위헌자)와 한불신(韓不信: 백음)이 경사(京師)로 갔다. 이어 제후들의 대부와 적천(狄泉: 翟泉으로, 하남성 낙양시에 위치)에 만나 구맹을 다진 뒤 성주의 성벽 증축을 명했다. 이때 위서가 마치 군주인 양 남면(南面)하여 지시했다. 그러자 위나라 대부 표혜(彪傒)가 말했다.

"위헌자는 반드시 큰 재난을 당할 것이다. 간위(干位: 본분을 넘는 행위로, '干'은 '犯'과 통함)하여 대사를 지시하는 것은 그가 해야 할 일이 아니다. 『시경』「대아·판」에 이르기를, '하늘의 노여움을 공경히 대하여 감히 희예(戲豫: 가볍고 태만한 자세로 유희함)하지 않네. 하늘의 변화를 공경히 대하여 감히 치구(馳驅: 내키는 대로 행함)하지 않네'라고 했다. 그런데 하물며 감히 간위하면서 대사를 이룰 수 있겠는가."

11월 14일, 진나라 대부 사미모(士彌牟)가 성주의 축성 방안을 마련했다. 성벽의 길이를 재고, 높이를 헤아리고, 두께를 계산하고, 구혁(溝洫: 성 주위의 도랑)의 깊이를 재고, 토방(土方: 흙을 채취하는 곳)을 물색하고, 운반 거리를 검토하고, 완공 시기를 헤아리고, 도용(徒庸:

인부)의 수를 계산하고, 기재(器材)를 고려하고, 후량(餱糧: 소요되는 양식으로, 원래 '餱'는 '糇'와 마찬가지로 말린 식량을 의미)을 기재하고, 각 제후국에게 복역을 명하고, 각국의 사정을 참작해 그 책임량을 할당하고, 이를 문서로 만들어 각국의 대부들에게 교부한 뒤 축성에 관한 모든 문건을 왕실의 책임자인 유자(劉子)에게 보냈다.

이때 한간자(韓簡子: 한불신)가 공사에 임하여 이를 축성 방안으로 확정지었다.

三十二年春王正月, 公在乾侯. 言不能外內, 又不能用其人也. 夏, 吳伐越, 始用師於越也. 史墨曰 "不及四十年, 越其有吳乎. 越得歲而吳伐之, 必受其凶." 秋八月, 王使富辛與石張如晉, 請城成周. 天子曰 "天降禍于周, 俾我兄弟並有亂心, 以爲伯父憂. 我一二親昵甥舅, 不皇啓處, 於今十年, 勤成五年. 余一人無日忘之, 閔閔焉如農夫之望歲, 懼以待時. 伯父若肆大惠, 復二文之業, 弛周室之憂, 徼文武之福, 以固盟主, 宣昭令名, 則余一人有大願矣. 昔, 成王合諸侯, 城成周, 以爲東都, 崇文德焉. 今我欲徼福, 假靈于成王, 修成周之城, 俾戍人無勤, 諸侯用寧, 蟊賊遠屛, 晉之力也. 其委諸伯父, 使伯父實重圖之. 俾我一人無徵怨于百姓, 而伯父有榮施, 先王庸之." 范獻子謂魏獻子曰 "與其成周, 不如城之, 天子實云. 雖有後事, 晉勿與知可也. 從王命以紓諸侯, 晉國無憂. 是之不務, 而又焉從事." 魏獻子曰 "善." 使伯音對曰 "天子有命, 敢不奉承, 以奔告於諸侯. 遲速衰序, 於是焉在." 冬十一月, 晉魏舒・韓不信如京師, 合諸侯之大夫于狄泉, 尋盟, 且令城成周. 魏子南面. 衛彪傒曰 "魏子必有大咎, 干位以令大事, 非其任也. 『詩』曰 '敬天之怒, 不敢戱豫. 敬天之渝, 不敢馳驅.' 況敢干位以作大事乎." 己丑, 士彌牟營成周, 計丈數, 揣高卑, 度厚薄, 仞溝洫, 物土方, 議遠邇, 量事期, 計徒庸, 慮財用, 書餱糧, 以令役於諸侯, 屬役賦丈, 書以授帥, 而效諸劉子. 韓簡子臨之, 以爲成命.

●12월, 노소공이 병이 났다. 이에 자신을 수종하던 대부들에게 두루 상사(賞賜)하자 대부들이 이를 받지 않았다. 이때 자가자(子家子)에게

옥호(玉琥: 호랑이 형상을 한 玉器) 한 쌍과 옥환(玉環) 하나, 옥벽(玉璧) 하나, 경복(輕服: 가벼우면서도 따뜻한 옷) 한 벌을 하사하자 자가자가 이를 받아들였다. 이에 다른 대부들도 상사를 받아들였다. 12월 14일, 노소공이 세상을 떠났다.

노소공이 죽자 자가자가 하사받은 것들을 모두 부인(府人: 부고를 관리하는 관원)에게 반납하면서 말했다.

"나는 감히 군명을 어길 수가 없었소."

다른 대부들도 모두 하사품을 반납했다. 이에 『춘추』는 이같이 썼다.

"공이 간후에서 훙거했다."

이는 노소공이 제자리를 찾지 못하고 죽은 것을 밝힌 것이다. 이때 진나라 대부 조간자(趙簡子)가 사묵에게 물었다.

"노나라의 계씨는 그의 군주를 나라 밖으로 쫓아냈으나 노나라의 백성들은 오히려 그에게 복종하고 제후들은 그와 친부하고 있소. 군주가 나라 밖에서 죽었는데도 계씨에게 죄가 있다고 하는 사람이 없는 것은 무슨 까닭이오?"

"만물이 생겨날 때 쌍인 것도 있고, 셋인 것도 있고, 다섯인 것도 있고, 배이(陪貳: 배필로, 보좌를 의미)인 것도 있습니다. 이에 하늘에는 3진(三辰: 日·月·星), 땅에는 5행(五行), 신체에는 좌우(左右)가 있으니 모두 짝이 있는 셈입니다. 왕에게 공(公)이 있고 제후에게 경(卿)이 있으니 이는 모두 보좌하기 위한 것입니다. 하늘이 노나라의 계씨를 낳아 그로 하여금 노나라 군주를 돕게 한 지 이미 오래되었습니다. 그러니 백성들이 그에게 순복하는 것 또한 당연한 일이 아니겠습니까. 노나라의 군주는 대대로 종실(從失: 縱佚로, 방종되이 안일을 좇았다는 뜻임)을 추구한 데 반해 계씨는 대대로 수근(修勤: 근면하게 덕행을 닦음)에 힘을 쏟아 백성들은 이미 오래 전에 군주의 존재를 잊었습니다. 그러니 설령 자신들의 군주가 밖에서 죽은들 그 누가 이를 불쌍히 여기겠습니까. 사직의 제사를 주재할 사람이 고정된 것도 아니고 군신 사이 또한 그 위치가 일정불변한 것도 아닙니다. 이는 예로부터 그러했습니다. 그래서 『시경』「소아·시월지교(十月之交)」에 이르기를, '고안위곡(高岸爲谷: 높게 솟은 기슭이 골짜기가 됨)·심곡위릉(深谷爲陵: 깊은 골짜기가 큰 언덕이 됨)'이라고 한 것입니다. 3후(三后: 3왕)의 자손들이 오늘날 서민이 되어 있는 것은 주군도 잘 알고 있는 바입니다. 『주역』의 괘사에 이르기를, '뇌(雷)를 상징하는 진괘(震卦)가 건괘(乾卦)를 올라타고 있는 것을 대장괘(大壯卦)라 한다'고 했습니다. 이는 천도입니다. 전에 성계우(成季友: 공자 友)는 노환공의 막내아들로 부인 문강(文姜)이 총애하는 아들이었습니다. 그를 시진(始震: 회임을 시작했다는 뜻으로, '震'은 '娠'과 통함)했을 때 점을 치게 하자 복인(卜人)이 고하기를, '세상에 태어나 가문(嘉聞: 좋은 명성)이 있으니 그 이름은 우(友)라 하며 공실의 보필이 될 것이다'라고 했습니다. 그가 태어났을 때 과연 복인의 말과 같이 손바닥에 문양이 있었는데 바로 '우'(友) 자였습니다. 이에 그의 이름을 '우'라고 지었습니다. 그는 성장한 뒤 노나라에서 대공을 세우고 비읍을 봉읍으로 받고 상경이 되었습니다. 계문자(季文子)와 계무자(季武子) 때에 이르러 가문의 공업(功業)이 더욱 성해져 선조의 업적을 헛되지 않게 했습니다. 노문공이 세상을 떠나자 대부 동문수(東門遂: 동문양중)가 적자를 죽이고 서자를 옹립했습니다. 이로 인해 노나라 군주는 정권을 잃고 만 것입니다. 노나라 정권이 계씨에게 장악된 후 노소공에 이르기까지 이미 4대가 지났습니다. 백성들이 군주의 존재를 알지 못하니 군주가 무엇에 의지해 나라를 얻을 수 있겠습니까. 이에 군주 된 자는 기물(器物)과 명위(名位)를 소중히 해야 하고 이를 남에게 빌려주는 일을 해서는 안 되는 것입니다."

　　十二月, 公疾, 徧賜大夫, 大夫不受, 賜子家子雙琥一環一璧輕服, 受之, 大夫皆受其賜. 己未, 公薨. 子家子反賜於府人, 曰 "吾不敢逆君命也." 大夫皆反其賜. 書曰 "公薨于乾侯." 言失其所也. 趙簡子問於史墨曰 "季氏出其君, 而民服焉, 諸侯與之, 君死於外, 而莫之或罪何也." 對曰 "物生有兩, 有三, 有五, 有陪貳. 故天有三辰, 地有五行, 體有左右, 各有妃耦. 王有公, 諸侯有卿, 皆有貳也. 天生季氏, 以貳魯侯, 爲日久矣. 民之服焉, 不亦宜乎. 魯君世從其失, 季氏世修其勤, 民忘君矣. 雖死於外, 其誰矜之. 社稷無常奉, 君臣無常位, 自古以然. 故『詩』曰 '高岸爲谷, 深谷爲陵.' 三后之姓, 於今爲庶, 主所知也. 在「易」卦, 雷乘「乾」曰「大壯」, 天之道也. 昔, 成季友, 桓之季也, 文姜之愛子也, 始震而卜, 卜人謁之, 曰 '生有嘉聞, 其名曰友, 爲公室輔.' 及生, 如卜人之言, 有文在其手曰 '友', 遂以名之. 旣而有大功於魯, 受費以爲上卿. 至於文子武子, 世增其業, 不廢舊績. 魯文公薨, 而東門遂殺適立庶, 魯君於是乎失國, 鄭在季氏, 於此君也4公矣. 民不知君, 何以得國. 是以爲君, 愼器與名, 不可以假人."

노정공 魯定公

노양공의 아들로 이름은 송(宋)이다. 노소공의 서제(庶弟)이다. 모친에 대해서는 기록이 남아 있지 않다. 공자가 그의 치세 중 3환을 제거하기 위해 3도(三都)를 허물고자 했으나 이내 실패하고 14년에 걸친 망명길에 오르게 되었다. 재위기간은 기원전 510년부터 495년까지 15년이다. 시법에 따르면 '정'(定)은 '안민대려'(安民大慮: 백성을 편하게 하기 위해 노력함)의 뜻을 지니고 있다.

원년(기원전 509)

원년 봄 주력(周曆) 정월, 진나라 사람이 송나라의 중기(仲幾)를 경사에서 잡았다. 여름 6월 계해, 공의 영구가 간후에서 돌아왔다. 무진, 공이 즉위했다. 가을 7월 계사, 우리 군주 소공(昭公)을 안장했다. 9월, 크게 기우제를 지냈다. 양궁(煬宮)을 세웠다. 겨울 10월, 서리가 내려 콩이 얼어죽었다.

元年春王三月, 晉人執宋仲幾于京師. 夏六月癸亥, 公之喪至自乾侯. 戊辰, 公卽位. 秋七月癸巳, 葬我君昭公. 九月, 大雩. 立煬宮, 冬十月, 隕霜殺菽.

●원년 1월 7일, 진나라 대부 위서(魏舒)가 제후국의 대부들을 적천(狄泉)에 모아놓고 성주의 축성작업에 곧바로 착수하고자 했다. 이때 위서가 이 일을 주관했다. 그러자 위나라 대부 표혜(彪傒)가 말했다.

"천자를 위한 축성작업을 하는데 자신이 나설 자리도 아니면서 하령하니 이는 도의에 맞지 않는다. 대사를 치르면서 도의를 범하면 반드시 큰 화를 입게 마련이다. 만일 진나라가 제후들의 지지를 잃지 않으면 위자(魏子: 위서)는 화를 면치 못할 것이다."

이때 위헌자(魏獻子)는 공사 감독을 한간자(韓簡子)와 원수과(原壽過)에게 위촉한 뒤 자신은 대륙(大陸: 하남성 획가현 서북쪽)에서 산야에 불을 지르며 사냥했다. 그러나 그는 돌아오는 길에 영(寧: 하남성 획가현 서쪽) 땅에서 죽었다. 범헌자(范獻子)가 그를 장사지내며 잣나무로 만든 곽을 쓰지 않았다. 이는 위헌자가 공사 완성을 복명하기도 전에 사냥했기 때문이다.

당시 노나라에서는 맹의자(孟懿子)가 축성작업에 참여했다. 1월 16일, 재(栽: 양쪽에 목판을 대고 그 사이에 흙을 다져넣음)가 시작되었다. 이때 송나라 대부 중기(仲幾)가 할당받은 공사를 접수할 생각을 하지 않은 채 주장했다.

"등나라와 설나라, 예(郳)나라가 우리 송나라를 위해 복역해야 합니다."

설재(薛宰: 설나라의 宰臣)가 반박했다.

"전에 송나라가 무도하여 우리 소국과 주왕조와의 관계를 단절하게 한 뒤 우리를 이끌고 가 초나라를 섬겼습니다. 이에 우리는 늘 송나라를 따르게 되었던 것입니다. 그러나 진문공이 천토지맹(踐土之盟)에서 결맹하며 말하기를, '나의 모든 동맹국은 각자 원래의 직위를 회복하도록 하라'고 했습니다. 이에 혹자는 천토지맹을 좇고 혹자는 송나라를 따랐으나 이 모두 명을 좇은 것입니다."

이에 중기가 말했다.

"천토지맹은 본래 그대들로 하여금 송나라를 위해 복역하게 되어 있소."

설재가 다시 반박했다.

"우리의 황조(皇朝: 선군의 의미로, '皇'은 죽은 자에 대한 경칭) 해중(奚仲)이 설 땅에 있으면서 하왕조의 거정(車正)이 되었습니다. 해중이 비(邳: 강소성 비현 동북쪽의 비성진) 땅으로 옮기자 해중의 후손인 중훼(仲虺)가 설 땅에 거처하며 은나라 탕왕의 좌상(左相)이 되었습니다. 만일 원래의 직위로 돌아가기로 하면 왕관(王官: 중훼의 직책인 '좌상'을 의미)을 접수해야 하는데 무슨 연고로 송나라를 위해 복역해야 합니까?"

이에 중기가 설득했다.

"3대(三代)는 사정이 모두 다르오. 그러니 설나라가 어찌 구례를 좇아 일을 할 수 있겠소? 지금은 송나라를 위해 복역하는 것이 바로 설나라의 직책이오."

이때 진나라 사미모가 끼어들어 건의했다.

"진나라의 집정이 새로 바뀌었으니 그대는 잠시 할당된 공사를 맡도록 하시오. 내가 돌아가서 옛 문건을 한번 조사해보도록 하겠소."

그러자 중기가 핀잔을 주었다.

"설령 그대가 잊고 있다 할지라도 산천의 귀신이야 이를 어찌 잊을 수 있겠소."

이에 사백(士伯: 사미모)이 대로하여 한간자에게 말했다.

"설나라는 인간을 증거로 삼고 송나라는 귀신을 증거로 삼으니 송나라의 죄가 큽니다. 게다가 송나라는 할 말이 없자 귀신을 들먹이며 우리를 억누르고 속이려 들고 있습니다. 계총납모(啓寵納侮: 총애를 주고 오히려 모욕을 받음)는 이같은 경우를 두고 말하는 것입니다. 반드시 중기를 처벌해야만 합니다."

이에 곧 중기를 체포해 진나라로 돌아갔다. 3월, 중기를 경사로 보냈다.

성벽의 증축작업이 30일 만에 끝났다. 이에 성주를 보위하던 각 제후국의 병사들이 귀국하게 되었다.

제나라 대부 고장(高張)은 늦게 도착해 제후국들의 축성작업을 따라가지 못했다. 그러자 진나라 대부 여숙관(女叔寬)이 말했다.

"왕실의 대부 장홍(萇弘)과 제나라 대부 고장은 모두 장차 화를 면치 못할 것이다. 장숙(萇叔: 장홍)은 천의(天意)를 어겼고 고자(高子: 고장)는 인의(人意)를 어겼다. 하늘이 훼멸시키려는 사람은 보호할 수 없고, 중인(衆人)이 하려는 일은 거스를 수 없는 것이다."

● 元年春王正月辛巳, 晉魏舒合諸侯之大夫于狄泉, 將以城成周. 魏子涖政. 衛彪傒曰 "將建天子, 而易位以令, 非義也. 大事奸義, 必有大咎. 晉不失諸侯, 魏子其不免乎." 是行也, 魏獻子屬役於韓簡子及原壽過, 而田於大陸, 焚焉. 還, 卒於甯. 范獻子去其柏椁, 以其未復命而田也. 孟懿子會城成周. 庚寅, 栽. 宋仲幾不受功, 曰 "滕薛郳, 吾役也." 薛宰曰 "宋爲無道, 絶我小國於周, 以我適楚. 故我常從宋. 晉文公爲踐土之盟, 曰 '凡我同盟, 各復舊職'. 若從踐土, 若從宋, 亦唯命." 仲幾曰 "踐土固然." 薛宰曰 "薛之皇祖奚仲居薛以爲夏車正. 奚仲遷于邳, 仲虺居薛, 以爲湯左相. 若復舊職, 將承王官, 何故以役諸侯." 仲幾曰 "三代各異物, 薛焉得有舊. 爲宋役亦其職也." 士彌牟曰 "晉之從政者新, 子姑受功. 歸, 吾視諸故府." 仲幾曰 "縱子忘之, 山川鬼神其忘諸乎." 士伯怒, 謂韓簡子曰 "薛徵於人, 宋徵於鬼, 宋罪大矣. 且已無辭而抑我以神, 誣我也. 啓寵納侮, 其此之謂矣. 必以仲幾爲戮." 乃執仲幾以歸. 三月, 歸諸京師. 城三旬而畢, 乃歸諸侯之戍. 齊高張後, 不從諸侯. 晉女叔寬曰 "周萇弘·齊高張皆將不免. 萇叔違天, 高子違人. 天之所壞, 不可支也. 衆之所爲, 不可奸也."

● 여름, 노나라 대부 숙손성자(叔孫成子: 숙손착의 아들 叔孫不敢)가 노소공의 영구를 간후에서 맞이했다. 이때 계손의여(季孫意如: 계평자)가 숙손성자에게 말했다.

"자가자(子家子)는 전에 나와 자주 이야기를 나눴는데 일찍이 그의 말이 나의 뜻에 부합하지 않은 적이 한 번도 없었소. 나는 그와 함께 종정(從政: 정사를 행함)하고 싶소. 그대는 반드시 그가 밖으로 나가지 못하게 만류하고 그의 말을 꼭 들어주도록 하시오."

그러나 자가자는 숙손성자를 만나주지 않고 곡할 때도 조우하지 않기 위해 원래 정해졌던 시간을 변경시켰다. 숙손성자가 접견을 청하자 자가자가 사양했다.

"나 기(羈)는 그대를 알기 전에 이미 군주를 좇아 출국했소. 군주는 나에게 아무런 명도 내리지 않은 채 훙거했소. 그래서 나는 감히 그대를 만날 수 없소."

이에 숙손성자가 사람을 시켜 자가자에게 이같이 고하게 했다.

"공연(公衍)과 공위(公爲) 두 공자가 사실 군신들로 하여금 군주를 모시지 못하게 만든 것입니다. 만일 공자 송(宋)이 사직을 이끌게 된다면 이는 곧 군신들의 바람이기도 합니다. 무릇 군주를 좇아 출국했다가 다시 돌아올 수 있는 사람들은 모두 그대의 명을 좇아 결정을 내릴 것입니다. 자가씨(子家氏)는 그대가 출국한 뒤 후계자가 없는 상황입니다. 또 계손씨는 그대와 함께 종정(從政)하기를 간절히 바라고 있습니다. 나의 말은 모두 계손씨의 소망으로 그는 나를 보내 이 이야기를 그대에게 전하도록 했습니다."

자가자가 이같이 회답했다.

"만일 새 군주를 세우려 한다면 이는 경과 사대부, 수구(守龜: 점복용 거북등)에 달린 것이니 나로서는 감히 알 바가 아니오. 만일 선군을 좇아 나온 사람들 중 겉으로만 출국한 사람은 들어가도 좋소. 그러나 계손씨를 원수로 삼고 출국한 자들은 외국으로 가는 것이 가하오. 나로 말하면 선군이 나의 출국은 알지만 귀국에 대해서는 알지 못했소. 나는 외국으로 달아날 생각이오."

노소공의 영구가 괴퇴(壞隤: 산동성 곡부현)에 이르자 공자 송이 먼저 입국했다. 노소공을 좇아 출국했던 사람들이 모두 괴퇴에서 귀국하지 않고 출분(出奔)했다. 6월 21일, 노소공의 시신이 간후에서 노나라 도성에 당도했다. 6월 26일, 노나라의 새 군주 노정공(魯定公: 공자 송)이 즉위했다. 계손의여가 인부들을 감공씨(闞公氏: 노나라 선군들의 묘소가 모여 있는 곳)로 보내 노소공이 묻힐 자리의 둘레에 도랑을 파게 했다. 이에 대부 영가아(榮駕鵝)가 만류했다.

"군주가 살아 있을 때 제대로 섬기지도 못하고 사후에 또 그의 묘를 다른 선군의 묘와 떼어놓으려고 하니 이로써 자정(自旌: 여기서는 자신의 잘못을 스스로 드러낸다는 뜻임)하려는 것입니까. 설령 그대는 이를 용인할지라도 후손 중에는 반드시 이를 부끄럽게 여기는 자가 나올 것입니다."

이에 도랑 파는 일을 그만두게 했다. 이때 계손의여가 영가아에게 물었다.

"내가 선군에게 시호를 올려 자손들로 하여금 그 내력을 알 수 있도록 조치하고자 하오. 그대는 어찌 생각하오?"

"살아 있을 때 제대로 섬기지도 못하고 사후에 또 좋지 않은 시호를 올려 이로써 자신(自信: 스스로 변명한다는 뜻으로, '信'은 '申'과 통함)하려는 것입니까? 어찌 이같이 하려는 것입니까?"

이에 시호 올리는 일을 그만두었다. 가을 7월 22일, 노소공을 선군의 묘로 가는 길 남쪽에 안장했다. 훗날 공자(孔子)는 노나라의 사구가 되었을 때 노소공의 묘지 밖으로 도랑을 파 노소공의 묘를 선군들과 같은 묘역에 들게 했다.

이전에 노소공이 출국하자 계평자가 양공(煬公: 伯禽의 아들로 노나라의 선군)의 신령에게 빈 적이 있었다. 9월, 양궁(煬宮: 煬公의 사당)을 세웠다.

주왕실의 공간공(鞏簡公)이 자신의 자제들을 버려둔 채 원인(遠人: 여기서는 이민족을 지칭)을 등용하는 것을 매우 좋아했다.

夏, 叔孫成子逆公之喪于乾侯. 季孫曰 "子家子亟言於我, 未嘗不中吾志也. 吾欲與之從政, 子必止之, 且聽命焉." 子家子不見叔孫, 易幾而哭. 叔孫請見子家子, 子家子辭曰 "羈未得見, 而從君以出. 君不命而薨, 羈不敢見." 叔孫使告之曰 "公衍公爲實使群臣不得事君. 若公子宋主社稷, 則群臣之願也. 凡從君出而可以入者, 將唯子是聽. 子家氏未有後, 季孫願與子從政, 此皆季孫之願也, 使不敢以告." 對曰 "若立君, 則有卿士大夫與守龜在, 羈弗敢知. 若從君者, 則貌而出者, 入可也. 寇而出者, 行可也. 若羈也, 則君知其出也, 而未知其入也. 羈將逃也." 喪及壞隤, 公子宋先入, 從公者皆自壞隤反. 六月癸亥, 公之喪至自乾侯. 戊辰, 公卽位. 季孫使役如闞公氏, 將溝焉. 榮駕鵝曰 "生不能事, 死又離之, 以自旌也. 縱子忍之, 後必或恥之." 乃止. 季孫問於榮駕鵝曰 "吾欲爲君諡, 使子孫知之." 對曰 "生弗能事, 死又惡之, 以自信也. 將焉用之." 乃止. 秋七月癸巳, 葬昭公於墓道南. 孔子之爲司寇也, 溝而合諸墓. 昭公出, 故季平子禱於煬公. 九月, 入煬宮. 周萇簡公棄其子弟, 而好用遠人.

2년(기원전 508)

2년 봄 주력(周曆) 정월, 여름 5월 임진, 치문(雉門)과 양관(兩觀)에 화재가 났다. 가을, 초나라 사람이 오나라를 쳤다. 겨울 10월, 치문과 양관을 새로 만들었다.

二年春王正月. 夏五月壬辰, 雉門及兩觀災. 秋, 楚人伐吳. 冬十月, 新作雉門及兩觀.

● 2년 여름 4월 24일, 공씨(鞏氏)의 여러 자제들이 공간공(鞏簡公)을 죽였다.

이때 동(桐: 안휘성 동성현 북쪽)나라가 초나라를 배반했다. 이에 오왕이 서구(舒鳩: 群舒國의 하나로, 안휘성 서성현에 위치)의 군주에게 명하여 초나라 사람을 유인하게 하면서 당부했다.

"초나라가 군사를 보내 오나라 가까이 접근하도록 청하시오. 그러면 우리는 동나라를 칠 것이오. 이는 그들이 우리 오나라를 꺼리지 않도록 만들기 위한 것이오."

가을, 초나라 영윤 낭와(囊瓦)가 군사를 이끌고 예장(豫章)을 출발해 오나라 군사를 쳤다. 그러자 오나라 사람이 전선(戰船)을 예장 부근으로 보내면서 군사를 소(巢) 땅에 은밀히 매복시켰다.

겨울 10월, 오나라 군사가 예장에서 기습공격을 가해 초나라 군사를 격파했다. 이에 곧바로 소 땅을 포위하여 이를 공략한 뒤 초나라 공자 번(繁)을 포로로 잡았다.

　이때 주장공(邾莊公)이 대부 이역고(夷射姑: '이야고'로 읽기도 함)와 함께 술을 마셨다. 도중에 이역고가 사출(私出: 소변을 보러 나갔다는 뜻으로, '私'는 소변을 의미)했다. 이때 문지기가 고기를 좀 달라고 하자 이역고가 그의 몽둥이를 빼앗아 그를 때렸다.

　二年夏四月辛酉, 鞏氏之群子弟賊簡公. 桐叛楚, 吳子使舒鳩氏誘楚人, 曰"以師臨我, 我伐桐, 爲我使之無忌." 秋, 楚囊瓦伐吳, 師于豫章. 吳人見舟于豫章, 而潛師于巢. 冬十月, 吳軍楚師于豫章, 敗之. 遂圍巢, 克之, 獲楚公子繁. 邾莊公與夷射姑飮酒, 私出. 閽乞肉焉, 奪之杖以敲之.

3년(기원전 507)

　3년 봄 주력(周曆) 정월, 공이 진나라로 가던 중 황하에 이르렀다가 되돌아왔다. 2월 신묘, 주자 천(穿)이 졸했다. 여름 4월. 가을, 주장공(邾莊公)을 안장했다. 겨울, 중손하기(仲孫何忌)가 주자와 발(拔)에서 결맹했다.

　三年春王正月, 公如晉, 至河乃復. 二月辛卯, 邾子穿卒. 夏四月. 秋, 葬邾莊公. 冬, 仲孫何忌及邾子盟于拔.

　●3년 봄 2월 29일, 주장공이 문루(門樓)에 올라가 정원을 내려다보았다. 이때 문지기가 병에 든 물을 정원에 쏟는 모습이 눈에 띄었다. 주장공이 대로하자 문지기가 말했다.

　"이역고가 전에 여기에 소변을 보았습니다."

　이에 주장공이 곧바로 이역고를 체포하도록 했다. 그러나 그를 잡지 못하자 주장공이 분을 참지 못하고 상 위에서 뛰어내리다가 화로의 숯불 위로 떨어져 큰 화상을 입고 마침내 죽고 말았다. 그를 장례지내면서 수레 5승과 사람 5명을 순장했다. 주장공은 성질이 변급(卞急: 조급)하고 정결한 것을 너무 좋아한 나머지 이같은 일을 당한 것이다.

가을 9월, 선우나라 사람이 진나라 군사를 평중(平中: 하북성 당현)에서 격파하고 진나라 대부 관호(觀虎)를 포로로 잡았다. 이는 자신의 용기를 과신한 데 따른 것이다.

겨울, 노나라 대부 중손하기(仲孫何忌)가 주자(邾子: 邾隱公)와 담(郯: 산동성 담성현 서남쪽) 땅에서 결맹했다. 이는 구호(舊好)를 다지기 위한 것이었다.

이때 채소공(蔡昭公: 채도공의 아들 채후 申)이 패옥(佩玉) 두 개와 갖옷 두 벌을 마련해 초나라로 가 패옥 하나와 갖옷 한 벌을 초소왕에게 바쳤다. 초소왕이 이를 착용하고 채소공을 위한 향례를 베풀었다. 마침 채소공도 나머지 갖옷과 패옥을 착용하고 향례에 참석했다. 이를 본 초나라 영윤 자상(子常)이 이를 갖고 싶어했으나 채소공이 이를 주지 않았다. 그러자 자상이 채소공을 3년 동안이나 초나라에 억류했다.

마침 이때 당성공(唐成公)도 초나라에 왔다. 그는 명마인 숙상마(肅爽馬: 마음은 기러기처럼 생긴 말로 해석) 두 필을 갖고 있었다. 자상이 이를 갖고 싶어했으나 당성공이 주지 않았다. 그러자 자상은 당성공 역시 3년 동안 초나라에 억류했다. 마침내 당나라 사람들이 서로 숙의한 뒤 우선 초나라에 전에 당성공을 수종하던 자들을 바꾸어 달라고 요청했다. 초나라가 이를 허락하자 교대차 간 사람들이 이전의 수종자들에게 술을 먹여 취하게 만든 뒤 당성공의 말을 훔쳐 자상에게 바쳤다. 그러자 자상이 당성공을 귀환시켰다.

당성공이 귀국하자 말을 훔쳐 자상에게 바친 자들이 스스로 몸을 묶은 뒤 자진해서 사패(司敗: 사구)에게 나아가 말했다.

"군주가 농마(弄馬: 말을 애호함)로 인해 곤경에 빠지고 나라와 군신들을 버리게 되었습니다. 청컨대 저희들이 말을 키우는 자를 도와 장차 말을 배상할 수 있도록 해주십시오. 그리 되면 두 마리의 숙상마를 다시 찾는 셈이 될 것입니다."

그러자 당성공이 후회했다.

"이는 모두 과인의 잘못이었소. 그대들은 스스로를 욕되게 하지 마시오."

그러고는 그들에게 두루 상을 내렸다.

채나라 사람들이 이 말을 전해 듣고 채소공에게 굳이 요청하여 나머지 패옥을 자상에게 바쳤다. 이에 자상이 상조(上朝)하여 채소공을 수종하는 자들을 만난 뒤 유사에게 명했다.

"채군(蔡君)이 우리 나라에 오랫동안 머문 것은 그대들이 전별의 예물을 올리지 않았기 때문이다. 내일까지 예물이 완비되지 못할 경우 그대들을 사형에 처할 것이다."

이에 채소공이 귀국하게 되었다. 채소공이 귀국 도중 한수에 이르러 옥을 꺼내 강물에 내던지며 맹서했다.

"내가 다시 이 한수를 건너 남쪽으로 내려가면 이 대천(大川)이 내 다짐의 증거가 될 것이다."

얼마 후 채소공이 진나라로 가 아들 원(元)과 대부의 자제들을 인질로 바치면서 초나라 공벌을 청했다.

三年春二月辛卯, 邾子在門臺, 臨廷. 閽以缾水沃廷. 邾子望見之, 怒. 閽曰 "夷射姑旋焉." 命執之. 弗得, 滋怒, 自投于牀, 廢于鑪炭爛, 遂卒. 先葬以車五乘殉五人. 莊公卞急而好潔, 故及是. 秋九月, 鮮虞人敗晉師於平中, 獲晉觀虎, 恃其勇也. 冬, 盟于鄖, 修邾好也. 蔡昭侯爲兩佩與兩裘以如楚, 獻一佩一裘於昭王. 昭王服之, 以享蔡侯. 蔡侯亦服其一. 子常欲之. 弗與. 三年止之. 唐成公如楚, 有兩肅爽馬, 子常欲之, 弗與. 亦三年止之. 唐人或相與謀, 請代先從者, 許之. 飮先從者酒, 醉之, 竊馬而獻之子常. 子常歸唐侯. 自拘於司敗, 曰 "君以弄馬之故, 隱君身, 棄國家群臣. 請相夫人以償馬, 必如之." 唐侯曰 "寡人之過也, 二三子無辱." 皆賞之. 蔡人聞之, 固請而獻佩于子常. 子常朝, 見蔡侯之徒, 命有司, 曰 "蔡君之久也, 官不共也. 明日, 禮不畢, 將死." 蔡侯歸, 乃漢, 執玉而沈, 曰 "余所由濟漢而南者, 有若大川." 蔡侯如晉, 以其子元與其大夫之子爲質焉, 而請伐楚.

4년(기원전 506)

4년 봄 주력(周曆) 2월 계사, 진후(陳侯) 오(吳)가 졸했다. 3월, 공이 유자(劉子)·진후·송공·채후·위후·진자(陳子)·정백·허남·조백·거자·주자·돈자·호자·등자·설백·기백·소주자·제나라의 국하(國夏)와 소릉(召陵)에 모여 초나라를 침공했다. 여름 4월 경진, 채나라의 공손 성(姓)이 군사를 이끌고 가 심(沈)나라를 멸하고 심자 가(嘉)를 데리고 돌아가 죽였다. 5월, 공이 제후들과 고유(皐鼬)에서 결맹했다. 기백 성(成)이 모임에서 졸했다. 6월, 진혜공(陳惠公)을 안장했다. 허(許)가 용성(容城)으로 옮겼다. 가을 7월, 공이 모임에서 돌아왔다. 유권(劉卷)이 졸했다. 기도공(杞悼公)을 안장했다. 초나라 사람이 채나라를 포위했다. 진나라 사앙·위나라 공어(孔圉)가 군사를 이끌고 가 선우(鮮虞)를 쳤다. 유문공(劉文公)을 안장했다. 겨울 11월 경오, 채후가 오자(吳子)를 따라 초나라 사람과 백거(柏擧)에서 싸웠다. 초나라 군사가 크게 패했다. 초나라의 낭와(囊瓦)가 정나라로 망명했다. 경진, 오자가 영(郢)으로 들어갔다.

四年春王二月癸巳, 陳侯吳卒. 三月, 公會劉子晉侯宋公蔡侯衛侯陳子鄭伯許男曹伯莒子邾子頓子胡子滕子薛伯杞伯小邾子齊國夏于召陵, 侵楚. 夏四月庚辰, 蔡公孫姓帥師, 滅沈, 以沈子嘉歸殺之, 五月, 公及諸侯盟于皐鼬. 杞伯成卒于會. 六月, 葬陳惠公. 許遷于容城. 秋七月, 公至自會. 劉卷卒. 葬杞悼公. 楚人圍蔡. 晉士鞅衛孔圉帥師, 伐鮮虞. 葬劉文公. 冬十一月庚午, 蔡侯以吳子及楚人戰于柏擧, 楚師敗績, 楚囊瓦出奔鄭, 庚辰, 吳入郢.

● 4년 봄 3월, 유문공(劉文公)이 소릉(召陵)에서 제후들과 만났다. 이는 초나라 공벌을 논의하기 위한 것이었다. 이때 진나라 대부 순인(荀寅)이 채소공에게 재물을 구했으나 뜻을 이루지 못했다. 그러자 순인이 범헌자에게 말했다.

"나라가 마침 위급한 상황에 처해 있고 제후들 또한 두 마음을 품고 있습니다. 이같은 상황에서 적을 습격하려 하고 있으니 이는 매우 어려운 일이 아니겠습니까. 수료(水潦: 大雨)가 곧 내리게 되면 학질이 일어날 것입니다. 또 중산(中山: 선우들이 거주하던 지역으로, 하북성 정현과 완현 일대)이 복종하지 않고 있는 상황에서 초나라와 맺은 맹약을 버리고 원한을 사면 초나라에게 별다른 손상을 입히지도 못할 뿐만 아니라 자칫 중산까지 잃게 될 것입니다. 그러니 차라리 채나라 군주의 요구를 거절하느니만 못합니다. 우리는 방성(方城)의 싸움 이래 초나라에 대해 우리의 뜻을 편 적이 없습니다. 출병은 단지 취근(取勤: 군사들을 지치게 하고 군수품을 소모함)할 뿐입니다."

이에 진나라가 이내 채소공의 청을 사사(辭謝: 사절)하게 되었다.

이때 진나라 사람이 정나라로부터 우모(羽旄: 羽毛로, 곧 깃발 장식)를 빌리고자 했다. 정나라 사람이 이를 수락했다. 다음날 진나라의 하급 군관이 우모로 장식한 깃발을 들고 회의에 참석했다. 이에 진나라가 제후들로부터 신망을 잃었다. 제후들이 장차 회동하려고 할 때 위나라 대부 자행경자(子行敬子)가 위영공(衛靈公)에게 건의했다.

"이번 회동은 소기의 목적을 이루는 데 어려움이 뒤따를 것입니다. 여러 이견으로 쟁론이 그치지 않을 것이나 어찌할 도리가 없습니다. 그러니 축타(祝佗: 子魚)를 대동하여 회동에 참여하기 바랍니다."

"그 방안이 매우 좋을 듯하오."

자어에게 함께 갈 것을 청하자 자어가 사양했다.

"저는 전력으로 일을 하여 선인의 직책을 계승하고자 하나 오히려 그 임무를 다 수행치 못해 벌을 받을까 두려워하고 있습니다. 만일 또 다른 일까지 맡게 되면 이는 대죄를 짓는 셈입니다. 태축(大祝)을 맡은 자는 사직의 신령이 늘 곁에 두고 부리는 상례(常隷: 잔심부름하는 小臣)입니다. 사직의 신령이 출동하지 않는 한 태축은 국경을 넘지 않는 것이 관제(官制)입니다. 군주가 군사를 이끌고 출동하면서 불사흔고(祓社釁鼓: 토지신의 사당에서 희생의 피를 군고에 바름)하면 태축은 사신(社神: 토지신)을 받들고 군사를 따르게 되니 이때야 비로소 국경을 넘게 됩니다. 만일 다른 제후들과의 회동과 같이 좋은 일이 있을 때에는 군주가 가면 1사(師), 경이 가면 1려(旅)의 군사가 그 뒤를 따르게 됩니다. 이 경우에는 제가 할 일이 없습니다."

"그대로 같이 가도록 합시다."

자어가 할 수 없이 위영공을 따라나섰다. 위영공 일행은 고유(皐鼬: 하남성 임영현 남쪽)에 이르러 채나라가 위나라보다 먼저 삽혈(歃血)하게 될 것이라는 이야기를 들었다. 이에 위영공이 사적으로 축타를 왕실의 대부 장홍(萇弘)에게 보내 문의했다.

"노상에서 들어 사실인지 여부를 알 수 없습니다. 그러나 듣건대 채나라가 위나라보다 앞서 삽혈한다고 하니 과연 이것이 사실입니까?"

장홍이 회답했다.

"사실이오. 채나라 시조인 채숙(蔡叔)이 위나라 시조인 강숙(康叔)의 형님이었으니 채나라가 먼저 삽혈하는 것이 또한 가하지 않겠소?"

위나라 대부 자어(子魚)가 반박했다.

"선왕의 기준에서 보면 덕행의 숭상이 잣대가 되어야 합니다. 옛날 주무왕은 상왕조를 쳐 승리했고 주성왕은 천하를 평정한 뒤 밝은 덕이 있는 자를 가려 봉함으로써 주왕조의 울타리로 삼았습니다. 그래서 주공(周公)은 왕실을 도와 윤천하(尹天下: 천하를 다스림)했고 제후들도 왕실과 화목했던 것입니다.

이때 노공(魯公: 주공의 아들로 노나라의 시조인 伯禽)을 봉하면서 그에게 대로(大路)와 대기(大旂: 깃발 위에 교룡을 그린 기), 하후씨(夏后氏)의 황옥(璜玉: 半璧), 봉보(封父: 하남성 봉구현)나라의 번약(繁弱: 고대의 名弓)을 내려주었습니다. 또 은왕조의 6개 씨족인 조씨(條氏)·서씨(徐氏)·소씨(蕭氏)·색씨(索氏)·장작씨(長勺氏)·미작씨(尾勺氏)를 나누어주면서, 이들로 하여금 그 종씨(宗氏: 본종 밑의 각 씨족)를 이끌며 분족(分族: 나머지 小宗의 일족)을 거두고 유추(類醜: 6개 씨족의 노예)를 통솔한 가운데 주공의 법령을 따르게 했습니다. 이에 모두 주왕조에 귀부하여 명을 받들게 된 것입니다. 이는 노공으로 하여금 노나라에서 직무를 충실히 수행하여 주공의 명덕을 널리 밝히게 한 것입니다. 또 땅과 배돈(陪敦: 부용국), 태축(大祝)·종인(宗人)·태복(大卜)·태사(大史) 등의 관원, 비물전책(備物典策: 여러 기물과 서책), 각 관사의 이기(彝器: 종묘제사에 필요한 기물) 등을 나눠주었습니다. 이어 상엄(商奄: 산동성 곡부현)나라가 다스리던 백성을 안무하고 백금을 시켜 그들을 훈계하도록 한 후 소호지허(少皞之虛: 소호씨의 고성으로 알려진 터로, 산동성 곡부현에 위치)에 봉했습니다.

이때 강숙(康叔: 위나라 시조)에게는 대로와 소백(少帛: 小白과 같은 뜻으로, 깃발 이름)·천패(綪茷: 커다란 적색기)·전정(旃旌: 기치로, '전'은 아무런 장식이 없는 비단으로 만든 기), 대려(大呂: 종의 일종)를 비롯해 은왕조의 7개 씨족인 도씨(陶氏)·시씨(施氏)·번씨(繁氏)·기씨(錡氏)·번씨(樊氏)·기씨(饑氏)·종규씨(終葵氏)를 나눠주었습니다. 봉진(封畛: 봉토)의 변계는 무보(武父: 위치 미상)의 남쪽 땅에서 포전(圃田: 原圃로, 하남성 정주시 동쪽)의 북쪽 경계까지로 정했습니다. 또 유염(有閻: 하남성 낙양시 부근)에서 나오는 수입으로 왕실이 명한 임무를 수행하는 데 필요한 경비를 충당하게 했습니다. 이어 상토(相土: 은나라의 선조)의 동도(東都)를 차지해 이로써 천자의 동수(東蒐: 동방 순행) 때 편리를 제공하게 했습니다. 이때 담계(聃季: 주공 단의 동생)가 땅을 내주고, 도숙(陶叔: 曹叔 振鐸)이 백성을 내주자 『서경』「주서·강고(康誥)」로써 그들을 훈계하고, 은허(殷虛)에 봉했습니다. 이에 노공과 강숙은 모두 은나라의 정치로써 백성을 이끌었고 땅의 경계를 정할 때는 주척(周尺)을 이용했습니다.

이때 당숙(唐叔: 진나라의 시조)에게는 대로와 밀수(密須: 감숙성 영대현 서쪽)의 북, 궐공(闕鞏: 궐공지역에서 나온 갑옷을 지칭), 고선(沽洗: '고선'의 음률을 내는 종을 지칭), 회성(懷姓: 당나라의 나머지 백성)의 9개 씨족, 5정(五正: 五官)의 관직을 나눠주었습니다.『서경』

「당고」(唐誥: 실전된 고서의 편명)로써 그들을 훈계하고, 하허(夏虛: 하나라의 옛터로, 산서성 태원시와 익성현 동쪽이라는 설이 대립)에 봉했습니다. 당숙은 하나라의 정치로써 백성을 이끌었고 땅의 경계를 정할 때는 융척(戎尺)을 이용했습니다.

이들 이 세 사람은 모두 천자의 형제들로 영덕(令德: 미덕)을 갖추고 있었습니다. 이에 천자가 기물을 나눠주며 이들의 덕행을 널리 선양했던 것입니다. 이에 반해 주문왕과 주무왕, 주성왕, 주강왕에게 형들이 매우 많았지만 이들은 이같은 기물을 나눠 받지 못했습니다. 이는 오직 상년(尙年: 나이 많은 것을 숭상함)하지 않은 데 따른 것입니다. 관숙(管叔)과 채숙(蔡叔)이 은나라 사람을 유인해 왕실을 기간(覬覦: 침공을 획책함)하자 천자는 관숙을 죽이고, 채숙을 내쫓으면서 수레 7승과 시종 70명만 주었습니다. 채숙의 아들 채중(蔡仲: 이름은 胡)이 악행을 고치고 덕행을 존숭하자 주공이 그를 등용하여 자신의 경사(卿士)로 삼고 이어 천자를 조현하게 하여 채후(蔡侯)로 봉했습니다. 명서(命書)에 이르기를, '천자가 말씀하셨다. 호(胡: 채중)야, 그대는 그대의 부친과 같이 왕명을 거역하는 일을 하지 말라'고 했습니다. 그런데 어찌하여 채나라가 위나라에 앞서 삽혈을 한다는 것입니까. 주무왕의 동모제로는 8명이 있었는데 주공은 태재(大宰), 강숙은 사구, 담계는 사공이 되었으나 나머지 5숙(五叔)[1]은 관직이 없었습니다. 그러니 어찌 상년(尙年)했다고 할 수 있겠습니까. 조(曹)나라 시조는 주문왕의 아들이었고, 진(晉)나라의 시조는 주무왕의 아들이었습니다. 조나라는 백작으로 전복(甸服)이 되었으니 이는 상년한 것이 아닙니다. 이제 상년을 하게 되면 이는 선왕의 뜻에 위배되는 것입니다. 진문공이 천토지맹을 주재할 때 위성공(衛成公)은 그 자리에 있지도 않았지만 대리로 갔던 이숙(夷叔)은 위성공의 동모제였던 까닭에 채나라 군주보다 먼저

---

1) '5숙'과 관련해 두예는 관숙(管叔: 鮮)·채숙(蔡叔: 度)·성숙(成叔: 武)·곽숙(霍叔: 處)·모숙(毛叔: 聃)으로 보았다. 모숙 대신 조숙(曹叔: 振鐸)을 끼워 넣는 견해도 있다.

삽혈하게 되었습니다. 이때 재서(載書)에 이르기를, '천자가 말씀하셨으니, 진나라의 중(重)과 노나라의 신(申), 위나라의 무(武), 채나라의 갑오(甲午), 정나라의 첩(捷), 제나라의 반(潘), 송나라의 왕신(王臣), 거나라의 기(期) 등이여'라고 했습니다. 이는 왕실의 문서 창고에 간직되어 있으니 언제라도 거듭 볼 수 있습니다. 그대는 주문왕과 주무왕의 법도를 회복시키려고 하면서 자신의 덕행을 바로 세우려고 하지 않으니 장차 어찌하려는 것입니까."

그러자 장홍이 크게 기뻐하며 이를 유자(劉子)에게 보고한 뒤 범헌자와 이 일을 상의했다. 결국 결맹 때 위영공이 채소공에 앞서 삽혈하게 되었다.

소릉(召陵)의 회맹이 끝나 귀국하던 중 정나라 대부 자태숙이 미처 정나라 땅에 들어오기도 전에 죽고 말았다. 이에 진나라 대부 조간자가 조문을 왔는데 슬피 통곡하면서 말했다.

"황보지회(黃父之會: 노소공 25년 당시의 회동)에서 돌아가신 분은 나에게 아홉 가지를 일러주었소. 그분은 말하기를, '시란(始亂: 화란을 일으킴)과 호부(怙富: 재부를 과신함), 시총(恃寵: 백성들의 신망에 기댐), 위동(違同: 여러 사람의 희망과 배치됨), 오례(敖禮: 예를 지키는 사람을 오만하게 바라봄), 교능(驕能: 자신의 능력을 뽐냄), 복노(復怒: 동일한 사안에 거듭 화를 냄), 모비덕(謀非德: 덕에 부합하지 않은 일을 꾀함), 범비의(犯非義: 의롭지 못한 일을 행함) 등의 일을 저지르지 말라'고 했소."

四年春正月, 劉文公合諸侯于召陵, 謀伐楚也. 晉荀寅求貨於蔡侯, 弗得. 言於范獻子曰 "國家方危, 諸侯方貳, 將以襲敵, 不亦難乎. 水潦方降, 疾瘧方起, 中山不服, 棄盟取怨, 無損於楚, 而失中山, 不如辭蔡侯. 吾自方城以來, 楚未可以得志, 祇取勤焉." 乃辭蔡侯. 晉人假羽旌於鄭, 鄭人與之. 明日, 或旆以會. 晉於是乎失諸侯. 將會, 衛子行敬子言於靈公曰 "會同難, 嘖有煩言, 莫之治也. 其使祝佗從." 公曰 "善." 乃使子魚. 子魚辭曰 "臣展四體, 以率舊職, 猶懼不給而煩刑書, 若又共二, 徼大罪也. 且夫祝, 社稷之常隷也. 社稷不動, 祝不出竟, 官之制也. 君以軍行, 祓社釁鼓. 祝奉以從, 於是乎出竟. 若嘉好之事, 君行師從, 卿行旅從, 臣無事焉." 公曰 "行也." 及皐鼬, 將長蔡於衛. 衛侯使祝佗, 私於萇弘曰 "聞諸道路. 不知信否. 若聞蔡將先衛, 信乎." 萇弘曰 "信. 蔡叔, 康叔之兄也, 先衛不亦可乎." 子魚曰 "以先王觀之, 則尙德也. 昔, 武王克商, 成王定之, 選建明德, 以藩屛周. 故周公相王室, 以尹天下, 於周爲睦. 分魯公以大路大旂, 夏后氏之璜, 封父之繁弱, 殷民六族, 條氏·徐氏·蕭氏·索氏·長勺氏·尾勺氏, 使帥其宗氏, 輯其分族, 將其類醜, 以法則周公, 用卽命于周. 是使之職事于魯, 以昭周公之明德. 分之土田陪敦, 祝宗卜史, 備物典策, 官司彝器. 因商奄之民, 命以伯禽, 而封於少皥之虛. 分康叔以大路·少帛·綪茷·旃旌·大呂, 殷民七族, 陶氏·施氏·繁氏·錡氏·樊氏·饑氏·終葵氏, 封畛土略, 自武父以南及圃田之北景, 取於有閻之土, 以共王職. 取於相土之東都, 以會王之東蒐. 聃季授土, 陶叔授民, 命以「康誥」, 而封於殷虛, 皆啓以商政, 疆以周索. 分唐叔以大路·密須之鼓·闕鞏·沽洗, 懷姓九宗, 職官五正. 命以「唐誥」, 而封於夏虛, 啓以夏政, 疆以戎索. 三者皆叔也, 而有令德, 故召之以分物. 不然, 文武成康之伯猶多, 而不獲是分也, 唯不尙年也. 管蔡啓商, 惎間王室. 王於是乎殺管叔而蔡蔡叔, 以車七乘, 徒七十人. 其子蔡仲, 改行帥德, 周公擧之, 以爲己卿士. 見諸王而命之以蔡, 其命書云 '工口, 胡, 無若爾考之違王命也.' 若之何其使蔡先衛也. 武王之母弟八人, 周公爲大宰, 康叔爲司寇, 聃季爲司空, 五叔無官, 豈尙年哉. 曹, 文之昭也. 晉, 武之穆也. 曹爲伯甸, 非尙年也. 今將尙之, 是反先王也. 晉文公爲踐土之盟, 衛成公不在, 夷叔, 其母弟也, 猶先蔡. 其載書云 '王若曰. 晉重·魯申·衛武·蔡甲午·鄭捷·齊潘·宋王臣·莒期.' 藏在周府, 可覆視也. 吾子欲復門門之略, 而不正其德, 將如之何." 萇弘說, 告劉子與范獻子謀之, 乃長衛侯於盟. 反自召陵, 鄭子大叔未至而卒. 晉趙簡子爲之臨, 甚哀, 曰 "黃父之會, 夫子語我九言, 曰 '無始亂, 無怙富, 無恃寵, 無違同, 無敖禮, 無驕能, 無復怒, 無謀非德, 無犯非義.'"

●심(沈: 하남성 여양현 동쪽)나라 사람이 주왕실의 유문공이 소집한 소릉의 회동에 참석하지 않았다. 이에 진나라 사람이 채나라를 시켜 심나라를 치게 했다. 여름, 채나라가 심나라를 멸망시켰다. 가을, 초나라가 심나라를 구한다는 구실로 채나라를 포위했다.

이때 오원(伍員)이 오나라의 행인이 되어 초나라에 대한 대응 방안을 모색했다. 이에 앞서 초나라에서 좌윤 극완(郤宛: 子惡)을 죽였을 때 극완의 당우인 백씨(伯氏: 태재 백주리)의 일족이 국외로 달아났다. 백주리(伯州犁)의 손자 백비(伯嚭: 子餘)가 오나라로 달아난 후에 태재가 되었다. 그 또한 초나라를 도모하고자 했다.

이로 인해 초나라는 초소왕이 즉위한 이래 오나라 군사의 공격을 받지 않는 해가 없었다. 채소공은 오(吳)·초(楚) 간의 갈등을 틈타 그의 아들 건(乾)과 대부의 자제들을 오나라에 인질로 보냈다. 겨울, 채소공과 오왕 합려, 당성공(唐成公)이 연합하여 초나라를 쳤다. 오나라 군사가 전선을 회예(淮汭)에 정박시킨 뒤 상륙하여 남진했다. 예장을 출발해 진공한 오나라 군사는 마침내 초나라 군사와 협한(夾漢: 한수를 사이에 둠)하여 대치하게 되었다. 이때 초나라의 좌사마 심윤 술(戌)이 영윤 자상에게 건의했다.

"영윤은 한수 연안을 지키면서 상하류를 모두 차단해 오나라 군사가 도강하지 못하도록 하십시오. 나는 방성(方城: 하남성 섭현 경내)을 지키는 군사를 제외한 전군(全軍)을 이끌고 가 회수 연안에 정박해 있는 적선을 모두 침몰시키겠습니다. 이어 군사를 돌려 다시 대수(大隧: 하남성 신양현 남쪽 90리에 위치한 黃峴關)·직원(直轅: 하남성 신양현 동남쪽 150리에 위치한 武陽關)·명액(冥阨: 하남성 신양현 동남쪽 90리에 위치한 平靖關)의 한동3관(漢東三關)을 막겠습니다. 이때 영윤이 한수를 도강해 적들을 정면으로 치고 들어갈 때 내가 적들의 후면을 쳐 협격을 가하면 틀림없이 적들을 대파할 수 있을 것입니다."

자상이 이를 받아들이자 두 사람은 각자 이 계책을 좇아 행동에 들어갔다. 그런데 마침 무성(武城: 하남성 남양현 북쪽)의 대부 흑(黑)이 자상에게 건의했다.

"오나라의 목제(木製) 전차에 비해 우리가 사용하는 혁제(革製) 전차는 내구성이 떨어집니다. 그러니 속전속결하느니만 못합니다."

대부 사황(史皇)도 자상에게 건의했다.

"초나라 백성들은 그대를 원망하고 있지만 좌사마 술은 매우 좋아하고 있습니다. 만일 좌사마가 적선을 회수에서 모두 격파하고 곧 회군하여 성구(城口: 방성으로 들어오는 길목으로 '한동3관'을 지칭)를 차단한 뒤 전진하면 그가 홀로 전공을 취하게 됩니다. 그러니 영윤은 속히 진공해야만 합니다. 그렇지 않으면 낭패를 면치 못할 것입니다."

자상이 사황의 말을 좇아 곧 한수를 건너가 진세를 펼친 뒤 곧바로 소별산(小別山: 호북성 한천현 동남쪽의 한수 강변)에서 대별산(大別山: 호북성 한양현 동북쪽) 방향으로 나아갔다. 이 사이 오나라 군사와 세 차례 싸웠다. 자상은 오나라 군사를 이기기 어렵다는 사실을 깨닫고 이내 달아나려고 했다. 그러자 사황이 이같이 질책하고 나섰다.

"나라가 편안할 때에는 국권을 장악하고 나라가 위기에 처했을 때에는 도주하려고 하니 장차 어디로 가려는 것입니까. 그대는 반드시 순국(殉國)할 각오로 임해야 합니다. 그래야만 초죄(初罪: 앞서 범한 죄과)를 진탈(盡說: 모두 벗어버린다는 뜻으로, '說'은 '脫'과 통함)할 것입니다."

11월 19일, 오초 양국의 군사가 백거(柏擧)에 진을 쳤다. 오왕 합려의 동생 부개왕(夫槩王: '부개'가 노정공 5년에 자립하여 칭왕한 까닭에 사관들이 '부개왕'으로 칭한 것임)이 이른 아침에 합려를 찾아가 건의했다.

"초나라 영윤 와(瓦: 자상)가 어질지 못해 그의 부하들에게는 사지(死志: 죽을 각오로 싸울 의지)가 없습니다. 우리가 선제공격을 가하면 그의 병사들이 반드시 달아나고 말 것입니다. 이때 우리의 대군이 일거에 내달아 그 뒤를 추격하면 반드시 대승을 거둘 수 있습니다."

그러나 오왕이 이를 허락하지 않았다. 부개왕이 탄식했다.

"소위 '신의이행(臣義而行: 신하 된 자는 이치에 합당한 일을 보면 즉시 가서 행함)·부대명자(不待命者: 군명을 기다릴 필요가 없음)'라는 말은 바로 이 경우를 두고 말한 것이다. 오늘 내가 죽기로 싸우면 초나라 군사를 가히 완파할 수 있을 것이다."

그리고는 부하 5천 명을 이끌고 가 자상의 군사에 선제공격을 가했다. 이에 놀란 자상의 군사들이 사방으로 궤산하여 초나라 군진이 혼란스럽게 되자 오나라 군사가 이 틈을 타 대승을 거두었다. 이에 자상은 정나라로 달아났다. 사황은 자상의 나머지 승광(乘廣: 전차와 사졸)을 이끌고 싸우다가 죽었다.2)

오나라 군사가 초나라 군사를 추격해 청발수(淸發水: 호북성 안륙현 서쪽 80리의 석문산 아래)에 이른 뒤 곧바로 공격을 가하려고 했다. 이때 부개왕이 건의했다.

"곤수(困獸: 곤경에 빠진 짐승)도 오히려 죽기로 싸우는데 사람이야 더 말할 것이 있겠습니까. 만일 초나라 군사가 죽음을 면하기 어렵다는 사실을 알고 치사(致死: 죽기로 싸움)하게 되면 반드시 아군을 깨뜨리게 될 것입니다. 그러나 만일 저들에게 먼저 도강하는 자는 살아남을 수 있다는 사실을 알게 하면 뒤에 처진 자들이 다투어 도강하려 할 것입니다. 그리 되면 저들은 오직 살아남겠다는 일념으로 투심(鬪心: 투지)을 잃을 것입니다. 그러니 저들이 반쯤 건너갈 때에 치는 것이 좋을 것입니다."

오왕이 이 계책을 좇아 또다시 초나라 군사를 대파했다. 이때 먼저 도강한 초나라 군사들은 식사를 준비하고 있다가 오나라 군사들이 달려들자 혼비백산하여 도주했다. 오나라 군사는 초나라 군사가 차려놓은 음식을 먹고 난 뒤 또다시 추격에 들어가 옹서(雍澨: 호북성 경산현) 가에서 다시 초나라 군사를 깨뜨렸다. 결국 이같이 하여 오나라 군

---

2) 본문에 나오는 '이기승광'(以其乘廣)의 '이'(以)를 '승'(乘)으로 보아 '자상의 전차에 올라타 마치 자상인 양 가장하여 군사들을 통수해 분전했다'로 풀이하는 견해도 있다.

사는 다섯 번의 전투 끝에 초나라 도성인 영에 이르게 되었다.

11월 28일, 초소왕이 자신의 누이동생 계미비아(季羋畀我: 초평왕의 막내딸로 '비아'는 '계미'의 자임)를 데리고 도성을 빠져나갔다. 초소왕이 수수(睢水: 호북성 지강현에서 장강에 유입)를 건널 때 침윤(鍼尹) 고(固)가 따라와 함께 배에 올랐다. 이때 초소왕이 침윤 고를 시켜 코끼리의 꼬리에 횃불을 달아 오나라 군중으로 내달리게 했다. 이로써 간신히 위기를 모면했다.

11월 29일, 오나라 군사가 영성(郢城)으로 들어간 뒤 각자 신분의 고하에 따라 초나라의 궁실을 차지했다. 오왕 합려의 아들 자산(子山)이 영윤부(令尹府)를 차지하자 부개왕이 불복하고 자산을 치려고 했다. 이에 자산이 두려운 나머지 다른 집으로 가자 부개왕이 마침내 영윤부를 차지했다.

이때 초나라의 좌사마 심윤 술은 식(息: 하남성 식현 서남쪽) 땅까지 갔다가 초나라 군사가 패했다는 소식을 듣고 곧바로 군사를 돌렸다. 심윤 술은 옹서에서 오나라 군사를 격파했으나 전투 중에 부상을 입었다. 당초 심윤 술은 오나라에 있을 때 합려의 신하가 된 적이 있었기 때문에 오나라 군사에게 사로잡히는 것을 커다란 치욕으로 여겼다. 이에 자신의 부하들에게 물었다.

"내가 죽게 되면 누가 능히 나의 머리를 적의 수중에 들어가지 않도록 할 수 있는가?"

본래 오나라 사람이었으나 후에 심윤 술의 소신이 된 오구비(吳句卑)가 나서 말했다.

"저는 비록 미천한 자에 불과하지만 제가 그 일을 맡아도 가하겠습니까?"

심윤 술이 크게 기뻐하며 말했다.

"내가 실로 실자(失子: 그대를 몰라보았다는 뜻임)했네. 그리하도록 하게."

이후 심윤 술은 오나라 군사와 세 번에 걸쳐 싸웠는데 그때마다 부상을 입었다. 이에 심윤 술이 오구비에게 말했다.

"나는 이제 더 이상 쓸모가 없게 되었네."

그러자 오구비는 심윤 술이 죽는 것을 기다려 자신의 하의를 벗어 땅에 깐 뒤 심윤 술의 목을 베어내 이를 하의로 둘둘 말았다. 이어 나머지 시신은 은밀한 곳에 암장한 뒤 그의 목만 들고 도주했다.

沈人不會于召陵. 晉人使蔡伐之. 夏, 蔡滅沈. 秋, 楚爲沈故, 圍蔡. 伍員爲吳行人, 以謀伐楚. 楚之殺郤宛也, 伯氏之族出. 伯州犁之孫嚭爲吳大宰以謀楚. 楚自昭王卽位, 無歲不有吳師. 蔡侯因之, 以其子乾與其大夫之子爲質於吳. 冬, 蔡侯吳子唐侯伐楚. 舍舟于淮汭, 自豫章與楚夾漢. 左司馬戌謂子常曰 "子沿漢而與之上下, 我悉方城外以毁其舟, 還塞大隧・直轅・冥阨. 子濟漢而伐之, 我自後擊之, 必大敗之." 旣謀而行. 武城黑謂子常曰 "吳用木也, 我用革也, 不可久也. 不如速戰." 史皇謂子常 "楚人惡子而好司馬, 若司馬毁吳舟于淮, 塞城口而入, 是獨克吳也. 子必速戰, 不然不免." 乃濟漢而陳, 自小別至于大別. 三戰, 子常知不可, 欲奔. 史皇曰 "安求其事, 難而逃之, 將何所入. 子必死之, 初罪必盡說." 十一月庚午, 二師陳于柏擧, 闔廬之弟夫槩王, 晨請於闔廬 "楚瓦不仁, 其臣莫有死志. 先伐之, 其卒必奔. 而後大師繼之, 必克." 弗許. 夫槩王曰 "所謂臣義而行, 不待命者, 其此之謂也. 今日我死, 楚可入也." 以其屬五千, 先擊子常之卒. 子常之卒奔, 楚師亂, 吳師大敗之. 子常奔鄭. 史皇以其乘廣死. 吳從楚師, 及淸發, 將擊之. 夫槩王曰 "困獸猶鬪, 況人乎. 若知不免而致死, 必敗我. 若使先濟者知免, 後者慕之, 蔑有鬪心矣. 半濟而後可擊也." 從之. 又敗之. 楚人爲食, 吳人及之, 奔, 食而從之. 敗諸雍澨, 五戰及郢. 己卯, 楚子取其妹季羋畀我以出, 涉睢, 鍼尹固與王同舟, 王使執燧象以奔吳師. 庚辰, 吳入郢, 以班處宮. 子山處令尹之宮. 夫槩王欲攻之, 懼而去之. 夫槩王入之. 左司馬戌及息而還. 敗吳師于雍澨, 傷. 初, 司馬臣闔廬, 故恥爲禽焉. 謂其臣曰 "誰能免吾首." 吳句卑曰 "臣賤, 可乎." 司馬曰 "我實失子. 可哉." 三戰皆傷, 曰 "吾不可用也已." 句卑布裳, 刎而裹之. 藏其身, 而以其首免.

●초소왕이 수수(睢水)를 건넌 뒤 다시 장강을 넘어 운중(雲中)[3]으로 들어갔다. 마침 초소왕이 자고 있을 때 돌연 강도들이 달려들어 초소왕을 창으로 찔렀다. 이때 초나라 왕손 유우(由于)가 자신의 등으로 창을 받다가 어깨를 다쳤다.

이로 인해 초소왕이 운(鄖: 호북성 안륙현 경계) 땅으로 달아나자 대부 종건(鍾建: 음악에 뛰어난 인물)이 초소왕의 누이동생 계미(季羋)를 업고 그 뒤를 좇았다. 유우도 서서히 기력을 회복한 뒤 그 뒤를 따랐다. 이때 운공(鄖公) 투신(鬪辛: 영윤 蔓成然의 아들)의 아우 투회(鬪懷)는 초소왕이 운 땅에 온 것을 계기로 부친의 원한을 갚고자 했다. 이에 투신에게 말했다.

"초평왕이 우리 부친을 죽였습니다. 내가 그의 아들을 죽이는 것 또한 당연한 일이 아니겠습니까?

그러자 투신이 힐난했다.

"군주가 신하를 죽인다고 하여 누가 감히 군주에게 원한을 품을 수 있겠는가. 군명은 곧 천의(天意)를 대신하는 것이다. 만일 천의에 의해 죽은 것이라면 누구를 원수로 삼을 수 있겠는가.『시경』「대아 · 증민」에 이르기를, '연약하다고 하여 얕보지 않고, 강경하다고 하여 피하지 않네. 환과(鰥寡)를 업신여기지 않고, 강포(强暴)한 자를 두려워하지 않네'라고 했다. 오직 덕성이 고상한 사람만이 이같이 할 수 있는 것이다. 위강능약(違彊陵弱: 강한 자를 피하고 약한 자를 능멸함)은 불용(不勇)이고, 승인지약(乘人之約: 남의 궁박한 틈을 이용함)은 불인(不仁)이고, 멸종폐사(滅宗廢祀: 종손을 죽여 조상 제사를 끊음)는 불효(不孝)이고, 동무영명(動無令名: 일을 하고도 좋은 이름을 얻지 못함)은 부지(不智)이다. 네가 꼭 불용과 불인, 불효, 부지를 저지르고자 한다면 내가 먼저 너를 죽일 것이다."

---

3) 호북성 안륙현에 위치한 운몽택(雲夢澤)으로, 강북의 운택(雲澤)과 강남의 몽택(夢澤)으로 이루어져 있다.

이에 투신과 그의 아우 투소(鬪巢)가 초소왕을 보호하여 수(隨)나라로 달아났다. 오나라 군사가 곧바로 그 뒤를 쫓아갔다. 이때 오왕 합려가 사람을 수나라 군주에게 보내 설득했다.

"왕실의 자손으로 한천(漢川: 한수 일대)에 봉해진 나라들은 모두 초나라에 의해 사라졌소. 천유기충(天誘其衷: '하늘이 자신의 뜻을 표시하다'는 의미로, '誘'는 '敎'와 통함)하여 나를 시켜 초나라에 벌을 주고 있는 것이오. 그런데 군주는 오히려 초왕을 숨겨주고 있소. 왕실의 자손에게 무슨 죄가 있겠소? 만일 군주가 왕실의 은혜에 보답하여 그 혜택이 우리에게까지 미치고 천충(天衷: 天意)의 완성을 돕게 된다면 이는 군주의 은덕이오. 그리 되면 한수 이북의 땅이 실로 군주에게 응당 돌아갈 것이오."

이때 초소왕은 수나라 공궁 북쪽에 머물고 있었고 오나라 군사는 그 남쪽에 주둔해 있었다. 마침 초소왕의 형 자기(子期: 초평왕의 아들 공자 結)는 성장하면서 그 모습이 초소왕과 크게 닮았다. 이에 자기는 초소왕을 달아나게 한 뒤 자신이 위왕(爲王: 초소왕을 가장한다는 뜻으로, '爲'는 '僞'와 통함)하여 말했다.

"나를 오나라 군사에게 넘기면 초소왕은 틀림없이 위기를 벗어날 수 있을 것이다."

수나라 군주가 이를 점치자 불길하다는 점괘가 나왔다. 이에 수나라 사람이 오나라에게 사절했다.

"수나라는 벽소(辟小: 편벽된 곳에 있고 영토가 협소함)한 나라에 불과한 데다가 초나라와 가까이 붙어 있습니다. 초나라는 실로 우리 나라를 잘 보존시켜 주었습니다. 이에 두 나라는 대대로 우호의 맹약을 맺어 지금까지도 그 관계가 변치 않고 있습니다. 만일 초나라가 위난에 처해 있다고 하여 그 관계를 끊어버린다면 이같이 신의 없는 나라가 장차 어찌 귀국의 군주를 섬기겠습니까. 집사(執事: 여기서는 오왕과 오왕의 사자를 지칭)가 우려하는 대상은 비단 초왕 한 사람만이 아닐 것입니다. 귀국이 만일 구초경(鳩楚竟: 초나라의 전 영토를 안정시킴)하면 내가 어찌 감히 귀국의 명을 듣지 않겠습니까."

그러자 오나라 군사가 물러갔다.

여금(鑢金: 鑪金으로도 씀)은 당초 자기(子期)의 가신으로 있었다. 그는 오나라 군사가 수나라를 위협할 때 초소왕과 자기를 숨겨주기로 수나라 군주와 요언(要言: 약속)했다. 얼마 후 사실을 알게 된 초소왕이 그를 만나려고 하자 그는 이같이 사양했다.

"저는 감히 초왕이 궁지에 빠져 있는 틈을 타 사리를 도모할 수는 없었습니다."

이에 초소왕은 자기(子期)의 가슴팍을 찔러 뽑은 피로 수나라 군주와 굳게 맹서해 자기의 충심을 받아들였다는 뜻을 표시했다.

楚子涉睢濟江, 入于雲中. 王寢, 盜攻之, 以戈擊王. 王孫由于以背受之, 中肩. 王奔鄖, 鍾建負季羋以從. 由于徐蘇而從. 鄖公辛之弟懷將弑王, 曰 "平王殺吾父, 我殺其子, 不亦可乎." 辛曰 "君討臣, 誰敢讎之. 君命, 天也. 若死天命, 將誰讎. 『詩』曰 '柔亦不茹, 剛亦不吐. 不侮矜寡, 不畏彊禦.' 唯仁者能之. 違彊陵弱, 非勇也. 乘人之約, 非仁也. 滅宗廢祀, 非孝也. 動無令名, 非知也. 必犯是, 余將殺女." 鬪辛與其弟巢, 以王奔隨. 吳人從之, 謂隨人曰 "周之子孫, 在漢川者, 楚實盡之. 天誘其衷, 致罰於楚, 而君又竄之. 周室何罪. 君若顧報周室, 施及寡人, 以獎天衷, 君之惠也. 漢陽之田, 君實有之." 楚子在公宮之北, 吳人在其南. 子期似王, 逃王, 而己爲王, 曰 "以我與之, 王必免." 隨人卜與之, 不吉. 乃辭吳曰 "以隨之辟小, 而密邇於楚. 楚實存之. 世有盟誓, 至于今未改. 若難而棄之, 何以事君. 執事之患, 不唯一人. 若鳩楚竟, 敢弗聽命." 吳人乃退. 鑢金初官於子期氏, 實與隨人要言. 王使見, 辭曰 "不敢以約爲利." 王割子期之心, 以與隨人盟.

●당초 오원(伍員)은 대부 신포서(申包胥)와 매우 가까운 친구였다. 일찍이 오원은 오나라로 망명하면서 신포서에게 이같이 말한 적이 있었다.

"내가 반드시 복초국(復楚國: 초나라를 뒤엎는다는 뜻으로, '復'은 '覆'과 통하나 보복으로 해석하기도 함)할 것이다."

그러자 신포서가 말했다.

"한번 노력해보게. 만일 자네가 초나라를 뒤엎으면 나는 초나라를 반드시 다시 일으켜세울 걸세."

초소왕이 수나라에 머물러 있을 때 신포서가 진(秦)나라로 가 구원병을 청하면서 말했다.

"오나라는 봉시(封豕: 덩치 큰 멧돼지)와 장사(長蛇: 큰 뱀)처럼 욕심을 부려 중원의 제후국들을 천식(荐食: 병탄)하고 있으니 초나라가 가장 먼저 그 침해(侵害)를 입었습니다. 과군은 사직을 지키지 못하고 현재 월재초망(越在草莽)⁴⁾하고 있습니다. 이에 과군이 저를 시켜 고급(告急)하게 하기를, '이덕무염(夷德無厭: 오랑캐의 욕심은 끝이 없다는 뜻으로, 夷는 오나라, 德은 탐욕, 厭은 만족을 의미)하니 만일 오나라가 초나라를 점령해 진나라와 국경을 접하게 되면 진나라의 변경도 그 화를 입게 될 것입니다. 그러니 오나라가 아직 우리 초나라를 완전히 장악하지 못한 틈을 타 즉시 출병하여 초나라 땅의 일부를 점거하십시오. 만일 초나라가 멸망하면 그 땅은 곧 군주의 영토가 될 것입니다. 만일 군령(君靈: 군주의 은덕)에 기대어 초나라를 무사히 안정시키게 되면 초나라는 반드시 대를 이어 진나라를 섬길 것입니다'라고 했습니다."

진애공(秦哀公: 秦景公의 아들)은 사람을 보내 완곡한 어조로 사절했다.

"그대가 걸사(乞師)하는 사정을 내가 잘 알고 있소. 그대는 우선 잠시 객관으로 가 쉬도록 하시오. 우리가 잘 생각한 뒤 회답하도록 하겠소."

신포서가 말했다.

---

4) 원래는 잡초가 우거진 곳으로 몸을 옮긴다는 뜻이다. 민간의 궁벽지로 피해 다니는 것을 의미한다.

"과군은 월재초망 중이어서 안신(安身)할 곳조차 찾지 못한 형편입니다. 어찌 감히 하신인 제가 편히 쉴 수 있겠습니까."

그러고는 궁정 담장에 기대어 밤낮으로 통곡하며 작음(勺飮: 물 한 모금)조차 입에 넣지 않았다. 이같은 일이 7일 동안 계속되자 이에 감동한 진애공이 『시경』「진풍・무의(無衣: 참전 용사를 칭송하는 내용)」의 시를 읊었다. 그러자 신포서가 진애공에게 9돈수(九頓首: 아홉 번 머리를 땅에 댄 채 조아리며 극도의 사의를 표시함)한 뒤 비로소 자리에 앉았다. 이로써 진나라 군사가 드디어 출병하게 되었다.

初, 伍員與申包胥友. 其亡也, 謂申包胥曰 "我必復楚國." 申包胥曰 "勉之. 子能復之, 我必能興之." 及昭王在隨, 申包胥如秦乞師, 曰 "吳爲封豕長蛇, 以荐食上國, 虐始於楚. 寡君失守社稷, 越在草莽, 使下臣告急曰 '夷德無厭, 若鄰於君, 疆埸之患也. 逮吳之未定, 君其取分焉. 若楚之遂亡, 君之土也. 若以君靈撫之, 世以事君'." 秦伯使辭焉, 曰 "寡人聞命矣. 子姑就館, 將圖而告." 對曰 "寡君越在草莽, 未獲所伏. 下臣何敢卽安." 立依於庭牆而哭, 日夜不絶聲, 勺飮不入口. 七日, 秦哀公爲之賦「無衣」, 九頓首而坐. 秦師乃出.

5년(기원전 505)

5년 봄 주력(周曆) 3월 신해 삭(朔), 일식이 있었다. 여름, 채나라에 곡식을 보냈다. 월나라 사람이 오나라로 쳐들어갔다. 6월 병신, 계손의여가 졸했다. 가을 7월 임자, 숙손불감(叔孫不敢)이 졸했다. 겨울, 진나라의 사앙이 군사를 이끌고 선우(鮮虞)를 포위했다.

五年春王三月辛亥朔, 日有食之. 夏, 歸粟于蔡. 於越入吳, 六月丙申, 季孫意如卒. 秋七月壬子, 叔孫不敢卒. 冬, 晉士鞅帥師圍鮮虞.

●5년 봄, 성주(成周) 사람들이 초나라에서 왕자 조(朝)를 죽였다. 여름, 노나라에서 채나라에 곡식을 보내 주극(周亟: 급한 어려움을

구제한다는 뜻으로, '周'는 '賙'와 통함)하면서 채나라에 양식이 없는 것을 크게 동정했다.

이때 월나라가 오나라로 쳐들어갔다. 이는 오나라 군사가 초나라를 침공한 데 따른 것이었다.

6월, 계평자가 동야(東野)를 순행하고 돌아왔으나 아직 도성에 당도하지 못했다. 6월 17일, 계평자가 방(房: 즉 防으로, 산동성 곡부현 동쪽에 위치) 땅에서 죽었다. 이때 계씨의 가신 양호(陽虎)가 여번(璵璠: 璠璵로, 두 종류의 美玉을 의미)을 부장해 장례를 치르려고 했다. 그러자 대부 중량회(仲梁懷: 계씨의 가신으로 보는 견해도 있음)가 반대했다.

"개보개옥(改步改玉: 걸음이 바뀌면 패옥도 같이 바뀜)[5]하는 법이오."

이에 화가 난 양호가 중량회를 쫓아내고자 했다. 그가 이 사실을 대부 공산불뉴(公山不狃: 子洩)에게 말하자 불뉴가 만류했다.

"그는 군주를 위해 그같이 말한 것이오. 그런데 그대는 어찌하여 그를 원망하는 것이오?"

계평자를 안장한 후 계평자의 아들 계환자(季桓子: 季孫斯)가 동야를 순행하고 비읍으로 갔다. 이때 자설(子洩: 공산불뉴)이 비읍의 책임자가 되어 교외로 나가 계환자를 역로(逆勞: 영접하며 위로함)하자 계환자가 자설에게 존경을 표했다. 그러나 자설이 중량회를 위로했음에도 중량회는 존경을 표하지 않았다. 이에 자설이 대로하여 양호에게 물었다.

"그대는 중량회를 내쫓았소?"

이때 초나라 대부 신포서(申包胥)가 진(秦)나라 군사를 이끌고 초나라에 당도했다. 진나라 대부 자포(子蒲)와 자호(子虎)가 전차 5백 승을 이끌고 초나라 구원에 나섰다. 자포가 말했다.

"우리는 아직 오도(吳道: 오나라의 전술)를 잘 알지 못하오."

---

5) '개보개옥'은 계평자가 전에 여번을 차고 종묘제사를 지냈으나 이제는 노정공의 즉위로 다시 신하의 위치에 서게 되었으니 당연히 여번을 사용할 수 없다는 뜻을 내포하고 있다.

그러고는 초나라 군사를 시켜 먼저 오나라 군사와 싸우게 했다. 진나라 군사는 직(稷: 하남성 동백현 경계) 땅에서 오나라 군사와 조우하게 되자 기(沂: 하남성 동백현 부근으로 직 땅에서 매우 가까움) 땅에서 부개왕의 군사를 대파했다. 이때 오나라 군사가 초나라 대부 위석(蘧射)을 백거(柏擧)에서 사로잡았다. 그러자 위석의 아들이 패잔병을 모은 뒤 자서(子西: 초평왕의 장서자 공자 申)의 군사를 쫓아가 오나라 군사를 군상(軍祥: 호북성 수현 서남쪽)에서 격파했다.

  가을 7월, 초나라 대부 자기(子期)와 진나라 대부 자포가 연합하여 당(唐: 호북성 수현 서북쪽 당성진)나라를 멸망시켰다. 9월, 오나라의 부개왕이 귀국한 뒤 자립하여 칭왕했다. 그러나 얼마 후 오왕 합려와의 싸움에서 패한 뒤 초나라로 달아나 당계씨(堂谿氏: '당계'는 부개왕의 봉읍으로, 하남성 서평현 서북쪽에 위치)가 되었다.

  오나라 군사가 초나라 군사를 옹서(雍澨)에서 깨뜨렸다. 그러자 진나라 군사가 다시 오나라 군사를 격파했다. 이에 오나라 군사가 균(麋: 호북성 운현 서쪽) 땅에 주둔했다. 이때 초나라 대부 자기가 균 땅에 화공을 펴려고 하자 자서가 만류했다.

  "작년에 오·초 양국의 군사가 교전할 때 전사한 초나라 부형의 친속들이 아직 균 땅에 폭골(暴骨: 뼈가 들판에 나뒹굴고 있음)인 채로 남아 있소. 우리는 이를 수습조차 못하고 있는데 또 이곳에 불을 질러 뼈까지 태우려고 하니 이는 안 될 일이오."

  자기가 반박했다.

  "나라가 장차 망할 지경이오. 만일 우리 부형의 친속들이 죽은 뒤에도 지각이 있다면 적을 이겨야만 흠구사(歆舊祀: 자손들이 올리는 제사를 받는다는 뜻으로, '흠'은 '享', '구사'는 전래의 제사를 의미)할 수 있는데 어찌 불에 타는 것을 두려워하겠소."

  그러고는 곧 불을 지르면서 오나라 군사와 싸웠다. 이에 오나라 군사가 패하게 되었다. 공서(公壻: 위치 미상)의 계곡에서 또 싸워 오나라 군사가 대패하자 오왕 합려가 군사를 이끌고 본국으로 돌아갔다.

이에 앞서 오나라 군사가 초나라 대부 인여피(闉輿罷)를 포로로 잡았다. 인여피는 오나라 군사를 감언이설로 속여 자신을 먼저 오나라로 보내줄 것을 청했다. 이에 허락을 받고 오나라로 가던 중 몰래 도망쳐 귀국했다.

한편 이때 초나라 섭공(葉公) 제량(諸梁: 심윤 술의 아들로 자는 子高)의 아우 후장(后臧)은 모친과 함께 포로가 되어 오나라로 끌려가 있었다. 그러나 그는 훗날 모친을 버리고 홀로 도망쳐 돌아왔다. 이에 섭공은 후장을 불의한 인물로 여겨 종신토록 아우를 똑바로 쳐다보지 않았다.

9월 28일, 계손씨의 가신 양호가 계환자 및 대부 공보문백(公父文伯: 公父歜)을 가두고 중량회를 축출했다. 겨울 10월 10일, 양호가 대부 공하막(公何藐: 계환자의 족형제)을 죽였다. 10월 12일, 양호가 계환자와 직문(稷門: 노나라 도성의 남문) 안에서 맹서했다. 10월 13일, 양호가 대저(大詛: 사람들을 모아 귀신에게 제사를 지내면서 누군가에 재앙을 내리도록 크게 저주한 것을 의미)한 뒤 공보문백과 대부 진천(秦遄)을 축출했다. 그러자 이들은 제나라로 달아났다.

五年春, 王人殺子朝于楚. 夏, 歸粟于蔡, 以周亟, 矜無資. 越入吳, 吳在楚也. 六月, 季平子行東野, 還, 未至. 丙申, 卒于房. 陽虎將以璵璠斂, 仲梁懷弗與, 曰"改步改玉." 陽虎欲逐之, 告公山不狃. 不狃曰"彼爲君也, 子何怨焉." 旣葬, 桓子行東野, 及費. 子洩爲費宰, 逆勞於郊, 桓子敬之. 勞仲梁懷, 仲梁懷弗敬. 子洩怒, 謂陽虎"子行之乎." 申包胥以秦師至. 秦子蒲子虎帥車五百乘以救楚. 子蒲曰"吾未知吳道." 使楚人先與吳人戰, 而子稷會之, 大敗夫槩王于沂. 吳人獲薳射於柏擧. 其子帥奔徒以從子西, 敗吳師於軍祥. 秋, 七月, 子期子蒲滅唐. 九月, 夫槩王歸, 自立也. 以與王戰而敗, 奔楚, 爲堂谿氏. 吳師敗楚師于雍澨. 秦師又敗吳師. 吳師居麇. 子期將焚之, 子西曰"父兄親暴骨焉, 不能收, 又焚之, 不可." 子期曰"國亡矣. 死者若有知也, 可以歆舊祀, 豈憚焚之." 焚之而又戰, 吳師敗. 又戰于公壻之谿, 吳師大敗. 吳子乃歸. 囚闉輿罷. 闉輿罷請先, 遂逃歸. 葉公諸梁之弟后臧, 從其母於吳, 不大而歸. 葉公終不正視. 乙亥, 陽虎囚季桓子及公父文伯, 而逐仲梁懷. 冬十月丁亥, 殺公何藐. 己丑, 盟桓子于稷門之內. 庚寅, 大詛, 逐公父歜及秦遄, 皆奔齊.

●초소왕이 마침내 영성(郢城)으로 들어갔다. 당초 투신(鬪辛)은 오나라 군사들이 영윤부(令尹府)를 놓고 다투었다는 이야기를 듣고는 이같이 말했다.

"내가 듣건대 '겸양하지 않으면 불화하고, 불화하면 원정할 수 없다'고 했다. 오나라 군사들이 초나라에 와서 다퉜으니 반드시 화란이 일 것이다. 화란이 일면 그들은 반드시 철군하여 귀국할 것이니 그들이 어찌 능히 초나라를 안정시킬 수 있겠는가."

초소왕은 수나라로 달아나 있을 때 성구하(成臼河: 호북성 천문현 서북쪽에 위치)를 건너려고 했다. 이때 대부 남윤(藍尹) 미(亹)는 자신의 처자식을 먼저 도강하게 하려고 배를 초소왕에게 양보하지 않았다. 초나라가 안정된 뒤 초소왕이 남윤 미를 죽이려고 하자 자서(子西)가 만류했다.

"당초 영윤 자상은 구원(舊怨)만 생각하다가 실패했습니다. 군주는 어찌하여 그를 본받으려고 하는 것입니까."

이에 초소왕이 크게 기뻐하며 말했다.

"그 말이 옳소. 그를 이전의 관직으로 복직시키고 나는 전악(前惡: 오나라에 패한 잘못을 의미)을 명심하도록 하겠소."

그러고는 곧 투신(鬪辛)과 왕손 유우(由于), 왕손 어(圉), 종건(鍾建), 투소(鬪巢), 신포서(申包胥), 왕손 가(賈), 송목(宋木), 투회(鬪懷) 등에게 상을 내렸다. 그러자 자서가 건의했다.

"투회는 포상에서 제외하시기 바랍니다."

초소왕이 반대했다.

"대덕(大德)을 베풀고자 하면 응당 소원(小怨: 작은 원한)은 괘념치 말아야 하오. 이것이 옳은 도리요."

그러자 신포서가 주위 사람에게 말했다.

"내가 진나라에 걸사(乞師)한 것은 군주의 위난을 구하기 위한 것이다. 결코 내가 상을 받기 위한 것이 아니다. 이제 군주의 자리가 안정되었으니 내가 더 이상 무엇을 바랄 것인가. 게다가 나는 전에 자기(子旗: 투성연)의 행동이 잘못되었다고 지적한 적이 있다. 어찌 내가 그와 똑같은 짓을 할 수 있겠는가."

그러고는 초소왕이 내리는 상을 받지 않으려고 몸을 피했다. 이때 초소왕이 누이동생 계미를 출가시키려고 하자 계미가 말했다.

"여자는 본래 남자와 멀리 떨어져 있어야 하는 법인데 저는 전에 종건의 등에 업힌 적이 있습니다."

이에 초소왕이 계미를 종건에게 보내 아내로 삼게 하고 종건을 악윤(樂尹: 음악을 관장하는 관원)으로 삼았다.

초소왕이 수나라에 있을 때 자서가 초소왕의 거마와 복장을 이용해 보로(保路: 교통 요지를 지킴)했다. 또 비설(肥泄: 호북성 강릉현 경내)에서는 임시 행궁을 꾸며 민심을 안정시킨 뒤 초소왕의 소재를 알고는 이내 그곳으로 가 초소왕을 수종했다.

이때 초소왕이 왕손 유우에게 명해 균 땅에 성을 쌓게 했다. 이어 자서를 시켜 유우에게 성벽의 높이와 두께 등을 묻게 했다. 그러자 유우가 제대로 대답하지 못했다. 이에 자서가 말했다.

"만일 그대가 제대로 할 수 없으면 애초에 사양하여 일을 맡지 않느니만 못했소. 그대는 성을 수축하면서 성벽의 높이와 두께, 성의 대소 등도 모른다면 과연 무엇을 알고 있다는 것이오?"

유우가 변명했다.

"나는 원래 할 수 없다고 강력히 사양했지만 그대가 굳이 나를 보낸 것이오. 사람은 각기 나름대로 장기가 있어 할 수 있는 일이 있고 그렇지 못한 일이 있게 마련이오. 왕이 운중(雲中)에서 강도를 만났을 때 내가 몸으로 강도의 창을 막았소. 그 상처가 아직도 남아 있소."

그러고는 이내 웃통을 벗어 등을 보여준 뒤 다시 말했다.

"이는 내가 능히 할 수 있는 일이오. 그러나 그대가 비설에서 왕의 행궁을 가설한 것과 같은 일은 내가 할 수 없소."

진나라 대부 사앙(士鞅)이 선우(鮮虞)나라를 포위했다. 이는 관호(觀虎)가 포로로 잡혔던 일을 보복한 것이다.

楚子入于郢. 初, 鬪辛聞吳人之爭宮也, 曰 "吾聞之. 不讓則不和, 不和不可以遠征. 吳爭於楚, 必有亂, 有亂則必歸. 焉能定楚." 王之奔隨也, 將涉於成臼, 藍尹亹涉而帑, 不與王舟. 及寧, 王欲殺之. 子西曰 "子常唯思舊怨以敗, 君何效焉." 王曰 "善. 使復其所, 吾以志前惡." 王賞鬪辛‧王孫由于‧王孫圉‧鍾建‧鬪巢‧申包胥‧王孫賈‧宋木‧鬪懷. 子西曰 "請舍懷也." 王曰 "大德滅小怨, 道也." 申包胥曰 "吾爲君也, 非爲身也. 君旣定矣, 又何求. 且吾尤子旗, 其又爲諸." 遂逃賞. 王將嫁季羋. 季羋辭曰 "所以爲女子, 遠丈夫也. 鍾建負我矣." 以妻鍾建, 以爲樂尹. 王之在隨也, 子西爲王輿服以保路, 國于脾洩. 聞王所在, 而後從王. 王使由于城麇, 復命子西問高厚焉, 弗知. 子西曰 "不能, 如辭. 城不知高厚大小, 何知." 對曰 "固辭不能, 子使余也. 人各有能有不能. 王遇盜於雲中, 余受其戈, 其所猶在." 袒而視之背, 曰 "此余所能也. 脾洩之事, 余亦弗能也." 晉士鞅圍鮮虞, 報觀虎之役也

6년(기원전 504)

6년 봄 주력(周曆) 정월 계해, 정나라의 유속(游速)이 군사를 이끌고 가 허나라를 멸하고 허남(許男) 사(斯)를 데리고 돌아갔다. 2월, 공이 정나라를 침공했다. 공이 정나라를 침공하는 일에서 돌아왔다. 여름, 계손사(季孫斯)‧중손하기(仲孫何忌)가 진나라로 갔다. 가을, 진나라 사람이 송나라의 행인 악기리(樂祁犂)를 잡았다. 겨울, 중성(中城)에 성을 쌓았다. 계손사‧중손하기가 군사를 이끌고 가 운(鄆)을 포위했다.

六年春王正月癸亥, 鄭游速帥師, 滅許, 以許男斯歸. 二月, 公侵鄭,

公至自侵鄭. 夏, 季孫斯仲孫何忌如晉. 秋, 晉人執宋行人樂祁犂. 冬, 城中城. 季孫斯仲孫忌帥師, 圍鄆.

●6년 봄, 정나라가 허나라를 멸망시켰다. 이는 초나라가 패전으로 인해 구원에 나설 수 없는 상황을 이용한 것이었다.

2월, 노정공이 정나라를 쳐 광(匡: 하남성 장원현) 땅을 점거했다. 이는 진나라를 위해 정나라의 서미(胥靡) 침공을 응징한 것이다. 노나라는 정나라를 치러 갈 때 위나라에 가도(假道)도 청하지 않고 통과했다. 돌아올 때 양호가 계환자(季桓子)와 맹의자(孟懿子)를 시켜 위나라 도성의 남문으로 들어가 동문으로 나온 뒤 돈택(豚澤: 위나라 도성 동문 밖의 지명)에 머물게 했다. 그러자 위영공이 대로하여 대부 미자하(彌子瑕: 彭封彌子)를 보내 그들을 추격하게 했다. 위나라 대부 공숙문자(公叔文子: 公叔發)는 은퇴해 있다가 이 소식을 듣고는 곧 연(輦: 사람이 끄는 수레)을 타고 위영공을 찾아가 말했다.

"남을 탓하면서 그를 본받는 것은 예가 아닙니다. 노소공이 위난에 처했을 때 군주는 위문공(衛文公)의 서정(舒鼎: 鼎의 일종)과 진성공(晉成公)의 소조(昭兆: 점복용 寶龜), 위정공(衛定公)의 반감(槃鑑: 거울의 일종)을 내걸고 말하기를, '만일 누군가 노소공을 국내로 들여보낼 수 있다면 이 세 가지 보물 중 하나를 임의로 갖게 하겠다'고 했습니다. 또 군주의 아들과 일부 대신들의 자제를 내걸고 말하기를, '만일 제후들이 의심하면 장차 이들을 인질로 보내겠다'고 했습니다. 이는 군신들이 모두 들어 알고 있습니다. 이제 소분(小忿: 작은 분노)으로 인해 지난날의 은덕을 가리게 된다면 이는 불가하지 않겠습니까. 태사(大姒: 주문왕의 비)의 아들로는 오직 주공(周公)과 강숙(康叔)만이 서로 화목했습니다. 그런데 지금 소인을 본받아 화목을 버린다면 이 또한 기만을 당하는 것이 아니겠습니까. 하늘이 양호에게 많은 죄업을 쌓게 했다가 일시에 그를 쓰러뜨리려는 것이니 군주는 잠시 그날을 기다리는 것이 어떻겠습니까."

이에 위영공이 출병을 중지했다.

여름, 노나라 대부 계환자가 진나라로 갔다. 이는 정나라의 포로를 바치기 위한 것이었다. 이때 양호가 강제로 맹의자를 진나라로 보내면서 진정공(晉定公)의 부인에게 답례용 예물을 바치게 했다. 이에 진나라 사람이 계환자와 맹의자를 한 자리에 불러 향례를 베풀고자 했다. 그러자 맹의자가 방문 밖에 서서 진나라 대부 범헌자(范獻子)에게 말했다.

"만일 양호가 노나라에 있지 못하게 되면 진나라로 와 식견(息肩: 관직을 내놓고 쉼)하게 될 것입니다. 만일 진나라가 그를 중군 사마로 삼지 않으면 선군 때와 같이 대해주기 바랍니다."

이에 범헌자가 말했다.

"과군은 관원을 임용할 때 해당 관직에 적당한 사람을 가려 쓸 것이오. 그러니 내가 어찌 그 일을 알 수 있겠소?"

그러고는 이 이야기를 조간자(趙簡子)에게 전하면서 말했다.

"노나라 사람들은 양호를 큰 우환으로 여기고 있소. 맹손(孟孫: 맹의자)은 이미 그 낌새를 알고 양호가 장차 반드시 진나라로 올 것으로 내다보고 있소. 그래서 전력으로 우리에게 청해 양호가 녹위(祿位)를 얻어 진나라로 들어올 수 있도록 만들려는 것이오."

六年春, 鄭滅許, 因楚敗也. 二月, 公侵鄭取匡, 爲晉討鄭之伐胥靡也. 往不假道於衛. 及還, 陽虎使季孟自南門入, 出自東門, 舍於豚澤. 衛侯怒, 使彌子瑕追之. 公叔文子老矣, 輦而如公, 曰 "尤人而效之, 非禮也. 昭公之難, 君將以文之舒鼎, 成之昭兆, 定之鬵鑑, 苟可以納之, 擇用一焉. 公子與二三臣之子, 諸侯苟憂之, 將以爲之質. 此群臣之所聞也. 今將以小忿蒙舊德, 無乃不可乎. 大姒之子, 唯周公康叔爲相睦也. 而效小人以棄之, 不亦誣乎. 天將多陽虎之罪以斃之, 君姑待之, 若何." 乃止. 夏, 季桓子如晉, 獻鄭俘也. 陽虎强使孟懿子往報夫人之幣. 晉人兼享之. 孟孫立于房外, 爲范獻子曰 "陽虎若不能居魯, 而息肩於晉, 所不以爲中軍司馬者, 有如先君." 獻子曰 "寡君有官, 將使其人. 鞅何知焉." 獻子謂簡子曰

"魯人患陽虎矣, 孟孫知其釁, 以爲必適晉, 故强爲之請, 以取入焉."

●4월 15일, 오나라 태자 종류(終纍)가 초나라 주사(舟師: 수군)를 격파했다. 이에 초나라 장수 반자신(潘子臣)과 소유자(小惟子)를 비롯해 대부 7명을 포로로 잡았다. 초나라가 크게 두려워하여 장차 망하지나 않을까 걱정할 지경이 되었다. 이때 자기(子期)가 또 능사(陵師: 육군)를 이끌고 가 오나라 군사와 싸웠으나 번양(繁揚)에서 패했다. 그러자 영윤 자서가 기뻐하며 말했다.

"이제야 나라를 제대로 다스릴 수 있게 되었다."

그러고는 이때부터 도성을 영(郢)에서 상약(上鄀: 호북성 의성현 동남쪽)으로 옮기기 시작했다. 이어 일련의 개혁을 통해 나라를 다스리면서 초나라를 안정시켰다.

이때 왕실의 대부 담편(儋翩)이 왕자 조(朝)의 부하들을 이끌고 정나라 사람에게 의지해 성주에서 반기를 들려고 했다. 정나라 사람이 이 틈을 이용해 주왕실의 영토인 빙(馮: 하남성 낙양시 부근)·활(滑)·서미(胥靡)·부서(負黍: 하남성 등봉현 서남쪽)·호인(狐人: 하남성 임영현)·궐외(闕外: 하남성 이천현 북쪽) 등을 쳤다. 6월, 진나라 대부 염몰(閻沒)이 성주를 수비하면서 서미에 성을 쌓았다.

가을 8월, 송나라 대부 악기(樂祁)가 송경공(宋景公)에게 말했다.

"제후국 중에서 오직 우리 나라만 진나라를 잘 섬기고 있는데 이제 사자를 보내지 않으면 진나라가 매우 유감스럽게 생각할 것입니다."

악기가 이어 가재(家宰)로 있는 진인(陳寅)과 이를 상의하자 진인이 말했다.

"군주는 틀림없이 그대를 사자로 보내려고 할 것입니다."

며칠 후 송경공이 악기에게 말했다.

"오직 나만이 그대의 말을 듣고 기뻐했소. 그대가 꼭 진나라에 갔다와 주기 바라오."

그러자 진인이 악기에게 건의했다.

"그대가 후계자를 정해놓고 떠나야 우리 가문이 망하지 않을 것입니다. 그래야만 군주 역시 그대가 어려운 사정에도 불구하고 사자로 가게 되었다는 것을 알 것입니다."

이에 악기는 아들 악혼(樂溷)에게 송경공을 배견하도록 한 뒤 비로소 길을 떠났다. 진나라의 조간자가 그를 맞이해 면상(縣上)에서 주연을 베풀었다. 악기는 조간자에게 양순(楊楯: 버드나무로 만든 방패) 60개를 봉헌했다. 그러자 진인이 악기에게 말했다.

"전에 우리는 범씨(范氏)를 섬겼으나 이제 그대는 조씨(趙氏)를 섬기면서 예물까지 바쳤습니다. '양순'을 봉헌하여 화를 사는 일은 할 짓이 아닙니다. 그러나 그대가 진나라에서 죽게 되면 그대의 자손은 반드시 송나라에서 득지(得志)할 것입니다."

이때 진나라 범헌자가 진정공에게 고했다.

"악기는 군명을 받들고 월강(越疆: 다른 나라를 거쳐 가는 것을 뜻하는 말로, 송나라는 진나라로 가려면 반드시 정나라를 거쳐야 했음)하여 출사(出使)한 자입니다. 그런데도 사명(使命)을 보고하기도 전에 사사로이 술을 마셔 2군(二君: 진정공과 송경공)에게 공경스럽지 못했으니 그 죄를 다스리지 않을 수 없습니다."

그러고는 곧 악기를 체포하게 했다.

노나라의 양호가 또 노정공 및 3환(三桓) 등과 주사(周社: 노나라 도성의 雉門 밖에 위치)에서 맹약했다. 이어 국인들과 박사(毫社)에서 맹약한 뒤 오보지구(五父之衢)에서 제사를 지내며 저주했다.

겨울 12월, 주경왕(周敬王)이 고유(姑蕕: 위치 미상)에 머물렀다. 이는 앞으로 있을 담편의 난을 피하기 위한 것이었다.

四月己丑, 吳大子終纍敗楚舟師, 獲潘子臣·小惟子及大夫7人. 楚國大惕, 懼亡. 子期又以陵師敗于繁揚. 令尹子西喜曰 "乃今可爲矣." 於是乎遷郢於鄀, 而改紀其政, 以定楚國. 周儋翩率王子朝之徒, 因鄭人將以作亂于周. 鄭於是乎伐馮·滑·胥靡·負黍·狐人·闕外. 六月, 晉閻沒戍周, 且城胥靡. 秋八月, 宋樂祁言於景公曰 "諸侯唯我事晉, 今使不往,晉其憾矣." 樂祁告其宰陳寅. 陳寅曰 "必使子往." 他日, 公謂樂祁曰 "唯寡人說子之言, 子必往." 陳寅曰 "子立後而行, 吾室亦不亡. 唯君亦以我爲知難而行也." 見溺而行. 趙簡子逆而飮之酒於緜上, 獻楊楯六十於簡子. 陳寅曰 "昔, 吾走范氏, 今子主趙氏, 又有納焉. 以楊楯賈禍, 弗可爲也已. 然子死晉國, 子孫必得志於宋." 范獻子言於晉侯曰 "以君命越疆而使, 未致使而私飮酒, 不敬二君, 不可不討也." 乃執樂祁. 陽虎又盟公及三桓於周社, 盟國人于亳社, 詛于五父之衢. 冬十二月, 天王處于姑蕕, 辟儋翩之亂也.

7년(기원전 503)

7년 봄 주력(周曆) 정월. 여름 4월. 가을, 제후·정백이 함(鹹)에서 결맹했다. 제나라 사람이 위나라 행인 북궁결(北宮結)을 억류한 뒤 위나라를 침공했다. 제후·위후가 사(沙)에서 결맹했다. 크게 기우제를 지냈다. 제나라의 국하가 군사를 이끌고 와 우리의 서쪽 변경을 쳤다. 9월, 크게 기우제를 지냈다. 겨울 10월.

七年春王正月. 夏四月. 秋, 齊侯鄭伯盟于鹹. 齊人執衛行人北宮結, 以侵衛. 齊侯衛侯盟于沙. 大雩. 齊國夏帥師, 伐我西鄙. 九月, 大雩. 冬十月.

●7년 봄 2월, 주왕실의 대부 담편이 의률(儀栗: 위치 미상)로 들어가 반기를 들었다.

이때 제나라 사람이 운(鄆)과 양관(陽關: 산동성 태안현 동남쪽 60리 지점) 땅을 노나라에 반환했다. 그러자 양호가 그곳에 머물며 정사를 주도했다.

여름 4월, 선무공(單武公)과 유환공(劉桓公)이 궁곡(窮谷)에서 윤씨(尹氏)를 깨뜨렸다.

가을, 제경공이 정헌공(鄭獻公)과 함(鹹) 땅에서 결맹한 뒤 위나라에서 제후들을 소집했다. 이때 위영공이 장차 진나라를 배반하고 제나라 및 정나라와 결맹하려고 하자 모든 대부들이 이를 반대했다. 이에 위영공이 대부 북궁결(北宮結)을 제나라로 보내 제경공에게 은밀히 전했다.

"저 결(結)을 억류한 뒤 우리 나라를 치십시오."

제경공이 이를 좇았다. 이에 두 나라가 진나라의 쇄(瑣: 하북성 대명현 동쪽) 땅에서 결맹하게 되었다.

당시 제나라 대부 국하(國夏: 國惠子)가 군사를 이끌고 가 노나라를 쳤다. 그러자 양호가 계환자의 어자가 되고 계손씨의 가신 공렴처보(公斂處父)가 맹의자의 어자가 되어 야음을 틈타 제나라 군사를 기습하고자 했다. 이를 눈치챈 제나라 군사가 곧 타(墮: 대오를 흩뜨려 방비가 없는 것처럼 가장함)하면서 병사들을 매복시킨 뒤 노나라 군사가 공격해 오기를 기다렸다. 이때 공렴처보가 양호에게 말했다.

"그대는 이같이 하면 화를 부를 수 있다는 것을 전혀 고려하지 않고 있소. 그대는 반드시 죽고 말 것이오."

계손씨의 가신 점이(苫夷: 苫越)도 양호에게 말했다.

"만일 그대가 두 분을 위난에 빠뜨리면 유사(有司)의 처결을 기다리지 않고 내가 곧바로 그대를 죽이고 말 것이오."

양호가 두려워한 나머지 군사를 돌렸다. 이에 노나라 군사는 가까스로 위기를 면하게 되었다.

겨울 11월 23일, 선무공과 유환공이 주경왕을 대부 경씨(慶氏)의 집에서 영접했다. 이때 진나라 대부 적진(籍秦)이 주경왕을 호송했다.

12월 5일, 주경왕이 왕성으로 들어가 공족인 대부 당씨(黨氏)의 집에서 거처했다. 얼마 후 장궁(莊宮)으로 가 조배(朝拜)했다.

七年春二月, 周儋翩入于儀栗以叛. 齊人歸鄆陽關, 陽虎居之以爲政. 夏四月, 單武公劉桓公敗尹氏于窮谷. 秋, 齊侯鄭伯盟于鹹, 徵會于衛. 衛侯欲叛晉, 諸大夫不可. 使北宮結如齊, 而私於齊侯曰 "執結以侵我." 齊侯從之, 乃盟于瑣. 齊國夏伐我. 陽虎御季桓子, 公斂處父御孟懿子, 將宵軍齊師. 齊師聞之, 墮, 伏而待之. 處父曰 "虎不圖禍, 而必死." 苫夷曰 "虎陷二子於難. 不待有司, 余必殺女." 虎懼, 乃還, 不敗. 冬十一月戊午, 單子劉子逆王于慶氏. 晉籍秦送王. 己巳, 王入于王城, 館于公族黨氏, 而後朝于莊宮.

8년(기원전 502)

8년 봄 주력(周曆) 정월, 공이 제나라를 침공했다. 공이 제나라를 침공하는 일에서 돌아왔다. 2월, 공이 제나라를 침공했다. 3월, 공이 제나라를 침공하는 일에서 돌아왔다. 조백 노(露)가 졸했다. 여름, 제나라의 국하가 군사를 이끌고 우리의 서쪽 변경을 쳤다. 공이 진나라 군사와 와(瓦)에서 만났다. 공이 와에서 돌아왔다. 가을 7월 무진, 진후(陳侯) 유(柳)가 졸했다. 진나라의 사앙이 군사를 이끌고 가 정나라를 침공한 뒤 마침내 위나라를 침공했다. 조정공(曹靖公)을 안장했다. 9월, 진회공(陳懷公)을 안장했다. 계손사·중손하기가 군사를 이끌고 가 위나라를 침공했다. 겨울, 위후와 정백이 곡복(曲濮)에서 결맹했다. 선공 소공(昭公)을 종묘에 모셔 제사지내기로 했다. 도적이 보옥(寶玉)·대궁(大弓)을 훔쳐갔다.

八年春王正月, 公侵齊, 公至自侵齊. 二月, 公侵齊, 三月, 公至自侵齊. 曹伯露卒. 夏, 齊國夏帥師, 伐我西鄙. 公會晉師于瓦, 公至自瓦. 秋七月戊辰, 陳侯柳卒. 晉士鞅帥師, 侵鄭, 遂侵衛. 葬曹靖公. 九月, 葬陳懷公. 季孫斯仲孫何忌帥師, 侵衛. 冬, 衛侯鄭伯, 盟于曲濮. 從祀先公. 盜竊寶玉大弓.

●8년 봄 1월, 노정공이 제나라로 쳐들어가 양주(陽州)의 성문을 쳤다. 노나라 병사들이 모두 투지를 보이지 않은 채 행렬을 이루어 앉았다. 이때 한 병사가 말했다.

"대부 안고(顏高)의 활은 무게가 6균(六鈞: 180근)이다."

그러자 모두들 안고에게 달려가 활을 돌려가며 보았다. 이 틈을 타 양주 사람들이 공격해 왔다. 이에 안고가 옆사람의 연궁(軟弓)을 빼앗아 화살을 날리려고 하자 제나라 대부 적구자서(籍丘子鉏)가 안고를 공격해 왔다. 이로 인해 안고가 다른 병사와 함께 땅 위에 넘어졌다. 그러자 안고가 땅에 누운 채로 적구자서를 향해 화살을 날려 그의 볼을 맞혔다. 적구자서가 곧바로 땅에 떨어져 죽었다. 이때 노나라 사람 안식(顔息)도 화살을 날려 양주 사람의 눈썹을 맞혔다. 안식은 철군할 때 말했다.

"나는 활을 잘 쏘지 못한다. 본래는 적의 눈을 겨냥했다."

노나라 군사가 철군하자 노나라 사람 염맹(冉猛)이 발에 부상을 당한 양 가장해 앞쪽 대열로 갔다. 그러자 그의 형 염회(冉會)가 큰소리로 외쳤다.

"맹아, 너는 전군(殿軍: 후퇴할 때 정예부대로 편성되는 後軍을 지칭)미에 서야 한다."

2월 기축일(己丑日: 양백준은 2월에 기축일이 없다는 점을 들어 3월 26일로 해석), 선무공이 곡성(谷城: 하남성 낙양시 동북쪽)으로 진공하자 유환공은 의률(儀栗)을 쳤다. 3월 28일, 선무공이 간성(簡城: 왕성 부근)을 치고 유환공이 우(盂: 邘로, 하남성 심양현 서북쪽에 위치) 땅을 쳐 왕실을 안정시켰다. 이때 진나라 대부 조앙(趙鞅)이 진정공에게 건의했다.

"제후국 중 오직 송나라만 유일하게 성심으로 우리 나라를 섬기고 있습니다. 우리가 송나라 사자를 잘 영접할지라도 오히려 다시 오지 않을까 걱정할 수밖에 없는 처지입니다. 그런데 지금 그 나라의 사자를 억류해 놓고 있으니 이는 제후들과의 인연을 끊는 것입니다."

이에 송나라의 악기(樂祁)를 송환하려고 하자 사앙(士鞅: 범헌자)이 이의를 제기했다.

"3년 동안 억류했다가 이제 아무 단서도 없이 무조건 송환하면 송나라는 필히 우리를 배반하고 말 것입니다."

그러고는 사적으로 자량(子梁: 악기)에게 말했다.

"과군은 송군(宋君)을 모시지 못할까 염려하여 그대를 이곳에 머물도록 했던 것이오. 그대는 잠시 자제인 악혼(樂溷)이 그대를 대신하도록 해주시오."

이에 악기가 사앙의 이야기를 가재인 진인(陳寅)에게 하자 진인이 말했다.

"송나라는 장차 진나라를 배반할 터인데 그리 되면 악혼을 버리는 셈이 됩니다. 이는 차라리 때를 기다리느니만 못합니다."

악기가 송나라로 귀국하던 중 태항산(大行山) 근처에서 죽었다. 이 소식을 접한 사앙이 말했다.

"송나라는 반드시 우리를 배반할 것이다. 그러니 악기의 시신을 이곳에 둔 채 강화하느니만 못하다."

그러고는 악기의 시신을 주(州) 땅에 안치했다.

이때 노정공이 제나라로 쳐들어가 늠구(廩丘)의 외성을 공격했다. 늠구의 수장(守將)이 성 안에 있는 전차를 분충(焚衝: 불을 지르고 부숨)하자 어떤 사람이 마갈(馬褐: 거친 마포로 만든 短衣)에 물을 적셔 불을 끈 뒤 곧바로 늠구의 외성을 공파(攻破)했다. 수장이 출전하자 노나라 군사가 달아났다. 이에 양호가 염맹(冉猛)을 못 본 체하면서 말했다.

"만일 염맹이 여기에 있었다면 반드시 적을 쳐부수고 말 것이다."

염맹이 이 이야기를 듣고 곧 늠구 사람들을 추격했다. 그러나 염맹은 추격 도중 뒤를 돌아보고는 자신을 따르는 자가 한 사람도 없다는 사실을 알았다. 이에 곧 위전(僞顛: 거짓으로 땅에 넘어짐)하자 이를 본 양호가 냉소했다.

"이는 모두 객기(客氣: 가장된 용기)로 그러는 것이다."

당시 노나라 대부 점월(苫越)이 아들을 낳았다. 그는 큰 사건이 일어나기를 기다린 뒤 사건명을 따 이름을 짓고자 했다. 그는 결국 양주의 싸움에서 적군을 포로로 잡자 이를 계기로 아들의 이름을 '양주'로 지었다.

여름 4월, 제나라 대부 국하(國夏)와 고장(高張)이 노나라의 서쪽 변경을 쳤다. 이때 진나라 대부 사앙(士鞅: 범헌자)과 조앙(趙鞅: 조간자), 순인(荀寅: 중항문자) 등이 군사를 이끌고 와 노나라를 구원했다. 노정공이 진나라 군사를 와(瓦: 하남성 활현 남쪽) 땅에서 회견했다. 이때 범헌자가 어린 양을 끌고 와 예물로 바치자 조간자와 중항문자는 기러기를 갖다 바쳤다. 이 일을 계기로 노나라에서는 어린 양을 귀중한 예물로 여기기 시작했다.

八年春王正月, 公侵齊, 門于陽州. 士皆坐列, 曰, 顔高之弓六鈞, 皆取而傳觀之. 陽州人出, 顔高奪人弱弓, 籍丘子鉏擊之, 與一人俱斃. 偃且射子鉏, 中頰, 殪. 顔息射人, 中眉, 退曰"我無勇, 吾志其目也." 師退, 冉猛僞傷足而先. 其兄會乃呼曰"猛也殿."二月己丑, 單子伐穀城, 劉子伐儀栗. 辛卯, 單子伐簡城, 劉子伐盂, 以定王室. 趙鞅言於晉侯曰"諸侯唯宋事晉, 好逆其使, 猶懼不至. 今又執之, 是絶諸侯也."將歸樂祁. 士鞅曰"三年止之, 無故而歸之, 宋必叛晉." 獻子私謂子梁曰"寡君懼不得事宋君, 是以止子. 子姑使溷代子." 子梁以告陳寅. 陳寅曰"宋將叛晉, 是棄溷也. 不如待之." 樂祁歸, 卒于大行. 士鞅曰"宋必叛, 不如止其尸以求成焉." 乃止諸州. 公侵齊, 攻廩丘之郛. 主人焚衝, 或濡馬褐以救之, 遂毁之. 主人出, 師奔. 陽虎僞不見冉猛者, 曰"猛在此, 必敗." 猛逐之, 顧而無繼, 僞顚. 虎曰"盡客氣也." 苫越生子, 將待事而名之. 陽州之役獲焉, 名之曰陽州. 夏, 齊國夏高張伐我西鄙. 晉士鞅·趙鞅·荀寅救我. 公會晉師于瓦. 范獻子執羔, 趙簡子·中行文子皆執鴈. 魯於是始尙羔.

●진나라 군사가 위영공과 전택(鄟澤: 위치 미상)에서 결맹하고자 했다. 이때 조간자가 말했다.

"여러 대부들 중 누가 감히 가서 위군(衛君)과 결맹하는 일을 맡겠소?"

대부 섭타(涉佗)와 성하(成何)가 앞으로 나서며 말했다.

"저희들이 능히 위군으로 하여금 결맹하도록 할 수 있습니다."

이에 결맹하는 자리에서 위나라 사람이 두 사람에게 우이(牛耳: 맹약의 주도권)를 잡게 했다. 그러자 성하가 말했다.

"위나라는 우리 나라의 온읍(溫邑)이나 원읍(原邑) 정도에 불과한 나라인데 어찌 여느 제후들과 같이 대우할 수 있겠는가."

또 삽혈하는 과정에서도 섭타가 위영공의 손을 밀어 피가 위영공의 팔에 묻었다. 이에 위영공이 대로했다. 그러자 위나라 대부 왕손 가(賈)가 빠른 걸음으로 달려나가 꾸짖었다.

"결맹은 예를 밝히기 위한 것이오. 이에 위군이 친히 결맹에 참여했는데 어찌 감히 예를 지키지 않는 것이오? 그러고도 이 맹약을 받아들이라는 것이오?"

위영공이 진나라를 배반하고자 하면서도 내심 여러 대부들이 동의하지 않을까 우려했다. 이때 위나라 대부 왕손 가(賈)가 위영공에게 권하여 도성 밖에 머물게 했다. 그러자 위영공을 마중하는 대부들이 그 연고를 물었다. 이에 위영공이 자신이 모욕당한 일을 밝히면서 덧붙였다.

"나는 사직을 욕되게 했소. 그러니 후계자에 관해 점복을 치도록 하시오. 나는 그 결과를 좇을 것이오."

그러자 대부들이 입을 모아 위로했다.

"이는 우리 위나라의 우환입니다. 어찌 군주에게 잘못이 있겠습니까."

위영공이 다시 말했다.

"나에게는 또 다른 걱정이 하나 있소. 진나라에서는 나에게 공자와 대부의 자제들을 인질로 보내라고 요청했소."

"실로 나라에 유익하다면 공자가 인질로 가야 합니다. 저희들의 자식이야 어찌 감히 기설(羈絏: 수레를 끄는 말의 재갈과 고삐)을 등에 지고 그 뒤를 따르지 않겠습니까."

장차 인질이 떠나게 되었을 때 왕손 가가 건의했다.

"실로 위나라에 위난이 닥쳤을 때 공상(工商)이 일찍이 우환이 되지 않은 적이 없으니 그들을 모두 인질로 보내야 합니다. 그래야 공자와 대부의 자제들을 인질로 보낼 수 있습니다."

위영공이 이를 대부들에게 전했다. 이에 공상 모두 인질로 가게 되었다. 출발할 날짜가 정해지자 위영공이 국인들의 조현을 받았다. 이때 그는 왕손 가를 시켜 사람들에게 묻게 했다.

"만일 우리가 진나라를 배반하여 진나라가 우리 나라를 다섯 번 침공한다면 우리가 당하는 고통은 과연 어느 정도가 되겠소?"

모두 외쳤다.

"진나라가 설령 다섯 번 쳐들어올지라도 우리는 충분히 싸울 수 있소."

이에 왕손 가가 말했다.

"과연 그렇다면 우선 진나라에 반기를 든 뒤 만일 위난에 봉착하게 될 경우 그때 다시 인질을 보낸들 어찌 늦다고 할 수 있겠소?"

마침내 위나라가 진나라에 반기를 들었다. 진나라가 내용을 고쳐 다시 결맹할 것을 청했다. 그러나 위나라가 들어주지 않았다.

가을, 진나라 대부 사앙이 왕실의 대부 성환공(成桓公)과 회동한 뒤 정나라로 쳐들어가 충뢰(蟲牢)를 포위했다. 이는 정나라가 이궐산(伊闕山: 위치 미상)을 쳤던 일을 보복한 것이다. 이때 진나라 군사가 여세를 몰아 위나라를 쳤다.

9월, 노나라 군사가 위나라를 기습했다. 이는 진나라를 돕기 위한 것이었다.

晉師將盟衛侯于鄟澤. 趙簡子曰 "群臣誰敢盟衛君者." 涉佗・成何曰 "我能盟之." 衛人請執牛耳. 成何曰 "衛, 吾溫原也, 焉得視諸侯." 將歃, 涉佗捘衛侯之手, 乃捥, 衛侯怒. 王孫賈趨進曰 "盟, 以信禮也. 有如衛君, 其敢不唯禮是事, 而受此盟也." 衛侯欲叛晉, 而患諸大夫. 王孫賈使次于郊, 大夫問故. 公以晉訴語之, 且曰 "寡人辱社稷, 其改卜嗣, 寡人從焉." 大夫曰 "是衛之禍, 豈君之過也." 公曰 "又有患焉, 謂寡人必以而子與大夫之子爲質." 大夫曰 "苟有益也, 公子則往. 群臣之子, 敢不皆負羈絏以從." 將行, 王孫賈曰 "苟衛國有難, 工商未嘗不爲患, 使皆行而後可." 公以告大夫, 乃皆將行之. 行有日, 公朝國人, 使賈問焉, 曰 "若衛叛晉, 晉五伐我, 病何如矣." 皆曰 "五伐我, 猶可以能戰." 賈曰 "然則如叛之, 病而後質焉, 何遲之有." 乃叛晉. 晉人請改盟, 弗許. 秋, 晉士鞅會成桓公, 侵鄭, 圍蟲牢, 報伊闕也. 遂侵衛. 九月, 師侵衛, 晉故也.

●노나라 대부 계오(季寤: 계환자의 동생 子言)와 공서극(公鉏極), 공산불뉴(公山不狃)는 모두 계씨 밑에서 득지(得志)하지 못했다. 대부 숙손첩(叔孫輒: 숙손씨의 서자 子張)은 숙손씨로부터 총신(寵信)을 받지 못했고 종실 숙중지(叔仲志: 叔仲帶의 손자)는 노나라 조정에서 득지하지 못했다. 이에 이들 5명 모두 양호에게 몸을 의탁했다. 양호는 3환(三桓)을 제거한 뒤 계오와 숙손첩으로 하여금 각각 계손씨(季孫氏: 계환자)와 숙손씨(叔孫氏: 숙손무숙)를 대신하게 하고 자신은 맹손씨(孟孫氏: 맹의자)를 대신하고자 했다.

겨울 10월, 양호 일당이 노나라의 선공들에게 순사(順祀: 즉위 선후에 따라 차례로 제사지냄)하면서 일이 성사되기를 빌었다. 10월 2일, 노희공의 사당에서 체제(禘祭)를 지냈다. 10월 3일, 양호가 포포(蒲圃)에서 연회를 베풀고 계환자를 초대해 그 자리에서 죽이려고 했다. 이에 양호가 도성 안의 전차부대에 다음과 같이 하령했다.

"내일 모두 이곳에 집결하도록 하라."

이때 성재(成宰: 성 땅의 가재) 공렴처보(公斂處父)가 이 소식을 듣고 맹손씨에게 물었다.

"계손씨가 도성 안의 전차부대에 하령했다고 하니 이는 무슨 까닭입니까?"

"나는 금시초문이오."

"만일 그같은 이야기가 사실이라면 이는 난을 일으키려는 것입니다. 난이 일어나면 그 화가 반드시 그대에게 미칠 것이니 미리 대비하기 바랍니다."

이에 공렴처보가 맹손씨에게 이날을 기점으로 병사들을 동원해 장차 구원에 나설 것을 약속했다. 이때 양호가 전구(前驅), 대부 임초(林楚)가 계환자의 어자가 되었다. 우인(虞人: 호위 군관)들이 피순(鈹盾: 창과 방패)을 든 채 계환자를 가운데에 끼고 나아갔다. 양월(陽越: 양호의 종제)이 그 뒤를 따랐다. 이들이 포포를 향해 나아가려고 할 때 계환자가 문득 임초에게 말했다.

"그대의 선인들은 모두 우리 계씨의 충량(忠良)이었소. 이제 그대도 선인들의 뒤를 이어주기 바라오."

임초가 사양했다.

"제가 그 명을 받기에는 이미 때가 늦었습니다. 양호가 집정하자 노나라 백성들이 모두 그에게 복종하고 있습니다. 그의 뜻을 어기면 곧 징사(徵死: 죽음을 부름)하게 됩니다. 제가 죽게 되면 주인에게 아무런 도움이 안 될 것입니다."

"어찌하여 늦었다는 것이오? 그대가 능히 나를 맹손씨가 있는 곳으로 데려갈 수 있겠소?"

"제가 감히 죽는 것을 애석히 여기는 것은 아닙니다. 오직 주인이 화를 면치 못할까 두려울 뿐입니다."

"그렇다면 갑시다."

당시 맹손씨는 3백 명의 건장한 어인(圉人: 노비)을 선발한 뒤 이들을 시켜 아들 공기(公期)를 위한다는 구실로 대문 밖에 공격에 대비한 가건물을 짓게 했다. 이때 임초는 갑자기 말을 성나게 만들어 대로 쪽으로 쏜살같이 달려나갔다. 양월이 급히 그를 향해 화살을 날렸으나 맞히지 못했다. 양월이 추격해 오자 맹손씨의 어인들이 급히 대문을 닫았다. 이때 누군가 양월을 향해 대문 틈으로 화살을 날렸다. 양월이 화살을 맞고 그 자리에서 죽었다.

이에 양호는 노정공과 대부 숙손무숙(叔孫武叔: 武叔懿子)을 겁지(劫持)해 함께 맹손씨를 공격했다. 이때 공렴처보가 성 땅의 사람들을 이끌고 와 상동문(上東門: 노나라 도성 곡부의 성문)으로 들어와 양호 일당과 남문(南門) 안에서 싸웠으나 이기지 못했다. 다시 극하(棘下: 노나라 도성 내의 지명)에서 교전하자 양호가 패하게 되었다.

그러자 양호가 탈갑(說甲: 갑옷을 벗는다는 뜻으로, '說'은 '脫'과 통함)한 뒤 공궁으로 가 보옥과 대궁(大弓)을 들고 나왔다. 이어 오보지구(五父之衢)에서 머물며 좌우에 명하여 자신이 눈을 붙이는 동안 식사를 준비하게 했다. 이때 한 부하가 말했다.

"추격자들이 곧 당도할 것입니다."

양호가 핀잔을 주었다.

"노나라 사람들은 내가 도망간다는 말을 들으면 징사(徵死: '양호가 죽음을 부르게 되었다'는 뜻임)[6]하게 되었다며 좋아할 터인데 어느 여가에 나를 쫓아오겠는가."

양호의 부하가 다그쳤다.

"아이쿠, 빨리 수레에 오르십시오. 공렴양(公斂陽: 공렴처보)가 저기에 있습니다."

공렴양은 양호를 추격할 것을 청했으나 맹손씨가 이를 허락하지 않자 이내 계환자를 죽이려고 했다. 맹손씨는 이를 우려한 나머지 곧바로 계환자를 집으로 돌려보냈다. 마침 계환자의 동생 자언(子言: 계오)은 계손씨 가문의 사당에서 조종의 신령에게 변사작(辨舍爵: 일일이 술잔을 늘어놓고 술을 따른 뒤 제사를 지냄)한 뒤 국외로 달아났다. 양호는 환(讙)과 양관(陽關)으로 들어가 반기를 들었다.

이때 정나라에서는 대부 사천(駟歂: 子然)이 자태숙(子大叔)의 뒤를 이어 집정하게 되었다.

季寤·公鉏極·公山不狃皆不得志於季氏, 叔孫輒無寵於叔孫氏, 叔仲志不得志於魯. 故五人因陽虎. 陽虎欲去三桓, 以季寤更季氏, 以叔孫輒更叔孫氏, 己更孟氏. 冬十月, 順祀先公而祈焉. 辛卯, 禘于僖公. 壬辰, 將享季氏于蒲圃而殺之, 戒都車曰 "癸巳至." 成宰公斂處父告孟孫曰 "季氏戒都車, 何故." 孟孫曰 "吾弗聞." 處父曰 "然則亂也, 必及於子, 先備諸." 與孟孫以壬辰爲期. 陽虎前驅, 林楚御桓子, 虞人以鈹盾夾之, 陽越殿. 將如蒲圃, 桓子咋謂林楚曰 "而先皆季氏之良也, 爾以是繼之."

---

6) '징사'의 '징'(徵)을 '종'(縱)의 가차로 보아 '계손씨의 죽음을 늦추게 되었다'로 해석하는 견해도 매우 유력하다.

對曰 "臣聞命後, 陽虎爲政, 魯國服焉. 違之, 徵死. 死無益於主." 桓子曰 "何後之有. 而能以我適孟氏乎." 對曰 "不敢愛死, 懼不免主." 桓子曰 "往也." 孟氏選圉人之壯者三百人, 以爲公期築室於門外. 林楚怒馬及衢而騁, 陽越射之, 不中, 築者闔門. 有自門間射陽越, 殺之. 陽虎劫公與武叔, 以伐孟氏. 公斂處父帥成人, 自上東門入, 與陽氏戰于南門之內, 弗勝. 又戰于棘下, 陽氏敗. 陽虎說甲如公宮, 取寶玉大弓以出, 舍于五父之衢, 寢而爲食. 其徒曰 "追其將至." 虎曰 "魯人聞余出, 喜於徵死, 何暇追余." 從者曰 "嘻. 速駕, 公斂陽在." 公斂陽請追之, 孟孫弗許. 陽欲殺桓子, 孟孫懼而歸之. 子言辨舍爵於季氏之廟而出. 陽虎入于讙陽關以叛. 鄭駟歂嗣子大叔爲政.

9년(기원전 501)

9년 봄 주력(周曆) 정월, 여름 4월 무신, 정백 채(蠆)가 졸했다. 보옥과 대궁을 얻었다. 6월, 정헌공(鄭獻公)을 안장했다. 가을, 제후·위후가 오씨(五氏)에 머물렀다. 진백이 졸했다. 겨울, 진애공(秦哀公)을 안장했다.

九年春王正月. 夏四月戊申, 鄭伯蠆卒. 得寶玉大弓. 六月, 葬鄭獻公. 秋, 齊侯衛侯次于五氏. 秦伯卒. 冬, 葬秦哀公.

●9년 봄, 송경공이 대부 악대심(樂大心)을 시켜 진나라와 결맹한 뒤 악기(樂祁)의 영구를 맞이하게 했다. 그러자 악대심은 칭병하며 이를 사절했다. 이에 대부 상소(向巢: 좌사 巢)에게 명해 진나라와 결맹한 뒤 자량(子梁: 악기)의 영구를 맞이하게 했다. 이때 악기의 아들 자명(子明: 樂溷)은 우사 악대심을 보내 영구를 맞이할 생각으로 그를 찾아가 말했다.

"내가 아직 복상 중인데 우사가 격종(擊鐘: 종을 치며 음악을 연주함)하는 까닭은 무엇이오?"

악대심이 말했다.

"이는 상사(喪事)가 나라 안에 있지 않기 때문이오."

얼마 후 악대심이 다른 사람에게 말했다.

"자신은 복상 중에 자식을 낳고도 나에게는 왜 사종(舍鐘: 음악을 연주치 않음)하라는 것인가."

자명이 이 말을 듣고 대로하여 송경공에게 말했다.

"우사는 장차 대씨(戴氏: 송대공의 자손으로 곧 송나라를 지칭)에게 이롭지 못할 것입니다. 그가 진나라에 가지 않으려고 하는 것은 장차 난을 일으킬 생각을 품고 있기 때문입니다. 그렇지 않으면 어찌 병도 없는데 칭병하겠습니까."

이에 드디어 악대심을 축출했다.

당시 정나라에서는 집정 사천(駟歂)이 대부 등석(鄧析)을 죽이면서 등석이 만든 죽형(竹刑: 죽간에 새긴 형법)을 적용했다. 이를 두고 군자가 평했다.

"사천은 이 사건에서 불충했다. 만일 나라에 이로운 자가 있다면 그의 잘못을 그냥 지나칠 수도 있는 것이다. 『시경』 「패풍·정녀(靜女: 남녀의 밀회를 노래함)」의 3장은 동관(彤管)[7]을 취한 것이다. 『시경』 「용풍·간모(竿旄)」에서는 '무엇으로 그를 권할까'라고 했으니 이는 그 충성스러움을 취한 것이다. 그래서 어떤 사람의 견해를 채택하게 되면 그를 징벌하지 않는 것이다. 『시경』 「소남·감당(甘棠)」에 이르기를, '폐불(蔽芾: 수목이 크고 무성함)한 감당(甘棠)을 전벌(翦伐: 베거나 자름)치 마오, 소백(召伯)이 일찍이 발(茇: 원래는 草房의 뜻이나 여기서는 거주한다는 의미임)한 곳이오'라고 했다. 사람을 사모하게 되면 그가 가까이한 나무까지 아끼게 된다. 하물며 어떤 사람의 견해를 채택하면서 그를 돌보지 않을 수 있겠는가. 자연(子然: 사천)은 현능한 인

---

[7] 여인이 사랑의 징표로 건넨 바늘이나 붓을 넣는 붉은 관 또는 악기로, 여기서는 애틋해하는 마음을 의미한다.

재를 권면할 줄 모르는 사람이다."

九年春, 宋公使樂大心盟于晉, 且逆樂祁之尸. 辭, 僞有疾. 乃使向巢如晉盟, 且逆子梁之尸. 子明謂桐門右師出, 曰"吾猶衰絰, 而子擊鐘, 何也." 右師曰"喪不在此故也." 旣而告人曰"己衰絰而生子, 余何故舍鐘." 子明聞之怒, 言於公曰"右師將不利戴氏, 不肯適晉, 將作亂也. 不然, 無疾." 乃逐桐門右師. 鄭駟歂殺鄧析, 而用其竹刑. 君子謂 "子然於是不忠. 苟有可以加於國家者, 棄其邪可也.「靜女」之三章, 取彤管焉.「竿旄」'何以告之.'取其忠也. 故用其道, 不棄其人.『詩』云'蔽芾甘棠, 勿翦勿伐, 召伯所茇.'思其人猶愛其樹, 況用其道而不恤其人乎. 子然無以勸能矣."

●여름, 양호가 훔쳐간 보옥과 대궁을 노나라에 반환했다. 이에『춘추』는 이같이 썼다.

"노나라가 득(得)했다."

이는 보옥과 대궁이 기용(器用: 기물용구)이었기 때문이다. 무릇 기용을 얻게 되는 것을 '득'(得), 기물을 이용해 살아 있는 짐승 등을 잡는 것을 '획'(獲)이라고 한다.

6월, 노나라가 양관(陽關)을 쳤다. 양호는 사람을 보내 내문(萊門: 양관읍의 문)을 불태우게 한 뒤 노나라 군사가 놀라는 틈을 타서 포위망을 뚫고 제나라로 달아났다. 그는 제경공에게 노나라로 진공할 것을 청하면서 말했다.

"세 번만 공격하면 틀림없이 노나라를 점령할 수 있습니다."

제경공이 이를 좇으려고 하자 대부 포문자(鮑文子)가 간했다.

"저는 일찍이 노나라 대부 시씨(施氏) 밑에서 가신으로 있었던 적이 있습니다. 노나라는 아직 취할 수 없습니다. 상하가 아직 협조하고, 백성들이 화목하고, 대국을 잘 섬기고, 천재(天災)도 나타나지 않고 있습니다. 그러니 어찌 노나라를 점령할 수 있겠습니까. 양호는 제나라 군사를 수고스럽게 하여 지치게 만들려는 것입니다. 제나라 군사가 지치면 반드시 많은 대신들이 죽게 될 터인데 양호는 그때 속셈을 드러낼 것입니다. 양호는 노나라에서 계손씨에게 총애를 받았으나 오히려 계손씨를 죽이려 했고, 이제 또 노나라를 불리하게 만들려고 다른 사람의 환심을 사고자 하는 것입니다. 그는 부유한 자와 가까이 지내면서 어진 사람은 멀리하는데, 군주는 어찌하여 그를 쓰려는 것입니까. 군주가 계손씨보다 부유하고 제나라가 노나라보다 강대하자 양호는 이를 뒤엎으려는 것입니다. 노나라는 이제 그의 해를 면하게 되었는데, 군주가 오히려 그를 거두게 되면 장차 그 해가 우리에게 미치지 않겠습니까."

이에 제경공이 양호를 체포해 동쪽 변경에 수금하고자 하자 양호는 스스로 동쪽 변경으로 가는 것을 바라는 것처럼 가장했다. 그러자 제나라에서는 오히려 그를 서쪽 변경에 수금했다. 이에 양호는 읍내 사람의 수레를 모두 빌려 계축(鍥軸: 바퀴의 축을 칼로 깎아 망가뜨림)한 뒤 이를 삼끈으로 묶어 돌려주었다. 이어 총령(葱靈: 옷가지를 싣는 수레)에다 짐을 가득 실은 뒤 짐 속에 몸을 숨겨 달아났다. 제나라 사람들이 곧바로 추격해 그를 잡아서는 제나라 도성에 수금했다. 얼마 후 양호는 다시 총령에 몸을 숨겨 마침내 송나라로 달아났다가 이내 진나라로 가 조씨(趙氏: 조간자)에게 몸을 의탁했다. 이를 두고 중니가 말했다.

"장차 조씨 집안에 대대로 화란이 있을 것이다."

가을, 제경공이 진나라의 이의(夷儀)를 쳤다. 이때 제나라 대부 폐무존(敝無存)의 부친이 그를 결혼시키려고 했다. 그러자 폐무존이 혼처를 아우에게 양보하면서 말했다.

"만일 이번 싸움에서 생환하면 반드시 명문가인 고씨(高氏)나 국씨(國氏) 집안에서 아내를 맞이하도록 하겠습니다."

폐무존은 싸움터로 가 이의의 성벽을 앞장서 올라갔다. 이어 성 안으로 들어가 성문을 열고 나오려다가 마침내 성문의 유하(霤下: 처마 밑)에서 전사했다. 이때 대부 동곽서(東郭書)가 성벽을 양등(讓登: 다른 사람을 물리치고 먼저 올라갔다는 뜻으로, '讓'은 '攘'의 가차임)했다. 그러자 대부 이미(犁彌: 왕맹)가 그 뒤를 따라 성벽을 올라갔다. 그는 성벽을 오르면서 동곽서에게 건의했다.

"그대가 앞장서 올라간 뒤 왼쪽에 서고 내가 뒤따라 올라가 오른쪽에 비껴서 있다가 다른 사람들이 모두 올라온 뒤 다시 성 안으로 뛰어내려 가도록 합시다."

이에 동곽서가 왼편에 비껴서 있었는데 이미가 성벽을 오른 뒤 약속을 어기고 먼저 뛰어내렸다. 싸움이 끝난 뒤 동곽서와 왕맹(王猛: 이미)이 함께 쉬게 되자 왕맹이 말했다.

"내가 먼저 성벽에 올랐소."

동곽서가 노하여 갑옷을 갖춰 입으면서 꾸짖었다.

"아까 성벽을 오를 때에도 나를 난처하게 만들더니 이제 또다시 그러는 것인가?"

이에 왕맹이 웃으며 말했다.

"내가 그대를 따르는 것은 마치 참마(驂馬: 수레를 끄는 네 마리 말 중 좌우 양쪽의 곁말. 가운데의 두 말은 服馬)가 근(靳: 원래는 '服馬의 가슴걸이'이나 여기서는 '복마'를 의미)[8]을 따르는 것과 같소."

이때 진나라 전차 1천 승이 중모(中牟: 하남성 탕현 서쪽)에 배치되어 있었다. 그러자 위영공이 제나라를 돕기 위해 오씨(五氏: 寒氏로, 하북성 한단시 서쪽) 땅으로 가려고 했다. 이에 중모를 제대로 통과할 수 있을지를 놓고 거북점을 쳤다. 그러나 이내 거북의 등껍질이 불에 까맣게 타버렸다. 그러자 위영공이 말했다.

"갈 수 있다. 위나라 전차부대가 진나라 군사의 반에 상당하고, 내가 나머지 반에 상당하니 가히 대적할 수 있다."

과연 위영공이 중모를 통과하게 되었다. 이때 중모 사람들이 위나라 군사를 치려고 하자 위나라 사람으로 중모에 망명 중인 저사포(褚師圃)가 만류했다.

---

8) 당시 마부는 복마의 가슴걸이를 통해 빠져나온 참마의 고삐를 잡고 4마리의 말을 동시에 조종했다.

"위나라는 비록 소국이지만 그 군주가 나와 있으니 이길 수 없소. 제나라 군사는 성읍을 공략해 교만해져 있고 장령들은 지위가 낮소. 만일 위나라 군사와 교전하면 반드시 실패하고 말 것이오. 그러니 차라리 제나라 군사를 종(從: 여기서는 맞아 싸운다는 뜻임)하느니만 못하오."

이에 제나라 군사를 공격하여 깨뜨렸다. 이때 제경공은 위영공의 지원을 고맙게 여겨 작읍(禚邑: 산동성 장청현 경내)과 미읍(媚邑: 산동성 우성현), 행읍(杏邑: 산동성 치평현 남쪽)을 위나라에 주었다. 이어 제경공이 논공행상을 하면서 이미에게 상을 내리자 이미가 사양했다.

"저보다 먼저 성벽을 오른 사람이 있습니다. 저는 그의 뒤를 쫓아 올라갔을 뿐입니다. 그는 석책(晳幘: 백색 두건)을 쓰고 이제(貍製: 삵 가죽으로 만든 옷으로, '製'는 '裘'의 의미)를 입었습니다."

제경공이 곧바로 동곽서를 찾아내 보여주자 이미가 말했다.

"바로 이분입니다. 나는 상을 그대에게 양보하겠소."

제경공이 상을 내리자 동곽서가 사양했다.

"저 사람은 빈려(賓旅: 羈旅之臣으로, 곧 객경)이니 그에게 상을 내려야 합니다."

이에 결국 이미에게 상을 주게 되었다. 이에 앞서 제나라 군사가 이의에 주둔하고 있을 때 제경공은 이의 사람에게 이같이 말한 적이 있었다.

"폐무존의 시신을 찾아내는 사람에게는 5호(戶)를 상으로 내리고 노역을 면하게 해주겠다."

이로써 폐무존의 시신을 찾게 되었다. 제경공이 폐무존의 시신에 3수(三襚: 시신에 세 차례에 걸쳐 수의를 입힘)하게 했다. 또 서헌(犀軒: 물소 가죽으로 장식한 경이 타는 수레)과 직개(直蓋: 高蓋로, 손잡이가 긴 日傘)을 부장품으로 삼고 영구를 먼저 제나라로 회송하게 했다. 이때 제경공은 관을 실은 수레를 끌고 가는 사람들로 하여금 꿇어앉아 수레를 끌게 하고, 전군(全軍)으로 하여금 곡을 하도록 했다. 자신도 친히 나아가 수레를 세 번이나 밀었다.

夏, 陽虎歸寶玉大弓. 書曰 "得", 器用也. 凡獲器用曰得, 得用焉曰獲. 六月, 伐陽關. 陽虎使焚萊門. 師驚, 犯之而出, 奔齊, 請師以伐魯, 曰 "三加必取之." 齊侯將許之. 鮑文子諫曰 "臣嘗爲隸於施氏矣. 魯未可取也. 上下猶和, 衆庶猶睦, 能事大國, 而無天菑. 若之何取之. 陽虎欲勤齊師也, 齊師罷, 大臣必多死亡, 己於是乎奮其詐謀. 夫陽虎有寵於季氏, 而將殺季孫, 以不利魯國, 而求容焉. 親富不親仁, 君焉用之. 君富於季氏, 而大於魯國, 玆陽虎所欲傾覆也. 魯免其疾, 而君又收之, 無乃害乎." 齊侯執陽虎, 將東之. 陽虎願東, 乃囚諸西鄙. 盡借邑人之車, 鍥其軸, 麻約而歸之. 載蔥靈, 寢於其中而逃. 追而得之, 囚於齊. 又以蔥靈逃, 奔宋, 遂奔晉, 適趙氏. 仲尼曰 "趙氏其世有亂乎." 秋, 齊侯伐晉夷儀. 敝無存之父將室之, 辭, 以與其弟, 曰 "此役也不死, 反必娶於高國." 先登, 求自門出, 死於霤下. 同郭書讓登, 犁彌從之, 曰 "子讓而左, 我讓而右, 使登者絶而後下." 書左, 彌先下. 書與王猛息. 猛曰 "我先登." 書斂甲曰 "曩者之難, 今又難焉." 猛笑曰 "吾從子如驂之靳." 晉車千乘在中牟. 衛侯將如五氏, 卜過之, 龜焦. 衛侯曰 "可也. 衛車當其半, 寡人當其半, 敵矣." 乃過中牟. 中牟人欲伐之, 衛褚師圃亡在中牟, 曰 "衛雖小, 其君在焉, 未可勝也. 齊師克城而驕, 其帥又賤, 遇必敗之, 不如從齊." 乃伐齊師, 敗之. 齊侯致禚媚杏於衛. 齊侯賞犁彌, 犁彌辭曰 "有先登者, 臣從之. 皙幘而衣貍製." 公使視東郭書, 曰 "乃夫子也, 吾貺子." 公賞東郭書, 辭曰 "彼賓旅也." 乃賞犁彌. 齊師之在夷儀也, 齊侯謂夷儀人曰 "得敝無存者, 以五家免." 乃得其尸. 公三襚之, 與之犀軒與直蓋, 而先歸之. 坐引者, 以師哭之, 親推之三.

10년(기원전 500)

10년 봄 주력(周曆) 3월, 제나라와 화친했다. 여름, 공이 제후와 협곡(夾谷)에서 만났다. 공이 협곡에서 돌아왔다. 진나라의 조앙이 군사를 이끌고 가 위나라를 포위했다. 제나라 사람이 와 운(鄆)·환

(讙)·구음(龜陰)을 돌려보냈다. 숙손주구(叔孫州仇)와 중손하기(仲孫何忌)가 군사를 이끌고 가 후(郈)를 포위했다. 가을, 숙손주구와 중손하기가 군사를 이끌고 가 후를 포위했다. 송나라의 악대심이 조나라로 망명했다. 송나라 공자 지(地)가 진(陳)나라로 망명했다. 겨울, 제후·위후·정나라의 유속(游速)이 안보(安甫)에서 만났다. 숙손주구가 제나라로 갔다. 송공의 아우 진기(辰曁)와 중타(仲佗)·석구(石彊)가 진(陳)나라로 망명했다.

十年春王正月, 及齊平. 夏, 公會齊侯于夾谷, 公至自夾谷. 晉趙鞅帥師, 圍衛. 齊人來歸鄆讙龜陰田. 叔孫州仇仲孫何忌帥師, 圍郈. 秋, 叔孫州仇仲孫何忌帥師, 圍郈. 宋樂大心出奔曹, 宋公子地出奔陳. 冬, 齊侯衛侯鄭游速, 會于安甫. 叔孫州仇如齊. 宋公之弟辰曁仲佗石彊出奔陳.

●10년 봄, 노나라가 제나라와 강화했다. 여름, 노정공이 제경공과 축기(祝其: 산동성 내무현 夾谷)에서 만났다. 축기는 사실 협곡(夾谷)을 뜻했다. 이때 공구(孔丘)가 노정공을 상례(相禮)했다. 그러자 이미(犁彌)가 제경공에게 말했다.

"공구는 예는 알지만 용기가 없습니다. 만일 내(萊) 땅 사람을 시켜 무기를 들고 노나라 군주를 겁박(劫迫)하면 반드시 군주가 뜻하는 바대로 이룰 수 있을 것입니다."

제경공이 이를 좇았다. 그러자 공구가 노정공을 모시고 자리를 물러 나오면서 말했다.

"병사들은 무기를 들고 가도록 하라. 두 나라 군주가 우호를 맺는 자리에 예이지부(裔夷之俘: 華夏 지역 이외의 땅에 사는 포로와 같은 자들)가 무력을 이용해 어지럽게 구는구나. 이는 제나라 군주가 제후들에게 군림하는 도리가 아니다. 예(裔: 夏 지역 이외의 사람)는 중원을 도모할 수 없고, 이(夷: 華 지역 이외의 사람)는 중화 사람들을 교란할 수 없고, 부(俘: 포로와 같은 자들)는 맹약을 촉범할 수 없고, 병(兵: 무력)은 우호를 핍박할 수 없다. 이는 신령에게 상서롭지 못하고, 덕행에서도 도의에 어긋나고, 사람에 대해서도 예를 잃는 짓이다. 반드시 제나라 군주가 이같이 시키지는 않았을 것이다."

제경공이 이 말을 듣고 곧바로 내(萊) 땅 사람들을 나가게 했다.

드디어 맹서하는 단계에 이르자 제나라 사람이 맹서문을 희생의 위에 올려놓으면서 덧붙였다.

"만일 제나라 군사가 출경할 때 그대들이 갑거(甲車: 전차) 3백 승으로 우리 뒤를 따르지 않으면 이 맹서문이 증거가 될 것이다."

그러자 공구가 대부 자무선(茲無還)을 시켜 읍한 뒤 이같이 대답하게 했다.

"그대들이 우리의 문양(汶陽) 땅을 반환하지 않은 채 우리에게 제나라가 필요로 하는 것을 공급하게 하면 이 맹서문이 증거가 될 것이다."

맹서가 끝난 뒤 제경공이 노정공에게 향례를 베풀려고 하자 공구가 제나라 대부 양구거(梁丘據)에게 말했다.

"제·노 두 나라 사이에는 구래의 전례(典禮)가 있는데 그대는 어찌하여 이를 듣지 못했소? 일이 이미 끝났는데도 또 향례를 베푸는 것은 집사를 수고롭게 할 뿐이오. 게다가 희상(犧象: 酒器로, 곧 犧尊과 象尊)은 도성의 성문 밖으로 내가지 않는 법이고, 가악(嘉樂: 鐘과 磬 등의 악기)은 야외에서 연주하지 않는 법이오. 향례를 베풀면서 이를 모두 갖추게 된다면 이는 지켜야 할 예를 버리는 셈이 되오. 만일 이를 모두 구비하지 못하면 비패(秕稗: 쭉정이와 피로, 곧 가식적인 향례를 비유)를 사용하는 셈이 되오. 비패를 사용하면 군주에게 치욕이 되고, 예의를 버리면 명성이 나빠지게 되오. 그대는 어찌하여 이를 깊이 헤아리지 않는 것이오? 향례는 덕행을 널리 선양하는 의식이오. 이를 널리 선양하지 못할 바에는 차라리 그만두느니만 못하오."

이에 결국 향례를 베풀지 않게 되었다. 얼마 후 제나라 사람이 노나라로 와 운(鄆)과 환(讙), 구음(龜陰: 산동성 신태현 서남쪽) 땅을 돌려주었다.

마침 이때 진나라 대부 조앙(趙鞅)이 위나라의 도성을 포위했다. 이는 이의(夷儀)의 싸움에 대한 보복이었다. 당초 위영공이 한단오(邯鄲午: 한단의 대부로, '한단'은 하북성 한단시에 위치)를 한씨(寒氏) 땅에서 치면서 성의 서북쪽을 공파한 뒤 병사들을 보내 이를 수비하게 했다. 이에 한단오의 군사가 일거에 소잠(宵襂: 야음을 이용해 궤산함)했다.

마침내 진나라 군사가 위나라를 포위하게 되자 한단오가 병사 70명을 이끌고 가 위나라 도성의 서문을 공격했다. 이어 성문 안에서 위나라 군사를 죽이고 말했다.

"이로써 한씨 땅에서의 싸움을 보복하고자 한다."

진나라 대부 섭타(涉佗)가 말했다.

"그 사람은 가히 용감하다고 할 만하다. 그러나 내가 쳐들어가면 적들은 반드시 감히 성문을 열지 못할 것이다."

이에 그 또한 병사 70명을 이끌고 이른 아침부터 성문을 공격했다. 그의 병사들은 성문의 좌우로 열을 지어 나아간 뒤 모두 성문 앞에서 멈춰섰는데 그 모양이 마치 나무를 줄지어 심어놓은 것과 같았다. 이들은 정오까지 이같이 서 있다가 적들이 성문을 열고 나오지 않자 이내 물러났다.

진나라 군사가 반역(反役: 철병)한 뒤 위나라로 사람을 보내 배반하게 된 연고를 추궁했다. 그러자 위나라 사람이 대답했다.

"대부 섭타(涉佗)와 성하(成何)가 무례했기 때문이오."

진나라에서 곧바로 섭타를 체포한 뒤 위나라에 화친을 청했다. 그러나 위나라 사람은 아무런 회답도 보내지 않았다. 진나라 사람이 마침내 섭타를 죽이자 성하는 연나라로 달아났다. 이를 두고 군자가 이같이 평했다.

"이는 예를 저버린 두 사람이 저지른 죄과의 경중이 반드시 같지 않음을 보여준 것이다. 『시경』「용풍·상서(相鼠)」에 이르기를, '사람이 예를 지키지 않으면 어찌 일찍 죽지 않겠는가'라고 했다. 그래서 섭타 또한 빨리 죽게 된 것이라고 할 수 있다."

十年春, 及齊平. 夏, 公會齊侯于祝其, 實夾谷. 孔丘相. 犁彌言於齊侯曰"孔丘知禮而無勇, 若使萊人以兵劫魯侯, 必得志焉." 齊侯從之. 孔丘以公退, 曰"士兵之. 兩君合好, 而裔夷之俘, 以兵亂之, 非齊君所以命諸侯也. 裔不謀夏, 夷不亂華, 俘不干盟, 兵不偪好, 於神爲不祥, 於德爲愆義, 於人爲失禮, 君必不然." 齊侯聞之, 遽辟之. 將盟, 齊人加於載書曰"齊師出竟, 而不以甲車三百乘從我者, 有如此盟." 孔丘使玆無還揖對曰"而不反我汶陽之田, 吾以共命者, 亦如之." 齊侯將享公, 孔丘謂梁丘據曰"齊魯之故, 吾子何不聞焉. 事旣成矣, 而又享之, 是勤執事也. 且犧象不出門, 嘉樂不野合, 饗而旣具, 是棄禮也. 若其不具, 用秕稗也. 用秕稗君辱, 棄禮名惡, 子盍圖之. 夫享, 所以昭德也. 不昭, 不如旣已也." 乃不果享. 齊人來歸鄆讙龜陰之田. 晉趙鞅圍衛, 報夷儀也. 初, 衛侯伐邯鄲午於寒氏, 城其西北而守之, 宵熸. 及晉圍衛, 午以徒七十人門於衛西門, 殺人於門中, 曰"請報寒氏之役." 涉佗曰"夫子則勇矣, 然我往, 必不敢啓門." 亦以徒七十人, 旦門焉, 步左右, 皆至而立, 如植. 日中不啓門, 乃退. 反役, 晉人討衛之叛故, 曰"由涉佗·成何." 於是執涉佗以求成於衛. 衛人不許, 晉人遂殺涉佗. 成何奔燕. 君子曰"此之謂棄禮必不鈞.『詩』曰'人而無禮, 胡不遄死.'涉佗亦遄矣哉."

●당초 노나라 대부 숙손성자(叔孫成子: 숙손불감)는 무숙(武叔: 숙손주구)을 후계자로 삼고자 했다. 노나라의 종실 공약막(公若藐: 公若)이 간곡히 간했다.

"그리해서는 안 됩니다."

그러나 숙손성자는 끝내 무숙을 후계자로 세운 뒤 세상을 떠났다. 이때 무숙의 당우 공남(公南: 숙손씨의 가신이나 노나라 종실로 보기도 함)이 하수인을 시켜 암전(暗箭)으로 공약을 죽이려고 했으나 성공하지 못했다. 이에 공남이 숙손씨의 마정(馬正)이 되어 공약으로 하여금 숙손씨의 영지인 후읍(郈邑)을 다스리게 했다.

이후 무숙은 자리가 안정되자 후읍의 마정인 대부 후범(侯犯)을 보내 다시 공약을 죽이게 했다. 그러나 후범은 성공하지 못했다. 그러자 후범의 어인(圉人: 말을 관리하는 사람)이 건의했다.

"제가 칼을 들고 후읍의 조당(朝堂)을 지나면 공약은 반드시 누구의 칼인지 물을 것입니다. 제가 어른의 칼이라고 말하면 그는 틀림없이 이를 보고자 할 것입니다. 이때 제가 위고(僞固: 고루하여 예를 모르는 것처럼 가장함)하여 칼끝을 그에게 쥐게 하면 가히 그를 처치할 수 있을 것입니다."

후범이 이를 좇았다. 마침내 후범의 어인이 그같이 하여 공약을 찌르려고 하자 공약이 소리쳤다.

"네가 나를 오왕(吳王)[9]하려는 것인가."

후범의 어인이 결국 공약을 죽였다.

이때 후범이 후읍 사람들을 이끌고 숙손씨에게 반기를 들었다. 무숙과 의자(懿子: 공남)가 제나라 군사와 합세해 후읍을 포위했으나 이기지 못했다. 가을, 무숙과 의자가 다시 제나라 군사와 합세해 후읍을 포위했으나 이번에도 이기지 못했다. 이에 무숙이 가신으로 있는 후읍의 공사(工師: 工匠을 총괄하는 관원) 사적(駟赤)에게 문의했다.

"후읍은 비단 우리 숙손씨의 우환에 그치는 것이 아니라 사직의 우환이기도 하오. 이를 장차 어찌하면 좋겠소?"

사적이 대답했다.

"제가 할 일은 『시경』 「당풍 · 양지수(揚之水)」의 졸장(卒章)에 나오는 4언(四言: '명을 잘 알아들었다'는 뜻의 '我聞命矣'를 지칭)에 모두 나와 있습니다."

이에 무숙이 머리를 숙여 사의를 표했다. 이때 사적이 후범에게 말했다.

"제 · 노 두 나라 사이에 끼여 있으면서 섬기는 나라가 없으면 이는 분명 불가한 일이오. 그대는 어찌하여 제나라를 섬기면서 백성을 다스리

---

[9] 여기서는 노양공 29년에 월나라 포로 출신 문지기가 오왕 여채를 척살한 수법으로 사람을 죽인다는 뜻이다. 명사가 일종의 동사로 사용된 경우에 해당한다.

지 않는 것이오? 그리하지 않으면 장차 백성들이 배반하고 말 것이오."

후범이 이를 좇았다. 이때 제나라 사자가 오자 사적이 후읍 사람과 함께 돌아다니며 이같은 요언(謠言)을 퍼뜨렸다.

"후범이 장차 후읍을 제나라 땅과 바꾸려고 한다. 제나라는 후읍 사람을 다른 곳으로 이주시킬 것이다."

후읍의 백성들이 모두 두려워했다. 그러자 사적이 시치미를 떼고 후범에게 말했다.

"사람들의 말과 그대의 말이 같지 않으니 차라리 차제에 후읍을 제나라 땅과 바꾸느니만 못하오. 여기서 죽는 것보다는 후읍과 같은 땅을 얻는 것이 나을 것이오. 그리 되면 우환을 완화할 수 있으니 굳이 이 땅을 고집할 이유가 있겠소? 제나라 사람은 이를 계기로 노나라를 압박하려고 할 터이니 반드시 그대에게 후읍의 배나 되는 땅을 줄 것이오. 그대는 어찌하여 많은 갑옷을 집 대문 앞에 내놓고 불측지변에 대비하지 않는 것이오?"

"내가 곧 그리하겠소."

이에 후범이 많은 갑옷을 대문 앞에 내놓았다. 이어 후범이 제나라에 후읍과 제나라 땅을 바꾸자고 제안하자 제나라의 유사(有司)가 후읍을 시찰하게 되었다. 제나라의 유사가 당도할 즈음 사적이 사람을 시켜 후읍 안을 두루 돌아다니며 이같이 외치게 했다.

"제나라 군사가 당도했다."

후읍 사람들이 실색하여 곧바로 후범의 집 대문 앞에 놓여 있는 갑옷을 입고 후범의 집을 포위했다. 이에 사적이 후읍 사람들을 향해 활을 쏘려고 하자 후범이 만류하며 간청했다.

"내가 화를 면할 수 있는 길이나 가르쳐주시오."

그러자 사적이 후범에게 후읍에서 떠나는 방안을 제시했다. 후범이 이 방안을 좇아 사람들에게 길을 열어달라고 청하자 후읍 사람들이 이를 받아들였다. 이때 사적이 앞장서 숙(宿) 땅으로 가자 후범이 맨 뒤에 서서 그를 따라갔다. 이들이 성문을 빠져나갈 때마다 후읍 사람들이 성문을 차례로 닫았다. 마침내 외성의 성문에 이르렀을 때 사람들이 후범의 앞길을 막으면서 말했다.

"그대는 지금 숙손씨 집안의 갑옷을 입고 있소. 만일 유사가 이를 추궁하면 우리는 주살을 당할까 두렵기만 하오."

사적이 끼어들어 말했다.

"숙손씨 집안의 갑옷에는 물(物: 표시)이 있소. 그래서 나는 감히 숙손씨 집안의 갑옷을 꺼내 입지 못했소."

이에 후범이 사적에게 부탁했다.

"그대는 여기에 머물면서 사람들과 같이 숙손씨 집안의 갑옷이 얼마나 되는지 세어보도록 하시오."

그러자 사적이 외성의 성문에 머물면서 노나라 사람들을 불러들였다. 후범이 두려운 나머지 제나라로 달아나자 제나라가 곧 후읍을 노나라에 반환했다.

송경공의 아우 공자 지(地)는 송나라 사람 거부렵(蘧富獵)을 총애한 나머지 자신의 가산을 11등분한 뒤 그중 다섯을 거부렵에게 주었다. 당시 공자 지는 백마 4필을 갖고 있었다. 이때 송경공은 대부 상퇴(向魋: 송환공의 자손으로 사마를 지낸 桓魋)를 총애했는데 상퇴는 공자 지가 소유한 백마 4필을 모두 손에 넣고 싶어했다. 그러자 송경공이 공자 지의 백마를 빼앗아 미렵(尾鬣: 꼬리와 갈기)을 모두 붉게 물들인 뒤 상퇴에게 내주었다.

이에 공자 지가 대로하여 집안 사람들을 시켜 상퇴를 질(抶: 몽둥이와 채찍으로 침)하고 말을 빼앗아오게 했다. 상퇴가 두려운 나머지 이내 달아나려고 하자 송경공이 관문을 모두 닫게 한 뒤 상퇴를 바라보며 체읍(涕泣)했다. 이로 인해 송경공의 두 눈이 퉁퉁 부을 지경이 되었다. 그러자 송경공의 동모제인 진(辰)이 공자 지에게 말했다.

"형님은 가산을 거부렵에게 나눠주면서도 유독 상퇴를 천시하니 이는 편파적인 처사가 아닐 수 없습니다. 형님이 군주에게 예를 갖추기 위해 외국으로 나가는 모습을 보이면 형님이 국경을 넘기 전에 군주가 반드시 만류하고 나설 것입니다."

공자 지가 이 말을 믿고 진나라로 달아났다. 그러나 송경공은 이를 전혀 막지 않았다. 당시 공자 진이 송경공에게 공자 지의 출경을 막아야 한다고 간청했으나 송경공은 이를 받아들이지 않았던 것이다. 그러자 공자 진이 탄식했다.

"이는 내가 형을 광(迋: 속인다는 뜻으로, '誑'과 통함)한 셈이 된다. 만일 내가 국인들을 이끌고 외국으로 나가면 군주는 장차 누구와 함께 있으려는 것인가."

겨울, 송경공의 동모제인 공자 진이 대부 중타(仲佗) 및 석구(石彄)와 함께 진(陳)나라로 달아났다.

이때 노나라 대부 무숙이 제나라를 빙문했다. 이에 제경공이 그를 위해 향례를 베풀며 말했다.

"그대 숙손씨여, 만일 후읍이 귀국의 다른 쪽 변경에 있었다면 내가 어찌 이를 알 수 있었겠소? 후읍이 폐읍과 접경하고 있었던 까닭에 감히 귀국의 군주와 함께 우환을 나누고자 했을 뿐이오."

무숙이 대답했다.

"이는 과군이 바라던 바가 아닙니다. 우리가 군주를 섬기는 까닭은 강토의 안전을 위한 것입니다. 어찌 감히 저희 집안에 있던 가신의 일로 인해 군주의 집사를 수고스럽게 만들 수 있겠습니까. 군명을 거스른 신하는 천하인이 모두 미워합니다. 군주는 어찌하여 이를 과군에게 은혜를 베푼 것으로 여기는 것입니까."

初, 叔孫聲子欲立武叔, 公若藐固諫曰 "不可." 成子立之而卒. 公南使賊射之, 不能殺. 公南爲馬正, 使公若爲郈宰. 武叔旣定, 使郈馬正侯犯殺公若. 不能. 其圉人曰 "吾以劍過朝, 公若必曰, 誰之劍也. 吾稱子以告, 必觀之, 吾僞固而授之末, 則可殺也." 使如之. 公若曰 "爾欲吳王我乎." 遂殺公若. 侯犯以郈叛. 武叔懿子圍郈, 弗克, 秋, 二子及齊師復圍郈, 弗克. 叔孫謂郈工師駟赤曰 "郈非唯叔孫氏之憂, 社稷之患也. 將若之何." 對曰 "臣之業, 在「揚水」卒章之四言矣." 叔孫稽首. 駟赤謂侯犯曰 "居齊魯之際, 而無事, 必不可矣. 子盍求事於齊以臨民. 不然, 將叛." 侯犯從之. 齊使至, 駟赤與邱人, 爲之宣言於邱中曰 "侯犯將以邱易于齊, 齊人將遷邱民." 衆兇懼. 駟赤謂侯犯曰 "衆言異矣, 子不如易於齊. 與其死也, 猶是邱也. 而得紓焉, 何必此. 齊人欲以此偪魯, 必倍與子地. 且盍多舍甲於子之門, 以備不虞." 侯犯曰 "諾." 乃多舍甲焉. 侯犯請易於齊, 齊有司觀邱, 將至. 駟赤使周走呼曰 "齊師至矣." 邱人大駭, 介侯犯之門甲, 以圍侯犯. 駟赤將射之. 侯犯止之曰 "謀免我." 侯犯請行, 許之. 駟赤先如宿, 侯犯殿. 每出一門, 邱人閉之. 及郭門, 止之曰 "子以叔孫氏之甲出, 有司若誅之, 群臣懼死." 駟赤曰 "叔孫氏之甲有物, 吾未敢以出." 犯謂駟赤曰 "子止而與之數." 駟赤止而納魯人. 侯犯奔齊, 齊人乃致邱. 宋公子地嬖蘧富獵, 十一分其室, 而以其五與之. 公子地有白馬四. 公嬖向魋. 魋欲之. 公取而朱其尾鬣以與之. 地怒, 使其徒抶魋而奪之. 魋懼, 將走. 公閉門而泣之, 目盡腫. 母弟辰曰 "子分室以與獵也, 而獨卑魋, 亦有頗焉. 子爲君禮, 不過出竟, 君必止子." 公子地出奔陳, 公弗止. 辰爲之請, 弗聽. 辰曰 "是我迂吾兄也. 吾以國人出, 君誰與處." 冬, 母弟辰曁仲佗石彄出奔陳. 武叔聘于齊. 齊侯享之, 曰 "子叔孫. 若使邱在君之他竟, 寡人何知焉. 屬與邱邑際, 故敢助君憂之." 對曰 "非寡君之望也. 所以事君, 封疆社稷是以. 敢以家隸勤君之執事. 夫不令之臣, 天下之所惡也. 君豈以爲寡君賜."

11년(기원전 499)

11년 봄, 송공의 아우 진(辰)이 중타·석구·공자 지와 함께 진(陳)에서 소(蕭)로 들어가 그곳에 웅거하며 반(叛)했다. 여름 4월. 가을, 송나라의 악대심이 조나라에서 소로 들어왔다. 겨울, 정나라와 화친했다. 숙선(叔還)이 정나라로 가 결맹에 참석했다.

十一年春, 宋公之弟辰及仲佗石彄公子地, 自陳入于蕭, 以叛. 夏四月. 秋, 宋樂大心自曹入于蕭. 冬, 及鄭平, 叔還如鄭, 涖盟.

●11년 봄, 송경공의 동모제인 공자 진(辰)과 대부 중타(仲佗) 및 석구(石彄), 공자 지(地) 등이 소(蕭) 땅으로 들어가 반기를 들었다. 가을, 대부 악대심(樂大心)도 이들을 좇음으로써 송나라의 환란을 더욱 크게 만들었다. 이는 송경공이 상퇴를 지나치게 총애한 데 따른 것이다.

겨울, 노나라가 정나라와 강화했다. 이로써 노나라는 진나라를 배반하기 시작했다.

十一年春, 宋公母弟辰暨仲佗石彄公子地, 入于蕭以叛. 秋, 樂大心從之, 大爲宋患. 寵向魋故也. 冬, 及鄭平, 始叛晉也.

12년(기원전 498)

12년 봄, 설백 정(定)이 졸했다. 여름, 설양공(薛襄公)을 안장했다. 숙손주구(叔孫州仇)가 군사를 이끌고 가 후(郈)의 성을 헐었다. 위나라의 공맹구(公孟彄)가 군사를 이끌고 가 조나라를 쳤다. 계손사·중손하기가 군사를 이끌고 가 비(費)의 성을 헐었다. 가을, 크게 기우제를 지냈다. 겨울 10월 계해, 공이 제후와 만나 황(黃)에서 결맹했다. 11월 병인 삭(朔), 일식이 있었다. 공이 황에서 돌아왔다. 12월, 공이 성(成)을 포위했다. 공이 성을 포위하는 일에서 돌아왔다.

十二年春, 薛伯定卒. 夏, 葬薛襄公. 叔孫州仇帥師, 墮郈. 衛公孟彄帥師, 伐曹. 季孫斯仲孫何忌帥師, 墮費. 秋, 大雩. 冬十月癸亥, 公會齊侯, 盟于黃. 十一月丙寅朔, 日有食之. 公至自黃. 十二月, 公圍成, 公至自圍成.

●12년 여름, 위나라 대부 공맹구(公孟彄)가 조나라로 쳐들어가 교(郊: 산동성 하택현) 땅을 점거했다. 위나라 군사가 회군할 때 대부 활라(滑羅)가 전군(殿軍: 퇴각할 때 정예부대로 편성되는 후군을 지칭)으로 편성되었다. 그러나 조나라 국경을 넘어설 때까지 활라는 대열에서 빠져나와 전군의 위치로 갈 생각을 하지 않았다. 그러자 그의 어자

가 말했다.

"전군에 편성되었음에도 계속 대열 속에 있으면 어찌 용기가 없다는 소리를 듣지 않겠습니까."

활라가 대답했다.

"소려(素厲: 헛된 勇名)를 얻기보다는 차라리 무용(無勇: 용기가 없음)이 낫다."

이때 공자의 제자 중유(仲由: 子路)가 계손씨 가문의 가재(家宰)가 되어 3도(三都: 3환의 근거지인 費邑·郈邑·成邑)의 성을 헐고자 했다. 그러자 숙손씨가 먼저 후읍의 성을 자진해서 헐었다. 이어 계손씨가 비읍의 성을 헐려고 하자 대부 공산불뉴(公山不狃)와 숙손첩(叔孫輒)이 비읍 사람들을 이끌고 와 노나라의 도성을 쳤다. 이에 노정공은 3자(三子: 3환)와 함께 계손씨의 저택으로 들어가 계무자(季武子) 때 지은 누대(樓臺) 위로 올라갔다.

비읍 사람들이 누대를 공격했으나 이를 공략하지 못했다. 이때 비읍 사람들이 노정공 가까이 육박하자 중니가 대부 신구수(申句須)와 악기(樂頎)에게 명하여 누대 아래로 내려가 이들을 치게 했다. 비읍 사람들이 달아나자 국인들이 이들을 추격해 고멸(姑蔑)에서 격파했다.

이에 공산불뉴와 숙손첩이 제나라로 달아나고 비읍의 성도 곧바로 헐렸다. 이어 성읍(成邑)의 성을 헐려고 하자 성읍의 가재(家宰) 공렴처보(公斂處父)가 맹손씨에게 말했다.

"성읍의 성을 헐게 되면 제나라 군사가 틀림없이 곧바로 도성의 북문까지 쳐들어오는 일이 생길 것입니다. 게다가 성읍은 맹손씨 가문의 보루이기도 합니다. 성읍에 성이 없는 것은 마치 맹손씨 가문이 없어지는 것과 같습니다. 그러니 모른 척하고 있으면 제가 성을 헐지 않도록 도모하겠습니다."

겨울 12월, 노정공이 성읍의 성을 위공(圍攻: 포위하여 공격함)했으나 이기지 못했다.

十二年夏, 衛公孟彄伐曹, 克郊, 還, 滑羅殿, 未出, 不退於列. 其御曰

"殿而在列, 其爲無勇乎." 羅曰 "與其素厲, 寧爲無勇." 仲由爲季氏宰, 將墮三都. 於是叔孫氏墮郈. 季氏將墮費, 公山不狃·叔孫輒帥費人以襲魯. 公與三子入于季氏之宮, 登武子之臺. 費人攻之, 弗克. 入及公側. 仲尼命申句須·樂頎下伐之, 費人北. 國人追之, 敗諸姑蔑. 二子奔齊. 遂墮費. 將墮成, 公斂處父謂孟孫 "墮成, 齊人必至于北門. 且成, 孟氏之保障也, 無成, 是無孟氏也. 子僞不知, 我將不墮." 冬十二月, 公圍成, 弗克.

13년(기원전 497)

13년 봄, 제후·위후가 수가(垂葭)에 머물렀다. 여름, 사연(蛇淵)에 유(囿)를 만들었다. 비포(比蒲)에서 크게 열병했다. 위나라의 공맹구(公孟彄)가 군사를 이끌고 가 조나라를 쳤다. 가을, 진나라의 조앙이 진양(晉陽)으로 들어가 반(叛)했다. 겨울, 진나라의 순인(荀寅)·사길석(士吉射)이 조가(朝歌)로 들어가 반했다. 진나라의 조앙이 진나라로 돌아갔다. 설나라가 그 군주 비(比)를 시해했다.

十三年春, 齊侯衛侯次于垂葭. 夏, 築蛇淵囿. 大蒐于比蒲. 衛公孟彄帥師, 伐曹. 晉趙鞅入于晉陽, 以叛. 冬, 晉荀寅士吉射入于朝歌, 以叛. 晉趙鞅歸于晉. 薛弑其君比.

●13년 봄, 제경공과 위영공이 제나라의 수가(垂葭: 산동성 거야현 서남쪽)에 군사를 주둔시켰다. 수가는 곧 격씨(郹氏)를 말한다. 장차 군사들을 보내 진(晉)나라를 칠 생각으로 황하를 도강하려고 하자 여러 대부들이 입을 모아 반대했다.

"그리해서는 안 됩니다."

그러나 대부 병의자(邴意玆)는 찬성했다.

"가합니다. 예사(銳師: 정예군사)가 하내(河內: 하남성 급현)를 치면 적의 전거(傳車: 전령)가 반드시 며칠 뒤에야 비로소 진나라 도성인 강성(絳城)에 이르게 될 것입니다. 더구나 강성을 출발한 진나라 군사는 석 달을 경과하지 않고는 결코 황하를 도강할 수 없을 것입니다. 그때는 이미 우리가 철병하여 도강을 마친 뒤입니다."

이에 제경공은 곧 하내를 치면서 대부들이 갖고 있는 수레를 모두 거두어들였는데 오직 병의자만 예외를 인정했다. 이때 제경공은 위영공과 같은 전차에 동승할 생각으로 위영공과 함께 술을 마셨다. 그러나 이미 승광(乘廣: 전차와 사졸)의 출정 채비가 완료된 데다가 갑병(甲兵: 갑옷과 무기)이 모두 수레에 실려 있었다. 이에 곧 사람을 제경공에게 보내 고했다.

"진나라 군사가 오고 있습니다."

제경공이 위영공에게 제의했다.

"군주의 전차가 준비될 때까지 과인이 군주의 어자를 대신해 전차를 몰겠소."

그러고는 곧 무장을 한 뒤 위영공과 함께 동승하여 나는 듯이 전차를 몰았다. 이때 어떤 사람이 와 다시 고했다.

"진나라 군사가 없습니다."

이에 비로소 전차 모는 일을 그만두게 되었다.

이때 진나라 대부 조앙(趙鞅)이 한단오(邯鄲午)에게 말했다.

"전에 위나라가 바친 5백 가(家)를 나에게 돌려주기 바라오. 나는 그들을 나의 영지인 진양(晉陽: 산서성 태원시 서남쪽)으로 이주시킬 생각이오."

한단오가 이를 허락한 뒤 집으로 돌아가 집안의 부형들에게 이 이야기를 하자 부형들이 입을 모아 반대했다.

"안 된다. 위나라가 5백 가(家)를 바친 것은 본래 한단을 돕기 위한 것이다. 이제 그들을 진양으로 이주시키게 되면 이는 곧 위나라와의 우호관계를 단절하는 것이다. 차라리 제나라를 기습하는 방법으로 해결하느니만 못하다."

이에 한단오는 부형들이 가르쳐준 방법대로 한 뒤 5백 가를 진양으로 옮겼다. 그러자 조맹(趙孟: 조앙)이 대로하여 한단오를 소환해 진양에 수금했다. 또 한단오를 수종하는 사람들에게도 탈검(說劍: 패도를 푼다는 뜻으로, '說'은 '脫'과 통함)한 뒤 한단오가 수금된 곳으로 들어가게 했다. 그러나 대부 섭빈(涉賓)은 이를 거부했다. 그러자 조맹이 사람을 보내 한단 사람들에게 이같이 말하게 했다.

"나는 한단오를 사적으로 처벌하고자 하오. 여러분은 원하는 바대로 그의 후계자를 세우도록 하시오."

그러고는 곧 한단오를 죽여버렸다. 이에 조씨의 가신 조직(趙稷)과 섭빈이 한단 사람을 이끌고 반기를 들었다.

여름 6월, 진나라 상군 사마 적진(籍秦)이 한단을 포위했다. 한단오는 원래 순인(荀寅)의 외생(外甥)이고 순인은 대부 범길석(范吉射: 范昭子)의 인(姻: 사위의 부친)이었다. 이들은 서로 화목했던 까닭에 한단을 포위하는 일에 참여치 않은 채 오히려 반란에 동조해 장차 조맹을 칠 생각을 품고 있었다. 이때 조씨의 가신 동안우(董安于)가 이같은 소식을 전해 듣고 곧 조맹에게 간했다.

"사전에 만반의 대비책을 마련해두어야 할 것입니다."

"진나라에 법령이 있으니 난을 처음 일으킨 자는 죽이도록 되어 있소. 그러니 우리는 난이 일어난 뒤 그들을 제압하는 것이 가할 것이오."

"많은 사람들에게 위해를 주기보다는 차라리 저 혼자 죽는 것이 낫겠습니다. 청컨대 저 혼자 저지른 일로 해주십시오."

그러나 조맹이 이를 수락하지 않았다.

가을 7월, 진나라 대부 범씨(范氏)와 중항씨(中行氏)가 조씨의 저택을 쳤다. 조앙이 진양으로 달아나자 진나라 사람들이 진양을 포위했다.

당시 대부 범고이(范皐夷: 범씨의 서자)는 범길석으로부터 총신을 받지 못하자 범씨 집안 내에서 난을 일으키려는 생각을 품고 있었다. 대부 양영보(梁嬰父)는 지문자(知文子: 순력)로부터 총애를 받았다. 지문자는 양영보를 경으로 삼고자 했다. 한간자(韓簡子)는 중항문자(中行文子: 荀寅)와 서로 미워하는 사이였고, 위양자(魏襄子) 또한 범소자(范昭子: 범길석)와 서로 미워했다. 이에 다섯 사람이 모의하여 순인을 축출한 뒤 양영보를 그 자리에 앉히고, 범길석도 축출한 뒤 그 자리에 범고이를 대신 앉히려고 했다. 이때 대부 순력(荀躒)이 진정공에게 말했다.

"군주는 대신들에게 명하기를, '화란을 처음 일으킨 자는 죽음에 처해질 것이다'라고 했습니다. 그 맹서문은 지금 황하 물 속에 잠겨 있습니다. 지금 세 신하가 화란을 처음으로 일으켰는데 유독 조앙만 축출한 것은 형벌의 공정성을 잃은 것입니다. 청컨대 그들 모두를 축출하기 바랍니다."

겨울 11월, 순력과 한불신(韓不信: 한간자), 위만다(魏曼多: 위양자)가 진정공을 받들고 범씨(范氏: 범길석)와 중항씨(中行氏: 순인)를 쳤으나 승리를 거두지 못했다. 이에 범씨와 중항씨가 진정공을 역공하려고 하자 제나라에서 망명해 온 고강(高彊)이 말했다.

"3절굉(三折肱: 세 번 팔뚝을 부러뜨린다는 뜻으로, 오랫동안 병을 체험한 것을 지칭)을 해야 비로소 양의(良醫)의 자질이 있는지를 알 수 있습니다. 이같은 경험에 따르면 오직 군주를 공격하는 일만은 불가하니 이는 백성들이 따르지 않기 때문입니다. 나는 우리 군주를 공격하다가 여기로 망명해 와 있습니다. 지금 3가(三家: 순씨·한씨·위씨)가 화목하지 못하니 그들을 하나씩 공격하면 승리를 거둘 수 있습니다. 그들에게 승리를 거두면 군주는 과연 누구와 가까워지겠습니까. 만일 먼저 군주를 공격하게 되면 이는 3가로 하여금 서로 화목하게 지내도록 재촉하는 것입니다."

그러나 이들은 이를 듣지 않고 드디어 진정공을 역공했다. 그러자 국인들이 모두 진정공을 돕고 나섰다. 범씨와 중항씨가 패주하자 3가가 그들을 추격해 격파했다.

11월 18일, 순인과 범길석이 조가(朝歌)로 달아났다. 이때 한불신과 위만다가 진정공에게 조씨를 위해 청원하고 나섰다. 12월 12일, 조앙이 도성인 강성으로 들어가 공궁에서 충성을 맹서했다. 이때 대부 양영보는 동안우를 미워한 나머지 지문자에게 말했다.

"동안우를 죽이지 않고 시종 조씨에게 정권을 맡기면 조씨는 틀림없이 진나라를 차지하고 말 것입니다. 어찌하여 조씨가 먼저 난을 일으켰는데도 조씨를 문죄하지 않는 것입니까?"

지문자가 곧 사람을 조앙에게 보내 질책했다.

"비록 범씨와 중항씨가 실제로 난을 일으킨 것이기는 하나 동안우가 이를 야기했으니 동안우도 공모한 셈이오. 진나라에는 법령이 있으니 처음 난을 일으킨 자는 사형에 처하게 되어 있소. 범씨와 중항씨는 이미 복죄(伏罪)했소. 이에 감히 고하는 것이오."

조앙이 이 일을 크게 걱정했다. 그러자 동안우가 건의했다.

"제가 죽어 진나라가 평안해지고 조씨 가문이 안정된다면 제가 어찌 더 살고자 하겠습니까. 사람이라면 누구인들 죽지 않겠습니까. 제가 죽는 것이 늦었습니다."

그러고는 곧 목을 매어 죽었다. 이에 조앙이 동안우의 시체를 저자에 폭시(暴尸)한 뒤 지씨(知氏: 순력)에게 고했다.

"그대가 죄인 동안우를 주살하도록 명했는데 그는 이미 복죄했습니다. 이에 감히 고합니다."

그러자 지백(知伯: 지문자)이 조앙과 결맹하게 되었다. 이후 조씨 집안이 안정되었다. 조앙은 동안우의 위패를 사당에 안치하고 제사지냈다.

十三年春, 齊侯衛侯次于垂葭, 實郹氏. 使師伐晉, 將濟河. 諸大夫皆曰"不可." 邴意玆曰"可. 銳師伐河內, 傳必數日而後及絳. 絳不三月, 不能出河, 則我旣濟水矣." 乃伐河內. 齊侯皆斂諸大夫之軒, 唯邴意玆乘軒. 齊侯欲與衛侯乘, 與之宴, 而駕乘廣, 載甲焉. 使告曰"晉師至矣." 齊侯曰"比君之駕也, 寡人請攝." 乃介而與之乘, 驅之. 或告曰"無晉師." 乃止. 晉趙鞅謂邯鄲午曰"歸我衛貢五百家, 吾舍諸晉陽." 午許諾. 歸告其父兄, 父兄皆曰"不可. 衛是以爲邯鄲, 而寘諸晉陽, 絶衛之道也. 不如侵齊而謀之." 乃如之, 而歸至于晉陽. 趙孟怒, 召午而囚諸晉陽. 使其從者說劍而入, 涉賓不可. 乃使告邯鄲人曰"吾私有討於午也, 二三子唯所欲立."遂殺午.趙稷涉賓以邯鄲叛.夏六月,上軍司馬籍秦圍邯鄲.邯鄲午,荀寅之甥也.荀寅,范吉射之姻也.而相與睦,故不與圍邯鄲,將作亂.董安于聞之,告趙孟曰"先備諸."趙孟曰"晉國有命,始禍者死,爲後可也."安于曰"與其害於民,寧我獨死.請以我說."趙孟不可.秋七月,范氏中行氏伐趙之宮,趙鞅奔晉陽.晉人圍之.范皐夷無寵於范吉射,而欲爲亂於范氏.梁嬰父嬖於知文子,文子欲以爲卿.韓簡子與中行文子相惡,魏襄子亦與范昭子相惡,故五子謀,將逐荀寅而以梁嬰父代之,逐范吉射而以范皐夷代之.荀躒言於晉侯曰"君命大臣,始禍者師,載書在河.今三臣始禍,而獨逐鞅,刑已不鈞矣.請皆逐之."冬十一月,荀躒·韓不信·魏曼多奉公以伐范氏中行氏,弗克.二子方伐公,齊高彊曰"三折肱知爲良醫.唯伐君爲不可,民弗與也.我以伐君在此矣.三家未睦,可盡克也.克之,君將誰與.若先伐君,是使睦也."弗聽,遂伐公.國人助公,二子敗,從而伐之.丁未,荀寅·士吉射奔朝歌,韓魏以趙氏爲請.十二月辛未,趙鞅入于絳,盟于公宮.梁嬰父惡董安于,謂知文子曰"不殺安于,使終爲政於趙氏,趙氏必得晉國.盍以其先發難也,討於趙氏."文子使告於趙孟曰"范中行氏雖信爲亂,安于則發之,是安于與謀亂也.晉國有命,始禍者死.二子既伏其罪矣,敢以告."趙孟患之.安于曰"我死而晉國寧,趙氏定,將焉用生.人誰不死,吾死莫矣."乃縊而死,趙孟尸諸市而告於知氏曰"主命戮罪人,安于既伏其罪矣,敢以告."知伯從趙孟盟,而後趙氏定,祀安于於廟.

14년(기원전 496)

14년 봄, 위나라의 공숙수(公叔戍)가 망명해 왔다. 위나라의 조양(趙陽)이 송나라로 망명했다. 2월 신사, 초나라 공자 결(結)과 진(陳)나라 공손 타인(佗人)이 군사를 이끌고 가 돈(頓)을 멸했다. 돈자 장(牂)을 데리고 돌아갔다. 여름, 위나라의 북궁결이 망명해 왔다. 5월, 월나라가 오나라를 취리(檇李)에서 깨뜨렸다. 오자 광(光)이 졸했다.

공이 제후·위후와 견(牽)에서 만났다. 공이 모임에서 돌아왔다. 가을, 제후·송공이 조(洮)에서 만났다. 천왕이 석상(石尙)을 보내 제사 지낸 고기를 내렸다. 위나라 세자 괴외(蒯聵)가 송나라로 망명했다. 위나라의 공맹구가 정나라로 망명했다. 송공의 아우 진(辰)이 소(蕭)에서 망명해 왔다. 비포(比蒲)에서 크게 열병했다. 주자가 와서 공과 만났다. 거보(莒父)와 소(霄)에 성을 쌓았다.

十四年春, 衛公叔戌來奔, 衛趙陽出奔宋. 二月辛巳, 楚公子結陳公孫佗人帥師, 滅頓, 以頓子牂歸. 夏, 衛北宮結來奔. 五月, 於越敗吳于欈李. 吳子光卒. 公會齊侯衛侯于牽, 公至自會. 秋, 齊侯宋公會于洮. 天王使石尙來歸脤. 衛世子蒯聵出奔宋. 衛公孟彄出奔鄭. 宋公之弟辰, 自蕭來奔. 大蒐于比蒲. 邾子來會公. 城莒父及霄.

●당초 위나라 대부 공숙문자(公叔文子)는 상조(上朝)했을 때 자신의 집에서 군주를 위한 연회를 베풀 수 있도록 해달라고 청했다. 퇴조(退朝)한 후 대부 사추(史鰌)를 찾아가 이를 고하자 사추가 말했다.

"그대는 반드시 우환을 초치할 것입니다. 그대는 부유하고 군주는 탐욕스럽기 그지없으니 어떤 명목의 죄이건 그대의 신상에 떨어지지 않겠습니까."

"참으로 그렇소. 내가 이를 그대에게 미리 말하지 않은 것은 내 잘못이오. 이미 군주가 이를 수락했으니 어찌하면 좋겠소?"

"상관없습니다. 그대가 신하의 도리를 잘 지키면 화를 면할 수 있을 것입니다. 부유하면서도 능히 신하의 도리를 잘 지키면 반드시 화난을 면할 수 있으니 이는 존비를 막론하고 마찬가지입니다. 그러나 그대의 자제 공숙수(公叔戌)는 교오하니 장차 망명하고 말 것입니다. 부유하면서도 교오하지 않은 사람은 매우 드무니 저는 오직 그대 한 사람만이 그렇지 않은 것을 보았습니다. 교오하면서도 망명하지 않은 사람은 아직 없으니 그대의 자제 공숙수는 반드시 그중 한 사람이 될 것입니다."

공숙문자가 죽자 과연 위영공은 공숙수를 미워하기 시작했다. 이는 그가 부유한 데다가 교오했기 때문이다. 이때 공숙수는 위영공의 부인 지당(夫人之黨: 위영공의 부인 南子를 배경으로 한 무리)을 제거하고자 했다. 그러자 남자(南子)가 위영공에게 고했다.

"공숙수가 반기를 들려고 합니다."

노정공 14년 봄, 위영공이 공숙수와 그의 일당을 축출했다. 이에 대부 조양(趙陽)은 송나라로 도망가고 공숙수는 노나라로 달아났다.

이때 돈자(頓子: 돈나라는 하남성 항성현 서쪽에 위치) 장(牂)은 진나라를 섬길 생각으로 초나라를 배반하고자 했다. 이에 진(陳)나라와의 우호관계를 끊었다. 2월, 초나라가 돈나라를 멸망시켰다.

여름, 위나라 대부 북궁결(北宮結)이 노나라로 도망쳐왔다. 이는 공숙수로 인한 것이었다.

이때 오나라가 월나라를 쳤다. 월왕 구천(句踐: 允常의 아들)이 오나라 군사의 진군을 막으면서 취리(檇李: 절강성 가흥현 남쪽)에 군진을 펼쳤다. 구천은 오나라의 군진이 잘 정비되어 있는 것을 보고 크게 우려했다. 사사(死士: 결사대)를 두 차례나 출동시켰으나 이들 모두 포로가 되었을 뿐 오나라의 군사에 아무런 타격도 가하지 못했다. 이에 다시 죄인들을 3항으로 열을 짓게 한 뒤 각자 자신의 목에 칼을 겨누고 앞으로 나아가면서 일제히 이같이 외치게 했다.

"양국 군주가 교전하는 중에 우리는 기고(旗鼓: 군령)를 어겨 두 번 다시 병사가 될 수 없게 되었다. 이제 형을 피할 수 없으니 감히 귀사(歸死: 죽음으로써 伏罪함)하고자 한다."

그러고는 죄인들이 스스로 목을 베어 차례로 자진했다. 오나라 군사들이 이 신기한 광경을 속목(屬目: 주목)하는 사이에 월나라 군사가 일제히 진공해 오나라 군사를 대파했다. 이때 월나라 대부 영고부(靈姑浮)가 창으로 오왕 합려를 공격했다. 이에 합려가 장지(將指: 엄지발가락)에 부상을 입게 되었다. 영고부는 합려의 신발 한 짝을 노획했다. 오왕 합려는 급히 퇴병하던 중 취리에서 7리 떨어진 오나라의 형(陘) 땅에서 숨을 거두었다.

오왕 합려의 아들 부차(夫差)는 보위에 오른 뒤 사람을 궁정에 세워두고는 출입할 때마다 반드시 자신에게 이같이 말하게 했다.

"부차야, 너는 월왕이 너의 부친을 죽인 것을 잊었느냐?"

그러면 부차는 항상 이같이 대답했다.

"아닙니다. 어찌 감히 잊을 수가 있겠습니까."

이같이 3년을 한 뒤 부차는 드디어 출병하여 월나라에 보복했다.

初, 衛公叔文子朝而請享靈公, 退見史鰌而告之. 史鰌曰 "子必禍矣, 子富而君貪, 罪其及子乎." 文子曰 "然, 吾不先告子, 是吾罪也. 君旣許我矣, 其若之何." 史鰌曰 "無害. 子臣, 可以免. 富而能臣, 必免於難, 上下同之. 戌也驕, 其亡乎. 富而不驕者鮮, 吾唯子之見. 驕而不亡者, 未之有也. 戌必與焉." 及文子卒, 衛侯始惡於公叔戌, 以其富也. 公叔戌又將去夫人之黨, 夫人愬之曰 "戌將爲亂." 十四年春, 衛侯逐公叔戌與其黨, 故趙陽奔宋, 戌來奔. 頓子牂欲事晉, 背楚以絶陳好. 二月, 楚滅頓. 夏, 衛北宮結來奔, 公叔戌之故也. 吳伐越. 越子句踐禦之, 陳于檇李. 句踐患吳之整也, 使死士再禽焉, 不動. 使罪人三行, 屬劍於頸, 而辭曰 "二君有治, 臣奸旗鼓, 不敏於君之行前, 不敢逃刑, 敢歸死." 遂自剄也. 師屬之目, 越子因而伐之, 大敗之. 靈姑浮以戈擊闔廬, 闔廬傷將指, 取其一屨. 還, 卒於陘, 去檇李七里. 夫差使人立於庭, 苟出入, 必謂己曰 "夫差, 而忘越王之殺而父乎." 則對曰 "唯, 不敢忘." 三年乃報越.

●진나라 사람이 조가(朝歌)를 포위했다. 노정공이 제경공 및 위영공과 함께 비상량지간(脾上梁之間: '비'와 '상량'의 사이인 牽 땅으로, 하남성 준현 북쪽에 위치)에서 만났다. 이는 진나라의 범씨와 중항씨를 구하기 위한 것이었다.

진나라 대부 석성부(析成鮒: 士鮒)와 소왕도갑(小王桃甲: 범씨·중항씨의 당우)이 적인(狄人)의 군사를 이끌고 진나라로 진공해 강(絳) 땅에서 싸웠으나 이기지 못하고 돌아갔다. 이에 석성부는 성주(成周)로 달아나고 소왕도갑은 조가로 들어갔다. 가을, 제경공과 송경공이 조

(洮: 산동성 견성현 서남쪽) 땅에서 만났다. 이는 진나라의 범씨 문제를 논의하기 위한 것이었다.

위영공이 부인 남자(南子)를 위해 위나라에서 벼슬을 살고 있는 송나라 공자 조(朝)를 불러 조(洮) 땅에서 만났다. 이때 위나라 태자 괴외(蒯聵: 衛莊公)가 우읍(盂邑: 하남성 복양현 동남쪽)을 제나라에 바치기 위해 송야(宋野: 송나라의 시골 마을)를 지나게 되었다. 마침 괴외가 지나갈 때 야인(野人: 시골 사람)들이 이같은 노래를 불렀다.

"이미 그대 누저(婁豬: 발정난 암돼지로 南子를 지칭)를 만족시켜주었는데 어찌하여 우리 애가(艾豭: 늙은 수돼지로, 공자 조를 지칭)를 돌려주지 않는가."

괴외가 이 노래를 듣고는 치욕스럽게 생각해 가신 희양속(戲陽速)에게 말했다.

"나와 함께 소군(少君: 제후의 부인을 뜻하는 小君과 같은 말로 南子를 지칭)을 조현할 때 내가 고개를 돌려 그대를 보면 그대는 곧바로 소군을 죽이도록 하라."

"그리하겠습니다."

이에 이들은 귀국하자마자 곧 위영공의 부인을 조현했다. 부인이 괴외를 접견할 때 괴외가 세 번이나 뒤를 돌아보았지만 희양속은 앞으로 나아가지 않았다. 괴외의 안색이 이상하게 변한 것을 본 부인은 이내 낌새를 눈치채고는 곧바로 체주(啼走: 울며 내달림)하며 외쳤다.

"괴외가 나를 죽이려 한다."

그러자 위영공이 부인의 손을 잡고 누대 위로 올라갔다. 태자 괴외가 송나라로 달아나자 위영공은 태자의 당우를 모두 축출했다. 이때 대부 공맹구(公孟彄)는 정나라로 달아났다가 다시 제나라로 달아났다. 송나라로 달아난 괴외가 사람들에게 말했다.

"희양속이 나에게 화를 입혔다."

그러나 희양속은 오히려 사람들에게 말했다.

"태자야말로 나에게 화를 입혔다. 태자는 무도하게도 나를 시켜 자신의 모친을 죽이려고 했다. 내가 응낙하지 않았으면 그는 나를 죽이려고 했을 것이다. 만일 내가 부인을 죽였다면 모든 죄를 나에게 뒤집어씌운 뒤 자신은 빠져나갔을 것이다. 그래서 나는 일단 응낙한 뒤 이를 실행치 않음으로써 나의 죽음을 잠시 지연시킨 것이다. 속담에 이르기를, '민보어신'(民保於信: 백성은 신의로써 자신을 보전함)이라고 했다. 나는 신의를 신조로 삼는 사람이다."

겨울 12월, 진나라 사람이 범씨와 중항씨의 군사를 진나라의 노(潞: 원래는 夷狄의 거주지로, 산서성 노성현 동북쪽에 위치) 땅에서 격파했다. 이에 범씨의 당우 적진(籍秦)과 고강(高彊)을 포로로 잡았다. 이어 정나라와 범씨의 군사를 백천(百泉: 하남성 휘현 서북쪽 7리)에서 깨뜨렸다.

晉人圍朝歌, 公會齊侯衛侯于脾上梁之間, 謀救范中行氏. 析成鮒·小王桃甲率狄師以襲晉, 戰于絳中, 不克而還. 士鮒奔周, 小王桃甲入于朝歌. 秋, 齊侯宋公會于洮, 范氏故也. 衛侯爲夫人南子召宋朝, 會于洮. 大子蒯聵獻盂于齊, 過宋野. 野人歌之曰 "旣定爾婁豬, 盍歸吾艾豭." 大子羞之, 謂戲陽速曰 "從我而朝小君, 小君見我, 我顧, 乃殺之." 速曰 "諾." 乃朝夫人. 夫人見大子, 大子三顧, 速不進. 夫人見其色, 啼而走, 曰 "蒯聵將殺余." 公執其手以登臺. 大子奔宋, 盡逐其黨. 故公孟彄出奔鄭, 自鄭奔齊. 大子告人曰 "戲陽速禍余." 戲陽速告人曰 "大子則禍余. 大子無道, 使余殺其母. 余不許, 將戕於余. 若殺夫人, 將以余說. 余是故許而弗爲, 以紓余死. 諺曰 '民保於信.' 吾以信義也." 冬十二月, 晉人敗范中行氏之師於潞, 獲籍秦高彊, 又敗鄭師及范氏之師于百泉.

15년(기원전 495)

15년 봄 주력(周曆) 정월, 주자가 내조했다. 생쥐가 교제(郊祭)에 쓰일 생우(牲牛)를 물어 소가 죽었다. 다른 소를 점쳐 정했다. 2월 신축, 초자가 호(胡)를 멸하고 호자 표(豹)를 데리고 돌아갔다. 여름 5

월 신해, 교제를 행했다. 임신, 공이 고침(高寢: 궁전 이름)에서 훙했다. 정나라의 한달(罕達)이 군사를 이끌고 가 송나라를 쳤다. 제후·위후가 거제(渠蒢)에 머물렀다. 주자가 와 조문했다. 가을 7월 임신, 사씨(姒氏)가 졸했다. 8월 경진 삭(朔), 일식이 있었다. 9월, 등자가 와서 회장(會葬)했다. 정사, 우리 군주 정공(定公)을 안장했으나 비가 와서 안장하지 못했다. 무오, 날이 저물 때 비로소 안장했다. 신사, 정사(定姒)를 안장했다. 겨울, 칠(漆)에 성을 쌓았다.

十五年春王正月, 邾子來朝. 鼷鼠食郊牛, 牛死, 改卜牛. 二月辛丑, 楚子滅胡, 以胡子豹歸. 夏五月辛亥, 郊. 壬申, 公薨于高寢. 鄭罕達帥師, 伐宋. 齊侯衛侯次于渠蒢. 邾子來奔喪. 秋七月壬申, 姒氏卒. 八月庚辰朔, 日有食之. 九月, 滕子來會葬. 丁巳, 葬我君定公, 雨, 不克葬, 戊午, 日下昃乃克葬, 辛巳, 葬定姒. 冬, 城漆.

●15년 봄, 주은공(邾隱公: 이름은 益)이 노나라에 내조했다. 이때 공자의 제자 자공(子貢: 端木賜)이 두 나라 군주가 행하는 예를 주의 깊게 살폈다. 주은공은 옥을 받든 자세가 너무 높아 고개를 위로 쳐드는 형상이 되었다. 이에 반해 노정공은 옥을 받는 자세가 너무 낮아 고개를 아래로 숙이는 형상이 되었다. 이에 자공이 말했다.

"예를 행하는 모습을 보니 두 군주 모두 곧 세상을 떠날 것이다. 예는 사생존망(死生存亡)의 기본이다. 좌우주선(左右周旋: 좌우로 내딛는 거동과 외교적인 언동)과 진퇴부앙(進退俯仰)은 바로 예를 행할 때 취하는 것이다. 조사상융(朝祀喪戎: 朝會·祭祀·服喪·征戰)은 바로 예를 통해 관찰할 수 있다. 지금 정월에 두 군주가 서로 만나 법도를 지키지 못하니 마음속에 이미 예가 존재하지 않는 것이다. 가사불체(嘉事不體: 朝禮가 예에 합당하지 않음)하니 어찌 오래 살 수 있겠는가. 자세를 높이고 고개를 쳐드는 형상은 교오(驕傲)를 드러내고, 자세를 낮추고 고개를 숙이는 것은 쇠폐(衰廢)를 나타내는 것이다. 교오하면 난을 일으키기 쉽고, 쇠폐하면 질병에 걸리기 쉽다. 두 군주 모두 나라의 주인이나 먼저 세상을 떠나고 말 것이다."

오나라가 초나라로 쳐들어갔을 때 호자(胡子: 호나라 군주)는 호나라에 가까운 초나라 성읍의 백성을 모두 포로로 잡았다. 초나라가 안정된 뒤에도 호자 표(豹)는 초나라를 섬기지 않으면서 말했다.

"나라의 존망은 천명에 달려 있는 것이다. 그러니 어찌 초나라를 섬길 것인가. 이는 비용만 많이 들 뿐이다."

2월, 초나라가 호나라를 멸망시켰다.

여름 5월 22일, 노정공이 세상을 떠났다. 이를 두고 중니가 이같이 평했다.

"사(賜: 子貢)가 한 말이 불행히도 들어맞았다. 이 일로 인해 사가 말이 많아지겠구나."

정나라 대부 한달(罕達: 子姚)이 송나라 군사를 정나라의 노구(老丘: 하남성 개봉시 동남쪽) 땅에서 깨뜨렸다. 이때 제경공과 위영공이 군사를 거나(蘧挐: 위치 미상) 땅에 주둔시켰다. 이는 송나라를 구원하기 위한 것이었다.

가을 7월 23일, 노정공의 부인 사씨(姒氏)가 세상을 떠났다. 『춘추』에 부인이라고 칭하지 않은 것은 불부(不赴: 부고를 내지 않음)하고 불부(不祔: 선조의 사당에서 제를 올리지 않음)했기 때문이다. 노정공을 안장하던 중 비가 내려 일을 끝내지 못했다. 이는 예에 합당한 일이다. 비가 그친 뒤 사씨를 안장했다. 『춘추』에 소군(小君)이라고 칭하지 않은 것은 불성상(不成喪: 부인의 예로 장례를 치르지 않음)했기 때문이다.

겨울, 노나라가 칠(漆: 본래는 邾나라 땅으로, 산동성 추현 동북쪽에 위치) 땅에 성을 쌓았다. 『춘추』에 이를 쓴 것은 제때에 종묘에 고하지 않았기 때문이다.

十五年春, 邾隱公來朝. 子貢觀焉. 邾子執玉高, 其容仰. 公受玉卑, 其容俯. 子貢曰 "以禮觀之, 二君者, 皆有死亡焉. 夫禮, 死生存亡之體也. 將左右周旋, 進退俯仰, 於是乎取之, 朝祀喪戎, 於是乎觀之. 今正月相朝, 而皆不度, 心已亡矣. 嘉事不體, 何以能久. 高仰驕也. 卑俯替也. 驕近亂,替近疾.君爲主,其先亡乎."吳之入楚也,胡子盡俘楚邑之近胡者.楚旣定,胡子豹又不事楚,曰"存亡有命,事楚何爲.多取費焉."二月,楚滅胡.夏五月壬申,公薨.仲尼曰"賜不幸言而中,是使賜多言者也."鄭罕達敗宋師于老丘.齊侯衛侯次于蘧挐,謀救宋也.秋七月壬申,姒氏卒.不稱夫人,不赴,且不祔也.葬定公,雨,不克襄事,禮也.葬定姒.不稱小君,不成喪也.冬,城漆.書不時告也.

노애공 魯哀公

노정공의 아들로 이름은 장(蔣)이다. 재위기간은 기원전 495년부터 467년까지 28년이다. 재위 27년 되던 해 월나라의 세력을 끌어들여 3환을 제거하고자 했으나 이내 실패하고 월나라로 망명했다가 이듬해에 그곳에서 세상을 떠났다. 시법에 따르면 '애'(哀)는 '공인단절'(恭仁短折: 공손하고 어질기는 하나 단명함)의 뜻을 지니고 있다. 노애공이 죽은 뒤 노나라에서는 그의 아들 영(寧)이 노도공(魯悼公)으로 즉위했다. 『춘추좌전』은 노도공 14년 당시 전국시대의 개막을 알리는 3진(三晉)의 탄생 배경을 간략히 언급해놓는 것으로 춘추시대에 관한 모든 기록을 끝내고 있다. 송대의 사마광(司馬光)은 『자치통감』에서 전국시대 개막부터 기록함으로써 『춘추좌전』의 필법을 이어나갔다.

원년(기원전 494)

원년 봄 주력(周曆) 정월, 공이 즉위했다. 초자·진후(陳侯)·수후(隨侯)·허남이 채나라를 포위했다. 생쥐가 교제에 쓸 생우(牲牛)를 물었다. 이에 다른 소를 점쳐 정했다. 여름 4월 신사, 교제를 행했다. 가을, 제후·위후가 진나라를 쳤다. 겨울, 중손하기가 군사를 이끌고 가 주나라를 쳤다.

元年春王正月, 公卽位. 楚子陳侯隨侯許男, 圍蔡. 鼷鼠食郊牛, 改卜牛. 夏四月辛巳, 郊. 秋, 齊侯衛侯伐晉. 冬, 仲孫何忌帥師, 伐邾.

● 원년 봄, 초소왕이 채나라를 포위했다. 이는 백거지역(柏擧之役: 노정공 4년 채나라가 오나라를 도와 초나라를 친 전투)에 대한 보복이었다. 이때 초나라가 채나라의 도성에서 1리 떨어진 곳에 보루를 쌓았다. 보루의 넓이는 1장, 높이는 2장이었다. 부(夫: 사병을 뜻하나, 인부로 보기도 함)가 9일 동안 머물며 주야로 공사해 영윤 자서(子西: 공자 申)가 계획한 일정에 맞추어 보루를 완공했다. 이에 채나라 사람들이 남녀별로 줄줄이 묶은 노비들을 앞세우고 성을 나와 항복했다. 그러자

초소왕이 채나라를 장강(長江)과 여수(汝水) 사이로 옮긴 뒤 회군했다. 얼마 후 채나라가 오나라에게 나라를 오나라 영역 내로 옮겨가게 해달라고 청했다.

이때 오왕 부차가 월나라 군사를 부초산(夫椒山: 강소성 오현 서남쪽에 소재한 태호 안의 西洞庭山을 지칭)에서 깨뜨렸다. 이는 취리(檇李)의 싸움에 대한 보복이었다. 오나라 군사가 승세를 몰아 바로 월나라로 쳐들어가자 월왕 구천이 갑순(甲楯: 완전무장을 한 병사) 5천 명을 이끌고 회계산(會稽山)으로 들어가 저항했다. 구천은 이 와중에 대부 종(種: 文種으로, 자는 禽)을 오왕 부차의 신임을 받고 있는 오나라 태재 백비(伯嚭: 백주리의 손자 子餘)에게 보내 강화를 체결하도록 했다. 이에 오왕 구천이 이를 수락하려고 하자 오원(伍員)이 반대했다.

"불가합니다. 제가 듣건대 '수덕막여자(樹德莫如滋: 덕행의 수립은 많을수록 좋음)·거질막여진(去疾莫如盡: 독소의 제거는 철저할수록 좋음)'이라고 했습니다. 옛날 유과(有過: 산동성 액현 북쪽)나라 군주 요(澆)가 하왕조와 동성인 짐관(斟灌: 산동성 수광현 동북쪽)나라를 멸하고 짐심(斟鄩: 산동성 유현 서남쪽)나라를 공파하면서 하나라의 제5대 군주인 상(相: 仲康의 아들)을 죽였습니다. 이때 상의 부인 후민(后緡)이 마침 임신 중이었는데, 그녀는 담에 난 구멍을 통해 친정인 유잉(有仍: 산동성 제녕현)나라로 도망쳐 마침내 소강(少康)을 낳았습니다. 소강은 훗날 성장하여 유잉나라의 목정(牧正: 목축 총괄 관원)이 되었습니다. 이때 소강이 내심 요를 기(忌: 꺼리며 원한을 품음)하면서 요의 박해를 경계하여 미리 대비했습니다. 마침내 요가 신하 초(椒)를 보내 소강을 잡아오도록 하자 소강이 유우(有虞: 산서성 영제현)나라로 달아나 포정(庖正: 주방 총괄 관원)으로 있으면서 화를 피했습니다. 그 뒤 유우나라 군주 사(思)가 그에게 2요(二姚: 성씨가 姚인 사의 두 딸을 지칭)를 주어 아내로 삼게 하고 윤읍(綸邑: 하남성 우성현 동남쪽)을 봉지로 내렸습니다. 윤읍은 넓이가 1성(成: 사방 10리), 병력이 1려(旅: 5백 명)였는데 소강은 선정을 베풀며 하나라의 부흥을 꾀하기 시작했습니다. 이에 하왕조의 옛 관원들을 불러모아 관직을 안배하고, 신하 여애(女艾)를 보내 요의 동정을 살피게 하고, 아들 계저(季杼: 후에 보위에 오른 帝杼)를 보내 요의 아우 희(豷)를 유인하게 했습니다. 이로써 드디어 요가 다스리는 과(過)나라와 희가 다스리는 과(戈)나라를 멸망시키고 우왕의 치적을 다시 세웠습니다. 소강은 역대 왕을 종묘에 제사지내면서 하늘에 짝하게 만들고, 구물(舊物: 우왕이 남긴 천하)을 조금도 잃지 않았던 것입니다. 지금 우리 오나라는 유과나라만 못하고, 월나라는 오히려 소강 때보다 강대합니다. 만일 월나라가 장차 이보다 더욱 강대해지면 어찌 오나라의 환난이 되지 않겠습니까. 월왕 구천은 백성들을 애호하고 은덕을 베풀기에 힘쓰고 있습니다. 그는 은덕을 베풀면서도 인심을 잃지 않고, 백성을 애호하면서도 다른 사람이 세운 공을 말살하지 않습니다. 월나라는 본래 우리와 동양(同壤: 국토가 접해 있음)해 있는 누대에 걸친 구수(仇讎: 원수)입니다. 이같은 상황에서 승리하고도 병탄하지 않은 채 그대로 보전시키는 것은 하늘의 뜻을 어기고 원수를 조장하는 것입니다. 나중에 비록 후회한들 불가식이(不可食已: 우환을 제거할 길이 없음)일 것입니다. 희성의 나라인 오나라의 쇠망은 이미 손가락을 꼽을 만큼 가까이 다가왔습니다. 오나라가 만이들 사이에 위치해 있는데도 적의 흥성을 조장하면서 패자가 되기를 바라고 있으니 이는 반드시 성사되지 못할 것입니다."

그러나 오왕 부차는 이를 받아들이지 않았다. 오원이 물러나와 어떤 사람에게 말했다.

"월나라가 10년간 생취(生聚: 백성을 양육하고 재물을 모음)하고, 10년간 교훈(敎訓: 백성을 가르치고 훈련시킴)하면, 20년 뒤 우리 오나라 땅은 월나라에 의해 황량한 소택지로 변하고 말 것이다."

3월, 월나라가 오나라와 강화했다. 오나라 군사가 월나라로 진공했는데도 『춘추』는 이를 기록하지 않았다. 이는 오나라가 승보(勝報)를 노나라에 전하지 않았고, 월나라 역시 패보(敗報)를 알리지 않았기 때문이다.

元年春, 楚子圍蔡, 報柏擧也. 里而栽, 廣丈高倍. 夫屯晝夜九日, 如子西之素. 蔡人男女以辨, 使疆于江汝之間而還. 蔡於是乎請遷于吳. 吳王夫差敗越于夫椒, 報檇李也, 遂入越. 越子以甲楯五千保于會稽, 使大夫種因吳大宰嚭以行成. 吳子將許之. 伍員曰 "不可. 臣聞之, '樹德莫如滋, 去疾莫如盡.' 昔, 有過澆殺斟灌以伐斟鄩, 滅夏后相. 后緡方娠, 逃出子竇, 歸于有仍, 生少康焉, 爲仍牧正. 惎澆能戒之. 澆使椒求之, 逃奔有虞, 爲之庖正, 以除其害. 虞思於是妻之以二姚, 而邑諸綸. 有田一成, 有衆一旅, 能布其德, 而兆其謀, 以收夏衆, 撫其官職. 使女艾諜澆, 使季杼誘豷, 遂滅過戈, 復禹之績. 祀夏配天, 不失舊物. 今吳不如過而越大於少康, 或將豐之, 不亦難乎. 句踐能親而務施, 施不失人, 親不棄勞. 與我同壤而世爲仇讎, 於是乎克而弗取, 將又存之, 違天而長寇讎, 後雖悔之, 不可食已. 姬之衰也, 日可俟也. 介在蠻夷, 而長寇讎, 以是求伯, 必不行矣." 弗聽. 退而告人曰 "越十年生聚, 而十年敎訓, 二十年之外, 吳其爲沼乎." 三月, 越及吳平. 吳入越, 不書, 吳不告慶, 越不告敗也.

● 여름 4월, 제경공과 위영공이 한단(邯鄲: 하북성 한단현 서남쪽)을 구원하고 오록(五鹿: 하남성 복양현 동북쪽)을 포위했다.

오나라가 초나라로 쳐들어갔을 때 오나라가 사람을 보내 진회공(陳懷公: 陳惠公의 아들 柳)을 불렀다. 그러자 진회공이 국인들을 조정에 모아놓고 의견을 징구(徵求)하며 말했다.

"초나라에 친부하고자 하는 사람은 오른쪽, 오나라에 친부하고자 하는 사람은 왼편으로 서시오."

이에 국인들은 자신의 전지(田地)가 어디에 위치해 있는지에 따라 초나라에 가까우면 오른쪽, 오나라에 가까우면 왼쪽에 서고, 영지가 없는 사람은 고향과의 원근을 기준하여 좌우로 갈라섰다. 그러자 대부 봉활(逢滑)이 진회공 앞으로 나아가 말했다.

"제가 듣건대 '국흥(國興)은 복으로 이루어지고, 국망(國亡)은 화로써 이루어진다'고 했습니다. 지금 오나라는 복이 없고 초나라 또한 화가 없습니다. 그러니 초나라는 아직 버릴 수 없고 오나라 또한 아직 따를 수 없습니다. 지금 진나라가 아직 맹주로 있으니 진나라를 구실로 삼아 오나라의 요청을 사절하는 것이 어떻겠습니까."

진회공이 물었다.

"초나라는 싸움에 져 군주가 망명한 상황인데 이것이 화가 아니고 무엇이란 말이오?"

봉활이 대답했다.

"국가에는 그같은 일이 매우 많이 일어납니다. 어찌 반드시 회복되지 않겠습니까. 소국도 오히려 회복되는데 하물며 대국이야 말할 것이 있겠습니까. 제가 듣건대 '나라가 흥하려면 백성을 부상자 대하듯 하니 이것이 그 복이고, 나라가 망하려면 백성을 토개(土芥: 흙과 풀)로 여기니 이것이 그 화이다'라고 했습니다. 비록 초나라에 덕행이 없다고 하나 백성을 애살(艾殺: 함부로 참살한다는 뜻으로, '艾'는 '刈'와 통함)하지는 않고 있습니다. 오나라는 전쟁을 치르면서 날로 피폐해져 폭골여초(暴骨如草: 죽은 자의 뼈가 들판의 풀처럼 나뒹굴고 있음)하고 있는데도 덕행의 흔적을 찾을 길이 없습니다. 하늘이 대략 초나라에 한 차례 교훈을 내린 듯합니다. 오나라가 재앙을 입는 날이 미구에 닥칠 것입니다."

진회공이 이를 좇았다. 부차가 월나라와의 싸움에서 승리하자 오나라는 선군지원(先君之怨: 오왕 합려가 상처를 입고 죽은 사건을 지칭)을 풀었다. 가을 8월, 오나라가 진(陳)나라로 쳐들어가 구원(舊怨)[1]을 풀었다.

이때 제경공과 위영공이 간후(乾侯)에서 만났다. 이는 진나라의 범씨를 구하기 위한 것이었다. 노나라 군사가 제나라 군사를 비롯해 위나라 대부 공어(孔圉: 孔烝鉏의 증손), 선우(鮮虞)나라 사람들과 합세해 진(晉)나라를 치고 극포(棘蒲: 하북성 조현)를 점령했다.

---

[1] 오왕 합려가 진회공을 불렀을 때 진나라가 이에 응하지 않은 것을 지칭한다.

夏四月, 齊侯衛侯救邯鄲, 圍五鹿. 吳之入楚也, 使召陳懷公. 懷公朝國人而問焉, 曰"欲與楚者右, 欲與吳子左." 陳人從田, 無田從黨. 逢滑當公而進, 曰"臣聞, 國之興也以福, 其亡也以禍. 今吳未有福, 楚未有禍. 楚未可棄, 吳未可從. 而晉, 盟主也, 若以晉辭吳, 若何." 公曰"國勝君亡, 非禍而何." 對曰"國之有是多矣, 何必不復. 小國猶復, 況大國乎. 臣聞, 國之興也, 視民如傷, 是其福也. 其亡也, 以民爲土芥, 是其禍也. 楚雖無德, 亦不艾殺其民. 吳日敝於兵, 暴骨如莽, 而未見德焉. 天其或者正訓楚也. 禍之適吳, 其何日之有." 陳侯從之. 及夫差克越, 乃修先君之怨. 秋八月, 吳侵陳, 修舊怨也. 齊侯衛侯會于乾侯, 救范氏也. 師及齊師·衛孔圉·鮮虞人伐晉, 取棘蒲.

● 오나라 군사가 진(陳)나라 영토에 주둔해 있자 초나라 대부들이 모두 두려워하며 말했다.

"합려는 다만 백성을 잘 동원하는 것만으로도 우리 군사를 백거(柏擧)에서 격파했다. 이제 들으니 그의 후계자 부차는 합려보다 수완이 더욱 뛰어나다고 하니 장차 이를 어찌하면 좋은가."

자서(子西: 초평왕의 장서자 공자 申)가 반박했다.

"대부들이 우려해야 할 일은 불상목(不相睦: 서로 화목하지 못함)에 있소. 오나라의 침공은 걱정할 필요가 없소. 전에 합려는 식불2미(食不二味: 식사 때 반찬 두 가지를 취하지 않음)와 거불중석(居不重席: 겹으로 된 방석과 이불을 쓰지 않음), 실불숭단(室不崇壇: 평지에 건물을 짓고 높은 단을 쌓지 않음), 기불동루(器不彤鏤: 용기에 붉은 칠과 조각을 하지 않음), 궁실불관(宮室不觀: 사는 궁실에 높은 누대인 臺榭를 만들지 않음), 주거불식(舟車不飾: 타는 배와 수레에 장식을 하지 않음)을 행하면서 의복이나 쓰는 용구는 모두 견고하고 질긴 것을 찾아 사치스런 비용을 들이지 않았소. 또 나라 안에 있을 때에는 재려(菑癘: 재해와 전염병)가 나게 되면 직접 고과(孤寡)를 찾아다니며 위로하고 빈궁한 자들에게 물자를 공급했소. 군중에 있을 때에는 숙식자(熟食

者: 익힌 음식)를 먼저 병사들에게 나눠준 뒤에야 비로소 먹고 소상자(所嘗者: 맛있는 음식)도 졸승(卒乘: 보병과 전차병)들과 함께 나눠 먹었소. 합려는 늘 백성들을 어루만지면서 노일(勞逸: 노동과 휴식)을 같이했던 것이오. 이에 합려가 비록 백성들을 동원했지만 백성들은 피곤한 줄 몰랐고 사지불광(死知不曠: 나라를 위해 죽으면서 자신의 죽음이 헛되이 버려지지 않으리라는 사실을 앎)했던 것이오. 그런데 우리의 선대부 자상(子常)의 조치는 이와 정반대였소. 그래서 합려가 우리를 깨뜨렸던 것이오. 이제 듣건대 오왕 부차는 한 번 출행하여 이틀 이상 숙박하게 되면 반드시 대사피지(臺榭陂池: 커다란 정자와 연못을 뜻하는 말로, 부차가 출행하면 늘 연못에 배를 띄워놓고 遊樂했음을 지칭)를 갖추고, 단 하루의 숙박일지라도 반드시 비장빈어(妃嬙嬪御: 시침드는 여인의 총칭으로, '비장'은 이들 중 귀한 자, '빈어'는 천한 자를 지칭)가 모신다고 하오. 또 일일지행(一日之行: 당일치기 출행)일지라도 원하는 바를 모두 이루고자 하여 반드시 완호(玩好: 놀이 도구)를 휴대하고 진이(珍異: 귀한 물건)를 수집하여 오직 즐기는 데에만 힘을 쏟는다고 하오. 나아가 그는 백성들을 원수같이 대해 매일 백성들을 전쟁으로 내몰고 있다고 하오. 그의 이같은 행동은 지금 보는 바와 같이 그칠 기미가 전혀 없소. 이리하면 그는 먼저 자패(自敗: 스스로 패망함)하고 말 터인데 어찌 우리와 싸워 이길 수 있겠소?"

겨울 11월, 진나라 대부 조앙(趙鞅)이 조가(朝歌)를 쳤다.

吳師在陳, 楚大夫皆懼, 曰 "闔廬惟能用其民, 以敗我於柏擧. 今聞其嗣又甚焉. 將若之何." 子西曰 "二三子恤不相睦, 無患吳矣. 昔, 闔廬食不二味, 居不重席, 室不崇壇, 器不彤鏤, 宮室不觀, 舟車不飾, 衣服財用, 擇不取費. 在國, 天有菑癘, 親巡孤寡而共其乏困. 在軍, 熟食者分而後敢食, 其所嘗者卒乘與焉. 勤恤其民而與之勞逸, 是以民不罷勞, 死不知曠. 吾先大夫子常易之, 所以敗我也. 今聞夫差次有臺榭陂池焉, 宿有妃嬙嬪御焉, 一日之行, 所欲必成, 玩好必從, 珍異是聚, 觀樂是務. 視民如讎, 而用之日新. 夫先自敗也已, 安能敗我." 冬十一月, 晉趙鞅伐朝歌.

2년(기원전 493)

2년 봄 주력(周曆) 2월, 계손사·숙손주구·중손하기가 군사를 이끌고 가 주나라를 쳐 곽동(灈東)과 기서(沂西)를 취했다. 계사, 숙손주구·중손하기가 주자와 구역(句繹)에서 결맹했다. 여름 4월 병자, 위후 원(元)이 졸했다. 등자가 내조했다. 진나라의 조앙이 군사를 이끌고 가 위나라 세자 괴외를 척(戚)으로 들여보냈다. 가을 8월 갑술, 진나라의 조앙이 군사를 이끌고 가 정나라의 한달(罕達)이 이끄는 군사와 철(鐵)에서 싸웠다. 정나라 군사가 크게 패했다. 겨울 10월, 위영공(衛靈公)을 안장했다. 11월 채나라가 주래(州來)로 옮겼다. 채나라가 그 대부 공자 사(駟)를 죽였다.

二年春王正月, 季孫斯叔孫州仇仲孫何忌帥師, 伐邾, 取灈東田及沂西田. 癸巳, 叔孫州仇仲孫何忌及邾子, 盟于句繹. 夏四月丙子, 衛侯元卒. 滕子來朝. 晉趙鞅帥師, 納衛世子蒯聵于戚. 秋八月甲戌, 晉趙鞅帥師及鄭罕達帥師戰于鐵, 鄭師敗績. 冬十月, 葬衛靈公. 十一月, 蔡遷于州來, 蔡殺其大夫公子駟.

●2년 봄, 노나라 군사가 주(邾)나라로 쳐들어가 교읍(絞邑: 산동성 등현 북쪽)을 치려고 했다. 당시 주나라 사람들은 교읍 땅을 매우 아꼈다. 이에 곽수(灈水: 곧 灈田으로, 노나라는 당시 灈西의 땅을 차지하고 있었는데 이때 灈東마저 차지함)와 기수(沂水: 곧 沂田으로, 노나라의 곡부 남쪽의 상류를 흐르는 주나라 소유의 땅) 일대의 땅을 노나라에 뇌물로 주고 맹약을 받아들였다.

당초 위영공이 교외로 놀러나갈 때 공자 자남(子南: 위영공의 아들 郢)이 수레를 몬 적이 있었다. 이때 위영공이 자남에게 말했다.

"나는 적자가 없으니 너를 후계자로 삼을 생각이다."

그러나 자남은 아무 대꾸도 하지 않았다. 며칠 후 위영공이 또다시 이 말을 하자 자남이 대답했다.

"저는 사직을 맡기에 여러모로 부족합니다. 군주는 달리 생각하는 게 좋을 것입니다. 군부인(君夫人: 南子)이 당상(堂上: 내전)에 있고, 3읍(三揖: 경·대부·사)이 군주 밑에 있으니 군명을 욕되게 할 뿐입니다."

여름, 위영공이 세상을 떠났다. 그러자 남자(南子)가 하명했다.

"공자 영(郢: 자남)이 태자가 될 것을 명한다. 이는 군주의 유명(遺命)이다."

자남이 사양했다.

"저는 다른 아들보다 못한데다가 군주 또한 저의 손에서 세상을 떠났습니다. 만일 군주가 그같은 말을 했다면 제가 틀림없이 들었을 것입니다. 나아가 망명한 태자 괴외의 아들 첩(輒: 위영공의 적손인 衛出公)이 있습니다."

이에 공자 첩을 후계자로 삼았다.

6월 17일, 진나라 대부 조앙이 위나라의 태자 괴외를 척(戚) 땅으로 들여보내려고 했다. 그러나 밤에 길을 잃게 되자 양호(陽虎)가 말했다.

"오른쪽이 황하이니 이를 건넌 뒤 다시 남쪽으로 내려가면 곧 척 땅에 이를 것입니다."

이에 조앙이 태자 괴외에게 문(絻)[2]하게 한 뒤 부하 8명에게 최질(衰經: 상복)을 입혀 마치 위나라에서 나와 영접하는 것처럼 꾸몄다. 이들은 척 땅의 관문을 지키는 문지기에게 통보하고 곧 호곡하며 성 안으로 들어간 뒤 그곳에 머물렀다.

가을 8월, 범씨가 조가에 오랫동안 머물자 이내 식량이 달리게 되었다. 이에 제나라가 범씨에게 양식을 지원하게 되었다. 정나라 대부 자요(子姚: 한달)와 자반(子般: 사홍)이 수송을 맡았다. 이에 진나라 대부 사길석(士吉射: 범길석)이 이들을 영접하러 나갔다. 이때 조앙이 이를 차단하기 위해 나갔다가 척 땅에서 이들과 조우하게 되었다. 그러자 양호가 건의했다.

---

2) 원래는 상복을 뜻하나, 여기서는 관을 벗고 삼으로 머리를 묶는 것을 의미한다.

"우리는 전차가 적으니 중군 전차의 패(斾: 旌旗)를 많이 만들어 수레에 꽂고 미리 한달(罕達: 자요)과 사홍(駟弘: 자반)이 이끄는 전차부대와 대진(對陣)해야 합니다. 그러면 한달과 사홍이 뒤쪽에서 따라오다가 오모(吾貌)³⁾를 보고는 반드시 두려운 마음을 가질 것입니다. 이때 회전하면 반드시 대승할 수 있을 것입니다."

조앙이 이를 좇았다. 이때 싸움 결과를 놓고 거북점을 쳤으나 거북의 등껍질이 까맣게 눌어 점괘를 얻지 못했다. 그러자 대부 악정(樂丁)이 말했다.

"『시경』「대아·면(緜)」에 이르기를, '원시원모(爰始爰謀: 우선 계책을 진행시킨다 뜻으로, '爰'은 뜻없는 어조사)·원계아구(爰契我龜: 이에 우리의 거북점을 쳐본다는 뜻으로, 여기의 '爰'은 '乃'의 뜻임)'라고 했습니다. 모협(謀協: 계책이 일치함)하면 고조(故兆: 앞서 얻은 점괘)⁴⁾를 믿는 것도 가할 것입니다."

이에 조간자가 맹서했다.

"범씨와 중항씨는 반역천명(反易天明: 천명을 위배한다는 뜻으로, '明'은 '命'과 통함)하여 백성을 참애(斬艾: 참살)하고, 진나라를 독람(獨攬: 자기 뜻대로 휘두름)하여 군주까지 멸망시키려 하고 있다. 우리 군주는 정나라에 기대어 자신을 보호하고 있다. 그런데 이제 정나라가 무도한 자들을 위해 우리 군주를 버리고 무도한 신하를 돕고 있다. 그러니 여러분은 천명을 좇고, 군명을 받들고, 덕의를 시행하고, 치욕을 제거해야 한다. 그 일이 바로 이번 싸움에 달려 있다. 적을 무찌른 자에게는 상대부의 경우는 현(縣: 전국시대와 달리 郡보다 큰 단위였음)⁵⁾, 하대부는 군(郡), 사(士)는 땅 10만 무(畝), 서인과 공상(工商)은 수

---

3) 아군의 진용을 뜻하나, 폭정으로 인해 제나라와 정나라의 백성들에게 공포심을 안겨준 양호의 용모로 해석하기도 한다.
4) '고조'는 위나라 태자를 받아들일 때 길하다는 점괘를 얻은 사실을 지칭한다.
5) 『서경』「주서·작락(作雒)」에 나오는 '천리백현(千里百縣)·현유사군(縣有四郡)'이라는 구절이 이를 뒷받침한다.

(遂: 관원이 됨), 신례(臣隸: 노비)는 어면(圉免: 서민이 됨)의 상을 받게 될 것이다. 나 지보(志父: 조앙)가 이 싸움에서 죄를 짓는 일이 없으면 군주는 가히 이같은 상을 내릴 것이다. 만일 내가 싸움에 져 죄를 짓게 되면 나를 교형(絞刑)에 처해 주살하고, 시체를 동관삼촌(桐棺三寸: 세 치 두께의 오동나무 관으로, 서민용 관)에 넣고, 속벽(屬辟: 外棺으로, 왕은 4重, 君은 2重, 대부는 1重의 외관을 사용)도 쓰지 않고, 소거박마(素車樸馬: 장식이 없는 수레와 말)로 관을 끌게 하고, 조역(兆域: 선영의 묘역)에도 매장하지 못하게 할 것이다. 이 모든 것이 하경(下卿)에 대한 처벌일 뿐이다."

二年春, 伐邾, 將伐絞. 邾人愛其土, 故賂以漷沂之田而受盟. 初, 衛侯遊于郊, 子南僕. 公曰 "余無子, 將立女." 不對. 他日, 又謂之. 對曰 "郢不足以辱社稷, 君其改圖. 君夫人在堂, 三揖在下, 君命祇辱." 夏, 衛靈公卒. 夫人曰 "命公子郢爲大子, 君命也." 對曰 "郢異於他子, 且君沒於吾手, 若有之, 郢必聞之. 且亡人之子輒在." 乃立輒. 六月乙酉, 晉趙鞅納衛大子于戚. 宵迷, 陽虎曰 "右河而南, 必至焉." 使大子絻, 八人衰絰, 僞自衛逆者. 告於門, 哭而入, 遂居之. 秋八月, 齊人輸范氏粟, 鄭子姚子般送之. 士吉射逆之, 趙鞅禦之, 遇於戚. 陽虎曰 "吾車少, 以兵車之旆, 與罕駟兵車先陳. 罕駟自後隨而從之, 彼見吾貌, 必有懼心. 於是乎會之, 必大敗之." 從之. 卜戰, 龜焦. 樂丁曰 『詩』曰 '爰始爰謀, 爰契我龜.' 謀協以告兆詢可也." 簡子誓曰 "范氏中行氏, 反易天明, 斬艾百姓, 欲擅晉國而滅其君. 寡君恃鄭而保焉. 今鄭爲不道, 棄君助臣, 二三子順天命, 從君命, 經德義, 除詬恥, 在此行也. 克敵者, 上大夫受縣, 下大夫受郡, 士田十萬, 庶人工商遂, 人臣隸圉免. 志父無罪, 君實圖之. 若其有罪, 絞縊以戮, 桐棺三寸, 不設屬辟, 素車樸馬, 無入于兆, 下卿之罰也."

●8월 7일, 조간자가 적들과 교전할 즈음 말을 잘 모는 우무휼(郵無恤: 子良)이 조간자의 어자, 위나라 태자 괴외가 거우가 되었다. 이들이 철구(鐵丘) 위로 올라가 적진을 바라보았다. 정나라 군사가 매우 많은

것을 보고 괴외가 크게 두려워한 나머지 전차 아래로 굴러떨어졌다. 이에 자량(子良: 우무휼)이 괴외에게 수(綏: 수레에 올라탈 때 사용하는 손잡이 줄)를 던져 이를 잡고 수레에 오르게 한 뒤 말했다.

"마치 여인 같습니다."

이때 조간자가 군진을 순시하면서 이같이 훈시했다.

"이전에 필만(畢萬: 진헌공의 거우)은 필부에 불과했지만 적과 일곱 번 싸우면서 매번 적들을 포로로 잡았다. 이에 4백 필의 말을 소유하다가 사어유하(死於牖下: 자신의 집 창문 아래에서 죽었다는 뜻으로 선종을 의미)하게 되었다. 여러분도 힘을 내도록 하라. 사불재구(死不在寇)[6]인 것이다."

당시 진나라 대부 번우(繁羽)가 조라(趙羅)의 어자, 송용(宋勇)이 거우가 되었는데 조라가 무용(無勇: 담이 작음)하자 번우와 송용이 조라를 균(麇: 끈으로 묶어 자리에 앉혔다는 뜻으로, '麇'은 '稛'과 통함)했다. 군리(軍吏)가 이를 보고 힐문하자 번우가 변명했다.

"점(痁: 학질)이 발작해 저렇게 엎드려 있는 것입니다."

이때 위나라 태자 괴외가 이같이 기도했다.

"증손(曾孫: 여기서는 먼 후손) 괴외는 감히 황조(皇祖) 주문왕과 열조(烈祖) 강숙(康叔), 문조(文祖) 위양공(衛襄公: 위헌공의 아들로 괴외의 조부인 공자 惡)에 밝게 고합니다. 정나라 군주 승(勝: 鄭聲公)이 화란을 일으킨 자들을 좇았습니다. 이에 진나라 군주 오(午: 晉定公)가 곤경에 처해 화란을 평정하지 못하고 이내 조앙을 보내 이들을 토벌하게 했습니다. 저 괴외는 감히 편히 있을 수 없어 장창을 들고 참전했습니다. 이에 삼가 고하니 저의 근육이 끊어지지 않고, 뼈가 부러지지 않고, 얼굴에 상처가 나지 않고, 무사히 대사를 완수하여 3조(三祖: 주문왕 · 위강숙 · 위양공을 지칭)에게 수치를 안기는 일이 없도록 해주기

---

6) 반드시 적의 손에 의해 죽는 것이 아니라는 뜻으로, 용감히 싸우면 오히려 살아남을 수 있음을 의미한다.

바랍니다. 대명(大命: 생사에 관한 명)에 대해서는 감히 청하지 못하나 신령께 바치는 패옥은 조금도 아끼지 않겠습니다."

드디어 교전이 이루어지자 정나라 사람이 조간자를 습격했다. 조간자가 어깨에 상처를 입고 전차 안에 쓰러졌다. 그러자 정나라 군사가 조간자의 봉기(蜂旗: 벌이 그려져 있는 깃발)를 노획했다. 이때 괴외가 창으로 조간자를 구해냈다. 정나라 군사는 패주하면서 온대부(溫大夫) 조라를 포로로 잡아갔다. 그러자 괴외가 다시 진공하여 정나라 군사를 대파하고 제나라에서 보낸 수레 1천 대분의 양식을 노획했다. 조앙이 크게 기뻐하며 말했다.

"이제 다 되었다."

조앙의 수하 부수(傅傁)가 지적했다.

"비록 정나라 군사에게 이겼다고는 하나 아직 지씨(知氏)가 남아 있습니다. 우환이 아직 완전히 사라진 것은 아닙니다."

당초 주왕실의 사람이 범씨에게 땅을 주었는데 범씨의 가신 공손방(公孫尨)이 그 땅에서 세금을 거두었다. 이때 조씨의 사람이 공손방을 잡아 조앙에게 넘기자 군리가 그를 죽일 것을 청했다. 그러자 조앙이 말했다.

"그는 자신의 주인을 위해 일을 한 것인데 그에게 무슨 죄가 있겠는가?"

그러고는 공손방을 살려주면서 땅까지 나누어주었다. 이후 철구에서 싸움이 벌어지자 공손방이 부하 5백 명을 이끌고 밤에 정나라 군사를 기습해 자요(子姚)의 막하에서 조앙이 빼앗긴 봉기를 탈취했다. 이어 이를 조앙에게 바치면서 말했다.

"청컨대 이로써 주덕(主德: 주인의 은덕)에 보답한 것으로 해주기 바랍니다."

진나라의 선봉부대가 정나라 군사를 추격할 때 정나라 대부 자요와 자반(子反), 공손림(公孫林)이 후군이 되어 화살을 날리자 앞줄에 배치된 진나라 병사들이 무수히 죽었다. 이에 조앙이 탄식했다.

"소국이라고 하여 경시할 수가 없구나."

싸움이 끝난 뒤 조앙이 말했다.

"나는 도(弢: 활을 넣어두는 자루) 위에 쓰러져 피를 토하면서도 북을 쉬지 않고 쳐 북소리가 시종 쇠하지 않았다. 그러니 오늘 승리에서 내 공이 으뜸이라고 할 만하다."

괴외가 반박했다.

"저는 전차 위에서 주공을 구했고 땅에 내려가서는 적군을 격퇴했습니다. 저는 거우 중에서 으뜸가는 공을 세웠습니다."

이에 우무량이 말했다.

"저는 양인(兩靷: 전차를 끄는 말의 흉부에 매는 두 가닥의 가죽띠)이 거의 끊어져 가는데도 이를 끊어지지 않게 하며 전차를 몰았습니다. 그러니 저 역시 어자 중에서는 으뜸가는 공을 세운 셈입니다."

그러고는 곧 전차에 올라 승재(乘材: 가늘고 작은 橫木으로, 양인을 연결한 것을 의미)한 뒤 전차를 몰려고 하자 양인이 완전히 끊어지고 말았다.

이때 오나라 대부 설용(洩庸)이 채나라로 가 납빙(納聘: 交聘의 예를 행함)하면서 이 기회를 틈타 은밀히 납사(納師: 군사를 조금씩 안으로 침투시킴)했다. 오나라 군사가 모두 채나라 안으로 진입한 뒤에야 채나라 사람들이 이 사실을 알게 되었다. 채애공(蔡哀公)이 대부들에게 고하고 공자 사(駟)에게 불시에 천도한 책임을 뒤집어씌워 죽였다. 이로써 오나라의 환심을 샀다.

채애공은 선군의 묘역으로 가 불가피하게 천장(遷葬)하게 된 연유를 고한 뒤 호곡하면서 천묘(遷墓: 유골을 옮겨 이장함)했다. 겨울, 채나라가 도성을 초나라 땅 주래(州來: 上蔡와 新蔡에 이은 채나라의 세 번째 도성인 下蔡로 안휘성 봉대현에 위치)로 옮겼다.

甲戌, 將戰, 郵無恤御簡子, 衛大子爲右. 登鐵上, 望見鄭師衆, 大子懼, 自投于車下. 子良授大子綏而乘之, 曰 "婦人也." 簡子巡列曰 "畢萬, 匹夫也. 七戰皆獲, 有馬百乘, 死於牖下. 群子勉之, 死不在寇." 繁羽御趙羅, 宋勇爲右. 羅無勇, 麇之. 吏詰之, 御對曰 "痁作而伏." 衛大子禱曰 "曾孫蒯聵敢昭告皇祖文王, 烈祖康叔, 文祖襄公. 鄭勝亂從, 晉午在難, 不能治亂, 使鞅討之. 蒯聵不敢自佚, 備持矛焉. 敢告無絶筋, 無折骨, 無面傷, 以集大事, 無作三祖羞. 大命不敢請, 佩玉不敢愛." 鄭人擊簡子, 中肩, 斃于車中, 獲其蜂旗. 大子救之以戈, 鄭師北, 獲溫大夫趙羅. 大子復伐之, 鄭師大敗, 獲齊粟千車. 趙孟喜曰 "可矣." 傅傁曰 "雖克鄭, 猶有知在, 憂未艾也." 初, 周人與范氏田, 公孫尨稅焉. 趙氏得而獻之, 吏請殺之. 趙孟曰 "爲其主也, 何罪." 止而與之田. 及鐵之戰, 以徒五百人宵攻鄭師, 取蜂旗於子姚之幕下, 獻曰 "請報主德." 追鄭師. 姚般公孫林殿而射, 前列多死. 趙孟曰 "國無小." 旣戰, 簡子曰 "吾伏弢嘔血, 鼓音不衰, 今日我上也." 大子曰 "吾救主於車, 退敵於下, 我右之上也." 郵良曰 "我兩靷將絶, 吾能止之, 我御之上也." 駕而乘材, 兩靷皆絶. 吳洩庸如蔡納聘, 而稍納師. 師畢入, 衆知之. 蔡侯告大夫, 殺公子駟以說, 哭而遷墓. 冬, 蔡遷于州來.

3년(기원전 492)

3년 봄, 제나라의 국하(國夏)와 위나라의 석만고(石曼姑)가 군사를 이끌고 가 척(戚)을 포위했다. 여름 4월 갑오, 지진이 있었다. 5월 신묘, 환궁(桓宮)과 희궁(僖宮)에 화재가 났다. 계손사·숙손주구가 군사를 이끌고 가 계양(啓陽)에 성을 쌓았다. 송나라의 악곤(樂髡)이 군사를 이끌고 가 조나라를 쳤다. 가을 7월 병자, 계손사가 졸했다. 채나라 사람이 그 대부 공손 엽(獵)을 오나라로 추방했다. 겨울 10월 계묘, 진백이 졸했다. 숙손주구·중손하기가 군사를 이끌고 가 주(邾)나라를 포위했다.

三年春, 齊國夏衛石曼姑帥師, 圍戚. 夏四月甲午, 地震. 五月辛卯, 桓宮僖宮災. 季孫斯叔孫州仇帥師, 城啓陽. 宋樂髡帥師, 伐曹. 秋七月丙子, 季孫斯卒. 蔡人放其大夫公孫獵于吳. 冬十月癸卯, 秦伯卒.

叔孫州仇仲孫何忌帥師, 圍郕.

●3년 봄, 제나라와 위나라가 진나라의 척 땅을 포위한 뒤 중산(中山: 鮮虞로, 전국시대에 중산국으로 발전)에게 원조를 요청했다.

여름 5월 28일, 노나라의 관부 사탁(司鐸)에서 불이 났다. 불길이 노애공의 공궁을 넘어 환궁(桓宮: 노환공의 사당)과 희궁(僖宮: 노희공의 사당)으로 옮겨붙었다. 이때 진화하던 사람들이 말했다.

"부고(府庫)를 잘 살펴라."

마침 공자의 제자 남궁경숙(南宮敬叔)이 도착해 주인(周人: 주왕조에 관한 문건 등을 관장하는 관원)에게 명하여 어서(御書: 군주가 보는 책)를 끌어낸 뒤 공궁 안에서 대기하도록 하면서 말했다.

"그대에게 비(庀: 넘겨줌)하니 만일 조금이라도 손실이 있으면 곧바로 죽게 될 것이다."

이때 대부 자복경백(子服景伯: 子服何)이 도착해 재인(宰人: 주방을 관리하는 『주례』의 宰夫와 유사)에게 명하여 『예서』(禮書: 제사의 순서를 기록한 책)를 끌어내게 한 뒤 다음 명을 기다리도록 했다. 그러고는 소임을 다하지 못할 경우 규정에 의거해 조치하겠다고 엄명을 내렸다.

이어 교인(校人: 말을 총괄하는 관원)에게는 수레에 맬 4필의 말을 준비하게 하고, 건거(巾車: 수레를 총괄하는 관원)에게는 수레의 차축에 기름칠을 하게 했다. 또 백관(百官)에게는 각자 자신의 자리를 지키면서 부고의 경계를 더욱 강화하게 하고, 관인(官人: 관사를 담당하는 관원으로 당시에는 '官'이 '館'의 뜻도 지니고 있었음)에게는 숙급(肅給: 성실히 물자를 공급함)하게 했다.

나아가 유막(帷幕: 휘장) 등에 물을 적셔 건물을 덮고, 욱유(郁攸: 일종의 소화기)를 옆에 놓아두고, 물에 적신 물건을 이용해 공옥(公屋)을 덮었다. 태묘를 시작으로 밖에서 안으로 순차적으로 불을 꺼나가면서 부족한 소화 인력 등을 보충했다. 이와 동시에 명을 집행하지 않는 자가 있으면 곧 규정에 의거해 처벌하면서 전혀 사정을 두지 않았다.

대부 공보문백(公父文伯)이 도착해 교인에게 명하여 승거(乘車: 노애공의 수레를 지칭)에 말을 매도록 했다. 얼마 후 계환자(季桓子: 季孫斯)가 도착해 노애공을 위해 수레를 끌다가 상위(象魏: 노나라 공궁의 궁문)의 바깥쪽에 멈춰섰다. 이어 진화하는 사람들에게 만일 사람이 상하게 되면 즉시 작업을 중지하도록 했다. 이는 재물은 불타 없어지더라도 다시 마련할 수 있기 때문이었다. 계환자는 또 『상위』(象魏: 전래의 법령집)를 잘 보관하도록 명하면서 말했다.

　"구장(舊章: 옛 典章)을 손상하게 해서는 안 된다."

　이때 대부 부보괴(富父槐: 富父終生의 후예)가 도착해 충고했다.

　"아무런 대비도 없이 창졸간에 백관들에게 불을 잡도록 하는 것은 습심(拾瀋: 땅에 흘린 국물을 주워 담음)하는 것과 같소."

　이에 화도(火道: 불이 지나가는 길)에 있는 불에 타기 쉬운 마른 물건들을 모두 치운 뒤 공궁 주위를 도환(道還: 빙 둘러 불이 지나가는 화도를 뚫었다는 뜻으로, '還'은 '環'과 통함)했다. 당시 공자는 진(陳)나라에 있었는데 노나라에 큰 화재가 났다는 말을 듣고 말했다.

　"아마도 환궁과 희궁일 것이다."

　三年春, 齊衛圍戚, 求援于中山. 夏五月辛卯, 司鐸火. 火踰公宮, 桓僖災. 救火者皆曰 "顧府." 南宮敬叔至, 命周人出御書俟於宮, 曰 "庀女而不在, 死." 子服景伯至, 命宰人出禮書以待命. 命不共, 有常刑. 校人乘馬, 巾車脂轄. 百官官備, 府庫愼守, 官人肅給. 濟濡帷幕, 鬱攸從之, 蒙葺公屋. 自大廟始, 外內以悛, 助所不給. 有不用命, 則有常刑, 無赦. 公父文伯至, 命校人駕乘車. 季桓子至, 御公立于象魏之外, 命救火者, 傷人則止, 財可爲也. 命藏「象魏」, 曰 "舊章不可亡也." 富父槐至, 曰 "無備而官辦者, 猶拾瀋也." 於是乎去表之槁, 道還公宮. 孔子在陳, 聞火, 曰 "其桓僖乎."

●주왕실의 경사 유씨(劉氏)와 진나라 대부 범씨 가문이 대대로 혼인관계를 맺어왔다. 게다가 왕실의 대부 장홍(萇弘: 장숙)이 유문공(劉

文公)을 섬긴 까닭에 주왕실은 범씨를 편들었다. 진나라 대부 조앙이 이를 왕실에 추궁했다. 6월 11일, 성주(成周) 사람이 장홍을 죽였다.

가을, 노나라의 계환자가 병이 나 자리에 누웠다. 이에 가신 정상(正常)에게 당부했다.

"나를 따라 죽는 일이 없게 하고, 남유자(南孺子: 계환자의 처)가 낳는 아이가 사내아이면 군주에게 고하여 나의 후계자로 세우고, 계집아이면 비(肥: 계강자)를 후계자로 세우는 것이 가하다."

계환자가 죽자 계강자(季康子: 계손비)가 계손씨 가문의 후계자가 되었다. 계강자가 계환자를 안장하고 조정에 나가 일을 본 지 얼마 안 돼 남유자가 아들을 낳았다. 이에 가신 정상이 그 아이를 수레에 태우고 조정으로 들어가 고했다.

"돌아가신 분이 유언을 했는데 가신인 저에게 명하기를, '남씨(南氏: 남유자)가 아들을 낳으면 군주와 대부들에게 고하여 나의 후계자로 세우도록 하라'고 했습니다. 이제 아기를 낳았는데 아들이기에 감히 고합니다."

정상은 이같이 고한 후 곧바로 위나라로 달아났다. 이에 계강자가 자리를 물러나겠다고 청했다. 그러자 노애공이 대부 공류(共劉)를 보내 아이를 관찰하게 했다. 그러나 이때는 이미 어떤 자가 아이를 죽인 뒤였다. 이에 아이를 죽인 자를 찾아내 처형한 뒤 정상에게 돌아오라고 불렀으나 듣지 않았다.

겨울 10월, 진나라 대부 조앙이 조가(朝歌)를 포위한 뒤 조가의 남쪽에 진을 쳤다. 이때 성 안에 있던 순인(荀寅)은 조가의 외성을 치면서 병사들에게 성의 북문을 통해 진입하도록 명한 뒤 자신은 범사(犯師: 적군을 공격했다는 뜻으로, 여기서는 포위망을 뚫었다는 뜻임)하여 성을 빠져나갔다. 10월 23일, 순인이 한단으로 달아났다.

11월, 진나라 대부 조앙이 대부 사고이(士皋夷: 범고이)를 죽였다. 이는 범씨를 미워한 데 따른 것이었다.

劉氏范氏世爲婚姻, 萇弘事劉文公, 故周與范氏. 趙鞅以爲討. 六月癸卯, 周人殺萇弘. 秋, 季孫有疾, 命正常曰 "無死. 南孺子之子男也, 則以告而立之. 女也, 則肥也可." 季孫卒, 康子卽位. 旣葬, 康子在朝. 南氏生男, 正常載以如朝, 告曰 "夫子有遺言, 命其圉臣曰 '南氏生男, 則以告於君與大夫而立之.' 今生矣, 男也, 敢告." 遂奔衛. 康子請退. 公使共劉視之, 則或殺之矣, 乃討之. 召正常, 正常不反. 冬十月, 晉趙鞅圍朝歌, 師于其南. 荀寅伐其郛, 使其徒自北門入, 己犯師而出. 癸丑, 奔邯鄲. 十一月, 趙鞅殺士皐夷, 惡范氏也.

4년(기원전 491)

4년 봄 주력(周曆) 2월 경술, 도적이 채후 신(申)을 죽였다. 채나라의 공손 진(辰)이 오나라로 망명했다. 진혜공(秦惠公)을 안장했다. 송나라 사람이 소주자를 잡았다. 여름, 채나라에서 그 대부 공손성과 공손곽을 죽였다. 진나라 사람이 융만자(戎蠻子) 적(赤)을 잡아 초나라로 보냈다. 서부(西郛)에 성을 쌓았다. 6월 신축, 박사(亳社)에 화재가 났다. 가을 8월 갑인, 등자 결(結)이 졸했다. 겨울 12월, 채소공(蔡昭公)을 안장했다. 등경공(滕頃公)을 안장했다.

四年春王二月庚戌, 盜殺蔡侯申, 蔡公孫辰出奔吳. 葬秦惠公. 宋人執小邾子. 夏, 蔡殺其大夫公孫姓公孫霍. 晉人執戎蠻子赤, 歸于楚. 城西郛. 六月辛丑, 亳社災. 秋八月甲寅, 滕子結卒. 冬十二月, 葬蔡昭公. 葬滕頃公.

● 4년 봄, 채소공(蔡昭公)이 오나라로 가고자 했다. 이에 여러 대부들이 또다시 나라를 다른 곳으로 옮기게 될까 두려워했다. 이때 채소공을 수종하는 대부 공손편(公孫翩)이 채소공을 뒤쫓아가 활을 쏘았다. 채소공이 부상을 입고 백성의 집으로 도망쳐 들어갔다가 이내 세상을 떠나고 말았다.

당시 공손편은 손에 두 발의 화살을 들고 민가의 문 앞에 버티고 서 있었다. 그러자 사람들이 감히 달려들 생각을 하지 못했다. 이때 대부 문지개(文之鍇)가 뒤늦게 도착해 말했다.

"여러 사람이 담장처럼 서로 횡대를 지어 앞으로 나아가면 기껏해야 두 사람밖에 죽이지 못할 것이오."

그러고는 자신이 활을 손에 쥐고 앞장서서 나아갔다. 공손편이 그에게 활을 쏘았으나 겨우 주(肘: 팔꿈치)만을 맞혔다. 문지개가 이내 공손편을 죽였다. 이로 인해 종실 공손진(公孫辰: '공손'이 성임)이 축출되었고 나머지 종실 공손생(公孫生: 경문의 公孫姓)과 공손우(公孫肝: 경문의 公孫霍)는 피살되었다.

여름, 초나라 사람이 이호(夷虎: 초나라를 배반한 만이족 사람)의 배후를 공략한 뒤 곧 북방(北方: 초나라의 기준에서 볼 때 중원을 지칭하는 말로, 곧 진나라를 의미)으로 진격할 일을 모의했다. 이때 초나라의 좌사마 판(販)과 신공(申公) 수여(壽余), 섭공(葉公) 제량(諸梁)이 채나라 사람들을 부함(負函: 하남성 신양시와 현의 경계)에 모으고, 방성산(方城山) 밖의 사람들을 증관(繒關: 하남성 방성현)에 모은 뒤 말했다.

"오나라가 장차 장강을 거슬러올라와 초나라 도성인 영을 침공하려고 하니 여러분들은 모두 달려가 명을 받드시오."

이에 1석(一昔: 하룻밤을 뜻하는 一夕으로, 당시에는 '昔'이 '夕'의 의미로 쓰였음)을 기한으로 하여 양(梁: 만이들의 거주지역으로, 하남성 임여현 서쪽에 위치)과 곽(霍: 만이들의 거주지역으로, 梁의 서남쪽에 위치) 땅을 습격했다. 이때 초나라 대부 선부여(單浮餘)가 병사들을 이끌고 가 만이족을 포위했다. 결국 만이족이 패하여 궤산하자 만자(蠻子: 만이족 군주) 적(赤)이 진나라의 음지(陰地: 하남성 여씨현 동북쪽)로 달아났다.

이때 초나라의 좌사마 판이 풍읍(豊邑: 하남성 석천현 서남쪽)과 석읍(析邑: 하남성 석천현과 내향현 서북쪽 경계) 사람들을 비롯해 융적(戎狄)을 출동시켜 상락(上雒: 섬서성 상현)으로 육박해 들어갔다. 이에 좌군은 토화산(菟和山: 섬서성 상현 동쪽에 소재), 우군은 창야(倉野: 섬서성 상현 동남쪽)로 진군했다. 이어 좌사마 판은 음지를 지키는 진나라 대부 사멸(士蔑)에게 사람을 보내 위협했다.

"진·초 두 나라는 서로 맹약하기를, '호오동지(好惡同之: 호오를 같이함)한다'고 했소. 만일 진나라에서 이 맹약을 폐기하지 않는다면 이는 바로 과군이 원하는 바이기도 하오. 그러나 만일 이같이 하지 않으면 우리는 장차 소습산(少習山)[7]을 관통한 뒤 다시 진나라의 명을 따를 수밖에 없소."

사멸이 이를 조맹(趙孟: 조앙)에게 보고하면서 지시를 청하자 조맹이 회답했다.

"진나라가 아직 안정되지 않은 상황에서 어찌 초나라와 관계를 나쁘게 만들 수 있겠소? 속히 만자를 넘겨주도록 하시오."

사멸이 곧 음지 안에 있는 9주지융(九州之戎: 진나라의 음지와 육혼 일대의 융인)을 소집한 뒤 거짓으로 땅을 만자에게 나눠주고 그곳에 성을 쌓아주겠다고 약속하면서 거북점까지 치게 했다. 만자가 점괘를 들으려고 오자 사멸은 곧바로 만자와 그의 5대부를 체포한 뒤 삼호(三戶: 하남성 석천현 서남쪽)에서 초나라 군사에게 넘겨주었다. 이때 초나라의 좌사마 판도 거짓으로 만자를 위해 치읍(致邑: 고을을 신설함)하고 입종(立宗: 만족의 宗主를 세움)해주겠다고 속여 궤산한 나머지 융인들을 유인한 뒤 이들 모두를 포로로 잡아갔다.

가을 7월, 제나라 대부 진기(陳乞: 陳僖子)와 현시(弦施: 弦多), 위나라 대부 영궤(寧跪)가 진나라의 범씨를 구원하고자 했다. 7월 14일, 이들이 오록(五鹿)을 포위했다. 9월, 조맹이 한단을 포위했다. 겨울 11월, 한단이 항복하자 순인(荀寅)은 선우(鮮虞)로 달아나고, 조직(趙稷: 趙午의 아들로 범씨·중항씨의 당우)은 임읍(臨邑: 하북성 임성현

---

7) 섬서성 상현 동쪽에 위치한 산으로, 여기를 통하면 진(秦)과 연합해 동쪽으로 음지를 취하고 북쪽으로 황하를 건너 진(晉)의 도성을 곧바로 위협할 수 있다.

서남쪽)으로 달아났다. 12월, 현시가 조직을 영접한 뒤 곧 임읍의 성을 헐었다.

이때 제나라 대부 국하(國夏: 國惠子)가 진나라를 침공해 형(邢: 하북성 형대시)과 임(任: 하북성 임현 동남쪽), 난(欒: 하북성 난성현과 조현의 북쪽 경계), 호(鄗: 하북성 고읍현과 박향현), 역치(逆畤: 하북성 완현 동남쪽), 음인(陰人: 산서성 영석현 서남쪽), 우(盂: 산서성 태원시 동북쪽), 호구(壺口: 산서성 장치현 동남쪽) 등지를 점령했다. 또 선우나라 사람과 만나 순인을 백인읍(柏人邑: 하북성 융요현 서남쪽)으로 들여보냈다.

四年春, 蔡昭侯將如吳, 諸大夫恐其又遷也, 承公孫翩逐而射之, 入於家人而卒. 以兩矢門之, 衆莫敢進. 文之鍇後至, 曰 "如牆而進, 多而殺二人." 鍇執弓而先, 翩射之, 中肘. 鍇遂殺之, 故逐公孫辰, 而殺公孫姓公孫盱. 夏, 楚人旣克夷虎, 乃謀北方. 左司馬眅·申公壽餘·葉公諸梁致蔡於負函, 致方城之外於繒關, 曰 "吳將泝江入郢, 將奔命焉." 爲一昔之期, 襲梁及霍. 單浮餘圍蠻氏, 蠻氏潰. 蠻子赤奔晉陰地. 司馬起豊·析與狄戎, 以臨上雒. 左師軍于菟和, 右師軍于倉野, 使謂陰地之命大夫士蔑曰 "晉楚有盟, 好惡同之. 若將不廢, 寡君之願也. 不然, 將通於少習以聽命." 士蔑請諸趙孟. 趙孟曰 "晉國未寧, 安能惡於楚. 必速與之." 士蔑乃致九州之戎, 將裂田以與蠻子而城之, 且將爲之卜. 蠻子聽卜, 遂執之與其五大夫, 以畀楚師于三戶. 司馬致邑立宗焉, 以誘其遺民, 而盡俘以歸. 秋七月, 齊陳乞·弦施·衛甯跪救范氏. 庚午, 圍五鹿. 九月, 趙鞅圍邯鄲. 冬十一月, 邯鄲降. 荀寅奔鮮虞, 趙稷奔臨. 十二月, 弦施逆之, 遂墮臨. 國夏伐晉, 取邢·任·欒·鄗·逆畤·陰人·盂·壺口. 會鮮虞, 納荀寅于柏人.

5년(기원전 490)

5년 봄, 비(毗)에 성을 쌓았다. 여름, 제후가 송나라를 쳤다. 진나라의 조앙이 군사를 이끌고 가 위나라를 쳤다. 가을 9월 계유, 제후 저구(杵臼)가 졸했다. 겨울, 숙선(叔還)이 제나라로 갔다. 윤달, 제경공(齊景公)을 안장했다.

　　五年春, 城毗. 夏, 齊侯伐宋. 晉趙鞅帥師, 伐衛. 秋九月癸酉, 齊侯杵臼卒. 冬, 叔還如齊. 閏月, 葬齊景公.

●5년 봄, 진나라 군사가 백인(柏人)을 포위하자 순인과 사길석이 제나라로 달아났다. 당초 범씨 가문의 가신 왕생(王生)은 같은 가신 장류삭(張柳朔)을 미워했다. 이에 범소자(范昭子: 사길석)에게 장유삭을 백인의 지방장관으로 보낼 것을 청했다. 그러자 범소자가 왕생에게 물었다.

"그 사람은 그대의 원수가 아니오?"

"사구불급공(私仇不及公: 사적인 원한은 공적인 일에 해를 끼칠 수 없음)입니다. 좋아하면서도 그 잘못을 지나치지 않고, 미워하면서도 그 좋은 점을 버리지 않는 것이 의(義)의 근본입니다. 제가 어찌 감히 그 의를 어기겠습니까."

범소자가 백인을 떠나 제나라로 가려고 하자 장류삭이 자신의 아들을 불러 명했다.

"너는 주인을 따라가 모든 노력을 기울이도록 하라. 나는 장차 이곳을 사수할 것이다. 여기는 왕생이 나의 사절(死節: 절조를 지켜 죽음)을 위해 마련해준 곳이다. 나는 나에 대한 그의 신임을 무너뜨릴 수 없다."

그러고는 드디어 사길석을 위해 진나라 군사를 저지하다가 백인에서 전사했다.

여름, 진나라 대부 조앙이 위나라로 쳐들어갔다. 이는 위나라가 범씨를 도와준 데 따른 것이다. 이때 조앙이 중모(中牟)를 포위했다.

당시 제경공의 부인 연희(燕姬)가 아들을 낳았으나 성년이 되기 전에 죽었다. 이에 제자(諸子: 姬妾) 육사(鬻姒: 『사기』의 芮姬)의 소생인 공자 도(荼: 安孺子)가 총애를 받았다. 여러 대부들은 도가 태자가 될까 두려운 나머지 제경공의 의중을 알아보기 위해 물었다.

"군주가 치장(齒長: 연치가 높음)한데도 아직 태자가 없습니다. 장차 어찌해야 좋겠습니까?"

제경공이 대답했다.

"그대들이 근심을 털어내면 질진(疾疢: 원래는 열병이나, 여기서는 질병)이 생기게 되오. 지금은 잠시 즐겁게 지내는 것이 가한데 어찌하여 태자가 없다고 걱정하는 것이오?"

그러나 얼마 후 병이 들자 제경공은 대부 국혜자(國惠子)와 고소자(高昭子)를 시켜 도를 태자로 세운 뒤 여러 공자들을 내(萊: 산동성 황현 동남쪽) 땅에 안치하게 했다. 가을, 제경공이 세상을 떠났다.

겨울 10월, 제나라의 공자 가(嘉)와 공자 구(駒), 공자 검(黔)이 위나라로 달아나고 공자 서(鉏)와 공자 양생(陽生)은 노나라로 도망쳤다. 이를 두고 내(萊) 땅 사람들이 이같이 노래했다.

"제경공이 죽었는데 매장에도 참석하지 못하고, 3군지사(三軍之事: 3군이 동원되는 전쟁 등을 지칭)가 있어도 회의에 참여하지 못하네. 사호(師乎: 사람들이여), 사호, 하당(何黨: 어느 곳으로, '당'은 마을을 지칭)으로 가야만 할까."

이때 정나라 대부 사진(駟秦)은 부유하기도 했지만 매우 사치했다. 그는 하대부의 신분인데도 늘 경이 타는 수레와 관복을 자신의 집 뜰에 진열해놓았다. 정나라 사람들이 그를 미워한 나머지 마침내 죽여버렸다. 이를 두고 자산의 아들 자사(子思: 國參)가 평했다.

"『시경』「대아·가락(假樂: '假'는 '嘉'와 통함)」에 이르기를, '불해우위(不解于位: 자리에 앉아 일을 게을리하지 않음)·민지유기(民之攸墍: 백성들이 이로써 휴식을 취함)'라고 했다. 자신의 직위를 군건히 지키지 않고도 장구히 보전하는 자는 드물다. 『시경』「상송·은무(殷武)」에 이르기를, '불참불람(不僭不濫: 잘못됨도 지나침도 없음)·불감태황(不敢怠皇: 감히 태만하거나 꾀를 부리지 못함)·명이다복(命以多福: 하늘이 많은 복을 내림)'이라고 했다."

五年春, 晉圍柏人, 荀寅士吉射奔齊. 初, 范氏之臣王生惡張柳朔, 言諸昭子, 使爲柏人. 昭子曰"夫非而讎乎." 對曰"私讎不及公, 好不廢過, 惡不去善, 義之經也. 臣敢違之." 及范氏出, 張柳朔謂其子, "爾從主, 勉之. 我將止死, 王生授我矣, 吾不可以僭之." 遂死於柏人. 夏, 趙鞅伐衛, 范氏之故也, 遂圍中牟. 齊燕姬生子, 不成而死. 諸子鬻姒之子荼嬖. 諸大夫恐其爲大子也, 言於公曰"君之齒長矣, 未有大子, 若之何." 公曰"二三子間於憂虞, 則有疾疢. 亦姑謀樂, 何憂於無君." 公疾, 使國惠子高昭子立荼, 寘群公子於萊. 秋, 齊景公卒. 冬十月, 公子嘉・公子駒・公子黔奔衛, 公子鉏・公子陽生來奔. 萊人歌之曰 "景公死乎, 不與埋, 三軍之事乎, 不與謀, 師乎師乎, 何黨之乎." 鄭駟秦富而侈, 嬖大夫也, 而常陳卿之車服於其庭. 鄭人惡而殺之. 子思曰"『詩』曰'不解于位, 民之攸墍.'不守其位而能久者, 鮮矣.「商頌」曰'不僭不濫, 不敢怠皇, 命以多福.'"

6년(기원전 489)

6년 봄, 주하(邾瑕)에 성을 쌓았다. 진나라의 조앙이 군사를 이끌고 가 선우(鮮虞)를 쳤다. 오나라가 진(陳)나라를 쳤다. 여름, 제나라의 국하(國夏)와 고장(高張)이 망명해 왔다. 숙선이 오나라와 사(柤)에서 만났다. 가을 7월 경인, 초자 진(軫)이 졸했다. 제나라의 양생(陽生)이 제나라로 들어갔다. 제나라의 진기(陳乞)가 군주 도(荼)를 시해했다. 겨울, 중손하기가 군사를 이끌고 가 주(邾)나라를 쳤다. 송나라의 상소(向巢)가 군사를 이끌고 가 조나라를 쳤다.

六年春, 城邾瑕. 晉趙鞅帥師, 伐鮮虞. 吳伐陳. 夏, 齊國夏及高張來奔. 叔還會吳于柤. 秋七月庚寅, 楚子軫卒. 齊陽生入于齊, 齊陳乞弑其君荼. 冬, 仲孫何忌帥師, 伐邾. 宋向巢帥師, 伐曹.

●6년 봄, 진나라가 선우(鮮虞)나라를 쳤다. 이는 범씨의 난을 다스리기 위한 것이었다.

이때 오나라도 진(陳)나라를 쳤다. 이는 구원(舊怨: 노애공 원년에 진나라를 쳤다가 목적을 달성하지 못한 일을 지칭)을 재차 풀기 위한 것이었다. 이때 초소왕이 말했다.

"우리의 선군(先君)이 진나라와 동맹을 맺었으니 진나라를 구원하지 않을 수 없소."[8]

이에 곧 군사를 보내 진나라를 구원하게 했다. 초나라 군사가 성보(城父: 하남성 보풍현 동쪽)에 주둔했다.

이때 제나라 대부 진기(陳乞)는 고장(高張)과 국하(國夏)를 섬기는 모습을 가장해 매번 조정에 들어갈 때마다 반드시 참승(驂乘: 수레의 좌우에 陪乘함)했다. 그는 두 사람을 수종할 때에는 예외 없이 여러 대부들을 무함했다.

"그들은 모두 언건(偃蹇: 驕傲)하여 그대들의 명을 듣지 않으려고 합니다. 그들 모두 말하기를, '고장과 국하는 득군(得君: 두 사람이 태자 도를 옹립해 군주의 총애를 입고 정권을 장악한 것을 지칭)했으니 반드시 우리를 핍박할 것이다'라고 했습니다. 그런데 어찌하여 그들을 제거하지 않는 것입니까. 실로 그들은 장차 그대들을 치려고 꾀할 것이니 미리 대책을 세워두어야 할 것입니다. 대책으로 말하면 그들을 일거에 제거하는 것보다 나은 방법은 없습니다. 수(需: 유예하여 주저함)는 일을 처리하는 계책 중 최하책입니다."

그리고 조정에 와서는 두 사람에게 말했다.

"저들은 호랑(虎狼)과 같은 자들이라 제가 그대들 곁에 있는 것을 보면 곧바로 저를 잡아 죽이려 들 것입니다. 청컨대 제가 대부들의 행렬에 낄 수 있도록 해주십시오."

그러고는 곧 여러 대부들에게 와서는 이같이 말했다.

"고장과 국하 두 사람이 난을 일으키려 하고 있소. 저들은 득군한 것을 믿고 여러분을 제거하려는 것이오. 그들은 말하기를, '나라에 환난

---

[8] 초소왕은 노소공 13년에 초영왕이 진나라와 맹약한 일을 거론한 것이다.

이 많은 것은 귀총(貴寵)이 조성되었기 때문이니 그들을 모두 제거해야만 비로소 군위(君位)가 안정될 수 있다'고 했소. 저들은 이미 계책을 모두 마련해놓고 있는데 어찌하여 저들이 미처 행동하지 않고 있는 틈을 타 선수를 치지 않는 것이오? 저들이 자신들의 계책을 실행에 옮긴 뒤에는 후회한들 아무 소용이 없을 것이오."

대부들이 모두 그의 말을 좇았다. 여름 6월 23일, 진기(陳乞)와 포목(鮑牧: 鮑國의 손자)이 여러 대부들과 함께 무장한 병사들을 이끌고 공궁으로 쳐들어갔다. 소자(昭子: 고장)가 이 소식을 듣고 혜자(惠子: 국하)와 함께 수레를 타고 제후(齊侯) 안유자(安孺子)가 있는 곳으로 달려갔다. 이어 장(莊: 제나라 도성의 거리 이름)에서 대부들과 싸웠으나 패하고 말았다. 국인들이 추격하자 국하는 일단 거나라로 달아났다가 얼마 후 고장과 안어(晏圉: 안영의 아들), 현시(弦施) 등과 함께 노나라로 도망쳤다.

六年春, 晉伐鮮虞, 致范氏之亂也. 吳伐陳, 復修舊怨也. 楚子曰 "吾先君與陳有盟, 不可以不救." 乃救陳, 師于城父. 齊陳乞僞事高國者, 每朝必驂乘焉. 所從必言諸大夫, 曰 "彼皆偃蹇. 將棄子之命. 皆曰 '高國得君, 必偪我, 盍去諸'. 固將謀子, 子早圖之. 圖之, 莫如盡滅之. 需, 事之下也." 及朝, 則曰 "彼虎狼也, 見我在子之側, 殺我無日矣. 請就之位." 又謂諸大夫曰 "二子者禍矣. 恃得君而欲謀二三子, 曰 '國之多難, 貴寵之由, 盡去之而後君定'. 旣成謀矣, 盍及其未作也, 先諸. 作而後悔, 亦無及也." 大夫從之. 夏六月戊辰, 陳乞·鮑牧及諸大夫, 以甲入于公宮. 昭子聞之, 與惠子乘如公, 戰于莊, 敗. 國人追之, 國夏奔莒, 遂及高張·晏圉·弦施來奔.

● 가을 7월, 초소왕이 성보(城父)에 머물며 진(陳)나라를 구원하고자 했다. 이때 교전에 대해 점을 치자 불길하다는 점괘가 나왔다. 다시 철군에 대해 점을 치자 역시 불길하다는 점괘가 나왔다. 그러자 초소왕이 말했다.

"그렇다면 결국 죽을 수밖에 없다는 것이다. 우리 초나라 군사가 재패(再敗 : 노정공 4년에 백거의 전투에서 이미 오나라에게 한 차례 패한 적이 있음)하게 되면 차라리 죽느니만 못하다. 그렇다고 맹약을 버리고 원수를 피하는 것 또한 죽느니만 못하다. 어차피 죽기는 마찬가지이니 원수와 싸우다 죽는 것이 낫다."

그러고는 곧 공자 신(申 : 子西)에게 사왕(嗣王)이 될 것을 명했다. 그러나 공자 신이 이를 사양했다. 초소왕이 또 종실인 공자 결(結 : 子期)에게 사왕이 될 것을 명했으나 그 또한 이를 거절했다. 초소왕이 다시 공자 계(啓 : 子閭)에게 사왕이 될 것을 명했다. 결국 공자 계는 다섯 번을 사양하다가 마지못해 이를 승낙했다.

초나라 군사가 막 적과 싸우려고 할 때 초소왕이 문득 득병했다. 7월 16일, 초소왕이 오나라 군사 집결지인 대명(大冥 : 하남성 항성현 경계)으로 진공하던 중 성보(城父)에서 세상을 떠났다. 자려(子閭 : 공자 계)가 철군을 명하면서 말했다.

"군주가 자신의 아들을 제쳐놓고 군신들에게 보위를 잇게 했소. 그러나 신하인 우리가 어찌 감히 군주의 은덕을 잊을 수 있겠소. 군명을 따르는 것은 순리이고, 군주의 아들을 후계자로 세우는 것 또한 순리요. 이 두 가지 순리 중 어느 것 하나도 잃어서는 안 되오."

이에 곧 자서(子西 : 공자 신) 및 자기(子期 : 공자 결)와 이 문제를 상의했다. 결국 잠사(潛師 : 군사를 몰래 이동함)하여 폐도(閉塗 : 길을 봉쇄한다는 뜻으로, '塗'는 '途'와 통함)한 뒤 월녀(越女 : 구천의 딸로 초소왕의 첩) 소생 왕자 장(章 : 楚惠王)을 옹립하기로 하고 철군했다.

당초 이에 앞서 초나라에서는 한 떼의 적오(赤烏 : 붉은색의 까마귀)가 태양을 끼고 비상하는 듯한 모양을 한 구름이 사흘 동안 계속 하늘에 떠 있는 현상이 나타났다. 초소왕이 사람을 주왕실로 보내 태사(大史)에게 이를 문의했다. 그러자 태사가 대답했다.

"화가 장차 군주의 신상에 미칠 것이오. 만일 영(禜 : 재앙이 물러가기를 비는 푸닥거리)을 하면 그 화를 영윤이나 사마에게 옮길 수 있을 것이오.”

이 말을 전해 들은 초소왕이 말했다.

“복심지질(腹心之疾)을 없앤다고 하여 그 병을 고굉(股肱)으로 옮겨 놓은들 무슨 도움이 되겠는가. 나에게 큰 허물이 없다면 하늘이 나를 요절하게 하겠는가. 죄가 있으면 내가 응당 벌을 받아야지 그 화를 누구에게 옮긴단 말인가.”

이에 끝내 푸닥거리를 하지 않았다. 원래 초소왕이 득병했을 때 복인(卜人)이 이같이 말한 적이 있었다.

“하신(河神: 황하의 신)이 작수(作祟: '빌미를 만들었다'는 뜻으로 재앙이나 병의 원인이 되었음을 의미)했습니다.”

그러나 초소왕은 하신에게 제사지내지 않았다. 당시 대부들이 교외로 나가 하신에게 제사지낼 것을 청했으나 초소왕은 거절했다.

“3대(三代: 하·은·주)의 명사(命祀: 제사의 범위에 관한 규정)에 따르면 제후들의 제사는 자신들의 영토 내에서 지내는 망(望: 산천에 대한 제사)을 넘을 수 없게 되어 있소. 강(江: 장강)·한(漢: 한수)·수(雎: 수수)·장(漳: 장수)은 우리 초나라의 대천이오. 화복의 도래는 모두 이 강들로부터 오는 것임에 틀림없소. 내가 비록 덕행이 없다고는 하나 하신에게 득죄한 일이 없소.”

결국 하신에게 제사를 지내지 않았다. 이를 두고 공자가 이같이 평했다.

“초소왕은 대도를 알고 있었다. 그가 나라를 잃지 않은 것은 당연한 일이다. 『서경』「하서」(夏書: 다음 내용은 실전됨)에 이르기를, '저 도당(陶唐: 요임금)이 수피천상(帥彼天常: 천도의 강상을 좇았음)했네. 줄곧 기방(冀方: 원래는 기주 지역을 뜻하나, 여기서는 중원을 의미)을 다스렸지만 오늘 그 상도(常道)를 잃었네. 기강이 어지러워지자 이내 멸망했네'라고 했다. 또 말하기를 '윤출자재자(允出茲在茲: 진실로 일을 추진하고자 할 때 마음이 그 일에 있음)하니, 스스로 솔상(率常: 天常을 좇음)하면 그것으로 가한 것이라네'라고 했다.[9]”

秋七月, 楚子在城父, 將救陳. 卜戰不吉, 卜退不吉. 王曰 "然則死也. 再敗楚師, 不如死. 棄盟逃讎, 亦不如死. 死一也, 其死讎乎." 命公子申爲王, 不可. 則命公子結, 亦不可. 則命公子啓, 五辭而後許. 將戰, 王有疾. 庚寅, 昭王攻大冥, 卒于城父. 子閭退曰 "君王舍其子而讓群臣, 敢忘君乎. 從君之命, 順也. 立君之子, 亦順也. 二順不可失也." 與子西子期謀, 潛師閉塗, 逆越女之子章, 立之而後還. 是歲也, 有雲如衆赤鳥, 夾日以飛三日. 楚子使問諸周大史. 周大史曰 "其當王身乎. 若榮之, 可移於令尹司馬." 王曰 "除腹心之疾, 而寘諸股肱, 何益. 不穀不有大過, 天其夭諸. 有罪受罰, 又焉移之." 遂弗榮. 初, 昭王有疾. 卜曰 "河爲祟." 王弗祭. 大夫請祭諸郊. 王曰 "三代命祀, 祭不越望. 江漢雎章, 楚之望也. 禍福之至, 不是過也. 不穀雖不德, 河非所獲罪也." 遂弗祭. 孔子曰 "楚昭王知大道矣. 其不失國也, 宜哉. 「夏書」曰 '惟彼陶唐, 帥彼天常. 有此冀方, 今失其行. 亂其紀綱, 乃滅而亡.' 又曰 '允出茲在茲, 由己率常可矣.'"

●8월. 제나라 대부 병의자(邴意玆)가 노나라로 도망쳤다.

이때 제나라 대부 진희자(陳僖子: 진기)가 사람을 노나라로 보내 망명 중인 공자 양생(陽生: 제경공의 아들 齊悼公)을 불렀다. 그러자 양생이 수레를 몰고 함께 망명 중인 공자 남곽저우(南郭且于: 공자 鉏)를 찾아가 말했다.

"내가 일찍이 계강자(季康子)에게 말을 선물했는데 그 말이 상승(上乘: 상등품의 말)에 들지 못했소. 그래서 다시 몇 필의 말을 선물하려고 하는데 청컨대 그대와 함께 수레를 타고 이 말들을 시험할 수 있게 해 주시오."

이에 함께 수레를 타고 내문(萊門: 노나라의 郭門) 밖으로 나간 뒤 비로소 제나라에서 자신을 부르고 있다는 사실을 말해주었다. 이때 양

---

9) 이 구절은 현전하는 『서경』 「하서·오자지가(五子之歌)」에 나오나 다만 '수피천상'(帥彼天常)과 '윤출자재자'(允出茲在茲) 등의 구절이 없다.

생의 가신 감지(闞止: 子我)가 이 내막을 알고 먼저 성문 밖으로 나가 이들을 기다렸다. 그러자 양생이 감지를 보고 말했다.

"일이 어찌 될지 아직 알 수 없으니 그대는 먼저 귀국해 임(壬: 양생의 아들로 곧 齊簡公)과 함께 있도록 하시오."

양생은 감지에게 이같이 당부한 뒤 곧바로 제나라를 향해 떠났다. 양생이 사람들의 눈을 피해 밤에 제나라 도성에 당도하자 국인들이 이내 그가 도착한 사실을 알았다. 그러나 국인들은 진희자를 신망했던 탓에 이를 발설하지 않았다. 이때 진희자는 자사지모(子士之母: 진희자의 첩으로 子士의 모친. 당시 진희자는 양생을 자신의 집에 숨겨주려 했음)를 시켜 양생을 돌보게 한 뒤 곧 양생을 궤자(饋者: 음식을 공급하는 사람)와 함께 공궁으로 들여보냈다.

겨울 10월 24일, 제나라 공자 양생이 보위에 올랐다. 양생이 대부들과 맹서하려고 할 즈음 대부 포자(鮑子: 鮑牧)가 술에 취한 채 맹서하기 위해 조정으로 갔다. 이때 차거(差車: 수레를 관장하는 관원) 포점(鮑點: 포자의 가신)이 진희자에게 물었다.

"맹서는 누구의 명으로 하는 것입니까?"

진희자가 대답했다.

"포자의 명을 받았소."

그러고는 곧 포자를 속여 말했다.

"이 맹서는 그대의 명을 좇아 하는 것이오."

포자가 힐난했다.

"그대는 지난날 제경공이 유자(孺子: 어린아이) 도(荼)를 위해 소 흉내를 냈을 때 도가 바닥에 떨어져 이를 부러뜨린 사실을 잊었소? 그대는 지금 선군을 배신하고 있는 것이오."

이에 제도공이 계수(稽首)하며 말했다.

"그대는 도의를 좇아 일을 행하는 사람이오. 만일 내가 군주가 되어도 좋다면 일대부(一大夫: 포자를 지칭)를 제거할 필요가 없고, 그렇지 않다면 일공자(一公子: 제도공 자신을 지칭)를 제거할 필요가 없게 되오. 도의에 맞으면 자리로 나아갈 것이고 그렇지 않으면 물러날 것이니 어찌 감히 그대의 말을 좇지 않겠소. 폐립이 있을지라도 이로 인해 난이 일어나지 않아야 하니 이것이 나의 바람이기도 하오."

포자가 말했다.

"어느 분인들 선군의 자제가 아니겠습니까."

그러고는 맹서에 참여했다. 제도공은 보위에 오른 뒤 곧 제경공의 소실인 호희(胡姬)를 시켜 안유자(安孺子: 공자 도)를 데리고 뇌(賴: 산동성 장구현 서북쪽) 땅으로 가게 했다. 이어 공자 도의 생모 육사(鬻姒)를 다른 곳에 안치한 뒤 제경공의 총신인 왕갑(王甲)을 죽이고, 강열(江說)을 구속하고, 왕표(王豹)를 구두지구(句竇之丘: 산동성 하택현 북쪽)에 수금했다. 제도공은 이같이 조치한 뒤 곧 대부 주모(朱毛)를 진희자에게 보내 고했다.

"그대가 없었더라면 나는 이 자리에 있지 못했을 것이오. 그러나 군주는 기물과 달라 둘이 있을 수 없소. 기물은 같은 것이 두 개 있으면 쓰는 데 부족함이 없으나 군주는 두 사람이 있으면 화난이 많이 일어나게 되오. 이에 삼가 감히 대부에게 이를 말해두는 것이오."

그러자 진희자가 대답을 하지 못한 채 울면서 말했다.

"군주는 군신들을 모두 믿지 못하는 것입니까. 우리 제나라는 곤경에 처해 있으니 곤우유우(困又有憂: 안으로 饑荒의 곤핍이 있고 밖으로 兵革의 우려가 있음)가 그것입니다. 이같은 상황에서 어린 군주로는 국가대사의 재결을 청할 수 없었습니다. 이에 나이 든 군주를 구한 것이니 군신들을 거의 용납할 수 있지 않겠습니까. 그렇지 않다 할지라도 저 유자(孺子)야 무슨 죄가 있겠습니까."

주모가 이를 제도공에게 그대로 복명하자 제도공이 크게 후회했다. 이에 주모가 제도공에게 간했다.

"군주는 장차 국가대사에 관해서는 진희자의 의견을 구하고, 작은 일은 뜻하는 바대로 행하는 것이 옳을 것입니다."

그러자 제도공이 주모를 시켜 유자 도를 태(駘: 산동성 동림구현 경계) 땅으로 옮기게 했다. 그러나 주모는 태 땅에 이르기도 전에 야막(野幕: 야외에 친 장막) 안에서 도를 죽인 뒤 수모순(受冒淳: 태 땅 부근)에 매장했다.

八月, 齊邴意茲來奔. 陳僖子使召公子陽生. 陽生駕而見南郭且于, 曰 "嘗獻馬於季孫, 不入於上乘, 故又獻此, 請與子乘之." 出萊門而告之故. 闞止知之, 先待諸外. 公子曰 "事未可知, 反與壬也處." 戒之, 遂行. 逮夜至於齊, 國人知之. 僖子使子士之母養之, 與饋者皆入. 冬十月丁卯, 立之. 將盟, 鮑子醉而往. 其臣差車鮑點曰 "此誰之命也." 陳子曰 "受命于鮑子." 遂誣鮑子曰 "子之命也." 鮑子曰 "女忘君之爲孺子牛而折其齒乎. 而背之也." 悼公稽首曰 "吾子奉義而行者也, 若我可, 不必亡一大夫. 若我不可, 不必亡一公子. 義則進, 否則退, 敢不唯子是從. 廢興無以亂, 則所願也." 鮑子曰 "誰非君之子." 乃受盟. 使胡姬以安孺子如賴, 去鬻姒, 殺王甲, 拘江說, 囚王豹于句竇之丘. 公使朱毛告於陳子曰 "微子則不及此. 然君異於器, 不可以二. 器二不匱, 君二多難. 敢布諸大夫." 僖子不對而泣曰 "君擧不信群臣乎. 以齊國之困, 困又有憂. 少君不可以訪, 是以求長君, 庶亦能容群臣乎. 不然, 夫孺子何罪." 毛復命, 公悔之. 毛曰 "君大訪於陳子, 而圖其小可也." 使毛遷孺子於駘, 不至, 殺諸野幕之下, 葬諸受冒淳.

7년(기원전 488)

7년 봄, 송나라의 황원(皇瑗)이 군사를 이끌고 가 정나라를 침공했다. 진나라의 위만다(魏曼多)가 군사를 이끌고 가 위나라를 침공했다. 여름, 공이 오나라와 증(鄫)에서 만났다. 가을 공이 주(邾)나라를 쳤다. 8월 기유, 주나라에 들어가 주자 익(益)을 데리고 돌아왔다. 송나라 사람이 조나라를 포위했다. 겨울, 정나라의 사홍(駟弘)이 군사를 이끌고 가 조나라를 구했다.

七年春, 宋皇瑗帥師, 侵鄭. 晉魏曼多帥師, 侵衛. 夏, 公會吳于鄫.

秋, 公伐邾, 八月己酉, 入邾, 以邾子益來. 宋人圍曹. 冬, 鄭駟弘帥師救曹.

●7년 봄, 송나라 군사가 정나라를 쳤다. 이는 정나라가 노정공 8년부터 진나라를 배반한 데 따른 것이다. 진나라 군사가 위나라를 쳤다. 이는 위나라가 노애공 5년에 일어난 진나라의 침공 이래 줄곧 복종하지 않은 데 따른 것이다.

여름, 노애공이 오나라 사람과 증(鄫: 산동성 조장시 동쪽) 땅에서 만났다. 이때 오나라 사람이 와서 노나라에게 백뢰(百牢: 소와 양, 돼지를 각각 1백 마리씩 사용한 향례)를 요구했다. 이에 노나라 대부 자복경백(子服景伯)이 대답했다.

"선왕조차 그같은 향례를 받은 적이 없습니다."

오나라 사람이 말했다.

"송나라는 우리에게 백뢰를 베풀었소. 노나라가 송나라에 뒤질 수는 없는 일이오. 하물며 노나라는 진나라 대부에게도 십뢰(十牢) 이상을 베푼 적이 있소. 그러니 오왕에게 백뢰를 베푸는 것은 당연한 일이 아니겠소?"

이에 자복경백이 반박했다.

"진나라 대부 범앙(范鞅: 사앙)은 탐람하여 예의를 무시하고 대국의 위세를 이용해 폐읍을 위협했습니다. 그래서 우리가 11뢰로 대접했던 것입니다. 만일 귀국 군주가 예의로써 제후들에게 명을 발한다면 정해진 수량에 따른 향례가 있을 것이고, 만일 예의를 버린다면 또다시 도에 지나친 향례가 될 것입니다. 주왕조는 천하를 통일한 뒤 예의를 정했습니다. 이에 따르면 천자가 받는 상등의 향례도 12뢰를 넘지 않습니다. 이는 12가 하늘의 대수(大數)인 데 따른 것입니다. 그러나 지금 주례를 버리고 반드시 백뢰의 향례를 받고자 한다면 오직 귀국 집사의 지시에 따를 뿐입니다."

그러나 오나라 사람이 자복경백의 건의를 받아들이지 않았다. 이에 자복경백이 말했다.

"오나라는 장차 망하고 말 것이다. 천도를 버리고 예의 근본에 배치되고 있기 때문이다. 그들의 요구를 들어주지 않으면 반드시 그들은 우리에게 해를 끼칠 것이다."

이에 노나라는 오나라의 요구대로 백뢰를 베풀어주었다.

당시 마침 오나라 태재 백비가 노나라의 계강자를 초대했다. 그러자 계강자가 공자의 제자 자공(子貢: 단목사)을 보내 이를 사양했다. 이에 백비가 힐난했다.

"두 나라 군주가 도장(道長)10)했는데 대부는 오히려 문 밖으로 나오지 않고 있으니 이는 무슨 예인가?"

자공이 대답했다.

"어찌 감히 이를 예라고 할 수 있겠습니까. 오직 대국을 두려워했기 때문입니다. 지금 대국이 예로써 제후들에게 명하지 않고 있습니다. 만일 예로써 행하지 않는다면 그 결과를 가히 헤아릴 수 있겠습니까. 과군이 이미 공명(共命: 恭命으로, 명을 공손히 받든다는 뜻임)하고 있는데 그 중신이 어찌 감히 그의 나라를 버릴 수 있겠습니까. 옛날에 태백(大伯)11)은 단위(端委: 주나라 건국 이전의 예복인 玄端之衣와 委貌之冠을 의미)를 입고 주례(周禮)를 행했습니다. 그러나 동생 중옹(仲雍)은 후계자가 되어 단발문신(斷髮文身: 머리카락을 자르고 문신을 함)하고 나식(臝飾: 벌거벗은 몸에 장식을 걸친다는 뜻으로, '臝'는 '裸'와 같음)을 했습니다. 이것을 어찌 예라고 할 수 있겠습니까. 그러나 모두 이유가 있어 그같이 했을 것입니다."

계강자는 증 땅에서 돌아온 뒤 오나라가 장차 패업을 이루지 못할 것

---

10) 먼 길을 건너왔다는 뜻으로, 당시 오왕은 증 땅까지 약 1천 리, 노애공은 약 4백여 리를 온 셈이다.
11) '태백'은 주태왕 고공단보의 장자로 태왕이 막내 계력(季力)을 후계자로 삼고 싶어하자 동생 중옹(仲雍)과 함께 강남으로 달아나 오나라의 시조가 되었다.

을 알았다.

　七年春, 宋師侵鄭, 鄭叛晉故也. 晉師侵衛, 衛不服也. 夏, 公會吳于鄫. 吳來徵百牢, 子服景伯對曰 "先王未之有也." 吳人曰 "宋百牢我, 魯不可以後宋. 且魯牢晉大夫過十, 吳王百牢, 不亦可乎." 景伯曰 "晉范鞅貪而棄禮, 以大國懼敝邑, 故敝邑十一牢之. 君若以禮命於諸侯, 則有數矣. 若亦棄禮, 則有淫者矣. 周之王也, 制禮, 上物不過十二, 以爲天之大數也. 今棄周禮, 而曰必百牢, 亦唯執事." 吳人弗聽. 景伯曰 "吳將亡矣, 棄天而背本. 不與, 必棄疾於我." 乃與之. 大宰嚭召季康子, 康子使子貢辭. 大宰嚭曰 "國君道長, 而大夫不出門, 此何禮也." 對曰 "豈以爲禮, 畏大國也. 大國不以禮命於諸侯, 苟不以禮, 豈可量也. 寡君旣共命焉, 其老豈敢棄其國. 大伯端委以治周禮, 仲雍嗣之, 斷髮文身, 嬴以爲飾, 豈禮也哉. 有由然也." 反自鄫, 以吳爲無能爲也.

● 노나라의 계강자가 주(邾)나라를 치고자 했다. 이에 연회를 마련한 뒤 대부들을 초청하여 이를 상의했다. 이에 자복경백(子服景伯: 자복하)이 나서 말했다.

"소국이 사대(事大: 대국을 섬김)하는 것은 신(信)이고, 대국이 보소(保小: 소국을 보호함)하는 것은 인(仁)이오. 소국이 배대(背大: 대국을 배신함)하는 것은 불신(不信)이고, 대국이 벌소(伐小: 소국을 침공함)하는 것은 불인(不仁)이오. 백성은 성읍(城邑)에 의지해 보호받고 성읍은 덕행에 의지해 보호받소. 그러니 2덕(二德: 信・仁)을 잃는 것은 매우 위험한 일이오. 장차 이를 어찌 지키려는 것이오?"

이에 맹손씨(孟孫氏: 맹의자)가 나서 물었다.

"나머지 분들은 어찌 생각하시오? 오현역지(惡賢逆之: 어느 견해든 옳으면 곧바로 이를 받아들이겠다는 뜻으로, '惡'은 '何', '逆'은 '納'과 통함)하겠소?"

그러자 한 대부가 나서 대답했다.

"우왕이 도산(塗山: 當塗山으로, 안휘성 회원현에 위치)에서 제후들과 회합할 때 옥백(玉帛: 귀부할 때 들고 오는 예물)을 들고 모인 나라가 1만 개국이나 되었소. 지금의 제후국은 겨우 수십 개국에 불과하오. 이는 대국이 자소(字小: 소국을 돌봄)하지 않고, 소국은 사대하지 않았기 때문이오. 틀림없이 위험하다는 것을 알면서도 왜 말하지 않는 것이오? 우리 노나라의 덕행은 주나라와 비교해 하나도 나을 것이 없는데 군사를 이끌고 가 치려는 것이 과연 가한 일이오?"

이에 모두들 즐겁지 못한 표정으로 흩어졌다.

가을, 노나라가 주나라를 쳤다. 노나라 군사가 주나라의 범문(范門: 邾의 郭門)까지 이르렀는데도 오히려 주나라 도성에서는 음악을 연주하는 종소리가 들려왔다. 뒤늦게 노나라의 침공 사실을 안 주나라 대부들이 주은공(邾隱公: 邾莊公의 아들 益)에게 즉시 영격에 나설 것을 간했으나 주은공은 이를 좇지 않았다. 이때 대부 모성자(茅成子: 茅夷鴻)가 나서 이를 오나라에 알릴 것을 청했다. 그러나 주은공은 허락지 않으면서 말했다.

"노나라에서 격탁(擊柝: 야경을 돌며 딱딱이를 치는 것을 의미)하면 우리 주나라까지 들리지만 오나라는 우리 나라에서 2천 리나 떨어져 있으니 석 달이 지나지 않으면 도착할 수 없소. 그러니 어찌 우리를 돌아볼 수 있겠소? 게다가 우리의 역량이 어찌 노나라 군사조차 막지 못하는 수준일 수 있겠소?"

모성자가 영지인 모(茅: 산동성 금향현 서북쪽) 땅 사람들과 함께 반기를 들었다. 이에 노나라 군사가 바로 주나라 도성으로 쳐들어가 공궁을 점거했다. 이때 노나라의 군사들은 백주에 도처에서 약탈을 자행했다. 그러자 주나라 사람들이 역산(繹山: 산동성 추현 동남쪽)에 집결해 보루를 설치한 뒤 저항했다. 이때 노나라 군사가 밤에 역산을 기습해 주자(邾子) 익(益: 주은공)을 포로로 잡았다. 회군한 뒤에는 주자를 박사(毫社: 은나라 유민들의 토지신을 모신 殷社)에 바쳐 승첩을 고하고 이내 부하(負瑕: 산동성 연주현 서쪽)에 수금했다. 이로 인해 부하에는 지금도 당시 역산에서 끌려왔던 사람들이 남아 있다.

당시 주나라 대부 모이홍(茅夷鴻: 모성자)은 속백(束帛: 5필의 비단 한 묶음)과 승위(乘韋: 4장의 잘 다룬 소가죽 한 묶음)를 싸들고 오나라로 가 구원을 청하면서 말했다.

"노나라는 내심 진(晉)나라는 쇠약하고 오나라는 멀리 떨어져 있다고 생각하여, 군사가 많은 것만 믿고 군주와 맺은 맹약을 어긴 채 군주의 집사를 업신여겨 마침내 우리와 같은 소국을 능멸하고 있습니다. 제가 감히 우리의 이익만 생각해 이같이 말하는 것은 아닙니다. 우리는 군주의 위신(威信)이 제대로 서지 못할까 두려워할 뿐입니다. 군주의 위신이 제대로 서지 못하면 이는 소국의 우환이 될 수밖에 없습니다. 만일 여름에 증연(鄫衍: 鄫)에서 맺어진 맹약이 가을에 폐기되고, 노나라가 원하는 바를 얻게 되었는데도 이를 저지할 길이 없다면, 사방의 제후들이 어찌 군주를 섬길 수 있겠습니까. 게다가 노나라가 보유한 전차 8백 승은 군지이(君之貳: 군주와 필적한다는 뜻임)이나 주나라가 보유한 전차 6백 승은 군지사(君之私: 군주에게 속한 사유물)입니다. 자칫 이사봉이(以私奉貳)[12]가 될 수 있으니 청컨대 군주는 이를 깊이 헤아리기 바랍니다."

오왕 부차가 모이홍의 건의를 좇아 이듬해에 노나라를 쳤다.

季康子欲伐邾, 乃饗大夫以謀之. 子服景伯曰 "小所以事大, 信也. 大所以保小, 仁也. 背大國, 不信. 伐小國, 不仁. 民保於城, 城保於德. 失二德者, 危, 將焉保." 孟孫曰 "二三子以爲何如. 惡賢而逆之." 對曰 "禹合諸侯於塗山, 執玉帛者萬國. 今其存者, 無數十焉. 唯大不字小, 小不事大也. 知必危, 何故不言. 魯德如邾, 而以衆加之, 可乎." 不樂而出. 秋, 伐邾, 及范門, 猶聞鐘聲. 大夫諫, 不聽. 茅成子請告於吳, 不許, 曰 "魯擊柝聞於邾, 吳二千里, 不三月不至, 何及於我. 且國內豈不足." 成子以茅叛. 師遂入邾, 處其公宮, 衆師晝掠. 邾衆保于繹. 師宵掠, 以邾子益來,

---

12) 사유물을 적에게 헌납한다는 뜻으로, 노나라의 침공을 방치할 경우 주나라의 군사력은 모두 노나라의 차지가 된다는 뜻이다.

獻于亳社, 囚諸負瑕, 負瑕故有繹. 邾茅夷鴻以束帛乘韋, 自請救於吳, 曰 "魯弱晉而遠吳, 馮恃其衆, 而背君之盟, 辟君之執事, 以陵我小國. 邾非 敢自愛也, 懼君威之不立. 君威之不立, 小國之憂也. 若夏盟於鄫衍, 秋而 背之, 成求而不違, 四方諸侯, 其何以事君. 且魯賦八百乘, 君之貳也. 邾 賦六百乘, 君之私也. 以私奉貳, 唯君圖之." 吳子從之.

●송나라 사람이 조나라를 포위했다. 그러자 정나라 대부 환자사(桓子思: 國參으로, '환'은 시호, '자사'는 자)가 건의했다.

"만일 송나라 사람이 조나라를 차지하게 되면 이는 정나라의 우환이 될 수밖에 없습니다. 그러니 조나라를 구하지 않을 수 없습니다."

겨울, 정나라 군사가 조나라를 구하기 위해 송나라를 침공했다. 당초 조나라 사람이 어느 날 꿈을 꾸었는데 꿈속에서 많은 군자들이 사궁(社宮: 조나라 종묘의 담장으로, '宮'은 '墻'을 뜻함)에 모여 조나라 정벌 문제를 모의했다. 이때 조나라의 개국조인 조숙(曹叔) 진탁(振鐸: 주무왕의 동생)이 나타나 군자들에게 공손강(公孫彊: 꿈속의 인물)이 나올 때까지 기다릴 것을 청했다. 군자들이 이를 받아들였다.

이에 꿈을 꾼 사람이 다음날 아침 곧바로 조숙 진탁이 말한 공손강이라는 사람을 찾아나섰으나 조나라에는 그런 사람이 없었다. 이에 그는 아들에게 이같이 경계했다.

"내가 죽은 뒤 공손강이라는 사람이 집정한다는 소식을 듣게 되면 너는 반드시 곧바로 조나라를 빠져나가도록 하라."

노정공 9년에 조백(曹伯) 양(陽: 曹靖公의 아들)이 즉위하게 되었는데 그는 전익(田弋: 새사냥으로, '弋'은 새를 잡을 때 사용하는 줄을 매단 화살을 의미)을 매우 좋아했다. 이때 조나라의 비인(鄙人: 신분이 낮은 小吏) 공손강 또한 전익을 매우 좋아했다. 하루는 공손강이 백안(白鴈: 흰 기러기) 한 마리를 잡아 조백에게 바치면서 전익지세(田弋之說: 새사냥에 대한 기예로, '說'은 '藝'와 통함)를 이야기하자 조백이 그를 매우 좋아하게 되었다. 이에 그에게 정사를 문의하고는 크게 기뻐하며 그를 더욱 총애하게 되었다. 드디어 조백이 그를 사성(司城)으로 삼아 정사를 주관하게 했다.

몽자(夢者: 꿈을 꾼 사람)의 아들이 이 소식을 듣자 곧바로 조나라를 떠났다. 이때 공손강이 조백에게 패자가 되는 방법을 강술(講述)하자 조백이 그의 말을 좇아 곧바로 배진간송(背晉奸宋: 진나라를 배반하고 송나라를 침공했다는 뜻으로, '奸'은 '干'과 통함)했다. 이에 송나라가 곧바로 조나라를 치게 된 것이다. 이때 진나라는 조나라를 구원하지 않았다. 당시 공손강은 조나라 도성의 교외에 5개의 성읍을 쌓았다. 서구(黍丘)와 읍구(揖丘), 태성(大城), 종(鍾), 우(邗) 등이 바로 그것이다.

宋人圍曹, 鄭桓子思曰 "宋人有曹, 鄭之患也, 不可以不救." 冬, 鄭師救曹, 侵宋. 初, 曹人或夢衆君子立于社宮, 而謀亡曹, 曹叔振鐸請待公孫彊, 許之. 旦而求之曹, 無之. 戒其子曰 "我死, 爾聞公孫彊爲政, 必去之." 及曹伯陽卽位, 好田弋. 曹鄙人公孫彊好弋, 獲白鴈, 獻之, 且言田弋之說, 說之. 因訪政事, 大說之. 有寵, 使爲司城以聽政. 夢者之子乃行. 彊言霸說於曹伯, 曹伯從之, 乃背晉而奸宋. 宋人伐之, 晉人不救, 築五邑於其郊, 曰黍丘·揖丘·大城·鍾·邗.

8년(기원전 487)

8년 봄 주력(周曆) 정월, 송공이 조나라로 들어가 조백 양(陽)을 데리고 돌아갔다. 오나라가 우리 나라를 쳤다. 여름, 제나라 사람이 환(讙)과 천(闡)을 취했다. 주자 익(益)을 주(邾)로 돌려보냈다. 가을 7월. 겨울 12월 계해, 기백 과(過)가 졸했다. 제나라 사람이 환과 천을 돌려주었다.

八年春王正月, 宋公入曹, 以曹伯陽歸. 吳伐我. 夏, 齊人取讙及闡. 歸邾子益于邾. 秋七月. 冬十二月癸亥, 杞伯過卒. 齊人歸讙及闡.

●8년 봄, 송경공이 조나라를 치고 회군할 때 대부 저사자비(褚師子

肥)가 전군(殿軍: 후군)이 되었다. 이때 조나라 사람이 그에게 욕설을 퍼부었다. 저사자비가 멈춰선 채 가지 않자 송나라의 전 군사가 같이 멈춰서서 그를 기다렸다. 송경공이 이 이야기를 전해 듣고 대로한 나머지 곧바로 방향을 돌려 마침내 조나라를 멸망시켰다. 이어 조백 양(陽)과 사성 공손강을 포로로 잡아 회군한 뒤 이내 죽여버렸다.

이때 오나라는 주나라의 일로 인해 노나라를 치고자 했다. 오왕 부차가 마침 망명 중인 노나라 대부 숙손첩(叔孫輒: 子張)을 불러 이를 문의하자 숙손첩이 대답했다.

"노나라는 유명무정(有名無情: 유명무실)하니 공격하면 반드시 뜻을 이룰 수 있을 것입니다."

숙손첩이 물러나온 뒤 함께 망명 중인 공산불뉴(公山不狃: 子洩)에게 이 말을 전하자 그가 힐난했다.

"이는 예가 아니오. 군자는 도망을 가더라도 적국으로는 가지 않는 법이오. 노나라에 있을 때 미신(未臣: 신하의 도리를 다하지 못함)하고도 노나라를 공격했소. 그런데 이제 적국을 위해 분주히 그 명을 받드니 이는 가히 죽음을 당할 만한 일이오. 그같은 일을 부탁받게 되면 곧바로 자리를 피해야만 했소. 사람은 조국을 떠날지라도 사적인 원한으로 인해 조국을 해롭게 해서는 안 되는 법이오. 그런데 지금 그대는 사소한 원한으로 인해 조국을 전복시키려고 하니 이는 곤란한 일이 아니겠소? 만일 오왕이 그대에게 군사를 이끌도록 부탁하면 그대는 반드시 사절하도록 하시오. 그리하면 오왕은 나를 보내려고 할 것이오."

자장(子張: 숙손첩)이 이 말을 듣고 질(疾: 자책하며 괴로워했다는 뜻이나, 병이 난 것으로 해석하기도 함)했다. 이때 오왕 부차가 또 자설(子洩: 공산불뉴)을 불러 노나라를 치는 문제를 문의하자 자설이 대답했다.

"노나라는 비록 평시에 여립(與立: 함께 의지할 만한 동맹국)이 없기는 하나 위기에 처하게 되면 틀림없이 여폐(與斃: 함께 죽기를 각오하고 저항할 나라)가 나타날 것입니다. 다른 제후국들이 노나라를 구원하게 되면 뜻하는 바를 이룰 수 없을 것입니다. 진나라가 제나라 및 초나라와 함께 노나라를 도우면 오나라는 네 나라를 적으로 하여 싸우게 됩니다. 노나라는 제나라와 진나라의 입장에서 보면 입술에 해당합니다. 순망치한(脣亡齒寒)의 이치는 군주도 잘 알고 있을 것입니다. 그러니 제나라와 진나라가 노나라를 구하지 않고 무엇을 어찌하겠습니까."

3월, 오나라가 노나라를 쳤다. 이때 자설이 오나라 군사를 이끌었다. 그러나 그는 고의로 험한 산길을 따라 진군하면서 무성(武城: 곧 南武城으로, 험로가 많은 산동성 비현 서남쪽의 기몽산 일대)을 경유했다. 일찍이 무성 사람이 오나라의 변경에서 농사를 짓던 중 구관(漚菅: 솔이나 비 등의 재료로 쓰이는 솔비 풀을 물에 담그는 것을 지칭)하는 증(鄫) 땅 사람을 잡아 추궁한 적이 있었다.

"너는 무슨 이유로 우리의 물을 자(滋: 검고 탁하다는 뜻으로, '滋'는 '兹'로 쓰는 것이 옳음)하게 만드는 것이냐?"

이때에 이르러 오나라 군사는 무성에 이르렀다가 전에 무성 사람에 의해 잡혀 있던 증 땅 사람의 길안내를 받게 되었다. 오나라 군사가 마침내 무성을 쳐 점령했다. 일찍이 오나라 대부 왕범(王犯)은 노나라로 망명했다가 무성의 읍재(邑宰)가 된 적이 있었다. 당시 무성 사람 담대자우(澹臺子羽: 공자의 제자)의 부친이 왕범과 매우 친하게 지냈다. 이로 인해 노나라 사람들은 담대자우의 부친이 혹여 오나라 군사와 내응하지나 않을까 두려워했다. 이때 맹의자(孟懿子)는 오나라 군사의 침공에 크게 놀라 자복경백(子服景伯)을 찾아가 물었다.

"이 일을 장차 어찌하면 좋겠소?"

"오나라 군사가 쳐들어오면 우리는 그들과 싸우면 될 뿐인데 무엇을 걱정하는 것이오? 더구나 그들은 우리가 불러서 오는 것이니 또 무엇을 구하겠소?"

당시 오나라 군사는 동양(東陽: 산동성 비현 서남쪽)을 함락시킨 뒤 곧바로 전진해 오오(五梧: 동양의 서북쪽으로 산동성 평읍현 서쪽)에 주둔했다가 다음날에는 잠실(蠶室: 산동성 평읍현 경내)에 머물렀다.

이때 노나라 대부 공빈경(公賓庚)과 공갑숙자(公甲叔子)가 군사를 이끌고 가 이(夷: 산동성 사수현 부근) 땅에서 오나라 군사와 교전했다가 패했다. 오나라 군사가 공갑숙자와 석주서(析朱鉏)를 잡아 오왕 부차에게 바치자 오왕이 말했다.

"이들은 한 전차에 같이 타고 싸운 사람들이다. 이로 보아 노나라는 인재를 능히 쓸 줄 아는 나라이다. 노나라는 아직 엿볼 수 없다."

오나라 군사는 이튿날 경종(庚宗: 산동성 사수현 동쪽)에 머무른 뒤 곧 사상(泗上: 사수의 강변으로, 산동성 사수현에 위치)으로 나아가 영채를 세웠다. 이때 노나라 대부 미호(微虎)가 야음을 틈타 왕사(王舍: 오왕 부차의 거처)를 공격할 생각으로 은밀히 병사 7백 명을 모은 뒤 이들에게 막정(幕庭: 군막 밖의 뜰)에서 세 번 위로 펄쩍 뛰게 했다. 결국 최종 선발된 사람은 모두 3백 명이었는데, 그중에는 공자의 제자 유약(有若)도 끼어 있었다. 이들이 왕사를 향해 출발하여 직문(稷門) 안에 이르렀을 때 어떤 사람이 계강자에게 말했다.

"이같이 해서는 결코 오나라 군사에게 아무런 해도 끼칠 수 없을 뿐만 아니라 오히려 나라의 많은 인재들만 죽이게 됩니다. 즉시 중지하느니만 못합니다."

이에 계손자가 이를 곧 중지시켰다. 그러나 당시 오왕 부차는 이 소식을 듣고 불안해한 나머지 하루 저녁에 세 번이나 잠자리를 옮겼다. 결국 오나라 사람이 먼저 강화를 청하면서 노나라와 성하지맹(城下之盟)을 맺고자 했다. 그러자 자복경백이 말했다.

"초나라 군사가 송나라를 포위했을 때 송나라 사람들은 역자이식(易子而食: 자식을 서로 바꿔 잡아먹음)과 석해이찬(析骸而爨: 죽은 사람의 뼈를 아궁이에 넣어 밥을 지어먹음)을 행하면서도 오히려 성하지맹을 맺지 않았습니다. 우리는 아직 싸우지도 못할 정도로 크게 지친 것도 아닙니다. 그런데도 성하지맹을 맺는 것은 곧 나라를 버리는 것이나 다름없습니다. 오나라 군사는 경솔하게 출병했고 또 멀리 왔으니 결코 오래 버틸 수 없습니다. 그들은 틀림없이 곧 돌아갈 것이니 청컨대 잠시 지켜보기 바랍니다."

그러나 계강자는 이를 받아들이지 않았다. 맹서하는 날에 자복경백이 부재(負載: 맹서문을 등에 지고 가는 것을 지칭)한 채 조어내문(造於萊門: 내문에 당도했다는 뜻으로, '造'는 '到'와 통함)했다. 이때 노나라가 자복하(子服何: 자복경백)를 인질로 보낼 뜻을 전하자 오나라가 이를 수락했다. 그러자 노나라가 곧바로 오나라 왕자 고조(姑曹)를 인질로 보내줄 것을 요구했다. 결국 두 나라 모두 인질을 교환하지 않기로 했다. 오나라 군사는 맹약이 체결되자 곧바로 철군했다.

八年春, 宋公伐曹, 將還, 褚師子肥殿. 曹人詬之, 不行. 師待之. 公聞之, 怒, 命反之, 遂滅曹. 執曹伯陽及司城彊以歸, 殺之. 吳爲邾故, 將伐魯, 問於叔孫輒. 叔孫輒對曰 "魯有名而無情, 伐之必得志焉." 退而告公山不狃. 公山不狃曰 "非禮也. 君子違, 不適讎國, 未臣而有伐之, 奔命焉, 死之可也. 所託也則隱. 且夫人之行也, 不以所惡廢鄕. 今子以小惡而欲覆宗國, 不亦難乎. 若使子率, 子必辭, 王將使我." 子張疾之. 王問於子洩, 對曰 "魯雖無與立, 必有與斃. 諸侯將救之, 未可以得志焉. 晉與齊楚輔之, 是四讎也. 夫魯齊晉之脣. 脣亡齒寒, 君所知也, 不救何爲." 三月, 吳伐我, 子洩率, 故道險, 從武城. 初, 武城人或有因於吳竟田焉, 拘鄫人之漚菅者, 曰 "何故使吾水滋." 及吳師至, 拘者道之, 以伐武城, 克之. 王犯嘗爲之宰, 澹臺子羽之父好焉, 國人懼. 懿子謂景伯 "若之何." 對曰 "吳師來, 斯與之戰, 何患焉. 且召之而至, 又何求焉." 吳師克東陽而進, 舍於五梧, 明日, 舍於蠶室. 公賓庚·公甲叔子與戰于夷, 獲叔子與析朱鉏. 獻於王, 王曰 "此同車, 必使能, 國未可望也." 明日, 舍于庚宗, 遂次於泗上. 微虎欲宵攻王舍, 私屬徒七百人, 三踊於幕庭. 卒三百人, 有若與焉. 及稷門之內, 或謂季孫曰 "不足以害吳, 而多殺國士, 不如已也." 乃止之. 吳子聞之, 一夕三遷. 吳人行成, 將盟. 景伯曰 "楚人圍宋, 易子而食, 析骸而爨, 猶無城下之盟. 我未及虧, 而有城下之盟, 是棄國也. 吳輕而遠, 不能久, 將歸矣, 請少待之." 弗從. 景伯負載, 造於萊門. 乃請釋子服何於吳, 吳人許之, 以王子姑曹當之, 而後止. 吳人盟而還.

●제도공이 노나라에 와 있을 때 계강자가 여동생을 제도공에게 보내 아내로 삼게 했다. 제도공이 귀국해 보위에 오른 뒤 계희(季姬: 계강자의 여동생)를 맞이하고자 했다. 그러나 계희는 숙부 계방후(季魴侯)와 사통하고 있었다. 계희가 이를 계강자에게 밝히자 계강자가 감히 계희를 제나라로 보내지 못했다. 이에 이같은 사정을 전혀 알 길이 없는 제도공은 대로했다.

여름 5월, 제나라 대부 포목(鮑牧)이 군사를 이끌고 노나라로 쳐들어가 환(讙: 산동성 영양현 북쪽)과 천(闡: 산동성 영양현 동북쪽) 땅을 점령했다. 이때 제나라의 어떤 사람이 제도공에게 호희(胡姬: 제경공의 첩)를 무함했다.

"호희는 안유자(安孺子)의 무리입니다."

6월, 제도공이 마침내 호희를 죽였다. 이때 제도공이 오나라에 사자를 보내 출병을 청했다. 이는 계희 문제로 인해 노나라를 치기 위한 것이었다. 당시 노나라는 오나라의 환심을 사기 위해 주은공(邾隱公)을 돌려보냈다. 그러나 주은공은 돌아가서도 무도한 짓을 계속했다. 그러자 오왕 부차가 태재 자여(子餘: 백비)를 보내 주나라를 치게 했다. 자여는 주은공을 누대 안에 수금한 뒤 그 둘레에 가시나무 울타리를 만들어놓았다. 이어 주나라 대부들에게 태자 혁(革: 邾桓公)을 받들고 정사를 돌보게 했다.

가을, 노나라가 제나라와 강화했다. 9월, 노나라 대부 장빈여(臧賓如)가 제나라로 가 결맹에 참여했다. 그러자 제나라 대부 여구명(閭丘明: 閭丘嬰의 아들)이 노나라로 와 결맹에 참여했다. 이때 여구명이 계희를 영접해 귀국했다. 제도공은 계희를 극히 총애했다. 이때 제나라 대부 포목이 여러 공자들을 사주했다.

"내가 공자들에게 말 천승(千乘: 4천 필로, 곧 군주로 옹립하는 것을 의미)을 보유하도록 해주면 어떻겠소?"

공자들이 곧 제도공을 찾아가 이를 고했다. 이에 제도공이 포목을 불러 말했다.

"어떤 사람이 그대에 관해 나쁜 이야기를 했는데 그대는 잠시 노읍(潞邑: 제나라 도성 근교)에 가서 조사가 끝나기를 기다리도록 하시오. 만일 과연 그같이 일이 있다면 그대는 가산의 반을 나누어 갖고 출국하도록 하시오. 만일 아무 일이 없으면 곧 그대를 본래의 자리로 복귀시키겠소."

제도공은 포목이 집의 대문을 나설 즈음 가산의 3분의 1만 갖고 가게 했다. 이어 절반 되는 지점에 이르렀을 때에는 두 대의 수레만 갖고 가게 했다. 마침내 노읍에 이르렀을 때 곧바로 포승으로 묶어 끌고 오게 한 뒤 이내 죽여버렸다.

겨울 12월, 제나라 사람이 환과 천 땅을 노나라에 돌려주었다. 이는 계희가 제도공의 총애를 받은 데 따른 것이었다.

齊悼公之來也, 季康子以其妹妻之, 卽位而逆之. 季魴侯通焉, 女言其情, 弗敢與也. 齊侯怒. 夏五月, 齊鮑牧帥師伐我, 取讙及闡. 或譖胡姬於齊侯, 曰 "安孺子之黨也." 六月, 齊侯殺胡姬. 齊侯使如吳請師, 將以伐我. 乃歸邾子. 邾子又無道, 吳子使大宰子餘討之, 囚諸樓臺, 栫之以棘. 使諸大夫奉大子革以爲政. 秋, 及齊平. 九月, 臧賓如如齊涖盟. 齊閭丘明來涖盟, 且逆季姬以歸, 嬖. 鮑牧又謂群公子曰 "使女有馬千乘乎." 公子愬之. 公謂鮑子 "或譖子, 子姑居於潞以察之. 若有之, 則分室以行. 若無之, 則反子之所." 出門, 使以三分之一行. 半道, 使以二乘. 及潞, 麇之以入, 遂殺之. 冬十二月, 齊人歸讙及闡, 季姬嬖故也.

9년(기원전 486)

9년 봄 주력(周曆) 2월, 기나라의 희공을 안장했다. 송나라의 황원이 군사를 이끌고 가 정나라 군사를 옹구(雍丘)에서 격파했다. 여름, 초나라 사람이 진(陳)나라를 쳤다. 가을, 송공이 정나라를 쳤다. 겨울 10월.

九年春王二月, 葬杞僖公. 宋皇瑗帥師, 取鄭師于雍丘. 夏, 楚人伐陳. 秋, 宋公伐鄭. 冬十月.

●9년 봄, 제도공이 대부 공맹작(公孟綽)을 오나라로 보내 기왕의 출병 요청을 취소했다. 그러자 오왕 부차가 이같이 위협했다.

"작년에 나는 출병을 청하는 명을 받았는데 이제 또 이를 바꾸니 어느 말을 좇아야 좋을지 모르겠소. 장차 제나라로 가서 군주로부터 수명(受命: '명을 받다'는 의미로, 군사를 이끌고 쳐들어가겠다는 뜻을 내포)하도록 하겠소."

당시 정나라 대부 무자잉(武子賸: 罕達)은 총애하는 부하 허하(許瑕)가 봉읍을 갖고 싶어했으나 그에게 떼어줄 봉읍이 없어 고민했다. 마침 허하가 다른 나라의 성읍을 점거하겠다고 청하자 이를 허락했다. 허하가 군사를 이끌고 가 송나라의 옹구(雍丘: 하남성 기현)를 포위했다.

이때 송나라 대부 황원(皇瑗)이 오히려 정나라 군사를 포위한 뒤 날마다 장소를 바꾸어가며 보루를 쌓았다. 마침내 보루가 하나로 합쳐져 정나라 군사를 에워싸게 되자 정나라 군사가 통곡했다. 이에 정나라 대부 자요(子姚: 무자잉)가 군사들을 이끌고 허하를 구원하러 갔다가 오히려 대패하고 말았다. 2월 14일, 송나라 군사가 옹구에서 정나라 군사를 섬멸하면서 일부 유능한 자만 살려두었다. 송나라 군사가 정나라의 인재 겹장(郟張)과 정라(鄭羅)를 데리고 철군했다.

여름, 초나라 군사가 진(陳)나라를 쳤다. 이는 진나라가 오나라를 가까이한 데 따른 것이었다. 이때 송경공이 정나라를 쳤다.

가을, 오나라가 한(邗: 강소성 양주시 북쪽) 땅에 성을 쌓은 뒤 성 둘레에 도랑을 파 장강과 회수를 서로 통하게 만들었다.

이때 진나라 대부 조앙(趙鞅)은 정나라를 구원할 생각으로 먼저 거북점을 쳤다. 이에 물길이 불로 향하는 점괘를 얻었다. 조앙이 곧 사조(史趙)와 사묵(史墨), 사구(史龜)에게 이를 해석하게 하자 먼저 사구가 이같이 풀이했다.

"이 점괘는 침양(沈陽: 양기인 불이 물을 만나 아래로 가라앉는 형상)이라고 불리는 것으로 가히 흥병(興兵)할 수 있습니다. 강씨(姜氏: 제나라)를 치는 것은 이로우나 자상(子商: 상나라의 후예로, 곧 송나라를 상징)을 치는 것은 이롭지 못합니다. 강씨의 제나라를 치는 것은 가하나 송나라를 치는 것은 불길합니다."

사묵도 비슷하게 풀이했다.

"영(盈)은 수명(水名: 물의 이름)이고, 자(子)는 수위(水位: 물의 방위)입니다.[13] 수명과 수위는 맞서기 때문에 서로 범할 수가 없습니다. 염제(炎帝: 전설상의 강씨 선조인 신농씨)는 화사(火師)인데 강씨 성은 바로 그의 후손입니다. 물은 불을 이기니 강씨 성의 나라를 침공하는 것이 좋습니다."

사조는 이같이 풀이했다.

"이 점괘는 강에 물이 넘쳐나 수영할 수 없는 것과 같습니다. 정나라는 바야흐로 죄를 지었기에 구원할 수 없습니다. 정나라를 구원하는 것은 불길합니다. 기타(其他: 제나라 토벌을 의미)는 알 수 없습니다."

이때 양호(陽虎)도 『주역』을 이용해 시초점을 쳤다. 이에 태괘(泰卦)가 수괘(需卦)로 변하는 괘상을 얻었다. 그러자 그가 말했다.

"송나라는 바야흐로 길운을 맞고 있어 송나라를 적으로 삼을 수는 없습니다. 미자(微子) 계(啓: 은나라 주왕의 서형으로 송나라의 건국 시조)는 제을(帝乙)의 원자(元子: 장자)였습니다. 또 송나라와 정나라는 생구지국(甥舅之國: 인척간의 나라)입니다. 지(祉)는 작록을 말합니다. 제을의 원자가 귀매(歸妹: 원래 딸을 시집보낸다는 뜻의 괘명으로 송나라와 정나라의 화친을 의미)하면 길록(吉祿: 길상과 복록)이 있게 되는데 우리가 어찌 길할 수 있겠습니까."

이에 조앙이 정나라를 구원하려던 생각을 버렸다.

겨울, 오왕이 사자를 노나라로 보내 제나라 토벌과 관련해 경사(徹

---

13) 이와 관련해 양백준(楊伯峻)은 『춘추좌전주』에서 전통적인 해석에 이의를 제기하면서 어찌해서 '영'과 '수'가 물의 이름이고 방위인지 도무지 알 길이 없다고 지적했다.

師: 출병할 것을 통보함)했다.

九年春, 齊侯使公孟綽辭師于吳. 吳子曰 "昔歲, 寡人聞命, 今又革之, 不知所從, 將進受命於君." 鄭武子賸之嬖許瑕求邑, 無以與之. 請外取, 許之. 故圍宋雍丘. 宋皇瑗圍鄭師, 每日遷舍, 壘合, 鄭師哭. 子姚救之, 大敗. 二月甲戌, 宋取鄭師于雍丘, 使有能者無死, 以郟張與鄭羅歸. 夏, 楚人伐陳, 陳卽吳故也. 宋公伐鄭. 秋, 吳城邗, 溝通江淮. 晉趙鞅卜救鄭, 遇水適火, 占諸史趙史墨史龜. 史龜曰 "是謂沈陽, 可以興兵. 利以伐姜, 不利子商. 伐齊則可, 敵宋不吉." 史墨曰 "盈, 水名也. 子, 水位也. 名位敵, 不可干也. 炎帝爲火師, 姜姓其後也. 水勝火, 伐姜則可." 史趙曰 "是謂如川之滿, 不可游也. 鄭方有罪, 不可救也. 救鄭則不吉, 不知其他." 陽虎以『周易』筮之, 遇「泰」之「需」, 曰 "宋方吉, 不可與也. 微子啓, 帝乙之元子也. 宋鄭, 甥舅也. 祉, 祿也. 若帝乙之元子歸妹, 而有吉祿, 我安得吉焉." 乃止. 冬, 吳子使來徵師伐齊.

10년(기원전 485)

10년 봄 주력(周曆) 2월, 주자 익(益)이 망명해 왔다. 공이 오나라와 함께 제나라를 쳤다. 3월 무술, 제후 양생(陽生)이 졸했다. 여름, 송나라 사람이 정나라를 쳤다. 진나라의 조앙이 군사를 이끌고 가 제나라를 침공했다. 5월, 공이 제나라를 치는 일에서 돌아왔다. 제도공(齊悼公)을 안장했다. 위나라의 공맹구(公孟彄)가 제나라에서 위나라로 돌아갔다. 설백(薛伯) 이(夷)가 졸했다. 가을, 설혜공(薛惠公)을 안장했다. 겨울, 초나라 공자 결(結)이 군사를 이끌고 가 진(陳)나라를 쳤다. 오나라가 진나라를 구했다.

十年春王二月, 邾子益來奔. 公會吳, 伐齊. 三月戊戌, 齊侯陽生卒. 夏, 宋人伐鄭. 晉趙鞅帥師, 侵齊. 五月, 公至自伐齊. 葬齊悼公. 衛公孟彄自齊歸于衛. 薛伯夷卒. 秋, 葬薛惠公. 冬, 楚公子結帥師, 伐陳. 吳救陳.

● 10년 봄, 주은공(邾隱公)이 노나라로 도망쳐 왔다. 그는 제도공의 생질이었다. 이에 다시 제나라로 달아났다. 이때 노애공이 오왕 부차와 주은공, 담자(郯子) 등과 회동한 뒤 제나라의 남쪽 변경을 쳤다. 곧이어 이들은 식(鄎: 제나라 남쪽 변경의 성읍) 땅에 군사를 주둔시켰다.

얼마 후 제나라 사람이 제도공을 시해한 뒤 연합군에 부고를 전했다. 그러자 오왕 부차가 3일 동안 군문 밖에서 곡을 했다. 이때 오나라 대부 서승(徐承)이 별도로 수군을 이끌고 바다를 통해 제나라로 쳐들어갔다. 그러나 제나라 사람들이 서승이 이끄는 오나라 수군을 쳐부수자 오나라 군사가 이내 철군하여 귀국했다.

여름, 진나라 대부 조앙이 군사를 이끌고 가 제나라를 쳤다. 출병에 앞서 한 대부가 거북점을 칠 것을 청하자 조앙이 말했다.

"나는 이미 이번 출병에 관해 점을 친 바 있소. 본래 사불재령(事不再令: 전쟁에 관해서는 두 번 점을 치지 않음)하고, 복불습길(卜不襲吉: 점은 두 번 겹쳐 길운이 나오지 않음)하는 법이오. 바로 출병하기로 합시다."

이에 곧바로 출병하여 이(犁: 산동성 임읍현 서쪽)와 원(轅: 산동성 우성현 서북쪽) 땅을 점령했다. 곧이어 고당(高唐: 산동성 우성현 서남쪽)의 외성을 부순 뒤 뇌(賴) 땅까지 침공했다가 철군했다.

가을, 오왕 부차가 노나라에 사자를 보내 다시 한 번 경사(儆師)했다.

겨울, 초나라 대부 자기(子期: 공자 結)가 진(陳)나라를 쳤다. 이에 오나라 연(延) · 주래(州來)의 계자(季子: 공자 계찰의 자손)[14]가 진나라를 구했다. 이때 계자가 초나라 자기에게 말했다.

"오 · 초 두 나라 군주는 덕행에 힘쓰지 않고 오히려 무력을 동원해 제후들과 다투는 데에만 열중하고 있소. 그러나 백성들에게 무슨 죄가 있겠소? 청컨대 내가 철군하여 그대가 좋은 명성을 얻게 해주시오. 그

---

14) '계자'를 계찰로 볼 경우 그의 나이가 90여 세의 노인에 달하는 까닭에 예로부터 두예를 비롯한 많은 사람들이 '계찰의 자손'으로 해석했다. 이 대목은 후세인의 가필일 공산이 크다.

대는 장차 덕행에 힘쓰고 백성들을 편히 해주기 바라오."

이에 곧바로 군사들을 이끌고 철군하여 귀국했다.

十年春, 邾隱公來奔, 齊甥也, 故遂奔齊. 公會吳子邾子郯子伐齊南鄙, 師于鄎. 齊人弑悼公, 赴于師. 吳子三日哭于軍門之外. 徐承帥舟師將自海入齊, 齊人敗之, 吳師乃還. 夏, 趙鞅帥師伐齊, 大夫請卜之. 趙孟曰 "吾卜於此起兵, 事不再令, 卜不襲吉, 行也." 於是乎取犁及轅, 毁高唐之郭, 侵及賴而還. 秋, 吳子使來復儆師. 冬, 楚子期伐陳. 吳延州來季子救陳, 謂子期曰 "二君不務德, 而力爭諸侯, 民何罪焉. 我請退以爲子名, 務德而安民." 乃還.

11년(기원전 484)

11년 봄, 제나라의 국서(國書)가 군사를 이끌고 와 우리 나라를 쳤다. 여름, 진(陳)나라의 원파(轅頗)가 정나라로 망명했다. 5월, 공이 오나라와 함께 제나라를 쳤다. 갑술, 제나라의 국서가 군사를 이끌고 가 오나라와 애릉(艾陵)에서 싸웠다. 제나라 군사가 크게 패했다. 제나라의 국서를 죽였다. 가을 7월 신유, 등자 우모(虞母)가 졸했다. 겨울 11월, 등은공(滕隱公)을 안장했다. 위나라의 세숙제(世叔齊)가 송나라로 망명했다.

十一年春, 齊國書帥師, 伐我. 夏, 陳轅頗出奔鄭. 五月, 公會吳, 伐齊. 甲戌, 齊國書帥師, 及吳戰于艾陵, 齊師敗績, 獲齊國書. 秋七月辛酉, 滕子虞母卒. 冬十一月, 葬滕隱公. 衛世叔齊出奔宋.

●11년 봄, 제나라가 식(鄎) 땅의 싸움을 보복하고자 했다. 이에 경(卿)인 국서(國書: 國夏의 아들)와 고무비(高無㔻: 高張의 아들)가 노나라를 치기 위해 군사들을 이끌고 청(淸: 산동성 장청현 동쪽) 땅으로 진격했다. 그러자 계강자가 가재 염구(冉求: 공자의 제자)에게 물었다.

"제나라 군사가 청 땅에 주둔하고 있는 것은 틀림없이 노나라를 침공하려는 속셈에서 나온 것이오. 이를 어찌하면 좋겠소?"

"계손과 맹손, 숙손씨 세 분 중 한 분은 도성을 지키고 나머지 두 분은 군주를 따라가 변경에서 적들을 막도록 하십시오."

"그것은 불가능한 일이오."

"그러면 나머지 두 분이 봉강지간(封疆之間: 경내의 근교)에서 적을 막도록 하십시오."

이에 계강자가 맹손씨(孟孫氏: 맹의자)와 숙손씨(叔孫氏: 숙손무숙)에게 이같은 방안을 제시했다. 두 사람이 이에 동의하지 않았다. 그러자 염구가 계강자에게 다시 제안했다.

"만일 동의하지 않으면 군주는 반드시 싸우러 나갈 필요가 없습니다. 그대는 군사들을 이끌고 가 배성전(背城戰: 도성을 등 뒤로 하고 싸움)을 펼치도록 하십시오. 이에 가담하지 않는 사람은 노나라 사람이 아닙니다. 노나라의 도성에 사는 경대부의 가구 수는 제나라가 보유한 전차의 숫자보다 많습니다. 한 가구당 제나라 전차 1대를 상대하더라도 오히려 남습니다. 그런데도 그대는 무엇을 걱정하는 것입니까. 지금 다른 두 분이 출전하지 않으려는 것은 당연한 일입니다. 이는 정권이 계손씨의 수중에 있기 때문입니다. 노나라의 집정 책임이 그대의 두 어깨에 걸려 있습니다. 제나라가 우리 노나라를 침공하는데도 이를 제대로 막아내지 못한다면 이는 그대의 치욕입니다. 만일 그리 되면 제후의 반열에서 대불렬(大不列: 어깨를 나란히 하지 못하고 완전히 탈락한다는 뜻임)하게 됩니다.[15]"

그러자 계강자가 상조(上朝)하는 길에 염구와 동행하면서 그를 당씨지구(黨氏之溝)[16] 옆에서 기다리게 했다. 이때 숙손무숙(叔孫武叔)이

---

15) 이에 대해 '대불렬'의 '대'(大)를 앞의 구절 '자지치야'(子之恥也)와 합쳐 '자지치야대(子之恥也大), 불렬어제후의(不列於諸侯矣)'로 해석하는 유력한 견해가 있다.

16) 공궁과 대부 당씨 집 사이에 있는 해자를 뜻하나, 두예는 공궁 내에 있는 것으로 해석했다.

염구를 불러 제나라와의 교전에 관해 문의했다. 염구가 대답했다.

"군자(君子 : 상대방에 대한 존칭)가 원려(遠慮)하고 있을 터인데 소인이 무엇을 알겠습니까."

옆에 있던 맹의자(孟懿子)가 강문(强問 : 굳이 자문을 구함)하자 염구가 마지못해 대답했다.

"소인은 자신의 재간을 고려한 뒤 말하고, 역량을 헤아린 뒤 힘을 다할 뿐입니다."

숙손무숙이 불만을 표시했다.

"이 사람은 내가 대장부가 될 수 없다고 여기고 이같이 말하는 것이오."

이때 계강자는 조정에서 물러나온 뒤 곧바로 수승(蒐乘 : 군사검열로 곧 閱兵을 의미)했다. 이에 맹유자(孟孺子) 설(洩 : 맹의자의 아들 孟武伯)이 우사(右師 : 우군)의 장수가 되었고 맹손씨의 가신 안우(顔羽)가 어자, 같은 가신 병설(邴洩)이 거우가 되었다. 또 염구가 좌사(左師 : 좌군)의 장수가 되었고 계손씨의 가신 관주보(管周父)가 어자, 같은 가신 번지(樊遲 : 공자의 제자로 이름은 須)가 거우가 되었다. 그러자 계강자가 이의를 제기했다.

"수(須 : 번지)는 거우가 되기에는 나이가 너무 어리다."

염구가 반박했다.

"임무가 주어지면 용명(用命 : 명을 준행함)할 것입니다."

이때 계손씨 휘하의 갑사는 모두 7천 명이었다. 염유는 무성(武城) 사람 3백 명을 친병으로 삼았다. 노유(老幼 : 늙고 어린 사람)는 공궁을 지키기 위해 우문(雩門 : 노나라 도성의 남문) 밖에 주둔했다. 그러나 당시 맹유자가 이끄는 우군은 닷새 뒤에야 마지못해 염구의 뒤를 따라 나갔다. 이때 공숙무인(公叔務人 : 노소공의 아들 公爲)은 보자(保者 : 도성을 지키는 사람)들을 보고는 울면서 말했다.

"지금 노나라는 사충정중(事充政重 : 요역은 번다하고 세금은 무겁다는 뜻으로, '政'은 '徵'과 통함)과 상불능모(上不能謀 : 윗사람이 계책을 내지 못함), 사불능사(士不能死: 병사는 목숨을 걸고 싸우지 않음)에 빠져 있다. 그러니 어찌 능히 백성들을 다스릴 수 있단 말인가. 내가 이미 이같이 말했으니 어찌 스스로 면려(勉勵)하지 않을 수 있겠는가."

드디어 노나라 군사가 제나라 군사와 교외에서 교전하게 되었다. 이때 제나라 군사가 직곡(稷曲: 노나라 도성 곡부의 남쪽 성의 정문인 稷門 밖의 지역)에서 곧바로 쳐들어왔다. 그러나 노나라 군사는 감히 해자를 건너가 제나라 군사와 싸우려고 하지 않았다. 그러자 번지가 염구에게 말했다.

"지금 병사들은 해자를 건너지 못하는 것이 아닙니다. 이는 오직 그대를 믿지 못하기 때문입니다. 청컨대 3각(三刻: 세 차례에 걸쳐 호령한다는 의미로, '刻'은 상벌의 내용을 병사들에게 각인시킨다는 뜻임)한 뒤 해자를 건너도록 하십시오."

과연 염구가 번지의 말대로 하자 병사들이 모두 해자를 건너게 되었다. 노나라 군사가 곧바로 제나라 군사를 향해 진공했다.

이때 맹유자가 이끄는 우군은 교전 중에 곧바로 달아났다. 제나라 군사들이 그 뒤를 추격했다. 제나라 대부 진관(陳瓘)과 진장(陳莊)이 사수(泗水)를 건너 노나라 군사를 바짝 뒤쫓았다. 이때 우군의 병사 맹지측(孟之側: 맹손씨의 족인으로 자는 反)은 뒤늦게 도망치다가 도주행렬의 맨 뒤에 서게 되었다. 그는 화살을 뽑은 뒤 이를 채찍으로 삼아 말을 치면서 투덜댔다.

"이놈의 말이 앞으로 나아가지 않는구나."

그러자 우군의 병사 임불뉴(林不狃)가 속한 오(伍: 隊伍. 5명으로 편성된 일종의 분대를 뜻하나, 같은 군영의 병사로 해석하기도 함)의 한 병사가 제의했다.

"말에서 내려 뛰어서 달아나는 것이 어떻겠소?"

임불뉴가 핀잔을 주었다.

"우리가 누구만 못해 뛰어서 달아난단 말이오?"

그 병사가 반문했다.

"그러면 여기서 멈춰 싸우자는 말이오?"

임불뉴가 대꾸했다.

"모두들 달아나고 있는데 우리만 여기서 싸운다고 무슨 도움이 되겠소?"

결국 이들 모두 느린 걸음으로 달아나다가 이내 제나라 군사에게 잡혀 죽었다. 이때 염구가 이끄는 좌군은 제나라 군사를 무찌르고 적병 80명의 수급을 노획했다. 제나라 군사들은 사방으로 흩어져 대오조차 정비하지 못했다. 밤이 되자 첩자가 찾아와 염유에게 보고했다.

"제나라 군사들이 도주하고 있습니다."

염유가 계강자에게 곧바로 그들을 추격할 것을 청했다. 그러나 염유가 세 차례에 걸쳐 강력히 청했음에도 불구하고 계강자는 이를 받아들이지 않았다. 이때 우군의 장수 맹유자가 주위 사람에게 이같이 큰소리를 쳤다.

"나는 비록 안우보다는 못하지만 그래도 병설보다는 낫다. 자우(子羽: 안우)는 예민(銳敏: 재빠르고 싸움에 능함)한 사람이다. 나는 싸울 생각이 없어 단지 입을 다문 채 아무 말도 하지 않았다. 그런데 병설은 말하기를, '빨리 말을 몰아 달아나야 합니다'라고 했다."

이 싸움에서 공위(公爲: 공숙무인)는 폐동(嬖僮: 총애하는 小童) 왕기(汪錡)와 같은 전차를 타고 분전하다가 함께 전사했다. 노나라가 이들을 함께 출빈(出殯: 관을 안치소 또는 묘지로 옮김)했다. 이를 두고 공자가 이같이 평했다.

"왕기는 능히 간과(干戈)를 잡고 나라의 사직을 지켰으니 가히 무상(無殤: 요절한 자의 殤禮 대신 성인의 장례로 장사지냄)할 만하다."

당시 염유는 창을 휘둘러 제나라 군사를 격파했다. 이로써 노나라 군사가 능히 제나라 군사를 공파할 수 있었다. 이를 두고 공자가 이같이 평했다.

"염유의 행동은 참으로 의(義)에 합당하다."

十一年春, 齊爲鄭故, 國書高無㔻帥師伐我, 及淸. 季孫謂其宰冉求曰 "齊師在淸, 必魯故也, 若之何." 求曰 "一子守, 二子從公禦諸竟." 季孫曰 "不能." 求曰 "居封疆之間." 季孫告二子, 二子不可. 求曰 "若不可, 則君無出. 一子帥師, 背城而戰. 不屬者非魯人也. 魯之群室, 衆於齊之兵車, 一室敵車優矣. 子何患焉. 二子之不欲戰也宜, 政在季氏. 當子之身, 齊人伐魯而不能戰, 子之恥也, 大不列於諸侯矣." 季孫使從於朝, 俟於黨氏之溝. 武叔呼而問戰焉. 對曰 "君子有遠慮, 小人何知." 懿子强問之, 對曰 "小人慮材而言, 量力而共者也." 武叔曰 "是謂我不成丈夫也." 退而蒐乘. 孟孺子洩帥右師, 顏羽御, 邴洩爲右. 冉求帥左師, 管周父御, 樊遲爲右. 季孫曰 "須也弱." 有子曰 "就用命焉." 季氏之甲七千, 冉有以武城人三百爲己徒卒. 老幼守宮, 次于雩門之外. 五日, 右師從之. 公叔務人見保者而泣曰 "事充政重, 上不能謀, 士不能死, 何以治民. 吾旣言之矣, 敢不勉乎." 師及齊師戰于郊, 齊師自稷曲, 師不踰溝. 樊遲曰 "非不能也, 不信子也. 請三刻而踰之." 如之, 衆從之. 師入齊軍. 右師奔, 齊人從之, 陳瓘·陳莊涉泗. 孟之側後入以爲殿, 抽矢策其馬曰 "馬不進也." 林不狃之伍曰 "走乎." 不狃曰 "誰不如." 曰 "然則止乎." 不狃曰 "惡賢." 徐步而死. 師獲甲首八十, 齊人不能師. 宵, 諜曰 "齊人遁." 冉有請從之三, 季孫弗許. 孟孺子語人曰 "我不如顏羽, 而賢於邴洩. 子羽銳敏, 我不欲戰而能默. 洩曰 '驅之.'" 公爲與其嬖僮汪錡乘, 皆死, 皆殯. 孔子曰 "能執干戈以衛社稷, 可無殤也." 冉有用矛於齊師, 故能入其軍. 孔子曰 "義也."

●여름, 진(陳)나라 대부 원파(轅頗)가 정나라로 달아났다. 당초 원파는 진나라의 사도가 된 뒤 봉읍 내에서 세금을 거두어 공녀(公女: 진나라 군주의 딸을 뜻함)의 출가 비용을 마련했다. 이때 그는 쓰고 남은 자금으로 대기(大器: 동으로 만든 커다란 기물로 鐘鼎을 지칭)를 만들어 가졌다. 이에 국인들이 그를 축출하자 그는 곧 정나라로 갔다. 정나라로 가던 중 갈증이 나자 그의 족(族: 여기서는 부하를 뜻하나, 일족으로 해석하기도 함)인 원훤(轅咺)이 도례(稻醴: 쌀로 만든 감주)와 양

구(梁糗: 좁쌀로 만든 밥), 단포(殷脯: 소금에 절인 육포) 등을 내놓았다. 그러자 원파가 크게 기뻐하며 물었다.

"어떻게 이같이 급(給: 풍성하다는 뜻으로, '給'은 '足'의 의미)한 것이오?"

"대기(大器)를 만들 때 준비해두었습니다."

"이리 될 줄 알았다면 당시 왜 나에게 충고하지 않았던 것이오?"

"먼저 쫓겨날까 두려웠습니다."

이때 노나라가 교외(郊外)에서의 싸움을 보복하고자 했다. 이에 노애공이 오왕 부차와 회동한 뒤 곧 합세하여 제나라를 쳤다. 5월, 두 나라 군사가 박(博: 산동성 태안현 동남쪽) 땅을 공략했다. 5월 25일, 영(嬴: 산동성 내무현 서북쪽) 땅에 이르렀다.

이때 오나라의 중군(中軍: 노애공이 이끄는 노나라 군사는 오나라의 중군에 소속되어 있었음)은 오왕 부차를 따랐다. 오나라 대부 서문소(胥門巢: '서문'은 오나라 도성의 문 이름으로 그곳에 살던 사람의 성씨가 된 것임)가 상군 대장, 고조(姑曹: 오왕 부차의 아들)가 하군 대장, 전여(展如)가 우군 대장이 되었다. 이에 대해 제나라에서는 경(卿)인 국서(國書)가 중군 대장, 고무비(高無㔻)가 상군 대장, 대부인 종루(宗樓: 宗子陽)가 하군 대장이 되었다. 이때 제나라 대부 진희자(陳僖子)가 아우인 진서(陳書: 子占)에게 말했다.

"네가 전사하면 나는 틀림없이 득지(得志: 뜻을 이룸)할 것이다."

이때 제나라 대부 종자양(宗子陽: 종루)과 여구명(閭丘明)은 서로 건투를 빌며 격려했다. 마침 대부 상엄서(桑掩胥)가 국서의 전차를 몰게 되었다. 그러자 제나라 대부 공손하(公孫夏)가 말했다.

"2자(二子: 상엄서와 국서)는 반드시 전사할 것이다."

이들이 막 싸우려고 하자 공손하가 그의 부하들에게 명하여 「우빈」(虞殯: 장송곡의 일종)을 부르게 했다. 대부 진자행(陳子行: 陳逆)은 부하들에게 함옥(含玉: 죽은 자의 입에 넣는 옥)을 준비하게 했다. 대부 공손휘(公孫揮)는 부하들에게 명했다.

"각자 심약(尋約: 8척의 새끼줄)을 준비하도록 하라. 오나라 사람은 머리카락이 짧아 새끼줄로 묶어야 한다."

대부 동곽서(東郭書)가 말했다.

"삼전필사(三戰必死: 세 번째 싸우게 되면 반드시 죽는다는 뜻으로, 동곽서는 夷儀와 五氏의 전투에 이어 세 번째로 참전했음)라고 했다. 나에게는 이번이 세 번째 싸움이다."

이어 동곽서는 사람을 시켜 제나라 사람 현다(弦多: 노애공 6년에 노나라로 망명함)에게 금(琴)을 예물로 바치면서 이같이 안부를 전했다.

"나는 두 번 다시 그대를 보지 못할 것이오."

이때 진서도 말했다.

"이번 싸움에서 나는 진군을 알리는 북소리만 들을 뿐, 퇴각을 알리는 징소리는 듣지 못할 것이다."

5월 27일, 양측의 군사가 애릉(艾陵: 산동성 태안현 남쪽)에서 교전했다. 오나라의 우군 대장 전여가 제나라의 상군 대장 고자(高子: 고무비)를 깨뜨렸다. 이때 제나라의 중군 대장 국자(國子: 국서)가 오나라의 상군 대장 서문소를 격파하자 오왕 부차가 이끄는 중군이 서문소를 도와 제나라 군사를 대파했다. 이에 오나라 군사가 국서와 공손하, 여구명, 진서, 동곽서를 포로로 잡고 혁거(革車) 8백 승과 갑사 3천 명의 수급을 노획해 이를 노애공에게 바쳤다.

당초 싸움이 시작될 때 오왕 부차가 노나라 대부 숙손주구(叔孫州仇: 숙손무숙)를 불러 물었다.

"그대가 맡은 직책은 무엇이오?"

"종사마(從司馬: 사마의 명을 좇는 직위를 뜻하나, 사마로 해석하기도 함)입니다."

그러자 오왕 부차가 그에게 갑옷과 검피(劍鈹: 칼집에 들어간 칼을 뜻하는 말이나, 양날이 선 작은 칼로 해석하기도 함)를 하사하면서 말했다.

"귀국 군주가 하명하는 임무를 성실히 이행하도록 하시오."

숙손주구가 대답을 못하고 망설이자 옆에 있던 공자의 제자 위사(衛賜: 위나라 출신 子貢)가 오왕 앞으로 나아가 대신 대답했다.

"숙손주구는 갑옷을 경건히 받아들인 뒤 군주를 뒤따라가 배사(拜謝)할 것입니다."

이때 노애공이 태사(大史) 고(固)를 시켜 참수한 국서의 원(元: 목)을 제나라로 돌려보냈다. 노애공은 국서의 목을 새로 짠 상자에 넣으면서 현훈(玄纁: 검고 붉은 실로 짠 비단)을 바닥에 깔고 다시 상자에 조대(組帶: 비단으로 만든 띠로 일종의 리본을 의미)를 맨 뒤 그 위에 다음과 같은 내용의 서신을 얹었다.

"만일 하늘이 그대들의 행동이 불충(不衷: 不正)하다는 것을 몰랐다면 어찌 하국(下國: 노나라가 스스로를 겸칭한 말임)[17]이 승리하도록 만들었겠소?"

夏, 陳轅頗出奔鄭. 初, 轅頗爲司徒, 賦封田以嫁公女. 有餘, 以爲己大器. 國人逐之, 故出. 道渴, 其族轅咺進稻醴·粱糗·腶脯焉. 喜曰 "何其給也." 對曰 "器成而具." 曰 "何不吾諫." 對曰 "懼先行." 爲郊戰故, 公會吳子伐齊. 五月克博, 壬申, 至于嬴. 中軍從王, 胥門巢將上軍, 王子姑曹將下軍, 展如將右軍. 齊國書將中軍, 高無㔻將上軍, 宗樓將下軍. 陳僖子謂其弟書. "爾死, 我必得志." 宗子陽與閭丘明相厲也. 桑掩胥御國子. 公孫夏曰 "二子必死." 將戰, 公孫夏命其徒歌「虞殯」. 陳子行命其徒具含玉. 公孫揮命其徒曰 "人尋約, 吳髮短." 東郭書曰 "三戰必死, 於此三矣." 使問弦多以琴, 曰 "吾不復見子矣." 陳書曰 "此行也, 吾聞鼓而已, 不聞金矣." 甲戌, 戰于艾陵. 展如敗高子, 國子敗胥門巢. 王卒助之, 大敗齊師. 獲國書·公孫夏·閭丘明·陳書·東郭書, 革車八百乘, 甲首三千, 以獻于公. 將戰, 吳子呼叔孫曰 "而事何也." 對曰 "從司馬." 王賜之甲·劍鈹, 曰 "奉爾君事, 敬無廢命." 叔孫未能對, 衛賜進曰 "州仇奉

---

17) 『국어』「오어」(吳語)는 오왕이 이같은 말을 한 것으로 기록했으나 이는 잘못이다.

甲從君而拜." 公使大史固歸國子之元, 寘之新篋, 褽之以玄纁, 加組帶焉.
寘書于其上曰 "天若不識不衷, 何以使下國."

●오나라가 장차 제나라를 치려고 했다. 출병 직전에 월왕 구천(句踐)이 그의 군신들을 모두 이끌고 와 조현하면서 오왕 부차(夫差)와 오나라 군신들에게 예물을 바쳤다. 오나라의 군신이 모두 기뻐했으나 오직 오자서(伍子胥)만이 우려하는 기색을 보였다.

"이는 월나라가 환오(豢吳: '豢'은 희생을 양육한다는 뜻으로, 오나라의 교만함을 부추긴다는 의미임)하는 것이다."

그러고는 곧 오왕 부차를 찾아가 간했다.

"월나라는 우리 나라에게 심복(心腹)의 질환과 같은 존재입니다. 그들은 우리와 접경하고 있으면서 우리 나라를 병탄하려는 야심을 품고 있습니다. 구천의 유복(柔服: 유순하게 馴服함)은 야심을 실현시키기 위한 것이니 월나라를 속히 도모하느니만 못합니다. 우리가 제나라를 쳐 승리를 거둘지라도 이는 석전(石田: 경작을 할 수 없는 돌밭)을 얻는 것과 같아 아무런 도움도 되지 않습니다. 우리가 월나라를 없애 소택지로 만들지 않으면 오나라는 장차 망하고 말 것입니다. 의원에게 병을 치료하게 하면서 '반드시 병근(病根)은 남겨두시오'라고 말하는 사람은 이 세상에 없습니다. 『서경』「상서·반경(盤庚)」에 이르기를, '신하들이 전월불공(顚越不共: 고집이 세고 오만하여 명을 받들지 않음)하면 의진(劓殄: 완전히 섬멸함)하여 유육(遺育: 후환이 자라남)이 없게 한다. 그 씨가 이곳에서 역종(易種: 대를 이어가며 씨를 퍼뜨림)하지 못하게 해야 한다'라고 했습니다. 이것이 상왕조가 능히 흥하게 된 이유입니다. 그런데 지금 군주는 이같이 하지도 않고 장차 대업을 이루고자 하니 이는 지극히 어려운 일이 아니겠습니까."

그러나 오왕 부차는 이를 받아들이지 않았다. 얼마 후 오나라가 오자서를 제나라에 사자로 보냈다. 이때 오자서는 자신의 아들을 제나라 대부 포씨(鮑氏)에게 부탁했다. 훗날 그의 아들은 왕손씨(王孫氏)로 개

명했다. 오자서가 사자로 갔다오자 오왕 부차가 이 사실을 전해 들었다. 이에 곧 사람을 시켜 자신의 보검 촉루(屬鏤)를 오자서에게 전하면서 자진할 것을 명했다. 그러자 오자서가 자진에 앞서 주위 사람에게 당부했다.

"나의 무덤가에 가목(檟木: 가래나무)을 심어주시오. 가목이 관재(棺材)로 성장할 때면 오나라는 대략 멸망하게 될 것이오. 채 3년이 안 돼 오나라는 곧 쇠락하기 시작할 것이오. 영필훼(盈必毁: 교오하여 自滿한 자는 반드시 패하게 되어 있음)는 하늘의 이치요."

吳將伐齊, 越子率其衆以朝焉, 王及列士皆有饋賂. 吳人皆喜, 唯子胥懼, 曰 "是豢吳也夫." 諫曰 "越在, 我心腹之疾也. 壤地同而有欲於我. 夫其柔服, 求濟其欲也, 不如早從事焉. 得志於齊, 猶獲石田也, 無所用之. 越不爲沼, 吳其泯矣. 使醫除疾, 而曰 '必遺類焉'者, 未之有也. 「盤庚」之誥曰 '其有顚越不共, 則劓殄無遺育, 無俾易種于茲邑.' 是商所以興也. 今君易之, 將以求大, 不亦難乎." 弗聽. 使於齊, 屬其子於鮑氏, 爲王孫氏. 反役, 王聞之, 使賜之屬鏤以死. 將死, 曰 "樹吾墓檟, 檟可材也, 吳其亡乎. 三年, 其始弱矣. 盈必毁, 天之道也."

● 가을, 노나라의 계강자가 성벽의 수축과 국토 수비를 명하면서 말했다.

"소국이 대국과의 싸움에서 이기는 것은 화환(禍患)이다. 제나라가 조만간 처들어오고 말 것이다."

겨울, 위나라 대부 태숙질(大叔疾: 世叔齊)이 송나라로 달아났다. 당초 태숙질은 대부 자조(子朝: 송나라 공자 朝로, 이때 위나라로 와 대부가 되었음)의 딸을 아내를 맞이하면서 처제를 매우 총애했다. 자조가 위나라를 떠나 망명하게 되자 위나라 대부 공문자(孔文子)가 태숙질을 충동질해 본처를 쫓아내게 한 뒤 자신의 딸을 주어 아내로 삼게 했다. 이때 태숙질은 시종을 전처의 여동생에게 보내 회유한 뒤 마침내 이(犂: 하남성 범현 경계) 땅에 그녀를 위한 집을 지어주고 그곳에 살게 했다. 이로써 태숙질은 동시에 두 아내를 거느리는 셈이 되었다. 공문자가 대로하여 태숙질을 치려고 하자 중니가 이를 말렸다. 그러나 공문자는 끝내 자신의 딸을 도로 데려왔다.

이후 태숙질은 또 외주(外州: 위치 미상)에서 다른 여인과 통간하게 되었다. 이에 외주 사람들이 태숙질의 수레를 빼앗아 위출공(衛出公)에게 바쳤다. 태숙질은 이같은 일을 두 번 당하자 수치스럽게 생각한 나머지 마침내 송나라로 달아났다.

그러자 위나라 사람들이 태숙질의 아우인 유(遺)를 그 가문의 후계자로 세운 뒤 태숙질의 아내였던 공문자의 딸 공길(孔姞)을 아내로 삼게 했다. 이때 송나라로 달아난 태숙질은 송나라 대부 상퇴(向魋)의 가신이 되었다. 그는 얼마 후 미주(美珠: 아름다운 옥구슬)를 상퇴에게 바쳤다. 그러자 상퇴가 크게 기뻐한 나머지 태숙질에게 성서(城鉏: 하남성 활현 동쪽) 땅을 주었다. 송경공(宋景公)이 이 소식을 듣고 상퇴에게 미주를 넘겨줄 것을 청했으나 거절했다. 이로 인해 상퇴는 송경공에게 득죄하게 되었다.

환씨(桓氏: 상퇴)가 외국으로 망명할 즈음 성서 사람들이 태숙질을 공격했다. 훗날 위출공의 뒤를 이어 보위에 오른 위장공(衛莊公: 공자 괴외)은 태숙질을 불러들여 소(巢: 위나라 땅으로, 하남성 수현 남쪽이라는 설이 있으나 미상임) 땅에서 살게 했다. 태숙질은 그곳에서 죽었다. 그가 죽자 운(鄆: 강소성 여고현 동쪽) 땅에 빈소를 마련한 뒤 소체(少禘: 위치 미상)에 안장했다.

당초 진도공의 아들 공자 은(憗)은 위나라로 망명한 뒤 자신의 딸에게 수레를 몰게 하여 사냥을 한 적이 있었다. 이때 위나라 대부 태숙의자(大叔懿子: 大叔儀의 손자)가 공자 은 부녀를 머무르게 한 뒤 술을 대접했다. 이어 태숙의자는 공자 은의 딸을 아내로 맞아 마침내 도자(悼子: 태숙질)를 낳았다.

도자가 훗날 가문의 후계자가 되자 도자의 생질 하무(夏戊: 태숙의자는 도자와 딸 하나를 낳았는데 그 딸이 夏氏에게 출가해 하무를 낳았음)는 위나라 대부가 되었다. 도자가 송나라로 망명하자 위나라 사람들이 하무의 관작과 봉읍을 깎아버렸다. 공문자는 태숙질을 치기 전에 중니를 찾아가 자문을 구했다. 중니가 사양했다.

"호궤지사(胡簋之事: 예에 관한 일로, '호궤'는 고대의 禮器를 지칭)에 대해서는 일찍이 배운 바가 있으나 갑병지사(甲兵之事: 군사에 관한 일)에 대해서는 아직 들어보지 못했습니다."

그러고는 곧 밖으로 나가 수레에 말을 매어 떠날 채비를 갖추게 하고는 말했다.

"조즉택목(鳥則擇木: 새는 나무를 가려서 앉음)하는 법인데 나무가 어찌 새를 가릴 수 있겠는가."

공문자가 황급히 나와 중니를 만류하면서 말했다.

"나 어(圉: 공문자)가 어찌 감히 사적인 일로 그같은 일을 도모하려 하겠소? 나는 위나라의 화환을 막기 위해 물었던 것이오."

이에 중니가 가지 않고 머무르려고 했으나 마침 노나라 사람이 예물을 갖고 와 중니를 초청했다. 이에 중니는 노나라로 돌아가게 되었다.

당시 노나라의 계강자는 새로운 전부제(田賦制: 토지의 대소 등에 따른 징세·징병제도)를 실시하고자 했다. 이에 염유를 중니에게 보내 이에 관한 자문을 구하게 했다. 그러자 중니가 말했다.

"나 공구는 그같은 일을 잘 모른다."

염유가 세 차례에 걸쳐 물었으나 중니는 아무 말도 하지 않았다. 이에 마침내 계강자가 말했다.

"그대는 국로(國老: 나라의 원로)이기에 그대의 말씀을 기다렸다가 시행하려고 하는 것인데 왜 아무 말씀도 해주지 않는 것입니까."

중니는 끝내 대답하지 않았다. 그러다가 염유에게 사적으로 말했다.

"군자는 정사를 돌보면서 예에 근거해 일을 헤아린다. 시사(施舍)는 후해야 하고, 종사(從事)는 적당해야 하고, 부렴(賦斂)은 가벼워야 한다. 이같이 하면 종래의 구부제(丘賦制: 전지의 대소에 따라 병사를 징발하는 제도)[18]로도 충분한 것이다. 만일 예를 기준으로 하여 일을 헤아리지 않고, 탐모무염(貪冒無厭: 탐람하게 財利를 도모하는 것이 끝이 없음)하면, 비록 새로운 전부제를 시행할지라도 장차 또 부족함을 느낄 것이다. 또한 만일 계손씨가 정사를 법도에 맞게 시행하고자 한다면 이미 주공이 마련해둔 전장(典章)이 있다. 그러나 만일 정사를 구행(苟行: 대충 편의에 따라 행함)하고자 하는 것이라면 또 어찌하여 내 의견을 묻는 것인가."

계강자는 중니의 이같은 충고를 듣지 않았다.

秋, 季孫命修守備曰"小勝大, 禍也. 齊至無日矣." 冬, 衛大叔疾出奔宋. 初, 疾娶于宋子朝, 其娣嬖. 子朝出, 孔文子使疾出其妻而妻之. 疾使侍人誘其初妻之娣, 寘於犁, 而爲之一宮, 如二妻. 文子怒, 欲攻之. 仲尼止之, 遂奪其妻. 或淫于外州, 外州人奪之軒以獻. 恥是二者, 故出, 衛人立遺, 使室孔姞. 疾臣向魋, 納美珠焉, 與之城鉏. 宋公求珠, 魋不與, 由是得罪. 及桓氏出. 城鉏人攻大叔疾, 衛莊公復之. 使處巢, 死焉. 殯於鄖, 葬於少禘. 初, 晉悼公子憖亡在衛, 使其女僕而田. 大叔懿子止而飮之酒, 遂聘之, 生悼子. 悼子卽位, 故夏戊爲大夫. 悼子亡, 衛人翦夏戊. 孔文子之將攻大叔也, 訪於仲尼. 仲尼曰"胡簋之事, 則嘗學之矣. 甲兵之事, 未之聞也." 退, 命駕而行, 曰"鳥則擇木, 木豈能擇鳥." 文子遽止之, 曰"圉豈敢度其私, 訪衛國之難也." 將止, 魯人以幣召之, 乃歸. 季孫欲以田賦, 使冉有訪諸仲尼. 仲尼曰"丘不識也." 三發, 卒曰"子爲國老, 待子而行, 若之何子之不言也." 仲尼不對, 而私於冉有曰"君子之行也, 度於禮, 施取其厚, 事擧其中, 斂從其薄. 如是, 則以丘亦足矣. 若不度於禮, 而貪冒無厭, 則雖以田賦, 將又不足. 且子季孫若欲行而法, 則周公之典在. 若欲苟而行, 又何訪焉." 弗聽.

---

18) '구부제'와 관련해 양백준은『춘추좌전주』에서 노성공 원년 이래 노나라의 병역법이 바뀌었기 때문에 여기의 구부제는 노성공 원년 이후의 제도를 의미한다고 분석했다. 주목할 만한 견해가 아닐 수 없다.

12년(기원전 483)

12년 봄, 전부(田賦)를 시행했다. 여름 5월 갑진, 맹자(孟子)가 졸했다. 공이 오나라와 탁고(橐皐)에서 만났다. 가을, 공이 위후·송나라 황원(皇瑗)과 운(鄆)에서 만났다. 송나라의 상소(向巢)가 군사를 이끌고 가 정나라를 쳤다. 겨울 12월, 메뚜기가 나왔다.

十二年春, 用田賦. 夏五月甲辰, 孟子卒. 公會吳于橐皐. 秋, 公會衛侯宋皇瑗于鄆. 宋向巢帥師, 伐鄭. 冬十二月, 螽.

●12년 봄 1월, 노나라가 새로운 전부제(田賦制)를 실시했다.

여름 5월, 노소공의 부인 맹자(孟子: 흔히 '吳姬', '孟姬'로 불렸는데 동성불혼의 제도로 인해 '吳孟子'로 개칭되었음)가 세상을 떠났다. 노소공은 희성의 나라인 오나라의 여인을 부인으로 맞이했다. 이에 『춘추』는 맹자의 성을 밝히지 않은 것이다. 이때 노나라는 부고를 내지 않았다. 이에 『춘추』는 부인이라고 칭하지 않은 것이다. 노나라는 안장 후 반곡(反哭: 안장 후 조묘에서 곡을 하는 것을 지칭)도 하지 않았다. 이에 『춘추』는 '장소군'(葬小君: 소군을 안장함)이라고 쓰지 않은 것이다.

당시 공자는 조문을 마치고 계강자를 찾아갔다. 그런데 계강자는 문(絻: 원래는 상복을 뜻하나 여기서는 상중에 쓰는 禮冠을 지칭, '絻'은 '冕'과 통함)을 쓰지 않은 채 통상적인 관을 쓰고 있었다. 이에 공자도 질(絰: 원래는 상복에 두르는 띠를 말하나 여기서는 상복을 지칭)을 벗고 답배했다.

얼마 후 노애공이 오왕 부차와 오나라의 탁고(橐皐: 안휘성 소현 서북쪽)에서 만났다. 이때 오왕 부차가 태재 백비를 시켜 전에 증(鄫) 땅에서 맺은 맹약을 다지도록 했다. 그러나 노애공은 이를 원치 않아 곧 자공을 시켜 이같이 회답하게 했다.

"맹약은 신의를 굳게 하기 위한 것입니다. 그래서 성심으로 이를 만들고, 옥백으로 이와 함께 봉헌하고, 말로써 이를 약조하고, 신령으로 하여금 이를 보증하게 하는 것입니다. 과군은 일단 맹약을 맺으면 고칠 수 없다는 생각을 갖고 있습니다. 만일 이를 고칠 수 있다면 설령 매일 맹서한들 무슨 소용이 있겠습니까. 지금 그대는 구맹(舊盟)을 다지려 한다고 말하고 있습니다. 그러나 만일 구맹을 다질 수 있다면 이는 정반대로 구맹을 무시할 수도 있음을 뜻하는 것입니다."

이에 맹약을 다지는 일은 행하지 않게 되었다.

이때 오나라는 위나라에게 제후들의 회동에 참여할 것을 요구했다. 당초 위나라 사람이 오나라의 행인(行人) 저요(且姚)를 죽인 일이 있었다. 이때에 이르러 위나라는 크게 두려워한 나머지 행인 자우(子羽) 등을 불러 이를 상의하게 했다. 그러자 자우가 말했다.

"오나라가 지금 무도한 짓을 자행하고 있으니 우리 군주에게 수욕(羞辱)을 안겨주지 않을까 두렵소. 가지 않느니만 못하오."

그러나 대부 자목(子木)은 이같이 말했다.

"오나라는 바야흐로 무도하기 그지없소. 나라가 무도하면 반드시 사람에게 해를 끼치게 마련이오. 오나라가 설령 무도하기 그지없어 미구에 멸망할지라도 아직까지는 위나라의 우환이 되기에 족하오. 그러니 가야만 하오. 장목(長木: 큰 나무)이 쓰러지게 되면 이와 부딪치고도 불표(不摽: 타격을 입지 않음)하는 경우는 없소. 또한 국구(國狗: 나라에서 소문난 명견)가 미치게 되면 미친 개에게 불서(不噬: 물리지 않음)하는 경우는 없소. 하물며 대국이 무도한 경우야 더 말할 것이 있겠소?"

가을, 위출공(衛出公)이 오왕과 운(鄆: 강소성 여고현 동쪽) 땅에서 만났다. 노애공은 위출공 및 송나라 대부 황원(皇瑗)과는 맹약했으나 끝내 오나라와의 결맹은 사절했다. 이때 오나라 사람들이 위출공이 머무는 관사 주위를 마치 병풍을 두른 것처럼 에워쌌다. 이에 노나라 대부 자복경백(子服景伯)이 자공(子貢)에게 말했다.

"무릇 제후들이 회동하게 되면 일이 끝난 뒤 맹주는 예를 갖추어 인사하고 회동 장소를 제공한 제후는 참석자들에게 먹을 것을 보내고 서로 작별의 예를 차리는 것이오. 그런데 지금 오나라는 위나라에 예를 차리지 않았을 뿐만 아니라 위나라 군주가 묵고 있는 관사 주위를 포위해 위나라 군주를 곤경에 빠뜨렸소. 그런데도 그대는 어찌하여 오나라 태재를 만나보지 않는 것이오?"

이에 자공이 속백(束帛: 5필의 비단 한 묶음)을 청한 뒤 곧바로 이를 들고 백비를 찾아갔다. 두 사람이 이야기를 나누던 중 위나라에 관한 말이 나오자 백비가 말했다.

"과군은 위나라 군주를 받들고자 했는데도 위나라 군주는 뒤늦게 도착했소. 이로 인해 과군은 위나라 군주가 혹여 배반하지 않을까 두려워하고 있소. 그래서 그를 잡아놓고 있는 것이오."

자공이 말했다.

"위나라 군주는 이곳에 올 때 틀림없이 여러 사람과 상의했을 것입니다. 군신들 중에는 참석을 권한 사람도 있고 이를 만류한 사람도 있었을 것입니다. 그래서 오는 것이 늦었을 것입니다. 참석을 권한 사람들은 그대의 당우이고 이를 만류한 사람들은 그대의 적입니다. 만일 위나라 군주를 잡아두면 당우의 위세를 추락시키고 적의 위세를 높여주게 됩니다. 그리 되면 그대에게 훼손을 가하려는 자들의 기대를 성취시켜주는 셈이 됩니다. 나아가 제후들을 모아놓고 위나라 군주를 억류하면 누가 감히 두려워하지 않겠습니까. 당우의 위세를 훼손시킴으로써 적의 위세를 높여주고, 제후들마저 두려움에 떨게 만들면 칭패(稱霸)하기가 어렵지 않겠습니까."

백비가 이 이야기를 듣고 크게 기뻐하며 곧 위나라 군주를 풀어주게 했다. 이에 위출공이 본국으로 돌아갔다. 그는 귀국한 뒤 오나라의 방언을 배웠다. 그러자 위나라 대부 자지(子之: 公孫彌牟)가 어린 나이에 이같이 말했다.

"군주는 반드시 화를 면치 못할 것이다. 아마도 만이(蠻夷)의 땅에서 세상을 떠날 것이다. 오나라 사람에 의해 구금되고도 그 나라 말을 좋아하니 장차 그들을 좇아 오나라로 가는 것은 필연지사이다."

당시 송나라와 정나라의 경계 사이에 극지(隙地: 송나라와 정나라 어디에도 확실히 속하지 않는 공지)가 있었다. 미작(彌作)과 경구(頃丘), 옥창(玉暢), 암(嵒), 과(戈), 석(錫) 등이 그곳이다. 당초 정나라의 자산은 송나라 사람과 강화할 때 이같이 말한 적이 있었다.

"이 지역은 서로 소유하지 않기로 합시다."

그러나 송평공(宋平公)과 송원공(宋元公)의 자손들이 소읍(蕭邑: 송나라의 부용읍으로, 강소성 소현에 위치)에서 정나라로 달아나게 되자 정나라 사람들이 그들을 위해 암과 과, 석 땅에 성을 쌓았다. 9월, 송나라 대부 상소(向巢)가 정나라를 쳐 석 땅을 점령하고 송원공의 자손들을 죽인 뒤 드디어 암 땅을 포위했다. 12월, 정나라 대부 한달(罕達: 武子贖)이 암 땅을 구원했다. 12월 28일, 정나라 군사가 송나라 군사를 포위했다.

겨울 12월, 노나라에 메뚜기 재해가 일어났다. 이에 계강자가 이를 중니에게 문의하자 중니가 대답했다.

"나 공구는 듣건대 '대화성(大火星)이 들어간 뒤에는 칩자(蟄者: 동물들이 동면에 들어감)가 끝난다'고 했소. 지금 대화성이 아직 서쪽을 향해 나아가고 있는데 지금이 12월이라고 한 것은 사력(司歷: 日官)이 과(過: 실수를 저지름)[19]한 것이오."[20]

十二年春王正月, 用田賦. 夏五月, 昭夫人孟子卒. 昭公娶于吳, 故不書姓. 死不赴, 故不稱夫人. 不反哭, 故不言葬小君. 孔子與弔, 適季氏. 季氏不絻, 放絰而拜. 公會吳于橐皐, 吳子使大宰嚭請尋盟. 公不欲, 使子貢

---

19) 이와 관련해 두예는 일관(日官)이 1윤(閏)을 누락시켰다고 본 데 반해 양백준은 이해에는 윤달이 없고 12월 이후에 윤달이 있어야 한다고 지적했다.

20) 중국에서 나온 책들은 모두 메뚜기 재해 기사를 송·정 양국 경계의 극지 기사 앞에 배치했으나 전후 문맥상 문제가 있다. 이 책은 조선조 정조 때의 영인본을 따랐다. 정조 때 나온 판본은 기사 배열상 문제가 된 부분을 모두 새로이 정리해놓은 당대 최고의 판본이다.

對曰 "盟, 所以周信也, 故心以制之, 玉帛以奉之, 言以結之, 明神以要之. 寡君以爲苟有盟焉, 弗可改也已. 若猶可改, 日盟何益. 今吾子曰, 必尋盟. 若可尋也, 亦可寒也." 乃不尋盟. 吳徵會于衛. 初, 衛人殺吳行人且姚而懼, 謀於行人子羽. 子羽曰 "吳方無道, 無乃辱吾君, 不如止也." 子木曰 "吳方無道, 國無道, 必棄疾於人. 吳雖無道, 猶足以患衛. 往也. 長木之斃, 無不摽也, 國狗之瘈, 無不噬也. 而況大國乎." 秋, 衛侯會吳于鄖. 公及衛侯·宋皇瑗盟, 而卒辭吳盟. 吳人藩衛侯之舍. 子服景伯謂子貢曰 "夫諸侯之會, 事旣畢矣, 侯伯致禮, 地主歸餼, 以相辭也. 今吳不行禮於衛, 而藩其君舍以難之, 子盍見大宰." 乃請束錦以行. 語及衛故. 大宰嚭曰 "寡君願事衛君, 衛君之來也緩, 寡君懼, 故將止之." 子貢曰 "衛君之來, 必謀於其衆. 其衆或欲或否, 是以緩來. 其欲來者, 子之黨也. 其不欲來者, 子之讎也. 若執衛君, 是墮黨而崇讎也. 夫墮子者得其志矣. 且合諸侯而執衛君, 誰敢不懼. 墮黨崇讎, 而懼諸侯, 或者難以霸乎." 大宰嚭說, 乃舍衛侯. 衛侯歸, 效夷言. 子之尙幼, 曰 "君必不免, 其死於夷乎. 執焉而又說其言, 從之固矣." 宋鄭之間有隙地焉, 曰彌作·頃丘·玉暢·嵒·戈·錫. 子產與宋人爲成, 曰 "勿有是." 及宋平元之族自蕭奔鄭, 鄭人爲之城嵒戈錫. 九月, 宋向巢伐鄭, 取錫, 殺元公之孫, 遂爲嵒. 十二月, 鄭罕達救嵒. 丙申, 圍宋師. 冬十二月, 螽. 季孫問諸仲尼, 仲尼曰 "丘聞之, 火伏而後蟄者畢. 今火猶西流, 司歷過也."

13년(기원전 482)

13년 봄, 정나라의 한달(罕達)이 군사를 이끌고 가 송나라 군사를 암(嵒)에서 격파했다. 여름, 허남 성(成)이 졸했다. 공이 진후·오자와 황지(黃池)에서 만났다. 초나라 공자 신(申)이 군사를 이끌고 가 진(陳)나라를 쳤다. 월나라가 오나라로 쳐들어갔다. 가을, 공이 모임에서 돌아왔다. 진나라의 위만다(魏曼多)가 군사를 이끌고 가 위나라를 침공했다. 허원공(許元公)을 안장했다. 9월, 메뚜기가 나왔다. 겨울 11월, 혜성이 동방에 나타났다. 도적이 진(陳)나라의 하구부(夏區夫)를 살해했다. 12월, 메뚜기가 나왔다.

十三年春, 鄭罕達帥師, 取宋師于嵒. 夏, 許男成卒. 公會晉侯及吳子于黃池. 楚公子申帥師, 伐陳. 於越入吳. 秋, 公至自會. 晉魏曼多帥師, 侵衛. 葬許元公. 九月, 螽. 冬十一月, 有星孛于東方. 盜殺陳夏區夫. 十二月, 螽.

● 13년 봄, 송나라 대부 상퇴(向魋)가 정나라 군사에 의해 포위된 송나라 군사를 구원하고자 했다. 이때 정나라 대부 무자잉(武子賸)이 군중을 돌며 외쳤다.

"상퇴를 잡는 자에게 큰 상을 내릴 것이다."

이에 상퇴가 도망쳐 귀국했다. 정나라 군사가 송나라 군사를 암(嵒) 땅에서 전멸시키고 송나라 대부 성환(成讙)과 고연(郜延)을 포로로 잡았다. 이로써 6개 지역을 다시 전처럼 극지(隙地)로 남겨두었다.

여름, 노애공이 왕실의 경사 선평공(單平公)과 진정공(晉定公), 오왕 부차(夫差) 등과 황지(黃池: 하남성 봉구현 남쪽)에서 만났다.

6월 12일, 월왕 구천이 오나라를 침공하면서 2수(二隧: 두 길로 나뉘어 진군했다는 뜻으로, '隧'는 '路'의 의미)했다. 월나라 대부 주무여(疇無餘)와 구양(謳陽)은 남로군(南路軍)을 이끌고 먼저 오나라 도성의 교외에 이르렀다. 그러자 오나라 태자 우(友)와 왕자 지(地), 왕손 미용(彌庸)과 수어요(壽於姚) 등은 오나라 도성 부근을 흐르는 홍수(泓水)의 강변에서 월나라 군사의 움직임을 관찰했다. 이때 왕손 미용이 월나라 군사 내에 있는 고멸(姑蔑: 절강성 용유현 북쪽) 땅의 깃발을 보고 말했다.

"저것은 오부(吾父: 일찍이 미용의 부친은 월나라의 포로가 되었는데 이때 깃발도 함께 월나라 군사의 손에 들어갔음)의 깃발이다. 원수를 보고도 죽이지 않는 것은 잘못이다."

그러자 태자 우가 말했다.

"만일 우리가 월나라 군사와 싸워 승리하지 못하면 도성이 적의 손에 떨어지게 되니 그대는 잠시 구원병이 올 때까지 기다리도록 하시오."

그러나 왕손 미용은 이를 듣지 않고 곧바로 속도(屬徒: 휘하의 부하들) 5천 명을 이끌고 출전했다. 이에 왕자 지도 그를 돕기 위해 출전했다. 6월 21일, 왕손 미용이 월나라 군사와 일전을 겨루어 대승을 거두었다. 이에 왕손 미용이 월나라 대부 주무여를 사로잡고 왕자 지는 구양을 사로잡았다. 월왕 구천이 대군을 이끌고 오자 왕자 지가 뒤로 물러나 도성을 지켰다.

6월 22일, 양군이 다시 교전하자 이번에는 월나라 군사가 오나라 군사를 대파하고 태자 우를 비롯해 왕손 미용과 수어요를 포로로 잡았다. 6월 23일, 월나라 군사가 오나라 도성으로 들어갔다. 이때 오나라 사람들이 오왕 부차에게 달려가 패보를 전했다. 그러자 오왕 부차는 제후들이 이 소식을 들을까 크게 두려워한 나머지 친히 칼을 빼어 패보를 전한 7명의 목을 장하(帳下)에서 베어버렸다.

가을 7월 7일, 황지(黃池)의 맹약이 정식으로 체결되었다. 이때 오(吳)·진(晉) 두 나라가 서로 먼저 삽혈하고자 다투었다. 이에 오나라 사람이 말했다.

"주실(周室: 주왕실)의 서열로 볼 때 오나라 시조 태백(大伯: 태백은 주문왕의 부친인 王季의 형임)이 맏이오."

진(晉)나라 사람이 반박했다.

"희성의 제후국 중에서 우리 진나라가 늘 패자로 존재해 왔소."

양측의 논쟁이 그치지 않자 진나라 집정대부 조앙이 대부 사마인(司馬寅: '사마'가 성이나 직책으로 보기도 함)을 불러 말했다.

"날이 이미 저물었소. 결맹의 대사가 아직 마무리되지 못한 것은 우리 두 사람의 죄요. 건고정렬(建鼓整列: 북을 세우고 대열을 정비한다는 뜻으로, 출전 준비를 의미)하고 우리 두 사람이 죽기를 각오하고 싸우면 두 나라 중 누가 선후인지 가려질 것이오."

"잠시만 늦춰주십시오. 내가 저쪽의 상황을 살펴보고 오겠습니다."

사마인이 오나라의 상황을 살피고 돌아와서 말했다.

"원래 '육식자무묵'(肉食者無墨: 두터운 녹봉을 받는 고위 관원은 얼굴에 어두운 기색이 없음)이라고 했습니다. 그런데 지금 오왕은 유묵(有墨: 침울한 기색이 있음)입니다. 대략 오나라가 적국에 패한 것이 아닌지 모르겠습니다. 그도 아니면 태자가 죽었는지도 모릅니다. 이덕(夷德: 만이족인 오나라의 기풍을 의미)은 경솔하여 오래 참지 못하니 우리는 잠시 저들이 어떻게 움직이는지 지켜보는 것이 좋을 듯합니다."

그러고는 곧 오나라로 하여금 먼저 삽혈하게 했다.

이때 오나라 사람이 노애공을 이끌고 진정공을 진현하고자 했다. 그러자 노나라 대부 자복경백이 오나라 사자에게 말했다.

"천자가 제후들을 소집하면 백(伯: 패자)이 후목(侯牧: 나머지 제후들을 지칭)을 인솔해 천자를 조현합니다. 패자가 제후들을 소집하면 후(侯)가 자남(子男: 소국의 제후들을 지칭)을 인솔해 패자를 조현합니다. 조빙 때 천자 이하에 대해 바치는 옥백 또한 그 수량과 내용이 같지 않습니다. 폐읍의 오나라에 대한 직공(職貢: 공물)은 진나라에 비해 훨씬 풍부하고 빠진 것이 하나도 없습니다. 이는 우리가 오나라를 패자로 여긴 데 따른 것입니다. 그러나 지금 제후들을 모아놓은 상황에서 장차 과군을 이끌고 진군(晉君)를 진현하게 되면 곧 진군이 패자가 되는 것입니다. 그리 되면 폐읍은 장차 직공을 바꿔야만 합니다. 노나라는 지금 오나라에 8백 승의 전차를 바치고 있습니다. 만일 폐읍을 자남의 소국으로 삼는다면, 우리는 주(邾)나라가 바치는 수량의 절반을 오나라에 바치고 주나라처럼 진나라를 섬기도록 하겠습니다. 귀국의 집사가 패자의 몸으로 제후들을 불러놓고 끝내 일반 제후국의 신분으로 일을 끝내게 된다면 이것이 무슨 도움이 되겠습니까."

이에 오나라 사람이 이를 그만두었다. 그러나 얼마 후 오나라 사람은 이같이 한 것을 후회하고 곧 자복경백을 수금하려고 했다. 그러자 자복경백이 말했다.

"나 하(何: 자복경백의 이름)는 이미 노나라에 있을 때 후계자를 정해놓았습니다. 수레 2승(乘: 1승에 3명의 수종이 따름)에 수종 6명을 이끌고 갈 생각입니다. 지속(遲速: 오나라로 가는 것의 늦고 빠름)은 오직 귀국의 명을 좇겠습니다."

그러자 오나라 사람이 곧 그를 수금한 뒤 오나라로 데리고 갔다. 호유(戶牖: 하남성 난고현 동북쪽)에 이르렀을 때 자복경백이 오나라 태재 백비에게 말했다.

"노나라에서는 10월 상신(上辛: 첫 번째 辛日)에 천제와 선왕에 대한 유사(有事: 제사)를 지내기 시작해 계신(季辛: 마지막 신일)에 이를 마칩니다. 나는 그 제사에서 일정한 직책을 맡아 노양공 이래 지금까지 한 번도 그 직책을 바꾼 적이 없습니다. 만일 내가 참여하지 못하게 되면 축종(祝宗: 祝史의 우두머리)은 장차 신령에게 고하기를, '오나라가 실로 참여치 못하게 했습니다'라고 할 것입니다. 게다가 노나라가 불경스럽다고 하여 지체 낮은 사람 7명을 체포해 간들 노나라에 무슨 손해될 일이 있겠습니까."

이에 백비가 오왕 부차에게 건의했다.

"저 사람들을 체포한들 노나라에 하등 손해될 일이 없고 단지 오명만을 얻게 될 뿐이니 저들을 돌려보내느니만 못합니다."

이에 자복경백을 돌려보냈다. 이때 오나라 대부 신숙의(申叔儀)가 전부터 알고 지내는 노나라 대부 공손유산(公孫有山)에게 군량 지원을 청하면서 이같이 읊었다.

"패옥이 예(繄: 아래로 축 늘어졌다는 뜻으로, 오왕 부차가 모두 패용했음을 지칭)했네. 나는 하나도 찰 게 없네. 지주(旨酒: 美酒) 한 잔이여, 나는 갈지부(褐之父: 거친 短衣를 입은 빈궁한 노인)와 함께 곁눈질로 이를 쳐다볼 뿐이네."

공손유산이 회답했다.

"양(粱: 곱게 도정한 쌀)은 없고 추(麤: 거친 곡식)는 약간 있소. 당신이 수산(首山: 하남성 양성현 남쪽에 위치)에 올라가 외치기를, '경계호(庚癸乎: '하등품이여'라는 뜻으로, 庚은 북방의 곡식, 癸는 북방의 물을 상징)'라고 하시오.[21] 그러면 내가 곧 낙(諾)[22]하겠소."

오왕 부차는 귀국 도중 송경공이 황지의 회동에 참석하지 않은 것을 이유로 송나라를 치고자 했다. 이에 남자들은 모두 죽이고 여인들은 포로로 잡아오려고 하자 태재 백비가 만류했다.

"승리할 수는 있습니다. 그러나 송나라를 수비하며 머물 수는 없습니다."

이에 오왕 부차가 곧 군사들을 이끌고 귀국했다.

겨울, 오나라가 월나라와 강화했다.

十三年春, 宋向魋救其師. 鄭子臟使徇曰 "得桓魋者有賞." 魋也逃歸. 遂取宋師于嵒, 獲成讙郜延. 以六邑爲虛. 夏, 公會單平公晉定公吳夫差于黃池. 六月丙子, 越子伐吳, 爲二隧. 疇無餘謳陽自南方, 先及郊. 吳大子友·王子地·王孫彌庸·壽於姚自泓上觀之. 彌庸見姑蔑之旗, 曰 "吾父之旗也, 不可以見讎而弗殺也." 大子曰 "戰而不克, 將亡國, 請待之." 彌庸不可, 屬徒五千, 王子地助之. 乙酉, 戰, 彌庸獲疇無餘, 地獲謳陽. 越子至, 王子地守. 丙戌, 復戰, 大敗吳師, 獲大子友·王孫彌庸·壽於姚. 丁亥, 入吳. 吳人告敗于王. 王惡其聞也, 自剄七人於幕下. 秋七月辛丑, 盟, 吳晉爭先. 吳人曰 "於周室, 我爲長." 晉人曰 "於姬姓, 我爲伯." 趙鞅呼司馬寅曰 "日旰矣, 大事未成, 二臣之罪也. 建鼓整列, 二臣死之, 長幼必可知也." 對曰 "請姑視之." 反曰 "肉食者無墨. 今吳王有墨, 國勝乎. 大子死乎. 且夷德輕, 不忍久, 請少待之." 乃先晉人. 吳人將以公見晉侯, 子服景伯對使者曰 "王合諸侯, 則伯帥侯牧以見於王. 伯合諸侯, 則侯帥子男以見於伯. 自王以下, 朝聘玉帛不同. 故敝邑之職貢於吳,

---

21) 이에 대해 양백준은 『월절서(越絶書)·계예내경(計倪內經)』을 인용해 재화 중 갑을(甲乙)은 상등품, 경(庚)은 하등품, 계(癸)는 최하등품에 해당한다고 주장했다.
22) 거친 곡식이라도 갖다 주겠다는 의미로, 군중에서는 공개적으로 반출하기가 어려우니 산 위에서 외치면 이를 구실로 은밀히 빼돌려 전하겠다는 뜻이다. 이 기사는 당시 오나라 군사의 식량 사정이 여의치 않았음을 보여준다.

有豐於晉, 無不及焉, 以爲伯也. 令諸侯會, 而君將以寡君見晉君, 則晉成爲伯矣, 敝邑將改職貢. 魯賦於吳八百乘. 若爲子男, 則將半邾以屬於吳, 而如邾以事晉. 且執事以伯召諸侯, 而以侯終之, 何利之有焉." 吳人乃止, 旣而悔之, 將囚景伯. 景伯曰 "何也立後於魯矣, 將以二乘與六人從, 遲速唯命." 遂囚以還. 及戶牖, 謂大宰曰 "魯將以十越上辛, 有事於上帝先王, 季辛而畢. 何世有職焉, 自襄以來, 未之改也. 若不會, 祝宗將曰 '吳實然.' 且謂魯不共, 而執其賤者七人, 何損焉." 大宰嚭言於王曰 "無損於魯, 而祇爲名, 不如歸之." 乃歸景伯. 吳申叔儀乞糧於公孫有山氏曰 "佩玉繠兮, 余無所繫之. 旨酒一盛兮, 余與褐之父睨之." 對曰 "梁則無矣, 麤則有之. 若登首山以呼曰, 庚癸乎, 則諾." 王欲伐宋, 殺其丈夫而囚其婦人. 大宰嚭曰 "可勝也, 而弗能居也." 乃歸. 冬, 吳及越平.

14년(기원전 481)

14년 봄, 서쪽 지역에서 사냥하여 기린(麒麟)을 잡았다. 소주(小邾)의 역(射)이 구역(句繹)을 들어 망명해 왔다. 여름 4월, 제나라의 진항(陳恒)이 그 군주를 잡아 서주(舒州)에 안치했다. 경술, 숙선이 졸했다. 5월 경신 삭(朔), 일식이 있었다. 진(陳)나라의 종수(宗豎)가 초나라로 망명했다. 송나라의 상퇴(向魋)가 조(曹)로 들어가 반(叛)했다. 거자 광(狂)이 졸했다. 6월, 송나라의 상퇴가 조(曹)에서 위나라로 망명했다. 송나라의 상소(向巢)가 망명해 왔다. 제나라 사람이 그 군주 임(壬)을 서주(舒州)에서 시해했다. 가을, 진(晉)나라의 조앙이 군사를 이끌고 가 위나라를 쳤다. 8월 신축, 중손하기가 졸했다. 겨울, 진나라의 종수가 초나라에서 다시 진나라로 들어왔다. 진(陳)나라 사람이 그를 죽였다. 진(陳)나라의 원매(轅買)가 초나라로 망명했다. 혜성이 나타났다. 기근이 들었다.

十四年春, 西狩獲麟. 小邾射以句繹, 來奔. 夏四月, 齊陳恒執其君, 寘于舒州. 庚戌, 叔還卒. 五月庚申朔, 日有食之. 陳宗豎出奔楚. 宋向黿入于曹, 以叛. 莒子狂卒. 六月, 宋向黿自曹出奔衛, 宋向巢來奔. 齊人弒其君壬于舒州. 秋, 晉趙鞅帥師, 伐衛, 八月辛丑, 仲孫何忌卒. 冬, 陳宗豎自楚復入于陳, 陳人殺之, 陳轅買出奔楚. 有星孛. 饑.

● 14년 봄, 노나라의 서쪽 지역 대야(大野: 巨野로, 산동성 거야현 북쪽에 위치)에서 수렵행사가 있었다. 이때 숙손씨의 수레를 모는 사람 자서상(子鉏商: '子'가 성임)이 기린(麒麟) 한 마리를 잡았다. 그는 상서롭지 못하다고 여겨 이를 우인(虞人: 산택 관장 관원)에게 주었다. 이때 중니가 이를 자세히 보고는 크게 놀라며 말했다.

"이것은 기린이다."

이로 인해 기린을 거두게 되었다.

당시 소주(小邾)나라 대부 역(射)이 자신의 영지인 구역(句繹: 산동성 추현 동남쪽) 땅을 들어 노나라로 망명하면서 말했다.

"계로(季路: 공자의 제자 子路)를 보내 구두로 약정하면 우리는 따로 맹서할 필요가 없소."

이에 자로를 보내려고 하자 자로가 이를 사절했다. 그러자 계강자가 염유를 보내 자로를 설득했다.

"노나라는 전차 1천 승을 보유한 제후국인데도 맹서는 믿을 수 없고 그대의 말만 믿겠다고 하오. 그런데도 그대는 어찌하여 이를 욕된 일이라고 하는 것이오?"

그러자 자로가 회답했다.

"만일 노나라가 소주나라와 싸운다면 나는 감히 그 이유를 따지지 않고 성 아래에서 죽어도 좋습니다. 그러나 그는 신하의 도리를 다하지 않았는데도 내가 그의 말을 들어준다면 그의 불충을 의롭게 만드는 셈이 됩니다. 나 유(由: 자로)는 그리할 수는 없습니다."

당초 제간공(齊簡公: 제도공의 아들 壬)이 노나라에 있을 때 제나라 대부 감지(闞止: 子我)가 제간공의 총애를 입었다. 제간공은 귀국하여 보위에 오르자 감지를 불러 정사를 돌보게 했다. 집정 진성자(陳成子:

陳恒)가 이를 크게 꺼려 조정에서 여러 차례에 걸쳐 고개를 돌려 그를 살펴보았다. 그러자 제어(諸御: 군주를 측근에서 시종하는 僕御)로 있는 대부 진앙(陳鞅: 진씨의 일족)이 제간공에게 건의했다.

"진성자와 감지는 함께 있을 수 없으니 군주는 두 사람 중 한 사람만 택하기 바랍니다."

그러나 제간공은 이를 듣지 않았다. 하루는 자아(子我: 감지)가 저녁에 제간공을 알현하러 가던 중 대부 진역(陳逆: 子行)이 사람을 죽이는 모습을 목도하게 되었다. 이에 곧바로 진역을 체포한 뒤 그를 데리고 공궁으로 들어갔다.

당시 진씨 일족은 서로 매우 화목하여 결속력이 강했다. 이에 체포된 진역에게 병이 난 것처럼 가장하게 했다. 그러고는 반(潘: 쌀뜨물)을 보내 머리를 감게 하고, 주육(酒肉)을 들여보냈다. 진역은 간수에게 주육을 대접하면서 그가 대취하기를 기다렸다가 곧 그를 죽인 뒤 도주했다. 이에 보복을 두려워한 자아가 진씨 일족과 진씨의 종가에서 결맹했다.

당초 진씨의 일족 진표(陳豹: 子皮)는 자아의 가신이 되고자 했다. 이에 대부 공손(公孫)에게 청탁해 자신을 천거하도록 했으나 얼마 후 집안에 상사(喪事)가 있자 이를 그만두었다. 진표의 상사가 끝난 지 얼마 안 되어 공손이 진표를 위해 감지에게 말했다.

"진표라는 자가 있습니다. 키가 크고, 등은 굽어 있고, 눈은 늘 위를 쳐다봅니다. 그가 군자를 섬긴다면 틀림없이 득지(得志)하게 해줄 것입니다. 그는 그대의 가신이 되고자 했지만 나는 그의 사람됨을 꺼려 선뜻 추천하지 못하다가 오늘에야 비로소 알리는 것입니다."

자아가 기뻐하며 말했다.

"그게 무슨 문제가 되겠소? 모든 것은 내게 달린 것이오."

그러고는 곧 진표를 가신으로 삼았다. 며칠 후 자아는 진표와 함께 정사를 논의하다가 그의 말을 듣고 크게 기뻐하며 그를 총애하게 되었다. 어느 날 자아가 진표에게 물었다.

"내가 진씨 가문의 대표자들을 모두 쫓아낸 뒤 그대를 후계자로 세우고자 하는데 어찌 생각하오?"

"저는 진씨 문중의 먼 지손(支孫)에 불과할 뿐입니다. 게다가 그들 중 그대와 적이 되어 있는 사람은 몇 명에 불과한데, 어찌하여 그들을 모두 쫓아내려는 것입니까?"

이에 진표는 곧바로 진씨에게 자아의 이야기를 전했다. 그러자 자행(子行: 진역)이 진항에게 건의했다.

"자아가 군주의 신임을 얻고 있으니 우리가 미리 손을 쓰지 않으면 틀림없이 그대에게 반드시 화가 닥칠 것입니다."

이로 인해 자행은 공궁에 머물며 자아의 동태를 살폈다. 여름 5월 13일, 진성자의 형제들이 수레 4승을 나누어 타고 공궁으로 들어갔다.[23] 이때 마침 자아는 악(幄: 정무를 보는 장막)에 있다가 밖으로 나와 이들을 맞이했다. 이들은 곧바로 안으로 들어가 문을 잠가버렸다. 자아의 시종이 이들을 저지하려고 하자 자행이 그를 죽여버렸다.

당시 제간공은 공궁 밖으로 나와 여인들과 단대(檀臺: 제나라 도성 임치의 동북 1리 지점)에서 술을 마시고 있었다. 잠시 후 진성자가 와서 제간공에게 장소를 침소로 옮길 것을 요구했다. 화가 난 제간공이 창을 들고 진성자 형제들을 치려고 하자 태사 자여(子餘: 진성자의 당우)가 설득했다.

"이는 군주를 불리하게 만들려는 것이 아니라 나라를 해치는 자들을 제거하려는 것일 뿐입니다."

진성자는 거소를 옮겨 부고(府庫)에 머물렀다. 그는 제간공의 노기가 아직도 풀리지 않고 있다는 이야기를 듣고는 곧 외국으로 나갈 생각으로 말했다.

"어디로 간들 섬길 군주가 없겠는가."

---

23) 이와 관련해 두예는 진성자의 형제인 소자(昭子: 莊)와 간자(簡子: 齒) · 선자(宣子: 夷) · 목자(穆子: 安) · 늠구자(廩丘子: 意玆) · 망자(芒子: 盈) · 혜자(惠子: 得) 등 모두 8명이 2명씩 한 조가 되어 4대의 수레에 분승해 공궁으로 들어갔다고 해석했다.

그러자 자행이 칼을 뽑아 들고 일갈했다.

"수(需: 주저하며 결단을 못 내림)는 대사를 행하는 데 최대의 적이오. 그대가 떠나면 누구인들 진씨 가문의 종주가 될 자격이 없겠소? 그대가 떠나는데도 내가 그대를 죽이지 않으면 진씨 가문의 역대 종주들이 증인이 되어줄 것이오."

이에 진성자가 망명할 생각을 버렸다. 이때 자아는 자신의 집으로 돌아가 부하들을 소집한 뒤 이들을 이끌고 공궁으로 가 위문(闈門: 공궁의 작은 곁문이나, 담장에 난 작은 문으로 보기도 함)과 대문(大門)을 공격했으나 이기지 못했다. 이에 자아가 곧 도주했다. 진씨 가문 사람들이 뒤를 추격하자 다급한 나머지 엄중(弇中: 임치의 서남쪽에 있는 弇中峪)에서 길을 잃고는 이내 진씨의 봉읍인 풍구(豊丘)로 들어가고 말았다. 그러자 풍구 사람들이 곧바로 그를 체포한 뒤 이를 진씨에게 알렸다. 이에 진씨가 곽관(郭關: 제나라의 關名)에서 그를 죽여버렸다.

이때 진성자는 자아의 가신 대륙자방(大陸子方)을 죽이고자 했다. 그러나 대륙자방은 진역의 청원으로 죽음을 면하게 되었다. 그러자 대륙자방은 제간공의 명을 내세워 길에서 수레 한 대를 빼앗아 탄 뒤 망명길에 올랐다. 그가 노나라나 위나라로 망명하기 위해 서쪽으로 수레를 몰아 제(齊)·노(魯)의 경계지역인 이(邔) 땅에 이르렀을 때 많은 사람들이 그를 알아보고 동쪽으로 내몰았다.

당초 대륙자방은 가까스로 죽음을 면한 뒤 곧바로 망명할 생각으로 옹문(雍門: 제나라 도성의 성문)을 빠져나갔다. 이때 진표가 그에게 수레를 건네주었다. 그러자 대륙자방이 사양했다.

"진역이 나를 사면시켜 주었는데 진표마저 나에게 수레를 준다면 나는 진씨 가문과 은밀히 내통한 것이 되오. 자아를 섬겼던 내가 그의 적들과 내통하게 된다면 무슨 면목으로 노나라나 위나라의 사람들을 만나볼 수 있겠소?"

이때 동곽가(東郭賈: 두예는 '동곽가'를 '대륙자방'으로 해석)는 위나라로 달아났다. 5월 21일, 진항이 제간공을 서주(徐州: 하북성 대성현 경계)에 유폐했다. 그러자 제간공이 탄식했다.

"내가 일찍이 진앙(陳鞅)의 충고를 좇았다면 이 지경에 이르지는 않았을 것이다."

十四年春, 西狩於大野, 叔孫氏之車子鉏商獲麟, 以爲不祥, 以賜虞人. 仲尼觀之, 曰 "麟也." 然後取之. 小邾射以句繹來奔, 曰 "使季路要我, 吾無盟矣." 使子路, 子路辭. 季康子使冉有謂之曰 "千乘之國, 不信其盟, 而信子之言, 子何辱焉." 對曰 "魯有事于小邾, 不敢問故, 死其城下可也. 彼不臣而濟其言, 是義之也, 由弗能." 齊簡公之在魯也, 闞止有寵焉. 及卽位, 使爲政. 陳成子憚之, 驟顧諸朝. 諸御鞅言於公曰 "陳闞不可竝也, 君其擇焉." 弗聽. 子我夕, 陳逆殺人, 逢之, 遂執以入. 陳氏方睦, 使疾而遺之潘沐, 備酒肉焉, 饗守囚者, 醉而殺之而逃. 子我盟諸陳於陳宗. 初, 陳豹欲爲子我臣, 使公孫言己, 已有喪而止. 旣而言之, 曰 "有陳豹者, 長而上僂, 望視, 事君子必得志. 欲爲子臣, 吾憚其爲人也, 故緩以告." 子我曰 "何害, 是其在我也." 使爲臣. 他日, 與之言政, 說, 遂有寵. 謂之曰 "我盡逐陳氏而立女, 若何." 對曰 "我遠於陳氏矣. 且其違者不過數人, 何盡逐焉." 遂告陳氏. 子行曰 "彼得君, 弗先, 必禍子." 子行舍於公宮. 夏五月壬申, 成子兄弟四乘如公. 子我在幄, 出逆之. 遂入, 閉門. 侍人禦之, 子行殺侍人. 公與婦人飮酒于檀臺, 成子遷諸寢. 公執戈將擊之. 大史子餘曰 "非不利也, 將除害也." 成子出舍于庫, 聞公猶怒, 將出, 曰 "何所無君." 子行抽劍曰 "需, 事之賊也. 誰非陳宗. 所不殺子者, 有如陳宗." 乃止. 子我歸, 屬徒攻闈與大門, 皆不勝, 乃出. 陳氏追之, 失道於弇中, 適豐丘. 豐丘人執之以告, 殺諸郭關. 成子將殺大陸子方. 陳逆請而免之, 以公命取車於道. 及耏, 衆知而東之. 出雍門, 陳豹與之車, 弗受. 曰 "逆爲余請, 豹與余車, 余有私焉. 事子我而有私於其讎, 何以見魯衛之士." 東郭賈奔衛. 庚辰, 陳恒執公于舒州. 公曰 "吾早從鞅之言, 不及此."

● 송나라 대부 환퇴(桓魋: 상퇴)가 송경공의 총애를 배경으로 세력

을 확장하자 오히려 송경공에게 커다란 해가 되었다. 하루는 송경공이 문득 모친인 부인에게 환퇴를 초청하는 연회를 베풀 것을 청했다. 송경공은 이 자리에서 곧바로 환퇴를 제거할 생각이었다.

그러나 이 일이 있기 전에 환퇴가 먼저 송경공의 속셈을 알아채고 손을 썼다. 그는 우선 송경공을 유인할 구실을 찾기 위해 송경공에게 자신의 영지인 안읍(鞍邑: 산동성 정도현 남쪽)을 송경공의 직할지인 박읍(薄邑: 하남성 상구시 북쪽)과 바꿔줄 것을 청했다. 그러자 환퇴의 속셈을 알 길이 없는 송경공이 난색을 표했다.

"안 되오. 박읍은 종읍(宗邑: 종묘의 소재지)이오."

송경공은 미안한 생각에 곧 안읍의 주변에 있는 다른 7개 성읍을 안읍에 편입시켜주었다. 그러자 환퇴는 군주의 후은을 사례하기 위한 연회를 베풀게 해달라고 청했다. 송경공이 이를 허락하자 곧바로 일중(日中: 해가 중천에 떠오르는 정오)을 기한으로 하여 자신의 사병들을 모두 무장시킨 뒤 이들을 이끌고 안읍으로 갔다. 송경공이 이 사실을 알고 사마 황야(皇野: 子仲)를 불러 상의했다.

"내가 환퇴를 이같이 키워주었건만 지금 그는 오히려 나에게 화를 입히려 하고 있소. 청컨대 그대는 급히 나를 구해주기 바라오."

사마 자중(子仲: 황야)이 대답했다.

"신하가 불순(不順)하면 신령들조차 미워하는 법인데 하물며 사람이야 더 말할 것이 있겠습니까. 제가 어찌 감히 명을 받들지 않겠습니까. 다만 좌사(左師: 환퇴의 형 向巢)를 끌어들이지 못하면 성공할 수 없으니 청컨대 군주의 명의로 그를 소견(召見)하기 바랍니다."

원래 좌사는 매번 식사할 때마다 으레 격종(擊鐘: 여기서는 奏樂을 의미)했다. 이때 마침 종소리가 들리자 송경공이 황야에게 말했다.

"그 사람이 이제 막 식사하려 하고 있소."

좌사가 식사를 마친 후 주악(奏樂)하게 하자 송경공이 이 소리를 듣고 말했다.

"이제 가면 만나볼 수 있을 것이오."

이에 황야가 곧바로 수레를 타고 좌사를 찾아갔다. 좌사가 황야를 맞아들이자 황야가 좌사에게 비유를 들어 설득했다.

"적인(迹人: 수렵 때 짐승의 발자국 추적을 담당하는 사람)이 찾아와 고하기를, '봉택(逢澤: 하남성 상구현 남쪽)에 미(麋: 큰 사슴)가 있습니다'라고 했소. 그러자 군주가 말하기를, '비록 환퇴가 아직 오지는 않았으나 좌사가 있으니 내가 그와 함께 사냥하면 어떻겠소'라고 했소. 그러나 군주는 이를 직접 좌사에게 말하는 것을 꺼려했소. 그래서 내가 말하기를, '제가 가서 한번 사적으로 좌사와 이야기해보도록 하겠습니다'라고 했소. 그러자 군주가 속히 갔다올 것을 원했소. 그래서 내가 이렇게 급히 수레를 타고 그대를 맞이하러 온 것이오."

이에 황야가 좌사와 함께 수레를 타고 공궁으로 갔다. 송경공이 좌사에게 소견하게 된 연유를 말하자 좌사가 절을 한 뒤 엎드린 채 일어서지 못했다. 그러자 황야가 송경공에게 건의했다.

"군주는 그와 맹서하도록 하십시오."

송경공이 이를 받아들여 맹서했다.

"내가 그대를 화난에 들게 하면 위로는 하늘이 있고 아래로는 선군들이 있어 이를 증명해줄 것이다."

좌사가 말했다.

"환퇴가 공경하지 못한 것은 송나라의 화난입니다. 제가 어찌 감히 명대로 따르지 않겠습니까."

이에 황야가 서(瑞: 군사 동원에 필요한 부절)를 청한 뒤 곧바로 그의 부하들에게 명하여 환퇴를 치게 했다. 이때 그의 집안 부형과 고신(故臣: 오래된 가신)들이 입을 모아 반대했다.

"그리해서는 안 됩니다."

그러나 그의 신신(新臣: 새로 들어온 가신)들은 기꺼이 황야의 명을 따르겠다고 다짐했다. 이에 황야는 드디어 환퇴의 집을 공격하게 되었다. 그러자 환퇴의 아우 자기(子頎)가 말을 달려 환사마(桓司馬: 환퇴)에게 이를 알렸다. 이때 환퇴는 곧바로 도성으로 진공하고자 했다. 그러자 그의 아우 자거(子車)가 만류했다.

"군주를 제대로 섬기지도 못하면서 이제 다시 공실을 치게 되면 백성들이 그대를 편들지 않을 것입니다. 이는 오직 죽음을 부를 뿐입니다."

이에 환퇴는 드디어 조읍(曹邑: 환퇴의 봉읍일 공산이 큼)으로 들어가 반기를 들었다.

6월, 송경공이 좌사 상소(向巢)에게 명하여 환퇴를 치게 했다. 이때 상소는 환퇴를 이기지 못하자 송경공의 노여움을 살까 두려워해 이내 대부들을 인질로 잡아 돌아올 생각을 했다. 그러나 그 일이 불가능하자 다시 조읍(曹邑: 송나라에 패망한 조나라 땅)으로 들어가 조읍 사람을 인질로 삼았다. 그러자 아우 환퇴가 반대했다.

"이는 불가합니다. 우리는 이미 군주를 제대로 섬기지 못한 처지에 또다시 백성들에게 득죄하면 장차 어찌하려는 것입니까."

이에 곧 인질들을 풀어주었다. 얼마 후 백성들이 이들을 배반하자 환퇴는 위나라, 상소는 노나라로 달아났다. 송경공이 상소를 외국으로 못 나가게 하기 위해 사람을 보내 설득했다.

"나는 그대에게 약속한 말이 있소. 그대를 내보내 상씨(向氏)의 제사를 끊게 할 수는 없소."

상소가 사양했다.

"저의 죄가 큽니다. 군주가 저희 환씨(桓氏: 상씨)를 모두 멸망시키는 것 또한 가한 일입니다. 만일 선신(先臣)의 공을 참작해 후계자를 잇게 해주면 이는 군주의 은덕입니다. 그러나 저와 같은 자는 다시 돌아갈 수 없습니다."

환퇴의 동생 사마우(司馬牛: 司馬耕으로 자는 子牛)는 자신의 봉읍과 옥규(玉珪: 위는 뾰족하고 아래는 방형인 玉器)를 송경공에게 반납하고 제나라로 갔다. 환퇴가 위나라로 망명하자 위나라 대부 공문씨(公文氏)가 그를 공격하면서 그가 갖고 있는 하후씨(夏后氏)의 옥황(玉璜: 하왕조에서 사용한 것으로 알려진 보옥으로, 璧의 반쪽 형상을 하고 있음)을 요구했다. 이에 환퇴는 다른 옥을 그에게 준 뒤 제나라로 달아났다. 제나라 대부 진성자가 곧 그를 차경(次卿)으로 삼았다.

이때 사마우는 또 제나라로부터 받은 봉읍을 반환한 뒤 오나라로 갔다. 그러나 오나라 사람이 그를 꺼리자 다시 송나라로 돌아가고자 했다. 마침 진나라 대부 조간자가 그를 부른 데 이어 제나라 대부 진성자도 그를 불렀다. 그러나 그는 응하지 않았다. 사마우는 송나라로 돌아가던 도중 마침내 노나라 도성의 곽문 밖에서 죽게 되었다. 이에 노나라 사람 갱씨(阬氏)가 그를 구여(丘輿: 산동성 비현 서쪽)에 장사지내 주었다.

6월 5일, 제나라 대부 진성자가 제간공 임(壬)을 서주에서 시해했다. 이에 공구(孔丘: 공자)가 사흘 동안 재계한 뒤 노애공에게 세 차례에 걸쳐 제나라를 칠 것을 요청했다. 그러자 노애공이 반문했다.

"우리 노나라는 제나라로 인해 쇠약해진 지 이미 오래되었소. 그런데 그대는 쇠약해진 노나라를 가지고 제나라를 치자고 하니 무엇을 가지고 그리하겠다는 것이오?"

공구가 대답했다.

"진항(陳恒)이 그의 군주를 시해했고 제나라 백성 중 그를 편들지 않는 사람이 반은 됩니다. 그러니 우리 노나라 백성과 진항에 반대하는 제나라 백성이 합세하면 가히 승리할 수 있습니다."

이에 노애공이 말했다.

"그렇다면 그대가 한번 계손(季孫: 계강자)에게 말해보도록 하시오."

공자가 자리에서 물러나와 주위 사람에게 말했다.

"나는 비록 말석이기는 하나 대부의 반열에 끼어 있었던 까닭에 이를 감히 말하지 않을 수 없었소."

당초 노나라 대부 맹유자(孟孺子) 설(洩: 맹의자의 아들 孟武伯)은 맹손씨의 봉지인 성읍(成邑)에서 어마(圉馬: 養馬)하고자 했다. 그러자 읍재(邑宰) 공손숙(公孫宿: 公孫成으로, 본래는 노나라 종실이었으나 후에 제나라를 섬김)이 반대했다.

"성읍의 병(病: 여기서는 빈곤을 지칭)으로 인해 여기서는 말을 기를 수 없습니다."

이에 화가 난 맹유자가 성읍을 습격했다. 그러나 그를 따르던 사람들은 끝내 성읍으로 쳐들어가지 못한 채 그대로 돌아갔다. 얼마 후 성읍의 유사(有司)가 사람을 보내자 맹유자가 그 사람에게 매질을 가했다.

가을 8월 13일, 맹의자가 죽었다. 성읍 사람들이 조상을 갔으나 맹유자가 이들을 받아들이지 않았다. 이에 성읍의 사람들이 단면(袒免: 웃도리와 관을 벗음)한 채 거리에서 곡상(哭喪)했다. 이들이 맹유자에게 청공(聽共: 복종을 다짐함)했으나 맹유자는 응답하지 않았다. 결국 이들은 두려운 나머지 감히 성읍으로 돌아가지도 못했다.

宋桓魋之寵害於公, 公使夫人驟請享焉, 而將討之. 未及, 魋先謀公, 請以鞍易薄. 公曰 "不可. 薄, 宗邑也." 乃益鞍七邑, 而請享公焉. 以日中爲期, 家備盡往. 公知之, 告皇野曰 "余長魋也, 今將禍余, 請卽救." 司馬子仲曰 "有臣不順, 神之所惡也, 而況人乎. 敢不承命. 不得左師不可, 請以君命召之." 左師每食擊鐘. 聞鐘聲, 公曰 "夫子將食." 旣食, 又奏. 公曰 "可矣." 以乘車往, 曰 "迹人來告曰 '逢澤有介麋焉.' 公曰 '雖魋未來, 得左師, 吾與之田, 若何.' 君憚告子, 野曰 '嘗私焉.' 君欲速, 故以乘車逆子." 與之乘, 至, 公告之故, 拜不能起. 司馬曰 "君與之言." 公曰 "所難子者, 上有天, 下有先君." 對曰 "魋之不共, 宋之禍也. 敢不唯命是聽." 司馬請瑞焉, 以命其徒攻桓氏. 其父兄故臣曰 "不可." 其新臣曰 "從吾君之命." 遂攻之. 子頎騁而告桓司馬. 司馬欲入, 子車止之, 曰 "不能事君, 而又伐國, 民不與也, 其取死焉." 向魋遂入于曹以叛. 六月, 使左師巢伐之, 欲質大夫以入焉. 不能, 亦入于曹取質. 魋曰 "不可. 旣不能事君, 又得罪于民, 將若之何." 乃舍之. 民遂叛之. 向魋奔衛. 向巢來奔, 宋公使止之, 曰 "寡人與子有言矣, 不可以絶向氏之祀." 辭曰 "臣之罪大, 盡滅桓氏可也. 若以先臣之故, 而使有後, 君之惠也. 若臣則不可以入矣." 司馬牛致其邑與珪焉, 而適齊. 向魋出於衛地, 公文氏攻之, 求夏后氏之璜焉. 與之他玉, 而奔齊. 陳成子使爲次卿, 司馬牛又致其邑焉, 而適吳. 吳人惡之, 而反. 趙簡子召之, 陳成子亦召之, 卒於魯郭門之外,阮氏葬諸丘輿. 甲午, 齊陳恒弑其君壬于舒州. 孔丘三日齊, 而請伐齊三. 公曰"魯爲齊弱久矣, 子之伐之, 將若之何."對曰"陳恒弑其君, 民之不與者半. 以魯之衆, 加齊之半, 可克也."公曰"子告季孫."公子辭, 退而告人曰"吾以從大夫之後也, 故不敢不言."初, 孟孺子洩將圍馬於成, 成宰公孫宿不受, 曰"孟孫爲成之病, 不圍馬焉."孺子怒, 襲成, 從者不得入, 乃反. 成有司使, 孺子鞭之. 秋八月辛丑, 孟懿子卒. 成人奔喪, 弗內. 袒免哭于衢. 聽共, 弗許. 懼不歸.

15년(기원전 480)

15년 봄 주력(周曆) 정월, 성(成)이 반(叛)했다. 여름 5월, 제나라의 고무비(高無㔻)가 북연으로 망명했다. 정백이 송나라를 쳤다. 가을 8월, 크게 기우제를 지냈다. 진나라의 조앙이 군사를 이끌고 가 위나라를 쳤다. 겨울, 진후가 정나라를 쳤다. 제나라와 화친했다. 위나라의 공맹구(公孟彄)가 제나라로 망명했다.

十五年春王正月, 成叛. 夏五月, 齊高無㔻出奔北燕. 鄭伯伐宋. 秋八月, 大雩. 晉趙鞅帥師, 伐衛. 冬, 晉侯伐鄭. 及齊平. 衛公孟彄出奔齊.

●15년 봄, 성읍 사람들이 맹씨를 배반하여 제나라에 의탁했다. 이에 노나라 대부 무백(武伯: 맹무백)이 성읍을 공격했으나 이기지 못하고 마침내 수(輸: 성읍 부근) 땅에 성을 쌓았다.

여름, 초나라 대부 자서(子西)와 (子期)가 오나라로 쳐들어가 동예(桐汭: 지금의 桐水로, 안휘성 광덕현에서 발원해 북쪽으로 흘러 단양호로 유입)까지 이르게 되었다. 이때 진민공(陳閔公)이 종실인 공손 정자(貞子)를 오나라로 보내 이를 위로하고자 했다. 그러나 정자는 양(良: 강소성 비현 북쪽) 땅에 이르러 죽고 말았다. 이에 부사(副使)가 공손 정자의 시신을 이끌고 오나라 도성으로 들어가려고 했다. 그러자 오왕 부차가 태재 백비를 시켜 이들을 위로하면서 이같이 사절하게 했다.

"때아니게 비가 너무 많이 내렸소. 늠연(廩然)히[24] 대부의 시신을 잃어 과군의 근심을 더하게 될까 우려되오. 과군은 이를 걱정하여 감히 영구의 입성을 사절하도록 했소."

이에 상개(上介: 首席副使)[25]로 온 우윤(芋尹) 개(蓋)가 대답했다.

"과군은 초나라가 무도한 나머지 오나라를 천벌(荐伐: 거듭 침공함)하여 죄없는 백성들을 죽인다는 말을 들었습니다. 이에 저를 비사(備使: '사절로 삼다'의 뜻이나 '副使'의 일종으로 해석하기도 함)하여 귀군(貴君)의 하리(下吏)에게 위로의 말을 전하게 했습니다. 무록(無祿: '불행히'라는 뜻의 관용 부사), 정사(正使)가 하늘의 근심으로 인해 대명운추(大命隕隊: 목숨을 잃는다는 뜻으로, '隊'는 '墜'와 통함)하여 양 땅에서 절세(絶世: 세상을 떠남)했습니다. 저희들은 폐일공적(廢日共積: 시일을 버리며 빈렴할 재물을 모음)하면서도 사명을 완수하기 위해 일일천차(一日遷次: 매일 거주지를 옮김)했습니다. 그런데 이제 군주는 영접 사신에게 명하기를, '영구를 성문에 들이지 말라'고 했습니다. 이는 과군의 명을 풀밭에 버리게 하는 것과 같습니다. 제가 듣건대 '사사여사생(事死如事生: 죽은 사람 모시기를 산 사람 모시듯이 함)이 예이다'라고 했습니다. 이에 조빙하던 중 사자가 죽게 될 때 영구를 받들어 사명을 완수하는 예가 있고, 또 조빙하던 중 상대국의 국상을 만난 경우의 예가 있는 것입니다. 만일 사자의 영구를 받들고 사명을 완수하지 못하면 이는 곧 조빙하던 중 상대국의 국상을 만났다고 하여 아

---

24) '늠연'을 두고 두예 등은 영구가 기울여진 채 이동하는 모양을 묘사한 것으로 해석했으나, 양백준은 '늠(廩)'을 '범람'으로 해석해 '남연(濫然)'으로 읽어야 한다고 주장했다. 전후 문맥에 비추어 양백준과 같이 '남연히' 넘치는 물에 시신을 잃을까 걱정하는 것으로 풀이하는 것이 타당하다.

25) '상개'를 두예와 양백준 모두 '수석부사'로 해석했다. 양백준은 '상개'를 '과군감사'(寡君敢辭)와 합쳐 해석해야 한다는 일부 주장에 대해, 그럴 경우 오나라는 자국에 공무차 왔다가 순직한 사자의 시신을 거부하는 커다란 실례를 범하는 셈이 된다며 '감사'(敢辭)와 '상개'(上介)는 반드시 끊어 읽어야 한다고 반박했다. 양백준의 주장이 타당하다.

무 일도 못하고 그대로 돌아가는 경우와 같게 됩니다. 이는 불가한 일이 아니겠습니까. 예로써 백성들의 불의를 막으려면 오히려 간혹 통상적인 궤도를 뛰어넘는 경우가 있습니다. 지금 대부가 말하기를, '사자가 죽었으니 조빙을 그만두라'고 했습니다. 이는 예를 버리라는 것이니 그리하고도 어찌 오나라가 제후들의 맹주가 될 수 있겠습니까. 선민(先民: 옛 사람)이 이르기를, '학사(虐士: 죽은 사람)를 욕되게 하지 말라'고 했습니다. 만일 제가 영구를 받든 채 사명을 완수하여 과군의 명을 귀군이 있는 곳에 상달하게 할 수 있다면, 비록 심연(深淵)에 빠질지라도 이는 천명일 뿐 귀군과 섭인(涉人: 사공)의 허물은 아닙니다."

이에 오나라 사람들이 진나라 사자와 영구를 도성 안으로 맞아들였다.

가을, 제나라 대부 진관(陳瓘: 진성자의 형 子玉)이 초나라로 갔다. 그가 위나라를 통과할 때 중유(仲由: 자로)가 그를 배견하면서 말했다.

"하늘이 혹여 진씨를 부근(斧斤: 도끼)으로 삼아 이미 제나라 공실을 착상(斲喪: 찍어내 훼손시킴)하게 한 뒤 다른 사람으로 하여금 이를 보유하게 하려는 것인지 지금으로서는 알 길이 없습니다. 또 진씨로 하여금 종국적으로 제나라를 취하게 하려는 것인지도 현재로서는 알 수 없습니다. 만일 노나라와 가까이 지내면서 때가 오기를 기다리면 이 또한 가하지 않겠습니까. 그런데 어찌하여 굳이 두 나라의 관계를 악화시키려는 것입니까."

자옥(子玉: 진관)이 말했다.

"옳은 말이오. 내가 그대의 명을 받들도록 하겠소. 그대는 곧 사람을 내 아우에게 보내 이를 전하도록 하시오."

겨울, 노나라가 제나라와 강화했다. 이에 노나라 대부 자복경백이 제나라로 갔다. 이때 자공(子贛: 子貢)이 부사가 되었다. 그는 도중에 성읍의 읍재 공손성(公孫成: 공손숙)을 만나 말했다.

"사람은 누구나 남의 신하가 되지만 때로는 모시는 사람의 마음과 배치되는 경우도 있습니다. 하물며 제나라 사람은 비록 지금은 그대를 위해 일을 한다 할지라도 어찌 두 마음이 없겠습니까. 그대는 주공의 후손으로 큰 이익을 누리고 있는데도 도리어 불의를 행하려는 생각을 품고 있습니다. 이는 아무 소득도 없을 뿐만 아니라 종국(宗國: 조국)을 망치는 결과를 낳을 것입니다. 그대는 장차 어찌하려는 것입니까?"

그러자 공손성이 크게 기뻐하며 말했다.

"참으로 옳은 말이오. 나는 일찍이 그같은 말을 들어보지 못했소."

이때 제나라 대부 진성자가 객관으로 찾아와 노나라 사자들과 만나 말했다.

"과군이 나를 시켜 그대들에게 전하게 하기를, '나는 노나라 군주를 위나라 군주를 섬기듯이 섬기고자 하오'라고 했소."

이에 자복경백이 자공을 시켜 읍을 한 뒤 앞으로 나가 이같이 대답하게 했다.

"이는 바로 과군의 바람이기도 합니다. 전에 진나라가 위나라를 치자 제나라는 위나라를 구하기 위해 진나라의 관씨(冠氏: 산동성 관현 북쪽) 땅을 공격했다가 전차 5백 승을 잃었습니다. 그러나 당시 제경공은 위영공의 지원을 고맙게 여겨 위나라에게 제수(濟水) 이서의 땅과 작읍(禚邑)·미읍(媚邑)·행읍(杏邑) 이남의 땅 등 모두 5백 개의 촌사(村社: '1사'는 '25戶'의 토지와 인민을 의미)를 떼어주었습니다. 이에 반해 오나라 사람이 폐읍에 난폭한 짓을 할 때 제나라는 폐읍의 곤경을 틈타 환(讙)과 천(闡) 땅을 점령했습니다. 이로 인해 과군은 매우 한심(寒心: 서운함)해했습니다. 만일 제나라가 위나라 군주를 섬기듯 과군을 섬겨만 준다면 이는 고소원(固所願: 진실로 원하는 바의 것)입니다."

이에 진성자는 크게 고민하다가 이내 성읍을 노나라에게 돌려주었다. 그러자 성읍의 공손숙이 그의 갑사들과 함께 무기를 들고 제나라의 영읍(嬴邑: 산동성 내무현 서북쪽)으로 들어갔다.

十五年春, 成叛于齊. 武伯伐成, 不克, 遂城輸. 夏, 楚子西子期伐吳, 及桐汭. 陳侯使公孫貞子弔焉, 及良而卒, 將以尸入. 吳子使大宰嚭勞, 且

辭曰 "以水潦之不時, 無乃廩然隕大夫之尸, 以重寡君之憂, 寡君敢辭." 上介芋尹蓋對曰 "寡君聞楚爲不道, 荐伐吳國, 滅厥民人. 寡君使蓋備使, 弔君之下吏. 無祿, 使人逢天之慼, 大命隕隊, 絶世于良, 廢日共積, 一日遷次. 今君命逆使人曰 '無以尸造于門.' 是我寡君之命委于草莽也. 且臣聞之曰 '事死如事生, 禮也.' 於是乎有朝聘而終, 以尸將事之禮, 又有朝聘而遭喪之禮. 若不以尸將命, 是遭喪而還也, 無乃不可乎. 以禮防民, 猶或踰之. 今大夫曰 '死而棄之', 是棄禮也, 其何以爲諸侯主. 先民有言曰 '無穢虐士.' 備使奉尸將命, 苟我寡君之命達于君所, 雖隕于深淵, 則天命也, 非君與涉人之過也." 吳人內之. 秋, 齊陳瓘如楚. 過衛, 仲由見之, 曰 "天或者以陳氏爲斧斤, 旣斲喪公室, 而他人有之, 不可知也. 其使終饗之, 亦不可知也. 若善魯以待時, 不亦可乎. 何必惡焉." 子玉曰 "然, 吾受命矣, 子使告我弟." 冬, 及齊平. 子服景伯如齊, 子贛爲介, 見公孫成, 曰 "人皆臣人, 而有背人之心, 況齊人雖爲子役, 其有不貳乎. 子周公之孫也. 多饗大利, 猶思不義. 利不可得, 而喪宗國, 將焉用之." 成曰 "善哉. 吾不早聞命." 陳成子館客, 曰 "寡君使恒告曰 '寡人願事君如事衛君.'" 景伯揖子贛而進之, 對曰 "寡君之願也. 昔, 晉人伐衛, 齊爲衛故, 伐晉冠氏, 喪車五百. 因與衛地, 自濟以西, 禚媚杏以南, 書社五百. 吳人加敝邑以亂, 齊因其病, 取讙與闡, 寡君是以寒心. 若得視衛君之事君也, 則固所願也." 成子病之, 乃歸成. 公孫宿以其兵甲入于嬴.

● 위나라 대부 공어(孔圉: 공문자)는 태자 괴외(蒯聵: 위장공)의 자씨(姉氏: 괴외의 누이 孔伯姬를 지칭)를 아내로 맞아 공회(孔悝)를 낳았다. 당시 공씨 집에 있던 수자(豎子: 어린 노복) 혼량부(渾良夫)는 키가 크고 얼굴이 잘생겼다. 공문자가 세상을 떠나자 혼량부는 공문자의 아내와 사통했다.

괴외가 척(戚) 땅에 있을 때 공희(孔姬: 공백희)가 어떤 일로 혼량부를 괴외에게 보낸 적이 있었다. 그러자 괴외가 혼량부에게 말했다.

"만일 그대가 나를 귀국시켜 보위에 오르게 해주면 내가 그대에게 복면승헌(服冕乘軒: 大夫의 옷과 모자, 수레, 가마로, 곧 대부로 발탁하겠다는 뜻임)을 내리고 삼사무여(三死無與: 세 번 죽을 죄를 사면함)의 특전을 베풀도록 하겠소."

이에 혼량부는 괴외와 맹서한 뒤 괴외를 위해 공희에게 청을 넣었다. 윤12월, 혼량부가 괴외와 함께 도성으로 들어와 공씨의 집 밖에 있는 포(圃: 菜園)에 거처했다. 날이 어두워지자 두 사람은 두건을 뒤집어쓰고 수레에 올라탔다. 그러자 공씨의 시인(寺人) 나(羅)가 수레를 몰아 공씨 집으로 갔다. 이때 공회의 가재 난녕(欒寧)이 승차한 사람을 묻자 시인 나가 공씨의 인첩(姻妾: 인척의 시첩)이라고 둘러댄 뒤 곧바로 공희가 있는 곳으로 수레를 몰았다.

식사를 끝낸 뒤 공백희가 창을 쥐고 앞장서자 괴외가 다섯 사람과 함께 몸에 갑옷을 입고 그 뒤를 따랐다. 이때 이들은 희생으로 사용하기 위해 수레에 싣고 온 수퇘지를 끌고 갔다. 이들은 결국 공회를 측(厠: 담의 구석진 곳으로, '厠'은 '側'과 통함)으로 몰아넣은 뒤 강제로 맹서하게 했다. 이어 그를 겁지(劫持)해 공씨 집의 누대 위로 올라갔다.

당시 난녕은 막 술을 마시려다가 안주용 고기가 익지 않자 잠시 기다리던 중이었다. 그는 난이 일어났다는 소식을 듣고 곧바로 사람을 계자(季子: 자로)에게 보내 이 사실을 알렸다. 이때 대부 소획(召獲)[26]이 위출공의 승거(乘車)를 몰았다. 그는 수레 위에서 행작식적(行爵食炙: 술을 마시고 구운 고기를 먹음)하면서 위출공 첩(輒)을 싣고 노나라로 도망쳤다. 이때 자로는 도성으로 들어가다가 마침 도주차 황급히 도성을 빠져나오는 자고(子羔: 공자의 제자 高柴)를 만났다. 자고가 자로에게 말했다.

"성문이 이미 닫혀버렸소."

"그래도 나는 잠시 한번 다녀와야 하겠소."

---

26) '소획'을 인명으로 보지 않고 '획이라는 사람을 불렀다'로 해석해야 한다는 주장도 있으나, 이는 전후 문맥상 자연스럽지 못하다.

"이미 때가 늦었소. 공연히 갔다가 수난을 당할 이유가 어디 있소?"

"내가 공씨의 봉록을 먹고 있는데 화난이 닥쳐왔다고 하여 이를 피할 수는 없소."

자고는 더 이상 말리지 못하고 곧바로 떠났다. 자로가 도성으로 들어가 공씨 집 대문에 이르자 공회의 가신 공손감(公孫敢)이 성문을 지키고 있다가 자로에게 소리쳤다.

"들어와서 뭔가 할 생각은 아예 하지 마시오."

자로가 힐난했다.

"그대는 바로 공손(公孫: 공손감)이구려. 이곳에서 줄곧 이익을 구하다가 화난을 피해 이리로 온 듯하나 나는 그렇지 않소. 나는 그가 주는 녹봉을 이익으로 삼아온 사람이오. 나는 반드시 그의 환난을 구해주어야만 하겠소."

마침 이때 사자(使者)가 대문 안에서 나오자 자로가 이 틈을 이용해 대문 안으로 재빨리 뛰어들어가 소리쳤다.

"태자는 공회를 어찌하려는 것입니까. 설령 그를 죽인다 할지라도 반드시 그를 대신해 싸울 사람이 나올 것입니다."

그러고는 또 이같이 소리쳤다.

"태자는 용기가 없어 만일 누대에 불을 질러 반쯤 타게 되면 반드시 공숙(孔叔: 공회)을 풀어줄 것이다."

괴외가 이 말을 듣고는 크게 두려워한 나머지 석기(石乞)와 우염(盂黶)을 내려보내 자로를 대적하게 했다. 이에 두 사람이 창으로 자로를 공격하다가 마침 자로가 쓰고 있는 관영(冠纓: 관의 끈)을 끊게 되었다. 그러자 자로가 말했다.

"군자는 죽더라도 관을 벗을 수는 없다."

그러고는 다시 관영을 묶은 뒤 분전하다가 죽었다. 이때 공자는 위나라에 난이 일어났다는 소식을 듣고 말했다.

"시(柴: 子羔)는 능히 난을 피해 돌아올 것이나 유(由: 자로)는 끝내 죽고 말 것이다."

이로써 공회는 괴외를 옹립하게 되었다. 위장공(衛莊公: 괴외)은 고정(故政: 옛 대신으로, 위출공 재위 때의 신하들을 지칭)을 불신한 나머지 이들을 모두 제거하고자 했다. 이에 우선 사도 만성(瞞成)을 불러 말했다.

"나는 나라 밖에서 오랫동안 온갖 고난을 겪었소. 그대 또한 한 번 그 고통을 맛보기 바라오."

만성이 밖으로 나와 이를 대부 저사비(褚師比: 褚師聲子)에게 고하면서 그와 함께 위장공을 치고자 했다. 그러나 뜻대로 이루어지지 않았다.

衛孔圉取大子蒯聵之姊, 生悝. 孔氏之豎渾良夫長而美, 孔文子卒, 通於內. 大子在戚, 孔姬使之焉. 大子與之言曰"苟使我入獲國, 服冕乘軒, 三死無與." 與之盟, 爲請於伯姬. 閏月, 良夫與大子入, 舍於孔氏之外圃. 昏, 二人蒙衣而乘, 寺人羅御如孔氏. 孔氏之老欒寧問之, 稱姻妾以告, 遂入適伯姬氏. 旣食, 孔伯姬杖戈而先, 大子與五人介, 輿猳從之. 迫孔悝於廁, 强盟之, 遂劫以登臺. 欒寧將飮酒, 炙未熟, 聞亂, 使告季子. 召獲駕乘車, 行爵食炙, 奉衛侯輒來奔. 季子將入, 遇子羔將出, 曰 "門已閉矣." 季子曰 "吾姑至焉." 子羔曰 "弗及, 不踐其難." 季子曰 "食焉, 不辟其難." 子羔遂出. 子路入, 及門, 公孫敢門焉, 曰 "無入爲也." 季子曰 "是公孫也, 求利焉而逃其難. 由不然, 利其祿, 必救其患." 有死者出, 乃入, 曰 "大子焉用孔悝. 雖殺之, 必或繼之." 且曰 "大子無勇, 若燔臺半, 必舍孔叔." 大子聞之懼, 下石乞·盂黶敵子路. 以戈擊之, 斷纓. 子路曰 "君子死, 冠不免." 結纓而死. 孔子聞衛亂, 曰 "柴也其來, 由也死矣." 孔悝立莊公. 莊公害故政, 欲盡去之, 先謂司徒瞞成曰 "寡人離病於外久矣, 子請亦嘗之." 歸告褚師比, 欲與之伐公, 不果.

16년(기원전 479)

16년 봄 주력(周曆) 정월 기묘, 위나라 세자 괴외(蒯聵)가 척(戚)에서 위나라로 들어갔다. 위후 첩(輒)이 망명해 왔다. 2월, 위나라의 자선성(子還成)이 송나라로 망명했다. 여름 4월 기축, 공구(孔丘)가 졸했다.

十六年春王正月己卯, 衛世子蒯聵自戚入于衛, 衛侯輒來奔. 二月, 衛子還成出奔宋. 夏四月己丑, 孔丘卒.

●16년 봄, 위나라 대부 만성(瞞成)과 저사비(褚師比)가 송나라로 달아났다.

이때 위장공이 대부 언무자(鄢武子)를 왕실로 보내 주경왕에게 고했다.

"저 괴외는 군부군모(君父君母: 부모의 존칭)에게 득죄하여 진(晉)나라로 포찬(逋竄: 도망가 몸을 숨김)했습니다. 이때 진나라는 동성인 왕실과의 관계를 고려해 형제간의 우의를 버리지 않고 저를 하상(河上: 황하 강변)에 거처하게 했습니다. 하늘이 자비로써 저를 인도하여 보위를 잇고 봉지를 지키게 만들었습니다. 이에 하신 힐(肸: 언무자)을 보내 감히 집사에게 보고합니다."

주경왕이 선평공(單平公)을 시켜 이같이 회답하게 했다.

"힐은 좋은 소식을 여일인(余一人: 천자의 자칭)에게 고했다. 귀국하여 숙부(叔父: 위장공을 지칭)에게 전하기를, '여(余)는 그대의 성세(成世: 先世를 이어 보위에 오름)를 허락하여 녹차(祿次: 祿位)를 회복시킨다. 공경할지어다. 그리하면 하늘이 복록을 내릴 것이다. 불경불휴(弗敬弗休: 공경하지 않으면 복록을 내리지 않음)할 것이니 후회한들 어찌 미칠 수 있겠는가'라고 하라."

여름 4월 11일, 공구(孔丘)가 세상을 떠났다. 이에 노애공이 다음과 같은 조사로 애도했다.

"민천(旻天: 어진 하늘)이 부조(不弔: 잘 대해주지 않음)하여 국로(國老: 국가 원로)를 은유(憖遺: 잠시 세상에 더 머무르게 함)하게 하지 않도다. 그로 하여금 여일인(余一人)을 보위하게 하여 재위했는데 이제 여(余)는 경경(煢煢: 고독하여 의지할 곳이 없음)히 재구(在疚: 근심으로 병에 걸림)하게 되었도다. 오호애재(嗚呼哀哉: 아, 슬프도다), 니보(尼父: 공자)여, 무자율(無自律: 스스로 통제할 바를 모름)이로다.'

이를 두고 자공이 이같이 평했다.

"군주는 아마도 노나라에서 선종하지 못할 것이다. 부자(夫子: 공자)의 말씀에 이르기를, '예실즉혼(禮失則昏: 예를 잃으면 혼암해짐)·명실즉건(名失則愆: 명분을 잃으면 잘못을 저지르게 됨)'이라고 했다. 실지(失志: 뜻을 잃음)하면 혼암해지고, 실소(失所: 신분을 잃음)하면 잘못을 저지르게 된다. 살아 있을 때 중용하지 못하고 죽은 뒤 뇌(誄: 조사를 읽음)하니 이는 예가 아니다. 또한 조사(弔辭)에 천자가 쓰는 '여일인'이라는 말을 사용한 것도 명분에 맞지 않는다. 군주는 예와 명분 두 가지를 모두 잃은 셈이다."

6월, 위장공이 평양(平陽: 위나라 도성에서 약 70리 떨어진 곳으로 하남성 활현 동남쪽에 위치)에서 공회를 초청해 주연을 베푼 뒤 중수(重酬: 두터이 선물을 내림)했다. 이때 모든 대부들에게도 납(納: 贈送)이 있었다. 그러나 위장공은 공회가 술에 취하자 집으로 돌려보낸 뒤 야반(夜半: 한밤중)에 그를 밖으로 견(遣: 여기서는 내쫓았다는 뜻임)했다. 이에 공회는 평양에 있는 모친 백희(伯姬)를 수레에 태운 뒤 떠났다. 공회는 서문(西門: 평양문)에 이르렀을 때 이거(貳車: 副車)를 공씨의 사당이 있는 서포(西圃)로 보내 석(祏: 사당 내에 비치한 신주를 넣은 石盒이나, 신주로 해석하기도 함)을 모셔오게 했다.

당초 자백계자(子伯季子)는 공씨 집안의 가신이었는데 위장공이 즉위하자 대부로 발탁되었다. 이때 그는 공회에 대한 추격을 청해 곧바로 공회의 뒤를 쫓아가다가 도중에 석(祏)을 갖고 가는 사람과 만났다. 이에 곧 그를 죽이고는 그의 수레를 타고 갔다. 이같은 사실을 모르는 공회의 가신 허공위(許公爲)가 신주를 맞이하러 가다가 도중에 자백계자와 조우했다. 그러자 허공위가 말했다.

"불인한 자와 쟁명(爭明: 승부를 겨룸)하면 이기지 못할 리가 없다. 저자에게 틀림없이 먼저 활을 쏘도록 해야겠다."

이에 자백계자가 세 차례에 걸쳐 활을 쏘았다. 그러나 그가 쏜 화살은 모두 제대로 날아가지도 못한 채 허공위로부터 멀리 떨어진 곳에 꽂히고 말았다. 다음 차례가 되어 허공위가 활을 쏘자 단 한 발로 자백계자를 쏘아 죽였다. 이때 어떤 사람이 자백계자가 탔던 수레를 몰고 허공위를 따라가던 중 탁(橐: 전대) 속에서 석을 찾아냈다. 공회는 송나라로 달아났다.

十六年春, 瞞成褚師比出奔宋. 衛侯使鄔武子告于周, 曰"蒯聵得罪于君父君母, 逋竄于晉. 晉以王室之故, 不棄兄弟. 寘諸河上. 天誘其衷, 獲嗣守封焉, 使下臣肸敢告執事."王使單平公對曰"肸以嘉命來告余一人. 往謂叔父. 余嘉乃成世, 復爾祿次. 敬之哉. 方天之休, 弗敬弗休, 悔其可追." 夏四月己丑, 孔丘卒. 公誄之曰"旻天不弔, 不憖遺一老. 俾屛余一人以在位, 煢煢余在疚. 嗚呼哀哉, 尼父, 無自律."子贛曰"君其不沒於魯乎. 夫子之言曰 '禮失則昏, 名失則愆.' 失志爲昏, 失所爲愆. 生不能用, 死而誄之, 非禮也. 稱一人, 非名也. 君兩失之."六月, 衛侯飮孔悝酒於平陽, 重酬之, 大夫皆有納焉. 醉而送之, 夜半而遣之. 載伯姬於平陽而行, 及西門, 使貳車反祏於西圃. 子伯季子初爲孔氏臣, 新登于公. 請追之, 遇載祏者, 殺而乘其車. 許公爲反祏, 遇之, 曰"與不仁人爭明, 無不勝. 必使先射."射三發, 皆遠許爲. 許爲射之, 殪. 或以其車從, 得祏於橐中. 孔悝出奔宋.

● 초나라 태자 건(建: 楚建)은 무함을 받게 되었을 때 성보(城父)에서 송나라로 달아났다. 이후 송나라에 화씨지란(華氏之亂: 노소공 20년)이 일어나자 난을 피해 정나라로 갔다. 이때 정나라 사람이 그에게 매우 잘 대해주었다. 그러나 그는 진(晉)나라로 가 진나라 사람과 함께 정나라 습격을 모의했다. 이어 일을 성사시키기 위해 다시 정나라로 돌아갈 것을 요청하자 내막을 모르는 정나라 사람이 그를 다시 들어오게

하여 처음과 같이 매우 잘 대해주었다.

이때 진나라 사람이 첩자를 보내 자목(子木: 태자 건)과 접선하게 했다. 첩자는 자목과 만나 정나라 습격 일시를 약정한 뒤 자목에게 곧 진나라로 돌아올 것을 청했다. 당시 자목은 영지에서 포학한 짓을 일삼았다. 이에 봉읍의 사람들이 이미 그를 고발해놓고 있었다. 정나라 사람이 그의 집에 도착해 조사를 벌이던 중 진나라 첩자를 발견했다. 이에 곧 자목을 죽여버렸다.

당시 자목의 아들 승(勝)은 오나라에 있었다. 초나라의 영윤 자서(子西)가 그를 불러들이려고 하자 섭공(葉公: 沈諸梁)이 만류했다.

"제가 듣건대 승은 교사(狡詐)하고 작란(作亂)을 잘한다고 합니다. 그를 불러들이면 해가 되지 않겠습니까."

그러자 자서가 반박했다.

"내가 듣건대 승은 오히려 신의가 있고 용감하다고 하오. 그는 나라에 이롭지 않은 짓을 하지는 않을 것이오. 나는 그를 변경에 안치해 변강(邊疆)을 보위하게 할 생각이오."

이에 섭공이 간했다.

"주인(周仁: 친근하고 어짊)을 신(信), 솔의(率義: 도의를 준행함)를 용(勇)이라고 합니다. 제가 듣건대 승은 복언(復言: 약속한 말을 무조건 실천함)을 위해 노력하고 사사(死士: 죽기를 각오하고 싸우는 병사)를 널리 구한다고 합니다. 그러니 그가 남다른 사심을 품고 있는 게 아니겠습니까. 복언은 비신(非信)이고, 기사(期死: 무슨 일이건 죽기를 각오함)는 비용(非勇)입니다. 영윤은 반드시 후회할 것입니다."

그러나 자서는 섭공의 말을 듣지 않았다. 그는 곧 승을 불러들인 뒤 오나라와의 접경지대에 거처하게 하여 백공(白公: 백읍을 영지로 한 데서 나온 말로, 백읍은 하남성 식현 동쪽에 위치)으로 삼았다. 태자 건이 살해된 지 얼마 안 되어 백공 승이 정나라를 칠 것을 청하자 자서가 반대했다.

"초나라의 정사는 아직 미절(未節: 정령에 절제가 없음)인 상황이오.

만일 이같은 상황만 아니라면 내가 정나라를 쳐야 한다는 그대의 청을 잊지 않고 수행할 것이오."

며칠 후 백공 승이 다시 또 청하자 자서가 동의했다. 그러나 초나라가 채 출병도 하기 전에 이미 진나라가 정나라를 쳤다. 이에 초나라는 오히려 정나라를 구원한 뒤 결맹까지 하게 되었다. 백공 승이 대로하여 말했다.

"정나라 사람이 바로 여기에 있다. 원수는 결코 먼 데 있는 것이 아니다."

이에 백공 승이 직접 칼을 갈았다. 이때 자기(子期: 공자 결)의 아들 평(平)이 이를 보고 물었다.

"왕손(王孫)이 어찌하여 손수 칼을 갈고 있는 것입니까?"

백공 승이 대답했다.

"나는 정직한 것으로 소문이 났으니 너에게 바르게 말하지 않고서야 어찌 정직하다고 할 수 있겠느냐. 사실대로 말하면 나는 이 칼로 너의 부친을 죽이려는 것이다."

이에 평이 이를 자서에게 고하자 자서가 말했다.

"백공 승은 새알과 같은 존재이다. 나는 지금 날개로 새알을 감싸서 부화시킨 뒤 크게 키우고자 하는 것이다. 초나라의 서열로 볼 때 내가 죽으면 다음의 영윤과 사마는 백공 승 말고 과연 누구이겠는가."

백공 승이 이 말을 전해 듣고 독설을 퍼부었다.

"영윤은 참으로 미쳤다. 그가 득사(得死: 선종)하도록 놓아두면 나는 내가 아니다."

그런데도 자서는 아직 전(悛: '알아채다'는 뜻이나 '회개하다'로 풀이하기도 함)하지 못했다. 이때 백공 승이 자신의 당우 석기(石乞)에게 말했다.

"군주와 2경사(二卿士: 영윤 자서와 사마 자기)는 총 5백 명의 군사로 대처하면 그것으로 충분하다."

석기가 토를 달았다.

"그러나 5백 명을 구하는 것 자체가 불가능한 일입니다."

그러나 백공 승은 이같이 호언했다.

"시장의 남쪽에 웅의료(熊宜僚)라고 하는 사람이 있다. 만일 그 사람을 얻는다면 그는 능히 5백 명 몫을 해낼 수 있을 것이다."

마침내 석기는 백공 승을 따라가 웅의료를 만나 그와 함께 이야기를 나누고는 크게 기뻐했다. 그러나 석기가 찾아온 이유를 말하자 웅의료는 이들의 청을 거절했다. 두 사람이 칼을 들어 그의 목에 대고 위협을 해보기도 했으나 그는 요지부동이었다. 백공 승이 찬탄했다.

"이 사람은 이첨(利諂: 이익을 위해 아첨함)과 위척(威惕: 위협 앞에 두려워함), 설언구미(泄言求媚: 다른 사람의 이야기를 누설해 환심을 삼)를 하는 사람이 아니다. 어서 이곳을 떠나도록 하자."

이때 오나라 군사가 초나라의 신(愼: 안휘성 영상현 서북쪽) 땅을 침공했다. 백공 승이 군사들을 이끌고 가 이들을 격퇴했다. 이때 백공 승은 초혜왕(楚惠王: 초소왕의 아들 章)에게 병사들의 전비(戰備: 무장)를 해제하지 않은 채 곧바로 돌진해 오나라 군사를 모두 포로로 잡아 종묘에 바칠 수 있게 해달라고 청했다. 초혜왕이 이를 허락하자 백공 승이 마침내 반기를 들었다.

가을 7월, 백공 승이 자서와 자기를 조정에서 죽인 뒤 초혜왕을 협박했다. 이때 자서는 옷소매로 얼굴을 가린 채 죽었다. 이에 반해 자기는 반군이 쳐들어오자 이같이 일갈했다.

"지난날 나는 용력(勇力)으로 군주를 섬겼다. 이제 죽는 마당에 불종(弗終: 有始無終으로, 시작만 있고 끝이 없음을 의미)할 수는 없다."

그리고는 곧 예장(豫章: 樟木으로, 곧 녹나무)을 뽑아 반군들을 쳐죽이며 분전하다가 죽었다. 이때 석기가 백공 승에게 건의했다.

"창고를 불사르고 왕을 시해해야 합니다. 그리하지 않으면 성공할 수 없습니다."

백공 승이 반대했다.

"그리할 수는 없다. 시왕(弑王)은 불상(不祥)이고, 분고(焚庫: 부고를 불사름)는 무취(無聚: 비축한 물자를 없앰)를 초래한다. 그리하면 장차 무엇으로 초나라를 지킬 것인가."

석기가 반박했다.

"초나라를 차지해 백성을 다스리고, 공경히 신령을 받들면 가히 득상유취(得祥有聚: 吉祥을 얻고 물자를 비축함)할 수 있습니다. 그런데도 무엇을 걱정하는 것입니까."

그러나 백공 승은 이를 좇지 않았다.

楚大子建之遇讒也, 自城父奔宋. 又辟華氏之亂於鄭, 鄭人甚善之. 又適晉, 與晉人謀襲鄭, 乃求復焉. 鄭人復之如初. 晉人使諜於子木, 請行而期焉. 子木暴虐於其私邑, 邑人訴之. 鄭人省之, 得晉諜焉, 遂殺子木. 其子曰勝, 在吳, 子西欲召之. 葉公曰 "吾聞, 勝也詐而亂, 無乃害乎." 子西曰 "吾聞, 勝也信而勇, 不爲不利, 舍諸邊竟, 使衛藩焉." 葉公曰 "周仁之謂信, 率義之謂勇. 吾聞, 勝也好復言, 而求死士, 殆有私乎. 復言非信也. 期死非勇也. 子必悔之." 弗從, 召之, 使處吳竟, 爲白公. 請伐鄭. 子西曰 "楚未節也. 不然, 吾不忘也." 他日, 又請, 許之. 未起師, 晉人伐鄭, 楚救之, 與之盟. 勝怒曰 "鄭人在此, 讎不遠矣." 勝自厲劍, 子期之子平見之, 曰 "王孫何自厲也." 曰 "勝以直聞, 不告女, 庸爲直乎. 將以殺爾父." 平以告子西. 子西曰 "勝如卵, 余翼而長之. 楚國第, 我死, 令尹司馬非勝而誰." 勝聞之曰 "令尹之狂也. 得死, 乃非我." 子西不悛. 勝謂石乞曰 "王與二卿士, 皆五百人當之, 則可矣." 乞曰 "不可得也." 曰 "市南有熊宜僚者, 若得之, 可以當五百人矣." 乃從白公而見之, 與之言, 說. 告之故, 辭. 承之以劍, 不動. 勝曰 "不爲利諂, 不爲威惕, 不洩人言以求媚者, 去之." 吳人伐愼, 白公敗之. 請以戰備獻, 許之, 遂作亂. 秋七月, 殺子西子期于朝, 而劫惠王. 子西以袂掩面而死. 子期曰 "昔者, 吾以力事君, 不可以弗終." 抉豫章以殺人而後死. 石乞曰 "焚庫弑王, 不然不濟." 白公曰 "不可. 弑王不祥, 焚庫無聚, 將何以守矣." 乞曰 "有楚國而治其民, 以敬事神, 可以得祥, 且有聚矣, 何患." 弗從.

●백공 승의 난이 일어났을 때 섭공은 채(蔡: 이때 채나라는 오나라의 州來로 옮겨갔기 때문에 蔡地는 초나라에 병합되어 있었음) 땅에 있었다. 이때 방성산(方城山) 밖에 사는 사람들이 모두 입을 모아 말했다.

"가히 도성으로 진병할 수 있습니다."

그러나 자고(子高: 섭공)가 반대했다.

"내가 듣건대 '모험으로 요행(徼幸: 僥倖을 맞이함)하려는 자는 그 욕심이 끝이 없다'고 했소. 하는 일이 불공평하면 민심이 반드시 이탈하게 마련이오."

자고는 추이를 지켜보다가 드디어 백공 승이 제나라 출신의 대부 관수(管脩: 관중의 7세손으로 초나라로 와 현대부로 칭송받음)를 죽였다는 소식을 들은 후에야 백공 승이 성공하지 못할 것을 알고 비로소 도성으로 들어갔다.

이때 백공 승은 자려(子閭: 초평왕의 아들로 이미 왕위를 다섯 번에 걸쳐 사양한 적이 있음)를 초왕으로 세우고자 했다. 그러나 자려는 응답하지 않았다. 이에 백공 승이 무력으로 겁지하자 자려가 말했다.

"만일 왕손이 초나라를 안정시키고, 왕실을 바로잡은 연후에 나 계(啓: 자려)를 비호해준다면 이는 내가 바라던 바이기도 하오. 그러면 어찌 감히 그 요구를 따르지 않겠소? 그러나 만일 오로지 사리만을 추구할 생각으로 왕실을 기울게 하고, 초나라의 운명을 돌보지 않는다면 나는 죽는 한이 있더라도 그 요구를 받아들일 수 없소."

이에 백공 승은 곧 자려를 죽인 뒤 초혜왕을 데리고 고부(高府: 초나라의 별궁이나, 양식 창고로 보기도 함)로 갔다. 석기가 고부의 궁문을 지켰다. 그러자 대부 어공양(圉公陽: '圉'를 관장하는 '공양'으로 보기도 함)이 궁의 담에 구멍을 뚫고 들어간 뒤 초혜왕을 업고 나와 소부인(昭夫人: 초소왕의 부인으로 초혜왕의 생모)의 궁으로 갔다. 이때 마침 섭공도 도성에 당도했다. 그가 도성의 북문에 이르렀을 때 어떤 사람이 섭공을 보고 말했다.

"그대는 어찌하여 투구를 쓰지 않는 것입니까. 국인들이 그대 보기를 마치 자애로운 부모를 바라보듯이 하고 있습니다. 도적이 쏜 화살이 혹여 그대를 상하게라도 하면 이는 백성들을 절망시키는 일입니다. 그런데도 어찌하여 투구를 쓰지 않는 것입니까."

이에 섭공이 투구를 쓰고 전진했다. 도중에 또 어떤 사람이 섭공을 보고 말했다.

"그대는 어찌하여 투구를 쓰고 있는 것입니까? 국인들이 그대 보기를 마치 망세(望歲: 1년 동안 가꾼 농작물의 수확을 기다림)하듯이 하면서 일일이기(日日以幾: '매일 그대가 오기를 기다린다'는 뜻으로, '幾'는 '冀'와 통함)하고 있습니다. 만일 백성들이 그대의 얼굴을 본다면 곧바로 안심할 수 있을 것입니다. 백성들이 이제는 죽지 않게 되었다는 것을 알면 모두 분전(奮戰)하고 싶은 마음을 가질 것입니다. 오히려 그대의 이름과 공훈을 백성들에게 널리 선양하고 다녀야 할 터인데 투구로 얼굴을 가려 백성들이 그대의 얼굴을 보지 못하게 만들고 있으니 이는 너무 지나친 처사가 아니겠습니까."

이에 섭공이 투구를 벗고 전진했다. 섭공이 도중에 침윤(箴尹: 鍼尹) 고(固)와 조우했다. 침윤 고는 마침 자신의 휘하 병사들을 이끌고 백공 승을 도와주러 오던 중이었다. 이에 섭공이 이같이 설득했다.

"만일 자서와 자기 두 분이 없었더라면 초나라는 불국(不國: 나라다운 모습을 갖추지 못함)하게 되었을 것이오. 지금 그대는 덕행을 버리고 도적을 좇으려 하고 있으니, 그리하고도 어찌 몸을 보전할 수 있겠소?"

침윤 고가 크게 부끄러워하며 섭공을 따랐다. 이에 섭공이 침윤 고와 국인들을 시켜 백공 승을 치게 했다. 결국 백공 승은 싸움에 패해 산으로 달아난 뒤 목을 매어 자살했다. 이때 부하들이 그의 시체를 은밀히 감추었다. 얼마 후 섭공이 포로로 잡힌 석기에게 백공의 시체가 있는 곳을 추궁하자 석기가 대답했다.

"나는 시신이 어디 있는지 알고 있소. 그러나 장자(長者: 백공 승을 지칭)가 나에게 가르쳐주지 말라고 했소."

"말하지 않으면 너를 팽살(烹殺: 삶아 죽임)할 것이다."

"이 일이 성공했으면 나는 경(卿)이 되었을 것이오. 그러나 성공하지 못했으니 팽살을 당하는 것은 본래 당연한 일이 아니겠소? 실로 죽을 목숨인데 어찌한들 무슨 지장이 있겠소?"

이에 곧 석기를 팽살했다. 이때 백공 승의 동생 왕손연(王孫燕)은 오나라의 규황씨(頯黃氏: 안휘성 선성현 경계)로 달아났다. 섭공은 백공 승의 난을 평정한 뒤 영윤과 사마의 두 관직을 겸직했다. 그는 나라가 안정되자 자서의 아들 영(寧)을 영윤, 자기의 아들 관(寬)을 사마로 삼은 뒤 은퇴하여 영지인 섭(葉) 땅으로 갔다.

葉公在蔡, 方城之外皆曰 "可以入矣." 子高曰 "吾聞之, 以險徼幸者, 其求無饜, 偏重必離." 聞其殺齊管脩也, 而後入. 白公欲以子閭爲王, 子閭不可, 遂劫以兵. 子閭曰 "王孫若安靖楚國, 匡正王室, 而後庇焉, 啓之願也, 敢不聽從. 若將專利以傾王室, 不顧楚國, 有死不能." 遂殺之, 而以王如高府, 石乞尹門. 圉公陽穴宮, 負王以如昭夫人之宮. 葉公亦至, 及北門, 或遇之, 曰 "君胡不胄. 國人望君如望慈父母焉. 盜賊之矢若傷君, 是絶民望也. 若之何不胄." 乃胄而進. 又遇一人曰 "君胡胄. 國人望君如望歲焉, 日日以幾. 若見君面, 是得艾也. 民知不死, 其亦夫有奮心. 猶將旌君以徇於國, 而又掩面以絶民望, 不亦甚乎." 乃免胄而進. 遇箴尹固, 帥其屬將與白公. 子高曰 "微二子者, 楚不國矣. 棄德從賊, 其可保乎." 乃從葉公. 使與國人以攻白公. 白公奔山而縊, 其徒微之. 生拘石乞而問白公之死焉, 對曰 "余知其死所, 而長者使余勿言." 曰 "不言將烹." 乞曰 "此事克則爲卿, 不克則烹, 固其所也. 何害." 乃烹石乞. 王孫燕奔頯黃氏. 沈諸梁兼二事, 國寧, 乃使寧爲令尹, 使寬爲司馬, 而老於葉.

● 위장공은 본래 점몽(占夢: 꿈으로 점을 침)을 좋아했다. 이때 마침 위장공의 총신이 대부 태숙희자(大叔僖子: 大叔遺)에게 술을 얻으려다가 거절당했다. 그러자 그는 점치는 자와 한통속이 되어 위장공에게 태숙희자를 무함하고 나섰다.

"대신 중에 공궁의 서남쪽 구석에 사는 사람이 있는데 그를 제거하지 않으면 화가 닥칠까 두렵습니다."

이에 위장공이 태숙유(大叔遺: 태숙희자)를 쫓아냈다. 태숙유는 진(晉)나라로 달아났다. 이때 위장공이 혼량부(渾良夫)에게 말했다.

"나는 선군의 뒤를 이었지만 선군의 보기(寶器)는 손에 넣지 못했소. 어찌하면 이를 얻을 수 있겠소?"

혼량부가 집화자(執火者: 등잔을 잡고 있는 사람)를 내보낸 뒤 손수 등잔을 잡고 건의했다.

"질(疾: 태자의 이름)과 망군(亡君: 노나라에 망명 중인 위출공 輒)은 모두 군주의 아들입니다. 망군을 불러들인 뒤 두 사람 중에서 후계자를 선택하는 것이 좋을 것입니다. 만일 망군이 부재(不材: 군주의 재목이 아님)라고 판단되면 곧 그를 버리면 그뿐입니다. 그리하면 보기는 자연스럽게 손에 넣을 수 있을 것입니다."

이때 수(豎: 使童)가 이 이야기를 듣고는 이를 태자 질에게 밀보(密報)했다. 이에 태자 질이 부하 5명을 시켜 수레에 수퇘지를 싣고 자신을 따르게 했다. 그는 위장공을 겁박(劫迫)해 강제로 맹서하게 한 뒤 혼량부의 제거를 청했다. 그러자 위장공이 말했다.

"나는 전에 그와 면삼사(免三死: 세 번의 死罪를 사면함)를 맹서한 적이 있다."

이에 태자 질이 제안했다.

"그러면 청컨대 면삼사 후 그가 네 번째 사죄(死罪)를 범하면 죽일 수 있도록 해주십시오."

"그리하도록 하라."

衛侯占夢, 嬖人求酒於大叔僖子, 不得, 與卜人比, 而告公曰 "君有大臣在西南隅, 弗去, 懼害." 乃逐大叔遺. 遺奔晉. 衛侯謂渾良夫曰 "吾繼先君而不得其器, 若之何." 良夫代執火者而言曰 "疾與亡君, 皆君之子也. 召之而擇材焉可也. 若不材, 器可得也." 豎告大子. 大子使五人輿豭從己, 劫公而强盟之, 且請殺良夫. 公曰 "其盟免三死." 曰 "請三之後有

534

罪殺之."公曰"諾哉."

17년(기원전 478)

●17년 봄, 위장공이 자포(藉圃: 위나라 공실의 園圃)에 한 채의 호악(虎幄: 호피로 장식한 幄幕을 뜻하나, 호랑이 문양으로 장식된 작은 木屋으로 해석하기도 함)을 세웠다. 호악이 완성되자 영명자(令名者: 좋은 명성이 있는 사람들)을 초청해 그들과 함께 그 안에서 첫 식사를 했다.

이때 태자 질이 혼량부를 초청했다. 그러자 혼량부가 수말 두 마리가 이끄는 충전(衷甸: 끌채가 하나인 수레로 주로 경이 타고 다님)을 타고 왔다. 그는 자의호구(紫衣狐裘: 군주가 입는 자색 옷과 여우가죽의 겉옷) 차림을 하고 있었다. 그는 식사 도중 몸에 열이 나자 불경스럽게도 '호구'를 벗어젖히고 칼도 그대로 찬 채 식사를 했다. 그러자 태자 질이 사람을 시켜 그를 끌어낸 뒤 그가 저지른 '자의' 착용 등의 세 가지 죄목을 거론하고는 곧바로 죽여버렸다.

3월, 월왕 구천이 군사들을 이끌고 가 오나라를 쳤다. 오왕 부차가 월나라 군사를 입택(笠澤: 지금의 太湖)[27]에서 저지했다. 이에 양측 군사가 호수를 사이에 두고 대진(對陣)하게 되었다.

월왕 구천은 좌우구졸(左右句卒: 좌우 양편의 소규모 支隊로, '句'는 '勾'와 통함)을 편성한 뒤 이들을 시켜 밤마다 번갈아 고조(鼓譟)하며 전진하게 했다. 이에 오나라 군사는 좌우로 나뉘어 이들을 막느라 정신이 없었다. 월왕 구천은 이 틈을 타 3군을 이끌고 잠섭(潛涉: 몰래 도강함)한 뒤 북을 크게 울리며 오나라 중군을 향해 정면으로 치고 들어갔다. 오나라 군사가 커다란 혼란에 빠져 대패하고 말았다.

---

27) '입택' 즉 '태호'는 동서가 3백여 리, 남북이 120리, 둘레가 5백 리나 되는 큰 호수이다. 강소성과 절강성을 흐르는 오강(吳江)과 절강(浙江)으로 보는 견해도 있으나, 여러 사서의 기록을 종합해볼 때 '태호'로 보는 것이 타당하다.

이때 진나라 대부 조앙이 사람을 시켜 위장공에게 이같이 고하게 했다.

"군주가 우리 진나라에 있을 때 지보(志父: 조앙)가 주인이었습니다. 지금 청컨대 군주나 태자가 진나라로 한번 와 지보의 죄를 면해주기 바랍니다. 만일 그리하지 않으면 과군은 지보가 시켜서 군주가 오지 않는 것이라고 말할 것입니다."

그러나 위장공은 국내에 어려운 사정이 있다는 핑계로 이를 거절했다. 이때 태자 질 또한 사람을 보내 조앙의 사자 면전에서 조앙을 탁(椓: 비방의 의미로, '椓'은 '諑'과 통함)하게 했다.

여름 6월, 진나라 대부 조앙이 위나라를 포위했다. 그러자 제나라 대부 국관(國觀: 國書의 아들)과 진관(陳瓘: 자옥)이 위나라 구원에 나서 이내 단거(單車)로 치사(致師: 도전함)한 진나라 병사를 포획했다. 이때 자옥(子玉: 진관)이 포로에게 원래 입고 있던 옷을 다시 입게 한 뒤 그와 접견하면서 말했다.

"국자(國子)가 제나라의 정권을 잡은 뒤 나에게 명하기를, '진나라 군사를 피하지 말라'고 했다. 내가 어찌 감히 그 명을 어기겠는가. 이런 상황에서 그대가 단거로 도전했다가 포획된 것이 그대에게 무슨 치욕이 되겠는가."

조앙이 이 이야기를 전해 듣고 곧 철군할 생각으로 변명했다.

"나는 위나라를 치는 것만 점을 쳤지 제나라와 싸울 일에 대해서는 점을 치지 못했다."

그러고는 곧바로 철군했.

당초 초나라에서 백공 승의 난이 일어났을 때 진(陳)나라 사람이 그간 비축한 국력을 믿고 초나라를 쳤다. 그러나 이때는 이미 초나라가 안정을 찾은 뒤였다. 이에 초나라는 진나라의 보리를 모두 강제로 거두어들이고자 했다. 초혜왕이 태사 자곡(子穀)과 섭공 심제량(沈諸梁)에게 이 일을 상의하면서 장수의 천거를 부탁했다. 그러자 자곡이 말했다.

"우령(右領) 차거(差車)와 좌사(左師) 노(老)는 모두 영윤과 사마를 도와 진(陳)나라를 친 일이 있습니다. 가히 그들을 보낼 만합니다."

자고(子高: 심제량)가 이의를 제기했다.

"두 사람 모두 포로 출신의 천관(賤官)입니다. 백성들이 그들을 업신여겨 명을 잘 듣지 않을까 두렵습니다."

이에 자곡이 반박했다.

"관정보(觀丁父)는 약(鄀)나라의 포로 출신이었으나 우리 초무왕(楚武王)이 그를 군솔(軍率: 군지휘자로, 곧 軍帥)로 삼았습니다. 이에 주(州)나라와 요(蓼)나라를 격파하고, 수(隨)나라와 당(唐)나라를 순복시키고, 여러 만이들의 땅으로 국토를 크게 넓힐 수 있었습니다. 팽중상(彭仲爽)은 신(申)나라의 포로 출신이었으나 우리 초문왕(楚文王)이 그를 영윤으로 삼았습니다. 이에 그를 시켜 신(申)나라와 식(息)나라를 쳐 초나라의 현으로 삼았고, 진(陳)나라와 채나라로 하여금 조현하게 만들고, 봉진(封畛: 영역)을 여수(汝水)까지 넓힐 수 있게 되었습니다. 오직 그들이 책무를 맡을 수 있는지 여부만 고려하면 되는 것이지 신분의 귀천이 무슨 상관이 있겠습니까."

자고가 다시 반론을 제기했다.

"천명부도(天命不諂: 천명은 의심을 허용하지 않음)입니다. 영윤이 진(陳)나라에 대해 유한(遺恨)이 있으니 만일 하늘이 진(陳)나라를 멸망시키고자 한다면 반드시 영윤의 아들로 하여금 유한을 풀도록 도울 것입니다. 군주는 어찌하여 불사(不舍: '두 사람을 버리지 않는가'라는 뜻임)[28]하는 것입니까. 저는 우령과 좌사가 포로 출신의 천관이기도 하지만 관정보 등과 같은 미덕이 없는 점을 우려하는 것입니다."

결국 초혜왕이 이를 두고 점을 쳤다. 무성윤(武城尹: 자서의 아들 공손 朝)이 길하다는 점괘가 나왔다. 이에 그에게 군사를 이끌고 가 진(陳)나라의 보리를 거두어 오게 했다. 진나라 사람들이 초나라 군사를

---

28) 이에 대해 '불사'의 '사'(舍)를 '사치'(舍置: 임명)로 해석해 '영윤 자서의 아들을 임명하지 않는 것인가'로 풀이하는 유력한 견해도 있다.

막고자 했으나 결국 패하고 말았다. 무성윤이 여세를 몰아 드디어 진나라를 포위했다. 가을 7월 8일, 초나라의 공손 조(朝: 무성윤)가 군사를 지휘해 드디어 진(陳)나라를 멸망시켰다.

이때 초혜왕이 섭공과 함께 매복(枚卜: 관원 선발)[29]하여 자량(子良: 초혜왕의 동생)을 영윤으로 삼았다. 이때 태재 심윤(沈尹) 주(朱)가 말했다.

"길합니다. 그의 뜻은 영윤의 자리를 넘고 있습니다."

그러자 섭공이 물었다.

"왕자의 몸으로 상국(相國)이 되었는데도 뜻이 이보다 더한 곳에 있다면 장차 무엇이 되려는 것이오?"

이에 얼마 동안 시간이 지난 뒤 개복(改卜: 다시 점을 침)하여 자서의 아들 자국(子國: 寧)을 영윤으로 삼았다.

十七年春, 衛侯爲虎幄於藉圃, 成, 求令名者而與之始食焉. 大子請使良夫. 良夫乘衷甸兩牡, 紫衣狐裘至, 袒裘, 不釋劍而食. 大子使牽以退, 數之以三罪而殺之. 三月, 越子伐吳. 吳子禦之笠澤, 夾水而陳. 越子爲左右句卒, 使夜或左或右鼓譟而進. 吳師分以御之. 越子以三軍潛涉, 當吳中軍而鼓之, 吳師大亂, 遂敗之. 晉趙鞅使告于衛曰 "君之在晉也, 志父爲主. 請君若大子來, 以免志父. 不然, 寡君其曰志父之爲也." 衛侯辭以難, 大子又使椓之. 夏六月, 趙鞅圍衛. 齊國觀陳瓘救衛, 得晉人之致師者. 子玉使服而見之, 曰 "國子實執齊柄, 而命瓘曰 '無辟晉師', 豈敢廢命. 子又何辱." 簡子曰 "我卜伐衛, 未卜與齊戰." 乃還. 楚白公之亂, 陳人恃其聚而侵楚. 楚旣寧, 將取陳麥. 楚子問帥於大師子穀與葉公諸梁. 子穀曰 "右領差車與左史老, 皆相令尹司馬以伐陳, 其可使也." 子高曰 "率賤, 民慢之, 懼不用命焉." 子穀曰 "觀丁父郣俘也, 武王以爲軍率, 是以克州蓼, 服隨唐, 大啓群蠻. 彭仲爽申俘也, 文王以爲令尹, 實縣申息,

---

29) '매복'은 원래 '일일이 점을 쳤다'는 뜻이다. 관원 선발 때 이같은 점을 친 데서 훗날 '선관'(選官)의 의미로 전용되었다.

朝陳蔡, 封畛於汝. 唯其任也, 何賤之有." 子高曰 "天命不諂, 令尹有憾
於陳, 天若亡之, 其必令尹之子是與, 君盍舍焉. 臣懼右領與左史有二俘
之賤而無其令德也." 王卜之, 武城尹吉. 使帥師取陳麥. 陳人御之, 敗,
遂圍陳. 秋七月己卯, 楚公孫朝帥師滅陳. 王與葉公枚卜子良以爲令尹.
沈尹朱曰 "吉, 過於其志." 葉公曰 "王子而相國, 過將何爲." 他日, 改卜
子國而使爲令尹.

●위장공이 북궁(北宮: 위장공의 침궁이나, 공영달은 위장공의 별궁으로 간주)에서 꿈을 꾸었다. 꿈속에서 한 사람이 곤오지관(昆吾之觀: 북궁의 남쪽에 있는 곤오의 옛 터에 지은 누대)에 올라가 머리를 풀어 산발을 한 뒤 북쪽을 향해 큰소리로 외쳤다.

"이 곤오의 옛 터에 올라보니 크고 작은 외가 면면(綿綿)히 자라고 있구나. 나는 혼량부이다. 장차 하늘을 향해 무고(無辜)를 호소하고자 한다."

이에 위장공이 친히 시초점을 쳤다. 그러자 서사(筮史) 서미사(胥彌赦)가 점괘를 이같이 풀이했다.

"아무런 지장이 없습니다."

위장공이 크게 기뻐하며 그에게 성읍(城邑)을 하사했으나 그는 이를 받지 않고 곧 송나라로 달아났다. 이에 위장공이 다시 정복(貞卜: 거북 등으로 점을 친다는 뜻으로, '貞'은 '問卜'을 의미)하자 점괘가 다음과 같이 나왔다.

"여어탱미(如魚竀尾: 한 마리 붉은 꼬리의 물고기와 같음)·횡류방양(衡流方羊: 급류를 옆으로 뚫고 가려는 것처럼 머뭇거리며 방황함)한다. 대국이 가까이 있어 이를 없애고자 하니, 장차 망하게 된다. 문을 닫고 구멍을 틀어막으니, 이내 뒷담을 넘어 달아난다."

겨울 10월, 진나라가 다시 위나라로 쳐들어가 외성을 공격했다. 진나라 군사가 곧이어 내성을 치려고 하자 조앙이 저지하고 나섰다.

"여기서 그쳐야 한다. 숙향(叔向)이 일찍이 이르기를, '호란멸국

(怙亂滅國: 난에 의거해 상대국을 멸망시킴)하는 자는 후사가 없다'고 했다."

그러자 위나라 사람이 위장공을 쫓아낸 뒤 진나라와 강화했다. 이에 진나라는 위양공(衛襄公)의 손자인 반사(般師)를 즉위시킨 뒤 회군했다. 11월, 위장공이 견(鄄: 원래는 위나라 성읍이었으나 이때는 제나라 소유가 되어 있었음) 땅에서 도성으로 들어가자 이내 반사가 도주했다.

당초 위장공이 성루에 올라 사방을 둘러보다가 멀리 융주(戎州: 융인들의 거주지)를 바라보았다. 이에 좌우의 수종에게 그곳이 어디인지를 묻자 수종들이 사실대로 고했다. 그러자 위장공이 말했다.

"우리 위나라는 희성의 나라이다. 그런데 어찌 융인들이 저곳에서 살고 있단 말인가."

그러고는 곧 사람을 보내 융주를 없애버렸다. 이때 위장공은 장인(匠人)들을 오랫동안 혹사시키고 있었다. 그는 또 경(卿)인 석포(石圃)를 쫓아내려고 했다. 그러다가 미처 손을 쓰기도 전에 난이 일어났던 것이다.

11월 12일, 석포가 장인들과 합세해 위장공을 공격했다. 이에 위장공이 공궁의 문을 모두 닫은 뒤 강화를 청했다. 그러나 석포가 이를 받아들이지 않았다. 위장공이 할 수 없이 북방(北方: 북쪽 담장)을 넘어 도주하려다가 담 위에서 떨어져 넓적다리뼈를 부러뜨리고 말았다. 이때 융주 사람들이 위장공을 공격해 오자 태자 질과 공자 청(青: 태자 질의 동생)이 담을 넘어 위장공을 따라 도주했다. 그러나 이들은 곧 융인에게 붙잡혀 죽음을 당했다. 당시 위장공은 홀로 도주하다가 융주에 살고 있는 융인 기씨(己氏) 집으로 숨어들었다.

당초 위장공은 성루 위에 올라갔다가 기씨 아내의 두발이 매우 아름다운 것을 보고 곧 사람을 시켜 이를 잘라다가 부인 여강(呂姜)의 체(髢: 일종의 가발인 소위 다리)를 만든 적이 있었다. 위장공은 이때에 이르러 기씨에게 벽옥(璧玉)을 꺼내 보이면서 회유했다.

"나를 살려주면 이 벽옥을 주겠다."

기씨가 일갈했다.

"너를 죽이면 벽옥이 어찌 다른 곳으로 달아날 수 있겠느냐."

그러고는 곧 위장공을 죽인 뒤 구슬을 차지했다. 위나라 사람들이 다시 공손 반사를 불러들여 보위에 오르게 했다. 12월, 제나라 군사가 위나라를 치자 위나라 사람이 강화를 청했다. 이에 제나라 군사가 공자 기(起: 위영공의 아들)를 옹립한 뒤 반사를 체포해 데리고 돌아와서는 노(潞: 제나라 도성 교외) 땅에서 살게 했다.

이때 노애공은 제평공(齊平公: 제도공의 아들이자 제간공의 동생으로 이름은 驁)과 만나 몽(蒙: 산동성 몽양현 동쪽) 땅에서 결맹했다. 당시 노나라 대부 맹무백(孟武伯)이 노애공을 상례(相禮)했다. 두 나라 군주가 상견례를 행할 때 제평공은 계수(稽首)했으나 노애공은 단지 절만 했다. 이에 제나라 사람이 크게 화를 내자 맹무백이 설득했다.

"과군은 천자를 빼놓고는 계수한 적이 없습니다."

이어 맹무백이 공자의 제자 고시(高柴)에게 물었다.

"제후들의 결맹 때 누가 우이(牛耳)를 잡았소?"

"증연지역(鄫衍之役: 노애공 7년) 때에는 오나라 공자 고조(姑曹), 발양지역(發陽之役: 노애공 12년) 때에는 위나라 대부 석퇴(石魋)가 잡았습니다."

그러자 맹무백이 말했다.

"그렇다면 이번은 내 차례가 되는 셈이오."

일찍이 송나라 대부 황원(皇瑗)의 아들 황균(皇麇)에게 전병(田丙)이라는 친구가 있었다. 하루는 문득 황균이 자신의 형 참반(鄭般)의 봉읍을 빼앗아 전병에게 주었다. 이에 참반이 분을 삭이지 못하고 곧바로 환퇴의 가신 자의극(子儀克)을 찾아가 이를 고했다. 그러자 자의극이 도성으로 가 부인(夫人: 송경공의 모친) 앞에서 황균을 무함했다.

"황균이 위나라에 망명중인 환씨들을 받아들이려 하고 있습니다."

송경공이 이 말을 전해 듣고 곧 대부 자중(子仲: 皇野)을 불러 자문을 구했다. 당초 자중은 자신의 처 기사(杞姒)가 낳은 비아(非我)를 후계자로 삼고 싶어했다. 그때 균이 이같이 만류했다.

"반드시 백(伯: 나이 많은 장자)을 세워야 합니다. 그는 좋은 재목입니다."

당시 자중은 크게 화를 내며 그의 말을 좇지 않았다. 이에 자중은 이때에 이르러 송경공에게 이같이 대답했다.

"우사(右師: 황원)는 이미 늙어 자신의 아들 황균이 어떤 사람인지를 제대로 파악하지 못하고 있습니다."

이에 송경공이 곧 균을 체포하게 했다. 황원이 두려운 나머지 진(晉)나라로 달아나자 송경공이 그를 소환했다.

衛侯夢于北宮, 見人登昆吾之觀, 被髮北面而譟曰 "登此昆吾之虛, 緜緜生之瓜. 余爲渾良夫, 叫天無辜." 公親筮之, 胥彌赦占之, 曰 "不害." 與之邑, 寘之而逃, 奔宋. 衛侯貞卜, 其繇曰 "如魚窺尾, 衡流而方羊, 裔焉大國, 滅之, 將亡. 闔門塞竇, 乃自後踰." 冬十月, 晉復伐衛, 入其郛. 將入城, 簡子曰 "止, 叔向有言曰, 怙亂滅國者無後." 衛人出莊公而與晉平, 晉立襄公之孫般師而還. 十一月, 衛侯自鄄入, 般師出. 初, 公登城以望, 見戎州. 問之, 以告. 公曰 "我姬姓也, 何戎之有焉." 翦之. 公使匠久. 公欲逐石圃, 未及而難作. 辛巳, 石圃因匠氏攻公, 公闔門而請, 弗許. 踰于北方而隊, 折股. 戎州人攻之, 大子疾公子靑踰從公, 戎州人殺之. 公入于戎州己氏. 初, 公自城上見己氏之妻髮美, 使髡之, 以爲呂姜髢. 旣入焉, 而示之璧, 曰 "活我, 吾與女璧." 己氏曰 "殺女, 璧其焉往." 遂殺之, 而取其璧. 衛人復公孫般師而立之. 十二月, 齊人伐衛, 衛人請平. 立公子起, 執般師以歸, 舍諸潞. 公會齊侯, 盟于蒙, 孟武伯相. 齊侯稽首, 公拜. 齊人怒, 武伯曰 "非天子, 寡君無所稽首." 武伯問於高柴曰 "諸侯盟, 誰執牛耳." 季羔曰 "鄫衍之役, 吳公子姑曹. 發陽之役, 衛石魋." 武伯曰 "然則彘也." 宋皇瑗之子麋, 有友曰田丙, 而奪其兄鄭般邑以與之. 鄭般慍而行, 告桓司馬之臣子儀克. 子儀克適宋, 告夫人曰 "麋將納桓氏." 公問諸子仲. 初, 子仲將以杞姒之子非我爲子. 麋曰 "必立伯也, 是良材." 子仲怒, 弗從, 故對曰 "右師則老矣, 不識麋也." 公執之. 皇瑗奔晉, 召之.

18년(기원전 477)

●18년 봄, 송나라가 대부 황원을 죽였다. 얼마 후 송경공이 자세한 정황을 전해 듣고는 곧 황씨의 일족을 이전의 지위로 복귀시켰다. 이어 황완(皇緩)[30]을 우사로 삼았다.

이때 파(巴)나라 군사가 초나라로 쳐들어와 우(鄾: 호북성 양양 옛 성의 동북쪽) 땅을 포위했다. 당초 초혜왕이 우사마 자국(子國: 자서의 아들)에 관해 점을 쳤을 때 관첨(觀瞻: 초나라의 開卜大夫 觀從의 후예)이 이같이 말한 적이 있었다.

"뜻에 부합합니다."

이에 자국을 영윤으로 삼았다. 파나라 군사가 쳐들어오자 다시 군사를 통수할 장수를 선발하기 위해 점을 치려고 했다. 그러자 초혜왕이 반대했다.

"공손 영(寧: 子國)이야말로 뜻에 부합하는 사람이라고 했는데 어찌하여 또 점을 치려는 것이오?"

그러고는 곧 자국에게 명하여 군사를 이끌고 가 대적하게 했다. 이때 자국이 승(承: 副將)을 선임해줄 것을 청하자 초혜왕이 대답했다.

"침윤(寢尹: 吳由于)과 공윤(工尹: 蓋固)은 모두 근선군(勤先君: 선군을 위해 충성함)한 사람들이오."

3월, 초나라 주장 공손 영(寧)과 부장 오유오(吳由于) 및 위고(蓋固)가 파나라 군사를 우(鄾) 땅에서 격파했다. 이에 초혜왕이 자국에게 석(析) 땅을 봉읍으로 내렸다. 이를 두고 군자가 이같이 평했다.

"초혜왕은 사람의 뜻을 잘 헤아렸다. 『서경』「하서·대우모(大禹謨)」에 이르기를, '관점(官占: 복서 담당 관원)은 오직 능히 폐지(蔽志: 사

---

30) 두예는 황원의 조카로 보았으나 공영달은 황원의 종손(從孫)으로 파악했다.

람의 뜻을 추단함)한 연후에 비로소 원구(元龜)를 사용한다'고 했다. 이는 초혜왕의 경우를 두고 이르는 말일 것이다.『지』(志)에 이르기를, '성인(聖人: 총명한 사람)은 복서(卜筮)를 자주 하지 않는다'라고 했다. 초혜왕이야말로 바로 그런 사람일 것이다."

여름, 위나라의 경 석포(石圃)가 그의 군주 기(起)를 쫓아냈다. 이에 기가 제나라로 달아났다. 그러자 제나라에 망명 중이던 위출공 첩(輒)이 귀국해 석포를 몰아낸 뒤 대부 석퇴(石魋)와 태숙유(大叔遺)의 관직을 회복시켰다.

十八年春, 宋殺皇瑗. 公聞其情, 復皇氏之族, 使皇瑗爲右師. 巴人伐楚, 圍鄾. 初, 右司馬子國之卜也, 觀瞻曰 "如志." 故命之. 及巴師至, 將卜帥. 王曰 "寧如志, 何卜焉." 使帥師而行, 請承. 王曰 "寢尹工尹, 勤先君者也." 三月, 楚公孫寧 · 吳由于 · 蔿固敗巴師于鄾, 故封子國於析. 君子曰 "惠王知志.「夏書」曰 '官占, 唯能蔽志, 昆命于元龜.' 其是之謂乎.『志』曰 '聖人不煩卜筮.' 惠王其有焉." 夏, 衛石圃逐其君起, 起奔齊. 衛侯輒自齊復歸, 逐石圃而復石魋與大叔遺.

19년(기원전 476)

● 노애공 19년 봄, 월나라 군사가 초나라를 쳤다. 이는 오나라를 미혹하기 위한 것이었다.

여름, 초나라 공자 경(慶)과 공손 관(寬)이 월나라 군사를 추격했다. 월나라의 명(冥: 안휘성 광덕현 동남쪽) 땅까지 추격했으나 끝내 미치지 못하자 이내 회군했다.

가을, 초나라 대부 심제량(沈諸梁)이 동이(東夷)를 쳤다. 이에 3이(三夷: 절강성의 영파와 대주, 온주의 3개 지역에 사는 동이족)의 남녀가 초나라 군사와 오(敖: 절강성의 해변 근처) 땅에서 결맹했다.

겨울, 노나라 대부 숙청(叔靑: 叔還의 아들)이 경사로 갔다. 이는 주경왕(周敬王: 周景王의 아들)이 붕어한 데 따른 것이었다.

十九年春, 越人侵楚, 以誤吳也. 夏, 楚公子慶公孫寬追越師至冥, 不及, 乃還. 秋, 楚沈諸梁伐東夷, 三夷男女及楚師盟于敖. 冬, 叔青如京師, 敬王崩故也.

20년(기원전 475)

● 20년 봄, 제나라 사람이 노나라로 와 징회(徵會: '회동에 징소했다'는 뜻임)했다.31) 여름, 두 나라 사람이 늠구(廩丘: 산동성 범현 동쪽)에서 만났다. 이 자리에서 정나라를 위해 진(晉)나라를 치기로 모의했다. 이때 정나라 사람이 제후들에게 사양할 뜻을 밝혔다. 가을, 노나라 군사가 귀국했다.

당시 오나라 공자 경기(慶忌: 오왕 僚의 아들로 보기도 하나 부차의 아들이 타당함)는 여러 차례에 걸쳐 오왕 부차에게 권간(勸諫)했다.

"만일 치국의 방안을 고치지 않으면 반드시 멸망할 것입니다."

그러나 오왕 부차는 이를 듣지 않았다. 이에 경기는 도성을 빠져나와 애(艾: 강서성 수수현 서쪽) 땅에 머물다가 이내 초나라로 갔다. 이때 그는 월나라가 장차 오나라를 침공하려고 한다는 소식을 듣게 되었다. 겨울, 경기가 초나라 사람에게 자신이 귀국해 월나라와의 강화를 성사시키겠다고 밝히고는 이내 허락을 받아 귀국했다. 경기는 내심 불충한 자들을 제거해 월나라의 환심을 산 뒤 강화를 맺을 생각이었다. 그러나 오나라 사람이 이내 그를 살해했다.

11월, 월나라 군사가 오나라를 포위했다. 진나라 대부 조맹(趙孟: 趙襄子)은 마침 부친 조앙(趙鞅)의 상을 당해 상식(喪食: 거상 중에 간소한 음식을 먹음)을 하던 중이었다. 그는 이 소식을 듣고는 더욱 감선(減膳)했다. 그러자 가신 초융(楚隆)이 물었다.

---

31) 당시 진나라 공실은 이미 4경(四卿)에 의해 완전히 제압되고 초나라는 오·월에 시달리고 있었다. 제나라의 진항(陳恒)은 이같은 기회를 최대한 활용해 스스로 패자가 될 생각으로 이같은 모임을 요구했던 것이다.

"3년상의 상례(喪禮)는 친닐지극(親暱之極: 친애하는 관계를 나타내는 표현의 극치)입니다. 주인은 이미 상식을 하고 있는데 이를 더욱 감선한 것은 무슨 이유입니까?"

"황지지역(黃池之役: 노애공 13년) 당시 선주(先主: 작고한 주인으로, 곧 조간자)는 오왕과 함께 '호오동지'(好惡同之)를 맹서했소. 그런데 지금 월나라가 오나라를 포위하고 있는 상황에서 나는 선주의 맹서를 폐기하지 않기 위해서라도 응당 월나라와 맞서야 하건만 진나라의 역량이 이에 미치지 못해 안타까울 뿐이오. 이에 단지 감선만으로라도 내 마음을 표시하고자 한 것이오."

"이를 오왕이 알도록 하는 것이 어떻겠습니까?"

"그게 가능하겠소?"

"청컨대 제가 한번 가서 시도해보도록 하겠습니다."

이에 초융이 곧 길을 떠났다. 초융은 먼저 월나라 군영으로 가 월왕 구천에게 말했다.

"오나라가 상국(上國: 여기서는 월나라를 지칭)을 범한 일이 이미 여러 차례나 되었습니다. 듣건대 군주가 친히 오나라를 토벌한다고 하자 제하(諸夏: 중원의 여러 나라) 중 기뻐하지 않는 나라가 없다고 합니다. 이들 모두 단지 군주의 뜻의 실현되지 못할까 걱정하고 있을 뿐입니다. 청컨대 제가 오나라 진영으로 가 그들의 정황을 살펴보도록 하겠습니다."

월왕 구천이 이를 수락했다. 초융이 다시 오나라 군영으로 가 오왕 부차에게 고했다.

"과군의 노신(老臣: 조양자가 正卿인 까닭에 '老'로 칭한 것임) 무휼(無恤: 조양자)이 배신(陪臣: 오왕 부차를 높여 이같이 표현한 것임)인 저 초융을 보내 삼가 군주를 제대로 받들지 못한 죄를 감히 사죄하게

---

32) 여기의 '군'은 부차를 지칭하는 말이다. 조간자를 부차의 신하로 지칭해 부차에게 극도의 존경을 표시한 것은 부차를 격려해 월왕 구천의 독주를 막고자 하는 속셈에서 나온 것으로 보아야 한다.

했습니다. 황지지역 당시 군지선신(君之先臣)³²⁾ 지보(志父: 조간자)는 제맹(齊盟: 동맹)에 참석해 '호오동지'를 맹서한 바 있습니다. 이제 군주가 어려운 상황에 처해 있으니 무휼은 감히 탄로(憚勞: 수고를 꺼림)할 수 없는 처지입니다. 그러나 다만 진나라의 역량이 이에 미치지 못하는 까닭에 삼가 배신인 저를 보내 자신의 안타까운 심경을 전포(展布: 가감 없이 솔직히 밝힘)하게 한 것입니다."

오왕 부차가 크게 감격해하며 곧 하배계수(下拜稽首)하면서 응답했다.

"내가 불녕하여 월나라를 섬길 수 없어 끝내 귀국의 대부를 심려하게 만들었소. 명지욕(命之辱: 삼가 이같은 말을 전달받은 과분함이라는 뜻임)에 배사(拜謝)하는 바이오."

그러고는 초융에게 진주(珍珠)를 가득 담은 작은 상자 하나를 건네면서 이를 조맹에게 전하도록 당부한 뒤 탄식했다.

"구천이 나를 살려둔 가운데 치죄하려 하고 있어 결코 편히 죽을 수가 없는 처지요."

그러고는 다시 이같이 덧붙였다.

"익인필소(溺人必笑: 급속히 물에 빠져 죽는 자는 반드시 웃는 얼굴을 함)라고 했소. 내가 평소 그대에게 묻고 싶었던 것이 하나 있소. 사암(史黯: 진나라의 史墨)³³⁾은 어찌하여 군자로 일컬어지게 된 것이오?"

초융이 대답했다.

"사암은 출사(出仕)하여 다른 사람들로부터 미움을 받지 않았고 퇴관(退官)해서도 다른 사람을 비방하는 말을 하지 않았습니다."

오왕 부차가 찬탄했다.

"그가 군자로 일컬어지는 것은 당연한 일이오."

二十年春, 齊人來徵會. 夏, 會于廩丘, 爲鄭故謀伐晉. 鄭人辭諸侯. 秋,

---

33) 당시 부차는 내심 사묵이 일찍이 '오나라는 40년이 채 못 돼 망할 것이다'라고 언급한 예언의 진위를 알고 싶어 이같이 물은 것이다. 후세인의 가필일 공산이 크다.

師還. 吳公子慶忌驟諫吳子曰"不改, 必亡." 弗聽. 出居于艾, 遂適楚. 聞越將伐吳, 冬, 請歸平越, 遂歸. 欲除不忠者以說于越. 吳人殺之. 十一月, 越圍吳, 趙孟降於喪食. 楚隆曰"三年之喪, 親暱之極也. 主又降之, 無乃有故乎." 趙孟曰"黃池之役, 先主與吳王有質, 曰'好惡同之.' 今越圍吳, 嗣子不廢舊業而敵之, 非晉之所能及也, 吾是以爲降." 楚隆曰"若使吳王知之, 若何." 趙孟曰"可乎." 隆曰"請嘗之." 乃往. 先造于越軍, 曰"吳犯間上國多矣, 聞君親討焉, 諸夏之人莫不欣喜, 唯恐君志之不從, 請入視之." 許之. 告于吳王曰"寡君之老無恤, 使陪臣隆敢展謝其不共. 黃池之役, 君之先臣志父得承齊盟, 曰'好惡同之.' 今君在難, 無恤不敢憚勞. 非晉國之所能及也, 使陪臣敢展布之." 王拜稽首曰"寡人不佞, 不能事越, 以爲大夫憂, 拜命之辱"與之一簞珠, 使問趙孟, 曰"句踐將生憂寡人, 寡人死之不得矣." 王曰"溺人必笑, 吾將有問也, 史黯何以得爲君子." 對曰"黯也進不見惡, 退無謗言." 王曰"宜哉."

21년(기원전 474)

●21년 여름 5월, 월나라 사람이 노나라에 시래(始來)[34]했다.

가을 8월, 노애공이 제평공 및 주환공(邾桓公: 주은공의 아들 革)과 제나라의 고(顧: 하남성 범현 동남쪽) 땅에서 결맹했다. 이때 제나라 사람이 전에 제평공이 계수(稽首)를 한 데 반해 노애공이 단지 하배(下拜)만 한 사실을 두고 이같은 노래를 지어 책망했다.

"노인지구(魯人之皐: 노나라 사람의 잘못이라는 뜻으로, '皐'는 '咎'와 통함)를 수년이 지나도 스스로 깨닫지 못해 우리로 하여금 화를 못참아 펄쩍 뛰게 만드네. 노나라는 오직 유서(儒書: 유가의 서적)에만 얽매여 두 나라 사이에 커다란 근심만 조성하네."

---

[34] 처음으로 왔다는 의미로, 이때 이미 월왕 구천은 오나라에 승리를 거두고 패자의 자리를 차지하기 위해 사자를 보낸 것이다.

이때 노애공은 다른 사람보다 먼저 양곡(陽穀: 산동성 양곡현 동북쪽)으로 갔다. 이에 제나라 대부 여구식(閭丘息: 여구명의 후예)이 노애공에게 말했다.

　"송구스럽게도 군주가 옥지(玉趾: 玉步)를 옮겨 과군의 군사를 재(在: 위문했다는 뜻으로, 여기의 '在'는 '存問'의 의미임)해주었습니다. 군신들이 곧 전거(傳遽: 역참에 있는 수레로, 곧 傳車)를 몰아 이를 과군에게 고할 것입니다. 다만 저들이 보고하고 돌아올 때까지 군주에게 커다란 불편을 끼치지나 않을까 염려됩니다. 복인(僕人)들이 미차(未次: 아직 좋은 客館을 마련하지 못했다는 뜻임)했으니, 청컨대 주도(舟道: 제나라의 지명으로 위치 미상)에 제관(除館: 뜰과 집을 뜻하는 말로 숙박을 의미함)하기 바랍니다."

　노애공이 사양했다.

　"어찌 감히 귀국의 복인들을 수고스럽게 만들 수 있겠소?"

　二十一年夏五月, 越人始來. 秋八月, 公及齊侯邾子盟于顧. 齊人責稽首, 因歌之曰 "魯人之皋, 數年不覺, 使我高蹈. 唯其儒書, 以爲二國憂." 是行也, 公先至于陽穀. 齊閭丘息曰 "君辱擧玉趾, 以在寡君之軍. 群臣將傳遽以告寡君, 比其復也, 君無乃勤. 爲僕人之未次, 請除館於舟道." 辭曰 "敢勤僕人."

22년(기원전 473)

●22년 여름 4월, 주은공(邾隱公)[35]이 제나라에서 월나라로 달아난 뒤 월나라 사람에게 호소했다.

　"오나라가 무도하여 아비인 나를 억류하고 내 자식을 보위에 올려놓았습니다."

---

35) '주은공'이 노애공 8년에 오나라에 억류되었다가 노애공 10년에 제나라로 도주하자 태자 혁(革)이 주환공으로 즉위했다. '주은공'은 노애공 22년에 들어와 다시 월나라로 도주한 것이다.

이에 월나라 사람이 주은공을 귀국시키자 이번에는 태자 혁(革)이 월나라로 달아났다.

겨울 11월 27일, 월나라가 오나라를 멸망시켰다. 월왕 구천이 오왕 부차에게 용동(甬東: 절강성 정해현 동쪽의 海島에 위치)에 거처하도록 허용하자 오왕 부차가 사양했다.

"내가 이미 늙었는데 어찌 군주를 섬길 수 있겠소?"

그러고는 곧 목을 매어 자진했다. 월나라 군사가 오왕 부차의 시신을 이끌고 귀국했다.

二十二年夏四月, 邾隱公自齊奔越, 曰 "吳爲無道, 執父立子." 越人歸之, 大子革奔越. 冬十一月丁卯, 越滅吳, 請使吳王居甬東. 辭曰 "孤老矣, 焉能事君." 乃縊. 越人以歸.

23년(기원전 472)

●23년 봄, 송원공(宋元公)의 부인 경조(景曹: 小邾의 여인으로 송경공의 모친이자 계환자의 외조모)가 세상을 떠났다. 이에 노나라 대부 계강자가 가신 염유(冉有)를 시켜 조문하는 길에 송장(送葬)까지 하도록 하면서 이같은 말을 전하게 했다.

"폐읍에 사직지사(社稷之事: 국가대사)가 있어 저 비(肥: 계강자)로 하여금 직경(職競: 직무가 많아 매우 바쁨)하게 만들었습니다. 이로 인해 장례를 도와 집불(執紼: 하관할 때 관의 끈을 잡는다는 뜻으로, 곧 送葬을 의미)하지 못하게 되었습니다. 이에 사람을 보내 여인(輿人: 상여를 메는 사람)의 뒤를 따르게 했습니다. 사자가 저를 대신해 전하기를, '저 비는 송구스럽게도 공실의 미생(彌甥: 먼 외생)이 된 까닭에 비록 약소하나마 선인의 마필을 부인의 가재에게 봉헌하고자 합니다. 가히 부인의 정번(旌繁: 원래는 말의 장식을 뜻하나 여기서는 마필을 의미)과 어울릴 듯합니다'라고 할 것입니다."

여름 6월, 진나라 대부 순요(荀瑤: 순력의 손자로, 곧 知襄子)가 제나라를 치자 제나라 대부 고무비(高無㔻)가 군사를 이끌고 가 이를 막았다. 그러자 지백(知伯: 순요)이 제나라 군사의 허실을 알아보고자 했다. 이때 순요의 말이 겁을 먹어 놀라는 모습을 보였다. 그러자 순요는 오히려 마음껏 앞으로 내달리면서 말했다.

"제나라 사람들이 이미 나의 깃발을 알고 있다. 내가 앞으로 나아가지 않으면 겁이 나 돌아갔다고 떠벌릴 것이다."

이에 제나라 군사의 영루(營壘) 앞까지 갔다가 돌아갔다. 얼마 후 순요가 막 교전에 나서려고 할 때 대부 장무자(長武子)가 점을 친 뒤 교전할 것을 청했다. 지백이 반대했다.

"군주가 이미 천자에게 보고했고, 또한 조묘(祖廟)에서 수구(守龜: 거북점을 침)하여 길하다는 점괘도 얻었소. 그러니 내가 또 무엇을 두고 점을 친단 말이오? 게다가 제나라 군사가 우리의 영구(英丘: 위치 미상)를 점령하자 군주가 나에게 이를 되찾아오라고 하명한 상황이오. 나는 감히 요무(耀武: 무위를 뽐냄)하고자 하는 것이 아니라 오직 영구를 되찾고자 하는 것이오. 그러니 정당한 말로 제나라의 죄를 문책하면 그것으로 족한 것이오. 어찌 굳이 점을 칠 필요가 있겠소?"

6월 26일, 이구(犂丘: 隰으로, 산동성 임읍현 서쪽)에서 교전이 이루어져 제나라 군사가 크게 패했다. 이때 지백이 직접 제나라 대부 안경(顏庚)을 포로로 잡았다.

가을 8월, 노나라 대부 숙청(叔靑)이 월나라로 갔다. 이는 노나라 처음으로 월나라에 사자를 보낸 것이다. 얼마 후 월나라 대부 제앙(諸鞅)이 노나라를 빙문했다. 이는 숙청의 방문에 대한 답방이었다.

二十三年春, 宋景曹卒. 季康子使冉有弔且送葬, 曰 "敝邑有社稷之事, 使肥與有職競焉, 是以不得助執紼, 使求從輿人, 曰 '以肥之得備彌甥也, 有不腆先人之產馬, 使求薦諸夫人之宰, 其可以稱旌繁乎.'" 夏六月, 晉荀瑤伐齊, 高無㔻帥師御之. 知伯視齊師, 馬駭, 遂驅之, 曰 "齊人之余旗, 其謂余畏而反也." 及壘而還. 將戰, 長武子請卜. 知伯曰 "君告於天子, 而卜之以守龜於宗祧, 吉矣. 吾又何卜焉. 且齊人取我英丘, 君命瑤, 非敢耀武也, 治英丘也. 以辭伐罪足矣, 何必卜." 壬辰, 戰于犂丘, 齊師敗績. 知伯親禽顔庚. 秋八月, 叔靑如越, 始使越也. 越諸鞅來聘, 報叔靑也.

24년(기원전 471)

● 노애공 24년 여름 4월, 진출공(晉出公)이 장차 제나라를 치고자 했다. 이에 사자를 시켜 노나라에 출병을 청하면서 이같이 말하게 했다.

"전에 노나라 대부 장문중(臧文仲)은 초나라 군사를 이끌고 제나라로 쳐들어가 곡(穀: 노희공 26년의 사건임) 땅을 점령했소. 또 대부 선숙(宣叔)도 진나라 군사를 이끌고 제나라로 쳐들어가 문양(汶陽: 노성공 2년의 사건임)을 점령했소. 과군은 주공(周公)에게 요복(徼福: 복을 기원함)하고 장씨(臧氏: 장씨의 신령)에게 걸령(乞靈: 威靈의 도움을 청함)하고자 하오."

이에 노나라 대부 장석(臧石: 臧賓如의 아들)이 군사를 이끌고 가 진나라 군사와 합세해 늠구(廩丘)를 점령했다. 이때 진나라의 군리(軍吏)가 군비를 충실히 정비하도록 하령한 뒤 다시 진격하고자 했다. 그러자 이 이야기를 전해 들은 제나라 대부 내장(萊章)이 말했다.

"진나라는 군주의 위세가 추락하고 정치는 포학해졌지만 지난해에는 승전하여 우리의 대부 안경을 포획해 갔고 이번에는 또 늠구의 싸움에서마저 이겼다. 진나라는 이미 하늘로부터 받은 복이 매우 많은데 또 어찌 진격해 올 수 있겠는가. 이는 허세를 부리는 말이다. 그들은 장차 돌아가려고 그러는 것이다."

과연 진나라 군사는 곧 돌아갔다. 이때 진나라 군사가 노나라 대부 장석에게 희(餼: 살아 있는 희생용 짐승)를 보냈는데 진나라 태사(大史)가 장석에게 다음과 같은 사과의 말을 덧붙여 전했다.

"과군이 밖으로 출행한 탓에 보내드린 희생이 뇌례(牢禮)에 크게 미흡하나 이로써 감히 심심한 사의를 표하고자 합니다."

이때 주은공이 또다시 무도한 짓을 하자 마침내 월나라 사람이 그를 잡아 데리고 가면서 공자 하(何: 공자 혁의 동생)를 새 군주로 세웠다. 그러나 공자 하 또한 매우 무도했다.

노나라 공자 형(荊: 노애공의 서자)의 모친이 노애공으로부터 커다란 총애를 받았다. 노애공이 마침내 그녀를 부인으로 삼고자 했다. 이에 종인(宗人: 禮官) 흔하(釁夏)를 시켜 그녀에게 부인으로 책립(冊立)하는 예물을 봉헌하게 했다. 그러자 흔하가 사양했다.

"그같은 예법은 없습니다."

이에 노애공이 대로하여 말했다.

"부인의 책립은 국가의 대례(大禮)인데 그대는 종사(宗司: 宗人)로서 어찌하여 그같은 예법이 없다고 하는 것인가."

"전에 주공(周公)과 노무공(魯武公: 敖)은 설(薛)나라에서 부인을 맞이했고, 노효공(魯孝公: 稱)과 노혜공(魯惠公: 弗皇)은 상(商: 여기서는 송나라를 지칭)나라에서 맞이했습니다. 이어 노환공(魯桓公) 이후로는 제나라에서 맞이했습니다. 이같은 경우에 적용되는 예법은 있습니다. 그러나 첩을 부인으로 삼는 것으로 말하면 본래부터 그런 예법은 없습니다."

그러나 노애공은 기어코 공자 형의 모친을 부인으로 책립하면서 공자 형을 태자로 삼았다. 이에 국인들이 비로소 노애공을 미워하기 시작했다.

윤달, 노애공이 월나라로 갔다. 노애공은 월나라 태자 적영(適郢)과 매우 가깝게 지내게 되었다. 이에 적영이 노애공에게 자신의 딸을 보내고 또 많은 땅까지 떼어주려고 했다. 그러자 노나라 대부 공손유산(公孫有山)이 급히 노나라로 사람을 보내 이 사실을 계강자에게 알렸다. 계강자는 장차 노애공이 월나라에 기대어 자신을 칠까 크게 두려워했다. 이에 곧 사람을 월나라 태재 백비(白嚭: 오나라가 패망한 후 이내 월나라의 대신이 되었음)에게 보내 뇌물을 바쳤다. 이로써 이 일은 중지되었다.

二十四年夏四月, 晉侯將伐齊, 使來乞師, 曰 "昔, 臧文仲以楚師伐齊,取穀. 宣叔以晉師伐齊, 取汶陽. 寡君欲徹福於周公, 願乞靈於臧氏." 臧石帥師會之, 取廩丘. 軍吏令繕, 將進. 萊章曰 "君卑政暴, 往歲克敵, 今又勝都, 天奉多矣, 又焉能進. 是盬焉也. 役將班矣." 晉師乃還, 饋臧石牛. 大史謝之曰 "以寡君之在行, 牢禮不度, 敢展謝之." 邾子又無道, 越人執之以歸, 而立公子何. 何亦無道. 公子荊之母嬖, 將以爲夫人, 使宗人釁夏獻其禮. 對曰 "無之." 公怒曰 "女爲宗司, 立夫人, 國之大禮也, 何故無之." 對曰 "周公及武公娶於薛, 孝惠娶於商, 自桓以下娶於齊, 此禮也則有. 若以妾爲夫人, 則固無其禮也." 公卒立之, 而以荊爲大子. 國人始惡之. 閏月, 公如越, 得大子適郢, 將妻公而多與之地. 公孫有山使告于季孫. 季孫懼, 使因大宰嚭以納賂焉, 乃止.

25년(기원전 470)

●노애공 25년 여름 5월 25일, 위출공(衛出公: 공자 輒)이 송나라로 달아났다. 이에 앞서 위출공은 자포(藉圃)에 영대(靈臺)를 새로 단장한 뒤 대부들과 술을 마신 적이 있었다. 이때 저사성자(褚師聲子: 저사비)가 말(韤: 생가죽으로 만든 버선)을 신은 채 영대 위로 올라와 자리에 앉았다.[36] 이에 위출공이 대로하자 저사성자가 변명했다.

"저의 발에 창병이 나 다른 사람과 같지 않습니다. 만일 군주가 이를 보면 구역질을 할 것입니다. 그래서 감히 벗지 못하는 것입니다."

그러나 위출공은 이 말을 듣고 더욱 화를 냈다. 대부들이 모두 나서 변명했으나 위출공은 이를 들으려고 하지 않았다. 이에 저사성자는 결

---

36) 춘추시대 전기만 하더라도 버선은 모두 가죽으로 만들었다. 이에 '말'(韤) 또는 '말'(韈)이라고 썼다. 후대에 버선을 직물로 만들면서 글자도 '말'(襪: 袜)로 바뀌었다. 당시는 버선을 가죽 제품으로 만들어 신발 대용으로도 사용한 까닭에 이를 벗지 않고 대 위로 올라오는 것은 무례를 범한 것으로 간주되었다. 맨발을 지극히 공경스러운 것으로 생각했기 때문에 자리에 오를 때에는 반드시 버선을 벗어야만 했다. 저사성자가 가죽으로 만든 버선을 신은 채 대 위로 올라 온 것은 곧 능상(陵上: 위를 능멸함) 행위로 해석될 수밖에 없었다.

국 그 자리에서 물러나가게 되었다. 이때 위출공이 극기수(戟其手: 마치 세모난 창의 모양과 같이 화가 나 두 손을 허리에 얹은 모습을 비유)한 채 말했다.

"내가 반드시 그의 발을 끊어놓고 말겠다."

이때 저사성자는 사구 해(亥)와 함께 수레를 타고 가며 말했다.

"오늘 무사히 자리를 빠져나오게 된 것은 참으로 커다란 행운이었소."

위출공은 귀국할 때 남씨(南氏: 위영공의 아들 공자 郢의 후손인 公孫彌牟)의 봉읍을 빼앗고 사구 해의 권력을 박탈했다. 또 시종들을 시켜 대부 공문의자(公文懿子: 公文要)의 수레를 연못 속에 처넣게 했다.

당초 위나라 사람이 하정씨(夏丁氏: 夏戊)를 멸할 때 그의 가산을 대부 팽봉미자(彭封彌子: 彌子瑕)에게 주었다. 이때 팽봉미자가 위출공을 청해 함께 술을 마시던 중 하무의 딸을 바치자 위출공이 그녀를 매우 총애한 나머지 마침내 부인으로 삼았다. 그녀의 남동생 기(期: 하무의 아들)는 대부 태숙질(大叔疾)의 종손생(從孫甥: 자매의 손자로 곧 從外孫)인 까닭에 어렸을 때 공궁에서 자랐다. 위출공은 그를 사도로 삼았다. 그러나 누이가 점차 위출공의 총애를 잃자 그 또한 득죄하게 되었다.

당시 위출공은 3장(三匠: 세 종류의 장인들)들을 오랫동안 크게 혹사하고 있었다. 또 위출공은 우교(優狡: 배우)를 보내 대부 권미(拳彌)와 맹서하게 하고는 권미를 신변 가까이에 두고 크게 신임했다. 이로 인해 저사비(褚師比: 저사성자)와 공손미모(公孫彌牟), 공문요(公文要: 공문의자), 사구 해(亥), 사도 기(期) 등은 3장의 세력에 기대어 권미와 함께 반기를 들었다.

이때 이들은 모두 손에 예리한 무기를 들었다. 무기가 없는 사람들은 장인들이 나무를 자를 때 쓰는 도끼를 들었다. 먼저 권미를 공궁에 들여보낸 뒤 나머지 사람들은 모두 태자 질의 궁 안으로 들어가 큰소리로 떠들면서 위출공을 공격했다. 이때 대부 견자사(鄄子士)가 반군을 저지하겠다고 나섰다. 그러자 대부 권미가 그의 손을 잡으며 설득했다.

"그대는 참으로 용맹한 사람이오. 그러나 장차 군주를 어찌할 생각이오? 그대는 선군(先君: 괴외를 지칭)의 비참한 말로를 보지 못했소? 군주야 어디로 간들 자신의 욕망을 채우지 못하겠소? 하물며 군주는 일찍이 외국에서 지낸 적도 있소. 어찌 이번에 밖으로 나간다고 하여 장차 반드시 돌아오지 못할 것으로 단정할 수 있겠소? 지금은 어찌할 도리가 없소. 중노난범(衆怒難犯: 많은 사람들의 노여움은 막기가 어려움)이오. 일단 난이 평정된 뒤에야 비로소 작란한 자들을 이간(易間: 용이하게 이간함)할 수 있을 것이오."

이에 위출공이 달아나게 된 것이다. 처음에 위출공은 진(晉)나라와 가까운 포읍(蒲邑: 하남성 장원현 동쪽)으로 가려고 했다. 그러자 권미가 만류했다.

"진나라는 신의가 없어 안 됩니다."

이어 제나라와 진나라의 접경지대인 견읍(鄄邑)으로 가려고 하자 권미가 또 만류했다.

"제·진 두 나라 모두 우리 나라를 놓고 다투고 있어 안 됩니다."

노나라와 가까운 영읍(泠邑)으로 가려고 하자 권미가 또다시 만류했다.

"노나라는 가깝게 지내기에 부족합니다. 청컨대 송나라와 가까운 성서(城鉏: 하남성 활현 동쪽)로 가 구월(鉤越: 월나라와 관계를 맺음)하기 바랍니다. 월나라에는 유능한 군주가 있습니다."

이에 위출공이 성서로 가게 되었다. 이때 권미가 당부했다.

"보물을 노리는 위나라의 도적들이 아직 이 사실을 모르고 있으니 청컨대 속히 떠나기 바랍니다. 저부터 먼저 떠나도록 하겠습니다."

그러고는 곧 수레에 보물을 가득 실은 뒤 위출공을 감쪽같이 속여 보물을 실은 수레를 몰고 다시 위나라로 돌아왔다.

二十五年夏五月庚辰, 衛侯出奔宋. 衛侯爲靈臺于藉圃, 與諸大夫飮酒焉. 褚師聲子韤而登席. 公怒, 辭曰 "臣有疾, 異於人. 若見之, 君將嘔之, 是以不敢." 公愈怒. 大夫辭之, 不可. 褚師出, 公戟其手, 曰 "必斷而足."

聞之, 褚師與司寇亥乘曰 "今日幸而後亡." 公之入也, 奪南氏邑, 而奪司寇亥政. 公使侍人納公文懿子之車于池. 初, 衛人翦夏丁氏, 以其帑賜彭封彌子. 彌子飮公酒, 納夏戊之女, 嬖, 以爲夫人. 其弟期, 大叔疾之從孫甥也, 少畜於公, 以爲司徒. 夫人寵衰, 期得罪. 公使三匠久. 公使優狡盟拳彌, 而甚近信之. 故褚師比·公孫彌牟·公文要·司寇亥·司徒期囚三匠與拳彌以作亂, 皆執利兵, 無者執斤. 使拳彌入于公宮, 而自大子疾之宮譟以攻公. 鄄子士請禦之. 彌援其手曰 "子則勇矣, 將若君何. 不見先君乎. 君何所不逞欲. 且君嘗在外矣, 豈必不反. 當今不可. 衆怒難犯, 休而易間也." 乃出. 將適蒲, 彌曰 "晉無信, 不可." 將適鄄, 彌曰 "齊晉爭我, 不可." 將適泠, 彌曰 "魯不足與, 請適城鉏以鉤越, 越有君." 乃適城鉏. 彌曰 "衛盜不可知也, 請速, 自我始." 乃載寶以歸.

● 위출공은 지리지졸(支離之卒: 군사를 여러 부대로 쪼개 적을 헷갈리게 만드는 것을 지칭)의 전술을 구사하면서 축사(祝史) 휘(揮)의 내응에 기대어 위나라를 수차례 공격했다. 위나라 사람들이 이를 크게 우려했다. 이때 공문의자(公文懿子)가 축사의 내응 사실을 알아채고는 대부 자지(子之: 公孫彌牟)를 찾아가 축사 휘를 축출할 것을 청했다. 문자(文子: 子之)가 반대했다.

"그 사람은 죄가 없소."

공문의자가 반박했다.

"그는 전횡하며 호리(好利)하는 자로 멋대로 비위를 저지르고 있습니다. 만일 군주가 다시 들어오게 되면 누구보다 먼저 나가 길을 인도할 사람입니다. 그를 축출하면 그는 틀림없이 남문을 빠져나가 군주가 있는 곳으로 갈 것입니다. 이들은 최근 월나라가 제후들의 추대를 받고 있는 점을 이용해 틀림없이 월나라의 출병을 청하려 들 것입니다."

이때 축사 휘는 아직 조정에 머물러 있었다. 공문의자가 곧 관원을 축사 휘의 집으로 보내 그가 돌아오는 즉시 바로 그곳에서 그를 밖으로 내보내게 했다. 이에 축사 휘는 집으로 돌아오다가 성 밖으로 쫓겨나게 되었다. 그는 출신(出信: 출성하여 이틀 밤을 보낸다는 뜻으로, '出城信宿'의 줄임말)한 후 다시 성 안으로 들어가려 했으나 거부당하고 말았다. 결국 닷새 후에 외리(外里: 위출공이 있는 성서 내의 지명)에 머물게 되었다. 위출공은 축사 휘를 총신하여 이내 그를 월나라에 사자로 보내 출병을 청했다.

6월, 노애공이 해를 걸러 비로소 이때 월나라에서 돌아왔다. 계강자와 맹무백이 오오(五梧: 노나라의 남쪽 변경)로 나가 노애공을 맞이했다. 이때 대부 곽중(郭重)이 노애공이 탄 수레를 몰았는데 먼저 두 사람을 발견하고는 노애공에게 건의했다.

"저 두 사람은 군주에 대해 나쁘게 말한 적이 매우 많으니 군주는 세세히 추궁하도록 하십시오."

노애공이 오오에서 연회를 베풀자 맹무백이 노애공에게 축주(祝酒: 장수를 비는 술잔)를 올렸다. 그는 이내 곽중을 싫어한 나머지 이같이 물었다.

"어찌하여 이리 비대해졌소?"

이에 계강자가 곧바로 끼어들어 건의했다.

"청컨대 체(彘: 맹무백)에게 벌주를 내리기 바랍니다. 우리 노나라가 원수의 나라와 근접해 있는 까닭에 이에 대비하느라 저희들은 군주를 수종하지 못함으로써 대행(大行: 遠行)을 면하게 되었습니다. 그런데도 체는 굳이 고생스럽게 바쁘게 뛰어다닌 사람을 비대해졌다고 힐난했습니다."

그러자 노애공은 계강자와 맹무백이 식언을 많이 한 것을 빗대어 말했다.

"이 사람이 식언을 너무 많이 했으니 비대해지지 않을 수 있겠소?"

이에 연회에 참석한 사람들 모두 서먹하게 되었다. 이 일이 있은 후 노애공과 대부들은 서로 악감을 갖게 되었다.

公爲支離之卒, 因祝史揮以侵衛. 衛人病之. 懿子知之, 見子之, 請逐揮. 文子曰 "無罪." 懿子曰 "彼好專利而妄, 夫見君之入也, 將先道焉,若逐之, 必出於南門而適君所. 夫越新得諸侯, 將必請師焉."揮在朝, 使吏遣諸其室. 揮出信, 弗內. 五日, 乃館諸外里. 遂有寵, 使如越請師. 六月, 公至自越. 季康子孟武伯逆於五梧. 郭重僕, 見二子曰"惡言多矣, 君請盡之."公宴於五梧, 武伯爲祝, 惡郭重, 曰"何肥也."季孫曰"請飮彘也. 以魯國之密邇仇讐, 臣是以不獲從君, 克免於大行, 又謂重也肥."公曰"是食言多矣, 能無肥乎."飮酒不樂, 公與大夫始有惡.

26년(기원전 469)

●노애공 26년 여름 5월, 노나라 대부 숙손서(叔孫舒: 叔孫武叔의 아들 叔孫文子)가 군사를 이끌고 가 월나라 대부 고여(皐如)와 후용(后庸), 송나라 사성 악패(樂茷: 子潞) 등과 만났다. 이들은 위출공을 호송하여 위나라로 들여보내고자 했다. 이때 위나라 대부 문자(文子: 공손미모)가 위출공을 받아들이려고 하자 공문의자(公文懿子)가 만류했다.

"군주는 강퍅(剛愎)한 데다가 포학(暴虐)하기 그지없습니다. 잠시 기다리면 반드시 백성들에게 해악을 끼치고 말 것입니다. 그때가 되면 백성들은 모두 그대에게 귀의할 것입니다."

이때 이들 연합군이 외주(外州)를 침공해 대획(大獲: 닥치는 대로 마구 약탈함)했다. 위나라 군사들이 출동해 이를 막고자 했으나 오히려 대패하고 말았다. 당시 위출공은 저사정자(褚師貞子: 저사비의 부친)의 무덤을 파헤쳐 관을 꺼낸 뒤 이를 평장(平莊: 능의 이름) 위에서 불태워버렸다. 그러자 공손미모가 대부 왕손제(王孫齊: 王孫賈의 아들 昭子)를 은밀히 월나라 대부 고여에게 보내 문의했다.

"그대는 위나라를 아주 멸망시켜버리려는 것입니까? 아니면 단지 군주를 호송하여 들여보내려는 것입니까?"

고여가 회답했다.

"과군의 명은 별것이 아니라 단지 위나라 군주를 본국으로 돌려보내라는 것일 뿐이오."

그러자 공손미모가 여러 사람들을 모아놓고 의견을 구하면서 말했다.

"군주가 만이(蠻夷)를 이끌고 와 우리 나라를 침공했소. 이로 인해 지금 나라가 거의 멸망하게 되었으니 청컨대 군주를 받아들이는 쪽으로 의견을 모아주기 바라오."

그러자 사람들이 입을 모아 반대했다.

"결코 받아들여서는 안 됩니다."

이에 공손미모가 제안했다.

"내가 망명하면 여러분들에게도 도움이 될 것이오. 청컨대 내가 북문을 통해 빠져나갈 수 있게 해주시오."

사람들이 이 또한 입을 모아 반대했다.

"달아나서는 안 됩니다."

결국 공손미모는 월나라 군사에게 중뢰(重賂)한 뒤 수비(守陴)[37]를 신개(申開)[38]하여 군주를 맞이할 채비를 갖추었다. 그러나 위출공은 감히 도성 안으로 들어가려고 하지 않았다.

연합군이 철군하자 위나라 사람들이 공자 겸(黚: 괴외의 庶弟)을 위도공(衛悼公)으로 옹립한 뒤 남씨(南氏: 공손미모)를 시켜 위도공을 보좌하게 했다. 이어 위나라 사람들이 성서(城鉏)를 월나라 사람에게 떼어주었다. 그러자 위출공이 크게 화를 내며 말했다.

"이는 기(期)가 꾸민 짓이다."

그러고는 곧 사도 기의 누이인 부인에게 조금이라도 원한이 있는 사람은 누구나 보복을 하도록 명했다. 사도 기가 월나라를 빙문하게 되자 위출공은 그를 공격해 그가 가지고 있던 예물을 모두 탈취했다. 이에 사도 기가 월왕 구천에게 이 사실을 고하자 구천이 좌우에 명하여 이를 다시 빼앗아 오게 했다. 사도 기가 많은 사람들을 이끌고 가 이를 다시 빼앗자 위출공이 대로하여 자신이 태자로 삼은 사도 기의 생질을 잡아

---

37) 원래는 수비용 성가퀴를 뜻하나 여기서는 수비용 성문을 지칭한다.
38) '거듭 연다'는 뜻으로, 신(申)은 '중'(重)의 의미인데 당시 도성에는 내성문과 곽문을 비롯해 수많은 문이 중첩적으로 설치되었다.

죽였다. 그러나 위출공도 마침내 월나라에서 세상을 떠나고 말았다.

당초 송경공은 아들이 없었다. 이에 공손 주(周: 송원공의 손자 子高)의 아들인 득(得)과 계(啓)를 데려다가 공궁에서 기르게 되었으나 아직 태자를 세우지는 않았다. 당시 송나라에는 황완(皇緩)이 우사, 황비아(皇非我)가 대사마, 황회(皇懷: 황비아의 종제)가 사도, 영불완(靈不緩)이 좌사, 악패(樂茷)가 사성, 악주서(樂朱鉏: 樂輓의 아들)가 대사구로 있었다.

이들 6경(六卿: 우사·좌사·사마·사도·사성·사구)을 구성하고 있는 3족(三族: 皇·靈·樂의 3족)은 강청정(降聽政: 공동으로 정사를 돌본다는 뜻으로, '降'은 공손히 격을 낮춘다는 뜻을 지니고 있음) 하면서 자신들의 의견이나 보고 사항을 대윤(大尹: 관직명)을 통해 상달했다. 그러나 대윤은 늘 이들의 의견을 송경공에게 보고도 하지 않은 채 자신의 의견을 군명으로 내세워 국인들을 호령하곤 했다. 그러자 국인들이 모두 그를 미워했다. 이에 사성 악패가 대윤을 제거하려고 하자 좌사 영불완이 만류했다.

"일단 그를 그대로 놓아두어 그의 죄악이 가득 찰 때까지 기다리도록 하시오. 비록 그의 권세가 크다고는 하나 아무런 기반이 없으니 조만간 스스로 패망하지 않을 도리가 있겠소?"

二十六年夏五月, 叔孫舒帥師會越皐如·后庸·宋樂茷納衛侯. 文子欲納之. 懿子曰 "君愎而虐, 少待之, 必毒於民, 乃睦於子矣." 師侵外州, 大獲. 出禦之, 大敗. 掘褚師定子之墓, 焚之于平莊之上. 文子使王孫齊私於皐如曰 "子將大滅衛乎, 抑納君而已乎." 皐如曰 "寡君之命無他, 納衛君而已." 文子致衆而問焉, 曰 "君以蠻夷伐國, 國幾亡矣, 請納之." 衆曰 "勿納." 曰 "彌牟亡而有益, 請自北門出." 衆曰 "勿出". 重賂越人, 申開守陴而納公, 公不敢入. 師還, 立悼公, 南氏相之. 以城鉏與越人. 公曰 "期則爲此." 令苟有怨於夫人者報之. 司徒期聘於越, 公攻而奪之幣. 期告王, 王命取之, 期以衆取之. 公怒, 殺期之甥之爲大子者. 遂卒于越. 宋景公無子, 取公孫周之子得與啓, 畜諸公宮, 未有立焉. 於是皇緩爲右師, 皇非我爲大司馬, 皇懷爲司徒, 靈不緩爲左師, 樂茷爲司城, 樂朱鉏爲大司寇. 六卿三族降聽政, 因大尹以達. 大尹常不告, 而以其欲稱君命以令. 國人惡之. 司城欲去大尹, 左師曰 "縱之使盈其罪. 重而無基, 能無敵乎."

● 겨울 10월, 송경공이 공택(空澤: 空桐澤으로, 하남성 우성현 남쪽에 위치)에서 노닐었다. 10월 4일, 송경공이 공택 주위에 있는 연중관(連中館)에서 세상을 떠났다. 그러자 대윤(大尹)이 공택의 갑사 1천명을 동원해 송경공의 시신을 받들고 공동(空桐: 공택의 소재지)을 출발해 옥궁(沃宮: 송나라 도성의 내궁)으로 들어갔다. 이어 사람을 보내 6경을 소환했다.

"하읍(下邑: 지방)에서 전투가 벌어졌다는 이야기가 있어 군주가 6경을 청해 이를 상의하고자 하오."

6경이 도착하자 대윤은 갑사들을 이용해 이들을 겁박하면서 말했다.

"군주의 병세가 위중하니 청컨대 여러분들이 맹서에 동의해주기 바라오."

이에 소침(少寢: 小寢으로, 제후가 退朝한 뒤 쉬는 곳을 뜻하나 內寢으로 보기도 함)의 뜰에서 이같이 맹서하게 되었다.

"공실에 불리한 일을 하지 않는다."

이로써 대윤은 공손 주의 아들 계(啓)를 새 군주로 삼고 송경공의 시신을 조묘 안에 안치했다. 당시 국인들은 사흘 후에야 송경공이 죽었다는 사실을 알게 되었다. 그러자 사성 악패가 사람들을 시켜 도성 내에 이같이 선전하게 했다.

"대윤이 군주를 혹고(惑蠱: 속여 현혹함)하여 오직 자신의 이익을 취하는 데만 몰두했소. 지금 군주가 아무런 병도 없이 세상을 떠났는데 그는 또 군주의 시신을 여러 날이나 은밀하게 숨겨두기까지 했소. 이는 말할 것도 없이 바로 대윤의 죄요."

마침 공손 주의 또 다른 아들 득(得)이 꿈을 꾸었다. 꿈속에서 계가 노문(盧門: 송나라 도성의 동문) 밖에서 머리를 북쪽으로 하여 잠을 자고 있고 자신은 새가 되어 계의 몸 위에 앉았는데 주둥이는 남문, 꼬리는 동문(桐門: 송나라 도성의 북문)에 얹혀 있었다. 득이 꿈에서 깨어난 뒤 말했다.

"내가 꾼 꿈은 참으로 아름답다. 나는 틀림없이 보위에 오를 것이다."

이대 대윤은 좌우와 상의하며 이같이 말했다.

"나는 지난번에 6경들이 맹서하는 자리에 참석하지 않았소. 이로 인해 그들이 나를 몰아낼지 모르니 다시 한 번 그들과 맹서해야만 하겠소."

그러고는 곧 태축(大祝: 축관)에게 재서(載書: 맹서문)를 짓게 했다. 대윤은 6경이 마침 도성에서 비교적 먼 당우(唐盂: 하남성 수현)에 살고 있었던 까닭에 그곳으로 가 맹서하려고 했다. 이때 태축 양(襄)은 자신이 지은 재서를 갖고 대사마 황비아를 찾아가 이 사실을 고했다. 그러자 황비아가 자로(子潞: 악패)와 문윤(門尹) 득(得: 樂得), 영불완 등과 대책을 상의했다.

"백성들이 우리를 따르고 있으니 대윤을 쫓아내도록 합시다."

이에 이들은 각기 집으로 돌아가 부하들에게 무기를 나눠준 뒤 이들을 시켜 도성 안을 돌아다니며 외치게 했다.

"대윤은 군주를 혹고하여 공실을 능학(陵虐: 능멸하여 학대함)하고 있소. 우리를 따르는 사람이 곧 군주를 구하는 사람이오."

그러자 사람들이 입을 모아 외쳤다.

"그대들을 따를 것이오."

이때 대윤도 도성 안을 돌아다니면서 외쳤다.

"대씨(戴氏: 樂氏)와 황씨(皇氏)는 장차 공실에 불리한 일을 저지르려 하고 있소. 나를 따르는 사람은 부자가 되지 못할까 걱정하지 않아도 되오."

사람들이 입을 모아 힐난했다.

"저자는 하는 짓이 새 군주와 무별(無別: 조금도 다름이 없음)하다."

이에 대씨와 황씨가 군주 계(啓)를 치려고 하자 악득(樂得)이 만류했다.

"불가하오. 대윤은 군주를 능멸하여 죄를 지었는데 우리가 군주를 공격하면 이는 대윤보다 더 큰 죄를 짓는 것이 되오."

이에 국인들을 시켜 대윤에게 죄명을 가하게 했다. 그러자 대윤이 군주 계를 받들고 초나라로 달아났다. 이에 송나라 사람들이 득을 새 군주로 세웠다. 이때 사성 악패가 상경이 되어 맹서했다.

"3족이 공정(共政: 함께 정사를 돌봄)하면서 서로 해를 끼치는 일이 없을 것이다."

당시 위출공은 성서에서 사람을 시켜 공자의 제자 자공에게 활을 바치고 문후하면서 이같이 문의하게 했다.

"내가 가히 도성으로 들어갈 수 있겠소?"

자공이 계수(稽首)하여 활을 받은 뒤 대답했다.

"저는 알 수 없습니다."

그러고는 곧 사자에게 사적으로 이같이 말했다.

"전에 위성공(衛成公)은 진(陳: 노희공 28년에 위성공은 초나라로 갔다가 다시 진나라로 갔음)나라로 유망(流亡)했다가 대부 영무자(寧武子)와 손장자(孫莊子)가 완복(宛濮: 노희공 28년의 일임)에서 결맹한 연후에 귀국했습니다. 또 위헌공(衛獻公)은 제(齊: 노양공 14년의 일임)나라로 유망했다가 대부 자선(子鮮)과 자전(子展)이 이의(夷儀: 노양공 26년의 일임)에서 결맹한 연후에 귀국했습니다. 지금 군주는 재차 유망하게 되었지만 안으로 위헌공 때와 같은 친신(親信: 측근)이 있거나, 밖으로 위성공 때와 같은 경대부가 있다는 이야기를 듣지 못하고 있습니다. 그래서 나 사(賜)는 군주가 도성으로 들어갈 수 있는 근거를 알 길이 없습니다. 『시경』「주송·열문(烈文)」에 이르기를, '무경유인(無競惟人: 최강의 무력도 현인을 얻는 것보다 더하지 못함)이니, 사방의 모든 나라가 그를 따르네'라고 했습니다. 만일 그같은 현인을 얻게 되면 천하의 주인도 될 수 있는데 국어하유(國於何有: '나라를 얻는 데 무슨 어려움이 있겠는가 라는 뜻임)라 하겠습니다."

　冬十月, 公游于空澤, 辛巳, 卒于連中. 大尹興空澤之士千甲, 奉公自空桐入, 如沃宮. 使召六子曰 "聞下有師, 君請六子畵." 六子至, 以甲劫之, 曰 "君有疾病, 請二三子盟." 乃盟于少寢之庭, 曰 "無爲公室不利." 大尹立啓, 奉喪殯于大宮. 三日而後國人知之. 司城茷使宣言于國曰 "大尹惑蠱其君而專其利, 今君無疾而死, 死又匿之, 是無他矣, 大尹之罪也." 得夢啓北首而寢於盧門之外, 己爲鳥而集於其上, 咮加於南門, 尾加於桐門. 曰 "余夢美, 必立." 大尹謀曰 "我不在盟, 無乃逐我, 復盟之好." 使祝爲載書, 六子在唐盂, 將盟之. 祝襄以載書告皇非我. 皇非我因子潞 · 門尹得 · 左師謀曰 "民與我, 逐之乎." 皆歸授甲, 使徇于國曰 "大尹惑蠱其君, 以陵虐公室. 與我者, 救君者也." 衆曰 "與之." 大尹徇曰 "戴氏皇氏將不利公室, 與我者無憂不富." 衆曰 "無別." 戴氏皇氏欲伐公. 樂得曰 "不可. 彼以陵公有罪, 我伐公則甚焉." 使國人施于大尹. 大尹奉啓以奔楚, 乃立得. 司城爲上卿, 盟曰 "三族共政, 無相害也." 衛出公自城鉏使以弓問子贛, 且曰 "吾其入乎." 子贛稽首受弓, 對曰 "臣不識也." 私於使者曰 "昔, 成公孫於陳, 甯武子孫莊子爲宛濮之盟而君入. 獻公孫於齊, 子鮮子展爲夷儀之盟而君入. 今君再在孫矣, 內不聞獻之親, 外不聞成之卿, 則賜不識所由入也. 『詩』曰 '無競惟人, 四方其順之.' 若得其人, 四方以爲主, 而國於何有."

27년(기원전 468)

●27년 봄, 월왕 구천이 대부 후용(后庸: 舌庸으로 쓰기도 함)을 노나라로 보내 빙문하는 길에 주(邾)나라 땅 문제를 상의해 태상(駘上: 산동성 등현 동남쪽)을 노(魯)·주(邾) 두 나라의 국경으로 확정하게 했다. 2월, 두 나라가 평양(平陽)에서 결맹했다. 노나라의 3자(三子: 계강자·숙손문자·맹무백)가 모두 결맹하는 자리에 참석했다. 이때 계강자가 결맹이 이루어지게 된 배경 등에 근심을 표시하면서 자공을

상기하고는 탄식했다.

"만일 자공이 여기에 있었다면 우리가 이 지경에 이르지는 않았을 것이다."

그러자 맹무백이 말했다.

"과연 그렇습니다. 그런데 어찌하여 그를 부르지 않은 것입니까?"

"실은 나도 그를 부르고자 했소."

이에 숙손문자(叔孫文子)가 충고했다.

"청컨대 이후라도 지금과 같이 잉연(仍然)히 그를 기억해주기 바랍니다."

여름 4월 25일, 노나라의 집정대부 계강자가 죽었다. 이때 노애공이 조문을 하면서 강례(降禮: 애도의 의미로 자신에 대한 예우의 등급을 낮춤)했다.

당시 진나라 대부 순요(荀瑤)는 군사를 이끌고 정나라로 쳐들어간 뒤 동구(桐丘)에 주둔하고 있었다. 이에 정나라 대부 사홍(駟弘: 駟歂의 아들로 자는 子般)이 제나라로 가 구원을 청했다. 제나라가 이를 받아들여 막 출병하려 할 즈음 대부 진성자(陳成子)가 고자(孤子: 전사자의 아들)들을 모아놓고 사흘에 걸쳐 제평공(齊平公)을 조현하게 했다. 이어 두 필의 말이 이끄는 수레와 5개 읍(邑)을 계(繫: '더한다'는 뜻이나 앞의 '邑'을 '橐'과 통하는 것으로 새겨 '서책을 5개의 자루에 넣다'로 해석하기도 함)하여 준비시켜 놓은 뒤 대부 안탁취(顔涿聚: 顔庚)의 아들 안진(顔晉)을 불러 말했다.

"습지역(隰之役: 노애공 2년의 싸움)에서 그대의 부친이 죽게 되었소. 그러나 나라가 다난(多難)하여 그대를 제대로 돌보지 못했소. 이제 군주가 그대에게 5개 읍의 하사를 명하니 이 복거(服車: 대부의 車服)를 이용해 군주를 조현한 뒤 부디 선인의 공을 헛되지 않게 해주기 바라오."

이에 제나라 군사가 정나라를 구원하기 위해 출병했다. 제나라 군사가 유서(留舒: 산동성 동아현 동북쪽)에 이르렀다. 이곳은 곡(穀) 땅에서 7리 떨어진 곳이었으나 곡 땅 사람들은 제나라 군사가 온 것을 전혀 눈치채지 못했다. 다시 전진하여 복수(濮水)[39]에 이르렀다. 그러나 비가 많이 내려 도하할 수가 없었다. 그러자 정나라 대부 자사(子思: 자산의 아들 國參)가 도강을 촉구하고 나섰다.

"대국 진나라의 군사가 지금 폐읍의 우하(宇下: 처마 밑)에 있습니다. 이에 고급(告急)한 것입니다. 그런데 이제 군사가 앞으로 나아가지 못하면 제때 구하지 못할까 심히 우려됩니다."

이에 진성자(陳成子)가 제(制: 비옷으로 일종의 망토)를 걸쳐 입고 창을 지팡이 삼아 짚고 서서는 언덕 위에서 군사들을 독려했다. 말이 앞으로 나아가지 못하면 손수 조편(助鞭: 손으로 말을 끌기도 하고 채찍을 가하기도 함)했다. 이때 진나라 대부 지백(知伯: 순요)은 제나라 군사가 진격해 오고 있다는 소식을 듣고는 크게 놀라 곧바로 철군하면서 변명했다.

"나는 정나라를 치는 것만 점을 쳤지 제나라와의 교전에 대해서는 점을 치지 않았다."

그러고는 사람을 시켜 제나라의 진성자에게 이같이 전했다.

"대부 진씨(陳氏)는 원래 진(陳)나라에서 갈려나간 것이오. 진나라에서 조상에 대한 제사를 그치게 한 것은 정나라의 죄요. 이에 과군이 나 요(瑤)에게 진충(陳衷: 진나라가 멸망한 속사정)을 살피게 했소. 나는 지금 대부에게 그대가 과연 진나라를 가엾게 여기고 있는지를 묻지 않을 수 없소. 만일 그대가 이본지전(利本之顚: 나무 줄기가 쓰러지는 것을 유리하게 여긴다는 의미로, 곧 진항이 陳나라의 멸망을 유리하게 생각한다는 뜻임)한다면 나로서는 달리 어찌할 도리가 없소."

진성자가 대로하여 말했다.

"늘 남을 능멸하는 자는 모두 부재(不在: 좋은 결과가 없다는 뜻으

---

[39] '복수'는 지금의 하남성 활현과 연진현의 경계를 흐르는 것과 산동성 하택현 북쪽을 흐르는 것이 있으나, 여기서는 전자를 지칭한다.

로, '在'는 '善終'과 같은 의미임)하게 된다고 했다. 그러니 지백이 어찌 오래 갈 수 있겠는가."

이때 중항문자(中行文子: 荀寅으로, 이때 제나라에 망명 중이었음)가 진성자에게 고했다.

"진나라의 한 병사가 저에게 알려주기를, '진나라가 장차 경거(輕車: 경무장을 한 전차) 1천 승을 만들어 제나라 군영을 엽(厭: 압박으로, 厭은 壓과 통함)하면 제나라 군사를 모두 섬멸할 수 있다'고 했습니다."

이에 진성자가 말했다.

"과군이 나 항(恒)에게 '무급과(無及寡: 적은 수의 적을 추격하지 않음)·무외중(無畏衆: 많은 수의 적을 두려워하지 않음)'를 명했소. 진나라 군사가 설령 경거 1천 승을 이끌고 올지라도 내가 어찌 감히 그들을 피하겠소. 내가 그대의 말을 과군에게 전하도록 하겠소."

그러자 중항문자가 찬탄했다.

"저는 오늘에야 비로소 제가 왜 망명하게 되었는지를 분명히 깨달았습니다. 군자는 일을 도모할 때 시충종(始衷終: 일의 시작과 중간, 끝을 뜻하는 말로, '衷'은 '中'과 같음)을 모두 고려한 후 이를 위에 보고합니다. 그런데 저는 이 세 가지를 전혀 이해하지 못한 채 무조건 위에 진언했습니다. 그러니 일을 성사하기가 매우 어렵지 않았겠습니까."

二十七年春, 越公使后庸來聘, 且焉邾田, 封于駘上. 二月, 盟于平陽, 三子皆從. 康子病之, 言及子贛, 曰 "若在此, 吾不及此夫." 武伯曰 "然. 何不召." 曰 "固將召之." 文子曰 "他日, 請念." 夏四月己亥, 季康子卒. 公弔焉, 降禮. 晉荀瑤帥師伐鄭, 次于桐丘. 鄭駟弘請救于齊. 齊師將興, 陳成子屬孤子, 三日朝. 設乘車兩馬, 繫五邑焉. 召顏涿聚之子晉, 曰 "隰之役, 而父死焉. 以國之多難, 未女恤也. 今君命女以是邑也, 服車而朝, 毋廢前勞." 乃救鄭. 及留舒, 違穀7里, 穀人不知, 及濮, 雨不涉. 子思曰 "大國在敝邑之宇下, 是以告急. 今師不行, 恐無及也." 成子衣製杖戈, 立於阪上, 馬不出者, 助之鞭之. 知伯聞之, 乃還, 曰 "我卜伐鄭, 不卜敵齊." 使謂成子曰 "大夫陳子, 陳之自出. 陳之不祀, 鄭之罪也. 故寡君使瑤察陳衷焉, 謂大夫其恤陳乎. 若利本之顚, 瑤何有焉." 成子怒曰 "多陵人者皆不在, 知伯其能久乎." 中行文子告成子曰 "有自晉師告寅者, 將爲輕車千乘, 以厭齊師之門, 則可盡也." 成子曰 "寡君命恒曰 '無及寡, 無畏衆.' 雖過千乘, 敢辟之乎. 將以子之命告寡君." 文子曰 "吾乃今知所以亡. 君子之謀也, 始衷終皆擧之, 而後入焉. 今我三不知而入之, 不亦難乎."

● 노애공이 3환(三桓)의 위협적인 위세를 크게 우려했다. 이에 제후들의 힘을 빌려 이들을 제거하고자 했다. 당시 3환 또한 노애공의 광망(狂妄)을 싫어했다. 이로 인해 군신간에 커다란 틈이 생겼다. 하루는 노애공이 능판(陵阪: 노나라 도성 곡부의 동북쪽에 위치)으로 놀러 가던 중 맹씨지구(孟氏之衢: 맹무백이 사는 지역 이름)에서 맹무백을 만나게 되었다. 노애공이 맹무백에게 물었다.

"그대에게 하나 물어볼 것이 있는데 내가 장차 급사(及死: 선종)할 수 있겠소?"

"저는 알 도리가 없습니다."

노애공이 세 차례에 걸쳐 물었으나 맹무백은 끝내 대답하지 않았다. 이에 노애공은 마침내 월나라를 이용해 노나라를 침으로써 3환을 제거하고자 했다.

가을 8월 1일, 노애공이 대부 공손유형(公孫有陘: 공손유산)을 찾아갔다가 그 길로 주(邾)나라를 거쳐 월나라로 유망(流亡)했다. 이에 국인들이 공손유산씨(公孫有山氏)를 시(施: '체포했다'는 뜻이나, '벌을 주었다'로 해석하기도 함)했다.

노도공(魯悼公: 노애공의 아들 寧) 4년(기원전 465: 『사기』는 노도공 3년의 일로 기록)에 진나라 대부 순요(荀瑤)가 군사를 이끌고 가 정나라를 포위했다. 진나라 군사가 아직 쳐들어오지 않았을 때 정나라 대부 사홍(駟弘)이 말했다.

"진나라의 지백(知伯)은 성질이 강퍅하고 호승(好勝: 이기기를 좋아함)하니 조기에 우리의 쇠미함을 저들에게 드러내 보여주면 가히 저들을 철군시킬 수 있다."

이에 우선 도성 밖의 남리(南里: 하남성 신정현 남쪽 5리)에 군사들을 주둔시키고는 진나라 군사가 당도하기를 기다렸다. 그러자 지백이 남리로 들어가 길질문(桔柣門: 정나라의 遠郊에 있는 성문)을 포위했다.

이때 정나라 사람이 진나라 병사 휴괴루(鄫魁壘)를 포로로 잡았다. 이어 그에게 지정(知政: 원래는 정사를 돌본다는 뜻으로, 곧 정나라의 정경을 의미)으로 삼을 것을 약속하며 투항을 권했다. 그러나 그가 동의하자 않자 정나라 사람이 그의 입을 틀어막아 죽여버렸다. 이에 진나라 군사가 성문을 공격하려고 하자 지백이 조맹(趙孟: 조양자)에게 말했다.

"그대가 먼저 진공하도록 하시오."

조맹이 이의를 제기했다.

"주장(主將: 지백을 지칭)이 여기 있습니다."

지백이 힐난했다.

"그대는 못생긴 데다가 용기 또한 없는데 어떻게 하여 가문의 후계자가 된 것이오?"

그러자 조맹이 대답했다.

"제가 능히 치욕을 참을 수 있는 사람이기 때문일 것입니다. 대략 조종(趙宗: 조씨 宗族)에게 해를 입히는 짓은 하지 않을 것으로 생각했기 때문이 아니겠습니까?

이때 지백은 전혀 뉘우치는 기색을 보이지 않았다. 이에 조양자(趙襄子)가 지백을 증오했다. 지백은 적당한 때를 노려 조맹을 제거하고자 했다. 그러나 지백은 탐람하고 강퍅했다. 결국 한씨(韓氏)와 위씨(魏氏)도 지백의 반대편에 서게 되었다. 노도공 14년(기원전 455년)에 마침내 조양자가 한씨 및 위씨와 합세해 지백을 멸망시켰다.

公患三桓之侈也, 欲以諸侯去之. 三桓亦患公之妄也, 故君臣多間. 公游于陵阪, 遇孟武伯於孟氏之衢, 曰 "請有問於子, 余及死乎." 對曰 "臣無由知之." 三問, 卒辭不對. 公欲以越伐魯而去三桓. 秋八月甲戌, 公如公孫有陘氏, 因孫於邾, 乃遂如越. 國人施公孫有山氏. 悼之四年, 晉荀瑤帥師圍鄭. 未至, 鄭駟弘曰 "知伯愎而好勝, 早下之, 則可行也." 乃先保南里以待之. 知伯入南里, 門於桔柣之門. 鄭人俘酅魁壘, 賂之以知政, 閉其口而死. 將門, 知伯謂趙孟 "入之." 對曰 "主在此." 知伯曰 "惡而無勇, 何以爲子." 對曰 "以能忍恥, 庶無害趙宗乎." 知伯不悛, 趙襄子由是惎知伯, 遂喪之. 知伯貪而愎, 故韓魏反而喪之.

부록

열국세계표
춘추시대 연표
열국성씨보

열국세계표 列國世系表

※ 괄호 안의 연도는 모두 기원전임.

1. 東周

平王── 洩父──厲王──莊王──釐王──惠王──襄王──頃王──
(771~720)　(720~697) (697~682) (682~677) (677~652) (652~619) (619~613)

　　　　　　　　　　　　　　　　　　匡王──定王──簡王──
　　　　　　　　　　　　　　　　　(613~607) (607~586) (586~572)

靈王──景王──
(572~545) (545~520)

　　　　悼王── 敬王──元王── 貞王──哀王
　　　　(520)　(520~477) (477~469) (469~441) (441)

　　　　　　　　　　　　思王
　　　　　　　　　　　　(441)

　　　　　　考王──威烈王──安王──
　　　　　(441~426) (426~402) (402~376)

　　　　　　　　　　　　烈王── 顯王──
　　　　　　　　　　　(376~369) (369~321)

　　　　　　　　　　　　　　　愼靚王──赧王
　　　　　　　　　　　　　　　(321~315) (315~256)

2. 魯

周公──伯禽──考公
　　　　　　(999~995)

　　　　煬公──幽公
　　　(995~989)　(989~975)

　　　　　　魏公──厲公
　　　　　(975~925)　(925~888)

　　　　　　　　獻公──眞公
　　　　　　　(888~856) (856~826)

```
                    武公──括──伯御
                  (826~817)  懿公  (808~797)
                          (817~808)
                    孝公──惠公──   隱公        潛公
                  (797~770)(769~723)(722~712)  (662~660)
                               桓公──莊公──班
                             (712~694)(694~662) 釐公──
                                           (660~627)
       惡
──文公──視
            宣公──成公──襄公──毀
                       昭公
                     (542~510)
                定公──哀公──悼公──元公──穆公──共公──
              (510~495)(495~468)(468~431)(431~410)(410~377)(377~355)
    康公──景公──平公──文公──傾公
 (355~346)(346~317)(317~295)(295~272)(272~249)
```

3. 齊(呂氏)

```
太公望呂尙──丁公……獻公──武公──厲公──文公──成公──莊公──釐公──
            (860~851)(851~825)(825~816)(816~804)(804~795)(795~731)(731~698)
                                             夷仲年──無知
                                                  (686~685)
──襄公
 (698~686)
      糾
      桓公──無詭
   (685~643) (643)
            惠公──頃公──靈公──莊公
          (609~599)(599~582)(582~554)(554~548)
            孝公            牙
         (643~633)         景公──悼公──簡公
            昭公──舍    (548~490)(489~485)(485~481)
         (633~613)(613)         晏孺子  平公──宣公──康公
            懿公             (490~489)(481~456)(456~405)(405~379)
         (613~609)
             雍
```

4. 晉

唐叔 虞―─晉侯 燮……靖侯―─釐侯―─獻侯―─穆侯―─文侯―─昭侯―─孝侯
　　　　　　　　　　(859~841) (841~823)(823~812)(812~785)(781~746)(746~739)(739~724)

　　　　　　　　　　　　殤叔　　　□―─□―─武公―─獻公―─
　　　　　　　　　　　(785~781)　　　　　　(679~677)(677~651)

―─鄂侯―─哀侯―─小子 侯
(724~718)(718~709)(709~706)

　晉侯 緡
　(706~679)

―─申生
　奚齊
　(651)　　　襄公――――――靈公
　卓子　　 (628~621)　　　(621~607)
　(651)　　　伯儵　　　　　□―─□―─悼公―─平公―─昭公―─頃公―─定公
　　　　　　　　　　　　　　　　　(573~558)(558~532)(532~526)(526~512)(512~475)

　文公―─成公―─景公―─厲公
(637~628)(607~600)(600~581)(581~573)

　惠公―─懷公　　　　　　　　　　　出公―─雍―─忌―─哀公―─
(651~637) (637)　　　　　　　　　　(475~458)　　　　　　(458~440)

　幽公―─烈公―─孝公―─靜公
(440~422)(422~395)(395~378)(378~376)

5. 楚

鬻熊………熊繹………熊勇　　熊霜
　　　　　　　(848~838)　(828~822)

　　　　　　　熊嚴―─熊徇―─熊咢―─熊儀―─霄敖―─蚡冒　　　杜敖
　　　　　　(838~828)(822~800)(800~791)(791~764)(764~758)(677~672)　(677~672)

　　　　　　　　　　　　　武王―─文王―─成王―─
　　　　　　　　　　　　 (741~690)(690~677)(672~626)

―─穆王―─莊王―─共王―─康王―─郟敖
(626~614)(614~591)(591~560)(560~545)(545~541)

　　　　　　　靈王
　　　　　　(541~529)　　建―─勝

　　　　　　　平王―─昭王―─惠王―─簡王―─聲王―─悼王―─肅王
　　　　　　(529~516)(516~489)(489~432)(432~408)(408~402)(402~381)(381~370)

宣王―─威王―─懷王―─頃襄王―─考烈王―─幽王
(370~340)(340~329)(329~299)(299~263)(263~238)(238~228)

　　　　　　　　　　　負芻
　　　　　　　　　　(228~223)

　　　　　　　　　　哀王
　　　　　　　　　　(228)

6. 秦

女脩……非子……秦仲——莊公——襄公——文公——太子竫公——寧公——武公　　宣公
　　　　　　　　　　　　　(778~766) (766~716)(716~704) (698~678)　　(676~664)

　　　　　　　　　　　　　　　　　　　　　　　　　　　　德公——成公
　　　　　　　　　　　　　　　　　　　　　　　　　　(678~676) (664~660)

　　　　　　　　　　　　　　　　　　　　　　　　　　　　穆公——
　　　　　　　　　　　　　　　　　　　　　　　　　　　　(660~621)

——康公——共公——桓公——景公——哀公——太子夷公——惠公——悼公——厲公——躁公
(621~609) (609~604) (604~577) (577~537) (537~501)　　　　 (501~491) (491~477) (477~443) (443~429)

　　　　　　　　　　　　　　　　　　　　　　　　　　　　懷公——
　　　　　　　　　　　　　　　　　　　　　　　　　　　　(429~425)

——太子昭子——靈公——獻公——孝公——惠文王——武王
　　　(425~415)　(385~362)(362~338) (338~311) (311~307)

　　簡公——惠公——出子　　　　　　昭襄王——孝文王——莊襄王——秦始皇
(415~400) (400~387) (387~385)　　　(307~251) (251~250) (250~247) (247~210)

7. 吳

周太王——太伯

　　　仲雍………壽夢———諸樊———闔廬———夫差
　　　　　　　(586~561)　(561~548) (515~496) (496~473)

　　　　　余祭　　　夫槩
　　　(548~531)

　　　　　餘眜——僚
　　　(531~527) (527~515)

　　　　　季札

춘추시대春秋時代 연표年表

기원전	춘추 연대	사건
722	노은공 원년	노은공이 주의보(邾儀父)와 멸(蔑)에서 결맹하다.
720	3년	주환왕이 정장공을 홀대하다.
719	4년	위나라 공자 주우(州吁)가 주군을 시해하다.
712	11년	노나라 공자 휘(翬)가 노은공을 시해하다.
710	노환공 2년	송독(宋督)이 주군을 시해하다.
709	3년	곡옥무공(曲沃武公)이 진애후(晉哀侯)를 사로잡다.
705	7년	곡옥백(曲沃伯)이 소자후(小子侯)를 죽이다.
698	14년	진인(秦人)이 출자(出子)를 시해하다.
696	16년	위선공(衛宣公)이 며느리를 가로채다.
695	17년	정나라 고거미(高渠彌)가 정소공을 시해하다.
694	18년	제양공(齊襄公)이 팽생(彭生)을 시켜 노환공을 죽이다.
686	노장공 8년	제나라 무지(無知)가 주군을 시해하다.
685	9년	포숙아(鮑叔牙)가 제환공(齊桓公)에게 관중(管仲)을 천거하다.
680	14년	정나라 부하(傅瑕)가 자의(子儀)를 시해하다.
679	15년	제환공이 첫 패자가 되다.
678	16년	주왕이 곡옥백을 진후(晉侯)로 삼다.
675	19년	연나라 및 위나라가 자퇴(子頹)를 왕으로 옹립하다.
673	21년	정백과 괵숙(虢叔)이 자퇴를 죽이다.
672	22년	초나라 웅군(熊囏)이 도오(堵敖)를 시해하고 스스로 왕이 되다.
668	26년	진나라가 강(絳)에 도읍을 정하다.
666	28년	진헌공이 여희(驪姬)를 부인으로 삼다.
662	32년	노나라 경보(慶父)가 자반(子般)을 시해하다.
661	노민공 원년	진나라가 2군을 창설하다.

660	2년	노나라 경보가 민공을 시해하다.
659	노희공 원년	제후들이 형(邢)을 이의(夷儀)로 옮기다. 형(荊)이 초(楚)를 칭하다.
658	2년	제후들이 위나라의 초구(楚丘)에 성을 쌓다.
655	5년	진나라 공자 중이(重耳)가 적(狄)으로 도망가다.
654	6년	진나라 공자 이오(夷吾)가 양(梁)으로 도망가다.
651	9년	규구(葵丘)의 결맹이 있다. 진나라 이극(里克)이 해제(奚齊)를 죽이다.
650	10년	이극이 탁자(卓子)를 시해하다. 진(秦)이 이오를 귀국시키다.
649	11년	왕자 대(帶)가 융인을 불러들여 경사(京師)를 치다.
648	12년	관중(管仲)이 융인과 주왕을 화해시키다.
647	13년	진(秦)이 진(晉)에 식량을 보내다.
645	15년	진목공(秦穆公)이 진혜공(晉惠公)를 잡았다가 풀어주다.
643	17년	제환공이 죽다. 진나라 태자 어(圉)가 진(秦)에 인질로 가다.
642	18년	송양공(宋襄公)이 제나라를 치고 제효공을 옹립하다.
641	19년	송양공이 증자(鄫子)를 희생으로 사용하다.
639	21년	초나라가 송양공을 잡았다가 풀어주다.
638	22년	어(圉)가 도주해 귀국하다. 초나라가 송군(宋軍)을 홍(泓)에서 대파하다.
636	24년	중이가 진회공(晉懷公)을 죽이다. 주양왕이 정나라로 피난가다.
635	25년	진문공(晉文公)이 주양왕을 귀경시키자 주양왕이 왕자 대를 죽이다.
633	27년	진나라가 3군을 창설하다.
632	28년	진문공이 초군을 성복(城濮)에서 대파하고 천토(踐土)에서 결맹하다.
629	31년	진나라가 5군을 창설하다. 진문공이 죽다.
627	33년	진나라가 진군(秦軍)을 효(殽)에서 격파하다.
626	노문공 원년	초나라 상신(商臣)이 주군을 시해하다.
621	6년	진나라가 2군을 감축하다.
620	7년	송성공의 아우 어(禦)가 태자를 죽이고 등극하자 국인들이 어를 죽이다.
617	10년	진(秦)나라가 진(晉)나라를 치다.
615	12년	진(秦)·진(晉)이 하곡(河曲)에서 교전하다.
613	14년	제나라 상인(商人)이 제소공을 시해하다.
611	16년	송나라 사람이 주군을 시해하다.
609	18년	노나라 양중(襄仲)이 노선공을 세우다. 제의공(齊懿公)이 시

		해당하다.
607	노선공 2년	진나라 조돈(趙盾)이 진영공(晉靈公)을 시해하다.
606	3년	초장왕이 9정(九鼎)의 무게를 묻다.
605	4년	정나라 귀생(歸生)이 정영공을 시해하다.
599	10년	진(陳)의 하징서(夏徵舒)가 진영공(陳靈公)을 시해하다.
598	11년	초장왕이 진(陳)으로 들어가 하징서를 죽이다.
597	12년	초장왕이 필(邲)에서 진군(晉軍)을 대파하고 청구(淸丘)에서 결맹하다.
591	18년	초장왕이 죽다.
590	19년	노나라가 구갑제(丘甲制)를 실시하다. 왕사(王師)가 융인에게 대패하다.
588	노성공 3년	진나라가 6군을 창설하다.
583	8년	진나라가 대부 조동(趙同)·조괄(趙括)을 죽이다.
581	10년	진나라가 노성공을 억류하다.
576	15년	진여공(晉厲公)이 조성공(曹成公)을 억류해 경사로 보내다.
575	16년	진나라 난염(欒黶)이 초군을 격파하다.
574	17년	진여공(晉厲公)이 3극(三郤)을 주살하자 난서(欒書)가 진여공을 잡다.
573	18년	난서가 주군 주포(州蒲)를 죽이다.
566	노양공 7년	정나라 자사(子駟)가 조(鄵)에서 정희공(鄭僖公)을 시해하다.
563	10년	진생(陳生)과 백여(伯輿)가 쟁송하자 진나라 사개(士匄)가 결단하다.
562	11년	노나라가 3군을 창설하다.
559	14년	진나라가 3군으로 감축하다.
557	16년	진나라 군사가 거자(莒子)와 주자(邾子)를 포로로 잡아가다.
553	20년	제후들이 전연(澶淵)에서 결맹하다.
552	21년	공자(孔子)가 탄생하다.
550	23년	진나라 난서가 반기를 들자 국인들이 난영(欒盈)을 죽이다.
548	25년	제나라 최저(崔杼)가 제장공(齊莊公)을 시해하다.
546	27년	최저가 자살하다.
544	29년	오왕 여채(餘祭)가 혼인(閽人)에게 죽음을 당하다.
543	30년	주경왕(周景王)이 아우를 죽이자 왕자 하(瑕)가 분진(奔晉)하다.
542	31년	거인(莒人)이 주군을 시해하자 거질(去疾)이 분제(奔齊)하다.
541	노소공 원년	초나라 공자 위(圍)가 주군을 시해하고 등극하다.
538	4년	초영왕(楚靈王)이 오나라를 치고 제나라의 경봉(慶封)을 죽이다.

536	6년	정나라 자산(子産)이 형정(刑鼎)을 만들다.
531	11년	초나라가 채(蔡)의 태자를 희생으로 사용하다.
529	13년	초나라 공자 기질(棄疾)이 시역한 비(比)를 죽이고 등극하다.
527	15년	진나라가 선우(鮮虞)를 치고 고자(鼓子)를 잡아가다.
523	19년	허나라 세자 지(止)가 주군을 시해하다.
522	20년	오원(伍員)이 오나라로 도망가고 태자 건이 송나라로 달아나다.
521	21년	송나라 화해(華亥)·상녕(向寧)이 남리(南里)에서 반기를 들다.
520	22년	왕자 조(朝)가 반기를 들다.
519	23년	진나라가 왕자 조를 치고 오나라가 6국의 군사를 격파하다.
516	26년	주소왕이 귀경하자 왕자 조가 분초(奔楚)하다.
515	27년	오나라 합려(闔廬)가 주군을 시해하고 등극하다.
514	28년	진나라가 기씨(祁氏)와 양설씨(羊舌氏)를 멸하다.
506	노정공 4년	오나라가 초나라 군사를 백거(柏擧)에서 대파하다.
505	5년	진(秦)나라가 초나라를 구원하다.
504	6년	초나라가 약(鄀)으로 천도하고 왕자 조의 잔당이 난을 일으키다.
498	12년	노나라가 3도(三都)를 헐다.
497	13년	진나라 조앙(趙鞅)이 진양(晉陽)으로 들어가 반기를 들다.
496	14년	오왕 합려가 죽다. 위나라 세자 괴외(蒯聵)가 분송(奔宋)하다.
493	노애공 2년	조앙이 괴외를 척읍(戚邑)으로 들여보내다.
490	5년	진나라 순인(荀寅)과 사길석(士吉射)이 분제(奔齊)하다.
489	6년	제나라 진기(陳乞)가 주군 도(荼)를 시해하다.
487	8년	송나라가 조나라를 멸하고 조백 양(陽)을 잡아가다.
485	10년	제인(齊人)이 제도공을 시해하다.
481	14년	획린(獲麟)하다. 제나라 진항(陳恒)이 제간공(齊簡公)을 시해하다.
479	16년	공자가 죽다. 초나라 백공(白公) 승(勝)이 반기를 들었다가 자진하다.
478	17년	초나라가 진(陳)나라를 멸하다. 위나라 괴외가 도망치다 살해되다.
477	18년	위나라 석포(石圃)가 주군을 축출하다.
472	22년	월나라가 오나라를 멸하자 월왕 부차(夫差)가 자진하다.
470	24년	월나라가 주자(邾子) 익(益)을 잡아가다.
468	26년	송나라 6경이 보위에 오른 공자 계(啓)를 축출하다.
467	27년	노애공이 월나라로 달아나다.

열국성씨보 列國姓氏譜

1. 노(魯)

1) 맹손씨(孟孫氏)

① 중손씨(仲孫氏)

공자 경보(慶父: 노환공의 둘째 아들로 큰아들은 魯莊公) → 공손 오(敖): 맹목백(孟穆伯) → 중손곡(仲孫穀): 맹문백(孟文伯) → 중손멸(仲孫蔑): 맹헌자(孟獻子) → 중손속(仲孫速): 맹장자(孟莊子: 중손멸의 셋째 아들) → 중손갈(仲孫葛): 맹효백(孟孝伯) → 중손확(仲孫貜): 맹희자(孟僖子) → 중손하기(仲孫何忌): 맹의자(孟懿子) → 중손체(仲孫彘): 맹유자(孟孺子) 설(洩): 맹무백(孟武伯)

*맹유자(孟孺子) 질(秩: 중손갈의 형), 중손열(仲孫說): 남궁경숙(南宮敬叔: 중손하기의 동생)

② 자복씨(子服氏)

자복타(子服它: 중손멸의 큰아들) → 자복초(子服椒, 子服湫): 맹초(孟椒): 자복혜백(子服惠伯) → 자복회(子服回): 자복소백(子服昭伯) → 자복하(子服何): 자복경백(子服景伯)

*자복의백(子服懿伯: 중손멸의 둘째 아들)

2) 숙손씨(叔孫氏)

① 숙손씨(叔孫氏)

공자 숙아(叔牙): 희숙(僖叔: 노환공의 셋째 아들) → 공손 자(玆): 숙손대백(叔孫戴伯) → 숙손득신(叔孫得臣): 숙손장숙(叔孫莊叔) → 숙손표(叔孫豹): 숙손목자(叔孫穆子, 叔孫穆叔) → 숙손착(叔孫婼): 숙손소자(叔孫昭子) → 숙손불감(叔孫不敢): 숙손성자(叔孫成子) → 숙손주구(叔孫州仇): 숙손무숙(叔孫武叔): 무숙의자(武叔懿子) → 숙손서(叔孫舒): 숙손문자(叔孫文子)

*숙손교여(叔孫僑如): 숙손선백(叔孫宣伯: 숙손표의 형), 숙손첩(叔孫輒):

자장(子張: 숙손주구의 족형제)

　② 숙중씨(叔仲氏)

　숙중팽생(叔仲彭生): 숙중혜백(叔仲惠伯: 숙손득신의 동생) → → 숙중대(叔仲帶, 叔仲子): 숙중소백(叔仲昭伯, 叔仲昭子: 숙중팽생의 손자) → 숙중소(叔仲小): 숙중목자(叔仲穆子) → 숙중지(叔仲志)

　3) 계손씨(季孫氏)

　공자 우(友): 계우(季友: 노환공의 넷째 아들) → 무질(無秩) → 계손행보(季孫行父): 계문자(季文子) → 계손숙(季孫宿): 계무자(季武子) → 계손흘(季孫紇): 계도자(季悼子) → 계손의여(季孫意如): 계평자(季平子) → 계손사(季孫斯): 계환자(季桓子) → 계손비(季孫肥): 계강자(季康子)

　*계손앙(季孫鞅): 계공지(季公之: 계손의여의 동생), 계오(季寤): 자언(子言: 계손사의 동생), 계촉(季歜): 공보문백(公父文伯: 계환자의 종제)

　4) 동문씨(東門氏, 子家氏)

　공자 수(遂): 동문양중(東門襄仲, 襄仲: 노장공의 아들) → 공손 귀보(歸父): 자가(子家) → 자가기(子家羈): 자가자(子家子): 자가의백(自家懿伯)

　*중영제(仲嬰齊: 공손 귀보의 동생)

　5) 숙씨(叔氏)

　숙힐(叔肸: 노문공의 아들) → 공손 영제(嬰齊, 子叔嬰齊): 자숙성백(子叔聲伯) → 숙로(叔老): 자숙제자(子叔齊子) → 숙궁(叔弓): 자숙자(子叔子): 자숙경자(子叔敬子) → 숙앙(叔鞅) → 숙예(叔詣) → 숙선(叔還) → 숙청(叔青)

　*숙첩(叔輒): 자숙(子叔: 숙앙의 동생)

　6) 장손씨(臧孫氏)

　① 공자 구(彄: 노은공의 숙부): 자장(子臧): 장희백(臧僖伯) → 장손달(臧孫達): 장애백(臧哀伯) → 장손진(臧孫辰): 장문중(臧文仲) → 장손허(臧孫許): 장선숙(臧宣叔) → 장손흘(臧孫紇): 장무중(臧武仲)

　*장주(臧疇: 장손흘의 형)

　② 장위(臧爲: 장손흘의 동생) → 장소백(臧昭伯)

　*장숙손(臧叔孫: 장소백의 동생)

　③ 장고(臧賈: 장손흘의 동생) → 장회(臧會): 장경백(臧頃伯) → 장빈여(臧賓如) → 장석(臧石)

　7) 공족

　노소공(魯昭公) → 공과(公果), 공분(公賁), 공행(公行), 공위(公爲): 공숙무

인(公叔務人)

8) 기타 성씨

① 시씨(施氏)

시보(施父: 노혜공의 아들) → 시효숙(施孝叔: 노혜공의 5세손)

② 후씨(郈氏)

후혜백(郈惠伯: 노효공의 아들) → 후척(郈瘠): 후성숙(郈成叔) → 후소백(郈昭伯)

③ 전씨(展氏)

공자 전(展: 노효공의 아들) → 무해(無駭) → 전금(展禽): 유하혜(柳下惠)

*전희(展喜: 전금의 동생)

④ 기타

남유(南遺) → 남괴(南蒯), 거이(莒夷) → 양주(陽州), 공자 은(憖): 자중(子仲), 공자 휘(翬): 우보(羽父), 안우(顔羽): 자우(子羽), 야설(野洩): 설성자(洩聲子)

2. 진(晉)

1) 극씨(郤氏)

① 극표(郤豹) → 극예(郤芮): 기예(冀芮) → 극결(郤缺): 극성자(郤成子) → 극극(郤克): 극헌자(郤獻子) → 극기(郤錡): 구백(駒伯)

*극칭(郤稱: 극예의 일족)

② 극표 →→ 보양(步揚) → 극주(郤犨): 고성숙(苦成叔)

*극지(郤至: 극주의 姪子), 극의(郤毅): 보의(步毅: 극주의 질자)

2) 난씨(欒氏)

① 진정공(晉靖公) → 공자 난(欒) → 난빈(欒賓) → 난공숙(欒共叔) → 난지(欒枝): 난정자(欒貞子) → 난돈(欒盾) → 난서(欒書): 난무자(欒武子) → 난염(欒黶): 난환자(欒桓子) → 난영(欒盈): 난회자(欒懷子)

*난감(欒鍼: 난서의 큰 아들)

② 난공숙 →→→→ 난방(欒魴), 난락(欒樂), 난표(欒豹)

3) 사씨(士氏, 范氏)

① 습숙(隰叔) → 사위(士蒍): 자여(子輿, 士輿) → 사회(士會, 范會, 隨會): 사계(士季, 隨季): 범무자(范武子: 隨武子) → 사섭(士燮, 范燮): 범숙(范叔): 범문자(范文子, 士文子) → 사개(士匄, 范匄): 범선자(范宣子)→ 사앙(士鞅, 范鞅): 범헌자(范獻子) → 사길석(士吉射, 范吉射): 범소자(范昭子)

＊사곡(士縠: 사위의 族子), 사부(士富: 사회의 족자), 사방(士魴): 체계(麃季, 麃共: 사섭의 동생) → 체구(麃裘), 사고이(士皐夷, 范皐夷: 사길석의 동생)

② 사위 →→ 사악탁(士渥濁): 사정자(士貞子, 士貞伯: 사회의 족자) → 사약(士弱): 공삭(鞏朔): 사장백(士莊伯, 士莊子) → 사개(士匂): 백하(伯瑕): 사문백(士文伯) → 사미모(士彌牟): 사경백(士景伯)

4) 순씨(荀氏)

① 중항씨(中行氏)

서오(逝遨) → 순림보(荀林父) → 순경(荀庚): 중항백(中行伯) → 중항언(中行偃, 荀偃): 백유(伯游): 중항헌자(中行獻子) → 중항오(中行吾, 荀吾): 중항목자(中行穆子) → 중항인(中行寅, 荀寅): 중항문자(中行文子)

＊정정(程鄭, 荀驩의 증손이며 程季의 아들로 중항오의 족형제)

② 지씨(知氏)

서오 → 순수(荀首: 순림보의 동생): 지계(知季): 지장자(知莊子) → 지앵(知罃, 荀罃): 지무자(知武子) → 지삭(知朔, 荀朔) → 지영(知盈, 荀盈): 백숙(伯夙): 지도자(知悼子) → 지력(知躒, 荀躒): 지문자(知文子) →→ 지요(知瑤, 荀瑤): 지양자(知襄子)

＊지서오(知徐吾, 순요의 백부)

5) 양설씨(羊舌氏)

진무공(晉武公) → 백교(伯僑) → 양설직(羊舌職): 양설대부(羊舌大夫) → 양설힐(羊舌肸): 숙향(叔向) → 양사아(楊食我): 백석(伯石, 楊石)

＊양설적(羊舌赤): 백화(伯華: 양설힐의 동생) → 자용(子容), 양설부(羊舌鮒): 숙어(叔魚: 양설힐의 형), 양설호(羊舌虎): 숙호(叔虎: 양설힐의 이복 동생)

6) 위씨(魏氏)

① 필만(畢萬: 畢公 高의 후예로 魏犨의 조부) →→ 위주(魏犨): 위무자(魏武子) → 위강(魏絳): 위장자(魏莊子) → 위서(魏舒): 위헌자(魏獻子) →→ 위만다(魏曼多): 위양자(魏襄子)

② 위주 → 여기(呂錡, 魏錡): 주무자(廚武子: 위강의 형) → 여상(呂相, 魏相): 여선자(呂宣子)

③ 위주 → 위과(魏顆: 위강의 동생) → 위힐(魏頡): 영호문자(令狐文子)

7) 조씨(趙氏)

① 공명(公明) → 조최(趙衰): 성계(成季: 諡號): 자여(子餘: 字): 조성자(趙成子) → 조돈(趙盾): 조선자(趙宣子) → 조삭(趙朔): 조장자(趙莊子) → 조무(趙武): 조문자(趙文子) → 조성(趙成): 조경자(趙敬子) → 조앙(趙鞅): 지보

(志父): 조간자(趙簡子) → 조무휼(趙無恤): 조양자(趙襄子)

* 조동(趙同, 原同: 조돈의 이복형), 조괄(趙括): 병계(屛季): 조병(趙屛: 조동의 이복 동생), 조영제(趙嬰齊): 누영(樓嬰: 조괄의 동복 동생)

② 공명 → 조숙(趙夙: 조최의 형) → → 조천(趙穿) → 조전(趙旃) → 조승(趙勝) → 조오(趙午): 한단오(邯鄲午) → 조직(趙稷)

* 조조(趙朝: 조승의 증손)

8) 한씨(韓氏)

곡옥 환숙(桓叔): 성사(成師) → 한만(韓萬: 곡옥 莊伯의 동생) → 한간(韓簡) → 자여(子輿) → 한궐(韓厥): 한헌자(韓獻子) → 한기(韓起): 한선자(韓宣子) → 한수(韓須) → 한불신(韓不信): 백음(伯音): 한간자(韓簡子)

* 한무기(韓無忌): 한목자(韓穆子: 한기의 형) → 한양(韓襄), 한고(韓固: 한불신의 종형제).

9) 기타 성씨

① 호씨(狐氏)

호돌(狐突): 백행(伯行) → 호언(狐偃): 자범(子犯) → 호역고(狐射姑): 가계(賈季)

* 호모(狐毛: 호언의 형) → 호진(狐溱), 호국거(狐鞫居, 續鞫居): 속간백(續簡伯: 호역고의 족형제)

② 선씨(先氏)

선진(先軫, 原軫) → 선저거(先且居): 곽백(霍伯) → 선극(先克)

* 선곡(先縠): 체자(彘子): 원곡(原縠: 선극의 족형제)

③ 서씨(胥氏)

서신(胥臣): 사공 계자(季子): 구계(臼季, 胥臣臼季) → 서갑(胥甲, 胥甲父) → 서극(胥克) → 서동(胥童)

④ 적씨(籍氏)

손백염(孫伯黶) ┈┈┈▶ 적언(籍偃) → 적담(籍談) → 적진(籍秦)

⑤ 동씨(董氏)

유신(有辛) ┈┈┈▶ 동씨(董氏) ┈┈┈▶ 동호(董狐) ┈┈┈▶ 동안우(董安于)

⑥ 기타

악왕부(樂王鮒): 악환자(樂桓子), 우무휼(郵無恤): 자량(子良)

3. 제(齊)

1) 고씨(高氏)

① 제문공(齊文公) → 자고(子高) → 고혜(高傒): 고경중(高敬仲) → → 고고

열국성씨보 587

(高固): 고선자(高宣子) → 고후(高厚) → 고지(高止) → 고수(高豎)

② 고혜 ············▶ 고연(高酀: 고혜의 증손) → 고언(高偃) → 고장(高張): 고소자(高昭子) → 고무비(高無丕)

2) 국씨(國氏)

국의중(國懿仲) → 국귀보(國歸父): 국장자(國莊子) → 국좌(國佐): 국무자(國武子): 빈미인(嬪美人) → 국약(國弱) → 국하(國夏): 국혜자(國惠子) → 국서(國書) → 국관(國觀)

＊국승(國勝: 국약의 형)

3) 진씨(陳氏, 田氏)

진완(陳完): 진경중(陳敬仲) ············▶ 진수무(陳須無): 진문자(陳文子: 진완의 증손) → 진무우(陳無宇): 진환자(陳桓子) → 진기(陳乞, 田乞): 진희자(陳僖子) → 진항(陳恒, 田恒, 陳常, 田常): 진성자(陳成子, 田成子)

＊진기 → 진영(陳盈): 진망자(陳芒子), 진의자(陳懿玆): 진늠구자(陳廩丘子), 진득(陳得): 진혜자(陳惠子), 진안(陳安): 진목자(陳穆子), 진치(陳齒): 진간자(陳簡子), 진관(陳瓘): 자옥(子玉), 진장(陳莊): 진소자(陳昭子), 진이(陳夷): 진선자(陳宣子)

＊진무자(陳武子): 자강(子彊: 진기의 형), 진서(陳書, 孫書): 자점(子占: 진기의 동생), 진표(陳豹): 자피(子皮: 진기의 족형), 진역(陳逆): 자행(子行: 진기의 족형)

4) 공족

① 제혜공(齊惠公) → 공자 난(欒) → 공손 조(竈): 자아(子雅) → 난시(欒施): 자기(子旗)

＊제혜공 → 공자 고(高: 공자 난의 동생) → 공손 채(蠆): 자미(子尾) → 고강(高彊): 자량(子良)

② 제경공(齊頃公) → → 공손 청(青): 자석(子石), 공손 첩(捷): 자연첩(子淵捷): 자거(子車)

③ 제경공(齊景公) → 공자 구(駒), 공자 가(嘉), 공자 서(鉏): 남곽저우(南郭且于), 공자 검(黔)

5) 기타 성씨

① 최씨(崔氏)

제정공(齊丁公) ············▶ 최요(崔夭) → 최저(崔杼): 최무자(崔武子) → 최성(崔成), 최명(崔明), 최강(崔彊)

② 경씨(慶氏)

제환공(齊桓公) ┄┄┄▶ 경극(慶克) → 경봉(慶封): 자가(子家) → 경사(慶舍): 자지(子之)

　*경좌(慶佐: 경봉의 형), 경사(慶嗣): 자식(子息: 경봉의 족형제), 경혈(慶頨, 慶繩: 慶嗣의 동생)

③ 포씨(鮑氏)

포숙아(鮑叔牙) ┄┄┄▶ 포국(鮑國: 포숙아의 증손): 포문자(鮑文子) → → 포목(鮑牧)

　*포견(鮑牽: 포국의 형)

④ 안씨(晏氏)

안약(晏弱): 안환자(晏桓子) → 안영(晏嬰): 안평중(晏平仲) → 안국(晏國)

　*안리(晏氂: 안약의 동생)

⑤ 여구씨(閭丘氏)

여구영(閭丘嬰) → 여구명(閭丘明) → 여구식(閭丘息)

⑥ 관씨(管氏)

관중(管仲) ┄┄┄▶ 관수(管脩: 관중의 7세손)

⑦ 북곽씨(北郭氏)

북곽좌(北郭佐): 북곽자거(北郭子車) → 북곽계(北郭啓)

⑧ 신씨(申氏)

신선우(申鮮虞) → 신부지(申傅摯)

⑨ 안씨(顔氏)

안경(顔庚): 안탁취(顔涿聚) → 안진(顔晉)

⑩ 기타

감지(闞止): 자아(子我), 석귀보(析歸父): 자가(子家): 석문자(析文子), 종루(宗樓): 종자양(宗子陽), 양구거(梁丘據): 자유(子猶), 공손명(公孫明): 자명(子明)

4. 초(楚)

1) 투씨(鬪氏)

① 약오(若敖) → 투백비(鬪伯比) → 투곡어도(鬪穀於菟): 투자문(鬪子文) → 투반(鬪般): 자양(子揚) → 침윤(箴尹) 투극황(鬪克黃) → 궁구윤(宮廏尹) 투기질(鬪棄疾) → 투위구(鬪韋龜) → 투성연(鬪成然): 만성연(蔓成然): 자기(子旗) → 투회(鬪懷), 투신(鬪辛), 투소(鬪巢)

　*투백비 → 사마 투자량(鬪子良: 투자문의 동생) → 투월초(鬪越椒, 鬪椒): 자월(子越, 子越椒): 백분(伯棻, 伯賁)→ 묘분황(苗賁皇)

　*사마 투의신(鬪宜申): 자서(子西: 투반의 족형제), 투발(鬪勃): 자상(子上: 투씨 일족인지 여부가 분명치 않음)

② 약오 → 투렴(鬪廉): 투역사(鬪射師) → 투반(鬪班) → 투극(鬪克): 자의(子儀)

2) 성씨(成氏)

약오(若敖) → → 성득신(成得臣): 자옥(子玉) → 성대심(成大心): 대손백(大孫伯) → 성호(成虎): 성웅(成熊)
* 성가(成嘉): 자공(子孔: 성대심의 동생)

3) 위씨(蔿氏, 薳氏)

약오 → 소오(宵敖) → 분모(蚡冒) → 위장(蔿章, 薳章) → 위여신(蔿呂臣, 薳呂臣): 숙백(叔伯) → 위가(蔿賈): 백영(伯嬴) → 위오(蔿敖): 손숙오(孫叔敖) → 위자빙(蔿子馮, 薳子馮) → 위엄(蔿掩, 薳掩)
* 위피(蔿罷): 자탕(子蕩: 위씨 일족인지 여부가 분명치 않음)

4) 굴씨(屈氏)

① 초무왕(楚武王) → 막오(莫敖) 굴하(屈瑕) → 막오 굴중(屈重) → 막오 굴완(屈完) → 막오 굴탕(屈蕩) → 막오 굴도(屈到) → 굴건(屈建): 자목(子木) → 막오 굴생(屈生)
* 굴하 → 굴어구(屈御寇: 굴중의 동생): 자변(子邊) → 식공(息公) 자주(子朱)
② 굴탕 → 굴무(屈巫): 신공무신(申公巫臣): 굴신(屈申): 자령(子靈: 굴도의 동생) → 굴호용(屈狐庸)
* 자염(子閻: 굴호용의 족형제), 자탕(子蕩: 자염의 동생)

5) 공족

① 초목왕(楚穆王) → 공자 영제(嬰齊): 자중(子重: 초장왕의 동생)
* 초목왕 ┄┄┄▶ 양개(陽匄): 자하(子瑕) → 양영종(陽令終), 양완(陽完), 양타(陽佗)
② 초장왕(楚莊王) → 공자 정(貞): 자낭(子囊), 공자 오(午): 사마 자경(子庚), 공자 추서(追舒): 자남(子南)
* 낭와(囊瓦): 자상(子常: 공자 정의 아들)
③ 초장왕 ┄┄┄▶ 심윤(沈尹) 술(戌) → 섭공(葉公) 심제량(沈諸梁): 자고(子高), 후장(后臧)
④ 초공왕(楚共王) → 공자 소(昭: 초강왕), 공자 위(圍, 虔: 초영왕), 공자 비(比): 자간(子干): 자오(訾敖), 공자 흑굉(黑肱): 자석(子晳), 공자 기질(棄疾, 居: 초평왕)
⑤ 초평왕(楚平王) → 태자 건(建): 자목(子木), 공자 계(啓): 자려(子閭), 공자 결(結): 자기(子期), 공자 신(申): 자서(子西)

＊태자 건 → 백공(白公) 승(勝), 왕손연(王孫燕)
＊공자 결 → 공손 관(寬), 공손 평(平)
＊공자 신 → 공손 영(寧): 자국(子國), 공손 조(朝): 무성윤(武城尹)
⑥ 초소왕(楚昭王) → 영윤 자량(子良: 초혜왕의 동생)

6) 기타 성씨

① 반씨(潘氏)
반숭(潘崇) → 반왕(潘尫) → 반당(潘黨): 숙당(叔黨) → 반자신(潘子臣)
② 신숙씨(申叔氏)
신숙시(申叔時) → 신숙궤(申叔跪) → 신숙예(申叔預) → 신무우(申無宇): 우윤(芋尹) 무우(無宇) → 신해(申亥)
③ 오씨(伍氏)
오삼(伍參) → 오거(伍擧) → 오사(伍奢) → 오원(伍員): 오자서(伍子胥) → 오풍(伍豊)
＊초명(椒鳴: 오사의 동생), 오상(伍尚): 당군(棠君) 상(尚: 오원의 형)
④ 관씨(觀氏)
관기(觀起) → 개복대부(開卜大夫) 관종(觀從): 자옥(子玉) → 관첨(觀瞻)
⑤ 기타
신주(申舟): 자주(子舟): 문지무외(文之無畏) → 신서(申犀), 연윤(連尹) 양로(襄老) → 흑요(黑要), 극완(郤宛): 자오(子惡), 공자 임부(壬夫): 자신(子辛), 공자 측(側): 자반(子反)

5. 정(鄭)

1) 정무공계(鄭武公系)

정무공 → 공숙단(共叔段: 정장공의 동생): 경성태숙(京城大叔) → 공손 활(滑) → 공보정숙(公父定叔)

2) 정장공계(鄭莊公系)

정장공 → 공자 돌(突: 정여공), 공자 홀(忽: 정소공), 자미(子亹), 자의(子儀): 정자(鄭子), 공자 어(語): 자인(子人)
＊자인 ………▶자인구(子人九)

3) 정문공계(鄭文公系)

정여공 → 공자 첩(捷: 정문공) → 공자 난(蘭: 정목공), 자화(子華), 자장(子臧), 자사(子士), 자하(子瑕), 자유미(子愈彌)

4) 정목공계(鄭穆公系)

정목공 → 공자 이(夷: 정영공), 공자 견(堅: 정양공), 공자 발(發): 자국(子國), 공자 비(騑): 자사(子駟), 공자 희(喜): 자한(子罕), 공자 가(嘉): 자공(子孔), 자풍(子豊), 공자 언(偃): 자유(子游), 공자 거질(去疾): 자량(子良), 자인(子印), 자연(子然), 사자공(士子孔), 자우(子羽)

① 풍씨(豊氏)

자풍 → 공손 단(段): 자석(子石) → 풍시(豊施), 풍권(豊卷): 자장(子張)

② 국씨(國氏)

공자 발 → 공손 교(僑): 자산(子産): 자미(子美) → 국참(國參): 환자사(桓子思, 子思)

③ 사씨(駟氏)

공자 비 → 공손 하(夏): 자서(子西) → 사대(駟帶): 자상(子上) → 사언(駟偃): 자유(子游) → 사홍(駟弘): 자반(子般)

＊공자 비 → 공손 하 → 사기(駟乞): 자하(子瑕: 사대의 형) → 사천(駟歂): 자연(子然) → 사사(駟絲)

＊공자 비 → 공손 흑(黑): 자석(子晳: 공손 하의 동생) → 인(印)

④ 한씨(罕氏)

공자 희 → 공손 사지(舍之): 자전(子展) → 한호(罕虎): 자피(子皮) → 영제(嬰齊): 자차(子蠆) → 한달(罕達): 자요(子姚): 무자잉(武子賸)

＊공자 희 → 공손 서(鉏) → 한삭(罕朔)

＊공자 희 → 공손 사지 → 한퇴(罕魋: 한호의 동생)

⑤ 유씨(游氏)

공자 언 → 공손 채(蠆): 자교(子蟜) → 유길(游吉): 자태숙(子大叔) → 유속(游速): 자관(子寬): 혼한(渾罕)

＊공자 언 → 공손 초(楚): 유초(游楚): 자남(子南)

＊공손 채 → 유판(游販): 자명(子明) → 유량(游良)

⑥ 양씨(良氏)

공자 거질 → 공손 첩(輒): 자이(子耳) → 양소(良霄): 백유(伯有) → 양지(良止)

⑦ 인씨(印氏)

자인 → 공손 흑굉(黑肱): 자장(子張) → 인단(印段): 백석(伯石) → 자류(子柳)

⑧ 기타

＊정목공 → 자공 → 공손 설(洩) → 공신(孔申): 공장(孔張): 자장(子張)

＊정목공 → 자연 → 연단(然丹, 鄭丹): 자혁(子革)

＊정목공 → 사자공 → 자량(子良)

＊정목공 → 자우 → 공손 휘(揮): 자우(子羽) → 우힐(羽頡): 마사힐(馬師頡)

5) 정성공계(鄭成公系)

정성공 → 공자 곤완(髡頑 : 정희공), 공자 반(班) : 자여(子如), 공자 방(駹)
* 공자 반 → 손숙(孫叔)
* 공자 방 → 손지(孫知)

6) 기타 성씨

① 황술(皇戌) → 황이(皇耳), 위지(尉止) → 위편(尉翩), 사신(司臣) → 사제(司齊)
② 공자 송(宋) : 자공(子公), 공자 귀생(歸生) : 자가(子家), 종멸(鬷蔑) : 연명(然明)

6. 위(衛)

1) 손씨(孫氏)

위무공(衛武公) → 혜손(惠孫) ┄┄┄▶ 손소자(孫昭子) → 손장자(孫莊子) → 손량부(孫良夫) : 손환자(孫桓子) → 손림보(孫林父) : 손문자(孫文子) → 손가(孫嘉), 손괴(孫蒯), 손양(孫襄) : 손백국(孫伯國)

2) 영씨(甯氏)

위무공 → 계흔(季亹) ┄┄┄▶ 영궤(甯跪) → 영속(甯速) → 영유(甯俞) : 영무자(甯武子) → 영상(甯相) → 영식(甯殖) : 영혜자(甯惠子) → 영희(甯喜) : 영도자(甯悼子)

3) 석씨(石氏)

석작(石碏) → 석후(石厚) ┄┄┄▶ 석직(石稷) : 석성자(石成子) → 석매(石買) : 석공자(石共子) → 석오(石惡) : 석도자(石悼子)
* 석포(石圃 : 석오의 조카)
* 석만고(石曼姑) → 석퇴(石魋 : 석씨 일족인지 여부가 확실치 않음)

4) 공씨(孔氏)

공달(孔達) ┄┄┄▶ 공증서(孔烝鉏) : 공성자(孔成子) → 공기(孔羈) → 공어(孔圉) : 공문자(孔文子) → 공회(孔悝) : 공숙(孔叔)

5) 세숙씨(世叔氏, 大叔氏)

위희공 ┄┄┄▶ 세숙의(世叔儀) : 태숙의(大叔儀) : 태숙문자(大叔文子 : 위희공의 8세손) → → 세숙신(世叔申) : 태숙의자(大叔懿子) → 태숙질(大叔疾) : 세숙제(世叔齊) : 태숙도자(大叔悼子)

＊세숙신 → 태숙유(大叔遺): 태숙희자(大叔僖子: 태숙질의 아우)

6) 공숙씨(公叔氏)

위헌공 → 공숙성자(公叔成子) → 공숙발(公叔發): 공숙문자(公叔文子) → 공숙수(公叔戍)

7) 북궁씨(北宮氏)

위성공 ┈┈┈→ 북궁괄(北宮括): 북궁의자(北宮懿子: 위성공의 증손) → 북궁타(北宮佗): 북궁문자(北宮文子) → 북궁희(北宮喜): 북궁정자(北宮貞子)
　＊북궁괄 → 북궁유(北宮遺)

8) 사씨(史氏)

사조(史朝) → 사추(史鰌): 사어(史魚), 사구(史狗, 史苟): 사문자(史文子)

9) 공족

① 위장공계(衛莊公系)
위장공 양(揚) → 공자 완(完: 위환공), 공자 진(晉: 위선공), 좌공자 설(洩), 우공자 직(職), 효백(孝伯), 공자 주우(州吁)
② 위선공계(衛宣公系)
위선공 진(晉) → 공자 삭(朔: 위혜공), 태자 급자(急子), 수자(壽子), 공자 완(頑): 소백(昭伯), 공자 검모(黔牟)
③ 위문공계(衛文公系)
위문공 훼(燬) → 공자 정(鄭: 위성공), 숙무(叔武), 공자 하(瑕): 자적(子適), 자의(子儀)
④ 위목공계(衛穆公系)
위목공 → 자숙흑배(子叔黑背, 黑背: 위정공의 동생) → 공자 표(剽): 자숙(子叔: 위상공) → 태자 각(角)
　＊석주서(析朱鉏): 석성자(析成子: 위상공의 질자),
⑤ 위정공계(衛定公系)
위정공 장(臧) → 공자 간(衎: 위헌공), 자전(子展), 공자 전(鱄): 자선(子鮮)
⑥ 위영공계(衛靈公系)
위영공 원(元) → 태자 괴외(蒯聵: 위장공), 공자 겸(黚: 위도공), 공자 기(起), 공자 영(郢)
　＊괴외 → 공자 첩(輒: 위출공)

10) 기타 성씨

① 거씨(遽氏)

거무구(蘧無咎) → 거원(蘧瑗): 거백옥(蘧伯玉): 거장자(蘧莊子)
② 공맹씨(公孟氏)
위양공 → 공맹집(公孟縶, 公孟, 孟縶) → 공맹구(公孟彄)
③ 남씨(南氏)
공자 영(郢) → 공손미모(公孫彌牟): 자지(子之): 문자(文子)
④ 제씨(齊氏, 齊子氏)
제오(齊惡) → 제표(齊豹)
⑤ 하정씨(夏丁氏)
하무(夏戊) → 사도 하기(夏期),
⑥ 왕손씨(王孫氏)
왕손가(王孫賈) → 왕손제(王孫齊): 왕손소자(王孫昭子)
⑦ 저사씨(褚師氏)
저사정자(褚師定子) → 저사비(褚師比): 저사성자(褚師成子)
⑧ 기타
공문요(公文要): 공문의자(公文懿子), 공자 형(荊): 공남초(公南楚, 南楚), 언힐(鄢肹): 언무자(鄢武子), 축타(祝佗): 자어(子魚), 미자하(彌子瑕): 팽봉미자(彭封彌子)

7. 송(宋)

1) 화씨(華氏)

① 송대공(宋戴公) → 공자 열(說) → 화독(華督, 華父督) → 화어사(華御事) → 화원(華元) → 화열(華閱) → 화경(華輕), 화합비(華合比), 화고비(華皐比), 화해(華亥)
  * 화해 → 무척(無慼)
  * 화독 ┈┈┈▶ 화희(華喜: 화열의 족형제)
  * 화원 → 화신(華臣: 화열의 동생)
② 화독 → → 화초(華椒: 화원의 족제): 자초(子椒) → 화우(華耦): 사마(司馬) 자백(子伯) → 화약(華弱)
  * 화초 → 화정(華定) → 화계(華啓)
③ 화독 ┈┈┈▶ 화비수(華費遂: 화약의 족형제) → 화등(華登), 화다료(華多僚), 화추(華貙): 자피(子皮)
  * 화표(華豹: 화비수의 족형제)

2) 악씨(樂氏)

송대공 → 공자 간(衎) → → 악려(樂呂) → 악희(樂喜): 사성(司城) 자한(子罕) → 악만(樂輓), 악대심(樂大心), 악기(樂祁, 樂祁犁): 사성 자량(子梁), 악

사(樂舍)
 * 악기 → 악혼(樂溷): 자명(子明) → 악패(樂茷): 자로(子潞)
 * 악만 → 악주서(樂朱鉏)
 * 공자 간 ┈┈┈▶ 악예(樂豫: 송대공의 현손), 악비(樂轡): 자탕(子蕩: 악씨의 일족)

 3) 황씨(皇氏)

 송대공 → 황보충석(皇父充石) ┈┈┈▶ 황국보(皇國父) ┈┈┈▶ 황야(皇野): 사마 자중(子仲) → 황비아(皇非我), 황백(皇伯)
 * 황보충석 ┈┈┈▶ 황운(皇鄖: 황야의 족형제)
 * 황회(皇懷: 황비아의 종제)
 * 황국보 ┈┈┈▶ 황원(皇瑗: 황야의 족형제) → 황균(皇麇)
 * 황완(皇緩: 두예는 황원의 질자로 보았으나 공영달은 종손으로 간주)

 4) 상씨

 ① 송환공 어열(御說) → 공자 상(向) →→ 합좌사(合左師) 상술(向戌: 송환공의 증손) → 상녕(向寧), 상의(向宜): 자록(子祿), 상정(向鄭)
 * 상녕 → 상라(向羅)
 ② 공자 상 →→ 상대(向帶: 상술의 족형제) → 상퇴(向魋: 사마 환퇴(桓魋), 사마우(司馬牛): 사마경(司馬耕): 자우(子牛), 자거(子車), 상소(向巢): 좌사(左師) 소(巢), 자기(子頎)
 * 상위인(向爲人: 상대의 종형제)

 5) 중씨(仲氏)

 송장공 빙(馮) → 공자 중(仲) → 공손 사(師) → 중강(仲江) →→ 중기(仲幾) → 중타(仲佗)

 6) 어씨(魚氏)

 송환공 → 공자 어(魚, 子魚): 목이(目夷) → 공손 우(友) → 어부(魚府), 어석(魚石)

 7) 탕씨(蕩氏)

 송환공 → 공자 탕(蕩) → 공손 수(壽) → 사성 탕의제(蕩意諸) → 탕택(蕩澤): 자산(子山)
 * 공손 수 → 탕훼(蕩虺: 탕의제의 동생)

8) 인씨(鱗氏)

송환공 → 공자 인(鱗) → 인관(鱗瓘) → → 인주(鱗朱)

8. 여타 국가

1) 채(蔡)

채문공 신(申) → 공자 조(朝): 태사(太師) 자조(子朝) → 공손 귀생(歸生): 성자(聲子): 자가(子家) → 조오(朝吳)

2) 조(曹)

조선공(曹宣公) 노(盧) → 공자 흔시(欣時): 자장(子臧)

3) 오(吳)

오왕 수몽(壽夢) → 제번(諸樊), 여채(餘祭: 戴吳), 여말(餘眛: 夷末, 夷昧), 궐유(蹶由), 계찰(季札): 연주래계자(延州來季子)
　*여말 → 오왕 요(僚: 州于, 엄여(掩餘), 촉용(燭庸)
　*제번 → 공자 광(光): 합려(闔廬), 부개왕(夫槩王)
　*합려 → 태자 종류(終纍), 부차(夫差), 자산(子山)
　*부차 → 태자 우(友), 왕자 고조(姑曹), 왕자 지(地), 공자 경기(慶忌)

4) 월(越)

손백(孫伯) 규(糾) → 백종(伯宗: 晉의 대부) → 백주리(伯州犁: 楚의 대부) → 백비(伯嚭): 자여(子餘: 吳의 패망 후 越의 태재가 됨)

5) 주(邾)

모이홍(茅夷鴻): 모성자(茅成子)

참고문헌

1. 기본서

『논어』,『시경』,『서경』,『역경』,『예기』,『주례』,『의례』,『순자』,『맹자』,『관자』,『노자』,『장자』,『한비자』,『묵자』,『상군서』,『안자춘추』,『춘추공양전』,『춘추곡량전』,『여씨춘추』,『회남자』,『춘추번로』,『오월춘추』,『공자가어』,『세설신어』,『국어』,『전국책』,『논형』,『자치통감』,『설문해자』,『사기』

2. 저서 및 논문

1) 한국

곽말약, 조성을 옮김,『중국고대사상사』, 도서출판 까치, 1991.
김길환,「공자의 정치철학에 대한 해석」『문화비평』3-1, 1971.
김승혜,『원시유교』, 민음사, 1990.
김충렬 외,『논쟁으로 보는 중국철학』, 예문서원, 1995.
량치차오, 이민수 옮김,『중국문화사상사』, 정음사, 1980.
런지유에, 이문주 외 옮김,『중국철학사 1』, 청년사, 1989.
서울대동양사학연구실 편,『강좌 중국사』, 지식산업사, 1989.
슈월츠, 나성 옮김,『중국고대사상의 세계』, 살림출판사, 1996.
사오꿍취엔, 최명 옮김,『중국정치사상사』, 서울대출판부, 2004.
오영식,『춘추좌전 개사 연구』, 서울대 박사학위 논문, 1993.
윤내현,『상주사』, 민음사, 1988.
이병도,『한국유학사』, 아세아연구소, 1987.
이성규 외,『중국고대제국성립사연구』, 일조각, 1984.
이춘식,「유가정치사상의 이념적 제국주의」『인문논집』27, 1982.
장기근,「예와 예교의 본질」『동아문화』9, 1970.
전락희,「동양정치사상의 윤리와 이상-유가를 중심으로」『한국정치학회보』24,

1990.
전해종 외,『중국의 천하사상』, 민음사, 1988.
조윤수,「유가의 법치사상」『중국연구』10, 1987.
좌구명, 남기현 옮김,『춘추좌전』1-3, 자유문고, 2003.
_____, 권오돈 옮김,『춘추좌전』, 홍신문화사, 1976.
최명,『춘추전국의 정치사상』, 박영사, 2004.
최성철,「선진유가의 정치사상 연구」『한국학논집』11, 1987.
치엔무, 권중달 옮김,『중국사의 새로운 이해』, 집문당, 1990.
크릴, 이성규 옮김,『공자-인간과 신화』, 지식산업사, 1989.
펑유, 김갑수 옮김,『천인관계론』, 신지서원, 1993.
펑여우란, 정인재 옮김,『중국철학사』, 형설출판사, 1995.

2) 중국

高懷民,「中國先秦道德哲學之發展」『華岡文科學報』14, 1982.
顧頡剛,「"聖", "賢"觀念和字義的演變」『中國哲學』, 1979.
金德建,『先秦諸子雜考』, 北京, 中州書畵社, 1982.
羅世烈,「先秦諸子的義利觀」『四川大學學報(哲學社會科學)』1988-1, 1988.
童書業,『先秦七子思想硏究』, 濟南, 齊魯書社, 1982.
方立天,『中國古代哲學問題發展史(上,下)』, 北京, 中華書局, 1990.
徐復觀,『中國思想史論集』, 臺中, 臺中印刷社, 1951.
蕭公權,『中國政治思想史』, 臺北, 臺北聯經出版事業公司, 1980.
孫謙,「儒法法理學異同論」『人文雜誌』6, 1989.
孫家洲,「先秦儒家與法家 "忠孝" 倫理思想述評」『貴州社會科學』4, 1987.
楊伯峻,『春秋左傳注』, 中華書局出版, 1983.
楊榮國 編,『簡明中國思想史』, 北京, 中國靑年出版社, 1962.
楊幼炯,『中國政治思想史』, 上海, 商務印書館, 1937.
吳乃恭,『儒家思想硏究』, 長春, 東北師範大學出版社, 1988.
吳辰佰,『皇權與紳權』, 臺北, 儲安平, 1997.
王文亮,『中國聖人論』, 北京, 中國社會科學院出版社, 1993.
王守謙 外,『左傳全譯』, 貴州人民出版社, 1990.
王亞南,『中國官僚政治研究』, 北京, 中國社會科學出版社, 1990.
于孔寶,「論孔子對管仲的評價」『社會科學輯刊』4, 1990.
劉澤華,『先秦政治思想史』, 天津, 南開大學出版社, 1984.
游喚民,『先秦民本思想』, 長沙, 湖南師範大學出版社, 1991.
李錦全,『春秋戰國時期的儒法鬪爭』, 北京, 人民出版社, 1974.
李澤厚,『中國古代思想史論』, 北京, 人民出版社, 1985.
李學勤 編,『春秋左傳正義』, 北京, 北京大出版社, 1999.

人民出版社編輯部 編,『論法家和儒法鬪爭』, 北京, 人民出版社, 1974.
林聿時·關峰,『春秋哲學史論集』, 北京, 人民出版社, 1963.
張豈之,『中國儒學思想史』, 西安, 陝西人民出版社, 1990.
張國華,「略論春秋戰國時期的"法治"與"人治"」『法學研究』2, 1980.
張君勱,『中國專制君主政制之評議』, 臺北, 弘文館出版社, 1984.
張岱年,『中華的智慧-中國古代哲學思想精髓』, 上海, 上海人民出版社, 1989.
張天祥,「怎樣正確評價孔子及儒家學說」『社會科學(上海)』10, 1990.
趙光賢,「什麼是儒家? 什麼是法家?」『歷史教學』1, 1980.
曹思峰,『儒法鬪爭史話』, 上海, 上海人民出版社, 1975.
周立升 編,『春秋哲學』, 山東, 山東大學出版社, 1988.
周燕謀 編,『治學通鑑』, 臺北, 精益書局, 1976.
黃公偉,『孔孟荀哲學證義』, 臺北, 幼獅文化事業公司, 1975.
黃偉合,「儒法墨三家義利觀的比較研究」『江淮論壇』6, 1987.

3) 일본

加藤常賢,『中國古代倫理學の發達』, 東京, 二松學舍大學出版部, 1992.
角田幸吉,「儒家と法家」『東洋法學』12-1, 1968.
岡田武彦,『中國思想における理想と現實』, 東京, 木耳社, 1983.
鎌田正,『左傳の成立と其の展開』, 東京, 大修館書店, 1972.
高文堂出版社 編,『中國思想史(上,下)』, 東京, 高文堂出版社, 1986.
高須芳次郎,『東洋思想十六講』, 東京, 新潮社, 1924.
高田眞治,「孔子的管仲評-華夷論の一端として」『東洋研究』6, 1963.
顧頡剛 著 小倉芳彦 等 譯,『中國古代の學術と政治』, 東京, 大修館書店, 1978.
館野正美,『中國古代思想管見』, 東京, 汲古書院, 1993.
溝口雄三,『中國の公と私』, 東京, 研文出版, 1995.
宮崎市定,『アジア史研究(I-V)』, 京都, 同朋社, 1984.
金谷治,「先秦における思想の展開」『集刊東洋學』47, 1982.
大久保隆郎也,『中國思想史(上)-古代.中世-』, 東京, 高文堂出版社, 1985.
大濱晧,『中國古代思想論』, 東京, 勁草書房, 1977.
渡邊信一郎,『中國古代國家の思想構造』, 東京, 校倉書房, 1994.
木村英一,『法家思想の探究』, 東京, 弘文堂, 1944.
服部武,『論語の人間學』, 東京, 富山房, 1986.
上野直明,『中國古代思想史論』, 東京, 成文堂, 1980.
小倉芳彦,『中國古代政治思想研究』, 東京, 青木書店, 1975.
守本順一郎,『東洋政治思想史研究』, 東京, 未來社, 1967.
安岡正篤,『東洋學發掘』, 東京, 明德出版社, 1986.
栗田直躬,『中國古代思想の研究』, 東京, 岩波書店, 1986.

伊藤道治, 『中國古代王朝の形成』, 東京, 創文社, 1985.
日原利國, 『中國思想史(上,下)』, 東京, ペリカン社, 1987.
町田三郎 外, 『中國哲學史研究論集』, 東京, 葦書房, 1990.
中村俊也, 「孟荀二者の思想と'公羊傳'の思想」『國文學漢文學論叢』 20, 1975.
陳柱 著, 中村俊也 譯, 『公羊家哲學』, 東京, 百帝社, 1987.
津田左右吉, 『左傳の思想史的研究』, 東京, 岩波書店, 1987.
淺間敏太, 「孟荀における孔子」『中國哲學』 3, 1965.
貝塚茂樹 編, 『諸子百家』, 東京, 筑摩書房, 1982.
穴澤辰雄教授退官記念會 編, 『中國古代思想論考』, 東京, 汲古書院, 1982.
戶山芳郎, 『古代中國の思想』, 東京, 放送大教育振興會, 1994.
丸山眞男, 『日本政治思想史研究』, 東京, 東京大出版會, 1993.
荒木見悟, 『中國思想史の諸相』, 福岡, 中國書店, 1989.

4) 서양

Ahern, E. M., Chinese Ritual and Politics, London: Cambridge Univ. Press, 1981.

Ames, R. T., The Art of Rulership-A Study in Ancient Chinese Political Thought, Honolulu: Univ. Press of Hawaii, 1983.

Creel, H. G., Shen Pu-hai. A Chinese Political Philosopher of The Fourth Century B.C., Chicago: Univ. of Chicago Press, 1975.

De Bary, W. T., The Trouble with Confucianism, Cambridge, Mass./London: Harvard Univ. Press, 1991.

Fingarette, H., Confucius: The Secular as Sacred, New York: Harper and Row, 1972.

Munro, D. J., The Concept of Man in Early China, Stanford: Stanford Univ. Press, 1969.

Rubin, V. A., Individual and State in Ancient China-Essays on Four Chinese Philosophers, New York: Columbia Univ. Press, 1976.

Schwartz, B. I., The World of Thought in Ancient China, Cambridge: Harvard Univ. Press, 1985.

Taylor, R. L., The Religious Dimensions of Confucianism, Albany, New York: State Univ. of New York Press, 1990.

Tomas, E. D., Chinese Political Thought, New York: Prentice-Hall, 1927.

Tu, Wei-ming, Way, Learning and Politics-Essays on the Confucian Intellectual, Albany, New York: State Univ. of New York Press, 1993.

Waley, A., Three Ways of Thought in Ancient China, New York: doubleday & company, 1956.

Wu, Kang, Trois Theories Politiques du Tch'ouen Ts'ieou, Paris: Librairie Ernest Leroux, 1932.

Быков, Ф. С., Зарождение Общественно-Политической и Философской Мысли в Кита, Москва: Издателство Наука, 1966.

Переломов, Л. С., КонФуцианство и Легализм в Политической Истории Китая, Москва: Наука, 1981.

찾아보기

ㄱ

가신(賈辛) 320
간주(干犨) 251
간징사(干徵師) 122
감도공(甘悼公) 152
감지(闞止) 461
감평공(甘平公) 259
감환공(甘桓公) 272
강열(江說) 462
거부렵(蘧富獵) 412
거자(渠子) 232
거질(去疾) 34
견자사(鄄子士) 555
겹오(郟敖) 41
경기(慶忌) 545
경봉 72, 138
경비(慶比) 231
경여(庚輿) 187, 266
경지역(鄆之役) 150
계강자(季康子) 448, 460, 465, 550, 558
계공약(季公若) 277
계공조(季公鳥) 282
계공해(季公亥) 282

계도자(季悼子) 153
계무자(季武子) 117, 416
계미비아(季羋畀我) 371
계방후(季魴侯) 475
계사(季姒) 282
계손숙(季孫宿) 27, 48
계손의여 143, 182, 287
계연(季然) 292
계오(季寤) 396
계평자 132, 137, 153, 179
계환자(季桓子) 378
계희(季姬) 475
고강(高彊) 44, 420, 427
고금(苦雉) 250
고무비(高無丕) 487, 551
고발(高發) 219
고수(瞽瞍) 125
고언(高偃) 148
고여(皐如) 559
고연(郜延) 500
고의(高齮) 294
고장(高張) 325, 353, 393, 456
고조(姑曹) 487
곤오(昆吾) 157, 213

찾아보기 605

공간공(𥲝簡公) 356
공갑숙자(公甲叔子) 473
공공씨(共工氏) 207
공과(公果) 283
공구(孔丘) 524
공기(公期) 397
공길(孔姞) 492
공남초(公南楚) 231
공렴처보(公斂處父) 389, 396, 416
공류(共劉) 448
공맹구(公孟彄) 415, 426
공맹작(公孟絆) 477
공맹집(公孟縶) 229
공문요(公文要) 555
공문의자(公文懿子) 557, 559
공보문백(公父文伯) 380, 447
공분(公賁) 283
공빈경(公賓庚) 473
공사전(公思展) 282
공산불뉴(公山不狃) 378, 396
공서극(公鉏極) 396
공성자(孔成子) 118
공손 관(寬) 544
공손 귀생(歸生) 15, 18
공손 기(忌) 235, 256
공손 단(段) 33, 111
공손 서(鉏) 262
공손 영(寧) 543
공손 원(援) 229
공손 정(丁) 229
공손 조(竈) 61
공손 채(蠆) 58
공손 첩(捷) 135

공손 청(靑) 231
공손 초(楚) 28
공손 흑(黑) 28, 46, 47
공손감(公孫敢) 522
공손림(公孫林) 443
공손미모(公孫彌牟) 555, 559
공손방(公孫尨) 443
공손생(公孫生) 450
공손수(公孫傁) 151
공손우(公孫肝) 450
공손유산(公孫有山) 503, 553
공손유형(公孫有陘) 569
공손진(公孫辰) 450
공손편(公孫翩) 459
공손하(公孫夏) 487
공숙문자 384, 423
공숙수(公叔戌) 423
공약막(公若藐) 409
공어(孔圉) 118, 435, 520
공연(公衍) 326
공위(公爲) 283, 326, 485
공윤 노(路) 158
공윤 수(壽) 307
공윤(工尹) 균(麇) 307
공자 가(嘉) 454
공자 검(黔) 454
공자 결(結) 374, 458, 480
공자 겸(黚) 560
공자 경(慶) 544
공자 고(固) 229
공자 광(光) 211, 228, 268
공자 구(駒) 454
공자 기질(棄疾) 73, 99, 124, 164

공자 도(荼) 453
공자 범(犯) 252
공자 서(鉏) 34, 187, 295, 454
공자 성(城) 235, 251
공자 신(申) 436, 458
공자 양생(陽生) 454, 460
공자 어융(御戎) 229
공자 은(憖) 150
공자 인(寅) 229
공자 조(朝) 229, 232, 251, 426
공자 주(朱) 229
공자 지(地) 412, 415
공자 진(辰) 415
공자 초(招) 15, 18
공자 탁(鐸) 187
공자 피적(罷敵) 164
공자 흑굉(黑肱) 40, 163, 164
공지(公之) 282
곽중(郭重) 558
관기(觀起) 162
관정보(觀丁父) 537
관종(觀從) 162
관첨(觀瞻) 543
관호(觀虎) 383
구약(丘弱) 262
구양(謳陽) 500
구인(苟寅) 331
구천(句踐) 424, 490, 535, 550
국관(國觀) 536
국서 481, 487
국약(國弱) 15, 137, 143
국하(國夏) 389, 393, 452, 456
굴생(屈生) 85

굴신(屈申) 72, 85
굴피(屈罷) 186
궁구윤(宮廏尹) 기질(棄疾) 101
궁폐작(宮嬖綽) 152
궐유(蹶由) 92, 224
극완(郤宛) 307, 309
극칭(郤稱) 57
금보(禽父) 157
금장(琴張) 233
기승(祁勝) 317
기영(祁盈) 317
기오(祁午) 15
기유(箕遺) 261

ㄴ

난녕(欒寧) 521
난표(欒豹) 57
남곽저우(南郭且于) 460
남괴(南蒯) 153
남궁경숙(南宮敬叔) 116, 143, 446
남궁극(南宮極) 266, 269
남궁은(南宮嚚) 272, 300
남유자(南孺子) 448
남윤(藍尹) 미(亹) 381
남자(南子) 426
낭와(囊瓦) 270, 357
내서(萊書) 78
노도공(魯悼公) 569
노무공(魯武公) 553
노양자(老陽子) 152
노정공(魯定公) 355, 416, 429
노혜공(魯惠公) 553
노환공(魯桓公) 553

노효공(魯孝公) 553
능윤(陵尹) 희(喜) 156

ㄷ

담대자우(澹臺子羽) 472
당성공(唐成公) 359
당숙우(唐叔虞) 35
대륙자방(大陸子方) 509
대오(戴惡) 124
대태(臺駘) 34
도격(屠擊) 204
도괴(屠蒯) 130, 208
도올(檮杌) 128
동곽가(東郭賈) 509
동곽서(東郭書) 402
동국(東國) 253
동사(董史) 195
동안우(董安于) 419
두설(杜洩) 78, 82
등석(鄧析) 400
등성공(滕成公) 50

ㅁ

맹무백(孟武伯) 514, 558, 569
맹병(孟丙) 76, 320
맹의자(孟懿子) 116, 385, 466, 472, 483
맹자(孟子) 495
맹지측(孟之側) 484
맹집(孟縶) 118
모백(毛伯) 득(得) 299
모이(牟夷) 91
모이홍(茅夷鴻) 468

모지(茅地) 262
목맹희(穆孟姬) 136
목후(穆后) 191
무루(務婁) 34
무자잉(武子賸) 477
무척(無慼) 229
무호(督胡) 34
문종(文種) 432
문지개(文之鍇) 450
미자(微子) 계(啓) 478
미호(微虎) 473
민마보 259, 302

ㅂ

반사(般師) 540
반자(潘子) 156
반자신(潘子臣) 386
발양지역(發陽之役) 541
방가(魴假) 292
백거지역(柏擧之役) 431
백관(伯款) 61
백분(伯盆) 257
백비(白嚭) 465, 553
백주리(伯州犁) 14, 40
백희(伯姬) 525
번우(繁羽) 442
번지(樊遲) 483
범길석(范吉射) 419
변앙(邊卬) 256
병설(邴洩) 483
병의자(邴懿子) 417
병의자(邴意玆) 460
부개왕(夫槩王) 369

부보괴(富父槐) 447
부수(傅傁) 443
부신(富辛) 344
부차(夫差) 425, 490, 535, 550
북곽계(北郭啓) 255
북궁결(北宮結) 424
북궁문자(北宮文子) 44
북궁희(北宮喜) 137, 212, 229, 278
분양(奮揚) 226
비무극 190, 220, 253, 309, 315
비조 130, 210
빈기(賓起) 257
빈수무(賓須無) 171
빈활(賓滑) 129

ㅅ

사경백(士景伯) 182
사구 해(亥) 555
사구(史苟) 118
사구(史龜) 477
사기(駟乞) 222
사기(師己) 281
사대(駟帶) 33, 112
사도 기(期) 555
사도로기(司徒老祁) 185
사마강(司馬彊) 235
사마독(司馬督) 156
사마미모(司馬彌牟) 320
사마오(司馬烏) 320
사마우(司馬牛) 513
사마조(司馬竈) 61, 255
사문백(士文伯) 96, 107
사미모 263, 272, 345

사사(駟絲) 222
사암(史黯) 547
사앙(士鞅) 101, 246, 312, 383, 391, 393
사언(駟偃) 222
사은(史嚚) 237
사일(史佚) 42
사적(駟赤) 410
사조(史朝) 118
사조(史趙) 477
사진(駟秦) 454
사천(駟歂) 398, 400
사탁석(司鐸射) 179
사패(史狴) 164
사평(士平) 256
사홍(駟弘) 566
상녕 256, 235
상라(向羅) 229
상소(向巢) 399
상수과(常壽過) 92, 162
상술(向戌) 15, 70
상엄서(桑掩胥) 487
상의(向宜) 235
상정(向鄭) 235
상퇴(向魋) 412, 492
서문소(胥門巢) 487
서미사(胥彌赦) 539
서서(徐鉏) 262
서오범(徐吾犯) 28
석구(石彄) 413, 415
석성부(析成鮒) 425
석장(石張) 344
석퇴(石彄) 544

석포(石圃) 540, 544
선강(宣姜) 229
선경공(單頃公) 116
선목공(單穆公) 257, 265
선성공(單成公) 147
선양공(單襄公) 116
선평공(單平公) 524
선헌공(單獻公) 116
설성자(洩聲子) 296
설용(洩庸) 444
섭공(葉公) 제량(諸梁) 380, 450
섭보(燮父) 157
섭타(涉佗) 393, 408, 258
성공반(成公般) 300
성균지역(城麇之役) 93, 125
성장(省臧) 256
성전(成鱄) 321
성하(成何) 393, 408
성호(成虎) 151
성환(成讙) 500
성환공(成桓公) 395
소간공(召簡公) 272
소강(少姜) 45
소백(召伯) 환(奐) 266
소왕도갑(小王桃甲) 425
소유자(小惟子) 386
소장공(召莊公) 259
소주목공(小邾穆公) 60, 205
소호(少皞) 35
손백염(孫伯黶) 194
송목(宋木) 381
송용(宋勇) 442
송원공(宋元公) 139, 220

송평공(宋平公) 251
수무모(須務牟) 164
수부(豎柎) 204
수어요(壽於姚) 500
숙궁(叔弓) 45, 91, 127, 161, 190
숙손무숙(叔孫武叔) 397
숙손불감(叔孫不敢) 354, 409
숙손서(叔孫舒) 559
숙손소자 132, 138, 149, 153, 197, 226, 273, 285
숙손주구 409, 488
숙손착(叔孫婼) 137, 263
숙손첩(叔孫輒) 396, 416
숙손표(叔孫豹) 15, 20, 23, 25, 76, 82
숙앙(叔鞅) 259
숙첩(叔輒) 249
숙청(叔青) 544, 551
숙향 23, 46, 53, 95, 175, 318, 539
순력(荀躒) 131, 193, 260, 317, 338, 339, 419
순오(荀吳) 33, 143, 152, 209, 258
순요(荀瑤) 550, 551, 566, 567, 569
순인(荀寅) 332, 393, 419, 448, 451, 568
습당(隰黨) 187
습붕(隰朋) 171
습지역(隰之役) 566
시인(寺人) 나(羅) 521
시인(寺人) 유(柳) 139
신공(申公) 수여(壽余) 450
신구수(申句須) 416
신무우 73, 103, 145
신수(申須) 209

신숙의(申叔儀) 503
신야고(申夜姑) 282
신포서(申包胥) 375, 378, 381
신풍(申豊) 67, 264
신해(申亥) 165, 169
실침(實沈) 34
심라(鄩羅) 266
심윤(沈尹) 석(射) 75
심윤(沈尹) 술(戌) 223, 270, 307, 335, 371
심윤(沈尹) 주(朱) 538
심제량(沈諸梁) 536, 544
심힐(鄩肸) 260

ㅇ

악기(樂頎) 416
악기(樂祁) 256, 386, 391
악기리(樂祁犁) 312
악대심(樂大心) 111, 248, 256, 278, 335, 399
악만(樂輓) 256
악소(樂霄) 320
악왕부(樂王鮒) 19, 20
악주서(樂朱鉏) 561
악징(樂徵) 261
악패(樂茷) 559, 561
악혼(樂溷) 387, 392
안고(顔高) 390
안명(顔鳴) 297
안식(顔息) 391
안어(晏圉) 457
안영(晏嬰) 50
안우(顔羽) 483

양개(陽匃) 211
양구거(梁丘據) 236, 240, 294 407
양기경(梁其踁) 20
양병(梁丙) 49, 127
양사아(楊食我) 317
양영(梁嬰) 123
양영보(梁嬰父) 419
양영종(陽令終) 311, 314
양호(陽虎) 313, 378, 396, 478
언사(偃師) 122
언장사(鄢將師) 309, 315
언주원(偃州員) 250
엄여(掩餘) 307, 335
여계(厲癸) 185
여관(女寬) 323
여구명(閭丘明) 475, 487
여금(钃金) 375
여급(呂級) 157
여숙관(女叔寬) 298
여숙제(女叔齊) 86
연단(然丹) 75, 127, 186, 196
연제(鳶鞮) 258
연희(燕姬) 453
염가(閻嘉) 127
염구(冉求) 481, 483
염맹(冉猛) 391
염몰(閻沒) 323
염제씨(炎帝氏) 207
염회(冉會) 391
영가아(榮駕鵝) 355
영궤(寧跪) 451
영기(榮錡) 257
영불완(靈不緩) 561

찾아보기 611

예관(裔款) 236
예신(郳甲) 235
오거(伍擧) 14, 40, 127
오상(伍尙) 227, 228
오원(伍員) 227, 336, 368, 432
오유오(吳由于) 543
오장(鄔臧) 317
오지명(烏枝鳴) 249, 250
왕갑(王甲) 462
왕기(汪錡) 485
왕맹(王猛) 403
왕손 가(賈) 381, 394
왕손 모(牟) 157
왕손 미용(彌庸) 500
왕손 어(圉) 381
왕손몰(王孫沒) 152
왕손제(王孫齊) 559
왕자 맹(猛) 260
왕자 승(勝) 218
왕자 엄여(掩餘) 268
왕자 장(章) 458
왕자 조(朝) 377, 386
왕자 지(地) 500
왕표(王豹) 462
왕흑(王黑) 134
요사(僚柤) 284
요안(僚安) 320
우무휼(郵無恤) 441
우윤(芋尹) 개(蓋) 517
우항궤(右行詭) 261
웅상매(熊相䄃) 292
웅역(熊繹) 157
웅의료(熊宜僚) 529

원백(原伯) 교(絞) 152
원수과(原壽過) 352
원양목지(苑羊牧之) 266
원파(轅頗) 486
원하기(苑何忌) 233, 251
원훤(轅咺) 486
위거(蒍居) 162
위계강 75, 105
위고(蒍固) 543
위만다(魏曼多) 420
위무(魏戊) 320, 323
위서(魏舒) 33, 345, 351
위석(蒍射) 92, 292, 379
위엄(蒍掩) 162
위월(蒍越) 252, 255, 267
위주(魏犨) 172
위피(蒍罷) 42
유길(游吉) 29, 33, 49, 60, 99, 127, 137, 333
유약(有若) 473
유우(由于) 373, 381
유윤(蒍尹) 연(然) 307, 335
유정공(劉定公) 26
유주구(劉州鳩) 152
유초(游楚) 29, 32
유타(劉佗) 265
유피(庾皮) 152
유헌공(劉獻公) 152, 175
육사(鬻姒) 453
윤씨고(尹氏固) 300
윤어(尹圉) 265
은태자(隱大子) 144
음기(陰忌) 152, 300

의상(倚相) 159
의초(儀楚) 100
의화(醫和) 38
의회(意恢) 187
이말(夷昧) 92
이역고(夷射姑) 358
인단(印段) 33
인여피(闉輿罷) 380
임불뉴(林不狃) 484
임옹(林雍) 297

ㅈ

자가자(子家子) 339, 354
자간(子干) 41
자고방(子高魴) 232
자곡(子穀) 536
자공(子公) 135
자공(子貢) 428, 489, 518
자관(子寬) 75
자국(子國) 538, 543
자기(子旗) 203
자남(子南) 438
자낭대(子囊帶) 296
자로(子路) 506
자록(子祿) 251
자류(子柳) 203
자목(子木) 16
자무선(玆無還) 407
자미(子尾) 44
자반(子反) 443
자백계자(子伯季子) 525
자복경백(子服景伯) 446, 464, 472, 496
자복소백(子服昭伯) 204, 264

자복초(子服椒) 58
자복혜백 178, 182
자사(子思) 454, 567
자산 33, 34, 70, 95, 111, 148, 174, 243
자상(子商) 135
자상(子常) 307
자서(子西) 431
자서상(子鉏商) 506
자성(子城) 135
자어(子魚) 211, 363
자연첩(子淵捷) 295
자옥소(子玉霄) 232
자요(子姚) 443, 477
자유(子游) 203
자조(子朝) 491
자주(子周) 135
자차(子蠚) 202
자탕(子蕩) 85
자태숙 174, 199, 243, 366, 398
자풍(子豊) 56
자한석(子韓晳) 185
자행경자(子行敬子) 362
자혁(子革) 157
장개(張匄) 251
장류삭(張柳朔) 453
장무자(長武子) 551
장빈여(臧賓如) 475
장석(臧石) 552
장숙(萇叔) 353
장우(章禹) 336
장적(張趯) 49, 60, 127
장홍(萇弘) 208, 269, 353, 363, 447
장회(臧會) 283, 291

찾아보기 613

재신(梓愼) 209, 213, 226, 249
저구공(著丘公) 186
저사비(褚師比) 555
저사성자(褚師聲子) 554
저사자신(褚師子申) 231
저사포(褚師圃) 229, 403
저요(且姚) 496
적구자서(籍丘子鉏) 391
적담(籍談) 193, 260
적영(適郢) 553
적진(籍秦) 315, 389, 419, 427
전설제(鱄設諸) 228, 307
전여(展輿) 34, 487
전욱(顓頊) 125
점월(苫越) 392
점이(苫夷) 389
제곡(帝嚳) 35
제귀(齊歸) 142
제번(諸樊) 269
제앙(諸鞅) 551
제오(齊惡) 115
제자(齊子) 18
제표(齊豹) 229
제희공(齊僖公) 171
조간자(趙簡子) 385, 440
조무(趙武) 15
조성(趙成) 129
조앙(趙鞅) 278, 298, 331, 393, 418, 545
조양(趙陽) 424
조양자(趙襄子) 545, 570
조염(趙驪) 127
조오(朝吳) 163, 190

조조(趙朝) 320
조직(趙稷) 419, 451
조평공(曹平公) 213
조획(趙獲) 57
종건(鍾建) 373, 381
종려(鬷戾) 286, 296
종로(宗魯) 230
종루(宗樓) 487
종류(終纍) 386
종자양(宗子陽) 487
좌사마 판(販) 450
주강왕(周康王) 157
주구(州鳩) 245
주무여(疇無餘) 500
주압(婤姶) 118
주은공(邾隱公) 467, 475, 549
주장공(邾莊公) 143, 216
주환공(邾桓公) 548
중기(仲幾) 256, 291
중니 159, 188, 233, 244, 429, 493
중손하기(仲孫何忌) 143, 359
중유(仲由) 416
중임(仲壬) 76
중타(仲佗) 413, 415
증부(曾阜) 27
증연지역(鄫衍之役) 541
지서오(知徐吾) 320
진경공(晉頃公) 317
진관(陳瓘) 484, 518, 536
진기(陳乞) 451, 456, 460
진무우(陳無宇) 45, 91
진문공(晉文公) 171
진민공(陳閔公) 516

진서(陳書) 487
진성자(陳成子) 567
진소공(晉昭公) 177, 204
진앙(陳鞅) 507
진역(陳逆) 487, 507
진인(陳寅) 386, 392
진장(陳莊) 484
진진(晉陳) 311
진천(秦輂) 380
진출공(晉出公) 552
진표(陳豹) 507
진항(陳恒) 514
진헌공(晉獻公) 172
진혜공(晉惠公) 172
진회공(晉懷公) 172
진후자(秦后子) 30, 93
진희(秦姬) 282
진희자(陳僖子) 487

ㅊ

채도공(蔡悼公) 253
채묵(蔡墨) 327
채소공(蔡昭公) 359
채영공(蔡靈公) 141
채유(蔡洧) 162
채평공(蔡平公) 246
첨환백(詹桓伯) 127
초강왕(楚康王) 169
초거 63, 65, 69
초공왕(楚共王) 169
초융(楚隆) 545
초평왕(楚平王) 168, 169
초혜왕(楚惠王) 529

촉용(燭庸) 307, 335
축고(祝固) 237
축관(祝款) 204
축와(祝蛙) 230
침윤(箴尹) 의구(宜咎) 75
침윤(箴尹) 고(固) 532

ㅌ

탕후(蕩侯) 156
태사(大姒) 384
태숙유(大叔遺) 544
태숙의자(大叔懿子) 492
태숙질(大叔疾) 491, 492, 555
태숙희자(大叔僖子) 533
태자 건(建) 220, 235, 526
태자 괴외(蒯聵) 442, 426, 520
태자 난(欒) 229
태자 녹(祿) 164
태자 수(壽) 191
태자 우(友) 500
태자 임(壬) 298
태자 주(朱) 253
태호씨(大皞氏) 207
투성연(鬭成然) 162, 169, 187
투소(鬭巢) 374, 381
투신(鬭辛) 187, 373, 381
투위구(鬭韋龜) 73, 162
투회(鬭懷) 381

ㅍ

파희(巴姬) 169
폐무존(敝無存) 402
폐숙(嬖叔) 131

찾아보기 615

포목(鮑牧) 457, 461
포문자(鮑文子) 134, 282, 401
포숙아(鮑叔牙) 171
포여후(蒲餘侯) 187
포점(鮑點) 461
표혜(彪傒) 345, 351
풍건(豊愆) 248
풍시(豊施) 111

ㅎ

하신(瑕辛) 152
한고(韓固) 320
한기 58, 90, 143, 197
한단오(邯鄲午) 408, 418
한불신(韓不信) 345
한삭(罕朔) 113
한퇴(罕虺) 113
한호(罕虎) 33, 59, 91, 99, 137, 143
합려 337, 369
허공위(許公爲) 525
허도공(許悼公) 63, 220
허위(許圍) 162
허하(許瑕) 477
헌태자(獻大子) 152
현시(弦施) 451, 457
호계희(胡季姬) 172
호보(狐父) 144
혼량부(渾良夫) 520, 534
홍류퇴(鴻駵魋) 231
화경(華牼) 236, 248

화계(華啓) 229
화다료(華多僚) 247
화등(華登) 247
화비수(華費遂) 72, 235
화씨지란(華氏之亂) 526
화인(華寅) 231
화정(華定) 137, 149, 256
화제(華齊) 230
화추(華貙) 247, 256
화표(華豹) 251
화합비(華合比) 98
화해(華亥) 98, 127, 143, 256
환퇴(桓魋) 510
황보지회(黃父之會) 366
황비아(皇非我) 561, 563
황야(皇野) 511, 512
황엄상(皇奄傷) 256
황완(皇緩) 543
황완(皇緩) 561
황원(皇瑗) 477
황제씨(黃帝氏) 207
황회(皇懷) 561
효윤(囂尹) 오(午) 156
후범(侯犯) 409, 412
후용(后庸) 559, 565
훈수지맹(薰隧之盟) 47
휴괴루(鄬魁壘) 570
흑굉(黑肱) 341
흔하(釁夏) 553
희양속(戲陽速) 426

옮긴이의 말

흔히 21세기를 '동아시아의 시대'라고 한다. 그 중심에 중국이 있다. 우리가 소모적인 이념논쟁으로 날을 새울 때 중국은 무서운 성장을 거듭하고 있다. 전문가들 사이에서는 조만간 세계 유일의 초대강국인 미국을 능가하는 수준까지 나아갈 것이라는 전망마저 나오고 있다. 그렇다면 그 사이 우리는 무엇을 한 것일까. 외환위기 이후 10년 가까이 국민 소득은 거의 제자리걸음이고 소득수준에 따른 빈부격차는 더욱 벌어지고 있다. 참으로 '거북이와 토끼'의 우화를 연상시키는 대목이 아닐 수 없다.

개인은 말할 것도 없고 국가와 같은 거대 공동체 역시 현실에 안주해 앞으로 나아가기 위한 노력을 더 이상 기울이지 않을 경우 후발주자에게 뒤떨어질 수밖에 없다. 달이 차면 기울고 정상에 오르면 내려올 수밖에 없는 것이 천지운행의 이치이다. 정상의 자리를 계속 유지하기 위해서는 남다른 각오와 끊임없는 노력이 뒷받침되어야만 한다. 그러나 그것이 쉽지 않다. 한 시대를 풍미하며 찬연한 문화를 꽃피웠던 수많은 왕조가 명멸한 이유가 바로 여기에 있다. 개인의 부침 역시 이러한 이치에서 한 치도 벗어날 수 없다.

지금 우리가 맞닥뜨리고 있는 21세기 '동아시아의 시대'는 양면의 얼굴을 하고 있다. 자칫 잘못 대처했다가는 민족 전체가 1백 년 전의 전철을 밟을지도 모를 일이다. 그러나 우리가 슬기롭게 대처하기만 한다면 수천 년 만에 찾아온 천재일우의 기회로 활용할 수도 있다. 이를 어떻게 활용하는가 하는 문제는 전적으로 우리의 몫이다. 그렇다면 과연 어떻게 대비하는 것이 좋을까.

현재의 중국에서 그 해답을 찾아낼 수 있다. 중국은 해마다 눈덩이처럼 늘어나는 대일 무역적자를 메워주는 우리의 최대수출국이다. 소위 산업공동화현상이 가속화하고 있는 상황에서도 그나마 수출로 국가경제를 지탱할 수 있는 것도 따지고 보면 중국이 있기 때문에 가능했다. 그러나 중국의 경제발전 속도가 너무나 빨라 과연 우리나라가 언제까지 기술적 우위를 확보할 수 있을지 우려치 않을 수 없다. 미국이 주도하는 세계화시대에 살아남기 위해서는 좋든 싫든 영어를 배워야 하듯이 이제 우리는 21세기 동북아시대에 살아남기 위해서는 좋든 싫든 중국을 잘 알지 않으면 안 된다.

과거 일본은 소위 '탈아입구론'(脫亞入歐論)을 내세워 메이지유신(明治維新)을 성사시켰다. 이후 일본은 성리학에 함몰돼 세계정세에 어두웠던 조선을 병탄한 뒤 중원으로까지 그 세력을 확장해 마침내 아시아권에서는 유일무이한 제국으로 성장했다. 제2차 세계대전 이후 폐허의 잿더미 위에서 한국전쟁을 계기로 고속성장을 거듭해 현재 세계 제2의 경제대국이 된 것도 따지고 보면 메이지유신 당시의 위기의식이 작용한 결과로 볼 수 있다.

경제개방 이후 중국이 내세우고 있는 소위 '흑묘백묘론'(黑猫白猫論) 역시 내용상 과거 일본이 내세웠던 '탈아입구론'과 닮아 있다. 중국이 개방을 시작한 지 불과 20여 년 만에 세계인의 경탄을 자아내는 초고속 성장을 거듭한 것도 이와 무관치 않다. 중국이 '흑묘백묘론'의 기조를 팽개치지 않는 한 중국의 초고속 성장 엔진은 결코 멈추지 않을 것이다.

여기서 우리가 주목할 것은 현재 중국 수뇌부의 움직임이다. 그들은 이제 서서히 낡은 마르크시즘을 내던지고 전래의 공자사상을 부활시켜 새로운 통치이념으로 채택하려는 움직임을 가시화하고 있다. 이는 지난 2005년 9월에 중국 정부가 건국 이후 최초로 국가 고위급 간부들이 대거 참석한 가운데 대대적인 공자 탄신 기념행사를 개최한 사실을 통해 쉽게 확인할 수 있다. 과거 루쉰(魯迅)으로부터 '봉건누습(封建陋習)의 근원'으로 비판받고 지난 20세기 후반의 문화대혁명 때에는 '봉건노예제 계급의 이익을 대변한 반동'으로 타도 대상이 되었던 공자가 일약 유구한 중화문화의 중핵으로 떠올랐다. 불과 수십 년 전만 하더라도 상상할 수 없었던 일이 지금 중국에서 벌어지고 있는 것이다.

현재 중국에서는 초·중·고생은 물론 일반인을 대상으로 한 대대적인 '독경운동'(讀經運動)이 요원의 불길처럼 전개되고 있다. 전래의 유가경전을 읽자는 취지에서 나온 '독경운동'은 이제 전 인민들 사이에서 마치 하나의 국민운동으로 전개되고 있는 양상을 보이고 있다. 중국정부는 국가와 민족에 충성하고 가정에 충실한 인민을 육성하고자 하는 의도하에 이를 전폭적으로 지원하고 있다.

그러나 보다 중요한 것은 인민 대중의 자발적인 참여이다. 향후 중국의 '독경운동'은 그 기세가 더욱 거세질 전망이다. 이는 지난 2005년 대학입시에서 광둥성 전체 수석을 한 학생이 옛날 장원급제자가 입던 예복을 그대로 입고 공자묘(孔子廟)에서 이른바 '장원급제식'을 치른 사건을 통해 쉽게 짐작할 수 있다. 당사자는 예복을 갖춰 입고 공자상 앞으로 공손히 다가가 절을 올리고 향을 피운 뒤 이같이 엄숙히 맹서했다.

"조국을 열렬히 사랑하고, 어른을 존중하고, 부모에게 효도하고, 친구들 간에 우애롭게 지내고, 열심히 공부하고, 훌륭한 인재가 되어 국가에 보답하겠습니다."

이를 통해 짐작할 수 있듯이 중국 내에서 유가사상을 비롯한 전통문화에 대한 재조명 운동은 완전히 급물살을 탄 형국이다. 현재 중국의 학계도 소위 국학운동(國學運動)을 전개하며 이런 흐름에 적극 동참하고 있다. 중앙정부의 정책 브레인 육성기관인 중국사회과학원이 이미 유가사상을 집중 연구하는 '유교연구중심'을 만들어 전문연구원들을 양성하고 있다. 출판계도 재빨리 이에 부응해 유가의 대표적인 경전들을 모아 출판하는 소위 '유장운동'(儒藏運動)을 전개하고 있다.

20세기 중반 문화대혁명이 일어날 당시만 해도 중국 내에서는 새로운 중국의 탄생을 위해 공자로 상징되는 '위대한 과거'를 철저히 청산해야 한다는 분위기가 팽배했다. 그 결과로 나타난 것이 바로 '비공운동'(批孔運動)이었다. 당시 공자는 문화대혁명 기간 중 역사를 결정적으로 후퇴시킨 반동의 표상으로 매도되었다.

그렇다면 과연 공자는 어떻게 해서 21세기에 들어와 급작스럽게 반동의 표상에서 중국문화의 표상으로 극적인 변신을 하게 된 것일까. 원래 중국은 소위 '사인방'(四人幇)이 몰락한 뒤 실용주의자들에 의한 개혁개방이 본격화하면서 공자를 조심스럽게 복권시키기 시작했다. 공자의 부활은 개혁개방의 시간표와 더불어 서서히 표면화하기 시작했던 것이다. 중국이 경제대국으로 부상하면서 다양한 개혁개방조치를 취한 것과 동시에 공자의 부활 또한 2005년을 기점으로 본격적으로 표면화한 것이다. 우리가 그 흐름을 간과해 급작스럽게 보이는 것일 뿐이다.

중국의 수뇌부가 공자사상에 주목하게 된 이유는 간단하다. 개혁개방 조치 이후 이제 더 이상 기존의 마르크시즘으로는 인민들을 효과적으로 통치할 수 없다는 수뇌부의 고뇌가 반영된 결과이다. 장쩌민(江澤民) 체제는 이미 '위대한 중화민족 부흥'이라는 구호 아래 도덕정치를 강조되고 전통문화를 중시하는 운동을 전개한 바 있다. 현재의 후진타오(胡錦濤) 체제 역시 유가사상에서 빌려온 '조화로운 사회건설'과 '사람을 근본으로 하는 통치'를 새로운 국정이념으로 내세우고 있다. 중국 수뇌부의 이러한 일관된 행보는 시간이 갈수록 더욱 가속도를 내는 양상을 보이고 있다.

이는 무엇을 뜻하는 것일까. 중국사회과학원에서 나온 한 논문은 놀랄 만한 전망을 내놓고 있다. 장쩌민 체제 이후 중국의 통치 이데올로기는 사실상 유가사상으로 방향전환을 했고 현재의 후진타오 체제는 조만간 공자사상을 바탕으로 한 '유가민족주의'를 새로운 통치 이데올로기로 채택할 공산이 크다는 것이다. 이것이 사실이라면 현재 중국은

21세기에 들어와 놀라운 변신을 시도하고 있는 셈이다. 조만간 서양의 역사를 토대로 하여 만들어진 자유민주주의와 공산주의의 차원을 넘는 세기사적 차원의 새로운 통치이념이 등장할지도 모를 일이다.

현재 이럴 가능성은 매우 높다. 중국은 이미 노동자 중심의 교조적인 공산혁명이론을 버리고 중국의 역사문화에 부응하는 농민혁명을 채택해 현대중국을 창건한 바 있다. 이어 비록 참담한 실패로 끝나기는 했지만 자력갱생을 내세워 소련의 간섭을 거부하기도 했다. 지난 세기말에는 드디어 사회주의 시장경제로 불리는 독특한 개혁개방정책을 추진해 놀라운 성공을 거두고 있다. 이를 감안할 때 중국 수뇌부가 경제대국화에 따른 통치질서의 안정을 위해 조만간 유가민족주의를 내세우며 공자사상을 새로운 통치이념으로 채택할 가능성은 매우 높다.

올해의 대규모 행사를 통해 확인할 수 있듯이 현재 공자사상은 중국에서 가장 거대하면서도 유일한 지적인 힘으로 작용하고 있다. 거대한 경제대국으로 부상한 현재 이미 그 효용이 끝난 공산주의 이념을 대체할 수 있는 것은 오직 공자사상밖에 없다. 일찍이 린위탕(林語堂)은 '공자사상은 중국민족 안에 살아 움직이는 힘이고, 앞으로도 계속 중국민족의 행동을 결정할 것이다'라고 호언한 바 있다. 린위탕의 호언이 점차 현실로 드러나고 있는 셈이다.

그렇다면 우리는 어떻게 대처하는 것이 좋을까. 당초 공자가 새로운 세상을 향해 준비한 것은 인민교육을 통한 광범위하면서도 점진적인 개혁이었다. 이를 위해 공자가 제시한 구체적인 목표는 수준 높은 교양을 몸에 익힌 군자에 의한 통치였다. 공자가 그 구체적인 방법론으로 제시한 것은 바로 온고지신(溫故知新)과 중용(中庸)이었다. 이런 관점에서 볼 때 작금의 소위 '보혁논쟁'은 국가경쟁력을 극히 피폐하게 만드는 소모적인 논쟁에 불과할 뿐이다.

진정한 보수는 스스로 변화해 나가는 개혁 없이는 존재할 수 없고 진정한 진보 역시 전래의 역사문화적 전통에서 벗어날 수 없는 것이다. 과거 일본이 메이지유신을 전후로 '탈아입구론'을 내세워 서양학문과 기술을 배우기 위해 혈안이 되어 있을 때 조선의 지식인들은 그 배경과 의미를 세밀히 뜯어볼 생각도 하지 않은 채 이를 비웃었다. 그 결과 조선은 얼마 후 일제의 식민지로 전락하고 말았다. 중국이 이제 낡은 이념을 폐기하고 '콘푸시아니즘'(Confucianism)을 새로운 대안으로 적극 모색하고 있는 상황에서 우리는 이를 너무 한가하게 바라보고 있는 것이나 아닌지 반성할 필요가 있다.

'콘푸시아니즘'의 문(文)·사(史)·철(哲)을 대표하는 기본 텍스트로는 문학의 『시경』과 사학의 『좌전』, 철학의 『논어』를 들 수 있다. 이들 '3경'은 '사서삼경'을 비롯한 13경 중 21세기의 관점에서 볼지라도 여전히 찬연한 빛을 발하고 있는 경전이라고 할 수 있다. 기존의 13경 중 『서경』과 『예기』, 『주례』, 『의례』, 『대학』, 『중용』 등은 오늘날의 관점에서 볼 때 별 의미를 지니지 못하고 있다. 과거 성리학이 지배하던 시절에는 『대학』과 『중용』 등이 중시되었으나 성리학이 별다른 기능을 하지 못하는 현재에는 그다지 큰 의미를 지니지 못하고 있다.

그러나 『시경』과 『좌전』, 『논어』의 '3경'은 현재도 무한한 감동을 주고 있다. 이중 『좌전』은 중국문명의 뿌리가 되고 있는 춘추전국시대의 역사를 파악하는 데 빼놓을 수 없는 텍스트이다. 『좌전』을 제대로 이해하지 않고는 『논어』는 말할 것도 없고 『시경』도 제대로 해석하기가 어렵다. 역사적 맥락이 결여된 철학 및 문학의 해석은 공허한 관념의 유희로 전락할 수밖에 없다. 중국문명의 연수(淵藪)는 시대적으로 춘추전국시대이고, 중국사상의 연원(淵源)은 공자를 포함한 춘추전국시대의 제자백가(諸子百家)라고 해도 과언이 아니다. 제자백가에 대한 이해의 출발점이 바로 당시의 인물 및 사건을 가장 정확히 기술해놓은 『좌전』인 것이다. 『좌전』이 지니고 있는 의미가 이토록 큰 것이다. 『좌전』을 모르고는 치국평천하(治國平天下)를 감히 논할 수 없다는 선인들의 이야기가 결코 허언이 아닌 것이다.

역자는 본서를 펴내기 위해 기본적으로 조선조 정조 때 출간된 『춘추좌씨전』(春秋左氏傳)의 영인본을 저본으로 삼았다. 나아가 이를 최근 북경대에서 펴낸 공영달의 『춘추좌전정의』(春秋左傳正義)와 세심히 비교했다. 본문의 배열이 상호 다른 일부 대목에서는 정조 때 출간된 판본의 영인본을 좇았다. 주석 및 역사지리 등에 대해서는 양백준(楊伯峻)의 『춘추좌전주』(春秋左傳注, 중화서국, 1983)를 저본으로 삼고 왕수겸(王守謙) 등이 공역한 『좌전전역』(左傳全譯, 귀주인민출판사, 1990)을 참조했다.

역자는 21세기 동북아시대에 부응하기 위해 주석을 선택하는 데 세심한 주의를 기울였다. 역자가 최상의 주석을 선택하는 과정에서 은사인 서울대 정치학과 최명 교수의 지도편달이 결정적인 도움이 되었다. 이 책의 출간은 한길사 김언호 사장의 동양고전에 대한 애정과 강옥순 편집주간을 비롯한 한길사 여러분의 헌신이 있었기에 가능했다. 이 책의 출간에 도움을 준 모든 분들께 거듭 심심한 사의를 표한다.

2006년 2월
정릉 학오재(學吾齋)에서
신동준

지은이 좌구명

좌구명(左丘明, ?~?)은 대략 춘추시대 말기에 공자의 가르침을 받고 『춘추좌전』(春秋左傳)과 『국어』(國語)를 저술한 노나라의 현대부로 알려져 있으나 자세한 약력은 알 길이 없다. 『논어』 「공야장」편에 그에 관한 공자의 호평이 실려 있는 점에 비추어 실존인물이었던 것만은 확실하다. 일찍이 사마천은 『사기』 「태사공자서」(太史公自序)에서 "좌구명은 실명(失明)한 뒤 『국어』를 지었다"고 주장하면서도 좌구명의 실명 원인과 『춘추좌전』 저술 등에 대해서는 아무런 언급도 하지 않았다. 후한의 반고(班固)는 『한서』(漢書) 「사마천전찬」(司馬遷傳贊)에서 "공자가 노나라 사서를 바탕으로 『춘추』를 짓자, 좌구명이 그 내용을 논집(論輯)하여 『춘추좌전』을 짓고 동시에 나머지 이동(異同)을 찬(纂)하여 『국어』를 지었다"고 기록했다. 삼국시대 오나라의 위소(韋昭)는 이를 이어 받아 『춘추좌전』을 '춘추내전'(春秋內傳), 『국어』를 '춘추외전'(春秋外傳)으로 정의했다. 이후 이 견해가 오랫동안 유지되어왔으나 좌구명이 과연 어떤 인물인지에 관해서는 논란이 끊이지 않았다. 전한제국 초기의 공안국(孔安國)은 좌구명을 노나라의 태사(太史)라고 주장했는데, 『한서』 「예문지」(藝文志)도 이를 따랐다. 북송대의 형병(邢昺)은 노나라 태사로서 공자로부터 『춘추』를 수업한 자라고 보았다. 이에 대해 남송대의 주희(朱熹)는 '좌구'와 '좌씨'를 구분해 『논어』에 나오는 좌구명과 『춘추좌전』을 저술한 좌구명을 별개의 인물로 간주했으며, 정이천(程伊川)은 아예 옛날의 문인(聞人: 전설적인 인물)으로 평했다. 사실 좌구명이 과연 노나라 태사로서 『춘추좌전』과 『국어』를 저술했는지에 대해 정확히 고증할 길이 없다. 여러 기록을 종합해볼 때 좌구명은 공자시대에 노나라에서 활약한 사관으로 보이나, 그가 『춘추좌전』과 『국어』를 전적으로 저술했다고 보기는 어렵다. 지금은 대략 전국시대 초기에 주왕실과 열국의 역사에 밝은 사관들이 개입해 현재의 『춘추좌전』과 『국어』를 완성한 것으로 보는 견해가 주류를 이루고 있다.

옮긴이 신동준

신동준(申東埈)은 경기고등학교 재학시절 태동고전연구소에서 임창순(任昌淳) 선생에게 사서삼경과 『춘추좌전』 등의 고전을 배웠다. 서울대학교 정치학과와 같은 대학원을 졸업하고 언론계에서 활동했다. 그 뒤 모교로 돌아가 동양의 정치사상을 전공하고 도쿄 대학교 동양문화연구소 객원연구원 등을 지냈으며, 「춘추전국시대의 정치사상」으로 박사학위를 받았다. 치도(治道)의 문제에 남다른 관심을 가지고 동양정치사상과 리더십의 문제를 다룬 저술활동을 활발하게 펼쳐왔다. 지은 책으로는 한길사에서 펴낸 『춘추전국의 영웅들』 『공자와 천하를 논하다』 『제자백가, 사상을 논하다』를 비롯해 『통치학원론』 『삼국지통치학』 『조조통치론』 『덕치·인치·법치』 『연산군을 위한 변명』 『중국문명의 기원』 『조선의 왕과 신하 부국강병을 논하다』 『CEO의 삼국지』 등이 있다. 옮긴 책으로는 한길사에서 펴낸 『춘추좌전』(전3권)을 비롯해 『난세를 평정하는 중국통치학』 『자치통감-삼국지』 『실록 열국지』 『국어』 등이 있다.

한길 그레이트북스 76

춘추좌전 3

지은이 좌구명
옮긴이 신동준
펴낸이 김언호
펴낸곳 (주)도서출판 한길사

등록 • 1976년 12월 24일 제74호
주소 • (413-756) 경기도 파주시 광인사길 37
www.hangilsa.co.kr
E-mail: hangilsa@hangilsa.co.kr
전화 • 031-955-2000~3
팩스 • 031-955-2005

상무이사 · 박관순 | 총괄이사 · 곽명호
영업담당이사 · 이경호 | 관리이사 · 김서영 | 경영기획이사 · 김관영
편집 · 배경진 이경애 | 전산 · 한향림 김현정
마케팅 · 윤민영 | 관리 · 이중환 문주상 장비연 김선희

출력 · 지에스테크 | 인쇄 · 오색프린팅 | 제본 · 광성문화사

제1판 제1쇄 2006년 3월 30일
제1판 제2쇄 2013년 4월 25일

Zuo-Qiuming
Chunqiu-Zuozhuan
Translated by Shin Dong-jun
Published by Hangilsa Publishing Co., Ltd., Korea, 2006

값 30,000원
ISBN 978-89-356-5684-4 94150
ISBN 978-89-356-5685-1 (전3권)

• 잘못 만들어진 책은 구입하신 서점에서 바꿔드립니다.

한길그레이트북스 — 인류의 위대한 지적 유산을 집대성한다

1 관념의 모험
앨프레드 노스 화이트헤드 | 오영환

2 종교형태론
미르치아 엘리아데 | 이은봉

3·4·5·6 인도철학사
라다크리슈난 | 이거룡
2005 『타임스』 선정 세상을 움직인 100권의 책
『출판저널』 선정 21세기에도 남을 20세기의 빛나는 책들

7 야생의 사고
클로드 레비-스트로스 | 안정남
2005 『타임스』 선정 세상을 움직인 100권의 책
2008 『중앙일보』 선정 신고전 50선

8 성서의 구조인류학
에드먼드 리치 | 신인철

9 문명화과정 1
노르베르트 엘리아스 | 박미애
2005 연세대학교 권장도서 200선
2012 인터넷 교보문고 명사 추천도서
2012 알라딘 명사 추천도서

10 역사를 위한 변명
마르크 블로크 | 고봉만
2008 『한국일보』 오늘의 책
2009 『동아일보』 대학신입생 추천도서

11 인간의 조건
한나 아렌트 | 이진우·태정호
2012 인터넷 교보문고 MD의 선택
2012 네이버 지식인의 서재

12 혁명의 시대
에릭 홉스봄 | 정도영·차명수
2005 서울대학교 권장도서 100선
2005 『타임스』 선정 세상을 움직인 100권의 책
2005 연세대학교 권장도서 200선
1999 『출판저널』 선정 21세기에도 남을 20세기의 빛나는 책들
2012 알라딘 블로거 베스트셀러

13 자본의 시대
에릭 홉스봄 | 정도영
2005 서울대학교 권장도서 100선
1999 『출판저널』 선정 21세기에도 남을 20세기의 빛나는 책들
2012 알라딘 블로거 베스트셀러

14 제국의 시대
에릭 홉스봄 | 김동택
2005 서울대학교 권장도서 100선
1999 『출판저널』 선정 21세기에도 남을 20세기의 빛나는 책들
2012 알라딘 블로거 베스트셀러

15·16·17 경세유표
정약용 | 이익성
2012 인터넷 교보문고 필독고전 100선

18 바가바드 기타
함석헌 주석 | 이거룡 해제
2007 서울대학교 추천도서

19 시간의식
에드문트 후설 | 이종훈

20·21 우파니샤드
이재숙
2005 서울대학교 권장도서 100선

22 현대정치의 사상과 행동
마루야마 마사오 | 김석근
2005 『타임스』 선정 세상을 움직인 100권의 책
2007 도쿄대학교 권장도서

23 인간현상
테야르 드 샤르댕 | 양명수
2007 서울대학교 추천도서

24·25 미국의 민주주의
알렉시스 드 토크빌 | 임효선·박지동
2005 서울대학교 권장도서 100선
2012 인터넷 교보문고 MD의 선택

26 유럽학문의 위기와 선험적 현상학
에드문트 후설 | 이종훈
2005 서울대학교 논술출제

27·28 삼국사기
김부식 | 이강래
2005 연세대학교 권장도서 200선
2012 인터넷 교보문고 필독고전 100선
2012 yes24 다시 읽는 고전

29 원본 삼국사기
김부식 | 이강래 교감

30 성과 속
미르치아 엘리아데 | 이은봉
2005 『타임스』 선정 세상을 움직인 100권의 책
2012 인터넷 교보문고 명사 추천도서
『출판저널』 선정 21세기에도 남을 20세기의 빛나는 책들

31 슬픈 열대
클로드 레비-스트로스 | 박옥줄
2005 서울대학교 권장도서 100선
2005 연세대학교 권장도서 200선
2008 홍익대학교 논술출제
2012 인터넷 교보문고 명사 추천도서
『출판저널』 선정 21세기에도 남을 20세기의 빛나는 책들

32 증여론
마르셀 모스 | 이상률
2003 문화관광부 우수학술도서
2012 네이버 지식인의 서재

33 부정변증법
테오도르 아도르노 | 홍승용

34 문명화과정 2
노르베르트 엘리아스 | 박미애
2005 연세대학교 권장도서 200선
2012 인터넷 교보문고 명사 추천도서
2012 알라딘 명사 추천도서

35 불안의 개념
쇠렌 키르케고르 | 임규정
2012 인터넷 교보문고 필독고전 100선

36 마누법전
이재숙·이광수

37 사회주의의 전제와 사민당의 과제
에두아르트 베른슈타인 | 강신준

38 의미의 논리
질 들뢰즈 | 이정우
2000 교보문고 선정 대학생 권장도서

39 성호사설
이익 | 최석기
2005 연세대학교 권장도서 200선
2008 서울대학교 논술출제
2012 인터넷 교보문고 필독고전 100선

40 종교적 경험의 다양성
윌리엄 제임스 | 김재영
2000 대한민국학술원 우수학술도서

41 명이대방록
황종희 | 김덕균
2000 한국출판문화상

42 소피스테스
플라톤 | 김태경

43 정치가
플라톤 | 김태경

44 지식과 사회의 상
데이비드 블루어 | 김경만
2002 대한민국학술원 우수학술도서

45 비평의 해부
노스럽 프라이 | 임철규
2001 『교수신문』 우리 시대의 고전

46 인간적 자유의 본질 · 철학과 종교
프리드리히 W.J. 셸링 | 최신한

47 무한자와 우주와 세계 · 원인과 원리와 일자
조르다노 브루노 | 강영계
2001 한국출판인회의 이달의 책

48 후기 마르크스주의
프레드릭 제임슨 | 김유동
2001 한국출판인회의 이달의 책

49·50 봉건사회
마르크 블로크 | 한정숙
2002 대한민국학술원 우수학술도서
2012 『한국일보』 다시 읽고 싶은 책

51 칸트와 형이상학의 문제
마르틴 하이데거 | 이선일
2003 대한민국학술원 우수학술도서

52 남명집
조식 | 경상대 남명학연구소
2012 인터넷 교보문고 필독고전 100선

53 낭만적 거짓과 소설적 진실
르네 지라르 | 김치수 · 송의경
2002 대한민국학술원 우수학술도서

54·55 한비자
한비 | 이운구
한국간행물윤리위원회 추천도서
2007 서울대학교 추천도서
2012 인터넷 교보문고 필독고전 100선

56 궁정사회
노르베르트 엘리아스 | 박여성

57 에밀
장 자크 루소 | 김중현
2005 서울대학교 권장도서 100선
2000 · 2006 서울대학교 논술출제

58 이탈리아 르네상스의 문화
야코프 부르크하르트 | 이기숙
2004 한국간행물윤리위원회 추천도서
2005 연세대학교 권장도서 200선
2009 『동아일보』 대학신입생 추천도서

59·60 분서
이지 | 김혜경
2004 문화관광부 우수학술도서
2012 인터넷 교보문고 필독고전 100선

61 혁명론
한나 아렌트 | 홍원표
2005 대한민국학술원 우수학술도서

62 표해록
최부 | 서인범 · 주성지
2005 대한민국학술원 우수학술도서

63·64 정신현상학
G.W.F. 헤겔 | 임석진
2006 대한민국학술원 우수학술도서
2005 연세대학교 권장도서 200선
2005 프랑크푸르트도서전 한국의 아름다운 책100
2008 서우철학상
2012 인터넷 교보문고 필독고전 100선

65·66 이정표
마르틴 하이데거 | 신상희 · 이선일

67 왕필의 노자주
왕필 | 임채우
2006 문화관광부 우수학술도서

68 신화학 1
클로드 레비-스트로스 | 임봉길
2007 대한민국학술원 우수학술도서
2008 『동아일보』 인문과 자연의 경계를 넘어 30선

69 유랑시인
타라스 셰브첸코 | 한정숙

70 중국고대사상사론
리쩌허우 | 정병석
2005 『한겨레』 올해의 책
2006 문화관광부 우수학술도서

71 중국근대사상사론
리쩌허우 | 임춘성
2005 『한겨레』 올해의 책
2006 문화관광부 우수학술도서

72 중국현대사상사론
리쩌허우 | 김형종
2005 『한겨레』 올해의 책
2006 문화관광부 우수학술도서

73 자유주의적 평등
로널드 드워킨 | 염수균
2006 문화관광부 우수학술도서
2010 동아일보 '정의에 관하여' 20선

74·75·76 춘추좌전
좌구명 | 신동준

77 종교의 본질에 대하여
루트비히 포이어바흐 | 강대석

78 삼국유사
일연 | 이가원·허경진
2007 서울대학교 추천도서

79·80 순자
순자 | 이운구
2007 서울대학교 추천도서

81 예루살렘의 아이히만
한나 아렌트 | 김선욱
2006 『한겨레』 올해의 책
2006 한국간행물윤리위원회 추천도서
2007 『한국일보』 오늘의 책
2007 대한민국학술원 우수학술도서
2012 yes24 리뷰 영웅대전

82 기독교 신앙
프리드리히 슐라이어마허 | 최신한
2008 대한민국학술원 우수학술도서

83·84 전체주의의 기원
한나 아렌트 | 이진우·박미애
2005 『타임스』 선정 세상을 움직인 책
『출판저널』 선정 21세기에도 남을 20세기의 빛나는 책들

85 소피스트적 논박
아리스토텔레스 | 김재홍
교보문고 대학 신입생을 위한 추천도서

86·87 사회체계이론
니클라스 루만 | 박여성
2008 문화체육관광부 우수학술도서

88 헤겔의 체계 1
비토리오 회슬레 | 권대중

89 속분서
이지 | 김혜경
2008 대한민국학술원 우수학술도서

90 죽음에 이르는 병
쇠렌 키르케고르 | 임규정
『한겨레』 고전 다시 읽기 선정
2006 서강대학교 논술출제

91 고독한 산책자의 몽상
장 자크 루소 | 김중현

92 학문과 예술에 대하여·산에서 쓴 편지
장 자크 루소 | 김중현

93 사모아의 청소년
마거릿 미드 | 박자영
20세기 미국대학생 필독 교양도서

94 자본주의와 현대사회이론
앤서니 기든스 | 박노영·임영일
1999 서울대학교 논술출제
2009 대한민국학술원 우수학술도서

95 인간과 자연
조지 마시 | 홍금수

96 법철학
G.W.F. 헤겔 | 임석진

97 문명과 질병
헨리 지거리스트 | 황상익
2009 대한민국학술원 우수학술도서

98 기독교의 본질
루트비히 포이어바흐 | 강대석

99 신화학 2
클로드 레비-스트로스 | 임봉길
2008 『동아일보』 인문과 자연의 경계를 넘어 30선
2009 대한민국학술원 우수학술도서

100 일상적인 것의 변용
아서 단토 | 김혜련
2009 대한민국학술원 우수학술도서

101 독일 비애극의 원천
발터 벤야민 | 최성만·김유동

102·103·104 순수현상학과 현상학적 철학의 이념들
에드문트 후설 | 이종훈
2010 대한민국학술원 우수학술도서

105 수사고신록
최술 | 이재하 외
2010 대한민국학술원 우수학술도서

106 수사고신여록
최술 | 이재하
2010 대한민국학술원 우수학술도서

107 국가권력의 이념사
프리드리히 마이네케 | 이광주

108 법과 권리
로널드 드워킨 | 염수균

109·110·111·112 고야
훗타 요시에 | 김석희
2010 한국간행물윤리위원회 추천도서

113 왕양명실기
박은식 | 이종란

114 신화와 현실
미르치아 엘리아데 | 이은봉

115 사회변동과 사회학
레이몽 부동 | 민문홍

116 자본주의·사회주의·민주주의
조지프 슘페터 | 변상진
2012 대한민국학술원 우수학술도서
2012 인터파크 이 시대 교양 명저

117 공화국의 위기
한나 아렌트 | 김선욱

118 차라투스트라는 이렇게 말했다
프리드리히 니체 | 강대석

119 지중해의 기억
페르낭 브로델 | 강주헌

120 해석의 갈등
폴 리쾨르 | 양명수

121 로마제국의 위기
램지 맥멀렌 | 김창성
2012 인터파크 추천도서

122·123 윌리엄 모리스
에드워드 파머 톰슨 | 윤효녕 외
2012 인터파크 추천도서

124 공제격치
알폰소 바뇨니 | 이종란

125 현상학적 심리학
에드문트 후설 | 이종훈
2013 인터넷 교보문고 눈에 띄는 새 책

●한길그레이트북스는 계속 간행됩니다.